Vierzehnte, überarbeitete Auflage

BLV Verlagsgesellschaft
München Wien Zürich

Grund und Boden   Klima und Lage
Bewässerung   Botanische Namen
Gartenrecht   Gartenplan   Wohngarten-
technik   Arbeitsgeräte   Säen und Pflanzen
Unkrautbekämpfung   Ernten   Schnitt-
blumen   Kinderbeete   Gefahren im Garten

Rasen   Ein- und Zweijahrsblumen
Zwiebel- und Knollengewächse   Winter-
harte Blütenstauden   Staudengräser und
Farne   Rosen   Hecken und Blütensträucher
Laub- und Nadelgehölze   Kletterpflanzen
Steingarten   Wasserbecken

Gemüsebau im Wohngarten   Erdbeeren
Beerensträucher   Kern- und Steinobst von
Apfel bis Schattenmorelle: Pflanzen der
Obstbäume, Bodenpflege, Fruchtqualität,
Ausdünnen, Baumschnitt, Verjüngen und
Veredeln   Nüsse und Wein

Wie sich die Pflanze ernährt   Organische
Dünger   Immer noch Komposthaufen
Handelsdünger   Allgemeiner Pflanzen-
schutz   Abwehr von Schädlingen und
Krankheiten   Nützliche Tiere   Vogelschutz

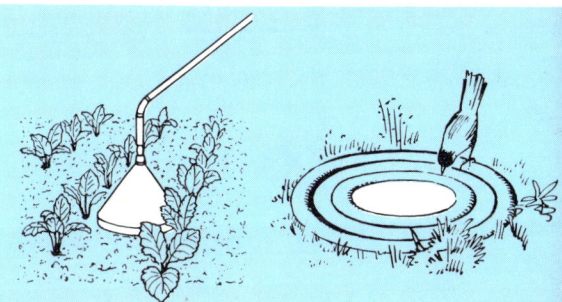

Im Garten zu Hause

Margot Schuberts großes illustriertes Gartenbuch

CIP-Kurztitelaufnahme der Deutschen Bibliothek

Schubert, Margot:
Im Garten zu Hause: Margot Schuberts grosses
ill. Gartenbuch / [Zeichn.: Hellmut Hoffmann]. –
14., überarb. Aufl. – München; Wien; Zürich:
BLV Verlagsgesellschaft, 1987.
ISBN 3-405-13444-7

© 1969 BLV Verlagsgesellschaft mbH, München, 1987
8000 München 40

Zeichnungen: Hellmut Hoffmann
Umschlagentwurf: Franz Wöllzenmüller

Druck der Bildtafeln: Willy F. P. Fehling, Hannover
Druck des Textteiles und Buchbinder: Ludwig Auer, Donauwörth

Printed in Germany · ISBN 3-405-13444-7

Inhalt

Mensch und Garten

Der Ziergarten

Der Nutzgarten

Düngung und Pflanzenschutz

Pläne und Tabellen

Auf den ersten Blick erscheint es dem geneigten Leser vielleicht etwas sonderbar, daß hier, wo sonst meist freundliche Rückschau auf die Geschicke
des nun wieder neu aufgelegten Buches die Hauptrolle spielen, eine »aktuelle Nachricht« an erster Stelle steht. Diese vermutlich mindestens für einige
Jahre aktuelle Nachricht kam aber zu einem Zeitpunkt, der bei den festgelegten Herstellungsterminen keine andere Wahl mehr übrig ließ als sich mit
den für alle Gartenfreunde wichtigen Tatsachen in das gerade noch offene
Vorwort zu flüchten. Und die Tatsachen sind ja auch wahrlich interessant
genug: Am 1. Januar 1987 ist nämlich ein neues Pflanzenschutzgesetz in
Kraft getreten. Wir leben also schon damit, aber es wird gewiß noch gerau-
me Zeit dauern, bis alle Ausführungsbestimmungen seiner 46 Paragraphen
sich spürbar durchgesetzt haben. Auch muß schon aus wirtschaftlichen
Gründen einiges vorerst bleiben wie es ist. Das heißt: bestimmte neue
Rechtsverordnungen werden erst im Juni dieses Jahres in Kraft treten, während laut § 46 »vorschriftsmäßig verpackte Pflanzenschutzmittel bis zum
1. Juni 1990 in Verkehr gebracht werden dürfen«. Im Sinne einer Befrie-
dung der herrschenden Situation ist das viel und wenig zugleich, wobei das
gesetzlich zwar angesprochene, aber praktisch noch ungelöste Problem einer
Berechtigung des Kaufes von Pflanzenschutzmitteln durch einen besonderen
»Erfahrungsnachweis« hinzukommt.

Auch der offizielle Titel »Gesetz zum Schutze der Kulturpflanzen« ist nicht
so treffend, wie es auf den ersten Blick erscheint. Denn glücklicherweise
ergibt sich aus den 46 Paragraphen, daß keineswegs nur die Kulturpflanzen
als solche geschützt werden sollen. Vielmehr umfassen die Bestimmungen in
ihrer Gesamtheit auch das Pflanzenleben aller Freilandgebiete, die mit dem
Blick auf Pflanzenschutzmittel des Umweltschutzes bedürfen. Daß bei eben-
diesen Pflanzenschutzmitteln trotz aller lobenswerten Auslesearbeit der Biologischen Bundesanstalt für Land- und Forstwirtschaft (BBA) und dem ständig wachsenden Angebot an biologischen Mitteln eine klare Linie oft genug
vermißt werden muß, hat den Gesetzgeber offenbar besonders nachhaltig
beeindruckt. Denn die Zielsetzung heißt kurz und bündig: »Schaffung eines
integrierten Pflanzenschutzes, der biologische, mechanische und chemische
Verfahren zusammenfaßt.« Hier sagt man vorerst am besten nur »Kommen-
tar überflüssig« oder auch – in literarische Gefilde ausweichend – mit
Shakespeares Hamlet: »Ein Ziel, auf's Innigste zu wünschen ...«

Im übrigen sei angemerkt, daß unser IM GARTEN ZU HAUSE durch ständige
zukunftsbewußte Angleichung der Neuauflagen an die gärtnerische Gegenwart im In- und Ausland noch immer seine Standardposition gehalten hat.
Noch immer gibt es ja gerade Freizeitgärtner genug, die ihre Fragen gern an
das Gartenbuch aus einer Hand richten und auf Taschenbücher mit verschiedenster Meinungsbildung nur als Zusatzinformation zurückgreifen.
Und nicht wenige gibt es, die im Rahmen ihrer beruflich bedingt knappen
Zeit den ihrer Meinung nach bewährten Formen überkommener Gartenpra-

*Das Gesetz zum
Schutze der
Kulturpflanzen*

*Auch Freiland-
pflanzen sollen
geschützt werden*

*Ziel ist ein
»integrierter
Pflanzenschutz«*

*Das Gartenbuch
aus einer Hand
wird zum Freund
des Hauses*

xis treu bleiben. Daß sich, den allgemeinen Wandlungen der Zeit entsprechend, ganz selbstverständlich auch hier immer neue Fragestellungen ergeben, wird niemand bestreiten.

Da zeigen sich Probleme wie die Blumenwiese statt der gar nicht so pflegeleichten Rasenfläche. Da ist die aus unserer persönlichen Lebenshaltung erwachsene Rückkehr aus dem Ziergarten in den Nutzgarten mit seinen familiären Erfolgserlebnissen. Nostalgisches erfreut das Herz der Rosenfreunde, denen die stachelbewährten alten Sorten lieber sind als eine moderne Rose ohne Dornen, während Obstbaumbesitzer mit ebensoviel Vergnügen unseren sorgsam revidierten Tabellen entnehmen können, daß hier beispielsweise Großvaters alter 'Gravensteiner' wieder einen Ehrenplatz unter den Äpfeln einnimmt. Wobei man sich natürlich für Neuanlagen den aus züchterischer Erfahrung gewonnenen Änderungen der Unterlagen-Systematik nicht verschließen darf. Hier gilt mein Dank Herrn Gartenbau-Ingenieur Peter Siegl, dessen berufliche Fachkenntnisse besonders auch die mühevolle Neubearbeitung der Obstbau-Tabellen wesentlich gefördert haben.

Ein wenig Nostalgie bei Rosen und Obstgehölzen

Nicht außer acht lassen sollte man endlich, daß auch die Düngung – obzwar in etwas anderem Sinne – zum Pflanzenschutz gehört. Der Torf bot hier Anlaß zu tageswichtigen Betrachtungen. Auch sollte endlich von berufener Seite wieder ein Verzeichnis zugelassener Düngemittel erstellt werden. Es ist Jahre her, daß die LUFA dergleichen verfügbar gemacht hat, um es dem inzwischen ständig neu bearbeiteten Pflanzenschutzmittel-Verzeichnis der Biologischen Bundesanstalt an die Seite stellen zu können.

Wo bleibt ein Düngemittel-Verzeichnis?

Dies alles zusammen ergibt, daß Verlag und Autorin gerade auch im Hinblick auf noch mehr Umweltschutz im Gartenbereich über die hier nun vorliegende vierzehnte Auflage unseres Buches hinaus bereits an jene fünfzehnte Auflage denken, wo dann auch über die praktischen Folgen und Erfolge der gesetzlichen Regelungen Rechenschaft abgelegt werden kann.

Der BLV-Verlagsgesellschaft aber sei einmal mehr Dank dafür gesagt, daß sie dem Buch IM GARTEN ZU HAUSE als einem ihrer ältesten Titel über nun mehr als drei Jahrzehnte hinweg so viel Förderung – auch zu internationalen Erfolgen – hat zuteil werden lassen.

Margot Schubert

Mensch und Garten

Grund
und
Boden

Die meisten Leserinnen und Leser, denen dieses Buch als Ratgeber dienen soll, sind wohl schon Besitzer eines Gartens, dessen Boden dank jahrelanger, sachgemäßer Bearbeitung die Merkmale solcher Pflege trägt. Man sagt von solchem Boden: »Er steht in alter Kultur«, und meint damit, daß die ihm anvertrauten Pflanzen hier einen guten, ihrem Gedeihen förderlichen humusreichen Wurzelgrund haben. Anders ist die Lage bei den Neuland-Gärtnern. Sie finden ihr Grundstück kaum in einem gartenmäßigen Zustand vor. Und wurde gar ein Haus darauf gebaut, dann brachte dies allein schon alle möglichen Eingriffe in die ursprüngliche Bodenstruktur mit sich, was weitere Maßnahmen einer folgerichtigen Vorbereitung auf die künftige gärtnerische Nutzung erfordert. So ist ein Neuland- oder Neubaugrundstück zunächst noch eine Gleichung mit vielen Unbekannten. Auf jeden Fall ungeeignet, um ohne weiteres Kulturpflanzen selbst mit nur durchschnittlichen Ansprüchen darauf ansiedeln zu wollen. Kein Rasen, kein üppiger Blumenflor, keine Radieschen und kein Salat würden da ordentlich gedeihen. Der Mensch, dem dieses Stück Land nun gehört, mag sich vielleicht niederbeugen, eine Handvoll seines Bodens aufnehmen und die alte, ewig neue Frage stellen: »Was ist Erde?« Das ist nicht nur eine typische Anfängerfrage, sondern auch der Fortgeschrittene, dessen »kultivierter« Boden ja auch nicht vor allen Anfechtungen irgendwelcher Störungen und Rückschläge sicher ist, darf bei der Antwort **ruhig ein** wenig mit überlegen und sich wieder einmal bewußt werden, was es mit der konsequenten Bodenpflege zur Erlangung einer dauerhaften Bodenfruchtbarkeit auf sich hat.

Das Ziel heißt
Bodenfruchtbarkeit

Von der pflanzentragenden Erddecke zum Gartenboden

Bodenarten, Klima, Lage

In Jahrmillionen ist durch unablässigen Einfluß verschiedenster Umweltfaktoren — nicht zuletzt durch Gesteinsverwitterung, Verschlämmung und allmählich einsetzende Verwesungsprozesse erster einfachster Gewächse — die pflanzentragende Erddecke entstanden. Weit entfernt natürlich noch von dem, was wir als Inbegriff gärtnerischer Bodenfruchtbarkeit »Mutterboden« nennen, aber doch erste Voraussetzung nicht nur für die Vielfalt des lebendigen Grüns in aller Welt, sondern auch für die Zusammensetzung der verschiedenen Bodenarten, die sich je nach Klima und Lage sowie mannigfachen örtlichen Gegegebenheiten im noch unkultivierten Freiland vorfinden.

Der Mensch, dessen Hand seine erste Erdprobe wägt, kann in großen Zügen wohl Unterschiede erkennen. Aber er soll sich damit nicht aufhalten: Wie trefflich auch immer für spätere, nicht mehr so grundsätzlich entscheidende Bodenuntersuchungen die einfachen Do-it-yourself-Methoden und nicht ganz so einfachen Bodentest-Geräte des Handels sein mögen — am Anfang sollte als erste grundlegende Feststellung nebst Beratung stets die exakte wissenschaftliche Bodenanalyse stehen, wie sie von einem der zuständigen Institute erstattet wird. Es sind dies die Landwirtschaftlichen Untersuchungs- und Forschungsanstalten im ganzen Bundesgebiet.

Adressen siehe
»Organisationen«,
Seite 404.

Für eine solche Untersuchung entnimmt man an 10—12 möglichst gleichmäßig über das Grundstück verteilten Stellen in Spatenstichtiefe je eine gleichgroße Bodenprobe. Es genügen jeweils ein paar Eßlöffel Erde, die in einer sauberen Schüssel oder einem kleinen Eimer innig miteinander vermischt werden, so daß daraus ein echter Bodenquerschnitt entsteht. Für die Analyse reicht ungefähr ein Pfund von dieser Mischung aus. Man füllt sie in einen Plastikbeutel oder in eine gut schließbare Blechbüchse, hängt einen Zettel mit genauer Adresse des Absenders daran und schickt das Ganze mit der Bitte um Beurteilung an die Institutsleitung. Bei offensichtlich uneinheitlichen oder sehr großen Grundstücken ab etwa 1500 qm nimmt man besser zwei oder mehr solcher getrennten Mischproben von entsprechenden Grundstücksteilen. Untersucht wird: 1. Bodenart; 2. Bodenreaktion; 3. Nährstoffzustand; 4. Zusatzermittlungen über Spurenelemente, organische Substanz, Gehalt an wasserlöslichen Salzen und einiges andere. Auch eine Dünge- oder Bodenverbesserungsempfehlung kann erbeten werden.

Hier geht es um den pH-Wert

Zum Verständnis aller folgenden Ausführungen über die Bodenpflege ist die Bedeutung der Bodenreaktion oder des Begriffes »pH-Wert« besonders wichtig. Man versteht darunter die Reaktion des Bodens nach der sauren, kalkarmen oder kalkfreien Seite und nach der alkalischen oder basischen Seite. Die Skala der pH-Werte umfaßt 14 Punkte. Das Sauerste vom Sauren mit dem Wert pH 0 ist Normal-Salzsäure; das Alkalischste mit dem Wert pH 14 ist Normal-Natronlauge. In der Mitte zwischen beiden, bei pH 7, liegt der sogenannte Neutralpunkt. Das Sauerste, was Pflanzen wünschen oder vertragen, ist pH 4,1—4,5 (gut für ausgesprochen kalkfeindliche Gewächse wie Rhododendron und einige andere immergrüne Laubgehölze); nach der alkalischen Seite reicht die Pflanzenverträglichkeit nur bis etwa pH 7,5. Die meisten Gartenpflanzen bevorzugen eine schwach saure bis ganz leicht alkalische Bodenreaktion zwischen pH 6 und pH 7,2.

Den Ausgleich zwischen sauer und alkalisch erreicht man einerseits durch Gaben von Kohlensaurem Kalk, der den Boden vor Versauerung schützt und als sogenannte Puffersubstanz dem im Erdreich herrschenden Zusammenwirken verschiedenster biologischer und chemischer Vorgänge eine gewisse, den Pflanzenwuchs schützende Elastizität verleiht; andererseits werden übermä-

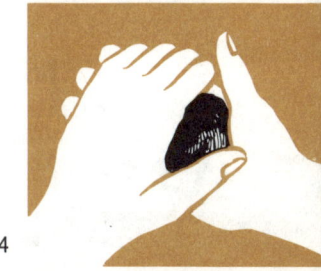

Die wichtigsten Bodenarten erkennt man mit der »Fingerprobe« am etwas feuchten Boden:
1. »Leichter Sandboden« rinnt durch die Finger.
2. »Lehmiger Sandboden« krümelt.
3. Mittelschwerer »sandiger Lehmboden« ist formbar, zerbricht aber in mittelgroße Klümpchen.
4. »Typischer Lehmboden« backt zusammen.
5. Aus »Tonboden« lassen sich Würste formen.

Kalkhaltige Erde

Kalkfreie Erde

ßiger Kalkgehalt des Bodens und sonstige alkalische Einflüsse durch Steigerung seines Humusgehaltes gemildert oder beseitigt. Da heute der Stallmist fast gänzlich fehlt, dienen dazu jetzt andere organische Dünger wie vor allem Kompost, Torfkompost und alle Formen von Torfhumusdüngern sowie als Grundlage ohne düngende Bestandteile der im Eigengarten völlig unentbehrlich gewordene Torfmull, im Handel irreführenderweise als »Düngetorf« geführt (siehe Kapitel »Was sind organische Dünger?«).

Ein zweiter Begriff kommt gelegentlich neben den pH-Werten vor: es ist die Meßeinheit DH, was soviel wie »Deutsche Härtegrade« bedeutet und sich auf den Kalkgehalt des Wassers bezieht. Als Gießwasser oder als Füllung des Wasserbeckens beeinflußt es den Boden und Wurzelgrund unserer Pflanzen. Für den Hausgebrauch gilt als grobe Faustregel, daß ein niedriger DH-Wert bis etwa 8° DH einer zuträglichen, kalkarmen oder kalkfreien Bodenreaktion entspricht, während hartes Wasser mit 12–18° DH, sehr hartes Wasser mit 18–23° DH sowie ultrahartes Wasser mit mehr als 23° DH ungefähr den Werten über pH 7 gleichkommen. Wer seinen Garten mit wirklichem Verständnis anlegen und pflegen will, sollte sich mit dieser Grundlage aller Bodenkunde vertraut machen. Eine Reihe weiterer wichtiger Gesichtspunkte kommt hinzu.

Vom Mutterboden und was darunter kommt

Mineralbodenprofil
Seite 15

Die Zeichnung zeigt, daß man den Boden in drei Hauptschichten oder »Horizonte« einteilt. Für die meisten Gartenpflanzen von Bedeutung ist vor allem der Oberboden, dessen größte Kostbarkeit in einer möglichst vollkommenen, humusreichen Mutterbodenschicht besteht. Nicht überall ist diese wärmende, nährende, lebendige Oberschicht vorhanden; nicht überall entspricht auch das darunterliegende Erdreich den Vorstellungen vom idealen Gartenboden, der mittelschwer, ebenfalls leicht erwärmbar, durchlässig, zur Aufnahme von Nährstoffen geeignet, als sandiger Lehm oder lehmiger Sand in die Erscheinung treten sollte. Erde in diesem Sinne ist ein von Hohlräumen und Kapillaren oder Haarröhrchen durchsetzter Verband 1–3 mm großer Krümel, weshalb man das Ganze seit altersher auch als Erdkrume bezeichnet und in diesem Sinne zum Beispiel auch von einer Krumendüngung spricht. Mutter-

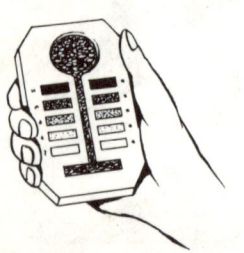

Prüfung der Bodenreaktion: Oben Kalkprobe mit Salzsäure. Erde aus dem Garten entnehmen, in säurefester Schale mit etwa 15prozentiger Salzsäure betropfen: Kräftiges, anhaltendes Aufbrausen mit lebhafter Bläschenbildung = mehr als 5% Kalk im Boden; schwaches Aufbrausen = 1–3% Kalk im Boden; kein Aufbrausen = kein Kalk im Boden. — Unten Bestimmung der Bodenreaktion mit dem Pehameter (orientierende Schnellbestimmung des pH-Wertes)

boden und gelockerte Krume, die zusammen etwa 30 cm tief hinabreichen und in denen sich gemeinsam mit der weitere 20–30 cm betragenden zweiten Hauptschicht ein wesentlicher Teil des Wurzellebens unserer Kulturpflanzen abspielt, sind von Lebewesen verschiedenster Art bewohnt. Pilze, Bodenbakterien, Algen, Urtiere, Fadenwürmer und andere bilden zusammen ein Milliardenheer winziger Organismen, die einerseits Humus zum Leben brauchen, andererseits aber selbst Humus erzeugen und dadurch für Wachsen und Gedeihen der Pflanzen von entscheidender Bedeutung sind.

Im Gegensatz zu den mineralischen Bestandteilen des Bodens besteht Humus aus organischer Substanz, die sich aus den pflanzlichen und tierischen Verrottungsresten, aus Eiweißstoffen und sonstigen gesunden Abbauprodukten zusammensetzt. Man unterscheidet hier noch den unvollkommen zersetzten Rohhumus und den sauren Humus, wie ihn die unter Luftabschluß entstandenen Hochmoore aufweisen, sowie den milden Humus, wie er in guten Laubwaldböden angetroffen wird. Für Gartenzwecke geeignet ist selbstverständlich nur der milde Humus, der aber auch im großen, durch entsprechende Bearbeitung, aus Rohhumus oder saurem Humus (Torf) gewonnen werden kann. Der milde Humus kann noch in chemischer Umsetzung befindlicher »Nährhumus« sein, der bei diesem Prozeß Nährstoffe bildet und abgibt; er kann aber auch als bereits umgewandelter, relativ stabiler »Dauerhumus« vorliegen. Das bedeutet allerbeste Voraussetzungen für Bodenfruchtbarkeit und Bodengare.

Rohhumus und Dauerhumus

Den Humusgehalt des Bodens zu erhalten und zu mehren gehört zu den Grundaufgaben der Bodenpflege. Sein Fehlen erkennt man an der auffallenden Krumelosigkeit des Bodens, der in solchem Falle bis in zwei, drei Spatenstich Tiefe eine von keinem Kapillarsystem durchzogene, homogene Masse bildet und auch keinen Unterschied in der Färbung zeigt. Mutterboden ist

Zwei Querschnitte durch Kulturboden zeigen links ein Schema der Erdschichten, rechts die Durchfeuchtung mit und ohne Hackarbeit (Kapillarwirkung).

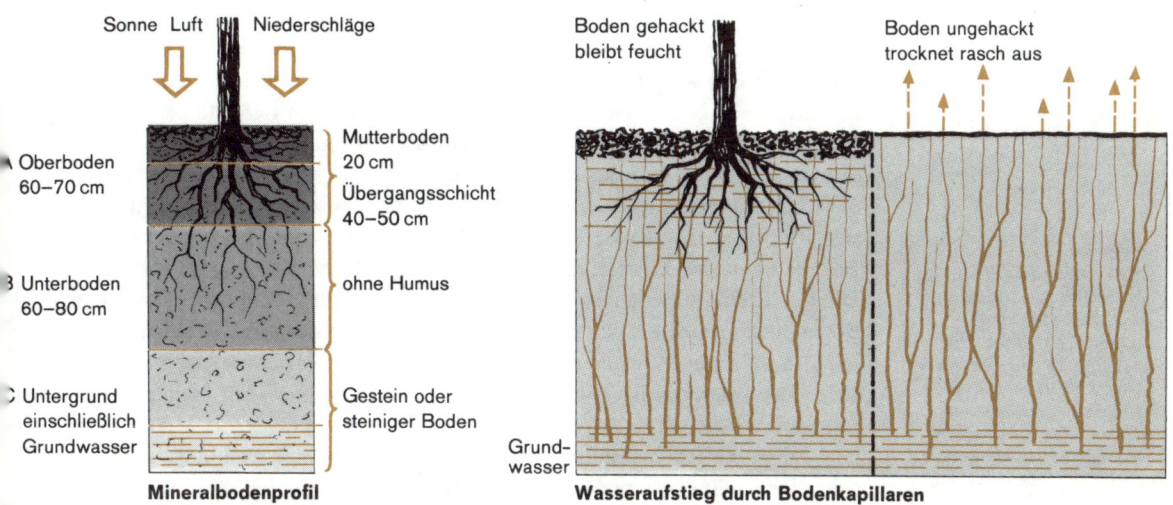

Sonne Luft   Niederschläge

A Oberboden 60–70 cm

B Unterboden 60–80 cm

C Untergrund einschließlich Grundwasser

Mutterboden 20 cm
Übergangsschicht 40–50 cm
ohne Humus
Gestein oder steiniger Boden

Mineralbodenprofil

Boden gehackt bleibt feucht

Boden ungehackt trocknet rasch aus

Grundwasser

Wasseraufstieg durch Bodenkapillaren

immer krümelig und dunkler gefärbt als die darunterliegenden Schichten. Typisch ist auch ein angenehmer, frischer Erdgeruch. Welche praktischen Möglichkeiten zur Bildung und Pflege des Mutterbodens sowie zur Förderung des Humusgehaltes gegeben sind, ist im Düngeteil nachzulesen.

Wasserhaushalt, Bodenluft, Bodenwärme, Bodengare

Grundwasser nicht überschätzen

Viele Faktoren müssen zusammenwirken, damit Bodenfruchtbarkeit wirksam wird. Bodenfeuchtigkeit gehört unabdingbar dazu. Sie entsteht im lebendigen Austausch von oben nach unten und von unten nach oben. »Grundwasser« ist eines der Schlagworte, die im Vokabular des Gartenfreundes eine große Rolle spielen. Wenn die Zeitungen über ein bedrohliches Absinken des Grundwasserspiegels schreiben, fühlt er sich sorgenvoll betroffen. Aber man soll die Bedeutung »dieser zusammenhängenden unterirdischen Wasseransammlungen über undurchlässigen Bodenschichten« auch nicht überschätzen. Richtig ist, daß ein zu hoher Grundwasserstand – über 1–1,20 m für Gemüsebau und 2,30–2,50 m für Obstbau – nachteilig für die betreffenden Kulturen wirkt und sinngemäß auch das Gedeihen von Zierpflanzen in Frage stellen müßte. Andererseits hat sich gezeigt, daß ein Zurückweichen des Grundwasserspiegels in nicht mehr ausnutzbare Tiefen keineswegs schon eine unmittelbare Gefährdung für den Garten bedeutet. Denn das Erdreich als solches besitzt je nach seiner Zusammensetzung selbst eine mehr oder minder große Wasserhaltefähigkeit, so daß die wünschenswerte Bodenfeuchtigkeit allein durch Niederschläge und künstliche Bewässerung von oben gewährleistet werden kann. Am schnellsten trocknen Sandböden, deren Wasserhaltefähigkeit nur 20 % beträgt; ein gutes Mittelmaß zeigen Lehmböden mit 30–40 %; stauende Nässe bewirken reine Tonböden mit 60–80 %. Und wieder einmal sieht man daraus, daß einseitig strukturierter Boden immer von Übel ist.

Wasserhaltefähigkeit des Bodens

Pflanzenwurzeln wollen atmen

Wo Wasser alle Hohlräume ausfüllt, kann nichts anderes sein. Zum Beispiel auch keine Bodenluft, die den atmenden Pflanzenwurzeln genauso unentbehrlich ist wie den Kleinlebewesen, die den Humusbedarf regeln helfen. Die Bodenluft ist übrigens etwas anders zusammengesetzt als unsere atmosphärische Luft: sie enthält weniger Sauerstoff und mehr Kohlensäure, was wiederum die Ursache eines ständigen, als »Bodenatmung« bezeichneten Austausches zwischen Bodenluft und freier atmosphärischer Luft bildet. Durch richtig dosierte Bewässerung sowie durch ständiges Lockern (oder Lockerhalten) des Bodens kann der Mensch diese Vorgänge zum Nutzen des Gartens steuern. Die unmittelbare Bedeutung des Hackens, das früher als Inbegriff sorgsamer Bodenpflege gepriesen wurde, tritt freilich nur in reinen Gemüsekulturen zutage. Im Wohngarten mit seinen bodenbedeckenden Daueranlagen wie Rasenflächen oder von flachwurzelnden Gewächsen bestandenen Staudenrabatten und zwischen Gehölzen kommt dieses Hacken ebensowenig in Frage wie jene jahreszeitlich bedingten Grabarbeiten, die allemal ausklangen in den Schlachtruf: »Im Sommer Spaten weg vom Gartenland!« Im Haus- und Klein-

Bildseite:
Der Frühling begleitet den Stufenweg zum Haus. Zwiebelblumen und Polsterblüher füllen die ansteigende Rabatte zur Linken; überschütten die Stützmauer zur Rechten, während das junge Grün der Laub- und Nadelgehölze den lichten Rahmen bildet.

garten mit systematisch betriebenem Gemüsebau ist ihre Gültigkeit weitgehend unbestritten. Andererseits kommt auch hier dem nachstehend beschriebenen Mulchen nach neueren Erkenntnissen hohe Bedeutung zu.

Das gesunde Verhältnis zwischen Wasserhaushalt des Bodens und Bodenluft, die beide von der Bodenqualität abhängen, bestimmt die mehr oder minder leichte Erwärmbarkeit des Bodens. Diese Erwärmbarkeit, als deren Energiequelle der Sonnenschein wirkt, ist größer in leichten, durchlässigen, stark gekrümelten Böden und geringer in schweren, bindigen Böden. Wieder ist das goldene Mittelmaß zwischen einem (zu) warmen, weil zu leicht austrocknenden Boden und einem (zu) kalten, weil undurchlässigen und daher zu stauender Nässe neigenden Boden unser erstrebenswertes Ziel. Torf und manchmal auch Sand sind die wichtigsten Helfer, um nach der einen wie nach der anderen Seite ausgleichend zu wirken.

Außerdem aber muß hier noch eine weitere Kraft zur Erzielung von Bodenfruchtbarkeit ins Spiel gebracht werden: das ist die sogenannte Bodengare. Ein garer Boden ist eigentlich schon kein Ziel mehr, sondern ein möglichst dauerhafter Zustand, der durch das Zusammenwirken aller bisher geschilderten einzelnen Faktoren ständiger Bodenpflege besteht. Diese allgemeine Gare, die am ehesten in reichlich lehmhaltigen Böden erreicht werden kann, darf nicht verwechselt werden mit der so überaus nützlichen Schattengare, die durch das Abdecken der Erdoberfläche entsteht. Man kennt diesen Vorgang auch als Mulchen, wobei zwei Methoden zu unterscheiden sind: Einmal das mindestens handhohe Abdecken mit organischen Stoffen wie Grasschnitt, Laubstreu, Torf, wie es eigentlich zum Bodenpflegeprogramm jedes Freizeitgärtners gehört und deshalb auch in diesem Buch bei den verschiedensten Gelegenheiten immer wieder empfohlen wird; zum anderen das Mulchen mit eigens dafür entwickelten, meist nur 0,05 mm starken, schwarzen Kunststofffolien, die ihrer Zweckbestimmung entsprechend als »Mulchfolien« im Handel sind und speziell für den Bedarf des Freizeitgärtners auch in kleinen Formaten geliefert werden. Sie halten nicht nur den Boden gar, sondern schützen ihn auch vor Verunkrautung. Wie so etwas aussieht, zeigt die Zeichnung im Gemüseteil, Abschnitt Tomaten. Tatsächlich kann durch die »Gare« bei ständiger Mulchdecke eine so gute, durchlüftete und von Mikroorganismen belebte Struktur im Boden entstehen, daß Hacken und Graben geradezu störend wirken.

Die Bodenpflege insgesamt ist ein schier unerschöpflicher Gegenstand, für dessen Bewältigung hier nur einige Richtlinien gegeben werden können. Wie es in der Praxis weitergeht, zeigen in großen Zügen die Düngekapitel des vierten Teiles.

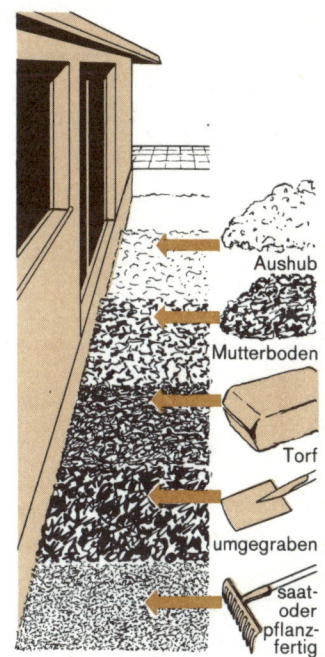

Aushub

Mutterboden

Torf

umgegraben

saat- oder pflanzfertig

Schematische Darstellung der einzelnen Arbeitsgänge bei der Bodenverbesserung im Neubaugarten oder anderem, bisher nicht als Garten benutzten Gelände.

Bodengare durch Mulchen

Klima und Lage

Jeder Garten hat sein Klima und seine Lage. Dies ist eine Binsenweisheit — ebenso wie die Feststellung, daß beide Faktoren für die gesamte Planung des Gartens und seinen späteren Betrieb ihre Bedeutung haben. Dennoch soll man sie, ebenso wie das immer mit soviel heiligem Ernst beschworene »Kleinklima«, nicht überschätzen. Wirklich große Beachtung verlangen alle drei in ausgesprochenen Nutzgartenanlagen, also bei vorherrschendem Gemüse- und Obstbau. Sobald es aber um den in unserem Rahmen doch wohl am meisten gefragten Typ des Wohngartens mit Zierpflanzen und Rasen oder auch um eine aus Zierde und Nutzen geschickt zusammengemischte, individuelle Gartenschöpfung geht, sieht die Sache ganz anders aus. Und vor allem das Kleinklima, dessen kunstreiche Selbsterzeugung immer so wunderschön beschrieben wird, verliert dabei viel von seinem wahrlich sagenhaften Wert.

Vom Großklima und von den alten Zöpfen

Wenn vom Großklima die Rede ist, so weiß jeder einigermaßen heimatvertraute Anwohner ohnedies, was da von seinem engeren Gebiet zu halten ist. In der norddeutschen Tiefebene weht ein anderer Wind als im Bayerischen; und nur im milden Weinklima wie am Neckar und am Rhein gedeihen die Haustrauben so gut wie Pfirsich und edle Tafelbirnen. Auch bei den Zierpflanzen wird man immer darauf achten, ob für sie in den Sortenbeschreibungen besondere klimatische Voraussetzungen angegeben sind. So bevorzugt beispielsweise auch die Glyzine geschützte Südlagen mit voller Sonne im Weinklima, während etwa die hübsche Hemlockstanne (Tsuga) oder Rhododendronbüsche in rauhen Lagen vor trocknenden Winden bewahrt werden sollen.

Im übrigen aber sind die Anweisungen zur klimatischen Bändigung des eigenen Gartens zu einem großen Teil doch alte Zöpfe. Abgesehen von Ausstellungen mit Gestaltungsbeispielen exklusiver Gartenkünstler habe ich noch nie einen Privatgarten gesehen, in welchem es künstlich angelegte Böschungen als kleinklimatische Windabwehrer gab. Die sinnvolle Anordnung von Hecken und durchlässigen Wänden wiederum ist im Wohngarten von heute schon unter der Devise des Sichtschutzes weithin Allgemeingut.

Daß Gebäudekomplexe nach Möglichkeit als Sperriegel gegen kalte Nord- und Nordostwinde wirksam werden, versteht sich ebenfalls beinahe von selbst. Leider gibt es kein Patentrezept gegen ungünstige Grundstückslagen und -formate. Wenn halt die Straße in entgegengesetzter Richtung verläuft und dadurch das Haus an die Südfront des Gartens rückt, fällt der Nordwind oder bei entsprechender Drehung auch der scharfe Ostwind heftig über Steingarten und Freisitz her, während die Sonne genau dorthin scheint, wo man sie nicht brauchen kann. Dennoch läßt sich auch aus dem »verdrehtesten« Garten mit Sachkenntnis und Geschick ein wachstumsfreundlich umhegter Raum machen. Nur sollten dann schon bei der Planung die Akzente richtig gesetzt werden. Gut gestaffelte Gehölzgruppen und Staudenpflanzungen, ebenso kleine Spaliere, an denen man schon für Einjahrsbedarf mit rankender Kapuzinerkresse oder Japanhopfen, als Dauerbepflan-

Himmelsrichtung

zung vielleicht mit dem zierlichen Nachwinterblüher *Jasminum nudiflorum* bezaubernde, kleinklimafördernde Wirkungen erzielen kann, sind solche stillen Helfer des einsichtigen Gartenfreundes.

Den Gemüsegärtnern wird zur Verbesserung des Kleinklimas seit alters her empfohlen:

Und das Kleinklima im Nutzgarten?

1. Windschutzwände in Ost-West-Richtung aus Stangenbohnen bauen und in deren Hut die feineren Gemüse ziehen. Nebenbei: Auch die Bohnen mögen den Wind nicht!

2. Einzelne Anbauflächen durch Zwischenpflanzung von teils hohen, teils buschigen Sonnenblumen oder hohen Reisererbsen (an modernen Erbsengittern aus Stahldrahtgeflecht) und ähnlichen Begleitpflanzen aufgliedern, um dadurch in den verschiedenen Quartieren Besonnung und Luftruhe zu verbessern.

3. Besonders im Frühjahr bei wachsenden Kulturen die Speicherung der Bodenwärme und Erhaltung der »bodenbürtigen Kohlensäure« durch Anhäufeln und Furchenpflanzung fördern (letzteres aus anderen Gründen nicht unbestritten!).

Zum Windschutz im Sinne der Fernhaltung kalter, scharfer, auch Verdunstungskühle bewirkender Winde tritt hier noch der Gesichtspunkt der Luftruhe im Wachstumsbereich der Gartengewächse. Diese Luftruhe verhindert das schnelle Entweichen des vom Boden aufsteigenden Kohlendioxyds, dessen Verweilen zwischen den Pflanzen unmittelbaren Wachstumsvorgängen (Aufnahme durch die Spaltöffnungen der Blattunterseiten, Umwandlung in Zucker und Stärke) dient.

Obstgärtner dürfen nicht vergessen, daß bestimmte Obstgehölze keine Luftruhe vertragen, also unbedingt außerhalb solcher geschlossenen Räume zu halten sind. Dies gilt für einige Apfel- und Birnensorten, die man in den einschlägigen Tabellen findet. Auch Kirschen bevorzugen im allgemeinen einen freien, luftigen Stand. Aber gerade beim Obst geht es ja nicht nur um den Windschutz, sondern um weitere differenzierte Fragen der Klimaansprüche, der Klimaverträglichkeit und des Pflanzenschutzes, zu denen in diesem Fall unbedingt auch das Temperaturgefälle während der Blüte und die Luftfeuchtigkeit zählen: Spezialfragen, auf die der Obstbauteil antwortet.

Gute Windschutzpflanzungen:

Für höhere Formhecken:
Hainbuche (auch für trockene und schattige Lagen);
Grau- oder Weißerle (für leichte und trockene Böden);
Rot- oder Schwarzerle (für feuchte Böden);
Feldahorn (kalkliebend, für leichte, trockene Böden, auch für Schattenlagen);
Zitterpappel (für Gartenhecken zu groß, gut für weiträumige Windschutzstreifen).

für Naturhecken:
Weißdorn, Feuerdorn, Haselnuß, Heckenkirsche, Mahonie, Ölweide, Philadelphus, Sanddorn.
Siehe auch Kapitel Hecken und Ziersträucher.

Einfriedungen üben einen wesentlichen Einfluß auf das »Kleinklima« des Gartens aus. Hohe, feste Mauern verhindern die gleichmäßige Durchlüftung; halbdurchlässige Schutzpflanzungen begünstigen das »Kämmen« des Windes.

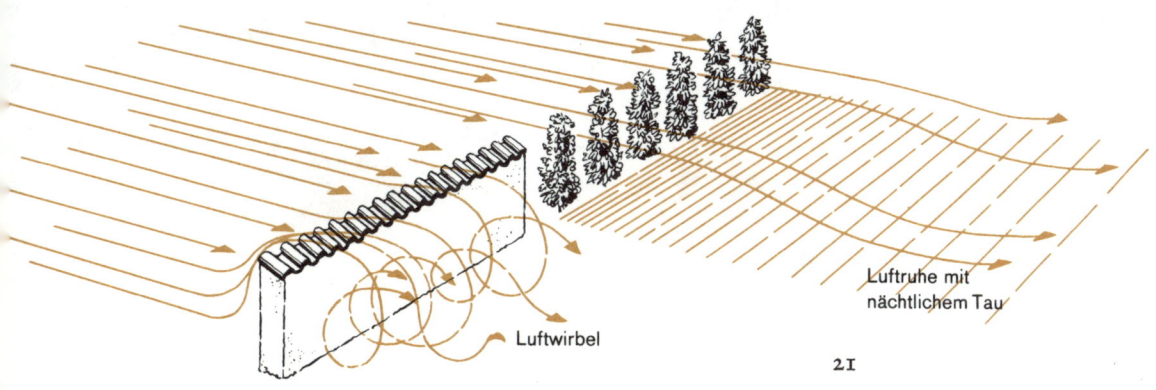

Luftwirbel

Luftruhe mit nächtlichem Tau

Wasser zur Bewässerung

Das Wasser hat im Garten drei sehr unterschiedliche Aufgaben: Zum ersten ermöglicht es die Einrichtung sogenannter biologischer Freilandbecken, in deren engerem Bereich sich nicht nur eine bezaubernde Pflanzenwelt ansiedeln läßt, sondern auch Fische und anderes Getier den Lebenskreis im und am Wasser abrunden. Ein großes Kapitel im Ziergartenteil gibt Aufschluß über viele Fragen, die damit in Zusammenhang stehen. Zum zweiten dient es der sportlich-erholsamen menschlichen Betätigung oder Erquickung, deren Spannweite wohl am besten durch die beiden Gegenstücke Planschbecken und Schwimmbecken gekennzeichnet ist, aber noch eine Reihe weiterer Anlagen und Geräte umfaßt, wie dies umrißweise im Kapitel von der Wohngartentechnik beschrieben wird. Zum dritten aber ist das Wasser — gebändigt und sinnvoll gelenkt — die große Lebensquelle des Pflanzenwuchses unserer Gärten, die als menschliche Kunstschöpfungen mit den natürlichen Niederschlägen allein nicht bestehen könnten. Gartenkultur und Gartenwasserwirtschaft hängen auf das engste zusammen. Davon soll auf den folgenden Seiten die Rede sein.

Bodenbewässerung und Pflanze

Um den Wasserhaushalt des Gartens nutzbringend einzurichten, müssen wir von der Bodenbeschaffenheit ausgehen. Ist das Erdreich schwer und bindig, so wird Gießwasser schlecht aufgenommen und darf deshalb nur sparsam, jeweils in kleinen Mengen gegeben werden. Auch ein toniger oder lehmiger Untergrund, über dem nur eine dünne Schicht guten Mutterbodens liegt, erfordert wegen seiner Undurchlässigkeit und Neigung zum Vernässen Vorsicht. Reichliches Gießen zur Förderung des Wachstums erscheint also nur dort angebracht, wo gute Gartenerde in alter Kultur vorhanden ist. Ihre feinkrümelige Struktur und mürbe Durchlässigkeit bieten Gewähr dafür, daß die Pflanzenwurzeln ihren Bedürfnissen entsprechend durchfeuchtet werden und stets soviel Wasser aufnehmen können, wie sie brauchen. Ausgesprochen leichte, sandige Böden wiederum besitzen oft eine zu geringe Wasserhaltekraft, die aber durch entsprechende Maßnahmen der Bodenpflege — zum Beispiel das Einbringen von Torf — ausgeglichen werden kann.

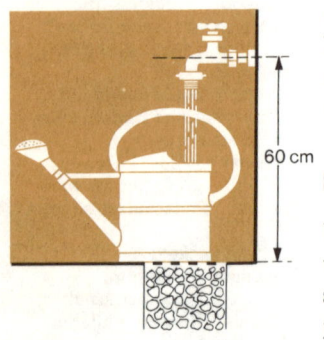

60 cm

Zapfstellen sollen 60 cm Bodenfreiheit haben. Ein Kieslager verhütet Pfützenbildung.

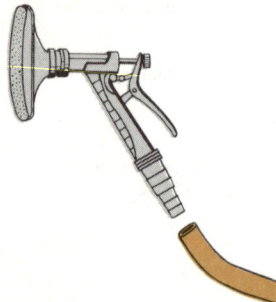

Vielseitig verwendbar ist die »Wasserpistole« mit Gießbrause.

Zum Schutz der Kinder sowie vor Verunreinigung und Mückenbrut bekommt das Schöpfbecken einen Holzdeckel. Sonst tut es eine Drahtabdeckung.

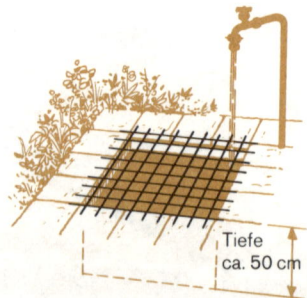

Tiefe ca. 50 cm

Gerade in gut gepflegten Gärten ohne die vielfältigen Möglichkeiten neuzeitlicher Bewässerungstechnik zeigt sich übrigens, daß ein richtig gedüngter Boden, der durch Herbst- und Frühjahrsbearbeitung gut durchlüftet und während des Sommers durch rechtzeitiges Abdecken im Garezustand gehalten wird, mit sehr geringen oder sogar ohne zusätzliche Wassergaben auskommen kann. Ein ungewöhnlich regenarmer, heißer Sommer, der trotz bester Vorbereitung das Erdreich staubtrocken werden läßt, schafft allerdings wiederum andere Voraussetzungen und beansprucht zwingend ausreichende Bewässerung, damit die Pflanzen allzumal nicht Not leiden. Geht es in solchen Fällen doch nicht nur um saftreiche, krautige Gewächse, die solchen Trockenperioden am ehesten zum Opfer fallen. Auch Sträucher und Bäume werden davon betroffen, wobei die schwersten Schäden manchmal erst binnen Jahresfrist zutage treten.

Den Neubaugärtnern aber sei noch ins Stammbuch geschrieben, daß rohe, an sich schon wenig durchlässige Böden im gartenmäßig bisher unerschlossenen Gelände durch zu reichliches Gießen und Sprengen nur immer schlechter, schmieriger und härter werden. Wo da nicht rechtzeitig mit bodenpflegerischen Maßnahmen eingegriffen wird, nimmt die Verkrustung der Oberfläche schier groteske Formen an; siehe auch das Kapitel »Grund und Boden«.

Von der Beschaffenheit des Wassers

Seit Justus von Liebig wissen wir es genau: Die Pflanze ist eine »Kraftsuppensaugerin«, die alle Nährstoffe des Bodens nur in wassergelöster Form aufzunehmen vermag. Aber das lebensnotwendige Wasser soll immer ungefähr der Luft- und Bodentemperatur angepaßt sein. Ein kalter Guß direkt aus der Leitung auf die noch von sommerlicher Tageshitze durchwärmte Pflanze wirkt also unter Umständen mehr schädlich und wachstumshemmend als anregend und erfrischend. Neben der Wärme des Gießwassers ist der durch das Abstehen in weiten, offenen Gefäßen erhöhte Sauerstoffgehalt wichtig.

Früher wurde überall das Loblied des Regenwassers gesungen und sein Auffangen in den sattsam bekannten Regenwassertonnen empfohlen. Sie standen — ganz oder teilweise im Erdboden versenkt — unter den zum Ablaufen eingerichteten Rohren, die auch heute noch das gesammelte Wasser aus den Dachrinnen nach unten leiten. Da diese Rohre häufig direkt in das Kanalisationssystem gelenkt werden, gab es sogar einen Klappmechanismus, der sich nach Bedarf als Ablaufstutzen zur Tonne öffnen ließ. Allein alle derartigen Einrichtungen wie auch die Verwendung des gesammelten Regenwassers selbst sind in weiten Gebieten unserer Industrielandschaft fragwürdig geworden. Dort nämlich, wo das Regenwasser erst die Dunstglocke einer Fabrikstadt passieren muß und dann noch über öldunstverschmutzte Dächer abläuft, ist seine Verwendung als Gießwasser in solcher pflanzenfeindlichen Konzentration nicht mehr wünschenswert. Für ländliche Gegenden, wo die Luft ringsum wirklich noch sauber und Regenwasser das freundliche, frucht-

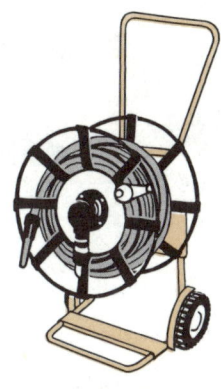

Schlauchwagen als Mehrzweckgerät: durch Abheben des Schlauchhalters mit einem Griff läßt sich das stabile Gestell in eine Transportkarre für Lasten aller Art — von der Mülltonne bis zu Bierkästen — oder in einen fahrbaren Abfallbehälter mit eingehängtem Müllsack verwandeln. Das Doppelrad kann dann noch als Wand-Schlauchhalter zum Überwintern dienen.

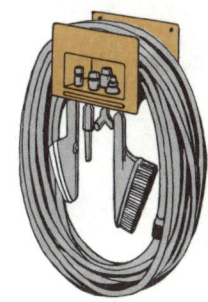

Praktisch für die Schlauchpflege zu jeder Jahreszeit ist auch dieser »Schlauchboy«, der zusätzlich alle Einzelteile eines modernen Bewässerungssystems aufnimmt, so daß nichts verlegt wird oder verlorengeht.

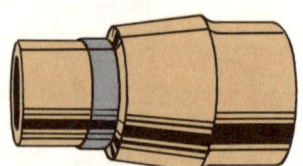

Kupplung mit Wasserstop

Kupplungsarmaturen und Wasser-Stecksysteme lassen sich einfach ineinanderfügen und mit Fingerzug lösen.

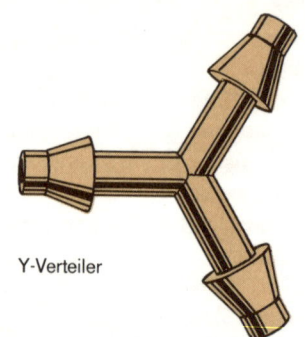

Y-Verteiler

Hahnanschluß für verschiedene Größen

Zwischenstück

»Barockes Wasserspiel«. Der Bügel dreht sich durch den Rückstoß des Wassers.

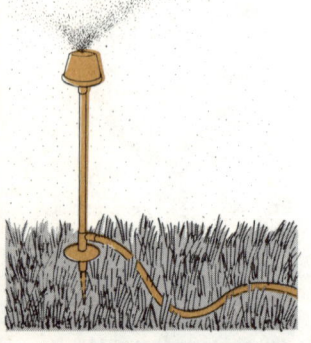

Kunststoffsprenger, auch als Gießbrause verwendbar.

bare Himmelsnaß aus vergangenen Tagen geblieben ist, treffen diese Vorbehalte natürlich nicht zu. Dort gibt es manchmal auch noch ein fließendes oder stehendes Gewässer, aus dem man von Hand oder mit Hilfe einer tragbaren Pumpe schöpfen kann. Ob Wasser aus dem Schwimm- oder Planschbecken geholt werden darf, hängt von den hier häufig verwendeten chemischen Zusätzen ab. Starker Chlorzusatz verbietet zwar eine sofortige gärtnerische Verwendung, aber Chlor baut an der Luft sehr rasch ab, so daß der »Chlorschub« schon nach einigen Stunden vorüber und das Wasser zum Gießen brauchbar ist. Aus dem von Pflanzen und Tieren bewohnten biologischen Freilandwasserbecken sollte man schon wegen der damit unweigerlich verbundenen Störungen — auch des biologischen Gleichgewichtes bei notwendigem Nachfüllen aus der Leitung! — nicht schöpfen.

Unser bundesdeutsches Leitungswasser, das vor allem in hausnahen Gärten direkt oder indirekt zum Gießen und Sprengen benutzt wird, ist überwiegend hart bis ultrahart. Den meisten Freilandpflanzen macht das nichts aus. Vorsicht ist nur bei einer kleinen Anzahl ausgesprochen kalkfeindlicher Gehölze geboten, die üblicher- und fälschlicherweise als Moorbeetpflanzen bezeichnet werden. Näheres darüber im einschlägigen Kapitel.

Wenn aber das harte Wasser schon den Pflanzen nichts schadet, so kann es doch unsere Gartenwasserwirtschaft in anderer Hinsicht nachteilig beeinflussen: Viele der an sich sehr zweckmäßigen Düsensprühgeräte verkalken nämlich schon im Laufe des ersten Sommers. Dadurch wird der Druck im Innern der Wasserkammer so stark abgebremst, daß die beweglichen Strahlenfächer nur noch bedingt ihr Beugespiel zeigen können. Übrigens habe ich den Eindruck, als ob Regner und Sprühschläuche aus Kunststoff diesem durch Wasserhärte bedingten Verschleiß weniger unterworfen sind.

Besseres Wasser durch die Enthärtungsanlage

Wer von Natur weiches Wasser unter 8–10° Deutscher Härte hat, braucht sich um solche Probleme nicht zu kümmern. Mancher schafft sie durch Einbau einer zentralen Wasserenthärtungsanlage aus der Welt, und dann geht alles von selber. Überall in Haus und Garten, die selbstverständlich eine

Betriebseinheit bilden müssen, fließt nur noch vorschriftsmäßig enthärtetes Wasser aus den Leitungshähnen, wobei der Weichheitsgrad (oder der pH-Wert!) von Fall zu Fall eingestellt werden kann. Weder das Zimmeraquarium noch das Freilandbecken sind mehr von Veralgung bedroht; man hat keine Mühe mehr mit dem Gießen der kalkablehnenden Pflanzen drinnen und draußen; die Regner und Sprühgeräte bleiben intakt; auch die Einrichtungen zum Duschen, Baden und Schwimmen im Garten brauchen weniger Zusätze und Wartung. Allen diesen Vorteilen steht freilich der verhältnismäßig hohe Preis eines leistungsfähigen Markenfabrikates mit Dauerwert gegenüber. Doch selbst sparsame Hausväter pflegen nach meinen Erfahrungen sehr bald einzusehen, daß diese Anschaffung sich lohnt, weil sie in ihren praktischen Auswirkungen der Gesamtheit des Besitzes zugute kommt und alle möglichen Arbeiten vereinfacht.

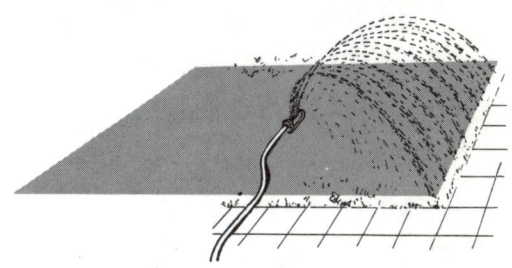

Unter den vielen sinnreichen Helfern, die uns dank der modernen Technik zuteil wurden, verdient eine Sondergruppe erhöhte Aufmerksamkeit: Es sind die Kunststoff-Kupplungs-Armaturen und Wasserstecksysteme, deren bleibende Bedeutung für das gesamte Wasserwesen des Freizeitgärtners wohl heute schon als gesichert gelten darf. Sie tragen wesentlich zur Bändigung der manchmal doch recht bösartigen Schlauchschlangen bei, verhüten unfreiwillige Wassergüsse auf schön frisierte Damenköpfe und bewahren uns vor abgebrochenen Fingernägeln durch Hantieren mit widerspenstigen Verschraubungen nebst Schlauchklemmen. Außerdem ist das im Garten unentbehrliche Wasser durch dieses vielseitige Kuppelwesen noch beweglicher geworden, als sein flüssiger Charakter es ohnedies mit sich bringt. Man kann das Strömende beliebig teilen und weiterleiten, damit spritzen, gießen und es mittendrin abstellen, ohne jedesmal erst zum Hauptleitungshahn laufen zu müssen.

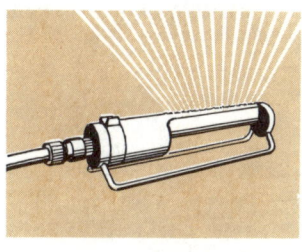

Viereckregner arbeiten genau nach Maß. Sie haben meist mehrere stufenlos einstellbare Sprengbereiche und sparen dadurch viel Mühe beim Wässern von Rasenflächen, aber auch schmaleren Blumenrabatten und Gemüsebeeten. Größere Geräte erbringen bis 16 m Sprengbreite und 20 m Wurfweite.

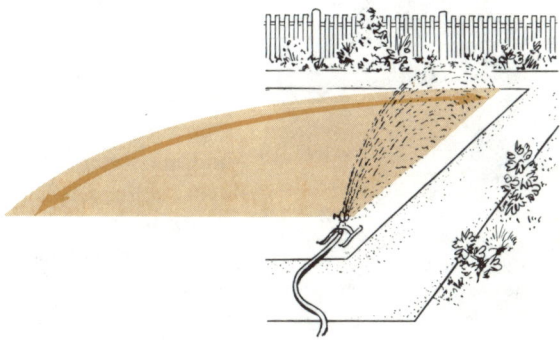

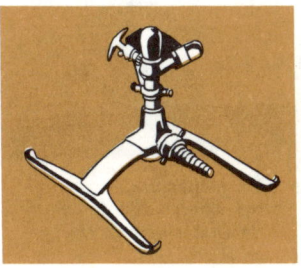

Kreis- oder Segmentregner (einstellbar). Montage auf Schlitten. Wurfweite 10—12 m; Fläche bis 300 qm.

Gießen und Sprengen

Wann ist die beste Zeit zum Gießen? Kein Zweifel, daß pralle Sonne und kaltes Wasser zur gleichen Zeit die Pflanze erschrecken und auch guten Boden

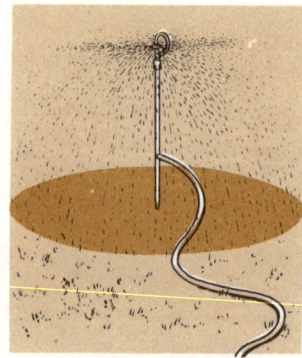

Feinsten Wasserstaub liefert die Tegtmeier-Pralldüse.

Klein-Regner, der für verschiedene Grundflächen eingestellt werden kann.

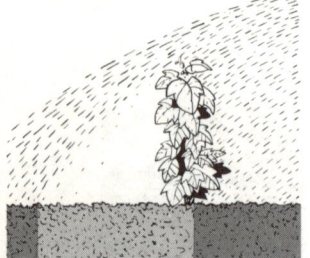

Einseitiges Sprühen bewirkt bei höheren Pflanzen einen trockenbleibenden »Regenschatten«.

verkrusten lassen. Daher der alte Gärtnergrundsatz, daß im Sommer nur früh am Morgen oder besser noch zur Zeit des Sonnenunterganges Wasser gegeben werden soll. Zum Gießen gehört die genormte Gießkanne, deren arbeitsgerechter Bügelgriff sicher durch die Hand gleitet. Sie erleichtert uns die Aufgabe, »zart« und nicht nach Wolkenbruchmanier zu gießen. Übliche Gartengießkannen fassen 10–12 Liter, was an heißen Sommertagen gerade für einen Quadratmeter Boden ausreicht.

Die Aufnahme des Gießwassers durch die Pflanze hängt nicht zuletzt von der Form unserer Beete ab. Ihre Ränder sollen nicht so steil sein, daß kleine Bächlein auf die Wege herabfließen. Deshalb macht man — besonders beim Gemüsebau und bei Neupflanzungen — um jede Pflanze einen Gießrand, in dem das Wasser stehenbleiben und langsam versickern kann. Stets halten wir es auch mit dem Grundsatz, daß lieber einmal durchdringend als sechsmal ein bißchen obenhin gegossen werden soll. Das durchdringende Gießen erfolgt in 3–4 Wassergaben innerhalb von 1–2 Stunden, damit der Boden bis in seine tieferen Schichten hinein durchfeuchtet wird.

Solche gründliche Durchfeuchtung ist bei normalem Witterungsverlauf nur alle 4–5 Tage erforderlich. Man gibt sie im allgemeinen aus dem Gießkannenrohr. Nur zarte, zum Losschwemmen neigende Pflanzen werden tröpfelnd mit der Brause oder mit der modernen Gießbrause versorgt. Kleine Unterschiede beim Wässern hängen von der Wurzelbeschaffenheit ab. Flachwurzler, die alle Nahrung dicht unter der Erdoberfläche aufnehmen, müssen öfter versorgt werden als Tiefwurzler.

Bei mechanischen Regengeräten darf der Strahl nie unmittelbar auf die Pflanzen gerichtet werden. Die meisten sind heute schon so konstruiert, daß ganz von selbst eine oft staubartig feine Verteilung erfolgt, wobei die Wassertröpfchen zuerst hoch in die Luft geschleudert werden, sich dort erwärmen und mit wesentlich gemilderter Durchschlagskraft unten ankommen. Trotzdem ist Vorsicht am Platze, denn es gibt eine Reihe von Pflanzen — voran Rosen und manche Rittersportsorten — die von den Wohltaten künstlicher Beregnung bei Sonnenschein nichts wissen wollen, sondern darauf mit Sternrußtau und Mehltau reagieren. Auch ist das stundenlange Belassen eines Regners am gleichen Platz die sicherste Methode, um den Rasen restlos zu ruinieren und sonstige Anpflanzungen zu ersäufen, während der Boden insgesamt durch solche sinnlose Wasserplanscherei in Sumpfland verwandelt wird. Länger als eine halbe Stunde sollte kein Regengerät am gleichen Platz eingesetzt werden.

Und noch etwas: Jeder forsche Sprühschlauch läßt sich durch Verminderung des Wasserdruckes aus der Leitung in einen sanften Sickerschlauch verwandeln. Als solcher dient er zu schonsamer Bodenbewässerung etwa in Rosenrabatten oder unter Gehölzen. Wo Dauerbewässerung notwendig ist, kann man sogar im Bereich der Kronentraufe oder mindestens der Baumscheibe einen kleinen Graben ziehen und bei ganz klein gestelltem Wasser den Schlauch über Nacht einwirken lassen.

Alle Wild- und Kulturpflanzen haben botanische Namen und sind damit eingereiht in das große System der botanischen Wissenschaft. Die botanischen Namen — meist lateinischer, seltener griechischer Prägung — stehen nicht unverrückbar fest, sondern wandeln sich mit den fortschreitenden Erkenntnissen in Forschung und Lehre. Fremdsprachigkeit und Veränderlichkeit sind für den Naturfreund, den Gartenfreund, den Zimmerpflanzenfreund oft recht beschwerlich, denn nicht selten kommt es vor, daß ein neuer wissenschaftlich festgesetzter Name und der eingebürgerte alte Name noch jahrelang in edlem Wettstreit miteinander liegen, ja daß man geradezu von botanischen Handelsnamen spricht, die einfach nicht aus dem Felde zu schlagen sind. Wir Liebhaber, denen in Gartenbüchern und Gartenkatalogen, nicht zuletzt auch beim Berufsgärtner solche Zwei- oder gar Dreigleisigkeit begegnet, müssen uns damit abfinden. Denn die botanische Nomenklatur bietet trotzdem das bei weitem zuverlässigste, auch international gültige Verständigungsmittel. Ohne seine Hilfe würde sich bei der ungeheuren Vielfalt von Gewächsen in aller Welt überhaupt niemand mehr auskennen.

Schon allein die Benennung allgemein bekannter Gemüse oder Blumen durch mundartliche Bezeichnungen innerhalb unserer eigenen Muttersprache macht den botanischen Namen oft unentbehrlich. Nehmen wir als ein Beispiel für viele jenes überall geschätzte grüne Kräutlein, das in Südwestdeutschland »Feldsalat«, im Württembergischen »Sonnewirbele«, im Bayerischen »Nisselsalat«, in Norddeutschland »Rapunzel« und zwischendurch auch noch »Ravinschen« oder »Ackerlattich« genannt wird: Wenn da auf der Samentüte *Valerianella locusta* (oder das ältere botanische Synonym *V. olitoria*) zu lesen steht, dann ist hinsichtlich der Identität kein Irrtum mehr möglich. Auch können wir uns fürsorglich gleich noch merken, daß es sich hier um eine Pflanze aus der Familie der Valerianaceen oder Baldriangewächse handelt.

Bei den Zierpflanzen kommt hinzu, daß viele von ihnen als Produkte gärtnerischer Züchtung kein deutsches Kennwort besitzen, oder daß der ihnen zwangsweise verliehene Name weithin unbekannt geblieben ist. Verlangen Sie spaßeshalber bei Ihrem Samenfachhändler eine Portion »Männertreu«. Da wird er im Zweifel sehr erstaunt blicken. Sagen Sie aber »Lobelie«, dann weiß jeder gleich Bescheid. Natürlich gibt es umgekehrt auch Beispiele für das Obsiegen der deutschen Bezeichnung. Edelweiß, Maiglöckchen, Mohn, Rittersporn, Vergißmeinnicht sprechen da eine unmißverständliche Sprache. Viele Pflanzennamen wiederum sind uns so vertraut, daß wir in der eingedeutschen Form den botanischen Ursprung gar nicht mehr erkennen: Aster, Dahlie, Fuchsie, Iris, Lupine, Magnolie, Petunie, Primel, Rose, Skabiose, Tulpe — es gibt da keine Grundsätze und keine festen Regeln, sondern Volksmund und Praxis gehen ihre eigenen, oft krausen Wege. Aber wie dem auch sei — in einem Buch für den Gartenliebhaber gebührt dem oder den deutschen Namen der Vorrang. Deshalb kommt nun, vor allem auch in den Pflanzenlisten, die zur Zeit gültige botanische Bezeichnung an zweiter Stelle.

Botanische Namen — nicht zu entbehren

Labyrinth der deutschen Namen

Deutsche und eingedeutschte Namen

Deutsche Namen vor den botanischen

Name und Familie lassen vieles erkennen

Über den botanischen Eigennamen hinaus die Familienzugehörigkeit zu kennen ist oft von großem praktischem Wert. So stammen durchaus nicht alle von uns als »Rüben« bezeichneten Pflanzen aus der gleichen Sippe und werden folglich auch keineswegs einheitlich von den gleichen Pflanzenkrankheiten oder Schädlingen befallen. Die Gelbe Rübe oder Möhre (*Daucus carota*) ist eine Doldenblütlerin; die Rote Rübe oder Bete (*Beta vulgaris*) zählt zu den Gänsefußgewächsen. Diese Pflanzen — und ebenso auch die Schwarzwurzel (*Scorzonera hispanica*) als Korbblütlerin — werden nie unter Erdflöhen leiden noch von Kohlweißlingen und Kohlfliegen geplagt oder von Kohlhernie befallen werden. Gefährdet sind hier nur die Kohlgemüse einschließlich der Kohlrübe, ebenso Radieschen, Rettich und Meerrettich, ferner bekannte Gartenblumen wie Goldlack oder Levkoje und verbreitete Unkräuter (Hederich, Hirtentäschelkraut). Strenge botanische Systematik hatte sie in einer Familie der Kohlgewächse oder *Brassicaceae* zusammengefaßt; praktisch ist ihnen ihr alter Name Kreuzblütler oder *Cruciferae* treu geblieben.

Krankheiten und Schädlinge sind oft auf bestimmte Pflanzenfamilien begrenzt

Ordnung durch Sortenbenennung

Leicht läßt sich beweisen, daß der Botaniker System in die Sache bringen und zugleich der gartenbaulichen Entwicklung dienen kann. Die züchterische Namengebung hat mit der wissenschaftlichen Bezeichnung freilich nur insoweit zu tun, als das anerkannte und neuerdings oft sogar patentrechtlich geschützte Sortenkennwort der botanischen Klassifizierung angehängt wird, wie zum Beispiel bei der Nelke *Dianthus caryophyllus plenus* »Schnittwunder« oder der Farbenmargerite namens *Chrysanthemum roseum grandiflorum* »Robinsons einfache Riesen«, was eigentlich soviel wie ein weißer Schimmel ist. Denn die erlesene Großblumigkeit der Sorte wird einmal im botanischen Namen durch den Zusatz »*grandiflorum*« = großblumig und zum anderen im Schmucknamen durch den »einfachen Riesen« dem Verbraucher vor Augen geführt.

Züchternamen werden gesetzlich geschützt

Sicher ist Ihnen inzwischen schon eingefallen, daß auch Gemüse und Obst, deren botanische Namen praktisch kaum noch angewendet werden, solche Sorten- oder Schmucknamen tragen. Da hätten wir die berühmte Erbse »Kleine Rheinländerin« oder den Kohlrabi »Optimus«.

Im Biedermeier hieß eine beliebte Erdbeersorte »Königin Luise« — wir begnügen uns heute mit »Frau Mieze Schindler« oder »Direktor Paul Wallbaum«, während in den Senga-Sorten der Name des großartigen Züchters R. von Sengbusch wiederkehrt und Neuheiten mit dem Beiwort »Hummi« natürlich nur aus Reinhold Hummels Erdbeer-Zaubergarten stammen können. Von der Brombeere »Theodor Reimers« führt der Weg zur Johannisbeere »Jonkheer van Tets« und zu den Stachelbeeren »Maiherzog« und »Lady Delamere«. Jeder kennt den Apfel »Geheimrat Oldenburg« und die Birne »Williams Christ«.

Ausgerechnet halbe Gänsefüßchen …

Ehrlich gesagt, ist die hier vorgenommene Schreibung der Schmucknamen in normalen Anführungszeichen ein grober Verstoß gegen geheiligte Regeln der Nomenklatur. Danach dürften es nämlich nur oben stehende, halbe Gänsefüßchen sein, wenn die Namen — was hier nicht der Fall ist — gewissermaßen im Dienstanzug ihrer vollen botanischen Kennzeichnung erscheinen. Wer die halben Gänsefüßchen nicht mag, kann statt dessen auch die Abkürzung cv. vor den Schmuck- oder Sortennamen setzen. Sie steht als latinisiertes *»Cultivar«* für den anglo-amerikanischen Begriff »cultivated variety«. Das bedeutet soviel wie »Sorte« und gibt zu erkennen, daß es sich bei der betreffenden Pflanze um ein gärtnerisches Zuchtprodukt handelt.

Statt »Cox« jetzt 'Cox'

Was bedeutet cv.?

Botanische Systematik kurz gefaßt

Für unsere Zwecke genügen bei der Einteilung der Pflanzen vier Rangstufen: Die Begriffe »Klasse«, »Familie«, »Gattung« und »Art«. Hier ein Beispiel:

Cyclamen / Alpenveilchen
Klasse: *Dicotyledoneae* = zweikeimblättrige Pflanzen;
Familie: *Primulaceae* / Primelgewächse;
Gattung: *Cyclamen* / Alpenveilchen;
Art: *Cyclamen purpurascens* (früher *C. europaeum*), als einzige völlig winterhart.

Aus den Arten entstehen die gärtnerischen Zuchtformen. Zu ihnen gehören unter anderem:
Hybrida = Bastard (Kreuzung), gekennzeichnet durch ein × vor dem Artnamen;
Beispiele: *Aster × frikartii* oder *A. × arguta.*
Varietäten (Abkürzung var.) kennzeichnen ebenfalls Abwandlungen der Art;
Beispiel: *Lobelia erinus* var. *pumila* = häufig verwendete, nur 10 cm hohe Zwergform der bis zu 1 m hohen Wildart unserer Gartenlobelie.

Sorten erhalten heute nur noch Namen aus lebenden Sprachen. Sie werden dem Gattungs- und Artnamen angefügt, immer groß geschrieben und in oben stehende halbe Anführungszeichen gesetzt. Beispiel: *Hydrangea macrophylla* 'Blauer Prinz', eine berühmte Gartenhortensie. Alte Sortennamen sind oft noch latinisiert; Beispiel: *Corylus avellana* 'Contorta', die Korkzieher-Hasel. So streng sind die Nomenklaturbräuche aber nur innerhalb wissenschaftlicher Anwendungsgebiete. Gartenbücher, Kataloge und sonstige Veröffentlichungen tanzen oft genug aus der Reihe.
Im Falle von Umbenennungen bei den botanischen Namen führen wir das zuweilen bekanntere, aber ungültig gewordene Synonym in Klammern mit an, Beispiele:

Campsis grandiflora (Tecoma), Trompetenblume, Jasmintrompete
Cortaderia selloana (Gynerium), Pampasgras
Heliosperma alpestre (Silene), Alpen-Strahlensame
Pieris floribunda (Andromeda), Lavendelheide
Sasa (Bambusa), Bambus

Die botanische Namengebung untersteht einer Kommission, deren Tätigkeit jeweils im »Internationalen Code der botanischen Nomenklatur« zusammengefaßt wird. Die Kommission tritt alle vier Jahre zusammen.

Die Nennung der botanischen Namen erfolgt nach Zander »Handwörterbuch der Pflanzennamen«, 10. Auflage 1972 (Verlag Eugen Ulmer), und Schmeil/Fitschen »Flora von Deutschland«, 86. Auflage 1976 (Verlag Quelle & Meyer)

Wie findet man eine Pflanze, von der man nur den alten Namen kennt?
Antwort: Im Stichwortverzeichnis wird bei jedem alten Namen auf den neuen nebst Seitenzahl verwiesen.

Botanische Symbole
Häufig wiederkehrende Sachbezeichnungen werden im gartenbaulichen Schrifttum auch durch Symbole ausgedrückt. Hier einige der wichtigsten:

⊙ = einjährige Pflanze
⊙⊙ = zweijährige Pflanze
♃ = Staude
♄ = Halbstrauch
♄ = Strauch
♄ = Baum
♂ = männlich
♀ = weiblich
× = Kreuzung / Bastard, Hybride

Die Monate werden mit römischen Ziffern von I–XII bezeichnet. Sonstige Fachausdrücke siehe auch das Kapitel »Fachausdrücke« am Schluß des Buches.

Auch unter echten Gartenmenschen versteht sich das Moralische leider nicht immer von selbst. Deshalb tauchen denn auch jahraus, jahrein — mit kleinen zeitbedingten Abweichungen — dieselben Probleme auf. Der Krach und Gestank eines lautstarken Benzinrasenmähers oder die Sichtschutzmatten, die des Nachbars Weinreben alle Sonne vorenthalten, sind nur zwei Beispiele von vielen. Nun ist unter guten Nachbarn gewiß alles einfach, und auftauchende Konflikte werden friedlich bereinigt. Aber auch der gute Nachbar kann einmal solches Ärgernis nehmen, daß man sich auf formales Recht besinnen muß. Dies wiederum ist gar nicht so einfach, weil das Gartenrecht in seinen wesentlichen Teilen zum Nachbarrecht gehört, das seinerseits jedoch nicht etwa Bundesrecht, sondern Ländersache ist. Auch gibt es in den meisten Ländern immer noch keine einheitliche Regelung, sondern es gilt zum Teil eine Art von Regionalrecht, zum Teil sogar örtliches Gewohnheitsrecht, und kommen in diesem buntscheckigen Rahmen Streitereien auf, dann haben die Gerichte damit oft genug ihre liebe Not.

Die Grenzabstände sind dabei eines der schwierigsten Kapitel, zumal hier nicht selten noch das Baurecht eine Rolle spielt. So können Grenzabstände für Zäune, Hecken und sonstige Einfriedungen besonders von Hausgärten auch durch ortsbaurechtliche Vorschriften geregelt sein. Dann aber gehören sie nicht mehr dem Nachbarrecht an, sondern gewinnen den Charakter öffentlich-rechtlicher Bestimmungen, nach denen sich der Gartenbesitzer richten muß. Man sollte sich hier, besonders bei der Neuanlage eines Gartens, vorher stets genau erkundigen. Dies gilt auch für die gesetzlich vorgeschriebenen Abstände der Bäume und Sträucher sowie Gartenhäuschen und ähnlicher kleinerer Einbauten in Hausgärten einschließlich irgendwelcher Installationen. Sichtschutzmatten dürfen in Wohngartengebieten bis zu einer Höhe von 2 m unmittelbar an der Einfriedung aufgestellt werden (siehe auch Seite 60). Innerhalb von Kleingartenanlagen gelten für Grenzabstände nicht die Rechtsverordnungen des Nachbarrechtes oder Baurechtes, sondern eigene, von den jeweiligen Kleingartenverbänden festgelegte Vorschriften.

Mit dem BGB in der Hand …

Es darf nicht übersehen werden, daß einige maßgebliche Fragen des Nachbarrechtes nach wie vor außerhalb der einzelnen Länderrechte stehen und durch ihre Regelung kraft des Bürgerlichen Gesetzbuches selbstverständlich im ganzen Bundesgebiet einschließlich West-Berlin einheitlich behandelt werden. Hierzu gehört für alle Gartengrundstücke auch das Überhang- und Überfallrecht mit all seinen Folgebestimmungen. Es geht davon aus, daß grundsätzlich nicht nur am Erdboden, sondern auch an dem darüberliegenden Luftraum ein privates Eigentumsrecht besteht. Daraus ergibt sich, daß man Pflanzenteile, die oberirdisch oder unterirdisch in dieses Eigentum hineinhängen, hineinwachsen oder hineinfallen, daraus entfernen und behalten kann. Freilich ist eine solche Selbsthilfe nur aus triftigem Grund und bei ordnungs-

Grenzabstände sind in allen Bundesländern verschieden geregelt. Auskünfte erteilen jeweils die Garten- oder Bauabteilungen der Stadt- und Kreisverwaltungen.

Keine Grenzabstände braucht man für Einjahrsblumen und Stauden (Aufwuchs nur im Sommer!).

Sichtschutzmatten

Überhangrecht nach § 910 BGB

gemäßer Fristsetzung gestattet. Die »spürbar störende Einwirkung« im Falle des Hineinhängens und Hineinwachsens muß nachgewiesen werden, damit der Nachbar, beispielsweise durch das Abstechen von Wurzeln oder das Absägen lebenswichtiger Zweige eines Baumes verärgert, nicht etwa Schadenersatzklage erhebt. Außer dem Hochheben von Wegplatten und ähnlichen Auswirkungen fremder Wurzeln kann auch der Entzug von Bodennährstoffen als störende Einwirkung gelten, während Zweige vor allem durch Wegnahme von Licht und Sonne, aber auch durch Laubfall am unrechten Platz zum Einschreiten berechtigen. Der Beseitigungsanspruch ist unabhängig vom Grenzabstand, doch zeitlich an die Vegetationsruhe gebunden. Obstbäume genießen in einigen Landesrechten einen Sonderschutz. Wenn der Nachbar selbst als Eigentümer die störende Pflanze als Ganzes beseitigt, so gehören ihm natürlich auch die überhängenden Zweige.

Früchte, die ohne menschliche Nachhilfe (Schütteln) von einem Baum auf das (private) Nachbargrundstück fallen, gehören dem Nachbarn. Doch dürfen die noch am Baum befindlichen Früchte an überhängenden Zweigen vom Eigentümer ohne Betreten des Nachbargrundstückes geerntet werden.

Überfallrecht nach § 911 BGB

Wenn der Nachbar sein Grundstück so stark verunkrauten läßt, daß dadurch der eigene Garten in Mitleidenschaft gezogen wird, so handelt es sich dabei um eine Beeinträchtigung, die nach § 906 BGB abgewehrt werden kann. Der Nachbar muß wenigstens durch Abmähen des Unkrautes den Samenflug verhindern. Nach dem »Pflanzenschutzgesetz« kann für das Auftreten bestimmter Schädlinge und Krankheiten eine Meldepflicht, die Bekämpfung oder sogar die Vernichtung kranker Bäume angeordnet werden.

BGB als »Unkraut-Bekämpfungsmittel«

Nach dem BGB regelt sich auch der »gesetzliche Abholanspruch« an Gegenständen, die versehentlich oder beispielsweise durch die höhere Gewalt eines kräftigen Windstoßes auf des Anrainers Gebiet geraten sind. Kinderbälle, Wäsche- und Kleidungsstücke, unter Umständen sogar Haustiere gehören in

Das Absägen und Abstechen von Zweigen und Wurzeln ist nach Fristsetzung erlaubt. Wem gehören die Früchte am Baum und wem die abgefallenen?

diese Kategorie. Grundsätzlich muß der Nachbar seine Erlaubnis geben, wenn jemand zwecks Abholung das fremde Grundstück betreten will. Nur wo die Gefahr eines dauernden Verlustes und dadurch ein gewisser Notstand besteht, darf man unverzüglich handeln und etwa die unter dem Zaun hindurchgekrochene Schildkröte auch dann wieder einfangen, wenn der gerade abwesende Nachbar nicht um seine Zustimmung gebeten werden konnte.

Haustiere, die auf fremdem Grund Schaden anrichten und deren Besitzer ermittelt werden kann, werden nach dem Tierhalterparagraphen 833 BGB behandelt. Eine Tötung ist mit Ausnahme krasser Fälle von Notwehr oder Notstand verboten. Auch streunenden Katzen darf man weder mit Schußwaffen noch mit Gift nachstellen, noch sie in Hausgärten zum Zweck des Einfangens

mit Ködern anlocken oder solche Fanggeräte benutzen, die Tod und Verletzungen mit sich bringen. Das Einfangen ohne derart tierfeindliche Nebenwirkungen ist gestattet, muß aber dann auch innerhalb 24 Stunden bei der Ortspolizeibehörde gemeldet und nach Möglichkeit dem Eigentümer mitgeteilt werden. Leider wird freilich vieles, was der Gesetzgeber da in guter Absicht bestimmt, gegenüber der rauhen Wirklichkeit schöne Theorie bleiben …

Für frei gelegene Gärten, auch Wochenendgärten, spielt gelegentlich der Wild- und Jagdschaden eine Rolle. Ersatzpflicht durch den Jagdherrn kommt hier nur in Frage, wenn das eindeutig als Garten angelegte Gelände nach außen so abgesichert ist, daß nach menschlichem Ermessen kein Wildschaden verursacht werden kann. Die Durchführungsverordnung zum Jagdgesetz schreibt deshalb Einfriedungen aus 40-mm-Maschendraht vor, der 40 cm tief in die Erde eingegraben werden muß und oberirdisch 1,30 m hoch ist. Eingedrungenes Wild darf man verscheuchen. Sonstige Selbsthilfe gilt als Wildern. Die Jagd auf Wildkaninchen ist als Ausnahme von dieser Regel erlaubt.

Versicherungsschutz für Gartenfreunde

Kleingärtner, Obst- und Gartenbauvereine und ähnliche Organisationen schließen seit jeher für ihre Mitglieder häufig Kollektiv-Versicherungen ab. Meist geht es dabei um Unfallschutz innerhalb des eigenen Gartens allein oder unter Einbeziehung des direkten Weges von der Wohnung zum Garten und zurück. Die Teilnahme an Gartenfesten, Lehrgängen und anderen gemeinsamen Veranstaltungen wird entsprechend durch kurzfristige Versicherungen geschützt. Nicht alle Freizeitgärtner wissen, daß man auch ohne die Zugehörigkeit zu einer Organisation alle möglichen Versicherungen zum Schutz von Gesundheit und Eigentum sowie gegen die Schadenersatzansprüche dritter Personen eingehen kann. Die Unfallversicherung bietet kaum

Besonderheiten. Geht es aber um das oft doch recht wertvolle Garteninventar an Geräten und Maschinen, so ist der Hausgartenbesitzer wesentlich günstiger daran als der Eigentümer oder Pächter eines frei gelegenen Gartengrundstückes. Im Hausgarten sind nämlich alle Gegenstände des Zubehörs bei der allgemeinen Hausratversicherung einbegriffen, wenn sie in einem abschließbaren Raum aufbewahrt werden. Was dagegen für jedermann zugänglich im Garten herumsteht, genießt Versicherungsschutz nur nach besonderer Vereinbarung. Dies gilt gleichermaßen für die von ihrem Steinsockel im Vorgarten entführte wertvolle Bronzefigur wie für einen nicht weggeräumten Schlauch nebst Schlauchwagen, eine am Baum lehnende Obstleiter oder den draußen vergessenen Rasenmäher, die ein Dieb nächtlicherweile mitgehen heißt.

Liegt der Garten nicht beim Haus, so muß zum Schutz seines Inventars auf jeden Fall eigens eine Versicherung abgeschlossen werden. Die Prämienhöhe richtet sich dabei nach der Entfernung des Grundstücks vom Ortsausgang. Da sie demgemäß ziemlich hoch werden kann, wird in solchen Fällen, ähnlich wie beim Teilkasko des Kraftfahrers, gern ein sogenannter Selbstbehalt mit etwa 25 % der Versicherungssumme ausgemacht.

»Teilkasko« mit Selbstbehalt

Für die Haftung in Schadenersatzfällen gewährt die Haus-Haftpflicht-Versicherung zwar dem Hausbesitzer volle Deckung bei allen Schadensfällen innerhalb und außerhalb des Wohngebäudes und des dazugehörigen Gartens, nicht aber dem Mieter oder Pächter. Sie können sich durch eine Privathaftpflichtversicherung schützen. Vor allem Familienväter mit heranwachsenden Kindern sollten diese Möglichkeit unbedingt wahrnehmen. Dann sind sie sicher vor unabsehbaren Schadenersatzansprüchen, die auch ein noch so friedliches Gartenleben unversehens mit sich bringen kann. Es genügt der schlecht gezielte oder vom Wind abgelenkte Strahl eines Gelbspritzmittels, das auf dem teuren Pelzmantel einer Spaziergängerin landet, um Ärger und Kosten die Menge zu machen. Die Versicherung tritt jedoch für ihn ein.

Haftpflicht

Sonntagsarbeit?

Zum Schluß noch eine Frage, die je nach Landesrecht und Glaubenseifer auch heute noch zu Auseinandersetzungen oder gar Anzeigen führt: Darf man an Sonn- und Feiertagen im eigenen Garten arbeiten? Schon vor einigen Jahren verlautete aus Bonn, daß anstelle verschiedener alter Zöpfe ein bundeseinheitliches Gesetz erlassen werden sollte, um »leichte Arbeiten, die der Gartenbesitzer selbst oder seine Angehörigen verrichten können«, allgemeingültig zu erlauben. Noch ist ein solches Gesetz nicht in Kraft, aber manch einer hat sich bei seiner örtlichen Polizeibehörde schon mit Erfolg darauf berufen. Auf jeden Fall werden taktvolle Gartenfreunde während der Hauptgottesdienste im Garten Ruhe halten und im eigenen Interesse auch sonst dafür sorgen, daß der Sonntagsfrieden nicht unnötig durch Nervensägen gestört wird.

Gartenarbeit — ohne Lärm — ist auch an Sonn- und Feiertagen bedingt erlaubt

Muß ich noch feststellen, daß auf diesen Seiten nur ein kleiner Teil all jener Fragen berührt werden konnte, die unser Gartenleben mit einem Dickicht von Paragraphen umwuchern? Mancher genießt zeitlebens einen ungestörten Gartenfrieden, weil er gute Nachbarn hat, selbst ein guter Nachbar ist und die glückliche Gabe besitzt, Steinen des Anstoßes mit schlafwandlerischer Sicherheit auszuweichen. Ein von Anwaltsbriefen und Prozeßkosten ungetrübtes Gartenglück ist sein Lohn . . .

Am Anfang steht der Gartenplan

Gartenpläne gibt es, soviel wir Gärten zählen. Denn kein einziger Garten gleicht genau dem andern, auch wenn in noch so vielen Einzelheiten Übereinstimmung herrschen mag. Der eine Gartenbesitzer hat das Glück, auf weitläufigem Gelände in schöner Gegend sein Haus mit dem Garten gemeinsam zur größeren Wohnung ausbauen zu können; dem anderen steht nur – hier schmal wie ein Handtuch hinter dem Reihenhaus, dort im spitzen Winkel zulaufend oder eingeengt zwischen Nachbargebäuden – ein bescheidenes Stückchen Grund und Boden zur Verfügung. Dieser will sich bewußt auf einen modernen Gartenhof beschränken, während jener wiederum sein Gartenglück in einer nach strengen Regeln zugeschnittenen Kleingarten-Daueranlage oder einem freien Garten vor der Stadt sucht.

Man kann also nicht sagen: da ist ein Buch mit dem richtigen Plan – nach dem soll unser Garten angelegt werden. Denn mehr noch als beim Hausbau, der oft nicht bis ins Letzte nach eigenem Gutdünken ausgeführt werden kann, darf man im eigenen Garten die Akzente nach persönlichem Geschmack setzen. Freilich gibt es auch hier Grenzen der Zweckmäßigkeit und nicht zuletzt des Geldbeutels. In diesem Rahmen ist der gut durchdachte Gartenplan unerläßlich, denn planloses Drauflos-Gärteln hat genauso klägliche, die Freude wie den Nutzen beeinträchtigende Folgen wie planloses, wildes Bauen.

Ideelle und materielle Voraussetzungen

Als Grundlage aller Überlegungen halten wir fest, daß nicht nur im Innern des Gartens, sondern auch in seiner Beziehung zur Umwelt eine gewisse Ausgeglichenheit herrschen soll. Er muß sich einfügen in die Landschaft, in die Umwelt-Atmosphäre, was nichts mit öder Gleichmacherei und dem Kleben am Althergebrachten zu tun hat. Daß man die Lage seines Grundstückes in bezug auf Sonne und Schattenfall kennt, über die Bodenbeschaffenheit, den Grundwasserstand und – außerhalb von erschlossenem Baugelände – auch über die Bewässerungsmöglichkeiten Bescheid weiß, ist wohl eine Selbstverständlichkeit. Auch vorhandene oder noch nicht vorhandene Zufahrtswege sowie die rechtlichen Verhältnisse gegenüber den Anliegern spielen für den Gartenplan eine wichtige Rolle. Denn mindestens in den Randgebieten des Gartens geht auf den Lebensraum unserer Pflanzen stets eine mehr oder weniger deutliche Einflußnahme durch die Nachbarn aus. So denken wir vor vornherein daran, daß jeder Garten eine lebendige Gemeinschaft unaufhörlich wachsender, sich in die Breite und in die Höhe ausdehnender Pflanzenwesen ist. Gerade diese Entwicklung kann nicht sorgsam genug in Rechnung gestellt werden, sonst nimmt innerhalb kurzer Frist eines dem anderen Luft und Nahrung weg, und es entstehen jene Konflikte, die im Kapitel vom Gartenrecht deutlicher vor Augen gestellt werden.

Maßgeblich für das Gesicht unseres Gartens sind die eigentlich raumbildenden Gruppen größerer Bäume, zu denen unter Umständen auch alter Bestand gehört, den man als kostbares Anfangskapital schonen und geschickt in die

Kleingewächshäuser gibt es in der konventionellen Form oder in der Pavillon-Bauweise.

Bildseite:
Gartenmotiv mit Vogeltränke. Bepflanzung Stauden und Rosen; im Hintergrund der berühmte Rittersporn 'Berghimmel' (Foersterzüchtung)

Neuplanung einbeziehen will. Dazu gesellen sich dann die Einzelpflanzungen der kleineren Gehölze, die Eingliederung von Beeten und Rabatten, von Sitzplätzen nebst der Wegeführung, bei der unter Umständen auch ein Autostandplatz für Gäste nicht vergessen werden sollte. Größere Baukörper wie Schwimmbad und (oder) biologisches Wasserbecken, Laube oder Gartenhaus sowie der Platz für ein Kleingewächshaus in günstiger Lage zur Sonne und zu den Versorgungsanschlüssen des Wohnhauses sollten zum mindesten für spätere Verwirklichung vorgesehen werden. Da der Gartenplan als solcher über derartige Fragen üblicherweise kaum Auskunft gibt, schlage man zur Ergänzung auch das Kapitel »Moderne Wohngartentechnik« ab Seite 60 und hier insbesondere die Ausführungen über den so notwendigen Detailplan für unterirdische Installationen im Abschnitt »Strom spendet Licht und Wärme« nach. Es lohnt sich, solche Vorschläge zu durchdenken.

Schon aus diesen wenigen Hinweisen ergibt sich: Einen guten Gartenplan zu entwerfen und dabei im Gegenwärtigen bereits viele Möglichkeiten künftiger Entwicklung mit einzubeziehen, ist so einfach nicht. Es kommt hinzu, daß heutzutage immer mehr Gartenbesitzer sich von den konventionellen Kategorien getrennter Quartiere für Zier- und Nutzpflanzen lösen. Sie träumen von einer harmonischen »Schönheit des Nützlichen« aus einem Guß und erwarten außerdem von so einem modernen Wohngarten, daß er mit einem Mindestmaß an Arbeitsaufwand gepflegt werden kann. Dies alles verlangt bereits von der Planung her die sichere Hand eines erfahrenen Gartengestalters mit künstlerischem Weitblick und praktischen Kenntnissen, über die selbst der begabteste Freizeitgärtner nicht verfügen kann.

Wo immer es finanziell tragbar ist, sollte deshalb ein guter Gartenarchitekt zu Rate gezogen werden. Die auf den folgenden Seiten wiedergegebenen Gartenpläne sind der beste Beweis für die Richtigkeit dieser Forderung. Sie zeigen nicht nur eine Reihe typischer Gartensituationen, sondern haben mit Ausnahme des Kleingartenplanes als »echte Entwürfe« des Münchener Garten-

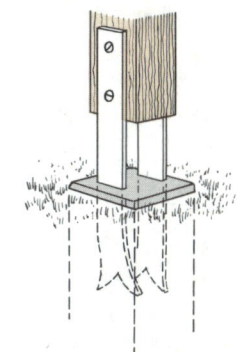

Größerer Hausgarten in der Ebene
(Text Seite 40)

1 Eingangshof mit Plattenbelag
2 Kiesbeet mit Wasserbecken
3 Rasen
4 Terrasse
5 Plattengarten mit Rosen, Kleinstauden und Gräsern
6 Kiesbeet mit Gräsern
   (Silberfahnengras)
7 Kräuterbeet
8 Wilder Wein
9 Hecke aus Laubgehölzen
   (Feldahorn, Hainbuche)
10 Kompostplatz
11 Blütensträucher (s. Symbol-
   Erklärungen Seite 39)
12 Wasserpflanzenbecken
13 Plattenstreifen
14 Beerenobststräucher
15 Kräuter- und Feingemüsegarten
16 Sickergruben für Dachrinnen-
   und Wasserbeckenabfluß,
   mit 30 cm Boden überdeckt

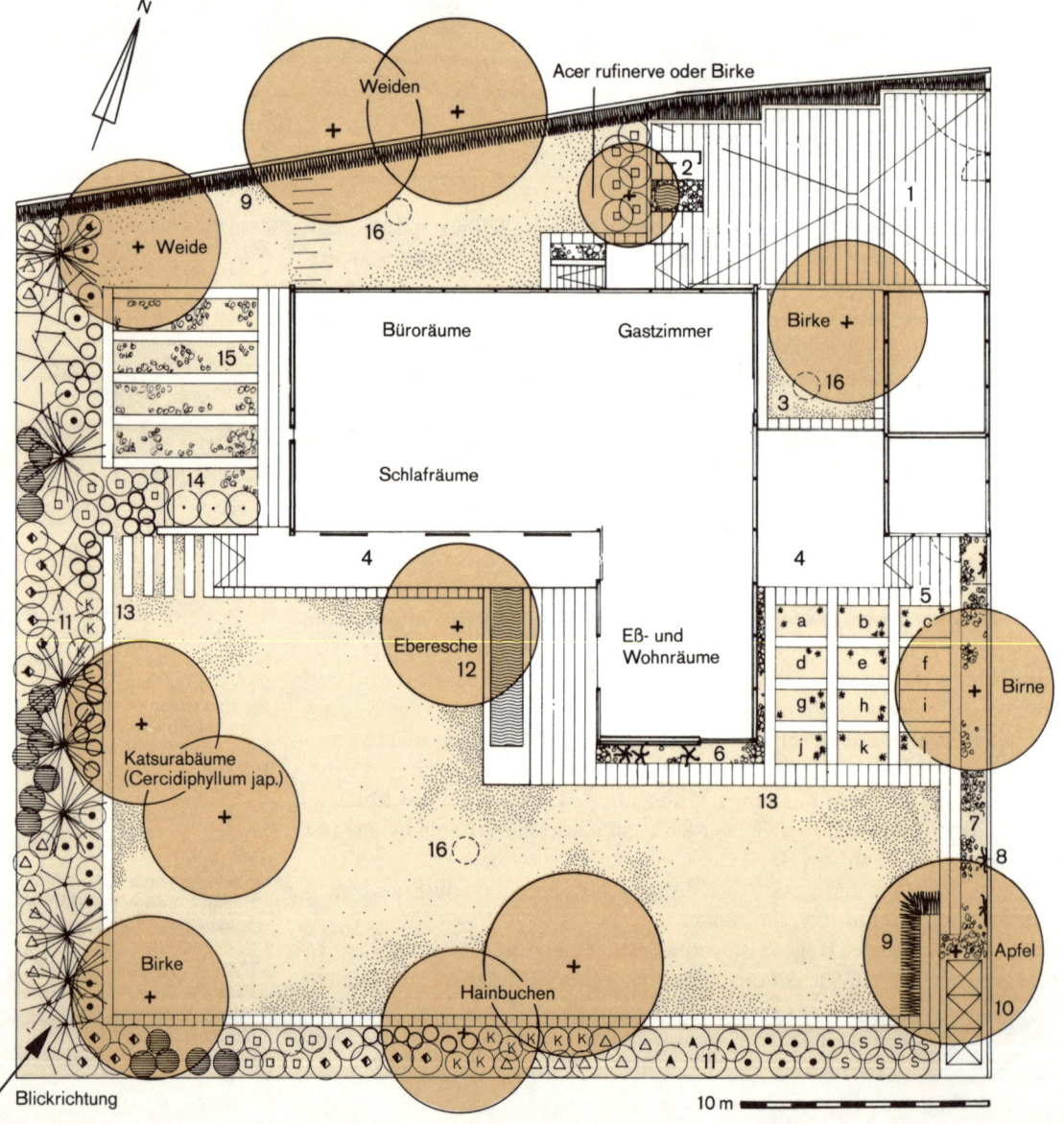

N

Weiden

Acer rufinerve oder Birke

9

16

Weide

Büroräume

Gastzimmer

2

1

Birke

16

15

3

14

Schlafräume

4

4

5

13

Eberesche

12

Eß- und
Wohnräume

a   b   c

d   e   f

Birne

11   K
      K

Katsurabäume
(Cercidiphyllum jap.)

g   h   i

j   k   l

6

13

7

16

8

Birke

Hainbuchen

9

Apfel

10

11   K K K K K
      K   A   S S S
                      S S S

Blickrichtung

10 m

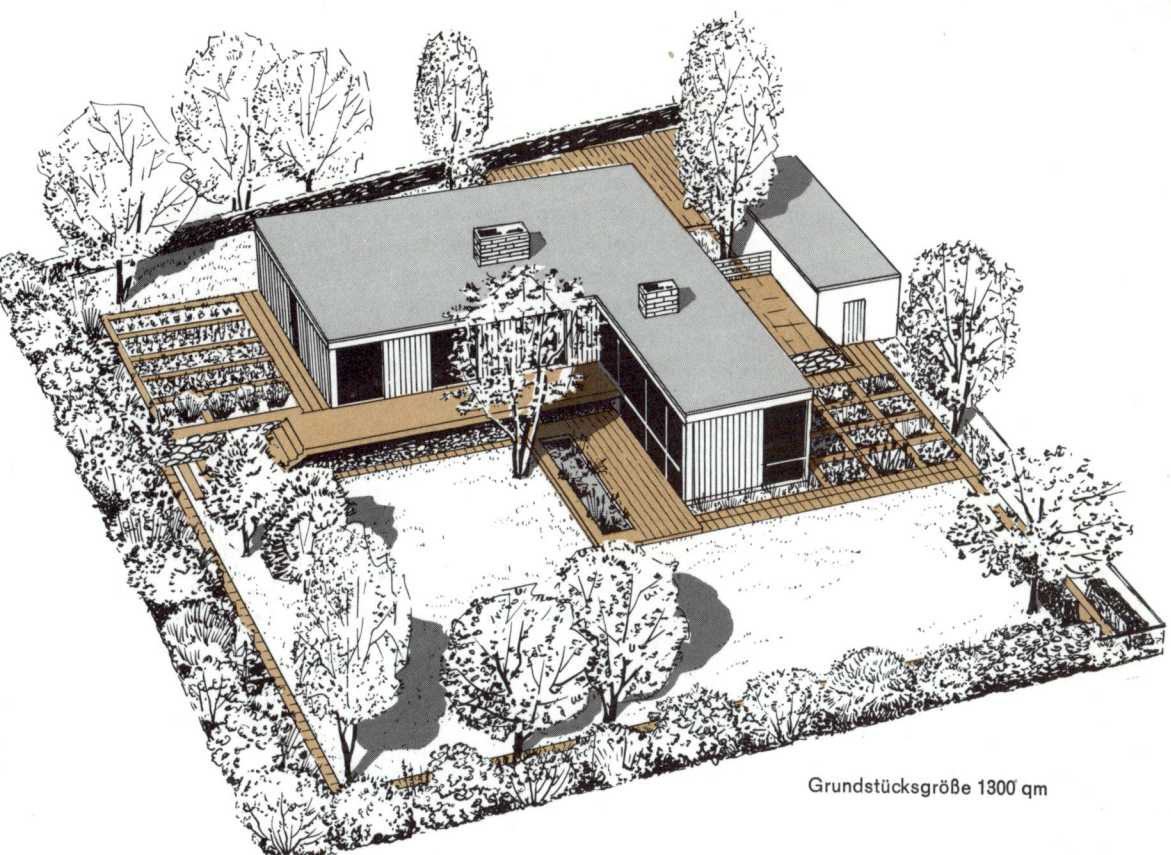

Grundstücksgröße 1300 qm

Bepflanzung mit Blütensträuchern:

(A) Feuerahorn, Acer ginnala

(□) Cotoneaster multiflorus

(⊖) Hartriegel, Cornus alba

(◈) Haselnuß, Corylus avellana

(K) Gefüllte Kerrie, Kerria japonica fl. pl.

(○) Lonicera pileata

(⊙) Strauchrosen rot, dauerblühend

(S) Flieder, Syringa vulgaris

(△) Wolliger Schneeball, Viburnum lantana

Bepflanzung des Plattengartens (»Paradiesgärtlein«) rechts neben dem Haus:

a) Lavendel, Lavandula angustifolia

b) Fetthenne, Sedum 'Weihenstephaner Gold'

c) Bärenfellgras, Festuca scoparia

d) Polyantharosen 'Sarabande'

e) Blauschwingel, Festuca cinerea

f) Roter Thymian, Thymus serpyllum 'Coccineum'

g) Bärenfellgras und Lampenputzergras, Festuca scoparia und Pennisetum compressum

h) Polyantharosen 'Sarabande'

i) Nachtkerzen, Oenothera missouriensis und Oe. fruticosa

j) Fetthenne, Sedum 'Schorbuser Blut'

k) Hornveilchen, Viola cornuta 'Hansa'

l) Schleifenblume, Iberis sempervirens 'Zwergschneeflocke'

architekten Professor Karl Kagerer für bestimmte Auftraggeber bereits ihre Bewährungsprobe in der Praxis bestanden.

Dazu noch eine Anmerkung: Diese vielseitigen Pläne wurden selbstverständlich nicht nur für Neubaugärtner zusammengestellt. Auch die Besitzer längst ausgewachsener älterer Gärten blättern ja so etwas gern einmal durch und entdecken dabei manches, was sie sich als Anregung für diese oder jene kleine Umgestaltung zunutze machen. Geht es doch mit den Gärten ähnlich wie mit den Wohnungen: Man räumt gelegentlich gern ein bißchen um oder wird auch durch den Lauf der Zeit zu Änderungen bewogen. Allein schon das unvermeidliche Größerwerden der Kinder, Bäume und Sträucher schafft solche Gelegenheiten, die mit dem überflüssig gewordenen Sandspielplatz anfangen und vielleicht mit einer Schwimmhalle aufhören.

»Umräumen« im Garten

Und noch etwas: Das Lesen von Plänen ist nicht jedermanns Sache. Deshalb wurde jedem Grundriß noch eine perspektivische Zeichnung beigegeben, damit man sieht, wie das Geplante später einmal aussehen soll. Später: das heißt nach Überwindung der zunächst immer etwas dürftigen Anlaufzeit, wenn der werdende Garten aus seinen Kinderschuhen heraus ist. Daß örtliche Gegebenheiten und persönliche Wünsche in jedem Fall mancherlei Abwandlungen erlauben, versteht sich von selbst.

Grundriß und Perspektive

Größerer Hausgarten in der Ebene (Größe des Grundstücks: 1300 qm)

Gleich der erste Plan bietet ein gutes Beispiel dafür. Hier standen entlang der Westseite des Grundstücks große Fichten, die trotz ihres Schattenschlages erhalten bleiben sollten. Dementsprechend mußten in diesem Bereich für schattige Lagen geeignete Sträucher vorgesehen werden. Ohne die Beschattung sind andere Sträucher möglich. Ebenso könnte man statt deckender Blütensträucher hinter dem Rasen eine Grenzbepflanzung nur aus Stauden setzen, um den freien Ausblick einer unverbauten Lage zu erhalten.

Alte Fichten werfen Schatten

Im übrigen gliedert sich der Garten in einen Eingangsteil und den eigentlichen Wohngartenteil, der von Blütensträuchern in freier Pflanzung eingehegt wird. Sehr praktisch ist die Einfassung des Rasens mit einem Plattenstreifen, der als »Mähkante« stets einen sauberen Kantenschnitt gewährleistet und das lästige Nachstecken erübrigt. Allerliebst ist das »Paradiesgärtlein« mit seinen drei mal drei architektonisch zusammengefaßten Feldern rechts vom Haus. Die Felder werden gruppenweise in langer Blütenfolge mit bodendeckenden Blütenstauden bepflanzt, können aber auch in fröhlicher Nachbarschaft mit den Beeten der Erwachsenen teilweise als Kinderbeete ausgebildet werden. Einen aparten Blickfang bieten die beiden Katsura-Bäume links am Rasenrand. Näheres über diese interessanten Exoten siehe an einschlägiger Stelle im »grünen« Ziergartenteil. Der kleine Küchengarten an der Westseite des Hauses soll die Familie mit Würzkräutern und etwas Frischgemüse wie Radieschen und Salat versorgen. Ein paar Beerensträucher bieten ihre Früchte zum Naschen für die Kinder an. Plan Seite 38/39.

Mähkante

Paradiesgärtlein

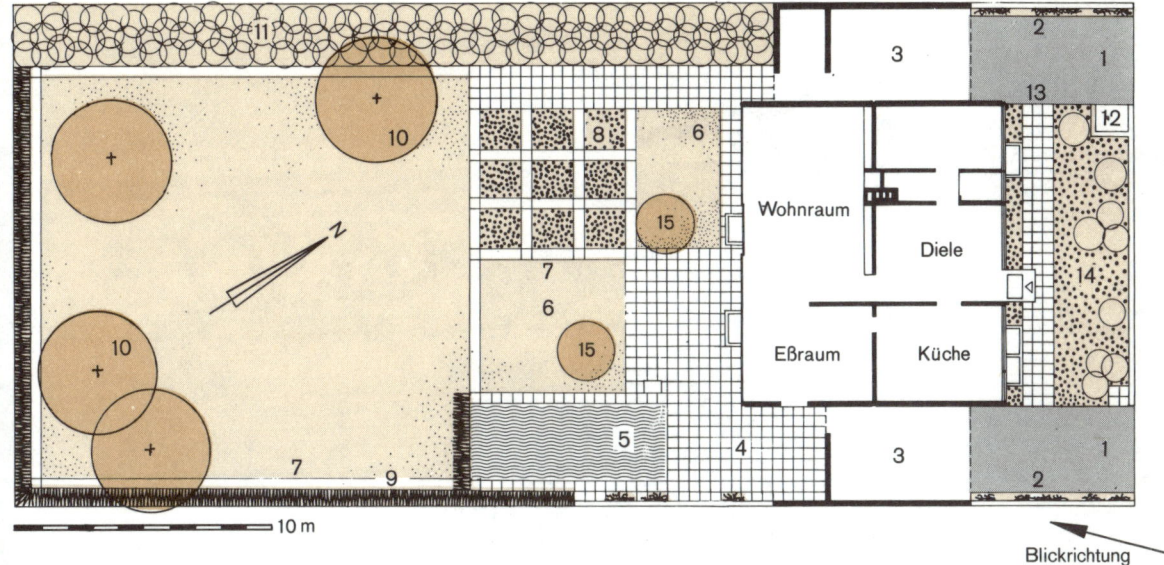

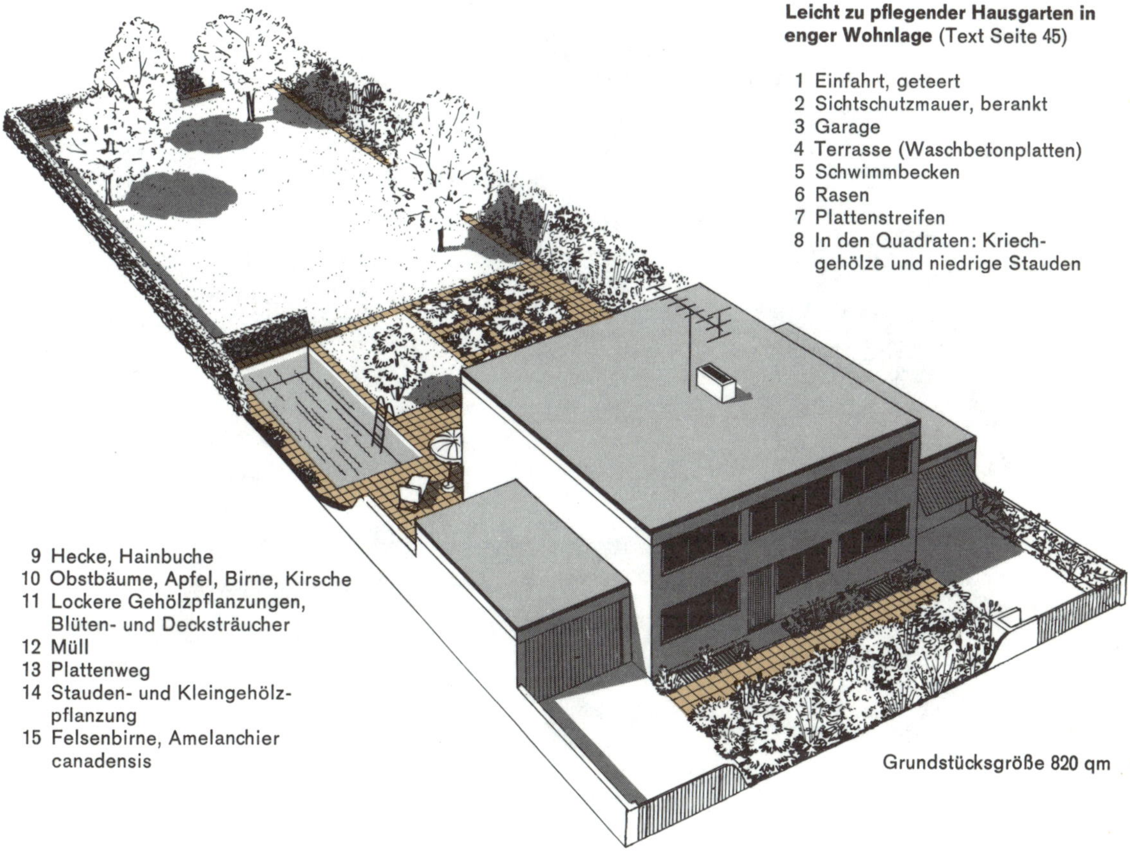

Wohnraum
Diele
Eßraum
Küche

11
2
1
3
13
12
10
8
6
15
14
7
6
15
5
4
3
7
9
1
2

⎯⎯⎯⎯ 10 m

Blickrichtung

Leicht zu pflegender Hausgarten in enger Wohnlage (Text Seite 45)

1 Einfahrt, geteert
2 Sichtschutzmauer, berankt
3 Garage
4 Terrasse (Waschbetonplatten)
5 Schwimmbecken
6 Rasen
7 Plattenstreifen
8 In den Quadraten: Kriechgehölze und niedrige Stauden

9 Hecke, Hainbuche
10 Obstbäume, Apfel, Birne, Kirsche
11 Lockere Gehölzpflanzungen,
   Blüten- und Decksträucher
12 Müll
13 Plattenweg
14 Stauden- und Kleingehölz-
   pflanzung
15 Felsenbirne, Amelanchier
   canadensis

Grundstücksgröße 820 qm

Profil;
Schnittrichtung siehe
gegenüberliegender
Plan.

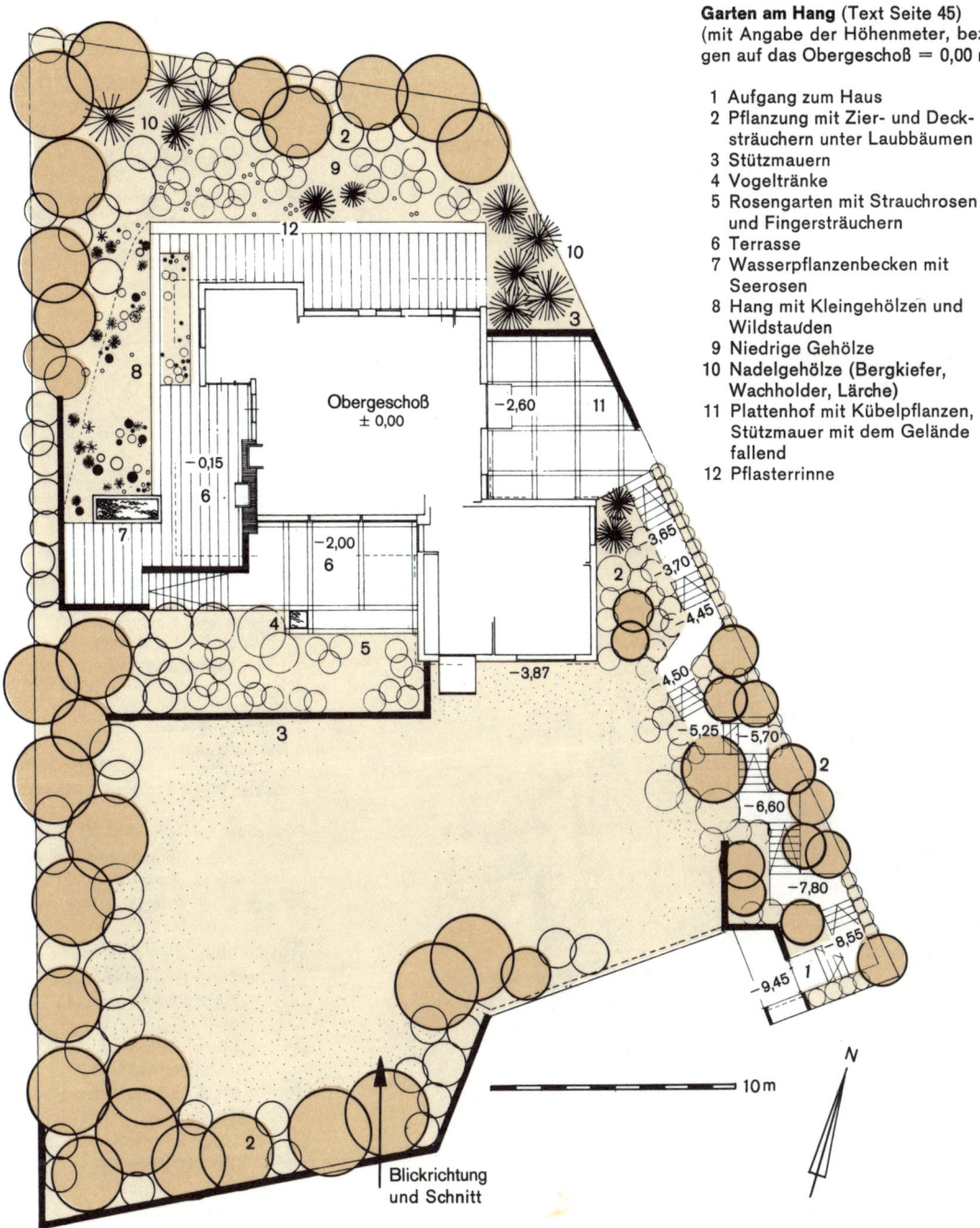

Garten am Hang (Text Seite 45)
(mit Angabe der Höhenmeter, bezogen auf das Obergeschoß = 0,00 m)

1 Aufgang zum Haus
2 Pflanzung mit Zier- und Decksträuchern unter Laubbäumen
3 Stützmauern
4 Vogeltränke
5 Rosengarten mit Strauchrosen und Fingersträuchern
6 Terrasse
7 Wasserpflanzenbecken mit Seerosen
8 Hang mit Kleingehölzen und Wildstauden
9 Niedrige Gehölze
10 Nadelgehölze (Bergkiefer, Wachholder, Lärche)
11 Plattenhof mit Kübelpflanzen, Stützmauer mit dem Gelände fallend
12 Pflasterrinne

Obergeschoß
± 0,00

− 2,60

− 0,15

6

7

− 2,00

6

4

5

3

− 3,87

11

10

3

2

9

12

8

2

10

− 3,65
− 3,70
− 4,45
− 4,50
− 5,25 − 5,70
2
− 6,60
− 7,80
− 8,55
− 9,45

2

N

10 m

Blickrichtung
und Schnitt

Grundstücksgröße 1200 qm

43

Pflanzbeet im Gartenhof

Grundstücksgröße ca. 60 qm

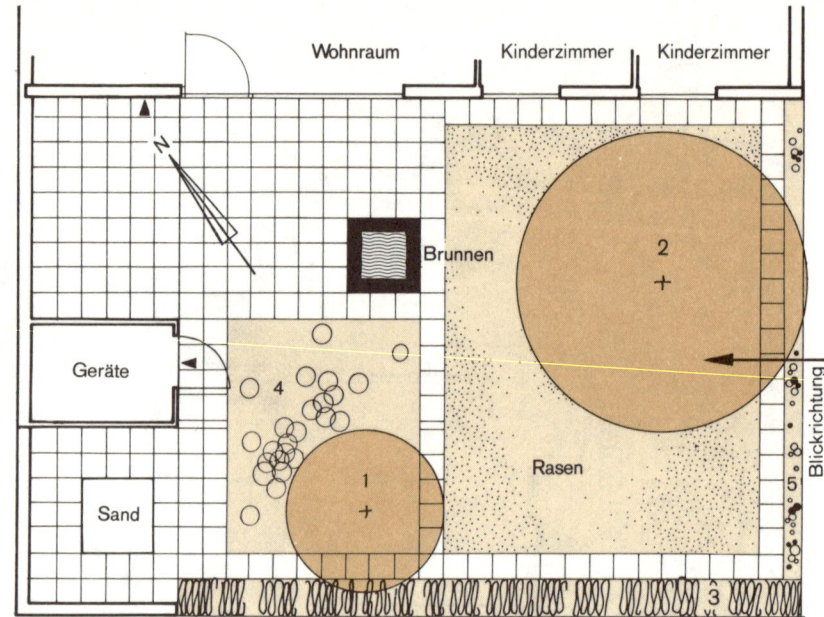

Wohnraum Kinderzimmer Kinderzimmer

N

Brunnen

Geräte

4

Sand

1

Rasen

5

Blickrichtung

3

5 m

Kleiner Gartenhof (Text Seite 45)

1 Kleiner Laubbaum (Fächerahorn, Felsenbirne, Katsura-Baum)
2 Mittelgroßer Laubbaum (Zierkirsche, Eberesche, Birke)
3 Geschnittene Hecke (Feldahorn, Hainbuche)
4 Pflanzbeet (siehe Bepflanzungsplan)
5 Kletterpflanzen (Clematis, Wilder Wein, Trompetenblume)

Pflanzbeet im Gartenhof (4)

1 Stück Japanischer Fächerahorn, Acer palmatum

20 Stück Primula-Bullesiana-Hybriden

20 Stück Zwergiris, blau

20 Stück Hornveilchen, Viola cornuta 'Altona', gelb

1 Stück Gemswurz, Doronicum columnae

1 Stück Lampenputzergras, Pennisetum compressum

30 Stück Fetthenne, Sedum 'Weihenstephaner Gold'

7 Stück Ehrenpreis, Veronica longifolia

40 Stück Bärenfellgras, Festuca scoparia

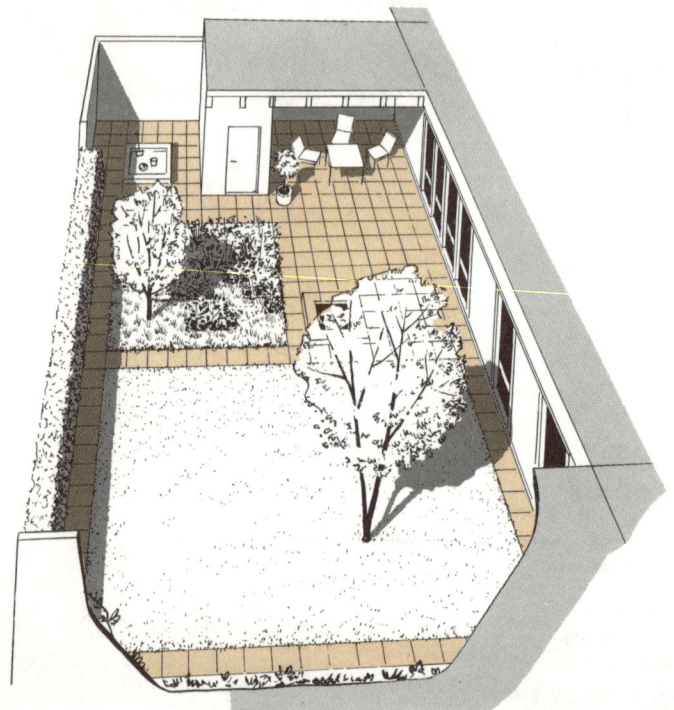

Hausgarten in enger Wohnlage (Größe des Grundstücks: 820 qm)

Grundbedingung der Bauherrschaft war: Die Pflege des Gartens darf nicht viel Mühe machen. Die Anordnung der Garagen beiderseits des Hauses war durch örtliche Bauvorschriften bedingt. Der Gartenraum hinter dem Haus ist zu klein, um eine freie Gestaltung zu erlauben. Strenge geometrische Formen wirken in solchem Falle optisch günstiger, zumal die zunächst etwas hart erscheinenden Konturen der Plattenstreifen bereits im zweiten Jahr nach Pflanzung der Blütenstauden sich von selbst durch den Bewuchs auflösen. Die Beete der Kriechgehölze und niedrigen Stauden sind so angelegt, daß man sie auch vom Haus her, ohne den Garten zu betreten, gut überblicken kann. Platten- *Plattenstreifen* streifen von 40 cm Breite gestatten andererseits auch zwangloses Umhergehen zwischen den Beeten zum Betrachten der Pflanzen aus nächster Nähe. Man kann den Duft der Blumen wahrnehmen und notwendige kleine Arbeiten am Boden ausführen, ohne einen Fuß auf die Beete zu setzen. Plan Seite 41.

Im Vorgarten könnte die Fläche zwischen Plattenweg und Straßenflucht ohne *Vorgartenfragen* weiteres auch mit Rasen angesät werden, da Mähgeräte durch eine der Garagen transportiert werden können. Auch ein großes Beet mit Blütenstauden, durch Einjahrsblumen zum Schnitt ergänzt, wäre möglich. Stilvoll und leicht zu pflegen einheitliche Bepflanzung mit Immergrün, aufgelockert durch einzelne Strauchrosen.

Hausgarten am Hang (Größe des Grundstücks: 1200 qm)

Das Problem des Geländes besteht in einem Höhenunterschied von zwölf Metern, die auf mehrere Ebenen oder Terrassen verteilt werden müssen. Stützmauern und eine immer wieder gebrochene Treppenführung — zur Vermeidung der sogenannten D-Zug-Perspektive und leichteren Begehbarkeit auch für ältere Leute — sind dabei unerläßliche architektonische Hilfsmittel. Eine kulissenartige Bepflanzung beiderseits des Treppenzuges ergibt — ob man von oben oder von unten kommt — wirkungsvolle Ausblicke auf das Haus und seinen Garten. Auch die sonstige Bepflanzung ist entsprechend vielseitig. Ihre bewußte gärtnerische Verdichtung rund um das Wohnzentrum löst sich im südlichen Teil des Hanggrundstückes zu einem mehr landschaftlichen Charakter auf. Die Böschungen an der Nordseite des Hauses wurden übrigens durchweg mit bodendeckenden Kleingehölzen bepflanzt, die innerhalb von zwei bis drei Jahren so gut wie keine Pflege mehr brauchen. Die Staffelung der Terrassenbereiche am Haus gestattet eine gleichzeitige, aber doch getrennte Benutzung durch die Mitglieder einer größeren Familie. Plan Seite 42/43.

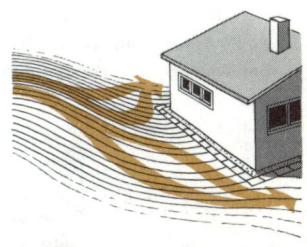

Kein Wasserstau oberhalb von Häusern am Hang! Das Gelände ist entsprechend zu modellieren.

Kleiner Gartenhof (Größe ungefähr 60 qm, Plan nebenstehend)

Dieses liebenswürdige »Grüne Zimmer« kann als Gärtchen im Garten wie auch als selbständige Anlage gelten. Durch den als Raumteiler eingebauten Geräteraum ergibt sich eine abgeschlossene Spielecke mit Sandkasten für die

Pflanzbeet für Sonnenlage

- 55 Stück Bärenfellgras, Festuca scoparia
- ■ 1 Stück Gemswurz, Doronicum columnae
- H 20 Stück Purpurglöckchen, Heuchera 'Feuerregen'
- 20 Stück Halbhohe Herbstaster, Aster 'Wartburgstern'
- R 9 Stück Sonnenhut, Rudbeckia fulgida var. speciosa
- ✳ 1 Stück Silberfahnengras, Miscanthus sacchariflorus

Pflanzbeet für Schattenlage

- 30 Stück Walddickblatt, Chiastophyllum oppositifolium
- ■ 5 Stück Gemswurz, Doronicum columnae
- 1 Stück Silberkerze, Cimicifuga racemosa
- 50 Stück Kriechender Günsel, Ajuga reptans 'Purpureus'
- A 9 Stück Prachtspiere, Astilben 'Irrlicht', 'Fanal'

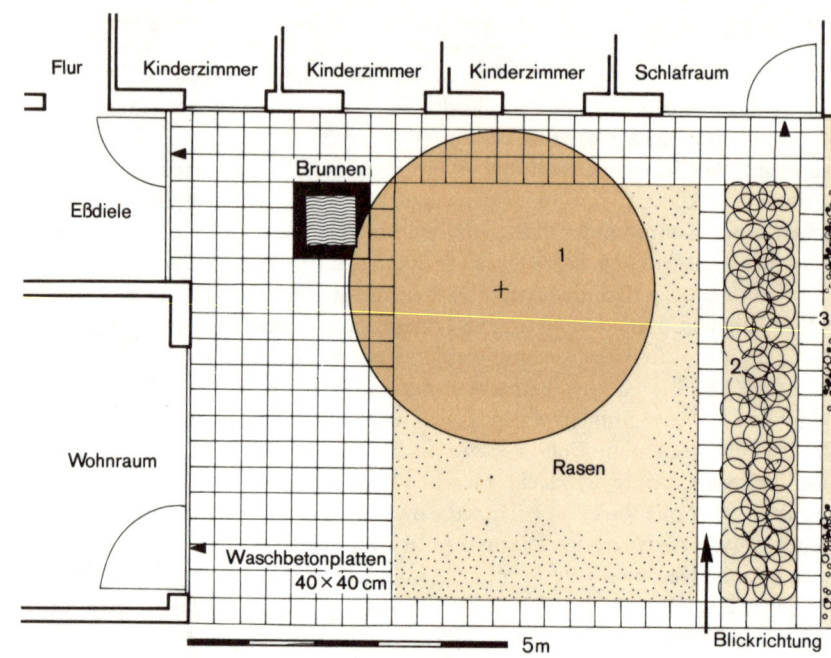

Flur Kinderzimmer Kinderzimmer Kinderzimmer Schlafraum

Eßdiele

Brunnen

Wohnraum

1

Rasen

Waschbetonplatten 40×40 cm

5m

2

3

Blickrichtung

Zwei Atriumgärten

1 Mittelgroßer Laubbaum (Birke, Eberesche, Hainbuche, Essigbaum)

2 Pflanzbeet (Johanniskraut, Sonnenhut, Iris, Gräser, Rosen, Fingerstrauch), siehe auch Bepflanzungspläne

3 Kletterpflanzen (Clematis, Wilder Wein, Knöterich)

Bepflanzungspläne für Beete in der
Sonnenlage   **Schattenlage**

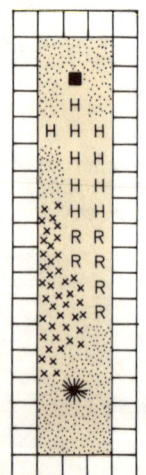

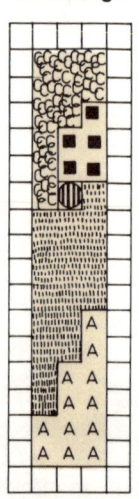

Bebauungsplan

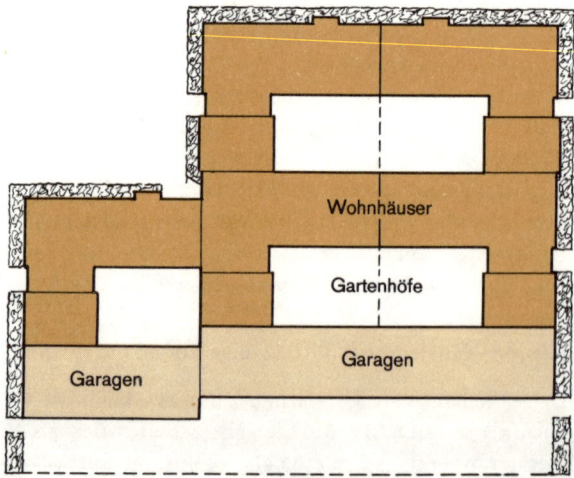

Wohnhäuser

Gartenhöfe

Garagen   Garagen

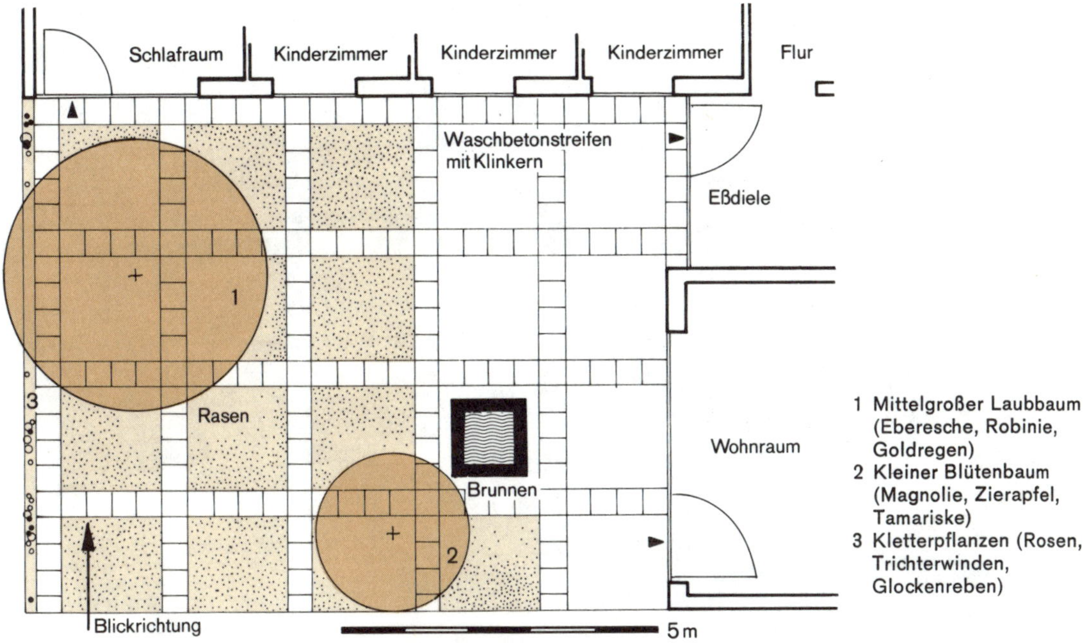

Schlafraum Kinderzimmer Kinderzimmer Kinderzimmer Flur

Waschbetonstreifen
mit Klinkern

Eßdiele

1

3

Rasen

Wohnraum

Brunnen

2

Blickrichtung

5 m

1 Mittelgroßer Laubbaum
(Eberesche, Robinie,
Goldregen)
2 Kleiner Blütenbaum
(Magnolie, Zierapfel,
Tamariske)
3 Kletterpflanzen (Rosen,
Trichterwinden,
Glockenreben)

Zwei Atriumgärten. Text Seite 48. Der Bebauungsplan zeigt die typische Lage solcher Gärten. Für das im linken Plan vorgesehene Pflanzbeet wurde je ein Beispiel der Beetbepflanzung in ausgesprochener Sonnenlage und Schattenlage gegeben, zumal die Gärten auch spiegelbildlich angeordnet sein könnten. Die Größe jedes Gartens ohne Haus beträgt ca. 77 qm.

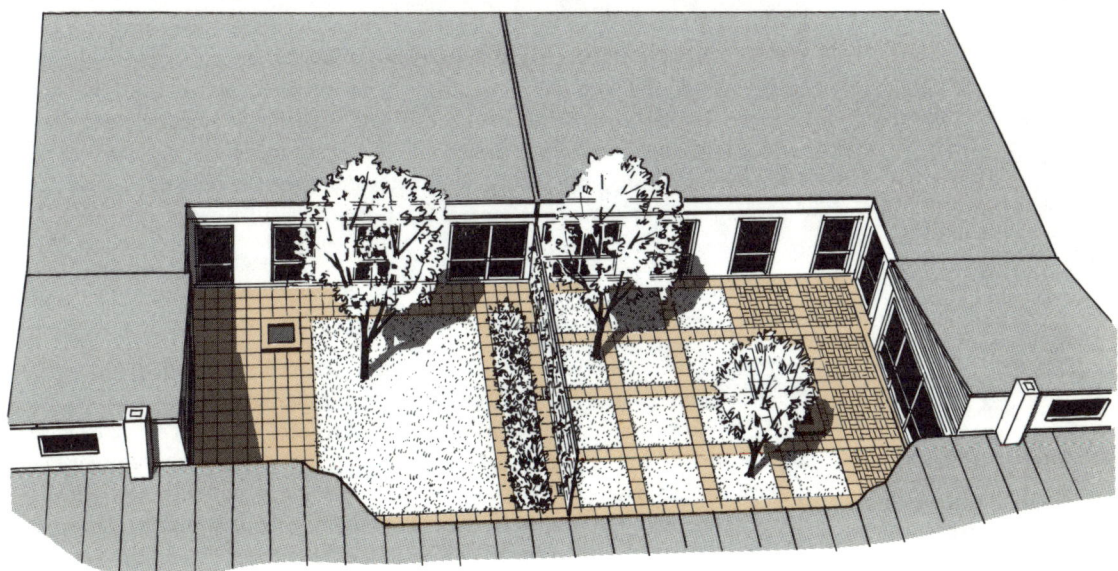

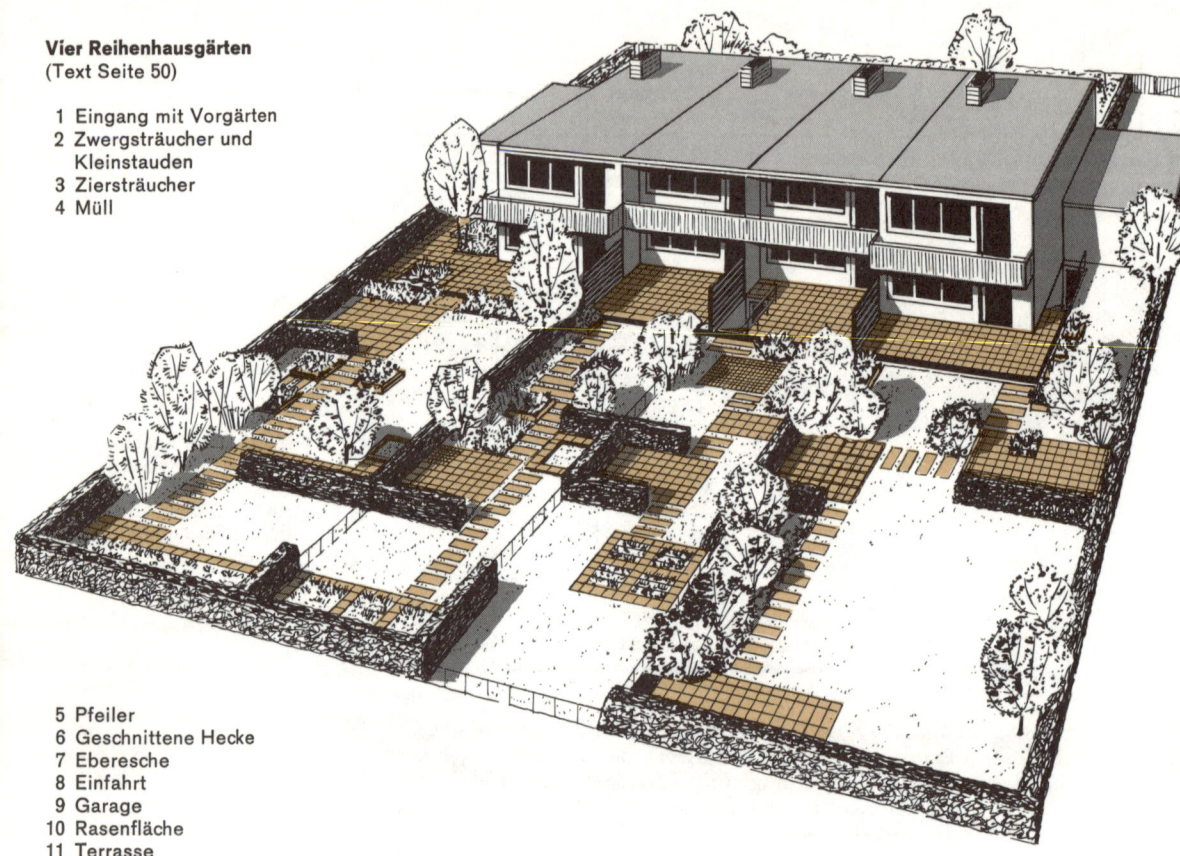

Kinder. Das vorgelagerte Pflanzbeet mit seinem vielgestaltigen Bewuchs entspricht in seinen Abmessungen der Gesamtgröße des Gartens, dessen kleinere Hälfte wiederum von der Rasenfläche eingenommen wird. Ein Zierbaum mittlerer Größe dient mit seinen Licht- und Schattenwirkungen einer dekorativen Aufgliederung des Raumes. Der Schöpfbrunnen im Mittelgrund soll zwar immer genügend Gießwasser für das Pflanzbeet bereithalten, darf aber durch seine Tiefe keinesfalls zur Gefahrenquelle für die Kinder werden.

Zwei Atriumgärten mit verschiedener Ausstattung
(Größe jeweils 77 qm)

Atriumgärtchen kann man ebenso wie den ihnen nahe verwandten Gartenhof ohne weiteres als liebenswürdige Beigabe zum »richtigen« Garten haben. Auf dem Farbbild auf Seite 108 sehen Sie, daß auch mein eigener Garten so einen anmutigen Winkel in seinen Mauern birgt. Die auf den Seiten 46/47 im Plan gezeigten Atriumgärten dagegen stammen aus einer Siedlung von Atriumhäusern, die man als schlüsselfertige Wohnanlagen kaufen konnte. Daher ist

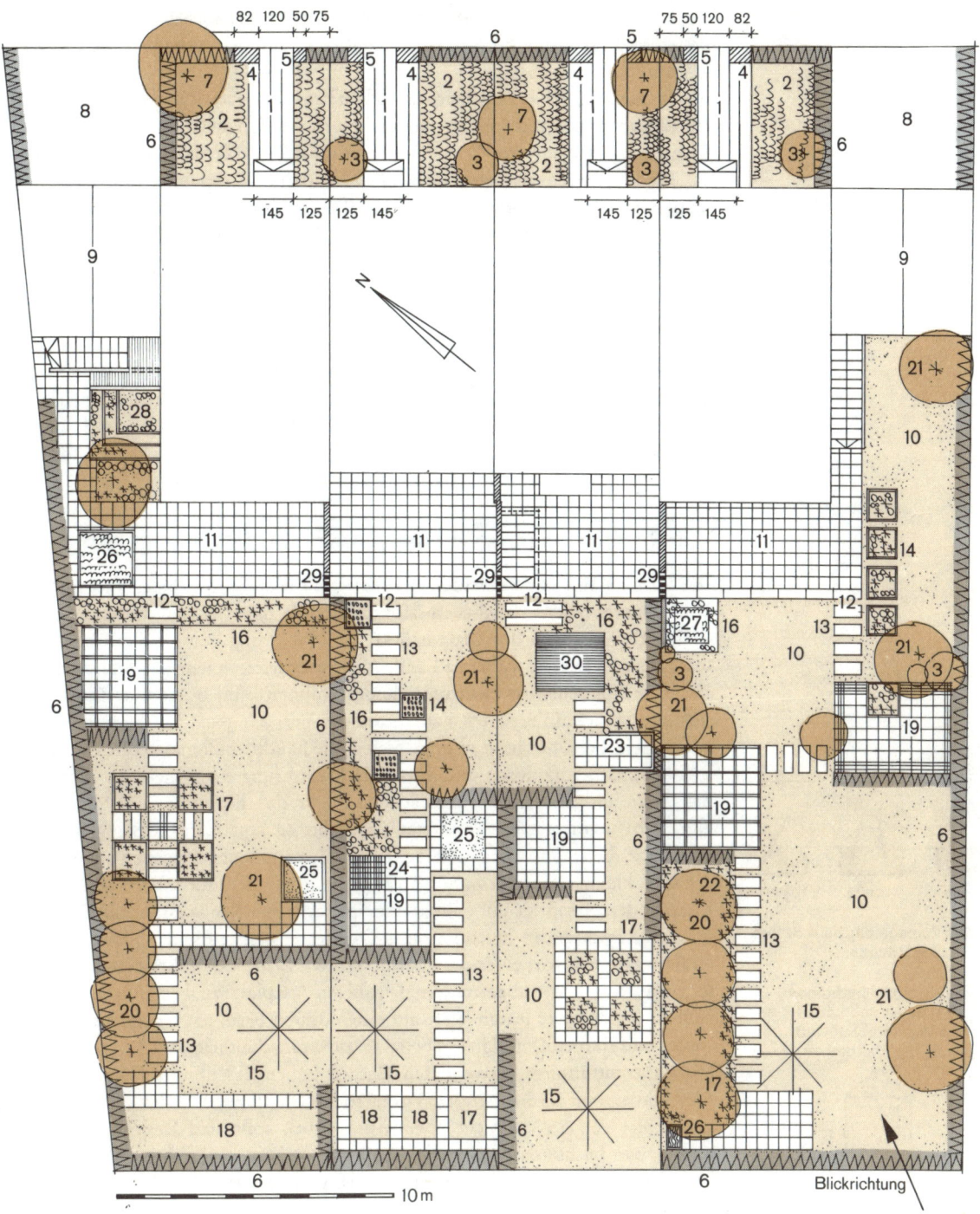

82 120 50 75 75 50 120 82

6 5

8 7 4 5 5 4 2 4 7 4 2 8

6 2 1 1 7 1 1 6

3 3 7 3 3 3

145 125 125 145 145 125 125 145

9 9

28 21

10

26 11 11 11 11 14

29 29 29

12 12 12 16 27 16 13 12

19 16 13 30 21 21 3

10 21 16 14 3 10 19

10 23 21

19 25 19 19

17 17 22

21 25 24 20

19 13

20 13 17 15

10 26

10 13 15 15 15 21

18 20

18 18 18 17

6 26

6 6 Blickrichtung

10 m

die Ausstattung zunächst auf das Typenmäßige beschränkt, um den künftigen Besitzer vor gröbsten Fehlern der Bepflanzung und des guten Geschmacks zu bewahren.

Im Gartenhof links befindet sich ein Pflanzbeet, das je nach Lage mit schattenverträglichen oder mit Sonnenstauden besetzt werden kann. Die kleine Rasenfläche wirkt wie ein den Wohnräumen vorgelagerter Teppich, den wiederum ein Plattenstreifen als arbeitsparende »Mähkante« umsäumt. Die aus versetzten Brettern gebildete Trennwand sollte in Absprache mit dem Nachbarn eine für beide Teile zierende Begrünung mit Kletterpflanzen erhalten.

Das Atriumgärtchen zur Rechten zeigt als Grundausstattung einen Plattenraster, dessen quadratische Felder mit Rasen angesät, aber auch mit Blütenstauden bepflanzt werden können. Ebenso lassen sich weitere Felder des von der Familie als Freisitz benutzten Terrassenbereiches mit Waschbeton oder Klinkern auslegen und ein volles Quadrat als Grundlage für die Sandspielkiste verwenden. Für die auch hier vorgesehenen Schöpfbrunnen gelten die gleichen Hinweise wie für den Brunnen des kleinen Gartenhofes auf Seite 44. Je nach Himmelsrichtung und Lage der Wohnung lassen sich beide Pläne spiegelbildlich gegeneinander austauschen.

Vier Reihenhausgärten mit gemeinsamer Aufgliederung

Die Problematik der Reihenhausgärten ist allbekannt. Sie leiden fast immer unter einer schwer erträglichen Monotonie, die ihre Ursache in den ungünstigen Abmessungen der Grundstücke hat. Oft genug beträgt die Breite nur sechs bis acht Meter, während Längen bis zu 25 Metern keine Seltenheit sind. Wo aber Menschen so dicht beieinander wohnen, sind trennende Zäune an sich unerläßlich. In unserem Fall wurde der Versuch gemacht, die nur 80 cm hohen, sehr lichten Zäune zu überspielen, die handtuchschmalen Einzelgrundstücke optisch aufzulösen und durch Heckenführung ein gemeinsam wirkendes Raumbild zu erzielen. Tatsächlich bleibt das Eigentum jedes der vier Nachbarn unangetastet. Versetzte Wegeführung und Aufgliederung in verschiedene, den Wünschen und Lebensbedürfnissen der Hausbewohner angepaßte, kleinere Gartenräume unterstützen dieses Bemühen. Die Familie mit Kleinkindern benötigt unbedingt eine Spielecke mit Sandkasten; die Familie mit heranwachsender Jugend zieht in Quadrate gefaßte Blumenbeete und ein Kräutergärtchen vor; einer der Hausherren wünschte sich außer der Familienterrasse noch einen abgesonderten, ruhigen Sitzplatz zu besinnlichem Verweilen; junge Leute legten Wert auf einen dezent betonten Grillplatz und so weiter und so fort. Der Plan auf Seite 48/49 veranschaulicht es.

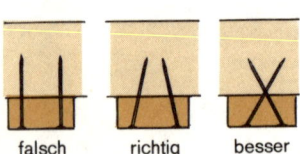

falsch   richtig   besser

Die Vernagelung beim Selbstbau von Zäunen.

Die richtige Abschrägung der Pfosten und Latten dient dem Wasserabfluß und erhöht die Haltbarkeit.

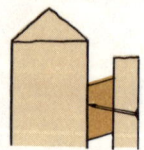

Die paravent-ähnlich verwendeten Hecken haben das übliche Wohngartenmaß von 1,70 m als Sichtschutz. Vorgartenhecken dagegen sollen die normale Zaunhöhe von 80 cm nicht übersteigen. Auch sollte bei Reihenhauskomplexen zur leichteren Pflege die Bepflanzung stets einheitlich mit bodenbedeckenden Gewächsen erfolgen. Rasen verbietet sich hier eigentlich von

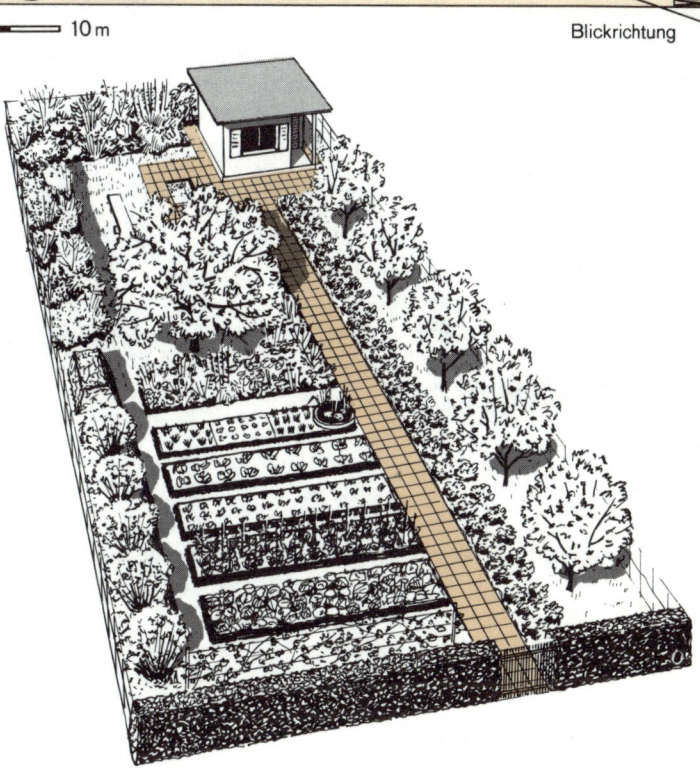

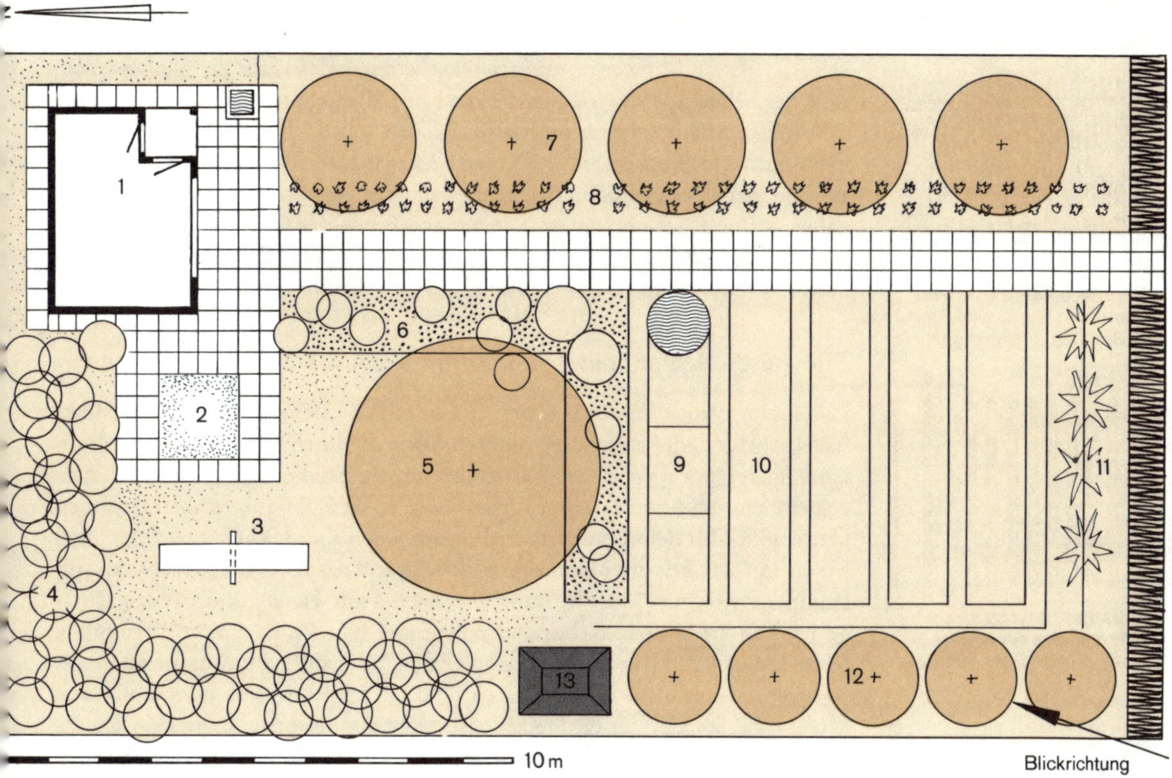
1
2
3
4
5
6
7
8
9
10
11
12
13
10 m
Blickrichtung

Kleingarten (Text Seite 52)

1 Gartenlaube
2 Sandkasten
3 Wippe für Kinder
4 Lockere Ziersträucher, Deckpflanzung
5 Obstbaum
6 Blütenstauden und Kleinsträucher
7 Obst-Spindelbüsche
8 Erdbeeren
9 Kräuterbeet, daneben Zierwasserbecken
10 Gemüsebeet
11 Himbeeren
12 Beerensträucher

Grundstücksgröße 300 qm

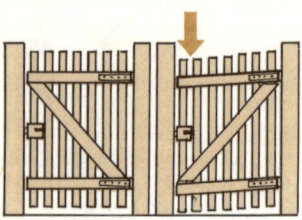

Falsch und richtig angebrachte Z-Verstrebung am Gartentor. Die Tür darf nicht nach unten durchhängen.

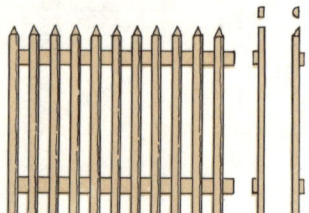

Einfacher Staketzaun aus halbrunden oder flachen Holz- oder Kunststofflatten

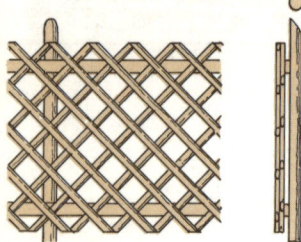

Polygon- oder Jägerzaun aus Holz

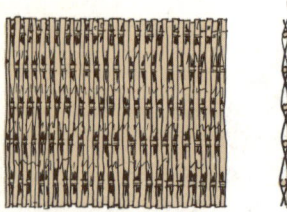

Flechtzaun aus gespaltenen Brettern oder Ruten; auch waagerecht möglich

Bildseite:
Strohblumen (Helichrysum bracteatum 'Monstrosum')

selbst, denn die Mähgeräte müßten ständig durch das Haus getragen werden, und das Schneiden der kleinen Flächen mit Winkeln und Zaunecken ist erfahrungsgemäß besonders mühsam, von den sonstigen Anfechtungen, denen der Rasen am Straßenrand ausgesetzt ist, ganz zu schweigen. Auch gestaltungsmäßig ist es viel befriedigender, wenn der gesamte Vorgartenbereich als ruhige grüne Fläche erscheint. Die geringe Breite der Grundstücke soll nicht noch durch Querhecken unterstrichen werden, sondern die niedere Hecke verläuft nur mit oder ohne Zaun parallel zur Straßenführung.

Zum guten Schluß: ein Kleingarten (Größe des Grundstücks: 300 qm)

Das alte Motto »Kleiner Garten, großes Glück« steht heute wie einst über jenen Anlagen, die trotz aller bitteren Verluste durch Umwandlung in Bauland immer noch zu vielen Tausenden unsere Städte und größeren Landgemeinden umsäumen. Dabei ist der Weg zu einem weniger anstrengenden Gartenglück für den Kleingärtner ebenfalls wesentlich leichter geworden, und wo ein gut durchdachter Plan zugrundeliegt, wie das hier gezeigte, von Martin Stangl entworfene Modell, kann die auch vom Haus- und Wohngartenbesitzer so eifrig angestrebte »Schönheit des Nützlichen« wahre Triumphe feiern. Man will zwar immer genug ernten, aber nicht bloß dafür schuften. So gliedert sich auch dieser Garten heute ganz selbstverständlich in einen Wohn- und Spielteil für die Freizeitgestaltung und in einen häufig jedoch auch schon mit vielen zierenden Elementen durchsetzten Nutzgartenteil. Wenn die gärtnerisch notwendige Wasserversorgung gesichert ist, wird das auf unserem Plan neben dem Kräuterbeet vorgesehene Schöpfbecken nicht selten auch als Schmuckstück mit Wasserpflanzen eingerichtet. Plan Seite 51.

Vom Gartenplan zur Gartenwirklichkeit

Der Plan liegt vor – wie geht es nun weiter? Wurde inmitten des Grundstücks ein Haus gebaut, dann sieht hinterher das Gelände meist alles andere als einladend aus. Ein großes Aufräumen mit Beseitigung von Schutt, Steinen und unerwünschten Pflanzen ist unerläßlich. Als Normalfall gilt, daß dann als erstes die Umzäunung errichtet wird, aber diese Regel hat viele Ausnahmen, denn sollten größere Erdbewegungen oder Steinarbeiten vorgesehen sein, so wäre mindestens für die erste Zeit ein Zaun unter Umständen recht hinderlich, und man stellt seine ja häufig auch mit erheblichen Fundamentierungsmaßnahmen verbundene Anbringung lieber noch zurück.
Die Tafel »Natursteinmauern« auf Seite 57 zeigt eine Reihe typischer Beispiele für solche Gartenbauwerke: links unten auch die mehrfach erwähnte Mähkante, die dann nochmals größer – mit zwei Zeichnungen – auf Seite 111 erscheint. Beim Mauerwerk geht es entweder um Stützmauern, die im ebenen Gelände künstlich aufgeschüttetes Material begrenzen, oder um sogenannte Futtermauern, mit denen ein natürlicher Hang abgefangen wird.

Im hängigen Gelände tritt unmittelbar neben die Steinarbeiten allgemeiner Art die Ausführung von Treppen und Stufen, weil dies gleichzeitig der Erschließung des Grundstücks dient. Im ebenen Gelände wird der Wegebau stets mit an erster Stelle stehen, um dann von da aus, Schritt für Schritt, die weiteren Aufgliederungen und Vorbereitungen für erste Pflanzungen zu treffen. Wie wichtig gut geführte Gartenwege als Faktoren der Gestaltung und als Begleiter aller praktischen Arbeit sind, wird an Hand der Pläne bewiesen.

Nur zur Erinnerung hier die üblichen Wegbreiten, die sich unter anderem auch aus den Plattenmaßen ergeben, aber auch davon abhängen, wie viele Personen bequem nebeneinander gehen wollen. Das Wegbreitenmaß je Person beträgt nämlich 60—75 cm. Das heißt: Verliebte kommen notfalls mit weniger als einem Meter aus, während ältere Ehepaare schon mindestens 1,20 m unter den Füßen haben sollten. Für Wegplatten im Rasen rechnet man gewöhnlich 50 cm Breite und als Schrittmaß 65 cm Abstand von Plattenmitte zu Plattenmitte. Arbeitspfade zwischen Rabatten und Gemüsebeeten brauchen nicht breiter als 30 cm zu sein. Nur in sehr weitläufigen Gärten wird man einen Hauptweg zum Befahren mit größeren Wagen vorsehen müssen. Wo Garage oder Autostandplatz nicht unmittelbar am Haupteingang liegen, kann auch eine aus bruchsicheren Platten gebildete Fahrspur zwischen Rasenstreifen in Frage kommen.

Welche grundlegende Bedeutung dem sachgemäß ausgeführten Wegeunterbau zukommt, ergibt sich aus der Tafel Seite 58. Daß Kieswege, die in Fremdarbeit hergestellt werden, heutzutage durchaus nicht mehr billiger, wohl aber weniger wirkungsvoll und schlechter begehbar sind als Plattenwege, dürfte allgemein bekannt sein. Daß Plattenwege immer mehr zu einem Mittel gärtnerischer Dekoration werden, ist eine Erkenntnis aus dem Garten für morgen. Mauern, Treppen, Wege: Erst wenn das Grundgerüst des Gartens durch sie geprägt und auch die Bodenvorbereitung soweit abgeschlossen ist, wird man je nach der Jahreszeit ans Pflanzen gehen. Dabei kommen wiederum die größten Gewächse — also Bäume und Sträucher nebst der Heckenpflanzung — zuerst an die Reihe. Moderne Gartentechnik und Containerpflanzen helfen jahreszeitliche Schwierigkeiten überbrücken und erlauben Pflanztermine, die früher unmöglich gewesen wären. Kein Mittel gibt es allerdings bisher, das den Gartenneuling vor seiner eigenen Unvernunft des Zuviel- und Zudichtpflanzens bewahrt. Man kann ihn nur immer wieder davor warnen und seine Sorge um den vorerst noch leer wirkenden Garten mit dem Hinweis beschwichtigen, daß sich hier Sommerflor in unzähligen Variationen einstweilen als anmutiger Lückenbüßer erweist ...

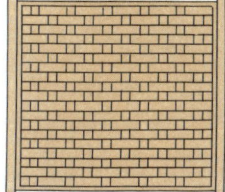

Sichtschutz-Flechtzaun. Vorgefertigte Teile lassen sich wahlweise mit waagrechter oder senkrechter Flechtung montieren.

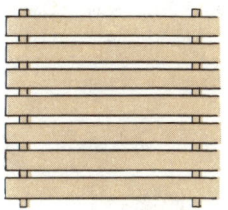

Zwei sehr dekorative, aber leicht zu überkletternde Zäune; oben aus Brettern, unten aus Rundhölzern, hier am Hang dargestellt. Senkrechte Lattung, gegen Sicht am besten vorder- und rückseitig versetzt, erhöht die Sicherheit.

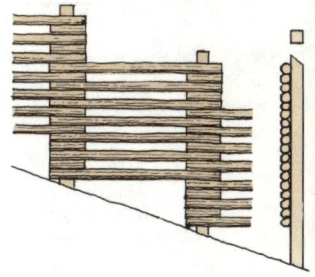

Eisenarmierung in Betonfundament grundsätzlich immer an der den zu erwartenden größten Druckkräften abgewandten Seite anbringen, also dort, wo sich in Zugkräfte umwandeln. Anwendung beispielsweise beim Treppenbau gegen Frostdruck von unten 3—5 cm unter der Fundamentoberkante.

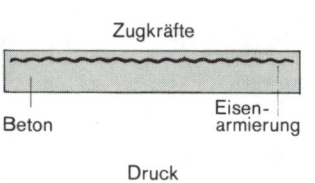

Vier Gartenstauden:
Oben Margerite 'Maistern' (Chrysanthemum leucanthemum) und Mädchenauge (Coreopsis lanceolata 'Goldfink'). Unten Sonnenhut (Rudbeckia nitida 'Goldsturm') und Erigeron-Hybride 'Dunkelste aller'.

Zugkräfte

Beton

Eisenarmierung

Druck

Treppen und Stufen

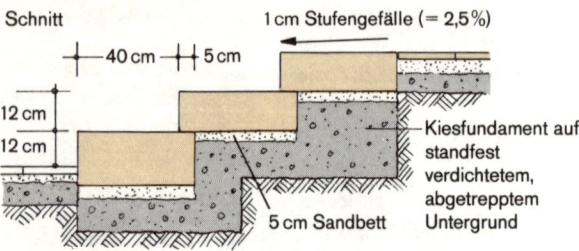

Schnitt

1 cm Stufengefälle (= 2,5 %)

40 cm — 5 cm

12 cm
12 cm

Kiesfundament auf standfest verdichtetem, abgetrepptem Untergrund

5 cm Sandbett

Stufenformel für gut begehbare Stufen:
2× Antrittshöhe + 1× Auftrittsbreite = 64 cm

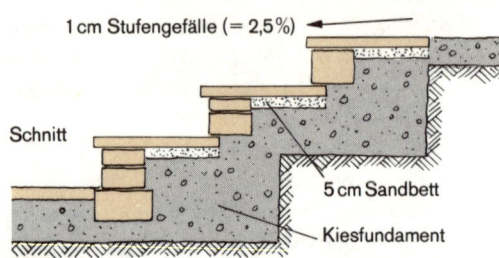

Schnitt

1 cm Stufengefälle (= 2,5 %)

5 cm Sandbett

Kiesfundament

Blockstufe, besteht aus ganzem Stein, Stufenköpfe sind bearbeitet. Stufenhöhe = Steinhöhe. Maßangaben nur Beispiel. Materialkosten relativ hoch, Treppe aber ansprechend, dauerhaft und leicht zu verlegen. Günstige Böschungslinie (s. unten)

Legstufe, besteht aus Auftrittplatte und Unterbau. Wird verlegt auf Unterbau aus bindigem Grubenkies in 5 cm Sandbett. Der gewachsene Boden wird zur besseren Verzahnung mit der Konstruktion abgetreppt. Billiger als Blockstufe, da Unterbau aus Natursteinresten oder -abfällen

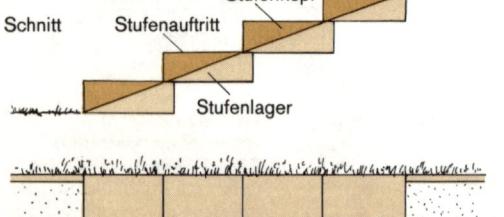

Schnitt

Stufenkopf
Stufenauftritt
Stufenlager

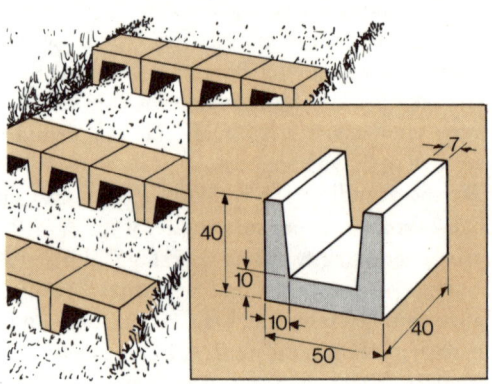

Draufsicht

Blockstufe: Böschungslinie verläuft mit Stufenhinterkante, da Stufenköpfe bearbeitet und daher sichtbar sind. Etwas teurer als Legstufe

Karlsruher Gartenstein oder U-Stein heißt dieses Gebilde, das wie ein wahres Ei des Kolumbus auf der Karlsruher Bundesgartenschau 1967 zur Welt kam und seitdem in immer neuen Abwandlungen dem „Betonzeitalter" unserer Gärten dient.

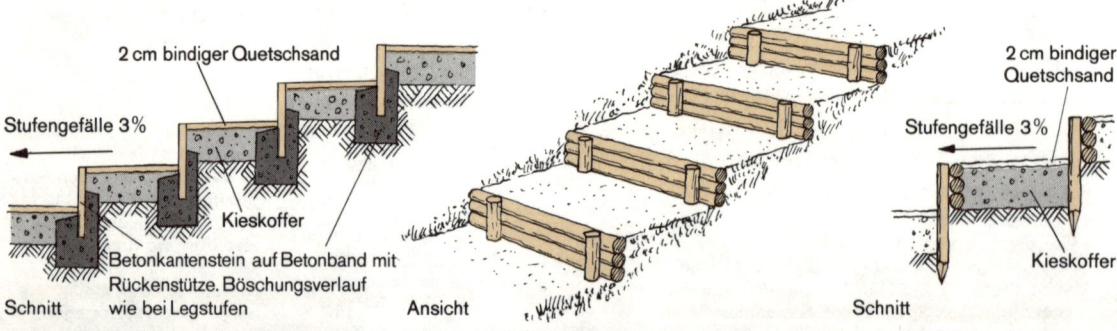

2 cm bindiger Quetschsand

Stufengefälle 3 %

Kieskoffer

Betonkantenstein auf Betonband mit Rückenstütze. Böschungsverlauf wie bei Legstufen

Schnitt

Ansicht

2 cm bindiger Quetschsand

Stufengefälle 3 %

Kieskoffer

Schnitt

Stellstufe: Aus Stein oder Knüppelhölzern. Kostensparend, aber Gefahr der Auswaschung

Knüppelhölzer mit Pflöcken (=.billigste Treppe). Böschungsverlauf variabel

Natursteinmauern

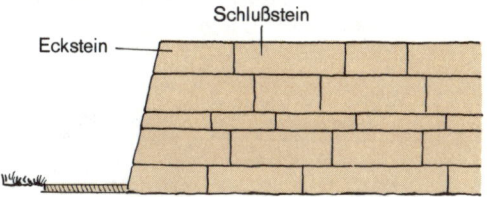

Schichtmauerwerk. Um Ausblühungen einzuschränken, Kalk-Zementmörtel verwenden

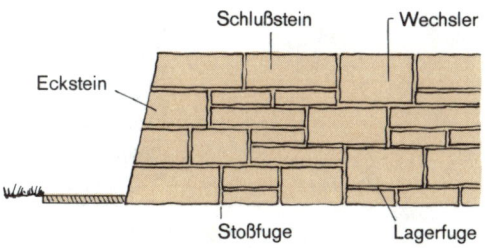

Wechselmauerwerk; größere Materialauswahl als beim Schichtmauerwerk. Mörtel wie oben

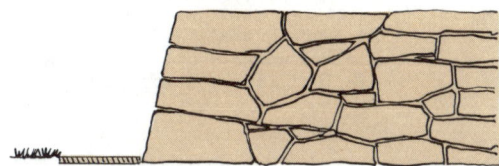

Bruchsteinmauerwerk (Weinbergmauer); Fugen ausgezwickt. Fundament wie Schichtmauerwerk

Querschnitt

Zyklopenmauerwerk aus halbierten, möglichst ovalen Findlingen oder Flußsteinen

Schnitt einer hinterbetonierten Natursteinmauer. Kalk-Zementmörtel verwenden

Hinterbetonierung mit Isolieranstrich abdichten

Dränung im Arbeitsraum durch Schotter, im Abstand Sickerschürze freilassen

Fundament mindestens 40 cm, besser auf volle Tiefe der Hinterbetonierung

Fundament: Stampfbeton B 80. Bis auf frostfreie Tiefe (80–100 cm)

40 cm

Allgemeine Regeln für Mauern:
Steine länger als hoch wählen. Schichtstärken von unten nach oben abnehmend, jedoch gut lagernder Schlußstein und Eckstein. Senkrechte Fugen nur über höchstens zwei Schichten. Mauerstärke am Fuß = 1/3 der Mauerhöhe

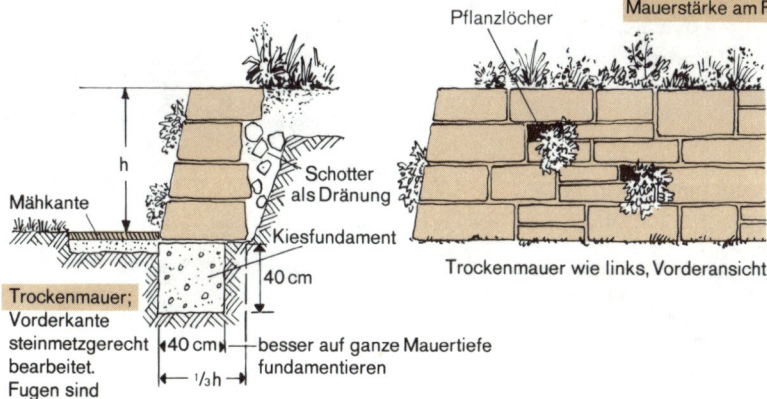

Trockenmauer; Vorderkante steinmetzgerecht bearbeitet. Fugen sind waagrecht

Mähkante

Schotter als Dränung

Kiesfundament

40 cm

40 cm · besser auf ganze Mauertiefe

1/3 h · fundamentieren

h

Pflanzlöcher

Trockenmauer wie links, Vorderansicht

Trockenmauer, selbstgebaut. Wasser fließt in die nach hinten geneigten Fugen. Bewuchs oben bis zur Mauerkante

Kiesweg in ebenem Gelände. Normalprofil einer wassergebundenen Decke bei durchlässigem Untergrund; bei wasserundurchlässigem Untergrund Dränage unter Grobkies einbauen.

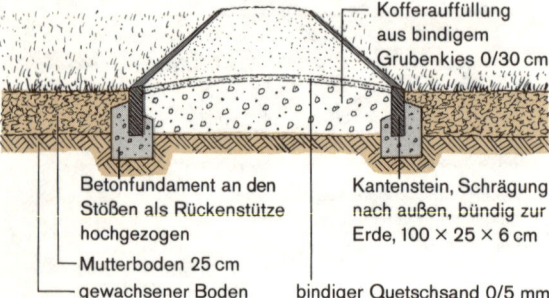

Kofferauffüllung aus bindigem Grubenkies 0/30 cm

Betonfundament an den Stößen als Rückenstütze hochgezogen

Kantenstein, Schrägung nach außen, bündig zur Erde, 100 × 25 × 6 cm

Mutterboden 25 cm

gewachsener Boden

bindiger Quetschsand 0/5 mm

Kiesweg in geneigtem Gelände

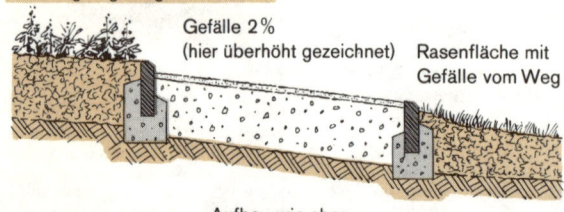

Gefälle 2 % (hier überhöht gezeichnet)

Rasenfläche mit Gefälle vom Weg

Aufbau wie oben

Plattenweg

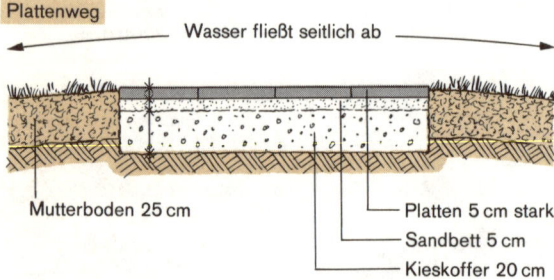

Wasser fließt seitlich ab

Mutterboden 25 cm

Platten 5 cm stark

Sandbett 5 cm

Kieskoffer 20 cm

Weg mit Kleinstein-Pflaster

Steine 10 × 10 × 10 cm

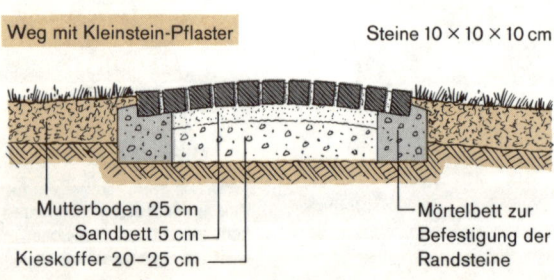

Mutterboden 25 cm

Sandbett 5 cm

Kieskoffer 20–25 cm

Mörtelbett zur Befestigung der Randsteine

Wegbegrenzung mit Granit-Großpflaster

Steine 17 × 17 × 15

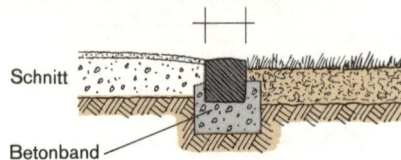

Schnitt

Betonband

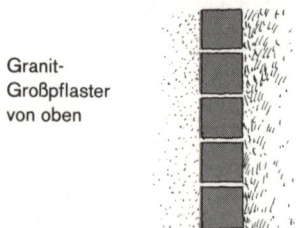

Granit-Großpflaster von oben

Wegebau im Wohngarten
Die früher gern verwendeten sichtbaren Kantensteine werden heute bewußt vermieden, weil sie nicht nur unschön wirken, sondern häufig auch Pfützen und Rinnsale am Wegrand verursachen. — »Mähkante« wie auf Seite 57.

Wegbegrenzung mit Klinkern

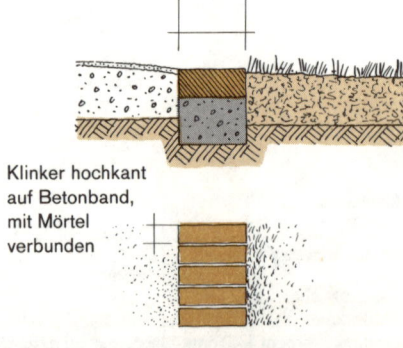

Klinker hochkant auf Betonband, mit Mörtel verbunden

Statt Klinkern hochkant sind auch flach verlegte Platten auf Betonband möglich

Holzpflaster aus Stammstücken, Mindestlänge 20 cm. Auf 10 cm Sandbett über standfestem Kies; Zwischenräume eingesandet

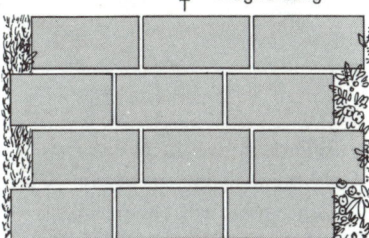

Wegrichtung

Wegrichtung

Betonplatten 40 × 40, 40 × 60, 40 × 80 oder 50 × 50, 50 × 75, 50 × 100 cm, in Bahnen verlegt. Auf 5 cm Sandbett, Fugen bis 4 cm, eingesandet, Wegränder offen zu Rasen oder Beeten. Oben: Steine gleich groß; unten: Steine verschieden groß

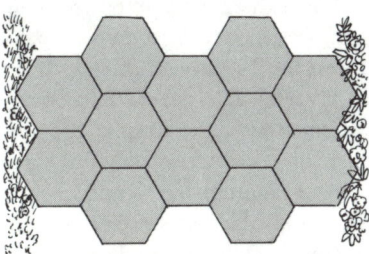

Sechseckplatten in verschiedenen Maßen, Verlegung wie Betonplatten. Gut für abgerundete Ecken bei der Wegführung geeignet

Wegrichtung

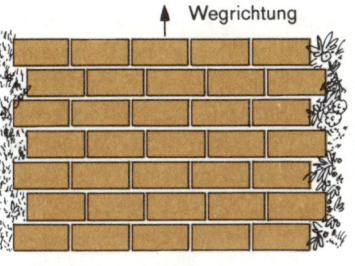

Drei Beispiele für Klinkerbeläge auf 5 cm Sandbett. Fugen eingesandet

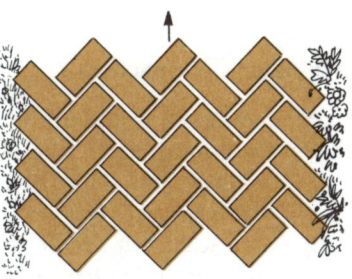

Verwendung von Klinkern 2. Wahl mit Fehlfarben beleben das Bild

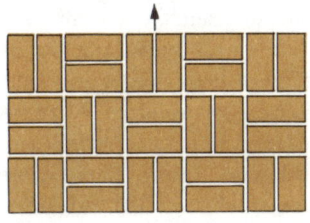

Je 2 Steine als Quadrat in wechselnder Richtung

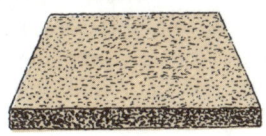

»Marbella«, waldbodenweiche Bodenplatten, in Spezialverfahren aus zermahlenen Autoreifen, einfachste Verlegung, wetterbeständig, herrlich für Wege und Kinderspielplätze. 50 × 50 × 4 cm

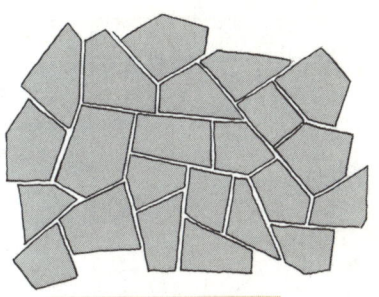

Belag aus Polygon-Platten. Mindestlänge 40 cm, keine Kreuzfugen legen

Beton- oder Waschbetonplatten, unterteilt durch farbig abgesetzte Granit-Pflastersteine

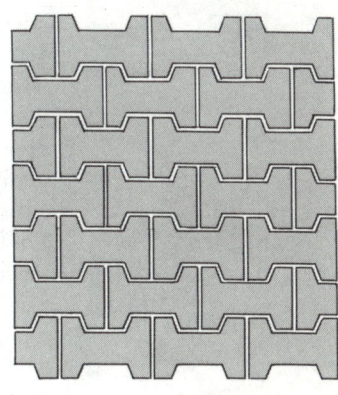

Wegrichtung

Doppel-T-Verbundsteine aus Beton sind heute große Mode. Es gibt zahllose Modelle solcher Plattenbeläge in vielen Farben

Wohngartentechnik

Das Thema dieses Kapitels zeigt einmal mehr, wie gründlich sich doch in unserer modernen Welt auch die Beziehung des Menschen zum Garten gewandelt hat. Allein schon der Begriff des »Wohngartens« ist ein untrügliches Zeichen dafür. Zu anderen Zeiten mit anderen gärtnerischen Idealen hat man vom Obstgarten, vom Salatgarten, vom Rübengarten und vom Kräutergarten als Typus und vom Paradiesgarten als Sinnbild gesprochen; Landschaftsgarten und Schrebergarten sind zwei typische Begriffe des letzten Jahrhunderts. Der Wohngarten aber, in dessen Raum ganz bewußt Maßstäbe häuslichen Komforts übertragen wurden, ist ausschließlich eine Erfindung jüngsten Datums, bei der keineswegs etwa die Gartenlaubenromantik unserer Voreltern, aber unübersehbar Camping, Spiel und Sport Pate gestanden haben.

Sichtschutz und Lärmschutz

Wer es wohnlich haben will, drückt damit zugleich immer mehr oder weniger bewußt den Wunsch nach räumlicher Geborgenheit gegenüber der Umwelt aus. Es verlangt ihn — dem heutigen Sprachgebrauch entsprechend — nach Sichtschutz. Nun hat es Hag und Hecke ebenso wie Mauern und Zäune selbstverständlich schon seit den Frühzeiten des privaten Gartenbaues gegeben. Aber weder die frühmittelalterlichen Klostergärten noch die Bürgergärten deutscher Städte des Hochmittelalters oder die Herrschaftsgärten des Barock, in denen die Kavaliere mit ihren Damen lustwandelten, hätten darin mehr als eine Maßnahme der Eigentumswahrung gesehen. Sichtschutz in unserem Sinne indessen hat — wenn man ihn schon unbedingt historisch definieren will — eher noch mit Susanna im Bade zu tun. Und die wiederum tummelt sich heutzutage eben weder in einem Salatgarten noch in einem Kräuteroder Rübengarten, sondern vorzugsweise in Wohngärten mit Sichtschutz. Sie muß dazu nicht einmal nur mit einem Bikini bekleidet sein, denn das Verlangen nach jener »räumlichen Geborgenheit« ist ja beileibe kein Ausdruck von Schamgefühl oder gar Prüderie. Man möchte vielmehr nur auch im Freien unter sich sein, worauf sogar laut Grundgesetz in entsprechend gearteten Wohngartengebieten ein verbriefter Anspruch besteht.

Sichtschutzmatten und dichte Hecken als Einfriedung sind unter solchen Voraussetzungen also erlaubt. Und daß man Sitzgruppen irgendwo an passender Stelle mit transportablen oder auch fest im Boden verankerten Rollwänden umgeben kann, steht außer jedem Zweifel. Die neuere Rechtsprechung hat das mehrfach eindeutig entschieden. Aber diese Fragen, die auf BGB und Nachbarrecht zurückgehen, stehen hier nicht zur Debatte. Und auch die Lärmbekämpfung im Sinne juristisch angreifbarer Ruhestörung gehört keineswegs zur Wohngartentechnik. Wohl aber ist sie Gegenstand erstaunlicher Forschungsarbeiten, die seit einigen Jahren am Institut für Landschaftsbau und Gartenkunst der Technischen Universität (1000 Berlin 10, Franklinstraße 29) betrieben werden. Gesichertes Ergebnis: allgemeiner Ver-

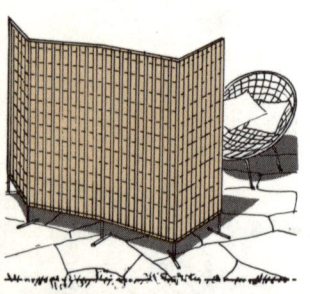

Sicht- und Windschutz durch Rollwände aus Rohrmatten oder pflegeleichten Plastikröhrchen

kehrslärm als unvermeidlicher Umweltfaktor kann mit Hilfe bestimmter Anpflanzungen nachhaltig bekämpft werden. Dieser Hinweis auf bereits klar erkannte akustische Wirkungen verdient das höchste Interesse jedes Wohngartenbesitzers, auch wenn die vielschichtigen wissenschaftlichen Zusammenhänge hier nicht näher erläutert werden können. Es ist anzunehmen, daß sich bei Weiterführung der schon jetzt so vielversprechenden Versuche in Zukunft so manche praktische Vereinfachung für den Privatgebrauch ergibt. Vielleicht taucht demnächst in den Baumschulkatalogen ein neues Symbol auf, das bestimmte Gehölze als erprobte »Lärmschutzpflanzen« kennzeichnet? Auch muß unterschieden werden, ob nach Art und Nutzung des Grundstückes — etwa mit Rücksicht auf ein dort vorhandenes Wohnhaus — immergrüne Pflanzen mit ganzjährigem »Lärmschutzeffekt« erwünscht sind, oder ob für das sommerliche Wohnen im Garten Laubgehölze mit einer Wirkungszeit nur von Mai bis Oktober ausreichen.

»Lärmschutzpflanzen«

Als eine der hervorragendsten ganzjährigen Lärmschutzpflanzen wurde *Viburnum rhytidophyllum* ermittelt. Seine 18—25 cm langen, runzeligen, herabhängenden Blätter haben diesem bis drei Meter hohen, immergrünen Schneeball nicht nur den Spitznamen »Eselsohrstrauch« eingetragen, sondern sie besitzen geradezu schallschluckende Eigenschaften. Auch die bekannte Stechpalme, *Ilex aquifolium,* und die noch weit in den Winter hinein trockenlaubtragende Hainbuche, *Carpinus betulus,* schnitten bei den Berliner Prüfungen gut ab. Nadelhölzer mit ihren nadelfeinen Blattgebilden dagegen lassen den Schall fast ungehindert passieren.

Maßgeblich für die lärmmindernde Wirkung sind übrigens nicht nur Größe, Stellung und Dichte der Blätter, sondern auch die Stamm- und Ästestruktur. Bäume, die erst in vier oder fünf Meter Höhe eine dichtbelaubte Krone tragen, sind vor allem bei Einzelstellung als Lärmschutzpflanzen ungeeignet. Unser »Eselsohrstrauch« oder eine Hainbuchenhecke, deren Blätterkleid dicht am Boden beginnt, weisen sich da als wesentlich bessere »antiakustische« Kulisse aus. Und sie eröffnen Perspektiven, die auf jeden Fall unsere Aufmerksamkeit verdienen.

Strom spendet Licht und Wärme

Elektrischer Strom ist eine fast unabdingbare Voraussetzung für jede moderne Wohngartentechnik. Man braucht ihn — wie im nächsten Kapitel nachzulesen — nicht nur für eine Reihe wichtiger Arbeitsgeräte, von deren Betriebsfähigkeit immerhin ein gutes Teil unserer Gartenwohngemütlichkeit und unserer Freizeit für die spezifischen Gartenwohngenüsse abhängen. Man braucht ihn auch als Antriebsaggregat für alle technischen Dinge, die wir heute ganz selbstverständlich aus dem Haus auf den Garten übertragen.

Das fängt mit dem Ruf »Mehr Licht im Garten!« an: Mit der Installation all der Beleuchtungskörper, die zum sicheren Begehen bei Dunkelheit so notwendig sind wie zum Festefeiern und unter Umständen auch zum Schutz

Gartenleuchten gibt es in allen Variationen, ortsfest und transportabel. Gartenleuchte mit Rosenberankung siehe Rosenkapitel

Lichtarchitektur in Pflanzen-
rabatten mit wetter- und
winterfesten Leuchten

Unterirdische Installation

vor lichtscheuem Gesindel, das man sich kaum besser fernhalten kann als mit einer zentral schaltbaren Rundum-Flutlichtanlage mit Halogen-Hochdrucklampe oder Natriumdampflampe. Daß solche Taghellbeleuchtung außerdem noch wunderbare Lichteffekte schaffen kann, sei nur nebenbei erwähnt. Überhaupt erlebt man durch geschickte Anbringung der verschiedenen Strahler, die keineswegs ortsfest montiert, sondern mit Erdspießen verschiedener Größenordnung auch »ortsveränderlich installiert« werden können, die Gartenszenerie zu allen Jahreszeiten völlig neu. Baum und Strauch, Blume und Blatt erscheinen durch das Mittel der Lichtarchitektur wie verzaubert. Allerdings werden unter Umständen auch Planungsfehler offenbar, die im Tageslicht unentdeckt blieben.

Ein weiteres Gartenzaubermittel sind die Unterwasserscheinwerfer und Schwimmbadleuchten: technische Wunderwerke, die mit der Wasserverkitschung durch primitive »Leuchtfontänen«, Springbrunnenbausätze und Wasserspeierfiguren nichts zu tun haben. Schönheit und Nutzen werden hier in großartiger Weise offenbar.

Aber Strom liefert nicht nur Licht, sondern auch Wärme zur Förderung des Wohnens im Garten. Infrarotstrahler können das Temperaturgefälle der Übergangsjahreszeiten und jede abendliche Kühle ausgleichen, wobei man auch hier zwischen fest montierten und transportablen Modellen unterscheidet. Daneben gibt es, wie wir noch sehen werden, auch eine beachtliche Wärmequelle ohne Strom, was aber nichts mit der inneren Erwärmung durch feurige Tränke zu tun hat.

Die freundliche Elektrizität kommt aus der Steckdose. Aber besonders in größeren Gärten mit vielseitigem Strombedarf können nicht alle Steckdosen am Haus sitzen. Also wird der Strom durch Erdkabel an die Abnahmestellen geleitet. Man hat dafür heute besondere Anschlußkästen, deren schweres Gehäuse die Stecker und Schalter vor allen Schädigungen von außen schützt, und die mit ihrem unteren Teil so tief ins Erdreich eingelassen werden, wie es die Vorschrift verlangt. Was aber die Erdkabel angeht, so sollte man ihren Verlauf, ebenso wie den Verlauf sonstiger Versorgungsleitungen im Garten, insbesondere auch Wasserleitungen, in einem Detailplan für diese unterirdischen Installationen zusammenfassen. Das hat nicht nur sein Gutes für einen Besitzwechsel, der in ferner Zukunft liegt. Es hat auch sein Gutes für uns selber, wenn irgendwelche Erdbewegungen ausgeführt oder größere Pflanzgruben ausgehoben werden sollen. Unser Gedächtnis trügt so leicht!

Vor allem Baden und Schwimmen

Als Anfang der fünfziger Jahre Freunde von uns fast die gesamte untere Terrasse ihres Hausgartens am Hang in ein großes Schwimmbad umwandelten, gab es ringsum manches Kopfschütteln wegen des Verlustes an Gartengelände und sehr hoher Kosten, die den praktischen Nutzen nicht aufzuwiegen schienen. Es ging die schöne Rasenfläche mit Rosenrabatte verloren; es fehlten technische Einrichtungen, die uns heute selbstverständlich erscheinen.

Doch dafür hatten die Besitzer, nach angestrengter Berufstätigkeit in der nahen Großstadt, viele Wochen lang eine unersetzliche Quelle gesundheitlicher Stärkung im unmittelbaren Wohnbereich. Sie blieben jung mit der Jugend, deren sonst oft umstrittene Gartenfreudigkeit durch ein eigenes Schwimmbad wesentlich gefestigt werden kann. Großmama selber brachte dem ersten Enkelkind das Schwimmen bei.

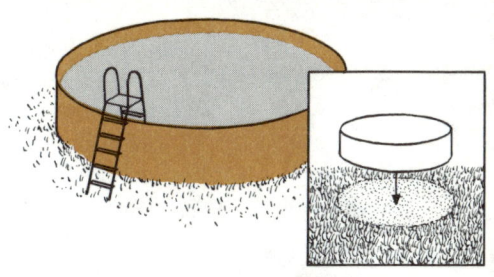

Das transportable Becken aus Plastikmaterial mit vorbereitetem Standplatz

Schon als Dreijähriger brauchte der Kleine das nasse Element nicht mehr zu fürchten, und als Fünfjähriger war er bereits ein perfekter Unterwasserschwimmer, der die feinsten Spring- und Tauchkunststücke vorzuführen wußte. Aber freilich — so eine Anlage, die nicht nur in Ordnung gehalten, sondern auch dem technischen Fortschritt angeglichen werden soll, verlangt manchen tiefen Griff in den Geldbeutel.

Indes — man kann es auch einfacher und billiger haben. Und vor allem: Man kann mit einer tragbaren Brause, deren Schlauchleitung am Wasserhahn angeschlossen wird, oder mit einer ebenfalls aus dem Wasserhahn gespeisten Planschrinne ganz klein anfangen. Dann geht es nach einem sorgfältig ausgearbeiteten Plan stufenweise weiter: von einem Sommer zum andern immer ein bißchen mehr, bis als Endziel vielleicht sogar die überdachte Halle zu ganzjährigem Gebrauch geschafft ist, was im Zeitalter der im Abonnement von den Herstellerfirmen auf- und abmontierten Kunststoffschwimmbeckenzelte durchaus im Bereich des Möglichen liegt.

Insgesamt muß man freilich seine finanziellen Grenzen kennen. Am Anfang steht da die alte Faustregel aller Gartenarchitekten, daß Erdbewegungen und Steinarbeiten bei jeder Anlage am teuersten sind. Wer hier nicht mittun will, der wählt halt eines jener transportablen Becken aus Plastikmaterial oder glasfaserverstärktem Polyester, die mit dem Gartenschlauch gefüllt und mit der tragbaren elektrischen Pumpe entleert werden. Es gibt da die verschiedensten Modelle, nicht zuletzt auch als Zubehör eines Mehrzweckgerätes mit Universalmotor. Die Haltbarkeit solcher transportablen Becken — einschließlich der aufblasbaren Kinderbecken — hängt allerdings wesentlich von ihrer richtigen Aufstellung ab. Nie darf man sie so einfach auf dem Rasen plazieren, wo dann das Gras alsbald drunter wegfault. Der Standplatz soll vielmehr richtig vorbereitet sein: einwandfrei waagrecht, ohne irgendwelchen Bewuchs und frei von Steinen. Am besten bewährt sich eine etwa 5 cm hohe Schicht Feinsand auf dem sorgfältig geglätteten Untergrund.

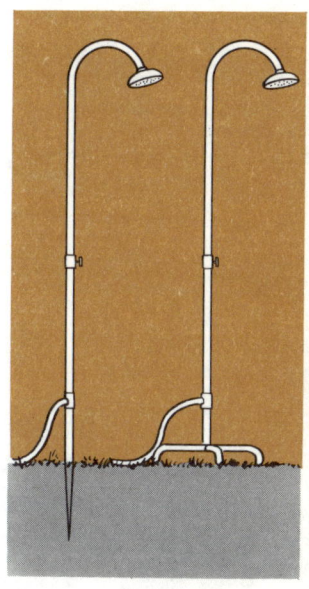

Transportable Brause mit Erdspieß oder Dreifuß

Für fest im Boden eingebaute Becken gibt es heute zahlreiche Möglichkeiten und Werkstoffe. Von der ganzjährig ortsfesten Anlage mit Kunststoff-Folie bis zu vorgefertigten oder am Platz zusammengesetzten Becken aus Polyester mit Glasfasermatten, aus Aluminium, aus Stahlplatten, aus wasserdichtem Beton und was immer die moderne Technik sonst noch beschert, reicht die Auswahl. Zu bedenken sind in jedem Fall nicht nur die Erstellungskosten, sondern vor allem auch die unter Umständen erheblichen Betriebskosten. Sie reichen vom Wassergeld über die Wasseraufbereitung mit Chemikalien, die

Erstellungs- und Betriebskosten von Schwimmbecken

63

Keine asymmetrischen
Formen!

Geräte für zwischenzeitliche Wasserreinigung bis zum Heizaggregat zur Temperierung des Wassers an kühlen Tagen wie zur Verlängerung der Badesaison im Frühjahr und im Herbst. Daß ein Becken in Hausnähe oder in unmittelbarem Anschluß an eine überdachte Terrasse dem weiter entfernt im Garten gelegenen »Swimming-Pool« geringere Kosten und größere Bequemlichkeit voraus hat, darf heute schon als Binsenweisheit gelten.

Eine Binsenweisheit sollte es im Zeitalter der Normung auch sein, daß die einst so beliebten Wasserbecken in Gestalt von Herzen, Nieren, Schuhsohlen und ähnlich asymmetrischen Formen eigentlich keine Daseinsberechtigung mehr haben. Schon der Rückgriff auf vorgefertigte Bauteile legt es nahe, zur Vereinfachung der Konstruktion jedes Wasserbecken aus dem Rechteck oder dem Quadrat zu entwickeln. Zugleich aber sollte man sich doch an bestimmte Mindestgrößen halten, denen ganz einfach menschliches Normalmaß zugrunde liegt. Wo nämlich zwei oder noch mehr Personen in einem Becken schwimmen wollen, gilt eine Wasserfläche von 4 × 8 Metern als unerläßlich, damit man bequem aneinander vorbeikommt. Als Wassertiefe genügen zum Baden und Schwimmen 1,10–1,40 Meter. Springer träumen allerdings von drei Metern Wassertiefe, denken dabei aber kaum an die dadurch sprunghaft ansteigenden Kosten.

Und noch ein guter Rat: Wer sparen muß, baue sein Becken mit schrägen Wänden. Es erfordert viel weniger Erdaushub und ist auch sonst konstruktiv weniger aufwendig. Beim Schwimmen entsteht nicht die geringste Beein-

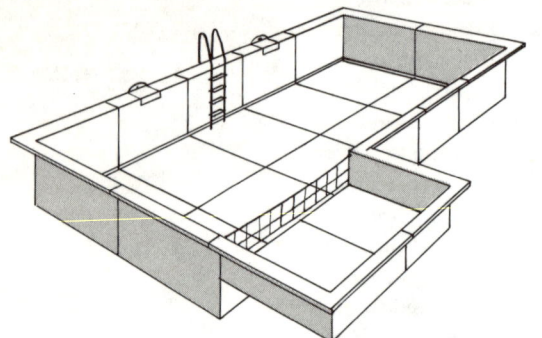

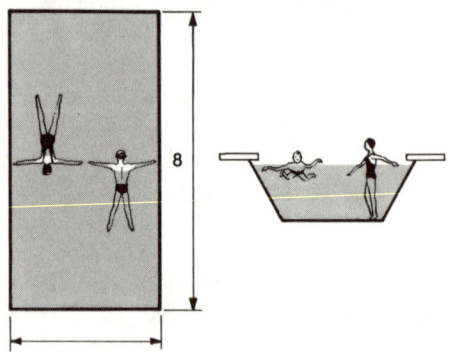

trächtigung, zum Tauchen bleibt im Mittelfeld Platz genug, und bei richtigen Abmessungen erreicht man mit ausgestrecktem Arm immer noch die vorkragenden Randplatten zum Festhalten.

Nur als ein Beispiel unter vielen sei hier noch ein Fertig-Schwimmbecken mit angehängtem Kinderbad und fest eingearbeiteten Armaturen gezeigt. Die Maschenweite des trennenden Netzes zwischen Kinder- und Erwachsenenbecken muß natürlich ein Durchschlüpfen verhindern können. Aber trotzdem: Was für eine Garantie gibt es, um die lieben Kleinen vom Überklettern des Netzes (oder einer ähnlichen Sicherheitsvorrichtung) abzuhalten? Mir wäre das zu riskant.

Solange die Kinder nicht schwimmen können, würde ich doch lieber ein festes Gitter mit gut schließender Tür um das Schwimmbecken ziehen und ihnen ein ungefährliches Planschbecken in der Nähe des Sandkastens bauen. Später braucht man dann — siehe oben — kein flacheres »Kinderbad« mehr. Aber etwas anderes muß hier noch erwähnt werden: Es gibt, offenbar als Gegenstücke zu den nicht ganz winterharten Pflanzen unserer Gärten erdacht, auch nicht ganz winterharte Schwimmbecken. Und zwar sind das gerade die feinsten und teuersten Modelle mit Fliesen- oder Mosaikauskleidung. Wer so etwas erstellen will, muß die Arbeiten dazu allererstens Fachleuten übergeben. Sonst bringt unter Umständen schon des ersten Winters erster Frost einen ausgewachsenen Wasserbeckenärger, weil die Platten einzeln oder gleich reihenweise abspringen.

Nicht winterharte Schwimmbecken

Gartenspielzeug für Erwachsene

Die Technik soll bekanntlich nicht Beherrscherin, sondern Dienerin des Menschen sein. Als solche beschert sie ihm unter anderem mehr Freizeit. Wenn er will, kann er diese Freizeit zu althergebrachter Plackerei in seinem Garten verwenden und mit einer Schlaghacke Frühkartoffeln hacken. Er kann sich auch der Muße hingeben, was aber meistens bald langweilig wird. Und deshalb hat die liebe Technik zur Überwindung ihrer Zeitgewinne auch für die Erwachsenen ein ganzes Arsenal von Spielsachen hervorgebracht, über denen unsichtbar der Spruch »Jedem das Seine« steht, und von denen ganze Industrien nicht schlecht leben.

Wenn vor einem kleinen Rundblick auf alle diese Dinge, die in erster Linie auf ein gesellig-sportliches Tummeln abzielen, hier der hübsche Steintisch mit dem eingelegten Schachbrett steht, so könnte man das vielleicht für eine Konzession an die Geist- und Würdevollen unter uns halten. Es soll aber eher ein Hinweis sein, daß es außer industrieller Massenware auch andere Gartenmöbel gibt: Dinge mit Pfiff, die geschmackvoll und praktisch zugleich sind, weil da jemand eine gute Idee verwirklicht hat. An diesem Tisch braucht man keine schmutzabweisende Kunststoffkaffeedecke mit Damastdekor, und es genügen einfache Bast-Setdeckchen, wenn hier — mit dem Infrarotstrahler im Rücken und dem weit ins Freie weisenden Panorama-Scheinwerfer zur Seite — eine zünftige Maibowle getrunken werden soll. Beinahe wie einst in der Geisblattlaube, vor der die bunten Papierlampions an ihrem Draht leise im Nachtwind schaukelten . . .

Übrigens ist auch das Spielespielen im Garten gar nicht so ultramodern. Der heute als »Badminton-Federball« hochgeschätzte Sport gehörte bereits zu den fürstlichen Vergnügungen vergangener Jahrhunderte, nur daß es damals noch keine Federbälle mit einer Flugsteuerung aus Plastikgitterwerk gab. Nach wie vor erhältlich sind aber auch die zierlichen Bälle alten Stils: mit Korkboden, echtem Lederbezug und einem Kranz aus sechzehn blütenweißen Federn. Zum kompletten Spiel gehören dann noch die eleganten Schlä-

Steintisch mit eingelegtem Schachbrett

65

Zum Selbstbasteln: Transportables Gartentischchen aus Tortenbodenblech und Holzstab mit Eisenspitze

ger, ein Sportnetz wie für Volleyball und zwei Pfosten zu seiner Befestigung. Auch Krocket, Boccia und Boccia-Krocket — letzteres für Einzel- und für Mannschaftsspieler — müssen hier genannt werden. Tischtennis gilt nur noch bedingt als Gartenspiel, denn es findet häufig auch in geschlossenen Räumen statt. Medizinball und Gymnastik-Sprungseil sind alte Bekannte. Aus der Versenkung hervorgeholt wurde für besondere Kraftproben das Erwachsenen-Ziehtau aus Hartfaserhanf. Es hat ledereingefaßte Enden, eine rote Mittelmarkierung und ist zehn Meter lang. Wohlgemerkt: ohne Handknoten, was zwar seine Sportlichkeit erhöht, aber auch schmerzhafte Hautabschürfungen verursachen kann. Mir wäre daher das nur sechs Meter lange Kinderziehtau mit Handknoten lieber ...

Überhaupt soll man bei diesen Gartenspielen nicht so streng zwischen alt und jung unterschieden, weil sie ja in erster Linie dem Familienvergnügen gelten. Muttis und Omis, Kinder und Enkel beteiligen sich ohne Zweifel am harmlosen Ringwurfspiel mit weichen Seilringen. Väter und Söhne frönen gemeinsam dem nicht ganz so harmlosen Blasrohrspiel. Wenn aber mit Pfeil und Bogen nach der dreifarbigen Zielscheibe aus geflochtenem Stroh geschossen wird, findet sich auch die sportive Dame des Hauses dazu ein ...

Hobbyköche spielen im Garten

Als Folge so ausgiebiger Freizeitgestaltung stellt sich gesunder Hunger ein, man gibt eine Garten-Party im Freundeskreis. Selbstverständlich wird da kein Spirituskocher mehr für das Kaffeewasser benutzt. Auch Strom, Propangas oder Karbid sind weniger geschätzt. Wenn also der modebewußte Gartenmensch schon keine Zurück-zur-Natur-Feuerstelle à la Südsee-Insulaner gebaut hat, so muß es mindestens ein Gartengrill auf Rädern sein — möglichst mit Batteriemotor für den Drehspieß. Holzkohle zur Beheizung wird zwar als rustikales Element geschätzt, doch gibt es inzwischen auch Grillgeräte, die mit Butan- oder Propangas betrieben werden können und einen rotierenden »Bratkorb« haben.

Gartenkamin

Mit das Feinste aber, und beinahe schon wieder eine Art von Statussymbol wie die inzwischen weitgehend entthronte Hollywoodschaukel, ist der transportable Gartenkamin. Sein besonderer Nutzwert ist unverkennbar, denn er frißt nicht nur edle Buchenscheite, sondern meist auch Altpapier und ähnlichen Haushaltüberfluß. Als romantischer Wärmespender unerreicht, kann so ein »Anton« im geräumigen Bauch eine Grillspinne aufnehmen, während die Traggriffe zugleich als Auflagen für den mit Batteriemotor oder von Hand betriebenen Drehspieß dienen. Der traditionelle, aus der Feuerstelle im Haus entwickelte Gartenkamin steht mit dem Rücken zur Wand. Aber schon gibt es auch ein Modell zum Drum-Herum-Sitzen wie am Lagerfeuer, ebenfalls nicht nur zum Wärmen, sondern auch zum Köcheln eingerichtet. Das Kind im Manne jauchzt. Vater als Hobbykoch grillt schon im März die ersten Waldläufersteaks. Denn wie auch immer man die Dinge betrachtet, weibliche Wesen sind nicht so sehr für das Brutzeln im Freien. Sie ziehen sich nach zwei, drei Probedarbietungen meist wieder in die Nähe des häuslichen Herdes zurück und spülen dort, statt zu spielen.

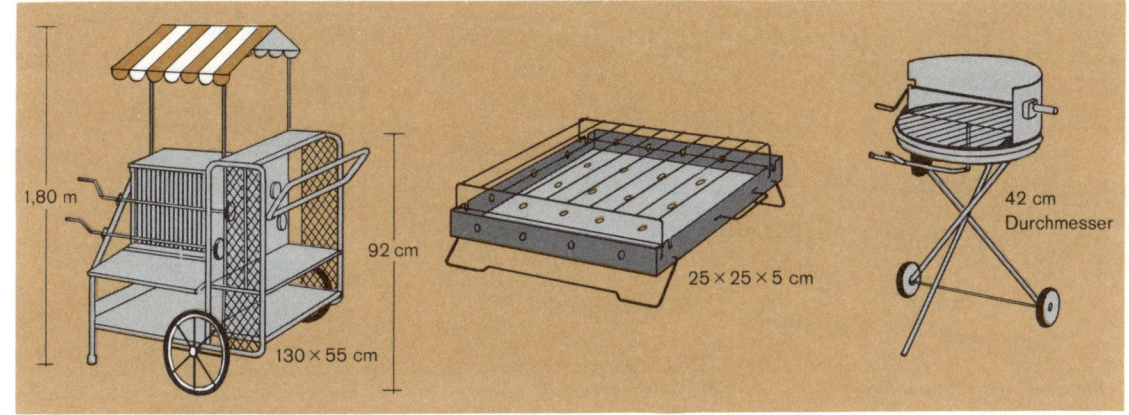

1,80 m

92 cm

130 × 55 cm

25 × 25 × 5 cm

42 cm
Durchmesser

Gartenspielgeräte für Kinder

Es geht um die alte Frage: Was können wir tun, damit unsere Kinder gern
im Garten spielen? Im allgemeinen tun sie das nämlich nicht, sondern ent-
wischen viel lieber auf die gefährliche und der mütterlichen Aufsicht entzoge-
ne Straße. Manche Eltern sehen das bis zum ersten ernsthaften Unfall sogar
ganz gern, denn Kinder im Garten sind nicht immer nur eine reine Freude,
sondern durch Unfugmachen auch eine Quelle von berechtigtem Gärtner-
zorn. Das Kinderbeet aber, von dem weiter hinten in anderem Zusammenhang noch die Rede ist, reicht zur Überwindung der hier angedeuteten
Schwierigkeiten nicht aus, weil es selbst bei größtem Eifer seiner Betreuer
und bei vernünftigster Anleitung den kindlichen Spieltrieb doch nur bedingt,
kurzfristig und überhaupt in anderer Richtung zu befriedigen vermag.
Man muß also nach weiteren Lösungen suchen und vor allem auch genügend Platz zum Austoben bieten. Dabei führt der Weg fast zwangsläufig zu
den Gartenspielgeräten, die nach den modernsten Erkenntnissen der Kinder-
psychologie und des Kinderturnens geschaffen werden. Dabei beschränkt
sich das Programm längst nicht mehr auf die üblichen einfachen Schaukelge-
rüste mit Sitzgelegenheiten für die verschiedenen Altersstufen wie Wellen-
schaukel, Swingschaukel, Doppelswing- und Gitterschaukel sowie für die
Kleinsten ein körpergerecht ausgeformter Schaukelsitz mit Querleiste als
Schutz vor dem Herausfallen: aus Kunststoff natürlich, und wetterfest.
Wo mehrere Kinder gleichzeitig turnend spielen wollen, stellt man ihnen
statt des einfachen ein Kombi-Schaukelgerüst hin. Da bekommt die Querstange einen »Überhang« zum Befestigen der besonders von den Buben
hochgeschätzten Strickleiter oder eines Klettertaues. Die Verbindungsstange
zwischen den beiden Stützrohren neben der Strickleiter kann als Kinderreck
dienen und läßt sich notfalls auch gelegentlich als Teppichstange zweckent-
fremden. Die beiden Standrohre auf der anderen Seite werden mit Stahlrohr-

Links: Luxus-Party-Grill mit
Batteriemotor für den Drehspieß – kann 16 Hähnchen
oder 50 Würstchen gleichzeitig aufnehmen.
Mitte: kleiner Horizontalgrill
ohne Drehspieß.
Rechts: fahrbarer Rundgrill,
wahlweise mit oder ohne
Batteriemotor für den Drehspieß, zusammenlegbar

Kombi-Schaukelgeräte

Ein Häuschen auf Rädern — selbstgebaut

Kombi-Schaukelgerät

So ein »Turnierpferd« begeistert nicht nur die Kleinsten!

Großer Spaß: die Wandtafel zum Malen mit Farbstiften. Man montiert freistehend oder an einer Mauer eine abwaschbare Kunststoffplatte. Wo mehr Kinder sind: besser gleich zwei!

Sandkasten und Blockhaus

sprossen zur Kletterwand ausgebildet. Wer es noch größer haben will, wählt ein Kombigerüst mit zwei Schaukeln und einem Kletterstrick im Mittelteil. Die Schaukel kann natürlich jederzeit durch Turnringe ersetzt werden.

Für den allgemeinen Familiengebrauch sei das zehnfach verstellbare Gartenreck zum »Mitwachsen« erwähnt. Eine Wippe, auf standsicherem Dreifuß auch als »Wippenkarussell« zu benutzen, und technisch verbesserte Rundläufe in mehreren Abwandlungen gehören ebenso zum Standardsortiment wie die Rutschbahn mit kunststofflackierter Metallrutschfläche. Dieses Gerät, das besonders in Verbindung mit dem eigenen Schwimmbad als unversiegbare Quelle dauerhafter kindlicher Gartenlust gilt, kann über Winter auch in der Wohnung aufgeschlagen werden. Bei den ausgesprochenen Turngeräten kommen Auf- und Abschlagen oder gar Selbermachen dagegen weniger in Frage, weil hier doch der Sicherheitsfaktor die maßgebliche Rolle spielt. Die Erstmontage am Ort wiederum ist ohne Fachkräfte zu bewerkstelligen. Da werden lange Erdanker und Knotenbleche nebst genauer Anleitung mitgeliefert.

Ein unentbehrlicher Einrichtungsgegenstand für den Wohngartenteil unserer Kleinsten ist der Sandkasten. Selbstgemacht aus wetterfestem Kiefernholz oder Hartholz, mit zwei Sitzbrettern ausgerüstet, oder als Industrieform aus Eternit, die gegebenenfalls auch mal mit Wasser zum Planschen gefüllt werden kann, ist er der geliebte Rahmen für tausend kindliche Spiele.

Die Größeren sehen dann schon in einem Kinder-Blockhaus zum Auf- und Abschlagen die Krönung aller ihrer Sommerfreuden. Solche Spielhäuser kann man sich zu einfacher Selbstmontage als Postpaket zuschicken lassen. Handgeschickte Väter, die auch ein bißchen aufs Geld gucken, basteln es selber: die Wände aus Brettern mit Nut und Feder, das Satteldach aus wetterfesten Hartfaserplatten, Grundfläche etwa 1,20×1,40 m, Firsthöhe anderthalb Meter, dazu das entsprechend zugeschnittene Gerüst aus Rahmenschenkeln, um Tür und Fenster aussparen zu können — und schon steht als leibhaftige Umkehrung des Freiluft-Wohngartens das kleine Haus inmitten. Mancher wird sagen: Omas Gartenlaube ist doch noch lebendig!

Zur Gartenarbeit braucht man Gartengeräte. Diese Tatsache ist so alt wie der Garten selber, und jede Zeit hat die Frage nach dem besten Werkzeug auf ihre Art gelöst. Spaten, Hacke und Harke begleiten uns schon durch die Jahrhunderte. Anderes kam und ging, ganz wie Zeitwandel und technischer Fortschritt es mit sich brachten. Wir selbst haben während der letzten Jahrzehnte erlebt, wie so manches zum alten Eisen geworfen wurde, was noch die vorige Generation als eine Art von Urväter-Ausrüstung zu traditionsbewußter Garten-Plackerei für unentbehrlich hielt. Kein Zweifel, daß inzwischen die Gartentechnik gewaltige Fortschritte gemacht hat. Wesentlich verbesserte, körper- und arbeitsgerechte Modelle wurden entwickelt, während in jüngster Zeit vor allem die vielseitigen Möglichkeiten maschineller Bearbeitung immer mehr an Raum gewinnen. Der Freizeitgärtner von heute kann es sich also leichter machen und durch geschickte Rationalisierung der Arbeit den ideellen wie den materiellen Gartengenuß erhöhen.

Freilich ist nicht alles, was da jedes Frühjahr und jeden Herbst und auch noch zwischendurch als Neuheit angepriesen wird, für uns Gartenfreunde wirklich von so überragendem Nutzen. Vor allem der Anfänger möge deshalb bedenken, daß lautstarke Reklame und ein angeblich billiger Preis keine echten Qualitätsmerkmale sind. Vielmehr macht sich ein höherer Preis für erstklassige Markenerzeugnisse immer noch am besten bezahlt, weil Gartengeräte trotz starker Beanspruchung ja eine lange Lebensdauer haben sollen. Diese Binsenweisheit gilt übrigens nicht nur für das bescheidene Hand-Werkzeug, sondern ebenso für die modernen, mechanischen oder mit Motorkraft betriebenen Gartenhelfer.

Grundgeräte

Unabhängig von dem besonderen Typus des Gartens wird eine Anzahl von Grundgeräten gebraucht. Diese Erstausstattung kann dann nach und nach, dem persönlichen Bedarf entsprechend, zweckmäßig ergänzt werden. Sie sollte etwa folgendes umfassen:

Spaten und Grabgabel oder die neue Spatengabel;
Schaufel oder Schaufelspaten;
je eine Zieh- oder Bügelzughacke für flache und tiefere Bodenbearbeitung;
eine größere und eine kleinere eiserne Harke;
einen Garten- oder Rasenbesen mit elastischen Federstahlzinken, auch Fächerbesen genannt;
einen einfachen Holzrechen zum Zusammenharken von Laub und gröberen Abfällen.

Dazu kommen einige Kleingeräte wie der Handspaten zum Setzen kleinerer Pflanzen; die Jätegabel und die Kralle zum Ausputzen dicht besetzter Blumenbeete; Setzholz und Pflanzschnur; Unkrautmesser und Unkrautstecher; Gartenschere und Gartenmesser (Hippe).

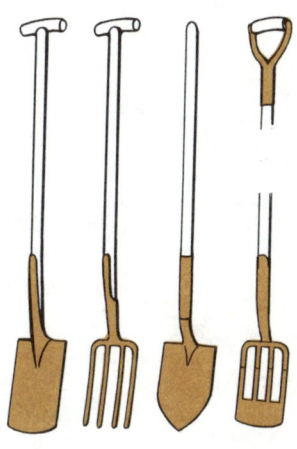

Spaten: bewährte, leichte Form mit T- oder D-Griff. Das etwas gewölbte stählerne Blatt und seine Schienenzwingen sollen aus einem Stück geschmiedet sein, zur besseren Haltbarkeit.

Grabgabel: Grundkonstruktion wie Spaten; vielseitig verwendbar für Umgraben, Saatbeet-Vorbereitung, Bodenlockerung zwischen Flachwurzlern, Aufnehmen von Laub und Abfällen.

Schaufelspaten: sehr gut zum Umgraben und Schaufeln.

Spatengabel: zum Umgraben und Lockern; für manche Arbeiten besser als die Grabgabel.

69

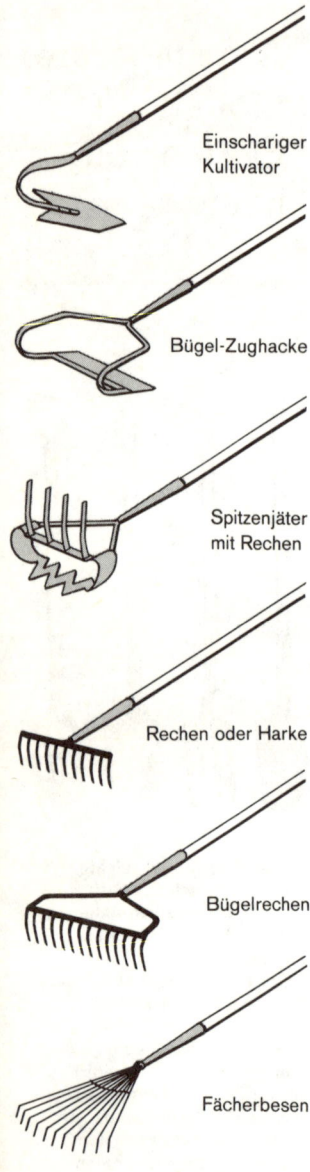

Einschariger
Kultivator

Bügel-Zughacke

Spitzenjäter
mit Rechen

Rechen oder Harke

Bügelrechen

Fächerbesen

Wasserversorgung, Düngung und Pflanzenschutz erfordern weitere unentbehrliche Anschaffungen: ein bis zwei Gießkannen und Wassereimer; Gartenschlauch nebst Sprüharmatur, für größere Gärten auch einen Sprengwagen; Dünger-Streuwagen und Düngelanze; Geräte zur Schädlingsbekämpfung mit sonstigem Pflanzenschutz-Zubehör einschließlich Pflanzenschutz-Apotheke. Diese Geräte werden in den einschlägigen Kapiteln näher beschrieben.

Spezialgeräte

Im Laufe der letzten Jahre haben sich unter dem Einfluß des allgemeinen Strukturwandels unserer Lebens- und Arbeitsgewohnheiten auch die Gartentypen zum Teil grundlegend gewandelt. Die alte Aufteilung der verfügbaren Fläche in einen Ziergartenteil und ein Nutzpflanzenrevier wurde zugunsten des Wohngartens am Haus mit häufig kaum noch nennenswertem Anbau von Gemüse und Beerensträuchern aufgegeben. In solchen Gärten braucht man vieles nicht mehr, was im folgerichtig bewirtschafteten Siedler- und Kleingarten selbstverständlich nach wie vor seine volle Bedeutung hat. Wichtige Geräte dieser Gruppe:
Handbodenfräse oder Einradhacke — Kultivator oder Grubber zur Bearbeitung größerer Gemüsebeete, die im Zusammenhang vorbereitet und bestellt werden — für Körperbehinderte, auch Frauen und Kinder: das halbautomatische Umgrabegerät »Terrex« in mehreren Ausführungen;
Saatrillenzieher mit verstellbaren Scharen und Särolle oder Sämaschine, die das Ziehen der Saatfurche, das Ausstreuen des Samens, das Zudecken, Anwalzen und die Markierung der nächsten Reihe in einem Arbeitsgang erledigt. Die Sämaschine leistet Reihensaat und Dibbelsaat.
Nur wer Frühkartoffeln baut oder Rüben hacken will, wird noch zum Krail oder zur treuen alten Schlaghacke greifen, obwohl hier die Arbeitsleistung geringer, die Anstrengung schon durch das Bücken dafür um so größer ist als bei den modernen Geräten mit ziehender Arbeitsweise und in aufrechter Haltung. Ob der auswechselbare Universalstiel wirklich so praktisch ist, muß man im eigenen Arbeitsbereich selber ausprobieren ...
Obstbäume im Garten verlangen ebenfalls eine Erweiterung unseres Geräteparkes für Instandhaltung und Ernte. Man braucht einige gute Schneidwerkzeuge wie Baumschere und Baumsäge, vor allem auch ein Gartenmesser mit zweiseitig geschliffener Klinge aus bestem Edelstahl.
Wo Hochstämme im Garten stehen, geht es nicht ohne eine Anlegleiter und eine Stehleiter, die beide in einer der modernen Leiter-Mehrzweckkombinationen enthalten sein können. Dazu kommt noch weiteres Obstbau-Zubehör, das beim Thema Ernten, im Obstbauteil und beim Pflanzenschutz vorkommt. Wohl jeder Gartenfreund will heute eine gepflegte Rasenfläche. Aber Rasen macht Mühe und verlangt wiederum etliche weitere Geräte. Vielzahl und Spezialisierung dessen, was da unentwegt an Neuheiten erscheint, beweisen

deutlich genug, daß auch entsprechende Nachfrage vorhanden ist. Empfehlenswertes wird im Zusammenhang mit den entsprechenden Arbeitsvorgängen im Rasenkapitel beschrieben.

Gartentyp, Gartengröße und persönliche Einstellung gegenüber dem Garten bestimmen auch das sonstige Zubehör. Die Reihe dessen, was man haben muß oder gern haben möchte, läßt sich schier bis ins Unendliche fortsetzen.

Früher war an dieser Stelle zum Beispiel unter anderem vom Durchwurf die Rede: jenem festen, mit einem groben Drahtnetz bespannten Eisenrahmen, den man bei Erdbewegungen, zur Vorreinigung von Kies und Sand oder beim Umsetzen des Komposthaufens recht gut gebrauchen kann. Heute gibt es dagegen unzählige Gärten, in deren Geräteraum noch nie ein Durchwurf gestanden hat. Dennoch ist kürzlich ein neues Mehrzweck-Gerät aufgetaucht, das sogar mir selber besitzenswert erscheint, weil es wirklich gut durchdacht und eben doch für mancherlei Arbeiten geschickt ist. Es nennt sich Karrendurchwurf und läßt sich — wie auch die Zeichnung zu erkennen gibt — mit oder ohne Befestigung des Durchwurfes auf dem Karren verwenden. So kann man unter Ersparung eines Arbeitsganges zum Einladen des durchgeworfenen Materials direkt in den Karren hinein sieben und das Gesiebte dorthin fahren, wo es gebraucht wird.

Sehr praktisch sind überall dort, wo nichts Durchgeworfenes zu transportieren ist, die modernen, gummibereiften Einrad-Kippkarren. Sie lassen sich selbst über schmalste Wege lenken und nehmen so ziemlich alles auf, was im Garten an- oder abfällt. Nicht minder zweckmäßig ist ein »Gärtnerkuli«, dem Körbe, Säcke und notfalls auch einmal Koffer zum Transport anvertraut werden können.

Eine kleine Trittleiter und eine größere Steh-Anlegleiter braucht man selbstverständlich nicht nur für die Obstbäume, sondern noch für viele andere Zwecke mehr, weshalb das Stichwort »Leiter« hier wiederum nicht unerwähnt bleiben darf. Näheres darüber auch im Erntekapitel.

Vergessen Sie bitte auch nicht den Werkzeugschrank mit Hammer und Zange, Bohrern, Schraubenziehern, Stemmeisen, einem Handbeil und einem Satz Schraubenschlüssel. Dazu gehören dann Nägel und Haken in gängigen Größen, Holzschrauben und Krampen, feinerer und stärkerer Draht nebst Drahtschlüssel, gegebenenfalls ein paar Spaliereisen in Reserve.

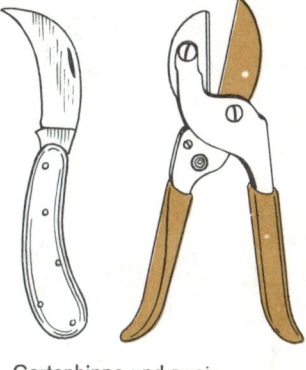

Gartenhippe und zweischneidige Gartenschere mit Teflon-S-beschichtetem Scherenblatt

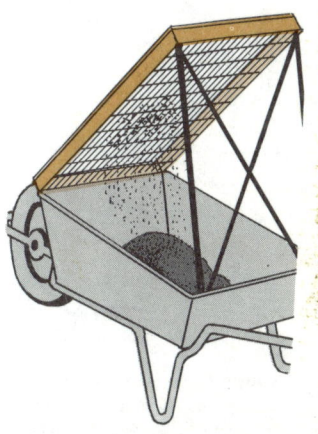

Karrendurchwurf oder Karettensieb

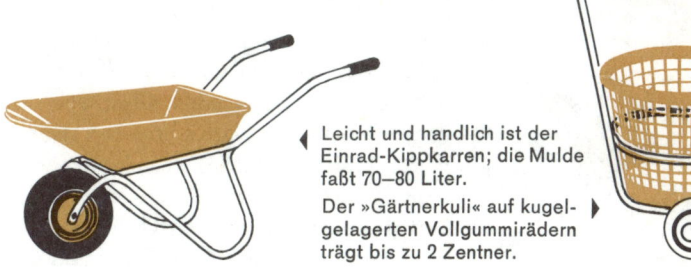

Für bunte Sommerbeete: Oben Flockenblume (Amberboa moschata) 'Imperialis' und Trompetenzunge (Salpiglossis sinuata). Unten Gazanie (Gazania-Hybride) und China-Nelke, Heddewigs-Nelke (Dianthus chinensis)

Leicht und handlich ist der Einrad-Kippkarren; die Mulde faßt 70—80 Liter.

Der »Gärtnerkuli« auf kugelgelagerten Vollgummirädern trägt bis zu 2 Zentner.

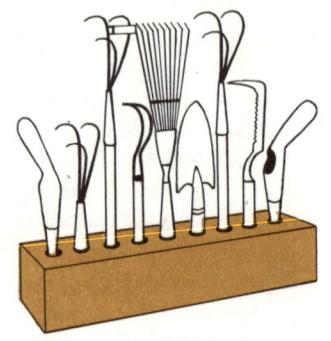

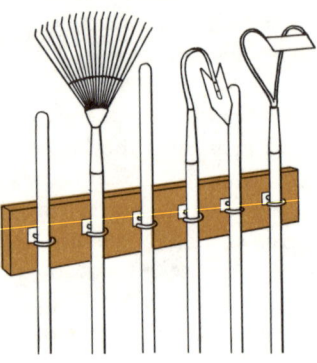

Der große Geräteständer links erlaubt auch in niedrigen Räumen das Herausnehmen jedes noch so langstieligen Gerätes: nur leicht anheben und nach vorn kippen! — Mitte: Kleingeräte sind häufig Stiefkinder der Ordnung und Pflege. Geübte »Do-it-Yourselfer« können so eine Löcherbank zum Einstecken aus passendem Vierkantholz sogar selber machen. — Auch die Aufhängevorrichtung rechts mit den praktischen Klips muß man nicht fertig kaufen. Sie sind einzeln zu haben.

Wer peinlichsten Verlegenheiten vorbeugen will, wird stets auch die notwendigen Ersatzteile für den Gartenschlauch bereithalten. Moderne Patent-Armaturen machen nämlich Dichtungen, Schlauchklemmen und Reservegewinde in der richtigen Zollstärke noch nicht ganz überflüssig. Sie können die Rettung in großer Wassernot bedeuten. Soviel zur Erinnerung. Im übrigen muß jeder echte Gartenmensch doch selbst herausfinden, was ihm nützlich und notwendig erscheint.

Gewußt wie: So funktioniert der Geräte-Klip, den man nur mit zwei Schrauben an seiner Rückwand zu befestigen braucht.

Ordnung und Pflege

Die besten und teuersten Gartengeräte verrosten und vergammeln, wenn man sie nicht ständig in Ordnung hält. Nichts darf nach der Arbeit achtlos zwischen den Beeten liegengelassen oder ungeputzt in den Geräteraum gepfeffert werden. Jedes Stück wird jedesmal gereinigt und an seinem bestimmten Platz untergebracht. Starke Wandhaken an einem Querbalken tun dabei fast so gute Dienste wie einer der noblen »Geräte-Boys« oder »Gartengarderobeständer«, von denen verschiedene nette Modelle im Handel sind. Zweifellos besser als Haken in Wand oder Balken funktionieren übrigens die recht sinnreich klappenden Klips, weil sie keinen Aufhänger brauchen, sondern jeden noch so glatten Stiel von selbst festhalten können.

Nicht immer wird alles aufgehängt oder in Ständer eingeräumt. Ein bißchen Anlehnen kommt schließlich draußen wie drinnen vor. Deshalb dieser gute Rat: Gewöhnen Sie sich bitte von allem Anfang an, Harken und Rechen immer mit den Zähnen zur Wand und möglichst mit dem Stielende zum Bo-

Nicht an ihren Händen soll man die Gärtner(innen) aus Liebe erkennen!

den hinzustellen. Wer einmal auf die verkehrtherum — nach vorn — am Boden lauernde Zahnreihe getreten ist und dabei auch prompt das Stielende an den Kopf bekam, wird diese Tücke des Objektes bestimmt nie mehr unterstützen ...

Zur Erhaltung unseres Geräte-Inventars ist die Herbstreinigung vor der Winterruhe am wichtigsten. Da sollten jeder Gartenfreund und jede Gärtnerin aus Liebe die Zeit finden, um kleine Schäden auszubessern, alles gründlich sauber zu machen und zu trocknen. Wo sich Rost angesetzt hat, wird er mit einem Spezialmittel oder mit Petroleum entfernt. Zum Schutz von Metallteilen, die nicht als rostfreier Edelstahl gekennzeichnet sind, empfiehlt sich Einreiben mit säurefreier technischer Vaseline.

Automation

Die Frage, ob man Automation im Freizeitgarten bejahen oder ablehnen soll, führt bei vielen Gartenfreunden schon in weltanschauliche Bezirke. Wo richtig verstandene und gut dosierte Gartenarbeit von Hand als gesundheitlicher und auch seelischer »Ausgleichssport« dient, finden motorisierte Geräte mit gewissem Recht meist wenig Gegenliebe. Auch hängt der Wunsch nach Motorisierung — ähnlich wie im Haushalt — immer mit davon ab, welches Arbeitspensum innerhalb bestimmter Fristen bewältigt werden muß, so daß die Anschaffung maschineller Helfer sich lohnt. In Einzelfällen kann man sich zur besseren Ausnützung der Geräte mit verläßlichen Nachbarn zusammentun. Aber das bedingt schon ein hohes gegenseitiges Vertrauen.

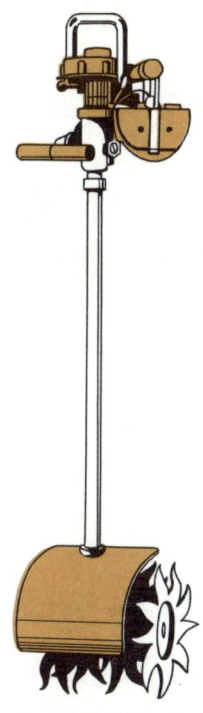

Die handliche Klein-Bodenfräse mit 1-PS-Zweitakt-Benzinmotor kann je nach dem Neigungswinkel ihres Einsatzes den Boden tief oder flach bearbeiten.

Automatische Heckenscheren sind heute weit verbreitet. Es gibt zahlreiche Modelle, die sich in ihrer Leistung dem Arbeitsumfang anpassen. Am leichtesten zu handhaben sind zweifellos die modernen kabelfreien Akku-Heckenscheren, deren Batterieladung aus dem zugehörigen Ladegerät eine Schneiddauer von 20—45 Minuten gewährleistet (oben). Für hausnahe Hecken haben Geräte mit Stromversorgung aus dem Netz ihre Vorzüge (unten). Heckenscheren mit Benzinmotor sind kaum noch gefragt.

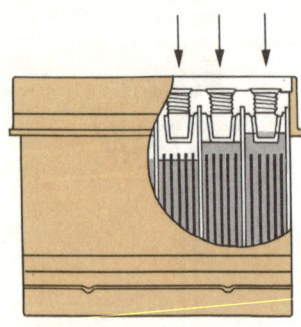

Kippsichere Naßbatterie
für Gartengeräte

An zweiter Stelle steht, bei positiver Beantwortung des Grundsätzlichen, wohl die Frage nach dem Antriebsaggregat. Der Benzinmotor schafft zwar eine gewisse Unabhängigkeit und Bewegungsfreiheit, doch ist das noch immer vorherrschende Anlassen mit Seilzug nicht jedermanns Sache. Soweit neue, den gültigen Umweltschutzbestimmungen entsprechende Geräte angeschafft wurden, gibt es weniger Lärm und Gestank. Elektrizität als Energiespender ist dennoch — wo immer vorhanden — um des nachbarlichen Friedens willen bei weitem vorzuziehen. Am Verbindungskabel zwischen Gerät und Stromnetz sollte die Entscheidung für das leise wie ein Kätzchen schnurrende, völlig geruchlos arbeitende Elektrogerät jedenfalls nicht scheitern. So wird auch mein Rasen seit über zehn Jahren nur elektrisch gemäht, das Holz und die Hecke elektrisch geschnitten. Ein einziges Mal ist es vorgekommen, daß ausgerechnet ich selbst nicht aufpaßte und das damals noch nicht automatisch sich aufwickelnde Kabel zerschnitt.

Im übrigen hat die Automation im Garten gewaltige Fortschritte gemacht. So gibt es jetzt offenbar wirklich leistungsfähige, auch für größere Rasenflächen bis 800 qm ausreichende, kabelfreie Batteriemäher, und auch die Geräte mit Stromspeisung aus dem Netz und die Benzinmäher ohne und mit Radantrieb präsentieren sich — mindestens auf dem Papier — als solche »Ausbünde« technischer Perfektion, Umwelt- und Nachbarfreundlichkeit, daß den armen Besitzern überalterter Krach- und Stinkmodelle schier die Augen übergehen. Dabei geht es nicht nur um den »modernen Mähkomfort« allein. Vielmehr weisen alle der Automation dienenden Geräte bis hin zur Wassertechnik deutliche Zeichen der Weiterentwicklung auf. Mäher s. auch S. 113.

Inbegriff aller automatischen Gartenzukunft sind handliche Kombigeräte. Ihre Vielseitigkeit ist heute schon so groß, daß selbst moralisch gefestigte Gartenmenschen darob alle guten Vorsätze vergessen und zu spielfreudigen »intelligenten Faulen« werden. Auch erweist sich die Mehrzweckeigenschaft als geradezu sparsam, weil immer das gleiche Antriebsaggregat durch einfaches Um- oder Aufstecken zur Bewältigung der Arbeit dient.

So ein Universalgerät umfaßt dann etwa einen Motorspaten, den wir sonst auch unter dem Namen Bodenfräse oder Bodenhacke kennen, einen Rasenmäher, mehrere Aufsteckteile zum Pumpen, Spritzen und Beregnen. Wird dazu ein Kombi-Fahrwerk angeschafft, so erweitert sich das Programm noch um ein sogenanntes Frontmähwerk zur Bearbeitung größerer Grasflächen etwa in ausgesprochenen Obstgärten; ein Räumschild dient zum Wegschieben von Schnee und für leichte Planierarbeiten; eine Schneeschleuder mit Auswurfschacht beseitigt hohen Schnee auch in Hausnähe und auf der Straße. Die freikehrende Kehrwalze mit 100 cm Arbeitsbreite verwandelt das Grundgerät in eine komplette Kehrmaschine, die allerdings nur auf Wegen mit fester Unterlage (Plattenbelag, Beton) verwendbar ist. Die stationäre Spritzpumpe wird durch Zusammenschluß mit einem Spezial-Fahrwerk und einem 50-Liter-Kunststoffbehälter zur leicht beweglichen Hochdruck-Karrenspritze, mit der man nicht nur Spritzbrühe zur Schädlingsbekämpfung ver-

Zum Aufladen des Akkus dient ein Ladegerät, das an jede Lichtleitung paßt. Aufladen dauert etwa 15 Stunden.

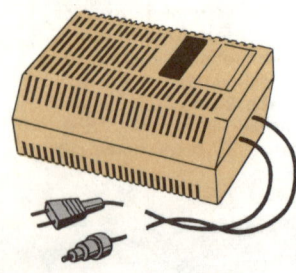

Bestens beurteilt: Der Wolf-
Elektro-Mäher TA 47 SL mit
1100 W

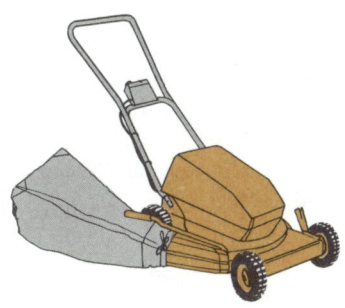

Einer der modernsten Batterie-Mäher mit
700-Watt-Motor, Langzeit-Trockenakku
und Grasfangsack

Karrenspritze mit Spezial-
Fahrwerk auf zwei Vollgummirädern

sprühen, sondern auch Wasser herniederregnen lassen kann. Die Zwischen-
schaltung eines Elektro-Generators endlich erlaubt den Anschluß einer elektrischen Heckenschere.

Ein Kombigerät von solcher Vielseitigkeit kann nicht ganz billig sein. Aber
hat man erst einmal den Motor und ein besonders dringend benötigtes An-
schlußteil, so können alle anderen, ganz wie man sie braucht, allmählich
und in geschickter Auswahl angeschafft werden. Für meinen Garten wären
beispielsweise Frontmähwerk und Räumschild überflüssig, die Schneeschleuder für eine ziemlich lange Straßenfront ohne winterliche Reinigung durch
die Gemeinde hingegen sehr erwünscht. Gartenfreunde, die fern von befahr-
baren Gewässern leben oder aus anderen Gründen kein Interesse am Boots-
sport haben, werden gewiß niemals auf den Gedanken kommen, ihren Motor vom Garten-Kombigerät auch noch als Antriebsblock für eine Schiffs-
schraube zu verwenden, wie der Prospekt eines unserer besten Markenerzeugnisse es als besondere Finesse anpreist. Immerhin dürfte auch dies ein
Fingerzeig dafür sein, daß uns im Bereich der Gartenautomation noch allerhand Überraschungen bevorstehen . . .

Die Kehrmaschine
mit Universalfahrwerk

Nachzutragen bleibt, daß Rasenmäher mit Benzinmotor doch häufiger anstelle des alten Seilzuges einen elektrischen Anlasser zum Starten mit
Knopfdruck oder Zündschlüssel haben. Viertakter-Spitzenmodelle besitzen
eine eingebaute »Superleicht-Starteinrichtung«. Natürlich haben solche Geräte
auch eine weit größere Laufruhe als die profanen Zweitakter und entsprechen
bereits den auf Seite 114 dargelegten neuen Lärmschutzbestimmungen. Über
die Auspuffgase (von Normalbenzin statt noch mehr stinkendem Gemisch in
Blau) lasset uns auch hier vorerst noch »den Mantel der Liebe decken « . . .

Sehr praktisch erscheinen die als Mehrzweckgeräte ausgelegten Rasen-Kanten-
schneider, denen nicht nur ein Führungsstiel, sondern auch ein Ansatzteil zum
Gebrauch als Heckenschere beigegeben ist. Daß ihre Leistung auf Akku-Basis
zum Selbstaufladen am Netzstecker an die auf Seite 75 beschriebenen großen
Heckenscheren nicht ganz heranreicht, versteht sich wohl von selbst.

Motor und Hackgetriebe
ergeben den Motorspaten.

Säen und Pflanzen

Lange bevor wir ans Säen denken können, wird — meist zugleich mit der Erörterung des Gartenplanes für das kommende Jahr — die Frage nach der Samenbestellung akut. Ohne Zweifel ist sie für jeden echten Gartenmenschen eines der wichtigsten Kapitel im Jahreslauf: gleich bedeutsam fürs Gemüt wie für den Haushalt, auch wenn im Wohngarten von heute die Zierpflanzen gegenüber den Nutzpflanzen Vorrang besitzen. So geht es in diesem Rahmen gewiß nicht nur um Blumensämereien, sondern fast immer auch um Gemüse und Kräuter.

Saatgut von der Bestellung bis zur Aussaat

Deshalb kommt wohl keiner, der einen Garten bebaut, um jene Erwägungen herum, die mit der Sortenwahl, der Mengenbemessung, der Vorbehandlung des Samens zusammenhängen. Daß dies alles wiederum in erster Linie die Nutzpflanzen betrifft, darf als bekannt vorausgesetzt werden.

Ältere Gartenfreunde werden sich erinnern, daß wir früher unter einem kaum überschaubaren Sortenwirrwarr zu leiden hatten. Dann kamen rund anderthalb Jahrzehnte strenger Bestimmungen mit Wertprüfungen, amtlichem Sortenregister und unterschiedlichen Gütekennzeichen. Seither leben wir wieder nach einem freieren Saatgutgesetz, das zwecks Angleichung an die in anderen EG-Staaten gültigen Regeln für die Anerkennung von Feldsaaten und Gemüsesaatgut vieles aufhob, was vorher bei uns Gültigkeit hatte. Dies bedeutet auch für die ohne Keimgewähr gehandelten Zierpflanzensamen keine Qualitätsminderung, denn der Fachmann haftet in jedem Fall für die zugesicherten Eigenschaften seiner Angebote. Nur die durch den erweiterten europäischen Markt gesteigerte Vielzahl der Sorten sollte uns im einen oder anderen Fall zu erhöhter Aufmerksamkeit bei Bestellung und Kauf veranlassen. Die Leser dieses Buches zum Beispiel können sich nach den Empfehlungen der Sortenauslese im Gemüsebauteil richten. Auch das Herumhören bei den Nachbarn erweist sich als ein guter Weg zu nützlichen Hinweisen.

Im übrigen ist für unseren Garten das Beste gerade recht. Billige Massenangebote, die versagen, sind fast immer gleichbedeutend mit dem Verlust einer Jahresernte. Aber auch wir selber können uns manchen soliden Gartenärger einhandeln, wenn wir mit Sparsamkeit am falschen Platz arbeiten. Resteverwendung vom vorigen Jahr oder gar noch älteren Datums ist ein solcher Passivposten, der auch durch die Veranstaltung von laienhaften Keimproben nicht ausgeglichen wird. Ebenso problematisch bleibt in jedem Falle das Saatgut Marke Eigenbau, dessen Sortenechtheit, volle Reife und Gesundheit unsereiner keinesfalls beurteilen kann. Anbauflächen richtig berechnen, dafür immer nur besten, frischen Samen kaufen und für Übriggebliebenes den Mut zum Wegwerfen haben: Das sollte sich jeder vernünftige Freizeitgärtner zur Regel machen.

Und das Beizen bestimmter Gemüsesamen sowie möglichst auch der Blumensämereien darf er nicht versäumen. Nicht nur bei der Anzucht im

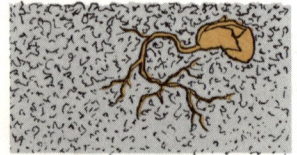

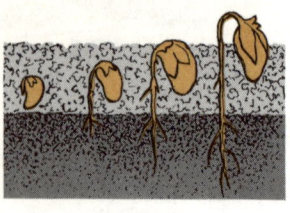

Saat und Keimung: Bei zu lockerem Untergrund fehlt der »Bodenschluß«. Der Keimling findet keinen Halt und verkrüppelt (oben). Darum Samen auf eine etwas festere Bodenschicht auflegen oder andrücken, aber mit lockerer Erde bedecken (unten).

Das Beizen nicht vergessen!

Frühbeet, die in erster Linie doch meist den Erwerbsgärtner betrifft, sondern ebenso bei den Freilandaussaaten im Privatgarten geht es hier um die Vernichtung von Krankheitserregern, die am Saatgut haften oder im Boden leben. Schädlingsbekämpfung mit kombinierten Präparaten ist nur sehr bedingt möglich und kommt deshalb praktisch für uns kaum in Frage. Andererseits sind Pflanzen aus gebeiztem Saatgut oft bis weit in den Sommer hinein gegen die Infektion durch pilzliche Erreger gefeit, entwickeln sich nach guter Keimung selbst bei ungünstigem, kühlem Frühjahrswetter gleichmäßiger und kräftiger. Am wichtigsten ist die Beizung der Erbsen und Bohnen aller Wuchsarten, der Frühsaaten von Radieschen und Rettich, der Gurken und des Spinates. Wer selbst Vorkultur treiben will, muß auch Sellerie- und Tomatensamen beizen.

Bei kleinen Saatgutmengen und bei leicht quellenden Samen ist die Trockenbeize dem Naßbeizverfahren vorzuziehen. Auch muß man sich genau an die Gebrauchsanweisung des betreffenden Präparates halten, weil zu starke Beizung Keimschäden nach sich ziehen kann, während zu schwaches Beizen wirkungslos bleibt. Außerdem ist größte Vorsicht mit den insgesamt sehr giftigen Beizmitteln am Platze. Daher Kinder von der Prozedur fernhalten, keine Reste von gebeiztem Saatgut aufheben oder gar an Tiere verfüttern!

Sonderformen des Samenschutzes: 1. Die Saatgut-Inkrustierung, nur zur Bekämpfung der Zwiebelfliege, wobei der Zwiebelsamen nach vorsichtiger Befeuchtung in einem der hierfür zugelassenen Präparate aus der Heptachlor- und der Dieldrin-Gruppe gewälzt wird. Beide Mittel sind giftig. Sie dürfen nicht bei Möhren, Radieschen, Rettich oder Sellerie angewendet werden. — 2. Bei der Saatgut-Pillierung wird jedes einzelne Samenkorn fabrikatorisch mit einer schützenden, nährenden Substanz umhüllt und läßt sich dank der dadurch erreichten Größe auch besser einzeln legen. Pillensaat ist in erster Linie für die Saat mit Einzelkorn-Sämaschinen auf großen Anbauflächen geschaffen worden, doch gibt es in zunehmendem Maße auch bereits Kleinpackungen für den Liebhabergartenbau: Zwiebeln, Kopfsalat, Möhren — sogar pillierten Grassamen, Ageratum, Zinnien und vieles andere.

Freilandaussaat — falsch und richtig gemacht

Es sieht so leicht aus und ist doch gar nicht so einfach. Nehmen wir an, jedes unserer Saatbeete sei in der üblichen Breite von 1,20 m angelegt, mit 30 cm breiten Wegen dazwischen und mit einem so ordentlich vorbereiteten Boden, daß selbst alte Gartenhasen daran nichts auszusetzen finden. Wir haben Sämereien verschiedenster Größe von beinahe staubfein bis puffbohnendick, so daß es ganz gewiß nicht gleichgültig ist, in welchem Abstand und in welcher Tiefe man sie in die Erde bringt. Dabei spielen Keimtemperatur und Bodenbeschaffenheit eine große Rolle, denn im leichten, rascher erwärmten Erdreich geht die Keimung auch bei etwas tieferem Legen besser vonstatten. Schwerer, bindiger, daher kälterer Boden aber bietet dem Samen

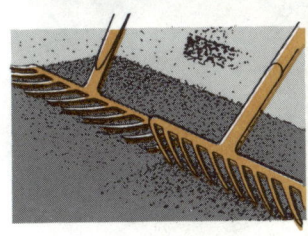

Boden krümeln und glätten,
Schnur spannen,
Rillen ziehen,
gleichmäßig säen,
Saat sanft andrücken und
Rille zuschieben.

Keimtemperatur z. B.
für Frühe Erbsen: im Boden
4 bis 5° C! Nachmessen!

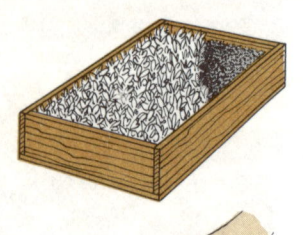

Das Säen und Pikieren in Handkästen mit Erde

so großen Widerstand, daß er wie beerdigt liegenbleibt. Nässe und Trokkenheit können zusätzlich weitere große Hemmnisse bilden. Auch die Ungeduld des Anfängers, der nicht warten kann, bis Wetter und Boden wirklich warm genug sind, darf als Ursache so mancher Ausfälle nicht vergessen werden. Der größte Fehler von allen aber ist und bleibt das zu dichte Säen. Seine unerwünschten Folgen lassen sich oft nicht einmal mit dem späteren Verziehen oder Ausdünnen der Keimlingspflänzchen beseitigen, von der Verschwendung des Samens ganz zu schweigen. Die bei den Einzeldarstellungen im Gemüsebauteil gegebenen Anweisungen über Reihen- und Samenabstand sowie Mengenberechnung sind genau zu beachten. Als Faustregel für die Saattiefe gilt, daß größere Samenkörner, wie Erbsen, Bohnen, Mangold, Rote Bete oder Zuckermais, ungefähr dreimal soviel Erde über sich haben dürfen, als sie selbst dick sind. Feine und sehr feine Sämereien, wie Gelbe Rüben, Petersilie, Salat und viele Würzkräuter, werden in flache Rillen gesät, zur »Verdünnung« wohl auch mit Sand vermischt und nicht mit Erde zugeschoben, sondern mit einem Gemisch aus feuchtem Torf und feiner Komposterde überstreut. Es gibt auch »Granulat-Saatgut«, bei dem die feinen Sämereien schon mit einer pulverigen Streckmasse vermischt sind. Radieschen und Rettich werden gern zu Dreien »gedibbelt«.

Markiersaat nennt man die Beimischung von schnellkeimendem Samen wie Radieschen oder Salat zu langsamkeimenden Gemüsen wie Gelbe Rüben oder auch Zwiebeln. Die Markierung erleichtert vor allem den Kampf gegen das früher als unsere Zauderer erscheinende Unkraut. Auch können die Radieschen oft schon geerntet werden, wenn bei den Gelben Rüben gerade die ersten Blattpaare sich bilden.

Gemüse werden immer in Reihen gesät. Bei der Freilandaussaat von Blumen wird häufiger breitwürfig oder in Gruppen gesät.

Säen von Nutz- und Zierpflanzen mit Vorkultur

Für die Wachstumsdauer vieler wichtiger Nutz- und Zierpflanzen ist unser deutscher Sommer zu kurz, zumal wenn sie wegen Kälteempfindlichkeit erst nach der Maimitte ins Freiland ausgesät werden können. Vorkultur in entsprechend erwärmbaren Räumen kann die Vegetationszeit um Wochen oder sogar Monate verlängern, auch bei Gemüsen frühere Ernten und bei Blumen einen zeitigeren Flor bewirken. Die Aussaat feiner Sämereien erfolgt in Handkästen oder Saatschalen. Dazu werden die Abzugslöcher mit Deckscherben versehen; darauf kommt eine dünne Kiesschicht als Dränage. Die hälftig mit Sand vermischte Anzuchterde wird fingerhoch bis unter den Kastenrand eingefüllt. Wer anstelle von Erde das zur Samenanzucht vorzüglich geeignete TKS 1 (Torfkultursubstrat) verwenden will, braucht dazu wasserdichte Schalen und richtet sich nach der Vorschrift.

Bei Erdkultur Samen je nach Größe in Reihen oder breitwürfig aussäen, anbrausen, mit Sand übersieben, Glasscheibe auflegen und dabei ein dünnes

Lüftholz zwischenschieben. Sobald die ersten Keimblätter sich gebildet haben, wird die Abdeckung zuerst stundenweise, dann gänzlich weggenommen. Gleichmäßige Bodenfeuchtigkeit ist für das weitere Wachstum Bedingung. Die Keimlingspflänzchen stehen nun dicht bei dicht. Sie müssen pikiert (= vereinzelt) werden. Dazu bereitet man eine genügende Menge von Handkästen vor oder pikiert in andere Erdbehälter, z. B. ins Frühbeet, auch in Multitöpfe oder Jiffy-Pots und andere Angehörige der »Jiffy-Familie«.

Das Pikieren mit dem dünnen Pflanzholz ist unentbehrliche gärtnerische Feinarbeit, die der Gewinnung kräftiger, gesunder Jungpflanzen dient. Bereits zu lang gewordene Wurzeln darf man mit dem Fingernagel abkneifen. Jedes Pflänzchen braucht nun auch genügend Standraum, um seinen kleinen Wurzelballen ausbilden zu können. Manche Pflanzen (Sellerie, Tomate) müssen mehrmals pikiert werden und verlangen dabei immer mehr Platz. Selbst Vorkultur treiben ist also nicht zuletzt auch ein Rechenexempel, das mit winzig kleinen Größen anfängt und unter der Hand gewaltig aufgeht.

Größere Samen, wie Bohnen, Gurken, Kürbis, Zuckermais, Sonnenblumen- oder Rizinuskerne, können auch direkt in die sehr praktischen Multitopf-platten mit ihren blumentopfähnlichen Vertiefungen oder in Jiffy-Pots aus nährstoffreichem Preßtorfsubstrat gelegt werden. Diese Jiffy-Pots – auch in Doppelreihen als Jiffystrips lieferbar – werden später mitgepflanzt und lösen sich dann im Boden auf. Es ist die schonsamste Form des Setzens von Jungpflanzen ohne die geringsten Rückschläge. In den Multitöpfen aus Plastik zieht man besonders gut bewurzelte Pflanzen mit festem Erdballen heran, so daß auch hier das Versetzen ins Freiland verhältnismäßig schonsam vonstatten geht. Üblicherweise werden jeweils drei Samenkörner im Dreieck in jeden Topf gelegt. Gehen alle drei auf, so zieht man später die beiden schwächeren Keimlingspflänzchen heraus und kultiviert nur das stärkste weiter. Ein Pikieren im eigentlichen Sinne erübrigt sich bei dieser Kulturform. Sehr stark wachsende Pflanzen wie Kürbis, Sonnenblume oder Rizinus können aber bis zu ihrer Verbringung ins Freiland unter Umständen noch ein- oder zweimal einen größeren Topf brauchen.

Jiffy-Pots vor und nach dem Auspflanzen

Anzucht aus Samen im Multitopf

Frühbeet
Normalmaß 100 × 150 cm
oder 80 × 150 cm

Großtunnel
130 × 50 × 250 cm

Normaltunnel
65 × 45 × 250 cm

Stahlnetzfolie
breitliegend 150 cm
5 oder 10 lfm

Plexiglas-Frühbeet
100 × 150 cm

Kunststoff hebt jahreszeitliche Grenzen auf ...

Wenn heutzutage die Vorkultur im allgemeinen und das vor Rückschlägen durch Kälteeinbrüche geschützte Wachstum so mancher Gartenpflanzen im besonderen kaum mehr Schwierigkeiten machen, so ist auch dies wieder einmal den schier unerschöpflichen Möglichkeiten des Kunststoffes zu danken. Natürlich kann sich ein bastelfreudiger Gartenfreund im hausnahen Garten nach wie vor ein Warmbeet alten Stils mit Holzrahmen und Glasscheiben bauen. Aber praktischer und wesentlich leichter zu bedienen ist doch ein modernes Frühbeet aus Plexiglas, womöglich mit voll klimatisierter elektrischer Beheizung, die durch eine Schaltuhr geregelt wird. Aber es muß nicht einmal unbedingt solche Beheizung sein. Die Wärmeisolierung durch doppelwandige Fenster und Seitenwände aus Hart-PVC zum Beispiel ist so hervorragend, daß sie erstaunlich große Temperaturschwankungen aus-

Frühbeete zugleichen vermag. Sehr praktisch sind »Hobby-Frühbeete« im Baukastensystem, wobei das Grundmaß von 100 × 150 cm durch Anbauteile bis auf sechs Meter Breite vergrößert oder bei Bedarf auch zwischenzeitlich wieder verkleinert werden kann. Daß es anstelle von Glasplatten zum Abdecken unserer Handkästen längst auch »Kleinstgewächshaus«-Deckel aus Kunststoff gibt, sei nur nebenbei erwähnt.

Folientunnel Unendlich ist die Zahl der Folientunnel mit und ohne Giebellüftung, wobei in die Erde gesteckte Drahtbügel oder mit Spanndrähten verbundene Eisenbogen den oft viele Meter langen Foliengebilden sogar bei Sturmwind Halt verleihen. Praktisch ist auch Stahlnetzfolie, die man in Rollen kauft, selbst zuschneidet und dann so zurechtbiegt, wie sie im Garten gebraucht wird. Alle diese »mobilen« Schutzvorrichtungen haben ebenso wie die zur Einzel-

Frostschutzhauben abdeckung geschaffenen, transparenten Frostschutzhauben und ineinanderschiebbaren Reihenschutzhauben den großen Vorteil, daß man sie — wie weiland den natürlich viel primitiveren, alten Kasten — überall im Garten einsetzen kann, wo irgendwelche Kulturen verfrüht oder verlängert werden sollen. Natürlich kommen viele Gartenfreunde ohne alle diese Hilfsmaßnahmen aus, weil sie ihre Jungpflanzen lieber fertig beim Gärtner kaufen. Das hat seinen guten Grund, denn der Fachmann mit der größeren Sachkenntnis und dem besseren technischen Rüstzeug liefert im Zweifel auch das kräftigere, gesündere Pflanzgut, nur daß er nicht immer alle gewünschten Sorten führt.

Pflanzen setzen, wie es sein soll

Das Versetzen unserer Gartengewächse von einem Standort zum andern geht unter den verschiedensten, oft nicht gerade günstigen Bedingungen vor sich. Holt man sie aus einem dicht besiedelten Quartier, so werden die schutzlos dem Boden entnommenen Würzelchen dabei ziemlich mitgenommen. Die Pflanzen kommen womöglich schon angewelkt in unsere Hände und trauern trotz weiterer sachgemäßer Behandlung unter Umständen mehrere Tage, erholen sich nur mühsam und erleiden beträchtliche Wachstumshemmungen. Saftreiche, krautige Jungpflanzen im Austrieb sind dabei schlimmer dran als beispielsweise die schon bei abklingender Vegetation verpflanzte Erdbeere, an der wir uns die typischen Handgriffe des Versetzens mit offenliegenden Wurzeln klarmachen wollen.

Vor dem Ausheben am alten Standort sollen vor allem Jungpflanzen im Anzuchtbeet rechtzeitig und gründlich durchgegossen werden, damit die Wurzeln und das umgebende Erdreich einigermaßen zusammenhalten. Am neuen Standort, wo die Reihen- und Pflanzabstände vorher mit Pflanzschnur und Meßlatte markiert wurden, werden nun die Pflanzlöcher vorbereitet. Wir nehmen dazu lieber nicht das übliche Setzholz, weil die damit in den Boden gebohrten, spitz zulaufenden Löcher fast immer zu eng sind und unter einer Verfestigung der Wandungen leiden. Wir ziehen den Handspaten vor, dessen Einstich geräumige, breite Pflanzlöcher von etwa 15 cm Tiefe macht. In diesen Raum hält man die Jungpflanze ohne Verbiegen oder Verkrümmen ihrer Wurzeln so hinein, daß das Herzblatt (Vegetationspunkt) genau in Höhe der Erdoberfläche liegt und nicht von Erde bedeckt ist. Dann drückt man die Erde mit dem Spatenblatt leicht dagegen und schließt — ohne Zurücklassung von Hohlräumen — das Pflanzloch mit den Händen, wobei auch gleich der Gießrand gebildet wird. Nach gelindem Angießen ringsherum mit feuchtem Torf abdecken.

Auch vor dem Umpflanzen gießen

Erdbeerpflanzung als Beispiel.
Weitere Pflanzanweisungen für Stauden, Rosen, Ziersträucher, Obstgehölze, Wasserpflanzen sowie für das Legen von Blumenzwiebeln werden in den betreffenden Kapiteln gegeben.

Das Austopfen: Blumentopf
an der Tischkante aufstoßen.

Setzen einer Konifere aus
dem Ballentuch

Seit langem ist man bemüht, statt dieses risikoreichen Setzens mit oftmals verletzten, von Erde mehr oder minder entblößten Wurzeln bessere Methoden zu entwickeln, ohne dabei den gesamten Arbeits- und Kostenaufwand über Gebühr zu steigern. Die »Topftomate« beispielsweise ist ein Begriff, den bereits unsere Großeltern kannten, und sie bezahlten gern einen höheren Preis, wenn sie dafür die erwünschten Jungpflanzen von kräftigem, gedrungenem Wuchs, noch ohne Blütenbildung und mit einem völlig geschlossenen, unversehrten Wurzelballen bekamen. Auch die sogenannten Pflanzenammen — blumentopfähnliche Behältnisse ohne Boden aus zäher, mit großen Löchern versehener Pappe, die sich später in der Erde nicht ganz so förderlich auflöste wie heute unsere fruchtbaren Jiffy-Pots — gab es schon vor Jahrzehnten. Im Gemüsebau werden noch heute Erdtöpfe verwendet, die das Personal während der weniger arbeitsintensiven Wintermonate zu Hunderten oder auch zu Tausenden mit der Erdtopfpreßmaschine ohne weitere Unkosten herstellt. Die schon erwähnten Multitopf-Platten, die Jiffy-Pots und die zum Verkauf sehr beliebten Kunststoff-Gittertöpfe sind also im Grunde nur eine folgerichtige Weiterbildung dessen, was mit der Beigabe einer Handvoll feuchten Torfes zur Erzielung eines besseren Wurzelballens in den zwanziger Jahren begann.

Auch der gute, alte Blumentopf hat als bergende Hülle für den Wurzelballen einer zum Versetzen ins Freiland oder in ein größeres Gefäß bestimmten Pflanze noch immer seine Bedeutung. Voraussetzung bleibt stets, daß diese Pflanze wirklich voll durchgewurzelt ist, damit der Ballen beim Entnehmen nicht auseinanderfällt. Wer ganz vorsichtig sein will oder statt des irdenen Blumentopfes vielleicht ein Schaumstoff-Gefäß vor sich hat, fährt einmal mit einem spitzen Messer an der Innenwandung entlang, ehe er das berühmte »Aufstoßen an der Tischkante« praktiziert. Bei größeren Gewächsen soll man den Wurzelballen lieber durch Zertrümmern des Topfes freilegen.

Gehölze — vor allem Koniferen — werden häufig mit Emballage angeboten: Der feste Wurzelballen ist in Ballentuch eingeknotet oder eingenäht, ein mit Kunstfasern verstärktes, grobmaschiges Jutegewebe, das eigens für diese Verpackungsform hergestellt wird. Man hebt die Pflanze in das nach der Größe des umhüllten Ballens vorbereitete Pflanzloch, löst die Bindung und zieht nun das Ballentuch vorsichtig unter dem Wurzelballen weg. Bei Beachtung der richtigen Pflanztiefe wird das Pflanzloch geschlossen und mit einem Gießrand versehen. Nach dem Gießen mit feuchtem Torf abdecken.

Die größte Bedeutung von allen Verpflanzgefäßen hat ohne Zweifel der sogenannte Container gewonnen. Diese Behälter, aus Weichplastik und in vielen Größen vom kleinsten Blumentopf bis zu Marmeladeneimer-Abmessungen erhältlich, sind unbegrenzt haltbar und dabei so billig, daß man sie unter anderem auch als Wühlmausschutz für wertvolle Blumenzwiebeln mit in die Erde setzen kann. Hierfür ebenso wie etwa zur Anzucht von Gemüse- und kleineren Zierpflanzen werden vorzugsweise Gitter-Container verwendet. Für größere Pflanzen, vor allem auch Ziergehölze aller Art, werden in den Baumschulen gern die nur mit Seitenschlitzen versehenen Perfor-Container verwendet. Die Vorzüge der modernen Container-Kultur reichen weit über den Schutz vor Wühlmausfraß bei Blumenzwiebeln hinaus. So kann man in diesen praktischen Behältern eingesetzte Blumen nach der Beendigung ihres Flors einfach aus dem Boden nehmen und an anderer Stelle unterbringen, um dafür die Szenerie mit frischen Blütenpflanzen zu beleben. Blumenzwiebeln, deren Weiterkultur bis zum Einziehen der Blätter mit Recht oft als sehr unschön empfunden wird, können ohne jede Störung ihres Sommerwachstums ebenfalls aus dem Sichtfeld versetzt werden. Mit der größte Fortschritt für jegliches Verpflanzen aber ist die Befreiung von uralt-geheiligten Pflanzterminen, die bisher an die Zeit des Austriebs, an Spätsommer und Herbst, an Bodentemperatur und Laubfall gebunden waren. Ob Rhododendron oder Rosenstrauch, Lilie oder Dahlie: im Container kann man ihnen jederzeit, auch in voller Blüte, einen Standortwechsel zumuten.

Gitter-Container mit schon durchwurzelnder Lilienzwiebel

Grundregeln für alle Pflanzarbeiten

Stäbe und Stützen, von der Bohnenstange bis zum Baumpfahl, sind immer gleichzeitig mit der Vorbereitung der Pflanzstelle in den Boden zu rammen. Holzpfähle müssen unten gut zugespitzt und durch Schutzanstrich oder Absengen fäulnisfest gemacht werden. Keine Pflanze darf zu hoch oder zu tief sitzen. Bei Gemüse und Sommerflor ist das obere Ende des Wurzelhalses, dicht unter den Keimblättern, die Grenze. Soweit für andere Pflanzen Sonderregelungen gelten, sind sie in den betreffenden Kapiteln nachzulesen. Keine Pflanze darf so tief in den Boden kommen, daß Erde auf ihr »Herz« gelangt und dadurch das Wachstumszentrum schädigt.

Mit Ausnahme der Speisezwiebeln, Blumenzwiebeln und Knollengewächse wird jede Pflanze nach dem Umsetzen vorsichtig, ohne Schwappen, nicht mit der Brause, sondern aus dem Rohr und ohne Benetzung der Blätter angegossen. Das Abdecken des Gießrandes mit feuchtem Torf schützt vor Verkrustung der benetzten Erde und vor zu raschem Austrocknen.

Alle Pflanzarbeiten sollen möglichst bei trübem, regnerischem Wetter oder zumindest in den Abendstunden vorgenommen werden. Sonniges Wetter und die scharfen, trocknenden Frühjahrswinde lassen oft auch die Anbringung von Schattendecken ratsam erscheinen. Bei Gemüsebeeten legt man diese Rohrmatten einfach über niedere, durch Querleisten verbundene Pfosten, die sich später leicht wieder aus dem Boden ziehen lassen. Die gleichen Schutzvorrichtungen bewähren sich übrigens auch bei Hochsommersaaten. Das Abkneifen der Wurzelspitze kommt beim Auspflanzen ins Freiland nur dann in Frage, wenn die Pflanze zur Bildung eines vielfaserigen Wurzelballens angeregt werden soll, abgesehen davon Sonderanweisungen beachten!

Rosen und andere Sträucher, die nicht gleich gepflanzt werden können, schlägt man am schattigen, geschützten Platz schräg in die Erde ein. Solche Gehölze lassen sich auch im Einschlag überwintern.

Das Einschlagen von Gehölzen für den »Wartestand«. Dabei auch das Antreten der Wurzeln nicht vergessen.

Die Unkrautbekämpfung war früher eine der größten Plagen, die den Gartenfreund vom Frühjahr bis in den Herbst begleitete. Allen Mühen zum Trotz wachsen ja die Unkräuter immer noch rascher als die Kulturpflanzen, entziehen dem Boden die besten Nährstoffe und beeinträchtigen dadurch ihr Gedeihen. Laut Statistik nahm die Beseitigung dieser unerwünschten Mitesser von Hand rund ein Viertel aller Arbeitszeit für den Garten in Anspruch. Kein Wunder, daß man sie unsere teuersten Pflanzen nannte, aber auch Generationen von Kindern durch den Zwang zu unentrinnbarem Unkrautzupfen den Garten verleidete.

Seit etwa zwanzig Jahren hat nun die chemische Industrie durch Entwicklung immer neuer, besserer Unkrautmittel oder Herbizide die Unkrautbekämpfung zu einem ihrer Hauptanliegen gemacht. Erwerbsgartenbau, Land- und Forstwirtschaft sparen dadurch heute Millionenbeträge ein, und auch wir Freizeitgärtner haben unseren Nutzen davon. Den Verfechtern einer umfassenden chemischen Unkrautbekämpfung, die jedoch im Liebhabergarten ohnedies ihre Grenzen hat, stehen die Anhänger der biologischen Richtung gegenüber. Sie sehen mit gewissem Recht im Unkraut den »Ausdruck einer notwendigen Lebensgemeinschaft mit bestimmten Aufgaben auf einem bestimmten Boden«, wobei freilich die Frage offenbleibt:

Unkrautbekämpfung chemisch oder biologisch?

Was ist eigentlich Unkraut?

Die traditionelle Antwort lautet etwas vieldeutig: »Unkraut ist alles, was man im Garten nicht haben will.« Das heißt: allerlei Wild- und Kulturpflanzen werden mit den echten Gartenunkräutern in einen Topf geworfen, sobald sie dem Gärtner durch ihr Erscheinen am falschen Fleck unerwünscht sind. Auch die alte Redewendung: »Wo Unkraut wächst, kann nichts anderes wachsen«, gibt kein einheitliches Bild, denn der fleißige und achtsame Gartenmensch setzt gleich einen anderen Spruch dagegen und behauptet mit Recht: »Alles Unkraut weicht der Kultur« — was wiederum nur Gültigkeit besitzt, wenn man in der Bekämpfung nicht müde wird und keine andersdenkenden Nachbarn hat.

Unkraut als Nebenwirt für Schädlinge und Krankheiten

Manche echten Gartenunkräuter bergen Gefahren, weil sie Schädlingen und Pflanzenkrankheiten als Wirtspflanzen dienen. So beherbergt etwa das Hirtentäschelkraut den Erreger der Kohlhernie und wird im Frühjahr als Brutstätte der ersten Kohlweißlingsgeneration in Anspruch genommen; das Pilzgewebe des Erbsenrostes überwintert im Wurzelstock der zu den Unkräutern zählenden Zypressenwolfsmilch; das Einjahrs-Rispengras ist ein beliebter Schlupfwinkel für Schnecken. In diesem Zusammenhang lohnt auch der Hinweis, daß alles Unkraut am besten im Keimlingsalter bekämpft wird. Wer damit bis nach der Blüte wartet, treibt eigentlich schon Zeitverschwendung. Wo Unkraut kompostiert werden soll, läßt man es erst in der Sonne trocken werden. Kranke oder Samen tragende Pflanzenteile werden ebenso wie noch vermehrungsfähige Wurzelstücke sorgfältig ausgelesen und verbrannt.

Unkraut kompostieren?

Im übrigen haben die Unkräuter nicht nur negative Eigenschaften, sondern können als Heil- und Teepflanzen, als Bienenweide und als Gemüseersatz auch nützlich sein. Dank ihrer Herkunft aus den verschiedensten Pflanzenfamilien gelten sie schließlich als »Wegweiser« für die Bodenbeschaffenheit und daraus herzuleitende Bodenverbesserungsmaßnahmen. Es zeigen an:

Zeigerpflanzen für die Bodenqualität

Kalkmangel:	Ackerknaul, Hundskamille, Sauergräser, wilder Sauerampfer, wilde Stiefmütterchen
Nährstoffarmut und sandigen Boden:	Franzosenkraut, wildes Hungerblümchen (siehe auch Seite 263), Ackerspark, Grüne Borstenhirse
guten und nährstoffreichen Boden:	Giersch, Große Brennessel, Ackerdistel, Hederich, Huflattich
stark alkalischen Boden:	Ackerröte, Erdrauch, Venusspiegel
zu reichlichen Stickstoffgehalt (Überdüngung):	Kleine Brennessel, Vogelmiere, Gänsemalve, Klettenlabkraut
Nässe und Sumpf:	Binsen, Schilf, Sumpfdotterblume

Als Heil- und Teepflanzen gelten:

Heil- und Teekräuter

Augentrost für Augenwasser; Brennessel als Blutreinigungs- und Magentee sowie als Haarwuchsmittel; Huflattich als Hustentee; die Hundskamille wird vielseitig wie Echte Kamille verwendet. Löwenzahn liefert Milchsaft für die Frühjahrskur und wirkt gegen hohen Blutdruck, Fettsucht, Rheuma, Zuckerkrankheit; Pimpinelle dient als Tee bei Magen- und Darmerkrankungen; Schachtelhalm oder Zinnkraut wirkt blutstillend und liefert Nieren- oder Blasentee; Spitzwegerich ist blutstillend und geeignet zur Wundheilung sowie gegen Schleimhauterkrankungen.

Unkraut als Gemüse

Als Frühlingssalat wird der Löwenzahn verwendet, als Spinat junge Brennessel, seltener Giersch oder Melde.

Muß man die einzelnen Unkräuter kennen?

Viele Gartenfreunde meinen, dies sei ebenso überflüssig wie eine genaue Kenntnis der Schädlinge und Pflanzenkrankheiten, weil ja doch alles mehr oder minder in Bausch und Bogen bekämpft würde. Aber auch das ist wieder nur bedingt richtig, weil einiges Wissen um die biologischen Voraussetzungen moderner Unkrautvernichter Schäden durch Anwendungsfehler verhüten hilft. So gehören beispielsweise Rasenunkräuter wie Löwenzahn, Hahnenfuß, Spitzwegerich, Vogelknöterich oder Gänseblümchen zu den zweikeimblättrigen Pflanzen, die mit Wuchsstoffmitteln ausgerottet werden. Sie wachsen sich dadurch buchstäblich zu Tode, während die einkeimblättrigen Graspflanzen auf solche Hormonbehandlung nicht ansprechen und folglich bei sachgemäßer Anwendung nicht geschädigt werden.

Umgekehrt gibt es auch Mittel, die nur gegen einkeimblättrige Unkräuter – die sogenannten Ungräser – angewendet werden. Am wichtigsten ist für unsere Zwecke jedoch jene Gruppe von Präparaten, die krautige Pflanzen (Zweikeimblättrige) und Gräser (Einkeimblättrige) gemeinsam angreift. Mit ihrer Hilfe halten wir Plätze, Wege, Terrassen auf längere Sicht unkrautfrei. Es gibt auch Mittel, die nur oberirdisch wirken und nicht in den Boden ein-

Gezielte Unkrautbekämpfung aus der Sprühdose

dringen, so daß vor dem Spritzstrahl abgeschirmte oder erst etwas später auflaufende Kulturpflanzen unbeeinflußt bleiben. Schließlich sei noch das Düngemittel Kalkstickstoff (ungeölt) erwähnt, das rechtzeitig, je nach Aufwandmenge 10 bis 14 Tage vor der Saat oder Pflanzung, ausgestreut wird, um auflaufendes Unkraut zu vernichten. Anwendung auch gegen Unkraut im Komposthaufen. Vorsicht: Das Mittel ist ätzend; Schutzkleidung und Streubrille sind erwünscht.

Faustregel für die Wartezeit bei Kalkstickstoff: je aufgewendetes kg/a 3 Tage.

Daß keines dieser Mittel anders als für seinen ganz bestimmten Zweck verwendet werden darf, versteht sich von selbst. Jeder unbedachte Austausch würde verheerende Folgen haben und gerade solche Pflanzen vernichten, die vom Unkraut befreit werden sollen.

Einjährige Unkräuter und Dauerunkräuter

Unkrautabwehr für wiesennahe Gärten: Wiesen vor der Blüte abmähen.

Auch diese Aufteilung der Unkräuter nach ihrer Lebensdauer ist für die Art ihrer Bekämpfung von Wichtigkeit: Die Einjährigen vermehren sich besonders stark durch Aussamen; die Mehrjährigen bilden dazu oft weitreichende Wurzelgeflechte, deren Beseitigung früher zu den unangenehmsten Garten-Handarbeiten gehörte, heute aber auch sehr erleichtert ist.

Insgesamt sei aber nochmals vor einer Überschätzung der chemischen Wunder gewarnt. Gerade im kleinen Garten, insbesondere auch auf den Gemüsebeeten, sind Hacken und Jäten immer noch die besten Unkrautvertilger, zumal dabei der Boden mitbearbeitet wird. Ferner kann man durch Auflegen

Bodenbedeckung

von feuchtem Torf oder durch Abdecken mit Grasschnitt das Aufgehen der Unkrautsamen zwischen den Kulturpflanzen weitgehend eindämmen. Auch dunkle Gartenfolie bewährt sich dort, wo ihre Anbringung zweckmäßig ist. Sie dient ebenso wie Torf und Grasschnitt zur Förderung der Bodengare, sieht freilich nicht so gut aus, wie mancher naturverbundene Gartenfreund es sich auch zwischen den Erdbeerreihen wünscht. Grasschnitt hat, nebenbei gesagt, den gleichen Nachteil, sobald bei ihm die Vergilbung einsetzt. Man sollte ihn deshalb vorzugsweise unter Sträuchern und weniger auf offenliegenden Schmuckbeeten verwenden.

Die zwei- bis mehrjährigen Dauerunkräuter widersetzen sich jeder ungenau gezielten Bekämpfung. Einige Beispiele:

Lästige Dauerunkräuter

Weitere Unkrautfragen siehe Gartenrecht, Gründüngung, Kalkstickstoff, Kompost, Markiersaat, Rasenunkräuter.

Geißfuß, Giersch wuchert unter Gebüschen, macht sich aber auch im Rasen breit. Ausläufer bis 50 cm tief im Boden. Kommt der Geißfuß vom unkrautfreundlichen Nachbar, so hilft nur das Einbringen von mindestens 60 cm breiten, doppelseitig geteerten Dachpappstreifen oder entsprechende Fundamentierung längs der Grenze oder das Ziehen eines tiefen, schmalen Grabens.

Hahnenfuß, das bekannte Unkraut der Wiesen, setzt sich überall im Garten fest, samt sich sehr stark aus und bildet viele, fest wurzelnde Ausläufer.

Löwenzahn, Kuhblume, Pusteblume weicht mit Sicherheit, wenn jede Blüte unterdrückt und die tiefreichende Wurzel ausgestochen wird.

Quecke und **Ackerwinde** gehören zum schlimmsten Unkraut. Ihre Ausläufer durchziehen meterweit und bis 60 cm tief den Boden. Jedes abgestochene Teilchen, das nicht herausgelesen wird, bildet eine neue Pflanze.

Bildseite: Rosarot gefleckte Prachtlilie (L. speciosum 'Rubrum')

Es ist schon eine Reihe von Jahren her. Unser Garten war damals ein echter Kleingarten weit außerhalb der Stadt. Der Herr des Hauses aber hatte sich gerade motorisiert und suchte Gelegenheiten, um sein neues Leichtkraftrad nutzbringend zu betätigen. Ein Rückspiegel war angebracht, ein starker Gepäckträger montiert worden. Und dazu herrliches Sommerwetter, das nach Feierabend ins Freie lockte. Vater schnurrte also auf seiner »Männernähmaschine« los und kam zwei Stunden später hochbefriedigt nach Hause.

»Ich bin eben am Garten vorbeigefahren und habe dir gleich einen Korb Kirschen abgemacht«, sagte er und setzte, Anerkennung heischend, unsere größte Viertelzentner-Steige auf den Küchentisch. Und schon geschah, was meine Augen starr werden ließ: Ein Bächlein dunkelroten Schattenmorellenblutes rann aus einer Ecke des Korbes, tröpfelte zur Erde, ließ eine Pfütze entstehen, die immer größer wurde ...

Die Früchte selber, o weh, wie sahen die aus! Der kluge Mann hatte sie nämlich eilfertig, wie ihm das Gezweig in die Hände kam, fast durchweg ohne Stiele abgerissen. Dazu die Heimfahrt unter den unvermeidlichen Stößen des Motorrades. Matsch wie ältliche Himbeeren waren meine schönen Kirschen, und mit Seufzen kochte ich bis tief in die Nacht, anstelle von roh eingezuckertem Kompott, die bislang wohl fragwürdigste Marmelade meines Lebens. Denn daß derartig mißhandelte Früchte sich weder bis zum andern Morgen aufbewahren ließen noch sich zum Einsterilisieren eigneten, sah sogar der stolze Urheber dieser echten Gartendummheit ein.

Und die Moral von der Geschicht'? Ohne Zweifel gehört das Ernten von gut gediehenem Obst und Gemüse zu den erfreulichsten Tätigkeiten des Freizeitgärtners. Er weiß zwar um den Nutzen, der ihm da aus seiner Hände Arbeit entgegenwächst, doch darüber hinaus umfaßt solches Tun auch Gemütswerte, die mit nichts anderem aufgewogen werden können. Aber ebenso wie alle sonstige Arbeit im Garten setzt auch das Ernten gewisse Sachkenntnisse voraus. Freilich: Um ein paar Salatköpfe für den Mittagstisch zu schneiden, bedarf es keiner großen Überlegungen. Wenn jedoch empfindliches Edelobst oder zarte Gemüse für die Vorratshaltung eingebracht werden sollen, so ist da schon einiges zu bedenken.

Grundsätzlich sind zwei Arten von Ernten zu unterscheiden:

1. Vom Frühjahr bis in den Herbst hinein holt man im Garten allerlei für den Sofortverbrauch. Dabei sollte stets nur so viel entnommen werden, wie ohne unnötige Lagerung im Haushalt verwendbar ist. Dieses Prinzip der Frische hat neuerdings noch größere Bedeutung gewonnen durch das Heimgefrieren, das die sofortige Verarbeitung auch kleiner Mengen gestattet. Sie lesen Näheres darüber ab Seite 96.

2. Schon im Frühsommer, mit den Erdbeeren beginnend und bis zum herbstlichen Einbringen des ausgesprochenen Lagerobstes reichend, treten dazu die Haupternten, bei denen es besonders auch auf den Dauerwert des Erntegutes ankommt.

Sie lesen Näheres darüber ab Seite 96.

Ernten will gelernt sein

Fast alles Obst mit dem Stiel ernten! Ausnahmen: Himbeeren, Brombeeren und Monatserdbeeren

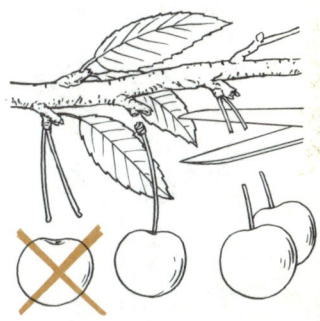

Kirschen nie ohne Stiel abreißen! Entweder oben am Stielansatz lösen oder – bei besonders saftigen Sorten – mit der Schere ernten.

Bildseite:
Oben Hohe Bartiris (Iris x barbata elatior 'My Honeycomb') und Steppenkerze (Eremurus 'Shellford'). Unten Fackellilie (Kniphofia-Hybriden) und Mignon-Dahlien 'Border-Pride'.

91

Unsichere Anlegeleiter

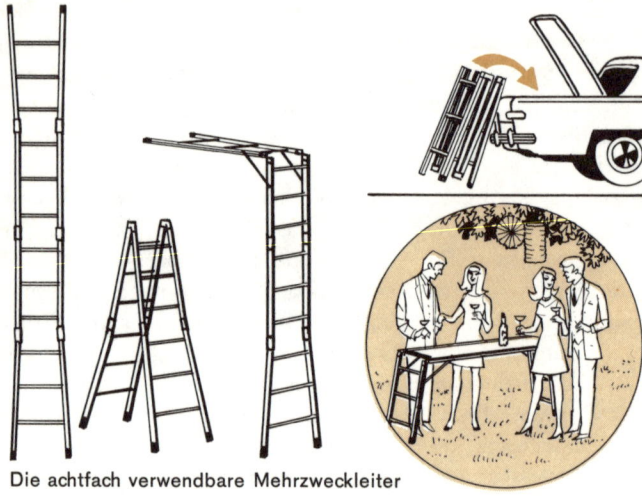

Die achtfach verwendbare Mehrzweckleiter

Sichere Dreibein-Leiter

An den Leitern soll man nicht sparen

Da ist das Beste gerade gut genug. Denn kaum ein anderes Gartengerät wird zu so mannigfaltigen Aufgaben benötigt und kann dabei so leicht zu Unfällen Anlaß geben. Zwar dürfte sich die Anzahl der alten, wackeligen und womöglich mit selbst reparierten Sprossen notdürftig in Stand gehaltenen hohen Anlegeleitern fast im gleichen Ausmaß verringert haben, wie in unseren Gärten große, alte Hochstämme seltener geworden sind. Der niedere Wuchs der meisten Obstbäume, die mit einer bis vereinhalb Meter reichenden, standfesten Doppelleiter – besser noch mit einer dreibeinigen Obstleiter – abgeerntet werden können, hat diese begrüßenswerte Entwicklung sehr gefördert. Dreibeinige Leitern haben den Vorzug, sich besonders geschickt in Baumkronen einstellen zu lassen, ohne daß schwanke Zweige dabei zu stark verbogen werden müssen.

Der allgemeine Zug zum Mehrzweckgerät hat auch vor den Leitern nicht Halt gemacht. So gibt es ein handliches Modell, das dank einer patentierten Gelenk-Automatik bis auf Kofferraumgröße zusammengelegt werden kann. Standfestigkeit und Sicherheit werden durch vierfache Verstrebungen und große Gummistollen an den nach außen gespreizten Füßen gewährleistet. Das gesamte Arbeitsprogramm dieser in fünf verschiedenen Längen zwischen 3,20 m und 6 m erhältlichen Kombinationsleiter umfaßt unter Einbeziehung einer zusätzlich erhältlichen Arbeitsplatte nicht weniger als acht Verwendungsmöglichkeiten. Sie verwandeln das gute Stück ganz nach Bedarf noch in eine Ablage für Erntekörbe, in eine freilich etwas harte Liege oder in einen schmalen Gartentisch, auf dem man sogar ein kaltes Büfett für die Gartenparty anrichten kann. Ist alles vorbei, so schrumpft die Leiter wieder zum Paket zusammen und nimmt in Geräteraum oder Garage so gut wie keinen Platz ein. Es gibt zwei Ausführungen: in Präzisions-Stahlrohr und in Leichtmetall. Beide haben eine fast unbegrenzte Lebensdauer.

Natürlich spielt für die Haltbarkeit das Erntewetter eine große, ja entscheidende Rolle. Nässe ist mit der schlimmste Feind aller Aufbewahrungsmaßnahmen, ganz gleich, ob es sich um Frischobst, um Sterilisiertes, Eingesäuertes, Gedörrtes, um Säfte, Gelees, Marmeladen und sehr wesentlich auch um Tiefkühlkost handelt. Nässe heißt dabei nicht nur strömender Regen, sondern kann vor allem zur Herbstzeit nach kühlen Nächten auch schon in starkem Tau bestehen. Andererseits bleibt zu bedenken, daß gerade in den Morgenstunden nach dem äußeren Abtrocknen auch die innere Abkühlung der Früchte wie der Gemüse am vollkommensten ist. Alles, was als Dauerware verarbeitet oder gelagert werden soll, wird am besten während der Vormittagsstunden eingebracht. Es kommt hinzu, daß zarte Früchte wie Erdbeeren, Aprikosen, Pfirsiche, Kirschen, aber auch Sommerbirnen, Sommeräpfel und die sommerlichen Pflaumenarten mit dem ansteigenden Tageslicht ihr stärkstes Aroma entfalten. Es dient zugleich als untrügliches Erkennungszeichen der Reife.

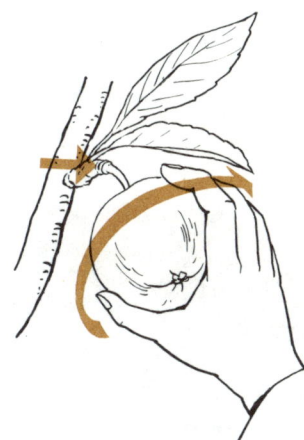

Reife Äpfel, Birnen und andere große Früchte sanft mit der Hand umgreifen und leicht drehend nach oben drücken. So löst sich der Stiel willig vom Fruchtkuchen.

Bestes Pflückgerät: die Menschenhand

Zu allem Ernten gehört Fingerspitzengefühl. Es bedeutet sozusagen symbolisch das Wissen um den richtigen Zeitpunkt und erstreckt sich praktisch auf das prüfende Betasten oder Umfassen dessen, was da gepflückt, gebrochen oder geschnitten werden soll. Wer dieses gärtnerische Fingerspitzengefühl besitzt, der weiß zum Beispiel ganz genau, daß er reifes Obst und entsprechende Fruchtgemüse beim »Abmachen« nie mit den Fingerspitzen festhalten darf. Sie verursachen nämlich, im Augenblick des Geschehens noch kaum bemerkt, allzuleicht Druckstellen, die sehr bald weich und später bräunlichmatschig werden.

Kurzstielige Früchte wie Äpfel, Aprikosen, Pfirsiche, auch große Edelpflaumen umgreift man zart mit der ganzen Hand und erfühlt dabei förmlich den Reifegrad. Zum Pflücken wird dann mit sanftem Drehen und Heben die Frucht gegen den Zweig bewegt, und schon löst sich der Stiel willig von dem feinen Korkscheibchen, das als Wundverschluß am Fruchtträger oder Fruchtkuchen zurückbleibt, sobald die Verbindung der Frucht mit dem nährenden Baum endgültig unterbrochen ist. Auch bei Birnen ist dieses Umgreifen nebst Anheben und Drehen die sicherste Methode für das Abnehmen selbst großer Tafelfrüchte. Es gibt keinen mechanischen Obstpflücker, der hier nur annähernd so zuverlässig arbeitet wie die Menschenhand. Auch zum vorsichtigen Einlegen der ohne Schwierigkeit gelösten Früchte in den Pflückkorb ist sie unentbehrlich.

Andererseits: Alles, was einen längeren Stiel hat, wird möglichst überhaupt nicht berührt, sondern an diesem Stiel gefaßt und gebrochen. Schütteln kommt insgesamt nur bei kurzlebigem Konsumobst in Frage oder in Notfällen der Unerreichbarkeit, wenn unsere völlig standfeste Universalleiter zum Hinauflangen nicht ausreicht. Übrigens gibt es außer dem vorsichtigen Betasten der

Gepflückte Äpfel und andere große Früchte nicht werfen oder schütten, sondern jedes Stück einzeln mit der Hand einlegen.

Früchte noch andere Möglichkeiten zum Erkennen der Reife. Bei den Pfirsichen spürt man es am wundervollen Duft, der den ganzen Baum einzuhüllen scheint. Bei Kirschen ist häufig die Farbe ein wesentliches Merkmal, vom Kosten ganz zu schweigen. Bei Äpfeln und Birnen, ebenso bei Pflaumen, Zwetschen und Mirabellen darf man ans Ernten denken, wenn die ersten Früchte ohne Schädlingsbefall und Notreife oder Sturmwind sich freiwillig vom Baum lösen.

Wer seine Obstbäume genauer beobachtet, der wird auch bald herausfinden, daß ihre Tracht fast nie ganz gleichmäßig auf einmal reif zum Abnehmen ist, sondern unterschiedlichen Wachstumsbedingungen folgt. Falsch wäre es deshalb, nur aus Prinzip einen Baum in einem Arbeitsgang völlig leer zu pflücken. Nur was uns fast von selbst in die Hand fällt, kann entfernt werden, ohne daß der Baum in seiner Gesamtfunktion Schaden erleidet. Soweit aber noch mit dem Nachwachsen und Nachreifen eines Teiles der Früchte zu rechnen ist, begnügt man sich mit dem Herauspflücken der größten und schönsten Stücke. Diese Taktik gewinnt vor allem auch beim Abnehmen des Winterobstes an Wert. Wie sich aus den einschlägigen Tabellen ergibt, werden hier bei Äpfeln und Birnen ohnedies die oft viele Wochen auseinanderliegenden Termine der Baumreife und der Genußreife unterschieden, und es können dabei nur Durchschnittswerte genannt werden, weil der tatsächliche Ernteverlauf jeweils von Klima, Lage und Wetter abhängig ist. Manchmal haben wir die letzten Winteräpfel erst Anfang November gepflückt und dabei immer wieder festgestellt, wie so besonders süß und aromatisch sie durch das lange Hängenlassen geworden waren.

Erdbeeren, die nicht zum Sofortverbrauch bestimmt sind und gewaschen werden, dürfen nie ohne die grünen Kelchblätter geerntet werden. Man knipst sie mit einem Stielendchen ab. Noch besser: Abschneiden mit der kleinen Rosenschere.

Beerenobst »muß Farbe bekennen«

Fast noch mehr als bei Kernobst und Steinobst läßt sich die Erntereife des Beerenobstes an der Farbe erkennen. Erdbeeren mit hellen Bäckchen oder Spitzen sollten immer bis zum nächsten Pflücktag an der Pflanze belassen werden. Nur was seine volle, oft wie lackiert glänzende rote Farbe zeigt und duftet, ist wirklich reif. Auch die Himbeere hat einen ganz bestimmten, in diesem Fall samtigen Schmelz der Vollreife und fällt schon bei leichter Berührung in die hohle Hand oder die Obstschale, während der von den grünen Kelchblättern umgebene, kegelförmige, weiße Blütenboden an der Pflanze verbleibt. Brombeeren werden im Eifer des Gefechtes leider oft viel zu früh geerntet, weil sie angeblich »schon so reif aussehen«. Sie sind zwar in der Tat bereits dunkel, aber erst drei, vier Sonnentage später zeigen die vollreifen Früchte jenes glänzende, fast transparente, saftquellende tiefe Schwarzrot, das die echte aromatische Süßigkeit verspricht.

Mit dem Abknipsen der Johannisbeerträubchen soll bei den roten und weißen Sorten bis zum Ausreifen der Endbeerchen gewartet werden. Bei den Schwarzen Johannisbeeren kommt diese Grundregel möglichst langen Hängenlassens ausnahmsweise nicht zum Zuge, weil da die zuerst gereiften

Früchtchen bereits schrumpelig werden oder abfallen, bis auch die letzten am Stiel soweit sind. Hier muß man ein etwas mühsames Abstreifen oder die nicht ganz gleichmäßige Gesamternte in Kauf nehmen.

Bei den Stachelbeeren gibt es bekanntlich verschiedene Verwendungsarten. Für ihren Stachelbeerkuchen, für Kompott und teilweise auch fürs Gelee bevorzugt die Hausfrau die »Grünpflücke« noch harter Beeren. Was dann zum Ausreifen hängen bleibt, wird roh gegessen, für Dreifruchtmarmeladen oder — im fast schon überreifen, durchscheinenden Zustand — zur Bereitung von Stachelbeerwein aufgespart. Wohlgeschmack und alkoholische Wirkung dieses »Haus-Dessertweines« sind nicht zu verachten.

Stachelbeeren können entweder grün oder reif gepflückt werden

Vorsichtige Freizeitgärtner ernten mit der Schere

Jeder Fachmann wird hier nur milde lächeln, aber zur Verhütung von mancherlei Schäden wird bei uns häufig mit der Schere geerntet. Es schont das Erntegut und häufig auch die Fingernägel. Bei den großen Garten-Erdbeeren gibt es da keine gequetschten Früchte, keine versehentlich mit abgerissenen Blüten, keine angeknickten Stengel. Voll ausgereifte Schattenmorellen sind — siehe die Einleitung dieses Kapitels — wiederum so prall von Saft, daß man sie sowieso am sichersten durch Abschneiden mit dem halben Stiel erntet. Und auch das Abknipsen der Johannisbeerträubchen schenken wir uns: Mit der kleinen Rosen- oder Traubenschere geht es viel besser. Gleiches gilt für Bohnen, für Neuseeländer Spinat, für die meisten Gewürzkräuter.

Natürlich taugt die Scherenpraxis nur für solche Fälle, die keine restlose Befreiung der Pflanze vom Stiel verlangen. Äpfel, Birnen, Aprikosen, Pfirsiche, ebenso knackfeste Süßkirschen und Pflaumen, bei denen allen das bewußte Korkscheibchen in Aktion tritt, wird kein vernünftiger Mensch mit der Schere ernten. Auch Tomaten, die häufig in dichten Gehängen beisammensitzen, werden besser mit der Hand ausgebrochen. Eine wichtige Sonderregelung besteht endlich für den Rhabarber, der wegen Fäulnisgefahr von Stummeln nie mit dem Messer geschnitten, sondern immer nur unverletzt aus dem Stengelgrund herausgebrochen oder -gezogen werden darf.

Ernten für die Vorratswirtschaft

Solange die Menschen Gärten bebauen, haben sie es stets auch im Hinblick auf die Vorratshaltung getan. Dabei zeigt sich, welchen Wandel die häusliche Praxis des Konservierens von Obst und Gemüse im Laufe der Zeit erfahren hat. Trocknen, Einsäuern, Einsalzen, Eindünsten, Eindosen, Sterilisieren auf der einen Seite, Einmieten und Einlagern auf der anderen: Wir haben bis vor etlichen Jahren vieles davon noch selbst durchprobiert. Doch je weiter das Wirtschaftswunder sich ausbreitete, desto weniger wichtig wurden vor allem auch für die zahlreichen berufstätigen Hausfrauen jene althergebrachten Maßnahmen zum Füllen von Speisekammer, Keller und Regalen, Erd-

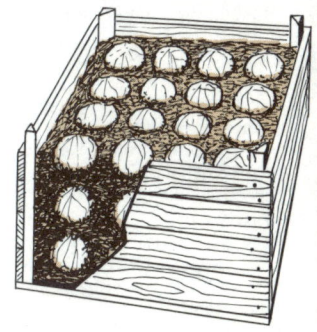

Altbewährt: Tafeläpfel in Seidenpapier einwickeln, ohne gegenseitige Berührung in trockenen Torfmull schichten. Oberste Schicht noch mit Torf bedecken.

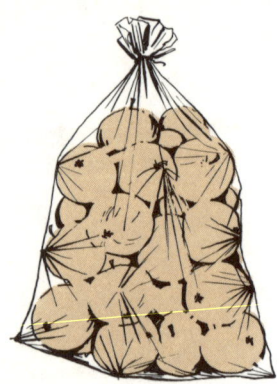

Für die Folienlagerung nicht-perforierte 5-Kilo-Beutel von 0,05 mm Stärke verwenden. Beutel mit Blitzbindern oder Klebstreifen sicher verschließen. Beste Lagertemperatur 8–10° C. Lagergut alle 3–4 Wochen durchsehen. Kurzes Öffnen der Beutel schadet nichts.

Folienlagerung ist kein Freifahrschein! Ernte muß 10 Tage vor dem normalen Termin erfolgen. Vollreife Früchte sind empfindlicher.

Eignung der Obstarten und Sorten:
Bester Apfel:
Golden Delicious.
Gut: Roter Delicious, Jonathan, Canada Renette.
Bedingt zu empfehlen: Roter Boskoop, Frhr. v. Berlepsch, Laxtons Superb, Winston.
Wenig geeignet: Grüner Boskoop, Cox Orange (braucht 0,03-mm-Folie!).
Ungeeignet: Ontario, Goldparmäne, Geh. Oldenburg.
Gute Birnen: Conference, Williams, Vereins-Dechant.

Die Folienlagerung von Gemüse ist vorerst noch zu unsicher.

buden und abgeleerten Frühbeetkästen mit dem Erntegut aus dem eigenen Garten. Es lebte sich ja so bequem und relativ preiswert mit den Büchsen und den EWG-Einfuhren. Aber sonderbar: je moderner unsere Kinder und unsere Küchen werden, desto deutlicher zeichnet sich ein schier romantischer Wunsch nach eigener Vorratsgewinnung ab. Man »trägt wieder Nutzgarten«, wenn auch in anderen Formen, als dies früher der Fall war. Bei allem Komfort neuzeitlicher Technik muß freilich zugegeben werden, daß die Einlagerung größerer Mengen von Obst und Gemüse immer vom Vorhandensein geeigneter Räumlichkeiten abhängt.

Gute Keller müssen weitläufig, reichlich zu belüften und kühl sein. Als Besttemperatur gelten 3–6° C, höchstens 6–8° C. Die Luftfeuchtigkeit soll 80–90% betragen. Vor dem Einlagern sollten die Wände frisch geweißelt werden. Zur besseren Härtung und Desinfektion setzt man der Weißkalkbrühe je 10 Liter 30–50 g Kochsalz zu. Wandgestelle und Obsthorden sollten unter Zusatz eines zugelassenen Desinfektionsmittels mit heißem Wasser abgewaschen oder gebürstet werden. Leider fehlen heute fast überall solche Kellerräume alten Stiles ebenso wie die Zeit zu entsprechend sorgfältiger Vorbereitung auf das Einlagern des Erntegutes.

Deshalb können Gartenfreunde, die nur über kleine, der benachbarten Zentralheizung wegen immer viel zu warme und trockene Kellerräume verfügen, weder Winteräpfel noch Winterbirnen, weder Sellerie noch sonstige Dauergemüse einlagern, und selbst das altbewährte Einbetten in Torf ebenso wie die schönsten neuen Methoden der Folienlagerung bieten da nur eine Art von Überbrückungshilfe. Wo aber überhaupt Obst eingelagert werden kann, darf es keinesfalls in Gesellschaft von Kartoffeln, Zwiebeln, Lauch, Kohl und Tomaten geschehen, weil hier eine ungünstige gegenseitige Beeinflussung der Duft- und Geschmacksstoffe sowie eine Minderung der Haltbarkeit unvermeidlich ist.

Tiefgefrieren – das Hobby von heute

Viel weniger abhängig von den Gegebenheiten der Wohnung ist, wer sich dem »Tiefgefrieren« als Hausfrauen-Hobby Nummer eins verschreibt. Es dürfte von allen Verfahrensweisen, die wir bisher kennen, gegenwärtig die größte Zukunft haben. Mehr als alles andere hat mich dabei immer wieder überzeugt, daß gerade die für andere Konservierungsmethoden weniger geeigneten Obst- und Gemüsearten in der Tiefkühltruhe einmalige Qualitäten der Haltbarkeit und Frische entfalten. Jede Hausfrau weiß doch, wie unansehnlich Erdbeeren im Weckglas aussehen, wenn sie bleichgrau und matschig in der »Brühe« herumschwimmen, und welche liebe Not man auch mit den einsterilisierten Pfirsichen, den Himbeeren und den Brombeeren haben kann, wie leicht Spargelgläser aufgehen, eingedoste Erbsen bombieren, grüne Bohnen in aufgegangenen Gläsern und undichten Blechbüchsen bedrohliche Gifte entwickeln. Im Tiefkühlmöbel sind sie vor allem solchen Verlusten und Gefahren sicher und haben noch nach Monaten ein so köstliches, vollwertiges Aroma, daß da keine andere Konserve mitkommt.

Und noch ein zweiter großer Vorteil: Man kann hier auch kleine und kleinste Mengen verarbeiten. Etwa ein rasch noch am Morgen zusammengepflücktes Pfündlein Himbeeren oder ein paar Nachzügler vom Pfirsichbaum, ein Dutzend Spargelstangen nach dem letzten offiziellen Stich, es muß keine ganze Runde von Gläsern sein wie beim Weckapparat. Andererseits spart man auch wieder viel Zeit und schmutzige Hände, wenn beispielsweise bestimmte Suppengemüse wie Lauchgrün oder geraspelter Sellerie für den Jahresbedarf auf einmal portioniert und eingefroren werden. Kleinste Tomaten, die sonst keiner will, kommen bei mir halbdutzendweise in entsprechend kleine Plastikbeutel, als Beigabe zum Suppentopf. Sie eignen sich viel besser als große saftreiche Früchte, die sich überhaupt nur bedingt einfrieren lassen. Entweder verkocht man sie zu dicklichem Tomatenmark, das beispielsweise in Yoghurtbecher gefüllt oder in der Eiswürfelschale zu handlichen Würfeln verarbeitet wird, oder man püriert die geschälten Früchte im Mixer und friert die rohe, leicht entsaftete Masse ein. Entstielte Mooskrause Petersilie in Bechern oder Beutelchen ist später wie frisch. Erbsen versprechen den besten Erfolg, wenn sie beim Pflücken gerade reif sind. Überständigkeit bedeutet leicht Hartwerden. Seit ich tiefgefriere, wird Gemüseputzen bei mir ganz klein geschrieben. Nur noch Zwiebeln und Gelbe Rüben müssen von Fall zu Fall vorbereitet werden. Alles andere kommt ohne Zeitverlust fix und fertig aus der Truhe oder dem Tiefkühlschrank.

Die Sorteneignung von Obst und Gemüse fürs Tiefkühlen ist inzwischen eine Wissenschaft für sich geworden. Viele Samen- und Baumschulkataloge enthalten alljährlich bereits neueste Angaben darüber, die man unbedingt beachten sollte. Aber die grundsätzliche Eignung allein gewährleistet noch nicht den vollen Erfolg. Wir selber müssen ebenfalls unser Teil dazu beitragen. Und das heißt wie bei jeder Verwendung als Vorratsgut: frisch, frischer, am frischesten. Wir wissen es ja aus vielen guten Erfahrungen: Keine Händlerware kann da so zuverlässig sein wie die Erzeugnisse unseres eigenen Fleißes, die wir direkt vom Garten ins Haus bringen und sofort verarbeiten. Jedes Lagern bedeutet unter Umständen einen Verlust an wichtigen Wirkstoffen und Vitaminen, die oft schon innerhalb weniger Stunden dahinschwinden. Deshalb ernten wir stets nur so viel, wie unverzüglich verarbeitet werden kann. Auch und gerade beim Tiefkühlprozeß spielt das eine große Rolle, obwohl man es dem Erntegut — verständlicherweise — von außen meist nicht ansieht.

Und noch ein Wort zum Schluß: Saat und Ernte hängen zwar schon seit alters her sprichwörtlich zusammen. Trotzdem erschien es unzweckmäßig, die gärtnerischen Ratschläge über den Anbau bestimmter Obst- und Gemüsesorten hier im Erntekapitel anzusiedeln, wo sie bestimmt keiner sucht.

Gesicherte Erfahrungen zur Sache werden deshalb jeweils im Gemüseteil und im Obstbauteil angeführt.

Selbst kleinste Erntemengen lassen sich jederzeit einfrieren

Frisch einfrieren

Schnittblumen mit Bedacht schneiden

Jedes Ding hat bekanntlich zwei Seiten. Die Blumen im eigenen Garten sind davon nicht ausgenommen. So findet sie denn der eine an ihrem natürlichen Standort am schönsten und lehnt »räuberische Übergriffe« mit der Gartenschere grundsätzlich ab. Der andere dagegen meint, daß ein Abglanz des Blühens doch auch im trauten Heim erstrahlen möge, und hat dafür noch eine überzeugende sachliche Begründung: Verblühtes soll ohnehin immer gleich abgeschnitten werden. Teils der Ordnung wegen, weil abgewelkte, verfärbte, in ihrer Form veränderte Blumenblätter oft recht häßlich aussehen, teils aber auch aus ernsten gartenbaulichen Erwägungen. Gilt es doch als unumstößliche Regel, daß die meisten Blütenpflanzen zur Steigerung ihrer Blühwilligkeit und zur Einsparung ihrer Wachstumskräfte an unnötiger Samenbildung verhindert werden müssen. Wenn aber Verblühtes ohnedies entfernt werden soll, dann können die Blüten folgerichtig schon in gutem Zustand geschnitten und daheim in Vasen gestellt werden. Diese Begründung ist allerdings nicht immer stichhaltig.

Warum wir die Blüten wegnehmen

Bei einer großen Zahl von Sommerblühern, Stauden und auch Gehölzen kommt die sorgliche Entfernung von Blütenknospen und Blüten häufig einer Verjüngungskur gleich. Es ist, als ob die Wegnahme der Samenträger als Fortpflanzungsorgane bei den Pflanzen die Anstrengungen um genügend Nachwuchs vervielfacht. Geranie und Löwenmäulchen, Petunie und Einjahrsphlox, Ringelblume und Zinnie gehören in diese Reihe. Aber auch Stauden wie die Garten-Schafgarbe *(Achillea)*, das Asterähnliche *Erigeron* mit dem ziemlich unbekannten deutschen Namen Berufskraut, die Ochsenzunge *(Anchusa)* und die Staudenlupine zählen dazu. Sie entwickeln bei rechtzei

Stauden

tigem Rückschnitt alsbald neue blütentragende Stiele aus dem Wurzelstock. Vom Rittersporn wissen wir, daß ein Wegschneiden sämtlicher Stengel handhoch über dem Boden noch während der Blüte, möglichst ehe alles schon zur Samenbildung übergegangen ist, die unerläßliche Vorbereitung auf den herbstlichen Nachflor bildet. Auch Dahlien verlangen geradezu, daß man sie durch ständige Entfernung der vollerschlossenen oder schon abwelkenden Blumen vor ihrer eigenen Fruchtbarkeit schützt, damit sie immer noch weiter blühen können, und der eigentlich als Zweijahrsblüher geltende Fingerhut *(Digitalis)* kommt ebenso wie der Goldlack unter Umständen mehrere Jahre lang wieder, wenn die Samenreife durch Rückschnitt verhindert wird.

Blumenzwiebel- und Knollengewächse

Bei den Gladiolen und bei vielen Zwiebelblumen, deren Blütenorgane zwar keinen Nachflor gestatten, ist die Wegnahme der verblühten Blumen für ihre Weiterentwicklung dennoch von größtem Wert. Es werden dadurch kostbare Wachstumsenergien gespart und eine bessere Ausbildung der unterirdischen Pflanzenteile ermöglicht. Mit anderen Worten: Die Zwiebeln und Knollen haben den unmittelbaren Nutzen davon.

Rosen

Die Blütenstiele kräftig entwickelter Edelrosen sollen auf zwei Augen zurückgeschnitten werden. Dann bilden sich jene neuen Triebe, die einen reichen Herbstflor wiederum langstieliger Blüten bilden und unsere Vasen füllen, ohne daß wir deswegen Gewissensbisse haben müssen. Bei jüngeren und schwachwachsenden Sorten soll man mit einem so strengen Rückschnitt allerdings vorsichtig sein. Die Rosenstöcke verlieren dabei unter Umständen doch sehr viel Substanz und brauchen zu lange, um neue Triebe mit Blättern und Blütenknospen auszubilden. Bei Rosen und ebenso bei anderen Gehölzen, deren Blüten sich zu zierenden Früchten entwickeln oder — wie die Hagebutten der großen Wildrosensträucher, die eßbaren Ebereschen und Japanquitten — einen gewissen Nutzwert für die Küche haben, kommt das Abschneiden von Zweigen für Zimmerschmuck noch weniger in Betracht.

Blumen, die sich zum Schnitt eignen

Bei der Frage, ob Schnittblumen oder nicht, liegt die Wahrheit in der Mitte. Je größer der Garten ist, desto leichter läßt sich ein Ausgleich finden. Ideal, aber nur selten zu verwirklichen wäre ein Gelände mit so viel Platz, daß außerhalb der Schmuckanlagen eigens etliche Rabatten mit Pflanzen für Vasen und Schalen vorgesehen werden könnten. Aber auch im kleineren Garten braucht man auf Schnittblumen nicht zu verzichten, sondern muß nur mit einigem Geschick den Anbauplan entsprechend gestalten. Jeder Gartenkatalog gibt darüber Auskunft, was besonders geeignet dafür ist, und auch weiter hinten, in den Pflanzenlisten, sind entsprechende Anmerkungen zu finden. Ein paar Beispiele aus dem Standard-Sortiment stehen hier gleich nebenan. Darüber hinaus sei noch erwähnt, welche großartigen Wirkungen man etwa mit einer terrakottafarbenen Bodenvase voll hoher Sonnenblumen, mit blühenden Zweigen vom vorschriftsmäßigen Schnitt der Pfirsichbäume während ihrer Blüte, mit buntem Herbstlaub und im Winter mit dem ernsten Grün der Tannen oder mit zapfentragenden Kiefernzweigen erzielen kann. Ebenso ist die Eignung vieler Zwiebelblumen vom ersten Schneeglöckchenstrauß im Nachwinter über die blauen Scilla und Muskari, die gelben und weißen Narzissen, die Tulpen in hundert glühenden Farben bis hin zur großen Schar der Lilien und Iris wohl jedem Gartenfreund bekannt. Die Frage nach der Eignung zum Schnitt umfaßt selbstverständlich auch das Problem der Haltbarkeit im Wohnraum. Manche Blumen werden da trotz aller Mühe und Befolgung der üblichen Regeln schon nach kurzer Zeit unansehnlich und sinken ohne ersichtliche Ursache in sich zusammen. Herkunft und Wetterlage, Zeitpunkt des Schneidens und Dauer des Transportes vom Garten bis in die Vase sowie noch andere, kaum überprüfbare Voraussetzungen spielen dabei eine Rolle. Die oft gehörte Meinung, daß Pflanzen mit starker Verdunstung und daher großem Wasserbedarf weniger haltbar seien als die Gewächse des armen, trockenen Bodens und der vollen Sonne, ist ebenfalls nur bedingt richtig. Mohn, Stiefmütterchen und empfindliche Dahliensorten, aber auch zur Unzeit geschnittene Rosen bringen wenig Freude. Manche Pflanzen wieder haben einen für die menschliche Nase so unangenehmen Geruch an sich, daß sie dadurch vor dem Abgeschnittenwerden ziemlich sicher sind. Eine Kaiserkrone zum Beispiel kann man trotz aller Pracht kaum

Beispiele für
bewährte Schnittblumen

Sommerflor: Sommer-Aster, Clarkie, Coreopsis, Edelwicke, Einjahrs-Gaillardie, langstielige Kapuzinerkresse (Tropaeolum), Kosmee, Löwenmaul, Sommer-Margerite, Sommer-Malve (Malope), Einjahrs-Rittersporn, Zinnie.

Zweijahrsblüher: Fingerhut, Marienglockenblume, Goldlack (bedingt).

Stauden: Akelei, alle Astern in guten Sorten, alle Astilben (Spiräen), Bartfaden (Penstemon), Chrysanthemen, Doronicum, Stauden-Gaillardien, viele Iris und Lilien, auch Lupinen, Lychnis und andere Gartennelken einschließlich Viscaria, ferner Phlox, Pyrethrum (Farbenmargeriten), Rittersporn, Rudbeckien.

Blütengehölze: Deutzie, Forsythie, Flieder, Ginster, Japanquitte, Kolkwitzie, Mandelbäumchen, Rosen, Schneeball, Sommerflieder, Spierstrauch, Weide, Weigelie, Zaubernuß, Zierapfel, Zierkirsche.

Laubgehölze zur Dekoration: Birke, Blutbuche, Blutpflaume

Schönes Herbstlaub: Amberbaum, Ahorn-Arten, Berberitzen, Buchen, Eichen, Katsura-Baum, Spierstrauch.

Zweige mit Früchten: Baumwürger, Berberitze, Clematis, Feuerdorn, Japanquitte, Liguster, Ölweide, Pfaffenhütchen, Sanddorn, Wildrosen, Zierapfel, Zwergmispeln (Cotoneaster).

Holzige und andere feste Stiele aufspalten und breitklopfen.

»Blutende« oder Milchsaft führende Stiele abbrennen oder absengen.

Seerosen als Schnittblumen sind eigentlich eine Modetorheit. Um länger als ein paar Stunden ansehnlich zu bleiben, brauchen sie vor allem eine große gläserne Kugelvase, die nur hälftig mit Wasser gefüllt sein darf und die Luftfeuchtigkeit hält. Außerdem vertragen diese Blüten kein kaltes Leitungswasser, sondern wollen es temperiert (etwa 18° C). Auch die Wasserhärte scheint eine Rolle zu spielen.

im Zimmer dulden, während die unliebsame Eigenschaft im Freien nur in allernächster Nähe zu spüren ist. Auch manche Tagetes-Sorten und Chrysanthemen sind aus den gleichen Gründen nicht jedermanns Sache. Die Blüten mancher alten Bartiris-Sorten sondern im Verblühen eine dunkle, tintenartige Flüssigkeit ab, die häßliche Flecke verursacht.

Wie macht man sie haltbarer?

Wie für das Ernten von Früchten und Gemüsen, so gilt auch für das Schneiden von Blumen der frühe Morgen als beste Zeit. Die Pflanzen sollen noch kühl, taufeucht von der Nacht und ihre Blüten nicht voll erschlossen sein. Besser noch als die Gartenschere, bei der man doch immer einmal mit quetschenden Stengel- und Rindenverletzungen rechnen muß, ist zum Schnitt ein recht scharfes Messer. Bei Blütenstielen, die gleich an Ort und Stelle zum Strauß gebunden werden, entfernt man alle für das Einstellen in die Vase überflüssigen Blätter. Andernfalls werden die Schnittblumen zum Transport ins Haus möglichst lose in einen großen Korb gelegt oder in einem Eimer geordnet. Wassergaben und Einsprühen zur Frischhaltung sind nur bei längeren Wegen erforderlich. Zur Einschränkung des Verdunstens und Welkwerdens ist das Einwickeln in Papier oder Überstülpen einer Plastikhülle günstig.
Außer den im Bilde empfohlenen Maßnahmen zur Frischhaltung und Erleichterung der Wasseraufnahme in der Vase gibt es vor allem für Dahlien und Rosen, die von der Hitze oder einem weiten Weg etwas erschöpft sind, noch eine Sonderbehandlung. Sie werden in festes Papier eingeschlagen oder in eine Plastikhülle gesteckt, so daß nur die Stielenden herausschauen. Kurzes Abschrecken mit kochendem Wasser soll der Wiederbelebung dienen. Ähnliches gilt auch vom mehrstündigen Einlegen in die handhoch mit kaltem Wasser gefüllte Badewanne. Andererseits ist man inzwischen dahintergekommen, daß kaltes Wasser in der Vase keineswegs immer von Vorteil ist, sondern besser durch abgekochtes Wasser von Zimmertemperatur ersetzt wird.
Im übrigen haben sich die Methoden der Frischhaltung von Schnittblumen dank den heute überall erhältlichen chemischen Spezialpräparaten gründlich gewandelt. Selbst jene »Leichtzersetzlichen«, die uns trotz häufigen Wasserwechsels wegen Fäulnis und üblen Geruches ihrer Stengel oft Kummer machten, sind dank den Frischhaltemitteln zu brauchbaren Vasenfüllern aufgerückt. Denn diese Chemikalien schaffen es einfach besser als Großmütterchens alte Hausmittel von der berühmten »Prise Kochsalz« und der halben Aspirintablette bis zum Kupferpfennig und dem halben Kaffeelöffel Zucker oder dem »Flora-Dollar« aus dem Blumenladen ... Das Geheimnis der Haltbarkeit heißt Desinfektion, Verhütung des Ausbreitens bestimmter Bakterien und Pilze, die für Zersetzung und Fäulnis verantwortlich sind. Wo diese Desinfektion gleich beim Einstellen in die Vase vorgenommen wurde, ist kein Wasserwechsel mehr erforderlich. Man braucht nur Verdunstetes zu ergänzen. Kühlstellen über Nacht ist aber nach wie vor von Nutzen.

Das Mahnwort »Gewinnt die Jugend für den Garten« ist heute in vieler Menschen Munde. Psychologen, Pädagogen, Soziologen beschäftigen sich mit dieser Aufgabe, deren Wichtigkeit im Strom unserer weithin schablonisierten, technisierten, die Bildung der Persönlichkeit gefährdenden Zeit niemand verkennen kann. Aber was heißt hier schon Jugend? Betrifft ihr gestörtes Verhältnis zum Garten nur ältere, schon schulpflichtige Kinder und jene Jugendlichen, die vor allem Motorrad und Sex im Sinn haben? Wir Älteren seufzen oft genug darüber, daß gerade sie vom Garten nichts wissen wollen, ja mit mehr oder minder deutlich zur Schau getragener Verachtung auf uns Freizeitgärtner blicken, die wir am kleinen Glück des Grünen Zimmers zwischen Mühe und Muße Genüge finden.

Ich meine, der Begriff »Jugend« kann gar nicht weit genug gefaßt werden. Denn wer sie und damit die Zukunft für den Garten gewinnen will, der sollte je eher desto besser damit anfangen. Bei manchen gelingt der Übergang vom Sandkastenalter nebst den Freuden an abgerissenen »Hatschiblümchen« ganz von selbst und sehr frühzeitig, noch im echten »Kindergartenalter«. Bei anderen dauert es länger, bis ein Interesse am ersten eigenen Beet erwacht, wobei das Vorbild der Eltern allein oft nicht ausreicht, während der Umweg über geeignete »Gartentiere« sehr förderlich wirken kann. Sie reichen vom Amselnest bis zu Schmetterling, Biene, Käfer und Regenwurm.

Doch wie auch immer wir unseren Mädeln und Buben dieses schönste und erlebnisreichste Stück Kinderland erschließen, den Eltern und ihrem erzieherischen Können fällt dabei ohne Zweifel der entscheidende Einfluß zu, um das durch den Lärm der Gegenwart, durch die verderbliche Wirkung der Massenmedien überreizte Kind für die stilleren Werte des Gartens empfänglich zu machen. So, wie Jean Paul es gemeint hat, als er sagte: »Zieht nur vor dem Kinde jedes Leben ins Menschenreich herein, dann entdeckt es im Kleineren das Größere und findet jede Minute einen Gegenstand, um seine Achtung vor dem Leben zu üben!«

Gute Geräte und anbauwürdige Beete ...

Achtung vor dem Leben — im Hinblick auf ein paar Kinderbeete ist das vielleicht etwas hoch gegriffen. Doch das Samenkorn der Wahrheit läßt sich nicht verkennen. Und die Psychologen, die Pädagogen, die Soziologen bestätigen, daß eigentlich jedes gesund empfindende Kind begeistert ist, wenn sich ihm all jene Wunder offenbaren: daß da ein Samenkorn im Erdreich emporkeimt und zur Pflanze wird, daß Blüten sich erschließen, neue Samen und Früchte sich bilden. Aber Begeisterung ist kein Dauerzustand, und Kinder werden leicht ungeduldig. Um somit auf die gärtnerische Praxis zu kommen, heißt das: Man darf von den Kleinen, je kleiner sie sind, nicht zuviel verlangen, muß die Dinge klug dosieren und bei der Hinleitung zu dem, was da werden soll, selbst um so mehr liebevolle Geduld walten lassen.

Vom Sandkasten her ist das Kind an den Umgang mit allerhand Geräten ge-

Unzähligen Kindern ist früher der Garten durch Zwangsarbeit systematisch verleidet worden. Unkrautzupfen war das Schreckgespenst.
Ist es Ihnen auch so ergangen? Dann machen Sie es heute anders!

Gießen und etwas ernten dürfen sind die ersten Gartenfreuden

Mit kleinen, für das Kind überschaubaren Beeten anfangen

Kinderbeete dürfen nicht breiter sein, als der doppelt ausgestreckte Arm ihres Besitzers lang ist. Sonst kann das Kind mit der Hand nicht bis zur Mitte reichen. Rabatten, die rückseitig begrenzt sind, dürfen entsprechend nur die Länge eines Kinderarmes haben. Das heißt: je kleiner das Kind, desto schmaler das Beet.

wöhnt. So sollte vielleicht schon zu Weihnachten oder doch rechtzeitig vor Beginn erster Bestellungsarbeiten das Interesse am eigenen Beet durch ein paar passende Geräte gefördert werden. Denn eigenes Werkzeug, das man auch selber pflegen und am bestimmten Platz im gemeinsamen Einstellraum aufbewahren muß, unterstützt die in solchen Handgriffen verborgenen Erziehungswerte. Dazu gehört es dann aber auch, daß solches erste Gartengerät »richtig« und pflegewürdig ist. Kinder haben da oft ein sehr feines Gefühl und verachten in neu gewonnener Ernsthaftigkeit die buntlackierten Kinkerlitzchen aus der Spielzeugabteilung. Sie wollen echte Geräte von Dauerwert, die ihnen auch ganz allein gehören.

Das Beet soll nicht irgendwo im Unland des Gartens, sondern in guter Lage sein und normal vorbereiteten Boden haben. Das erste Kinderbeet muß auch recht sorgfältig dem Alter und den Fähigkeiten seiner Besitzerin oder seines Besitzers angepaßt werden. Es darf vor allem nicht zu groß sein, damit das Kind es nicht nur anpflanzen, sondern auch wirklich selber bearbeiten kann. Ist nämlich erst einmal eine Unkrautplantage daraus geworden, die zu moralischen Betrachtungen und Tadel Anlaß gibt, dann bleibt von der ursprünglichen Gartenlust bald nicht mehr viel übrig. Manch einer und manch eine sind da schon auf Klavierstunden oder andere, nicht unbedingt geschätzte Zusatzunternehmungen ausgewichen, bloß um die vertrackten Gartenpflichten auf leidlich anständige Weise wieder loszuwerden.

Einfache Blumen, die rasch wachsen und blühen

Verantwortung übertragen

Jedes Kind sollte selbständig auswählen dürfen, was es auf seinem Beet heranziehen will. Ein bißchen Anleitung nach den Vorbildern der Pflanzenwelt im »Erwachsenengarten« ergibt sich von selbst. Auch erlebt man schon bei notwendigen Vorbesprechungen die erstaunlichsten Offenbarungen des kindlichen Charakters vom zartbesaiteten Blumenliebhaber bis zum real denkenden Praktiker, der bereits Handelsgeschäfte mit Küchenkräutern einplant. Was die Blumen angeht, so machen Einjahrsblumen ohne Vorkultur durchweg kaum Schwierigkeiten. Jedes Kind kommt mit der Freilandaussaat zurecht, wenn wir ihm zeigen, wie die Rillen gezogen und die Sämereien aus den bunten Tüten immer noch dünner hineingestreut werden müssen. Solche lieben Kinderblumen sind die Clarkie oder Sommerfuchsie, die Eschscholtzie oder Goldmohn, die Godetie oder Sommerazalee, die reizende Jungfer im Grünen, der anspruchslose rotblühende Lein, *Calendula* – die Ringelblume, und der zartfarbige Seidenmohn (*Papaver rhoeas*), den wir aber keinesfalls mit dem besonders für Kinder gefährlichen, ebenfalls einjährigen Schlafmohn (*Papaver somniferum*) aus dem folgenden Kapitel verwechseln wollen.

Nachahmungstrieb ausnutzen

Sonnenblumen, deren samentragende Scheiben später zur Winternahrung unserer Gartenvögel dienen und mit deren verhältnismäßig großen Körnern das Kind womöglich schon ein bißchen Vorkultur im Blumentopf probieren kann, hängen ebenso vom vorhandenen Platz und der Lage des Kinderbeetes ab wie eine Reihe prächtig geeigneter Kletterpflanzen, die zu ihrer Entwicklung einen nicht zu niedrigen Zaun, ein Gerüst oder wenigstens ein paar Stangen brauchen. Ist das eine oder andere vorhanden, so erweitert sich das Programm der Blütenpflanzen um etliche besonders reizvolle Möglichkeiten. Feuerbohnen, Rankende Kapuzinerkresse und Trichterwinden wachsen und blühen willig unter den kleinen Händen. Eine der großartigsten Kinderpflanzen aber ist der Zierkürbis mit seinem bunten Fruchtschmuck, den die Mutter später monatelang im Kinderzimmer abstauben darf.

Achten Sie auf die Umgebung Ihrer Kinderbeete: keine dornigen Sträucher, keine giftigen Pflanzen; keine kantigen, spitzigen Kiessorten als Wegbelag; kein tieferes Wasser- oder Schwimmbecken ohne Einfriedung in der Nähe.

Freude durch Nutzen

Damit sind wir aber auch schon bei den Nutzpflanzen, die für Kinderbeete passen. Nicht unbedingt muß es ein großer Kürbis wie »Riesen Melonen Zentner« sein, der mit seinen 3—4 qm Raumbedarf fast die ganze Fläche füllen würde. Aber es gibt auch kleinere Sorten, deren hartschalige Früchte sich zu lustigen Masken verarbeiten lassen oder gar als Laterne für den Martinszug fröhliche Urständ' feiern. Im übrigen gehören Radieschen seit jeher zum Kindersortiment. Sie werden noch im Aufschwung der vollen Gartenbegeisterung ausgesät, sind bald zur Stelle und finden im Familienkreis immer die nötige Anerkennung. Küchenkräuter dagegen sind nur bedingt brauchbar, weil viele doch mehr Gartenwissen erfordern, als unserem Nachwuchs zugemutet werden kann. Immerhin wird der stattliche, blau blühende Borretsch (Gurkenkraut) als anspruchslose Einjahrspflanze auch einem Kinderbeet zur Zierde gereichen. Dill und Kerbel machen ebenfalls keine Schwierigkeiten, und ein paar Schnittlauchstöcke vom Winter wachsen willig weiter.

Konnte das Beet schon im vergangenen Sommer zugeteilt werden, so hat sich vielleicht eine Einfassung von Monatserdbeeren anbringen lassen. Sie hält drei bis vier Jahre aus, begleitet also das Kind immerhin für eine längere Wegstrecke durch sein Gartenleben. Da Blüten und Früchte vom Frühsommer bis in den Herbst hinein ständig wechselnd zur Stelle sind, ergibt sich — zusammen mit kleinen Erntefreuden — daraus ein besonders eindringliches Erleben des Wachsens und Reifens. Die Anzucht von Monatserdbeeren aus Samen sollte freilich einer späteren Altersstufe vorbehalten bleiben, weil es bei Freilandaussaat im Sommer und dann über den Winter hinweg bis zu ersten Ernte doch ziemlich lange dauert. Auch die Vorkultur mit Kastenaussaat ab Februar/März und Auspflanzen ins Freiland im April ist für Kinder wohl weniger ratsam als der Bezug setzfertiger Jungpflanzen.

Monatserdbeeren

Zur Sortenwahl: Die großfrüchtige, rankenlose Standardsorte 'Rügen' gilt noch immer als sichere und beliebte Naschfrucht gerade für das Kinderbeet. Für Gärten in klimatisch weniger günstigen Lagen wird auch die ebenfalls rankenlose, großfrüchtige Züchtung 'Harzland' empfohlen.

Das Thema »Kinderbeete« aber ist mit diesen wenigen Hinweisen selbstverständlich noch lange nicht erschöpft, sondern wartet nur darauf, daß alle, die es angeht, aus eigenem Antrieb da fortfahren, wo dieses Kapitel aufhört.

Kinderbeete zwischen oder wenigstens neben den Beeten der Erwachsenen anlegen. Siehe hierzu auch das Stichwort »Paradiesgärtlein« im Kapitel der Gartenplanung.

In jedem Garten kann immer einmal etwas Unvorhergesehenes passieren. Hier geht es darum, wie man solchen Gefährdungen begegnet, wobei Vorbeugung und Abwehr gleich bedeutungsvoll sind. Im Hausgarten hat man Hausapotheke, Telefon und alle anderen Voraussetzungen für rasche Hilfe ohne weiteres zur Hand. Im hausfernen Garten sollte neben der Pflanzenschutz-Apotheke die »Menschenschutz-Apotheke« nicht fehlen. Wie wichtig das ist, habe ich vor Jahren selbst erprobt. Beim Familienkaffee mit Pflaumenkuchen in der Reblaube unseres damaligen Gartens weit von der Stadt stach mich eine Biene in die Zungenspitze. Und in unserem Gartenhaus war rein gar nichts, womit man Schmerz und sofort einsetzende Schwellung hätte lindern können. Wer weiß, wie die Sache ausgegangen wäre, hätte nicht ein Nachbar Rat gewußt und ein Tellerchen mit Kochsalz gebracht, das er in solchen Fällen als bewährtes Hausmittel anwandte. Natürlich ließen wir uns den Bienenstich vom Pflaumenkuchen zur Warnung dienen und waren von da an nie mehr ohne die kleine Gartenapotheke für Menschenschutz.

Kleine Übersicht von Gartenunfällen

Einen auch nur annähernd vollständigen Katalog aller denkbaren Gartenunfälle aufzustellen ist unmöglich, denn die Ereignisse sind immer noch weit vielseitiger als unsere kühnste Phantasie. Immerhin sei daran erinnert, daß zunächst unscheinbare Hautverletzungen durch Vernachlässigung recht schlimm werden können. Es gibt halt im Garten auch rostige Nägel und heimtückische Glasscherben, in die man beim Setzen von Pflanzen unversehens hineingreift. Es gibt so viele Gelegenheiten, sich zu ritzen, zu schneiden, zu quetschen, zu stoßen, ein Hand- oder Fußgelenk zu verknacksen, wohl gar von der Leiter zu fallen und ein Bein zu brechen. Splitter und Spreißel werden in jedem Garten gratis geliefert. Rosen haben Dornen, Freiland-Opuntien haben eklige Stacheln mit Widerhaken, und die Blattspitzen der Agaven am Terrassenrand sind auch nicht ohne. Augenreizungen durch winzig kleine Insekten gehören zum Gartenalltag. Mangelhaft verwahrte und unvorsichtig angewendete Pflanzenschutzmittel werden immer wieder zum Anlaß so trauriger Unglücksfälle, daß man im Familiengarten auf schwere Gifte überhaupt verzichten sollte.

Gefährlicher aber als alles andere ist die von der Gartenerde drohende Infektion mit dem Erreger des Tetanus oder Wundstarrkrampfes. Auch hier genügt eine harmlos erscheinende kleine Verletzung der Haut, die nicht beachtet wird, bis etwa zwei Wochen später das Unheil zutage tritt. Jeden Sommer — das beweist die Statistik der Krankenhäuser — kommen derartige Fälle vor, und nicht jeder Patient kommt mit dem Leben davon. Einsichtige Eltern sollten deshalb ganz allgemein ihre Kinder gegen Tetanus impfen lassen. Und auch kein Erwachsener, ob Gartenfreund, ob Autofahrer oder beides, dürfte die auf Jahre hinaus wirksame Tetanol-Schutzimpfung versäumen. Es kann das Lebensglück der ganzen Familie davon abhängen ...

Ratschläge für die »Menschenschutz-Apotheke«

Der einfachste Weg: Sie kaufen einen **Erste-Hilfe-Kasten** wie für das Auto. Darin befinden sich Pflaster-Schnellverband-Päckchen, Leukoplast, Mullbinden verschiedener Breite, meist auch eine antiseptisch verpackte Schere, eine Pinzette, eine Staubinde, ein Dreieckstuch und Verbandwatte. Vorhanden sein sollten **außerdem:** 1 Elastikbinde, 1 Brandbinde.

Gegen Insektenstiche: Salmiakgeist, eines der Juckreiz lindernden und die Abschwellung fördernden Spezialpräparate (Gelee und Tabletten).

Zum Ausschwemmen von Fremdkörpern im Auge: 1 Flasche destilliertes Wasser (ist gut verschlossen fast unbegrenzt haltbar), 1 Flasche Borwasser 3%ig.

Zur Entfernung von Pflanzenschutzmitteln von der Haut genügt meist Abwaschen mit Wasser und Seife.

Alle **Gebrauchsanweisungen** im Apothekenschränkchen aufheben.

Vorsicht mit giftigen Pflanzen!

Abgesehen von solchen Gefahren, die aus dem Aufenthalt und der Tätigkeit im Garten entstehen, gibt es eine Reihe beliebter Kulturpflanzen, auf die man wegen ihrer zum Teil erheblichen Giftwirkung vor allem im Familiengarten mit kleineren Kindern verzichten sollte. Sind sie dennoch vorhanden, so muß jeder, der mit ihnen in Berührung kommen kann, nachdrücklich gewarnt werden. Daß viele Pflanzengifte bei richtiger Anwendung unter ärztlicher Aufsicht zugleich hohe Heilkraft besitzen, ist zweifellos kein Einwand gegen die folgende Zusammenstellung, sondern eher eine Bestätigung für ihre Notwendigkeit und entsprechende Sachkenntnisse.

Informations- und Behandlungszentren für schwere Vergiftungsfälle mit 24-Stunden-Dienst in einer Reihe von medizinischen und Kinderkliniken der BRD.
Adressen über DRK, Gesundheitsämter, Dienststellen des Pflanzenschutzes u. ä.

Eisenhut, Blauer Sturmhut, *Aconitum napellus* (Hahnenfußgewächs) Rittersporn-ähnliche Schmuckstaude. Das oberste Blatt der tiefblauen Blüten ist zum runden Helmchen gebogen. Die ganze Pflanze ist sehr giftig; Kauen und Schlucken von Pflanzenteilen (Samen!) bewirkt schon nach wenigen Minuten Ohrensausen, Kopfweh, Erbrechen. Wegen der Möglichkeit akuter Lebensgefahr sofort Arzt aufsuchen. In Gärten, wo Kinder spielen, keinen Eisenhut dulden!

Eisenhut

Hundspetersilie, Gartenschierling, *Aethusa cynapium* (Doldenblütler) Häufiges Gartenunkraut, das der glattblättrigen Petersilie ähnlich sieht. Kennzeichen: widerlicher, knoblauchartiger Geruch. Die ganze Pflanze ist giftig; (Alkaloid »Coniin«). Anbau der Mooskrausen Petersilie schützt vor Verwechslungen.

Buchsbaum, *Buxus* (Buchsbaumgewächs) Bekannter immergrüner Zierstrauch für Einfassungen und niedere Formhecken. Die ganze Pflanze ist giftig; Eindringen des Saftes in vorhandene Hautverletzungen kann gefährlich werden. Keine Zweige abbrechen und in den Händen halten!

Herbstzeitlose, *Colchicum autumnale* (Liliengewächs) Herbstblühendes Knollengewächs, in vielen Hybridformen als Gartenpflanze geschätzt. Blüten erscheinen vor den Blättern. Die ganze Pflanze enthält das Alkaloid »Colchicin«, wirkt auf die Blutkapillaren bei Mensch und Haustier. Kinder nicht mit den Blüten spielen lassen, das noch vor Winterbeginn austreibende Laub nicht abpflücken.

Goldregen

Maiglöckchen, *Convallaria majalis* (Liliengewächs) Giftig ist die ganze Pflanze, am stärksten die fleischigen Wurzeln (digitalisähnlicher Stoff »Convallarin«). Wer Maiblumen gepflückt hat, soll sich gründlich die Hände waschen; Kinder vor dem Kosten der roten Fruchtbeeren warnen.

Seidelbast, Kellerhals, *Daphne mezerëum* (Kellerhalsgewächs) Frühlingsblühender Zierstrauch, auch Wildpflanze. Alle Teile einschließlich der roten Fruchtbeeren hochgiftig (Giftstoff »Mezerëin«) für Menschen und Haustiere. 10–15 Beeren sollen tödlich wirken.

Herbstzeitlose

Fingerhut, *Digitalis* (Rachenblütler) Vorab die Blätter dieses Zweijahrsblühers enthalten mehrere, aus der Herztherapie bekannte »Digitalis-Glykoside«. Giftigkeit nach Art und Standort verschieden. Kinder warnen oder Pflanzung meiden.

Rizinus

Goldregen, *Laburnum anagyroides* (Schmetterlingsblütler) Im Frühsommer blühender Zierstrauch; später bohnenartige Fruchtschoten zwischen fliederblättrigem Laub. Die ganze Pflanze enthält das Gift »Cytisin«; Lebensgefahr bei Genuß größerer Mengen. Deshalb: keine Blüten pflücken, Kinder nicht mit den Schoten spielen lassen.

Schlafmohn, *Papaver somniferum* (Mohngewächs) Einjahrs-Schmuckpflanze und Ölpflanze. Der Milchsaft in Stengeln und Blättern, vor allem aber die halbreifen Samenkapseln enthalten das Rauschgift »Opium«. Wirkt bei kleinen Kindern schon in geringen Mengen tödlich. Reife Samen des Schlafmohns und andere Mohnarten des Gartens sind so gut wie ungiftig.

Rizinus, Wunderbaum, Palma Christi, *Ricinus* (Wolfsmilchgewächs) Die im Garten und auf dem Balkon im Kübel gezogene prächtige Einjahrspflanze selbst ist nicht giftig. Nur ihre reifen Bohnen enthalten dicht unter der Schale das höchst gefährliche Eiweißgift »Toxalbumin«, dessen Wirkung selbst Blausäure um ein Vielfaches übertrifft. Fruchtstände kommen in unserem Klima meist nicht zur Vollreife, trotzdem sollte man sie lieber vorzeitig ausbrechen.

Taxus, Eibe, *Taxus baccata* (Eibengewächs) Nur die Nadeln enthalten das besonders für Pferde sehr giftige Alkaloid »Taxin«. Die roten Beeren sind so gut wie ungiftig. Mehr oder minder giftig sind auch die Essigbäume (Rhus) s. S. 232.

Nicht vergessen:
Im Schranktürchen oder im Kastendeckel nebst dem Formblatt für Erste Hilfe auch Ihr zuständiges »Behandlungszentrum für Vergiftungsfälle«; ferner die Rufnummer des nächsten Arztes, der nächsten Taxihaltestelle und des Sanitätsautos anbringen. Wissen Sie genau, wo das nächste Telefon zu finden ist? Notieren Sie auch das für den Ernstfall!

Bildseite:
Die nur zweijährige Stockrose oder Sommermalve – mit botanischem Namen Alcea rosea – ist im Text auf Seite 140 zu finden. Sie gehört zu den alten Freunden aus dem Bauerngarten und wird in vielen bunten Sorten angeboten.

Einige Gartenpflanzen enthalten Giftstoffe, ohne dadurch akute Gefahr heraufzubeschwören. So seien der Vollständigkeit halber noch einige Hahnenfußgewächse oder Ranunculaceen genannt, die seit langem auch zum Kräuterschatz der Volksheilkunde gehören: Akelei, Anemone und Christrose (Nieswurz). Einige Unkräuter aus der Familie *Ranunculus,* voran der Scharfe Hahnenfuß und der Brennende Hahnenfuß, verdienen mehr Vorsicht, da ihr frischer Saft Entzündungen und Blasen auf der Haut, bei irrtümlicher Verwendung als Küchenkräuter auch Durchfall, Schwindel und Ohnmacht hervorrufen kann.

Mehr oder weniger giftig sind die Nachtschattengewäsche, zu denen immerhin Tomate, Eierfrucht, Paprika und Kartoffel, der Stechapfel *(Datura)* und eine Reihe beliebter Gartenblumen wie die Lampionpflanze *(Physalis),* die Petunie, die Spaltblume *(Schizanthus)* und der Ziertabak gehören. Stärkere Giftigkeit hängt oft vom Wachstumszustand ab oder beschränkt sich auf bestimmte Pflanzenteile. So enthalten nur die frischen, grünen Blätter des im Garten kaum noch angebauten Rauchtabaks gefährlich wirkendes Nikotin. Nur die unangenehm riechenden, oberirdischen Pflanzenteile der Kartoffel, ihre grünen Früchtchen sowie unter Lichteinfluß ergrünte Keime und ungenügend ausgereifte Knollen können Fieber, Übelkeit und Erbrechen hervorrufen. Das Nachtschattengift »Solanin« ist schuld daran.

Der Ziergarten

Aus dem Garten der Verfasserin:
Terrasse und Gartenhöfchen.
Schmucklilie im Kübel (Agapanthus
orientalis), Zuckerhutfichte (Picea
abies glauca 'Conica'). Links am Haus
kletternd: Euonymus fortunei var.
radicans; Mittelgrund in Kübeln gelb-
und rotblühender Oleander, Granat-
baum, rechts Buschrose, Drazäne,
Weißer Agapanthus. Hinten rechts
Flieder, Mitte Pfirsichbaum

Rasen Herzstück der Gärten

Die »Jahrhunderthitze« dürfte noch auf längere Sicht ein Hauptthema der Rasenforschung sein. Wer hier Rat braucht, der wende sich (mit Rückporto!) an die Deutsche Rasengesellschaft (Adresse Seite 403 unten).

Etwas tiefer in den Boden reichende Kunststoffstreifen bieten Schutz für angrenzende Rabatten gegen Rasen-Wucherneigung.

Statistiker wollen die jährliche Zunahme an Rasenflächen in Privatgärten der Bundesrepublik mit rund 50 000 Hektar errechnet haben. Das sind 500 Millionen Quadratmeter oder etwa soviel wie die Fläche des Bodensees. Eine andere Erhebung besagt, daß es bei uns ungefähr fünf Millionen Menschen gibt, deren jeder eine Rasenfläche von durchschnittlich 120 Quadratmeter Größe besitzt. Ganz gleich, ob es sich hier um Milchmädchenrechnungen handelt oder um nachprüfbare Tatsachen — man kann sich beinahe schon mit bloßem Auge davon überzeugen, daß der Rasen heutzutage wirklich den Namen »Herzstück der Gärten« verdient. Der leuchtend grüne, dichte Teppich gehört einfach zum unabdingbaren Bestandteil der grünen »Guten Stube«, als die wohl jeder Freizeitgärtner sich seinen Garten träumt.

Aber es zeigt sich auch, daß Traum und Wirklichkeit gar nicht mehr so weit auseinanderliegen, wie das noch vor einigen Jahren der Fall war. Rasen ist heute keineswegs mehr der Inbegriff des kostbaren, mit unendlich viel Mühe und erheblichen Aufwendungen an Geld und Ärger geschaffenen kleinen Gartenwunders. Denn im gleichen Maße, wie Angebot und Nachfrage ja immer irgendwie regulierend aufeinander einwirken, haben sich die Voraussetzungen der Rasenpflege wesentlich geändert. Dank den intensiven Bemühungen von Forschung und Praxis wissen wir schon seit geraumer Zeit viel mehr über Wesen und Lebensgewohnheiten jener Tausende von Graspflänzchen, deren Gesamtheit den Rasen bildet. Neue, bessere Spezialdünger, die auf Wunsch auch gleich das Unkraut bekämpfen, wurden entwickelt; der Gerätepark zur Rasenpflege hat sich in ungeahnter Weise vervollkommnet und ausgeweitet. Bliebe nicht noch ein wenig Arbeit bei der sachgemäßen Bodenvorbereitung und später dann halt doch noch die eine oder andere Hantierung — man könnte wahrhaftig sagen: Moderner Rasen wächst von allein!

So wurden auf den Zuchtfeldern vor allem in England und in den USA, aber auch hierzulande, neue Gräser entwickelt, mit deren hervorragenden Eigenschaften sich die alten Standardmischungen nicht messen können. Eine etwas längere Anlaufzeit bei Neuanlagen wird man gern in Kauf nehmen, weil diese Zuchtrasengräser dafür auch später mehr in die Breite als in die Höhe wachsen und deshalb weniger häufig gemäht werden müssen.

Der »Supersommer« 1976 hat unsere Kenntnis vom Rasen um manche bittere, zugleich aber auch heilsame Erfahrung vermehrt. Schon während der Hitze bestätigte sich allerorten, daß ständig sehr kurz gehaltene Gräser am schnellsten und nachhaltigsten verbrennen. Bodenbeschaffenheit und Pflegemöglichkeiten taten das Ihre, aber auch die Rasenmischungen verhielten sich unterschiedlich. Je größer der Anteil an tiefwurzelnden Gräsern (Rotschwingel, Wiesenrispe), desto besser war die natürliche Regeneration ohne rasche Verunkrautung. Flach wurzelnde Gräser wie das wegen seiner starken Ausläuferbildung bisher hochgeschätzte Straußgras blieben eher auf der Strecke. Doch gibt es eine bei Wolf-Betzburg entwickelte systematische Rasenerneuerung, die das mühsame Umbrechen alter Flächen vermeiden hilft. Eine neue, sehr langsam keimende Rasenmischung wächst langsamer und spart Schnittarbeit.

Ein paar Planungsfragen mögen dennoch erlaubt sein. Wie steht es um die Formgebung des »Herzstücks«? Wurde der alte Gärtner-Leitsatz beachtet, daß eine Rasenfläche um so größer wirkt, je weniger sie unterteilt, von Wegen durchzogen, mit Blumenbeeten bestückt, mit »Solitärs« oder Gruppen höherer Gewächse bepflanzt und dadurch in ihrem geschlossenen optischen Eindruck gemindert erscheint? Hat man auch bedacht, daß jedes derartige Einschiebsel Mehrarbeit beim Schnitt mit sich bringt? Man muß mit dem Rasenmäher drum herum fahren; kann beim Grasaufnehmen – nicht jeder Mäher tut das zuverlässig selber – nicht einfach geradeaus harken oder mit der Kehrmaschine kehren; man vervielfacht die Anzahl der Rasenkanten, die nach dem Schneiden meist noch mit einem Spezialgerät oder in mühsamer Handarbeit mit der Rasenschere nachgearbeitet werden müssen. Diese Mühe entfällt, wenn man den Rasen mit einer »Mähkante« aus bündig verlegten Steinplatten umgibt, wie es mehrere Gartenpläne im einschlägigen Kapitel zeigen. Sollen jedoch unbedingt Blumenrabatten den Rasen umkränzen, so möge ihre Anlage bündig zur Rasenkante geschehen. Dies hat zum Beispiel bei der beliebten Anpflanzung von Buschrosen den großen Vorteil, daß außer der Vereinfachung des Kantenschnittes auch die Bewässerung sich leichter nach den unterschiedlichen Ansprüchen von Rasen und Rosen einrichten läßt. Viele gerade unserer schönsten Beetrosen vertragen ja vor allem bei Sonnenschein keine Benetzung mit dem Regner (siehe Kapitel »Rosen«).

Wer die optische Verkleinerung der Rasenfläche in Kauf nehmen und nährstoffbedürftige größere Gehölze – voran Tafelobstbäume – im Rasen ansiedeln will, braucht dafür heute keine störenden Baumscheiben mehr zu dulden. Mit Hilfe einer Düngelanze (siehe Seite 340) können die Wurzeln sachgemäß versorgt werden, ohne daß der grüne Teppich dabei sichtbare Verletzungen erleidet. Und da man heute – worüber an anderer Stelle noch mehr gesagt wird – den Rasen ohnedies jeweils mit einem Ärifizierungsgerät »lüften« soll,

Rosenrabatte im Rasen; links falsch, rechts richtig angelegt

Rasengittersteine erlauben dank ihren quadratischen Öffnungen und ihrer auf den Wegebau abgestimmten Konstruktion die Begrünung von Fahrwegen, Standspuren wie auch größeren befestigten Flächen.

sei hier gleich angemerkt, daß diese Bearbeitung auch den Baumwurzeln zuliebe im Bereich zwischen Kronentraufe und Stamm besonders gründlich erfolgen soll. Das ist der beste Ersatz für die unschöne Baumscheibe.

Schöner Rasen gedeiht nur auf gutem Boden

Für das Gedeihen des Rasens ist guter, nahrhafter Boden unerläßlich, denn wo sonst nichts anderes wachsen will, wächst auch kein Gras, sondern höchstens Unkraut. Zwar sind alle Gräser Flachwurzler, so daß Bodenlockerung von Spatenstichtiefe ausreicht. Andrerseits aber entwickelt sich eine wirklich brauchbare, dichte Grasnarbe nur auf einer mindestens 12—15 cm starken Mutterbodenschicht über gutem Untergrund. Idealer Rasenboden, der bei genügend Wasserdurchlässigkeit auch die erwünschte Krümelstruktur besitzt, soll etwa 10—12 % Humus, 50—60 % Sand, 10—15 % tonige Bestandteile und 8—10 % Kalk enthalten. Die Bodenreaktion soll pH 6—6,5 betragen. Man sieht daraus: Auf Bauaushub kann kein Rasen gedeihen, und für Neuanlagen ist gründliche Bodenvorbereitung unerläßlich. Bei Frühjahrsaussaat, die frühestens in der zweiten Märzhälfte, spätestens in der ersten Maihälfte vorgenommen wird, soll sie bereits im Herbst erfolgen. Das umgespatete und mit Torf, Sand, auch Komposterde (ohne keimfähige Unkrautsamen!) versehene Land bleibt dann über Winter in grober Scholle liegen, friert tüchtig durch und erhält im zeitigen Frühjahr seine Vorratsdüngung mit einem schnellwirkenden Ziergarten-Volldünger wie Hakaphos oder — vor allem bei schweren Böden — mit einem Torfhumus-Volldünger wie Huminal und Manural.

Und so wird ausgesät

Kurz vor der Aussaat, die an einem windstillen, regenfreien Tag erfolgen soll, wird der Boden wie üblich geglättet. Bei kleinen Flächen genügt dann leichtes Antreten mit den Tretbrettern und gleichmäßig-breitwürfiges Aussäen von Hand. Bei größeren Flächen sollten Walze und Sämaschine oder der statt dessen verwendbare Düngerstreuwagen in Tätigkeit treten, zumal dadurch die Arbeitszeit verkürzt und Saatgut eingespart wird. Wieviel Grassamen man braucht, hängt aber sehr wesentlich auch von der Rasenmischung ab. Die Angaben bewegen sich hier zwischen 15 und 50 g je Quadratmeter. Damit die Ränder schön dicht werden, zieht man hier eine Rille, die extra eingesät wird. Dann alles mit dem Rechen durcharbeiten, um den Samen 1—1½ cm tief in den Boden einzubringen, darauf alles kräftig antreten oder walzen und zum Schluß die ganze Fläche zart überbrausen. Keimdauer 8—14 Tage.

War der Sommer nicht zu trocken, so sind auch die Wochen von Mitte August bis Mitte September gut zum Rasensäen. Im warmen Boden keimt das junge Gras oft innerhalb weniger Tage; es wächst bei schönem Herbstwetter mit starkem nächtlichem Tau so schnell, daß bis zum Wintereintritt noch zweimal gemäht werden kann. Ob die Bodenvorbereitung im Spätsommer ebenso

Rasensaat: Siehe Text.
Walze ersetzt Tretbretter

Tretbretter: oben mit Schnur,
unten mit Lederriemen

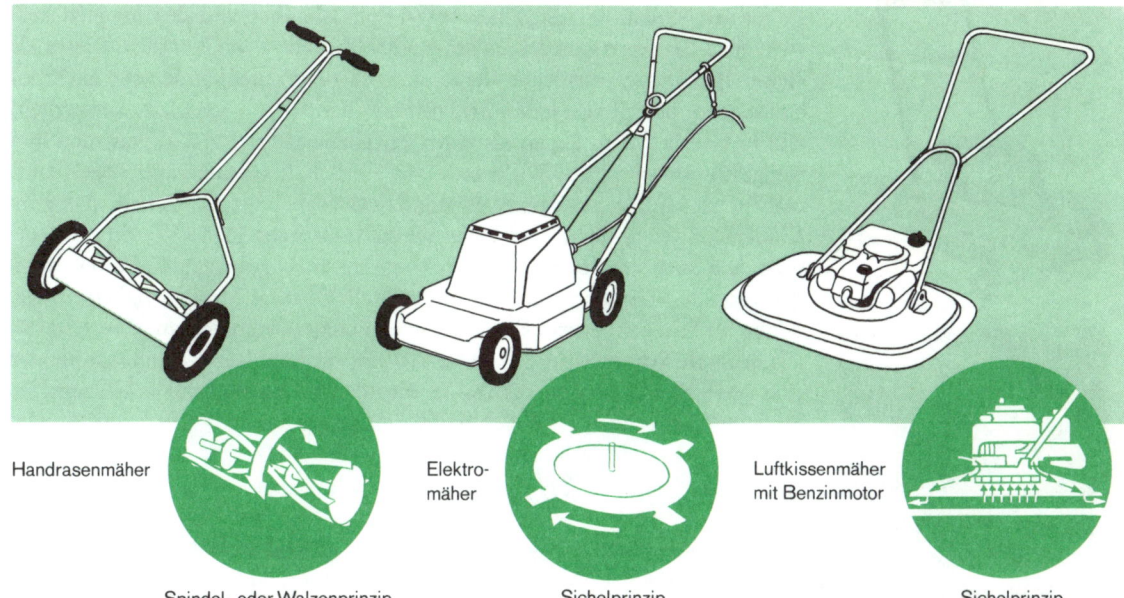

Handrasenmäher   Elektro-mäher   Luftkissenmäher mit Benzinmotor

Spindel- oder Walzenprinzip   Sichelprinzip   Sichelprinzip

gründlich sein kann wie für Frühjahrs-Aussaat, ist freilich eine andere Frage. Außer Saatrasen, der für den Liebhabergarten bei weitem die größte Bedeutung hat, gibt es noch zwei weitere Möglichkeiten der Kultivierung. Fertigrasen oder Rollrasen wird als »Meterware« geliefert, ist entsprechend teuer und lohnt sich schon aus Transportgründen nur für große Flächen ab 600 qm. Pflanzrasen war wegen gewisser praktischer Vorzüge eine Zeitlang lebhaft im Gespräch, doch ist es inzwischen recht still um ihn geworden. Die Besonderheiten seiner Pflege scheinen sich nicht durchgesetzt zu haben. *Fertigrasen*

Als »Blumenrasen« bezeichnet man Mischungen von niedrigen Sommerblumen, die breitwürfig an Ort und Stelle ausgesät oder deren Samen — in wasserlöslicher, zellophanartiger Umhüllung vorverpackt — wie Papierbögen ausgelegt werden. Diese Mischungen — meist als »Japanischer Blumenrasen« angeboten — sollen die angesäten Flächen mit einem dichten, natürlich nicht begehbaren Blütenteppich bedecken. *»Blumenrasen«*

Welchen Rasenmäher soll man wählen?

Für kleine Flächen unter 50 Quadratmetern reicht an sich ein Handmäher aus. Aber ein moderner kleiner Akkumäher tut sich leichter. Ob für mittelgroße Flächen der Elektromäher mit Netzanschluß oder ein Gerät mit Benzinmotor den Vorzug verdient, hängt von den Umständen ab, die bereits ab Seite 75 im Abschnitt »Automation« bei den Arbeitsgeräten erörtert wurden. Ich selbst habe wechselweise — zum Vergleich — einen wirklich geräuscharmen Elektro- *Elektrorasenmäher*

113

Der FMC-Bolens-Mulch-
mäher für Durchschnitts-
bedarf bis etwa 300 qm hat
3,5 PS (= 2,2 kW), Viertakt-
motor und 47 cm Schnitt-
breite.
Das feingehäckselte Gras
wird aus der »Mulchkammer«
auf die Schnittbahn geblasen

Die richtige Schnitthöhe

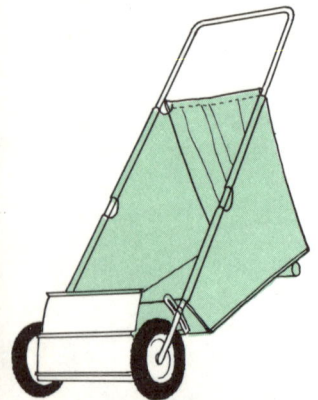

Die Rasenkehrmaschine
— soweit noch benötigt —
nimmt Schnitt und Herbst-
laub auf

mäher mit Rollautomatik, einen Hand-Spindelmäher und den bis jetzt hervorragend bewährten amerikanischen »Mulchmäher« in Gebrauch. Dieses als
»leiser Benziner« ausgelegte Gerät ist auch für Frauenhände sehr leicht zu
handhaben, befreit von jeder Grasauffang-, Laub- und sonstigen Kehrarbeit,
gibt in Grenzen dem Rasen als feinst verteilten Mulch zurück, was man ihm
weggeschnitten hat, und wirkt so — mit Vorbehalt sei es gesagt! — gewissermaßen unsichtbar biologisch düngend. Etwas häufigeres Mähen, das zum
Kinderspiel wird, dürfte der beste Schutz sein gegen jene »Versottung«, die
man dem auch im Design höchst gekonnten, dabei robusten Gerät anzuhän-
gen versucht. Reinigung: einfach und schnell. Größere Modelle haben ein Ge-
winde für Schlauchanschluß und Selbstreinigung bei laufendem Motor.
Als normale Schnittbreite gelten 40—46 cm; für hängiges Gelände empfehlen
sich wendige Kleingeräte mit 26—32 cm; über 50 cm sind nur in ebenem Gelände und bei größeren Flächen wirklich arbeitsparend.

Vom Schneiden des Rasens

Hat das junge Gras 4—5 cm Höhe erreicht, so soll es einmal leicht gewalzt
werden. Aber nicht überall ist so eine Walze vorhanden oder kann irgendwo
ausgeliehen werden. Ehrlich gesagt: Es gibt viele recht ordentliche Rasenflächen, denen noch nie die Wohltat des Walzens zuteil geworden ist.
Der erste Schnitt erfolgt bei einer Halmlänge von 8—10 cm. Früher galt dafür
als eisernes Gesetz, daß dieser »Jungfernschnitt« zur Schonung der zarten
Wurzeln mit Sichel oder Sense getätigt werden müsse. Der Freizeitgärtner von
heute nimmt statt dessen ohne weiteres seinen modernen Rasenmäher zur
Hand und wird erleben, wie das Gerät sanft dahingleitet und so scharf schneidet, daß keine Gefahr des Entwurzelns aufkommt. Bei diesem ersten Schnitt
wird die Maschine auf 5 cm Höhe eingestellt. Wo es um Gebrauchsrasen geht,
die Gräser aber trotzdem gut behandelt werden sollen, empfiehlt sich auch
später die Beibehaltung von 5 cm Schnitthöhe. Denn ein Rasen ist kein Stifte-
kopf, und je kürzer man ihn ständig absäbelt, desto mehr muß er sich bei der
Ergänzung seiner Blattmasse anstrengen — desto leichter können sich Schäden
durch Trockenheit und andere Rückschläge einstellen. Nur für sogenannten
Luxusrasen, der kaum begangen und sehr sorgfältig gepflegt wird, kann man
mit der Schnitthöhe bis auf 3 cm heruntergehen. Die Häufigkeit des Schneidens hat damit übrigens nichts zu tun. Sie hängt von der Rasenmischung, dem
Boden, dem Wetter, der Düngung und insgesamt eben davon ab, wie schnell
das Gras nachwächst. Auch ein ständig bei 5 cm Höhe gehaltener Rasen hat
seinen bestimmten Wachstumsrhythmus und kann — zumal, wenn es sich um
eine ältere Anlage handelt — bei feuchtem Sommerwetter und besonders gutem
Ernährungszustand, schon in weniger als einer Woche wieder »reif zum Schnitt«
sein. Schneiden bekommt ihm gut; außerdem darf er nicht zu lang werden.
Kommt es aber doch einmal vor, daß unser schöner Rasen — vielleicht nach
einer Urlaubsabwesenheit — wie eine Wiese vor dem Heumachen aussieht,

dann schneidet man keinesfalls alles auf einmal weg. Rasengräser sollen jeweils nur um ein Drittel ihrer Gesamtlänge eingekürzt werden. Es dient also der Gesunderhaltung, wenn hier lieber zweimal kurz hintereinander gemäht wird, bis die richtige Höhe wieder erreicht ist.

Mit dem scheidenden Sommer verlangsamt sich das Wachstum. Immer größer werden die Mähpausen, immer fleißiger kehren wir fallendes Laub zur Verrottung unter die Sträucher. Der letzte Schnitt erfolgt je nach Wetterlage Ende Oktober bis Anfang November: je später, desto besser, denn das Gras soll kurz in den Winter gehen und bei viel Schnee nicht faulen.

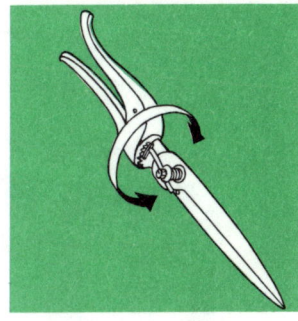

Die moderne Hand-Gras-schere mit verstellbaren Scherenblättern zu fast müheloser Kantenpflege

Grasschnittverwendung und Feinarbeit

Wo nach altem Brauch gemäht wird, entsteht Grasschnitt, der liegenbleibt und — wenn keine Grasfangvorrichtung ihn aufnimmt — zusammengeharkt oder mit der Rasenkehrmaschine aufgenommen werden muß. Daß der neue Mulchmäher weder das eine noch das andere fordert, steht auf Seite 114 zu lesen. Sehr häufiges und knappes Mähen kann auch eine Art von Mulchwirkung auf dem Rasen erzielen und eine allerdings sehr wetterabhängige »Selbst-Gründüngung« bewirken: Schon zwei, drei Regentage können genügen, daß der Rasen dafür zu lang wird.

Normaler Grasschnitt darf nicht liegenbleiben. Man kann ihn zum Kompostieren oder zu üblichem Mulchen (= Abdecken von Beeten) verwenden. Wie jede andere Mulchdecke ruft er eine vorzügliche Bodengare hervor, sieht aber bei langsamem Vergilben zwischen Gemüse, Stauden oder Sträuchern nicht gerade schön aus. Ästheten decken solche Grasschnitt-Auflagen deshalb nochmals mit feuchtem Torf zu und hacken beides später gemeinsam unter. Zur Kleintierfütterung oder als Einstreu ist Grasschnitt nicht geeignet.

Nach dem Schnitt mit tadellosem Abharken oder Abkehren müßte eigentlich — mindestens bei größeren Rasenflächen — wieder die Walze in Tätigkeit treten. Niemand soll meinen, daß dieses Walzen überflüssig ist. In England wird der Rasen selbstverständlich nach jedem Schnitt gewalzt... Dann aber kommt die Feinarbeit: das Ausputzen etwa vorhandener Kanten, das Abstechen von Gräsern, die mit dem Überwuchern von Trittplatten beschäftigt sind oder sonst irgendwo wachsen, wo sie nicht hingehören. Es ist der letzte Schliff, das »top dressing«, um dem Rasen zum Eindruck vollendeter Gepflegtheit zu verhelfen. Solches Tun kann recht anstrengend sein. Wenn man zum Beispiel in gebückter Haltung mit einer Handschere arbeitet, die noch dazu — vom Grasschneiden in Erdnähe schon leicht angegriffen — nicht mehr ganz scharf ist und bei jedem zweiten Zufassen mit den Klingen »knapst«. Kantenstecher und elektrische Kantenschneider sind dank ihrer anders gearteten Konstruktion von diesem Leid vieler Scheren frei. Auch gibt es Stielgeräte, die das Bükken sparen, dafür aber meist Übersetzungen haben, die ebenfalls mit der Zeit gern »knapsen« und die Gräser umbiegen statt zu schneiden. Erstklassig, aber auch teuer sind dagegen die motorisierten Einrad-Kantenschneider.

Noch bequemer wird das Kantenschneiden mit der Akku-Rasenschere; benötigt kleines Aufladegerät (rechts)

Zweirädrige Akku-Rasenschere mit Stiel zum Kantenschneiden ohne anstrengendes Bücken (links)

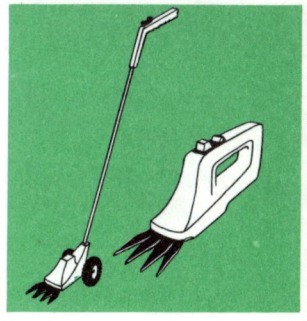

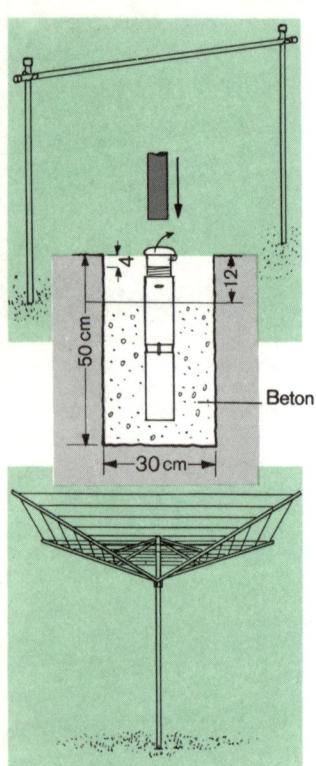

Nur keine Wassersnot im Rasen!

Zum Abschluß jedes Rasenschnittes folgt — wenn nicht gerade Regenwetter einsetzt — auf jeden Fall eine Bewässerung, die aber nie so reichlich sein soll, daß sich aufgeweichte Stellen und Pfützen bilden. Der Rasensprenger darf also keinesfalls stundenlang am gleichen Platz verbleiben, sondern muß je nach seiner Betriebsart öfters umgestellt werden. Bewegliche Viereck-, Kreis- und Segmentregner (siehe S. 25) sorgen selbst für eine zartere Wasserverteilung. Stationär arbeitende Regner soll man alle 20—30 Minuten versetzen. Im übrigen soll insgesamt, wie bei allen Gießarbeiten, lieber einmal gründlich als öfters ein bißchen gewässert werden. Auf den Rasen angewendet heißt das: nicht jeden Tag oberflächlich darüber hinsprengen, sondern in Trockenperioden ein- bis zweimal wöchentlich so durchdringend, daß auch die unteren Wurzelpartien davon erreicht werden. Wann dies der Fall ist, hängt allerdings auch vom Boden ab, so daß man es einfach ausprobieren muß. Leichte Böden nehmen das Wasser besser und rascher auf als schwere. Wassersnot des Rasens zeigt sich übrigens schon vor dem Einsetzen ausgesprochener Verbrennungsschäden. Sobald die einzelnen Gräser nicht mehr elastisch zurückspringen und statt ihres satten Grüns einen bläulichen Schimmer zeigen, ist ihr Wasserhaushalt in Gefahr. Da Gras zu 80% aus Wasser besteht, ist das Einsetzen dieses unguten Zustandes leicht abzuschätzen und — abzuwenden.

Bodenluft und Nährstoffversorgung

Wasser allein tut es auch beim Rasen nicht. Sogar die allzu dichte Grasnarbe kann im Verein mit einem wenig porösen Untergrund Schwierigkeiten machen, weil die notwendige Bodenlüftung fehlt. Spezialisten der Rasenpflege verwenden deshalb für große Flächen motorisierte »Ärifizierungsgeräte« mit löffelartigen, von Stahlfedern umgebenen sogenannten Spuhns (nach dem englischen »spoon« = Löffel), die um Walzen rotieren und sich dabei lockernd in die Grasnarbe einbohren. Für kleinen Bedarf gibt es eine Rasenlüfter-Tretgabel, die bei jedem Einstich zwei kleine Löcher aushebt und dadurch auch das Einbringen von Sand oder Sand-Torf-Gemisch als wichtige Pflegemaßnahme ermöglicht. Für mittleren Bedarf eignet sich ein sogenannter Vertikutier-Roller, dessen federnde »Spoons« sich ohne große Mühe durch die Grasnarbe ziehen lassen und Tiefenreinigung ohne Erdaushub bewirken.

Am wichtigsten bleibt jedoch stets die Nährstoff-Versorgung. Wer seinen Rasen hungern läßt, darf sich über mageres Aussehen und schlechten Allgemeinzustand nicht wundern. Wie jede andere Kulturpflanze, so braucht nämlich der Rasen jahraus, jahrein seine regelmäßige Düngung. Nach dem letzten Schnitt erfolgt im Spätherbst (November/Dezember) die erste Vorratsdüngung. Man rechnet hierfür 15—20 kg Torfhumus-Volldünger auf 100 qm; fein zerkrümeln, gleichmäßig trocken über die ganze Fläche streuen, mit dem Rasenbesen leicht in die Grasnarbe hineinreiben, über Winter liegen lassen! Im

Wäschepfähle, Teppichstangen und der Wäscheschirm werden zum Gebrauch in versenkte Füße gesteckt. Der Betonsockel mit Eisenbüchse, Plastikeinsatz und -deckel (do it yourself!) steht bündig im Rasen und stört beim Mähen nicht.

Zweimal Vorratsdüngung

Nachwinter (Ende Februar/Anfang März) folgt die zweite Vorratsdüngung mit der gleichen Menge Torfhumusdünger, der um diese Zeit vorteilhaft ebenfalls trocken auf die schmelzende Schneedecke gestreut wird. Nach solcher Nahrungsbeihilfe treibt der Rasen alsbald kräftig aus und bildet besonders auch an halbschattigen Stellen, wo sonst der Sommerwuchs zu wünschen übrigläßt, eine dichte Grasnarbe.

Auch über Sommer muß der Rasen ausreichend ernährt werden, um seine hohen Substanzverluste durch ständiges Schneiden ergänzen zu können. Früher gab man von Ende April bis Ende September rund alle vier Wochen eine Kopfdüngung mit schnellwirkendem Stickstoffdünger. Wer dabei nicht sehr vorsichtig zu Werke ging, durfte sich fast stets über häßlich verbrannte Stellen ärgern. Alle diese Schwierigkeiten sind überwunden, seit wir die neuen Spezial-Rasendünger haben. Bei vorschriftsmäßiger Anwendung kann nichts passieren. Bei allen diesen Spezialpräparaten handelt es sich um Kopfdünger, die folglich nur während der Wachstumszeit angewendet werden. Die erste Gabe wird im April/Mai verabreicht. Sie entfaltet nach einem oft schlagartig einsetzenden Anfangserfolg meist auch noch eine so nachhaltige Dauerwirkung, daß auf eine oder gar mehrere weitere Sommerdüngungen verzichtet werden kann. In anderen Fällen empfiehlt sich doch eine zweite Düngung im August/September, um ein kräftiges Wachstum der durch den Schnitt immer wieder stark beanspruchten Gräser bis an die Schwelle des Winters zu gewährleisten. Die in den letzten Jahren ständig weiterentwickelten Sommerdünger sind mit einem für die Rasenpflege entscheidend wichtigen, sehr hohen Stickstoffanteil ausgerüstet. Er reicht im Einzelfall bis zu 38 %. Dazu treten in wohlausgewogenem Mischungsverhältnis die beiden anderen Kernnährstoffe Phosphat und Kali sowie Magnesium und Spurenelemente. Die den Packungen aufgedruckten Analysen geben jeweils genauen Aufschluß über die Zusammensetzung und deren Auswertung. Nach meinen Erfahrungen ist es jedoch auch bei zweimaliger Sommerdüngung notwendig, im Nachwinter eine Vorratsdüngung mit Torfhumus-Volldünger auf den tauenden Schnee zu geben. Eine solche Anreicherung mit humosen Stoffen bekommt dem sonst nur mineralisch gedüngten Rasen besonders gut. Das Ausstreuen von Hand ist hier einfach, da sich der dunkle Torfdünger auf dem Schnee gut ausbringen läßt.

Die Frühjahrs- und Spätsommerdüngung kleinster Flächen (Vorgartenrasen!) kann flüssig mit der Gießkanne erfolgen. Bei etwas größeren Flächen, bis 50 qm, streut man noch von Hand, was durch heute übliche Streupackungen sehr erleichtert wird. Für Flächen über 50 qm lohnt sich bereits die Anschaffung eines Streuwagens. Da man mit solch einem Gerät gleichmäßig und sparsam arbeitet, macht es sich schon in kurzer Zeit bezahlt. Auch kann ein Streuwagen im Jahreslauf noch verschiedene andere Aufgaben übernehmen. Das Streuen von Sand oder Salz im Winter wird mit seiner Hilfe zur angenehmen Beschäftigung; der Einsatz als Sämaschine wurde schon an anderer Stelle erwähnt. Nachzutragen bleibt noch, daß Kopfdüngungen nie unmittelbar nach dem Schnitt, sondern immer einige Tage danach, nie in praller Sonne, son-

Vertikutierroller mit Höhenverstellung zum Lüften und Reinigen der Grasnarbe (einfache Ausführung siehe Seite 118)

Kopfdüngung mit Dauerwirkung

Einfacher Düngerstreuer, sorgt für gleichmäßige Verteilung.

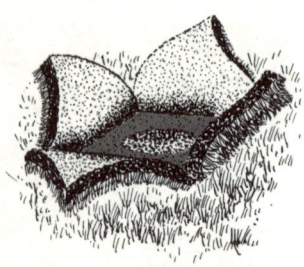

Kleine Unebenheiten im Rasen werden nachplaniert: Kreuzschnitt, Untergrund einebnen, Sodenzipfel wieder auflegen.

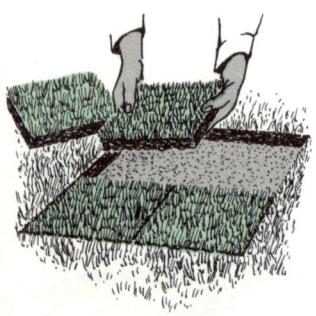

So werden schlechte Stellen durch Austausch mit gesunden Rasensoden ausgebessert.

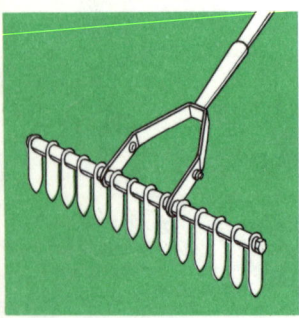

Der Vertikutierrechen oder Vertikalschneider reinigt den Rasen von Moos, Unkraut und welkem Gras. Vertikalschneiden regt außerdem das Wachstum an.

dern möglichst bei trübem Wetter oder abends ausgebracht werden sollen. Und falls nicht mit Sicherheit Regen zu erwarten ist, muß der frisch gedüngte Rasen anschließend auch noch gut gewässert werden.

Moos, Unkraut und andere Rasenfeinde

Wenn Moos im Rasen auftritt, so ist man daran fast immer selbst schuld. Denn meist liegt es gar nicht an der unheilvoll über den Rasen hereingebrochenen »Versauerung«, die durch unzweckmäßige Gaben von Kalk keineswegs mit dem Moos zusammen verschwindet, sondern an ganz anderen Dingen, die mit grundsätzlichen Pflegefehlern zusammenhängen.

1. Schlechte Bodenvorbereitung bei der Erstanlage: läßt sich meist nur durch kostspieliges Umbrechen und Neusaat unter Vermeidung der alten Mängel ausgleichen, in Einzelfällen auch durch »Reparaturen«, siehe Zeichnungen.
2. Es wurde eine ungeeignete Rasenmischung verwendet (z. B. kein Schattenrasen unter Bäumen): meist nur durch Neuansaat der vermoosten Stellen zu beheben.
3. Nährstoffmangel: siehe Angaben über richtige Düngung.
4. Zu scharfer Rückschnitt: siehe Angaben über richtiges Mähen.
5. Stauende Nässe — oft infolge Bildung von Mulden, in denen Wasser stehen bleibt: vermoosten Rasen abheben, Dellen mit Sand-Torf-Mischung auffüllen (nachplanieren), Fehlstellen neu ansäen oder mit Rasensoden ausbessern. Manche Leute halten sich dafür eigens Rasen-Vorratsflächen.
6. Bodenverdichtung infolge zu schweren Walzens oder zu starker Beanspruchung bewirkt Verdrängung der geschwächten Gräser durch Moos: Grasnarbe wiederholt gründlich lüften, die vom Ärifizierungsgerät ausgehobenen Löcher mit Sand-Torf-Mischung füllen, danach düngen und wässern, Rasen weiterhin durch gute Pflege kräftigen.
7. Echter Kalkmangel und »Versauerung«: Mangelerscheinungen und pH-Wert durch exakte Bodenanalyse klären lassen, von untersuchendem Institut Düngevorschlag erbitten. Siehe hierzu Angaben im Kapitel »Grund und Boden«.

Aus alledem ergibt sich: Das Problem liegt nicht in der einmaligen Beseitigung des Mooses, die mit chemischen Mitteln oder mit einem Vertikutiergerät (Vertikalschneider) unschwer erzielt werden kann. Von Hand erfordert es allerdings harte Arbeit; motorisierte Modelle sind so teuer, daß ihre Anschaffung nur für eigenen Gebrauch kaum lohnt und der von Fachgeschäften angebotene Verleih vorzuziehen ist. Abgesehen davon bleibt als wichtigste Zielsetzung: wie beim Unkraut Pflegefehler zu vermeiden und eine so gesunde, widerstandsfähige Rasendecke zu erzielen, daß feindliche »Mitesser« nicht mehr dagegen ankommen. Der Kampf gegen Rasenunkräuter ist dank den in bester Qualität vorhandenen chemischen Mitteln sehr viel einfacher geworden als früher, da man noch mit einem alten Küchenmesser auszog, um beim Ausstechen von Löwenzahn und Spitzwegerich, von lieben

Gänseblümchen-, Hahnenfuß-, Vogelmiere-, Mastkraut- und Kleekolonien das Fürchten vor dem Bücken zu lernen.

Unkraut wird heutzutage grundsätzlich nicht mehr von Hand ausgestochen oder versuchsweise ausgezogen. Es wird durch regelmäßigen Schnitt nebst allen sonstigen Pflegemaßnahmen auf natürlichem Wege verdrängt. Wo dann noch Bekämpfung notwendig ist, erfolgt sie durch Düngen mit einem kombinierten Präparat oder »gezielt« mit dem Unkrautstab, aus der Sprühdose oder durch Gießen streng nach Vorschrift. Denn es sollen nur die Unkräuter von dem Wuchsstoffmittel vernichtet, nicht aber die Gräser durch Überdosierung geschädigt werden. Schwierig wird die Sache, wenn sogenannte Ungräser wie *Panicum*, die Fingerhirse oder Quecken im Spiele sind: Hier gibt es keine chemischen Mittel, sondern nur Handarbeit ...

Es mag mit der guten Pflege zusammenhängen, daß Pilze im Rasen beinahe so etwas wie eine Modekrankheit sind. Der Fachmann sieht die braunen Hütchen des Sommerrasenpilzes, *Ophiobolus graminis*, nicht einmal ungern, denn sie zeigen die erwünschte, leicht saure Bodenreaktion an, wie sie der Rasen liebt. Häufiges Schneiden mit Zerstörung der Hütchen beugt ungehemmter Verbreitung vor. Außerdem kann man eine verpilzte Rasenfläche durch Gießen mit einem quecksilberfreien Pilzgift oder Fungizid aus der Pflanzenschutzapotheke behandeln.

Durch Sporenflug von einem Garten zum andern können sich in manchen Sommern fast epidemisch »Hexenringe« im Rasen ausbreiten. Die kleinen Pilze mit den lederartig festen Hüten stehen im gleichen Abstand kreisförmig beisammen, während der Rasen ebenso kreisförmig braun wird. Heute bekämpft man den Feind *Marasmius oreades*, zu deutsch »Nelkenschwindling«, mit dem BASF-Spezialpräparat Calirus, das auch hervorragend gegen Rostpilze an Rosen und anderen Zierpflanzen wirkt.

Als freiwilliger Bodendurchlüfter und Bürge guter Bodenbeschaffenheit wird der Regenwurm überall im Garten geschätzt. Im Rasen gilt er als Feind Nummer eins. Seine schleimigen Erdhäufchen verkleben das junge Gras; seine ausgebreiteten Gangsysteme beeinträchtigen den dichten Wuchs der Grasnarbe und lassen nach stärkeren Niederschlägen die Rasenfläche schwammig aufweichen. Absammeln der unappetitlichen Häufchen schützt nur vor deren Breittreten oder Breitwalzen, nicht aber vor weiterer Vermehrung der Regenwürmer. Übliche Bodenstreu- und Gießmittel des Pflanzenschutzes bleiben wirkungslos, denn sie richten sich nur gegen Insekten. Die sonstigen Rasenfeinde aus dem Tierreich, wie Maulwurf und Maulwurfsgrille, werden nach den allgemeinen Regeln im Pflanzenschutzteil bekämpft. Gegen die oft recht lästigen Rasenameisen und deren Nester helfen Ameisen-Spezialmittel; Übergießen mit kochendem Wasser ist zwar wirksam, kann aber auch die benachbarten Graspflänzchen mit verbrühen.

Müssen Sie aber gelegentlich eine junge Rasenfläche inspizieren und fürchten unliebsame Fußspuren, so hilft ein längeres Tretbrett bei der Begehung.

So einfach ist die Bekämpfung selbst hartnäckiger Dauerunkräuter mit dem wuchsstoffgetränkten Unkrautstab.

Rasen bei Kälte und Schnee nicht begehen: Die steifgefrorenen Grashalme leiden durch Abbrechen.

Der Regenwurm als Nützling ist auf Seite 399 zu finden.

Die Adresse des berühmten Mannheimer Züchters der 'Tennessee Wigglers' steht im Bezugsquellenverzeichnis Seite 408.

Bodenbedecker als »Rasenersatz«

Deutscher Name	Bot. Name	Familie	Wuchsart	Höhe in cm	Blütezeit	Blütenfarbe	Bemerkungen
Für sehr sonnige, trockene Lagen, auch Hänge und Böschungen							
Grasnelke	*Armeria caespitosa*	Bleiwurz-gewächs	Polsterstaude	5	IV–V	rosa	auch auf sehr trocke-nem, armem Boden
Kriechbeifuß, Edelraute	*Artemisia nitida*	Gänsefuß-gewächs	Kriechstaude	10	VI–VII	gelb	kalkliebend, graufilzige Blätter
Hornkraut	*Cerastium biebersteinii* u. a.	Nelken-gewächse	Kriechstauden	10–20	V–VI	weiß	einige Arten stark wuchernd
Rotes Habichtskraut	*Hieracium* × *rubrum*	Korbblütler	Kriechstaude	5	VI–VII	rotorange	Blüten 20 cm hoch
Zwerg-Hartheu	*Hypericum olympicum*	Hartheu-gewächs	Halbstrauch, polsterbildend	15	VI–VIII	zitronengelb	blaugrünes Laub, völlig anspruchslos
Kriech-wacholder	*Juniperus horizontalis*	Zypressen-gewächs	Immergrüne Kriechkonifere	15–20	ohne Bedeutung		grüne und blaugrüne Formen
Katzenminze	*Nepeta mussinii*	Lippen-blütler	Kriechstaude	25–30	VI–X	lila	anspruchslos
Teppichphlox	*Phlox subulata*	Himmels-leitergewächs	Kriechstaude	5–10	V	weiß, rosa, lila	für kleinere Flächen, Böschungen
Fingerkraut	*Potentilla alba, P. verna* u. a.	Rosen-gewächse	Kriechstauden	5–20	IV/VIII	gelb oder weiß	nur kriechende Arten verwenden
Fetthenne	*Sedum album, S. floriferum, S. spurium* u. a.	Dickblatt-gewächse	Kriechstauden, polster- oder rasenbildend	5–20	VI–VIII	rosa, rot, gelb	*S. fl.* 'Weihenstepha-ner Gold', beliebt
Quendel, Feldthymian	*Thymus serpyllum* u. a.	Lippen-blütler	Immergrüne Kriechstauden	5–8	VII–IX	weiß, rosa, karmin	wächst auf kargstem Boden; duftend
Ehrenpreis	*Veronica incana* u. a.	Braunwurz-gewächse	Kriechstauden	5–10	V/VII	dunkelblau	nur kriechende Arten verwenden
Für Sonne bis Halbschatten							
Kriechender Günsel	*Ajuga reptans* und Sorten	Lippen-blütler	Kriechstauden	15	IV–V	blauviolett	breitet sich gut aus
Zwergmispel	*Cotoneaster dammeri* u. a.	Rosen-gewächse	Immergrüne Kriechgehölze	15–20	V–VI	weiß	nur kriechende Arten verwenden
Fiederpolster	*Cotula squalida*	Korbblütler	Kriechstaude	3–5	VII–VIII	unscheinbar	frischgrünes Laub
Johanniskraut	*Hypericum calycinum*	Hartheu-gewächs	Halbstrauch	25–40	VII–IX	gelb	großblumig mit hüb-schen Staubfäden
Münzkraut, Pfennigkraut	*Lysimachia nummularia*	Primel-gewächs	Kriechstaude	5–10	V–VIII	goldgelb	auch feuchter Stand-ort, stark wuchernd

Deutscher Name	Bot. Name	Familie	Wuchsart	Höhe in cm	Blütezeit	Blütenfarbe	Bemerkungen
Kriechknöterich	*Polygonum affine*	Knöterichgewächs	Kriechstaude	20–30	V–IX	rosa, rot	völlig anspruchslos
Alpine Kriechweiden	*Salix*-Arten *S. herbacea* u. a.	Weidengewächse	Sommergrüne Gehölze	bis 40	III–IV	silbrige Kätzchen	nur kriechende Arten verwenden
Helmkraut	*Scutellaria scordifolia*	Lippenblütler	Staude	20	VI–VIII	violett	graugrünes Laub; sehr stark wuchernd
Wolliger Ziest	*Stachys olympica*	Lippenblütler	Staude	5–10	VI–IX	lila	silbrigfilzige Blätter Blüten bis 30 cm
Gamander	*Teucrium chamaedrys*	Lippenblütler	Halbstrauch	bis 30	VII–IX	rosapurpur	Ausläufer bildende Form verwenden

Für Halbschatten bis Vollschatten

Deutscher Name	Bot. Name	Familie	Wuchsart	Höhe in cm	Blütezeit	Blütenfarbe	Bemerkungen
Haselwurz	*Asarum europaeum*	Pfeifenwindengewächs	Immergrüne Kriechstaude	10	III–IV	weiß	Blüten unscheinbar, sonst sehr brauchbar
Maiglöckchen	*Convallaria majalis*	Liliengewächs	Rhizom-Staude	20	V	weiß	breitet sich durch Rhizome sehr gut aus
Elfenblume	*Epimedium grandiflorum*	Berberitzengewächs	Immergrüne Staude	25	IV–V	weiß	viele besonders schöne Zuchtformen
Gemeiner Waldmeister	*Galium odoratum*	Krappgewächs	Staude	20–30	V	weiß oder gelb	stark ausbreitend, verträgt Vollschatten
Scheinbeere	*Gaultheria procumbens*	Heidekrautgewächs	Immergrünes Gehölz	20	VII–VIII	hellrosa	sehr zierende lachsrote Früchte
Kleinblättriger Efeu	*Hedera helix* 'Conglomerata'	Araliengewächs	Immergrünes Gehölz	30	—	—	erst später niederliegend; kleinblättrig
Ysander	*Pachysandra terminalis*	Buchsbaumgewächs	Immergrüner Halbstrauch	bis 30	IV–V	weiß	lederartige Blätter, Wurzelausläufer
Sternmoos	*Sagina subulata*	Nelkengewächs	Kriechstaude	3–5	VI–VIII	weiß	im Schatten weniger dicht
Kleines Immergrün	*Vinca minor*	Hundsgiftgewächs	Immergrüne Kriechstaude	10	IV–V	hellviolett	unverwüstlich für schattige Lagen
Golderdbeere	*Waldsteinia geoides*	Rosengewächs	Staude	20–25	IV–V	gelb	auch im Schatten dicht deckend

Für alle Lagen: Sonne und Schatten

Deutscher Name	Bot. Name	Familie	Wuchsart	Höhe in cm	Blütezeit	Blütenfarbe	Bemerkungen
Frauenmantel	*Alchemilla mollis, A. vulgaris*	Rosengewächse	Stauden	20	VI–VII	gelbgrün	Wasserperlen nach Tau, eng pflanzen
Scheinerdbeere	*Duchesnea indica*	Rosengewächs	Kriechstaude	8–10	IV–VIII	gelb	rote Früchte nicht eßbar, stark wuchernd
Goldnessel	*Lamiastrum galeobdolon*	Lippenblütler	Staude	20	V–VII	gelb	sehr stark wuchernd

Einjahrs-blumen oder Sommerflor

Im großen Garten-Symphoniekonzert spielt der Sommerflor zwar sicher nicht die erste Geige. Aber im Zusammenklang aller Formen und Farben, die uns vom Frühling bis weit in den Herbst begleiten, ist er doch unentbehrlich. Ja, ohne die Hilfe liebenswürdiger Einjahrsblumen, die ihre kurze Lebenszeit ohne große Ansprüche erfüllen, wenig kosten und wenig Arbeit machen, wären unsere Gärten um viele ihrer hübschesten Blickpunkte ärmer, zumal auch so manche Lücke im Blütenplan der anderen sich ohne die Zauberei aus der Samentüte längst nicht so leicht überspielen ließe. Und womit sollten wohl die Neubaugärtner ihr junges Gartenglück umkränzen, bis der Aufwuchs von Staude, Strauch und Baum ansehnlich genug und der Rasen ein grüner Teppich geworden ist?

Nach altem Brauch teilt man den Sommerflor in zwei Gruppen:

1. Einjahrsblumen ohne Vorkultur werden an Ort und Stelle ins Freiland gesät. Zur Verfrühung der Blüte ist manchmal auch hier Vorkultur in Töpfchen oder Schalen ratsam.
2. Einjahrsblumen mit Vorkultur werden unter allen Umständen zunächst in Zimmerschalen, Kistchen, Töpfen oder unter Glas ausgesät, ein- oder mehrmals verstopft und erst nach Mitte Mai, wenn keine Frostgefahr mehr droht, ins Freiland versetzt. Da die Vorkultur zur Erzielung kräftiger, gesunder Setzlinge Sachkenntnis sowie viel Raum und Zeit erfordert, wird man in den meisten Fällen seine Setzlinge lieber pflanzfertig vom Gärtner kaufen. Wer es trotzdem gern versuchen will, sei an die Hinweise im Kapitel »Säen und Pflanzen« erinnert.

»Gartenglück aus der Samentüte«

Im übrigen liegt es in der Natur der Sache, daß jeder Gartenfreund sich mit besonderem Vergnügen den Einjahrsblumen ohne Vorkultur zuwendet. Denn mögen auch unter den Einjahrsblumen mit Vorkultur viele beliebte und in ihrer Eigenart herrliche Blumen zu finden sein, so ist das »Gartenglück aus der Samentüte« für verhältnismäßig wenig Geld schon rein mengenmäßig nicht zu übertreffen. Wenn wir uns aber noch vor einigen Jahren über eine gewisse Eintönigkeit der üblichen Sortimente beklagten, so hat gerade auch auf dem Gebiet des Sommerflors der deutsche Samenfachhandel inzwischen mächtig aufgeholt, und selbst Geschäfte mittlerer Größe führen viele Hunderte verschiedener Blumensämereien.

Bodenbearbeitung und Anzucht

Der Boden für die Blumenbeete ist mit dem Kultivator oder mit der kleinen Bodenfräse rechtzeitig vorbereitet und mit Humus aufgebessert worden. Auch eine Bodenentseuchung mit Ceresan-Lösung (3 Wochen warten!) oder Brassicol-Staub kann nur nützlich sein. Wo angesät werden soll, wird am Tage vorher mit der Brause Wasser gegeben. Die Aussaat selbst richtet sich nach Art und Größe der Samen. Die meist sehr feinen Blumensamen werden mit Sand vermischt, genauso, wie wir das bei der Petersilie und beim Möhrensamen machen. Sie dürfen nur in Korndicke mit feiner, humoser Erde übersiebt werden. Zum Schutz gegen zu starke Besonnung, Austrocknen und auch Vogelfraß können wir die frisch eingesäte Fläche bis zum Keimen mit feuchten Säcken oder auch mit einem festen Papier abdecken. Wo sich Erdflöhe bei den Keimlingen einstellen, was besonders bei den Kreuzblütlern öfter vorkommt, wenden wir ein Erdfloh-Bekämpfungsmittel an. Später auftretende Krankheiten und Schädlinge (Blattläuse) werden nach den allgemeinen Regeln des Pflanzenschutzes bekämpft. Im übrigen gelten für den Sommerflor die gleichen Grundsätze der Pflege wie für alle anderen Gartenpflanzen. Wir müssen sie unkrautfrei halten, bei Trockenheit frühmorgens oder spätabends mit abgestandenem Wasser durchdringend gießen und von Zeit zu Zeit düngen. Bei Verwendung von Volldünger in Lösung nehmen wir als Grundmaß 30—40 g Nährsalz auf 10 Liter Wasser, dann kann gewiß kein Unheil geschehen.

Krankheiten und Schädlinge frühzeitig bekämpfen

Von abgeschnittenen und nichtabgeschnittenen Blüten

Bei soviel Mühe wachsen die für sich allein oder zwischen den Stauden angeordneten Sommerblumen lustig voran und kommen bald in vollen Flor, der um so länger anhält, je sorgfältiger wir durch Abschneiden aller abgeblühten Blumen jeder Samenbildung entgegenwirken. Natürlich kann man aus der Entfernung der Blüten kein Prinzip machen — mit anderen Worten: nicht alle sind ihrer Wuchsart nach dafür geeignet. Bei Kosmeen zum Beispiel geht das Abschneiden vorzüglich und bringt sichtbaren Erfolg. Bei Clarkien, Schleifenblumen und ähnlichen kleinblütigen Pflanzen wäre es ein unzumutbares Geduldspiel. Viele Einjahrsblumen samen sich selbst leicht aus, so daß im Frühjahr an den verschiedensten Orten ganze Ansiedlungen von »Findelkindern« auftreten und um wirkungsvolle Einordnung im Gartenbereich bitten. Nicht unklug ist es, wenn dann vom Überfluß ein Beet mit Nachzucht angelegt werden kann, um für vorkommende Fälle Ersatz zu haben.
Ein Verpflanzen innerhalb des Gartens mit vollem Wurzelballen wird sogar von solchen Gewächsen vertragen, die üblicherweise als nicht oder schwer verpflanzbar gelten. Ich habe schon mitten im Sommer meterhohe Sonnenblumen mit großer Blütenknospe versetzt, und sie haben es kaum gemerkt! Freilich herrschte bei dieser Aktion tagelang kühles, regnerisches Wetter — bei trockener Hitze hätte ich's mich kaum getraut ...

Verpflanzen mit Wurzelballen

Zu den Pflanzenlisten

Ebenso wie später bei den Stauden wollen wir unsere Übersicht über den Sommerflor vor allem nach der Wuchshöhe anordnen; denn neben Blütezeit und Blütenfarbe ist sie das entscheidende gartengestalterische Merkmal. Deshalb gilt hier sinngemäß alles, was der Gartenfreund insgesamt für die bildhaft-harmonische Wirkung von Gestalt und Farbe und sonstige Wesensmerkmale beachten sollte: Keine hohen Pflanzen wie Kosmeen oder Gartenmohn oder die herrlich blühende Brokatblume zwischen Polsterblüher und Kleinstauden in den Steingarten setzen, keine quälenden Dissonanzen der Farbigkeit wie das Brandrot der Salvien zum scharfen Rosa bis Rotviolett der Clarkien oder zum Purpur des Amarants fügen und jede Pflanze ihrer Umwelt anpassen. Auch die Blütezeit muß gebührend berücksichtigt werden. Innerhalb der Wuchshöhengruppen werden die Gattungen nicht nach den vorangestellten diversen deutschen Namen, sondern nach den durch Schrägdruck gekennzeichneten, einzig unverwechselbaren botanischen Namen alphabetisch angeordnet. Die heute oft noch gebräuchlichen Handelsnamen sind im Namen- und Sachregister am Ende des Buches aufgeführt. Dort wird auf den gültigen botanischen Namen nebst Seitenzahl verwiesen.

Einjahrsblumen ohne Vorkultur

Wuchshöhe bis 3 m

Sonnenblume, *Helianthus annuus* (Korbblütler) Höhe bis 3 m; Blütezeit Sommer/ Herbst; Blütenfarben: gelb bis tiefpurpur. – Vorkultur im Frühbeet oder in Töpfchen ab Anfang April ist lohnend. Sonst Freiland-Aussaat nicht vor dem 5. Mai an Ort und Stelle. Man legt jeweils drei Körner und zieht später die beiden schwächeren Keimlinge aus. Verpflanzung ohne Wurzelballen wird schlecht oder gar nicht vertragen. Vorgetriebene Einzelpflanzen werden unter sorgfältigster Schonung ihres Wurzelballens nach der Maimitte, wenn jede Spätfrostgefahr vorbei ist, ins Freiland versetzt. Der Abstand von Pflanze zu Pflanze soll mindestens 50×60 cm betragen, damit möglichst vollkommene Besonnung gewährleistet ist. Auch pflanze man seine Sonnenblumen nicht zu dicht an Mauern – vor allem nicht an Stacheldrahtzäune, die bei jedem Wind Blätter und Blüten unnachsichtig zerzausen. – Der Boden ist durch Hacken locker und luftig zu halten, etwas Bodenbedeckung (Grasschnitt!) tut in heißen Frühsommern gut, doch kann die Sonnenblume, wenn sie aus dem ersten Jugendalter heraus ist, ziemlich viel Trockenheit vertragen und verlangt weiter keine Pflege, da Kopfdüngungen und ähnliche Maßnahmen während der Wachstumszeit kaum üblich sind. Wer sie dennoch gibt, wird diesen gewaltigen Fressern natürlich einen besonderen Gefallen tun und um so größere, schönere Blüten erzielen. – Während man in der Kriegs- und Nachkriegszeit sein Augenmerk auf die Erzielung großer Scheiben mit dicken, ölhaltigen Kernen richtete, schätzt der Blumenliebhaber heute für den Ziergarten die reichverzweigten Formen mit vielen kleinen Sonnen, die auch als Schnittblumen besser geeignet sind. Nur bei *Helianthus annuus* var. *giganteus,* der bis 3 m hohen, einjährigen Riesensonnenblume, ist der von einer einzigen Sonne gekrönte Schaft nach wie vor Trumpf. Am größten sind die Blüten der Sorte ›Bismarckianus‹. – Zu den interessantesten Erscheinungen gehören – mit als schönste der gefüllten Sonnenblumen – *Helianthus annuus* var. *globulosus fistulosus,* die »Chrysanthemenblütige« mit rund 2 m Wuchshöhe. Blutrot ist die 2 m hohe *H. annuus* var. *purpureus,* deren Hybridformen wiederum in Kupfer- und Bronzetönen blühen. Es gibt zahllose Sorten und eine Fülle von Namen. – Staudensonnenblume siehe Mittelstauden von 80–150 cm Höhe.

Bildseite:
Der Winterling (Eranthis hyemalis) folgt als erster Frühlingsblüher dem Schnee. Text S. 151.

Wuchshöhe 60–150 cm

Fuchsschwanz, Amarant, *Amaranthus* (Fuchsschwanzgewächs) Höhe je nach Sorte 60–80 cm; Blütezeit Juli bis Frostbeginn; Blütenfarben: purpurbraun, amarantrot, auch weißlich-grün. – Der Amarant ist wegen seiner seltsamen, auffälligen Blütenstände seit alters her im Garten geschätzt, wennschon er in gewissem Sinne beinahe »künstlich« wirkt. Der Amarant ist sehr frostempfindlich. Man sät deshalb erst um

Mitte Mai dünn in Reihen und verzieht die Keimlinge später auf 30–40 cm. Verpflanzung wird gut vertragen, wenn die Setzlinge nicht trocken werden. Es heißt also immer rechtzeitig und ausreichend gießen. Ist der Fuchsschwanz erst einmal im Garten angesiedelt, so samt er sich leicht selbst wieder aus. Die Standorte sollen im Herbst reichlich vorgedüngt werden; Sonne und Feuchtigkeit sind günstig, doch wird auch Trockenheit ertragen. – Auslese: *A. hypochondriacus*, der »Melancholische Fuchsschwanz« mit dunkelpurpurnen Blättern und Zweigen sowie düster wirkenden, schwärzlich-purpurnen Blüten-Ähren (bis 150 cm). Rötlich-grünes, auffallend gezeichnetes Laub hat der aus Ostindien stammende *A. tricolor*, die Blütenbüschel sind hier grünlich. Die bekannte hängende Form *A. caudatus* ist 60–120 cm hoch, grünblättrig, Blütenstände dunkelrot.

Flockenblume, Kornblume, *Centaurea, Amberboa* (Korbblütler) Höhe 60–80 cm; Blütezeit Juli/September; Blütenfarben: weiß, rosa, lila, blau. – Aussaat April an Ort und Stelle, Abstand später 30–50 cm, gedeiht in jedem Gartenboden, sonniger Standort erwünscht. Blütenform ähnlich unserer Acker-Kornblume, gefüllte und ungefüllte Sorten, gute Schnittblume. Abschneiden der verblühten Blumen verlängert den Flor. Auslese: *Centaurea cyanus*, kornblumenblau, einfach oder gefüllt, Höhe 90 cm; *Amberboa moschata* (früher *C. moschata*), Wohlriechende Kornblume, Blüten vielfarbig, Höhe 80 cm; Farbbild der Sorte 'Imperialis' Seite 72. *C. cyanus nana*, die Himmelblaue Zwerg-Kornblume, wird nur 20 cm hoch.

Schöngesicht, Mädchenauge, *Coreopsis* (Korbblütler) Höhe 60–100 cm; Blütezeit Sommer/Herbst; goldgelbe Blütensterne mit brauner Mitte. – Freilandaussaat Ende März/Anfang April in Reihen, auf 30–40 cm verzogen, Setzlinge wachsen an. Reizende Rabatten- und Schnittblumen. – Auslese: *Coreopsis tinctoria* var. *citrina*, das »Zweifarbige Mädchenauge« mit hohen und niederen Formen, deren feinstrahlige Randblüten gelb, rotbraun oder auch gelb und rot geflammt sind. *Coreopsis atkinsoniana* ist ein überaus wertvoller Spätherbstblüher mit wunderschönen, reingelben Blumen, Höhe 60–120 cm. Die niederen, nur 20–30 cm hohen Sorten sind für Einfassungen gut geeignet.

Einjahrs-Rittersporn, *Delphinium ajacis* (Hahnenfußgewächs) Höhe bis 100 cm; Blütezeit Juni/September; Blüten in ährigen Trauben: weiß, rosa, lasurblau bis schwarzblau, auch dreifarbig und gestreift. – Freilandaussaat an Ort und Stelle für die Frühsommerblüte im vorhergehenden Herbst, für die Spätsommerblüte März/April, dünn in Reihen mit 15–20 cm Abstand oder auch breitwürfig, Saat keimt innerhalb drei Wochen, verpflanzen mit 40–50 cm allseitigem Abstand wird gut vertragen. Herrlich für Rabatten, auch im Staudenbeet und als Schnittblume. Da der Einjahrs-Rittersporn zu den sogenannten Frostkeimern gehört, pflegen die überwinterten Herbst-Aussaaten meist bessere Ergebnisse zu bringen. – Auslese: *Delphinium ajacis* var. *hyacinthiflorum*, der Hyazinthen-Rittersporn. Nicht minder schön in seiner Art ist *D. consolida* var. *imperiale*, der Kaiser-Rittersporn; in der amerikanischen Züchtung 'Giant Imperial', dessen Blütenstände vielverzweigt und meist reinviolett sind, wird er bis 125 cm hoch.

Einjahrs-Kokardenblume, Einjährige Malerblume, *Gaillardia* (Korbblütler) Höhe 30–100 cm; Blütezeit August/Oktober; Blütenfarben: hellgelb bis blutrot. – Aussaat Ende März/Anfang April in Reihen mit 30 cm Abstand oder breitwürfig, Keimdauer 2–3 Wochen, später auf 30 cm allseitigen Abstand verziehen. Sonniger Standort, guter Boden, möglichst einmal umsetzen. Vorkultur ab Anfang März gibt frühere Blüte, ist jedoch etwas schwierig, daher besser Setzpflanzen vom Gärtner kaufen. – Auslese: *Gaillardia amblyodon*, die Blutkokardenblume, wird bis 80 cm hoch. Zu *Gaillardia pulchella* var. *picta*, der Malerblume, gehören eine Reihe älterer und

Einjahrsblumen ohne Vorkultur

Wuchshöhe 60–150 cm

Einjahrs-Rittersporn

neuerer Sorten mit ungefüllten und gefüllten Blüten, wie 'Lorenziana', 'Blutrote Riesen Tetra' oder 'Tetra Comet', meist mit Wuchshöhen um 50 cm, während die Malerblume selbst nur 20—30 cm hoch wird. Stauden-Gaillardie siehe Kapitel »Winterharte Blütenstauden«.

Strohblume, *Helichrysum bracteatum* (Korbblütler) Höhe 60—100 cm; Blütezeit Juli/Oktober; Hüllkelchblättchen der Blüten steif, strohartig. – Zur Erzielung besonders schöner, starker Pflanzen und früher Blüte empfiehlt sich Aussaat ins Frühbeet Anfang April und verpflanzen nach dem 15. Mai. Sonst Ende April Freilandaussaat dünn an Ort und Stelle und auf 30—40 cm Abstand verziehen. Liebt guten Gartenboden und Sonne. Sehr hübsch für bunte Beete und als Füller zwischen den Stauden. Zum Aufbewahren schneidet man die Knospen kurz, ehe sie aufbrechen, hängt sie gebüschelt an den Stielen auf und trocknet sie als reizenden Winterschmuck. – Farbbild der bekanntesten Sorte 'Monstrosum' auf Seite 53.

Kochie, Sommerzypresse, *Kochia* (Gänsefußgewächs) Höhe 60—80 cm; unscheinbare Blüte. – In Kultur sind zwei Varietäten: 1. *Kochia scoparia* var. *trichophylla*, deren winzig feines Blattwerk sich braunrot färbt; 2. *Kochia scop.* var. *childsii* mit noch feinerem Laub, das seine lindgrüne Farbe beibehält. Die reizenden lichtgrünen Bäumchen haben von einem Sommer zum anderen durch unendliches Aussamen schier ein ewiges Leben. Aber die Kochien haben auch ihre Tücken. Man kauft Samen und sät ihn mit Kunst und Mühe Anfang Mai aus: Es rührt sich nichts. Man erbt gelegentlich irgendwo in der Nachbarschaft ein paar halbwüchsige Sträuchlein, die sich leicht verpflanzen lassen, und hat dann auf Jahre hinaus weit mehr Kochien im Garten, als einem recht ist. Dennoch sind sie allerliebste, dabei anspruchslose »Mini-Bäumchen« mit nur zwei Wünschen: keine Spätfröste und voll besonnte Standorte.

Einjahrs-Lupine, Hartwegslupine, *Lupinus hartwegii* (Schmetterlingsblütler) Höhe 60—70 cm; Blütezeit Juni/Oktober; Farbe: blau mit weißer oder rötlicher Fahne. – Für frühe Blüte Anzucht in Töpfen ab März, Mitte Mai mit Ballen auspflanzen; für spätere Blüte Freilandaussaat im April sehr dünn an Ort und Stelle und auf 10 cm verziehen. Braucht sandigen, kalkfreien Boden. Läßt sich so nicht verpflanzen! – Etwas höher und interessant durch ihren Farbwechsel während der Blüte ist die ebenfalls einjährige Veränderliche Lupine, *Lupinus mutabilis,* die bis 120 cm hoch wird. Bei beiden ist das Abschneiden der verblühten Stengel zu empfehlen.

Trichtermalve, *Malope trifida* (Malvengewächs) Höhe 60—100 cm; Blütezeit Juni/Juli bis Oktober; Blütenfarben: weiß, rosa, purpurn. – Die rasch wachsende und sehr reich blühende Pflanze wird Anfang April gesät, später auf 25 cm verzogen, dann mit 40—50 cm allseitigem Abstand ausgepflanzt. Sie wächst zu weitausladenden Büschen mit glänzend dunkelgrünem Laub heran. Die schönen, großen Schalenblüten sitzen nach Malvenart kurz gestielt in den Blattachseln. Sonniger Standort, dabei feucht halten. Gegen Malvenrost vorbeugend mit Kupferpräparaten oder Dithane spritzen.

Trichtermalve

Samtblume, Studentenblume, *Tagetes* (Korbblütler) Höhe 60—75 cm; Blütezeit Juli/Herbst; Farben: goldgelb mit samtbraun. – Für frühe Blüte Aussaat im April auf frostgeschütztem Saatbeet; sonst Freilandaussaat dünn in Reihen ab Mitte Mai an Ort und Stelle und auf 40—50 cm verziehen. Setzfertige Pflanzen beim Gärtner meist leicht erhältlich. Liebt nahrhaften, durchlässigen Boden und Sonne. Im Oktober eingetopfte Pflanzen blühen am Fenster bis nach Weihnachten weiter. Als Schnittblumen unverwüstlich, bleiben drei Wochen und länger frisch. Der früher oft als unangenehm empfundene scharfe Geruch der Blätter ist inzwischen weitgehend »weggezüchtet« worden. Zwergform siehe »Niedrigste unter 30 cm«.

Immortelle, Papierblume, *Xeranthemum annuum* (Korbblütler) Höhe bis 100 cm; Blütezeit Juli/Oktober; Blütenfarben: weiß, rosa, violett. – Dient zur Herstellung von Trockensträußen. Die schmalen, graubehaarten Blätter wachsen an straffen, hohen Stengeln und tragen farbige Blütenköpfchen, deren Dauerwert sich erhöht, wenn der Schnitt kurz vor dem Aufblühen bei trockenem Wetter erfolgt. Im Erwerbsanbau werden die Blütenfarben künstlich fixiert oder verändert. Man sät die Immortelle im Mai dünn in Reihen mit 20–25 cm aus, gibt sonnigen Stand, gelegentlich etwas Wasser und braucht sich bei der allgemeinen Anspruchslosigkeit um die Pflanzen kaum weiter zu kümmern.

Ringelblume, *Calendula* (Korbblütler) Höhe 30–70 cm; Blütezeit Juni/September; Blütenfarbe: kanariengelb bis tief orange. – Kaum einen Sommergarten gibt es, auf dessen Beeten nicht irgendwo ein paar Ringelblumen anzutreffen wären. Meist baut man heute die gefüllten Sorten, unter denen es chrysanthemenblütige, strahlenblütige und geschlitztblättrige Varianten gibt. Sehr schön ist die ungefüllte Sorte 'Nova'. Bei der Riesen-Calendula erreicht der Blütenstand über 10 cm Durchmesser. Aussaat Ende März/Anfang April, Keimzeit etwa 10 Tage; Jungpflanzen auf 25–30 cm allseitigen Abstand verziehen. Für spätere Blühtermine Folgesaaten bis Anfang Juni. Pflanze samt selbst stark aus. Das Zuchtziel einer nicht mehr vielverzweigten, möglichst langstieligen, zum Schnitt gut geeigneten Form wurde mit Sorten wie 'Orangekugel' und 'Gelbe Riesen' verwirklicht.

Einjahrs-Goldlack, *Cheiranthus cheiri* (Kreuzblütler) Höhe 30–50 cm; Blütezeit August/Oktober; Farben: gelb und braun; duftend. – Die meist zweijährig kultivierte Pflanze in einfachen und gefülltblühenden Sorten wird manchmal auch einjährig gezogen, um statt einer Frühsommerblüte die langdauernde Herbstblütezeit zu erzielen. Man sät im April ins Freiland, verzieht auf 20 cm; besonders geeignet ist der gefüllte Frühwunderlack. Herbstaussaat im Oktober für frühere Blüte ist an sich möglich – dann Winterschutz. Goldlack ist anspruchslos. Prächtige Gruppenpflanze für viele Zwecke.

Sommer-Margerite, Ring-Wucherblume, *Chrysanthemum carinatum* (Korbblütler) Höhe 50–60 cm; Blütezeit Juni/September; Farben: gelb mit schwarz und rot, auch weiß. – Für frühe Blüte Vorkultur im halbwarmen oder kalten Frühbeet. Freilandaussaat im April dünn an Ort und Stelle, auf 30 cm verziehen, sehr leicht verpflanzbar. Liebt guten Gartenboden und Sonne, eine der unentbehrlichsten Sommerblumen, blüht um so reicher, je mehr man Verblühtes schneidet. Beliebte Vasenblume. Bei Verlausung mit Blattlausmittel spritzen. Etwas höher, gelb ist *Chr. coronarium*.

Clarkie, Kreuzblume, Sommerfuchsie, *Clarkia* (Nachtkerzengewächs) Höhe 40 bis 60 cm; Blütezeit Sommer/Herbst; Farben: blaurosa, lachsrosa, dunkelkarmin. – Ein Nachtkerzengewächs wie die Godetie oder Sommerazalee ist die Clarkie, deren röschenartige, duftende Blüten durch ihre geschlitzten und mit einem langen »Nagel« versehenen Kronblätter auffallen. Insgesamt sind fünf Varietäten in Kultur. Als wichtigste Gartensorte gilt *Clarkia unguiculata* (= *C. elegans*) var. *plena,* die sich auch als Schnittblume eignet; für breitwürfige Aussaat und als Einfassungspflanze wird die Zwergsorte *Clarkia pulchella* var. *nana* empfohlen. Für frühe Blüte ist Vorkultur erforderlich. Sonst Freilandaussaat im April an Ort und Stelle, auf 25 cm verziehen, sonniger Standort. Rückschnitt im Jugendalter günstig.

Eschscholtzie, Goldmohn, *Eschscholtzia californica* (Mohngewächs) Höhe 30–60 cm; Blütezeit Sommer/Herbst; Blütenfarben: gelb, orange, karmin. – Mit seinen meergrünen, fiederschnittigen Blättern und den leuchtenden, mohnartigen Blüten ist die-

Einjahrsblumen ohne Vorkultur

Wuchshöhe 60–150 cm

Wuchshöhe 30–60 cm

Goldmohn

Einjahrsblumen ohne Vorkultur

Wuchshöhe 30–60 cm

ses überaus anspruchslose Gewächs besonders zur Füllung noch nicht genügend bewachsener Staudenbeete geeignet. 20–30 cm allseitiger Abstand; blüht bei Frühjahrsaussaat an Ort und Stelle bis in den Oktober hinein und samt sich selbst leicht aus. Hübsch zu beobachten ist, wie sich die Blüten bei trübem Wetter schließen und im Sonnenschein ihre Kelche wieder öffnen. Deshalb heißt sie wohl auch »Schlafmützchen«. Mehrere schöne Sorten, auch mit gefüllten Blüten.

Godetie, Sommerazalee, Atlasblume, *Godetia* (Nachtkerzengewächs) Höhe 40 bis 60 cm; Blütezeit Sommer/Herbst; Blütenfarben: weiß, gelb, rot. – Sehr schmuckvolle, aus Kalifornien stammende Pflanze. Die seidenartig glänzenden Blumenblätter schimmern in wundervoll zarten, reinen Weiß-, Rot- und Gelbtönen. Wir säen Ende März dünn in Reihen und verpflanzen die Setzlinge später auf 15 cm Abstand. Der Boden sei nicht zu leicht, der Stand nicht zu sonnig, dann wird sich der nach Nachtkerzenart rasch vergängliche Zauber ihrer Einzelblüten unablässig bis Mitte September ergänzen. Es gibt hohe, halbhohe und niedrige, ungefüllte und gefüllte Sorten.

Einjahrs-Schleierkraut, *Gypsophila elegans* (Nelkengewächs) Höhe 30–50 cm; Blütezeit Frühjahr und Herbst; Blütenfarben: rosa, purpur, karmin. – Wie alle Schleierkräuter, so ist auch diese einzige in Gartenformen kultivierte Art der Einjährigen ein anmutiges Gewächs. Die langen Blütenstiele eignen sich für haltbare Sträuße. Es gibt Sorten in mehreren Farben. Für Frühjahrsblüte im September, für Sommerblüte von März bis Ende Juli Folgesaaten machen. Mehrjährige Arten siehe Stauden.

Sonnenflügel, *Helipterum* (Korbblütler) Höhe 30–60 cm; Blütezeit Juni/September; Blütenfarben: weiß, rosa. – Der Sonnenflügel gehört in die Reihe der zu Trockensträußen und Kränzen verwendeten Strohblumen. Man sät im April an Ort und Stelle mit 20–30 cm Abstand dünn in Reihen und verzieht später auf 15–20 cm. Acht bis zwölf Wochen nach der Aussaat beginnt der Flor. Es gibt verschiedene Kulturformen mit gefüllten und ungefüllten Blüten, deren Schönheit allerdings wesentlich vom heißen und trockenen Wetter abhängig ist. In kühlen und regnerischen Sommern wird man nicht allzuviel Freude erleben.

Rotblühender Lein, *Linum grandiflorum* (Leingewächs) Höhe 30–40 cm; Blütezeit Juni/Oktober; Farbe: blutrot. – Freilandsaat ab April an Ort und Stelle, auf 20 cm verziehen. Sehr anspruchslos, liebt Sonne. Die großen, meist leuchtendroten Schalenblüten sind reizend zwischen Stauden oder in Blumenrabatten. Als Einfassung muß der Lein recht dicht gesät werden, damit es ein dickes, mit Blüten besticktes Band gibt. Die Sorte 'Roseum' blüht rosa, 'Coeruleum' ist blauviolett.

Jungfer im Grünen, Schwarzkümmel, Gretl im Busch, *Nigella damascena* (Hahnenfußgewächs) Höhe 20–60 cm; Blütezeit Sommer; Farbe: bläulichweiß mit grün. – Freilandaussaat im Frühling oder Herbst an Ort und Stelle, auf 10–15 cm verziehen. Reizende alte Bauernblume ohne große Ansprüche für Beete und Einfassungen. Schönste Sorte ist die gefüllte 'Mrs. Jekyll' mit langgestielten, himmelblauen Blüten. 'Altpreußen' ist leuchtend indigoblau. Alle sind gute Schnittblumen.

Gartenmohn, *Papaver* (Mohngewächs) Höhe 50–60 cm; Blüte vom Frühsommer bis Frühherbst, viele Farben. – Der Einjährige Gartenmohn läßt sich nicht verpflanzen. Hauptart: *Papaver somniferum,* Schlafmohn. Wegen Giftwirkung siehe Kapitel »Schutz vor Gartengefahren«. Für frühe Blüte sät man im Herbst, für spätere Blüte ab März ins Freiland dünn an Ort und Stelle und verzieht auf 20–30 cm. Liebt sonnigen Standort. Samt sich sehr leicht selbst aus, deshalb Kapseln kurz vor der Reife brechen. – *Papaver rhoeas,* der Klatschmohn, Shirley-Mohn oder Seidenmohn, kommt in allen zarten Farben vor. Es gibt gefüllte und ungefüllte Sorten von 60–70 cm Höhe.

Jungfer im Grünen

Gartenmohn

Papaver glaucum, der Tulpenmohn, blüht leuchtend scharlachrot, sehr schön bei Herbstaussaat, Höhe 50 cm. Alle sind begehrte Bienenpflanzen.

Bienenfreund, Büschelschön, *Phacelia tanacetifolia* (Wasserblattgewächs) Höhe 40 bis 60 cm; Blütezeit Juni/September; Blütenfarben: weiß, hellblau. – Er hat saftige, kahle Stengel mit unpaarig gefiederten und in sich gelappten Blättern, während die Blüten sonderbar ährenförmig angeordnet sind. Aussaat in Folgesaaten von Ende März bis Juni, auf 10–15 cm verziehen oder in Gruppen verpflanzen, rechtzeitiges Wegschneiden der abgeblühten Stengel verlängert die Blütezeit. Vorzügliche Bienenweide; denkbar anspruchslos; auch Gründüngungspflanze. Unter den verschiedenen Kulturformen sind noch *Phacelia campanularia,* der Glockenblütige Bienenfreund, dunkelblau, mit nur 15–30 cm Höhe und die etwas höhere, purpurviolett-weiß gefleckt blühende *Phacelia parryi* bemerkenswert.

Skabiose, *Scabiosa atropurpurea* (Kardengewächs) Höhe 40–60 cm; Blütezeit Sommer/Herbst; Blütenfarben: weiß, blau, rot, tiefdunkelpurpurn. – Für Frühblüte ist Anzucht im kalten Kasten erforderlich. Freilandaussaat an Ort und Stelle Anfang Mai ergibt Hochsommerblüte bis Frosteintritt. Noch bekannter als die Stammart sind wohl die höheren, riesenblumigen 'Gigantea'-Sorten. Alle sehr gute, lange haltbare Schnittblumen. Standort sonnig, luftig, Boden mittelschwer bis leicht, etwas kalkhaltig. Skabiosen lassen sich noch in der Blüte versetzen. Samenstände dauernd abschneiden. – Als alte Gartenblume beliebt ist die schöne *Scabiosa atropurpurea* var. *grandiflora,* bis 120 cm hoch. Ihr Gegenspiel ist *S. atropurp.* var. *grand. nana* mit 60 cm Höhe; am niedrigsten sind die Züchtungen der Tom-Thumb-Klasse, die nur 20 cm hoch werden. *Scabiosa caucasica* siehe Vorstauden.

Spaltblume, *Schizanthus* (Nachtschattengewächs) Höhe um 40 cm; Blütezeit Juli/Oktober; Farben: weißlila und lilarot. – Folgesaaten ab Ende April bis Juni ins Freiland an Ort und Stelle, auf 20 cm verziehen. Leicht verpflanzbar. Lockerer, guter Boden und nicht zu grelle Sonne sind Voraussetzung für das Gedeihen der entzückend orchideenhaft blühenden Pflanze. Angeboten werden meist in Prachtmischung die vielfarbigen Schizanthus-Wisetonensis-Hybriden. Augustaussaat in Töpfe ergibt dankbare Winterblüher für helle Fenster. Leichte Giftigkeit beachten!

Zwerg-Kapuzinerkresse, *Tropaeolum majus nanum* (Kapuzinerkressengewächs) Höhe 30 cm; Blütezeit Juni/September; Farben: alle Gelb- und Goldtöne bis scharlachrot. – Die nicht rankenden Zwergformen der Großen Kapuzinerkresse gehören zu den reizendsten und dankbarsten Einjahrspflanzen. In einfachen und gefülltblühenden Formen sind sie die richtigen »Mädchen für alles«, die jeden noch so nahrungskargen Fleck in leuchtende, duftende Blütenpracht tauchen. Nur Frost können sie als Kinder des tropischen Mittelamerika nicht vertragen. Wir säen deshalb nach dem ersten Maidrittel, legen immer 2–3 Körner in 15–20 cm Abstand. Was zu dicht steht, läßt sich leicht versetzen. Vorkultur in Töpfchen für die Bepflanzung von Schalen und Kästen sichert erheblichen Vorsprung der Blüten, die auch sehr geeignet für niedrige Vasen sind. Große, rankende Arten siehe Kapitel Kletterpflanzen.

Kap-Ringelblume, Kapkörbchen, *Dimorphotheca* (Korbblütler) Höhe 30 cm; Blütezeit Ende Juni/Oktober; Blütenfarben: Randblüten leuchtend orange, am Grunde braunrot, Scheibe gelb. – Am häufigsten angebaut werden *Dimorphoteca sinuata* und ihre Hybriden. Daneben auch die Züchtungen aus der etwas höheren *D. pluvialis.* – Wegen Frostempfindlichkeit Freilandaussaat erst Mitte Mai/Anfang Juni. Kulturbedingungen wie *Calendula.* Gut geeignet zur Einfassung bunter Blumenbeete, auch als Füller im Steingarten. Haltbare Schnittblumen.

Bienenfreund

Niedrigste unter 30 cm

Mittagsblume, *Dorotheanthus bellidiformis* (Eiskrautgewächs) Höhe 15–20 cm; Blütezeit Juni/September; Blütenfarben: weiß, rosa, purpur; Mischsaat. – Braucht als Kapgewächs warmen und sonnigen Standort, Trockenheit und leichten bis sandigen Boden. Aprilaussaat, Schutz vor Spätfrösten. Blüten öffnen sich nur über Mittag im hellen Sonnenschein, bieten dann allerdings einen sehr hübschen Anblick. Wie Portulak als Einfassung, im Steingarten und zur Fugenbepflanzung geeignet. Im Gegensatz zu den etwas breiteren fleischigen Portulakblättern ist das Laub der Mittagsblumen schmal, fast walzenförmig. Alter Name: *Mesembryanthemum criniflorum.*

Schleifenblume, *Iberis amara* var. *coronaria* (Kreuzblütler) Höhe 10–30 cm; Blütezeit Mai/August; Farbe: weiß, in Doldentrauben. – Für Spätblüte Freilandaussaat März/April; für Frühblüte Oktober. Man sät an Ort und Stelle und verzieht auf 20 cm. Reizende Pflanze für Beete und Einfassungen, kommt auch im Steingarten bei viel Sonne noch gut vorwärts. Kultur und Rückschnitt wie *Lobularia.* Als Schnittblume für flache Schalen geeignet. Zum Unterschied von dieser einjährigen Form ist *Iberis sempervirens,* die Immergrüne Schleifenblume, ein ausdauernder, breitbuschiger Halbstrauch, der bei den Steingartenpflanzen beschrieben wird.

Weißes Steinkraut, Steinrich, Lappenkreuz, *Lobularia maritima* (Kreuzblütler) Höhe 12–25 cm; Blütezeit Sommer, je nach Aussaat; Farben: weiß bis zartlila. – Handelsname oft noch *Alyssum maritimum.* In Kultur vor allem die Sorten *Lobularia mar.* var. *benthamii* 'Violettkönigin' und *L. mar.* var. *procumbens* 'Königsteppich' (tiefviolett), 'Rosenroter Teppich' sowie 'Schneeteppich'. – Folgesaaten von März bis Juni. Blüht jeweils etwa 10 Wochen nach der Aussaat einen Monat lang mit zahllosen, niedlichen Blütchen. Wenn man die Pflanzen nach der Blüte kräftig zurückschneidet, erscheint innerhalb weniger Wochen ein zweiter reicher Flor. Alle sind auch im Steingarten und zur Fugen-Bepflanzung schlechthin unentbehrlich. Sie samen sich so stark aus, daß man um den Nachwuchs niemals in Sorge zu sein braucht.

Einjahrs-Vergißmeinnicht, *Myosotis azorica* (Borretschgewächs) Höhe 20–35 cm; Blüte Juli/Oktober; Farben: tiefblau mit gelbem Schlund, hellblau, weiß. – Die Aussaat erfolgt im April ins geschützte Freilandsaatbeet; Auspflanzen im Mai; Halbschatten bis Schatten, anspruchslos, liebt etwas Feuchtigkeit und guten, etwas kalkhaltigen Gartenboden. *M. azorica* stammt – wie der Name sagt – von den Azoren, wächst dort als winterharte Staude, während es in unserem Klima nur bei besonders milder Witterung ausdauert. Bildet breite, reichverzweigte Büsche. Weitere wichtigere Arten siehe Zweijahrsblüher.

Hainblume, *Nemophila menziesii* (Wasserblattgewächs) Höhe 15–20 cm; Blütezeit Sommer bis Herbst; Blütenfarbe: blau, auch weiße und rosa Sorten. – Die Hainblume verlangt lichten Schatten am Rand von Gehölzgruppen, unter Ziersträuchern oder als Vorpflanzung in schattenreichen Staudenbeeten. Aussaat ab März/April, Folgesaaten bis Juni, je nachdem, wann die Blütezeit eintreten soll. Der Blütenflor hält nur 4–6 Wochen an.

Hainblume

Portulakröschen, *Portulaca grandiflora* (Dickblattgewächs) Höhe 10–15 cm; Blütezeit Sommer; alle Farben außer blau, einfach und gefüllt. – Freilandaussaat im Mai an Ort und Stelle. Der sehr feine Same wird nur leicht in die Erde gedrückt. Keimlinge gegen Frost und Nässe empfindlich, ältere Pflanzen widerstandsfähig, gedeihen in jeder sandigen, trockenen, stark besonnten Erde. Hübsch für Einfassungen und Steingarten. Die entzückenden, atlasschimmernden Röschen öffnen sich nur bei Sonnenschein ähnlich wie Mittagsblumen und Gazanien. *Portulaca oleracea* ist ein Würzkraut, siehe auch Gemüse, Abschnitt »Einjährige Würz- und Heilkräuter«.

Reseda, Wau, *Reseda odorata* (Resedengewächs) Höhe 20–30 cm; Blütezeit Juni/Oktober; unscheinbar grünlich mit gelben oder roten Staubbeuteln, wunderbar duftend. – Aussaat am besten Mitte April ins Freiland an Ort und Stelle, auf 12–15 cm Abstand verziehen. Folgesaaten bis Juni. Reseda ist anspruchslos, will aber nicht ohne Sonne – allenfalls noch leicht beschattet – und nicht zu trocken stehen. Die liebe alte Gartenpflanze eignet sich als duftender Rand vor höheren Blumen, auch zwischen Rosen. Dankbare Schnittblume.

Einjahrs-Leimkraut, *Silene* (Nelkengewächs) Höhe 10 cm; Blütezeit Juli/September; Blütenfarbe: karminrosa. – Von den verschiedenen Kulturformen sei hier nur die aus dem Mittelmeergebiet stammende *Silene pendula* besprochen. Dieses Hängende Leimkraut bildet bis 50 cm lange, kriechende Triebe. Farbenfrohe Einjahrsblume, die bei richtig durchgeführter Herbstsaat oft schon im Mai blüht. Durchlässiger Boden ohne stauende Nässe und etwas Winterschutz sind dafür notwendig. Die Frühjahrssaaten bringen keine Schwierigkeiten. Ausdauernde Arten siehe Staudenkapitel, Strahlensame, *Heliosperma,* siehe Seite 265.

Zwerg-Samtblume, *Tagetes patula nana* (Korbblütler) Höhe bis 20 cm; Blütezeit je nach Aussaat; Farben: gelb, braun, rot; ungefüllte und gefüllte Sorten. – Freilandaussaat nicht vor Mitte Mai, da Keimlinge sehr frostempfindlich, Blüte August. Für frühere Blüte Vorkultur in Zimmerschalen oder im Frühbeet. Auspflanzen auf 15 bis 20 cm; gedeiht auch im Halbschatten. Wächst in dichten Büschen, die mit kleinen Blütchen übersät sind. Wie die großen Züchtungen frei von Tagetesgeruch.

Einjahrsblumen mit Vorkultur

Einjährige Sommermalven, *Althaea*-Rosea-Hybriden (Malvengewächse) Höhe 2 bis 2,50 m (anbinden!); Blütezeit August/September; alle Farben außer blau; viele Sorten. – Aussaat März in Zimmerschalen oder Vorkultur unter Glas; Auspflanzen April mit 50–80 cm Entfernung, tiefgründiger, frischer Boden, Kopfdüngungen mit Volldüngerlösung tun gut. Halbschatten. Einjährig ist auch *Malva crispa,* die Krause Malve, die sich bei 1–2 m Höhe als guter Hintergrundfüller im Staudenbeet bewährt. Ausdauernde Malven siehe Staudenkapitel; Zweijahrsmalven siehe Zweijahrsblumen; einjährige und zweijährige Formen sind nicht immer scharf zu trennen.

Spinnenblume, Pillenblume, *Cleome spinosa* (Kapergewächs) Die meist über 1 m hohe Pflanze war schon vor etwa sechzig Jahren einmal beinahe große Mode, verschwand dann völlig vom Markt und hat nun im letzten Jahrzehnt eine wahre Renaissance erlebt. Die von unten nach oben reich verzweigten Stengel ergeben fast die Gestalt eines schmalen Strauches, an dessen Triebenden sich die mit überlangen Staubgefäßen geschmückten, eigenartig geformten Blüten in vielblumigen Rispen entfalten. In größeren oder kleineren Horsten zusammengepflanzt, wirkt die *Cleome* überall als Blickfang – gleichviel, ob man sie unweit des Weges auf eine Rasenfläche stellt oder sie zum Mittelpunkt einer sonst nur mit niedrigeren Pflanzen besetzten Rabatte macht. Schönste Gruppenpflanzen sind die Sorten 'Rosakönigin' und die reinweiße 'Helen Campbell'. – Die setzfertig vom Gärtner bezogenen Jungpflanzen werden im letzten Maidrittel mit 50 cm allseitigem Abstand ins Freiland verbracht. Der Standort muß warm, geschützt und recht sonnig sein. Dann dauert die Blüte bei günstigem Wetter von Juli bis Ende September. – Bild auf Seite 180.

Kosmee, Schmuckkörbchen, *Cosmos* (Korbblütler) Höhe bis 1,30 m; Blütezeit Juni/Spätherbst; Blütenfarben: reinweiß, lilarosa, scharlachrot, purpurviolett, auch rotbraun. – Wichtigste Arten: *Cosmos bipinnatus,* Doppelgefiedertes Schmuckkörbchen; *C. sulphureus* mit schönen, orangegelb blühenden Hybriden. Die Kosmeen mit

Einjahrsblumen ohne Vorkultur

Niedrigste unter 30 cm

Einjährige Rank- und Kletterpflanzen ohne Vorkultur siehe Kapitel »Rundblick auf die Kletterpflanzen« ab Seite 247

Wuchshöhe über 1 m

Kosmee

ihrem feingefiederten Laub und ihren zahllos hervorsprießenden Körbchenblüten sind eine allbekannte Erscheinung im Reiche des Sommerflors. Die Vorkultur erfolgt ab Mitte April im halbwarmen Frühbeet – man kauft also ab Mitte Mai vorgetriebene Setzlinge beim Gärtner und pflanzt sie mit 40 cm allseitigem Abstand aus. Mit der Ernährung soll man sie kurzhalten, denn in nahrhaftem Boden oder bei reichlichen Kopfdüngungen schießen sie nur ins Kraut, ohne genügend Blüten zu bilden. Wie schon in unserer Einleitung erwähnt, wirkt sich das Abschneiden jeder verblühten Blume bei den Kosmeen besonders günstig aus. Kommt doch einmal ein Samenstand zur Reife, so bringt das nächste Frühjahr meist eine große Anzahl von Jungpflanzen, die man beliebig – auch schon im vorgeschrittenen Alter – versetzen kann. Sie werden allerdings meist nicht so groß und blühen auch nicht mehr so schön wie beim Gärtner vorkultivierte Pflanzen.

Wunderbaum, Palma Christi, *Ricinus communis* (Wolfsmilchgewächs) Höhe 2–3 m; Blütezeit Herbst; Blüten weiß, unbedeutend. – Mitte März die buntgesprenkelten Bohnen in kleine Blumentöpfchen mit guter Komposterde legen und in Zimmerwärme feuchthalten. Keimzeit 2–3 Wochen. Nach Durchwurzeln der Töpfchen nochmals in größeren Topf umsetzen. Nach den Eisheiligen – in rauheren Lagen sogar erst Anfang Juni – die nun schon recht stattlichen Topf-Rizinusse an einen recht sonnigen, warmen und windgeschützten Platz im Garten verpflanzen. Erde des Standortes schon Anfang Mai tiefgründig, auf etwa 80 cm, lockern und sehr kräftig vordüngen. Nur so können sich diese tropischen Gewächse wirklich zu 3–4 m hohen »Wunderbäumen« entwickeln, deren majestätische Erscheinung im Schmuck der schönen, handförmig gelappten Blätter auch den Namen »Palma Christi« verdient. Warmes Sommerwetter, immer reichliches Wässern und regelmäßige Kopfdüngungen sind weitere Voraussetzungen für solches Gedeihen. Auslegen der Kerne ins Freiland wie Buschbohnen ist ab Anfang Mai möglich, ergibt aber selbst bei günstigsten Witterungsbedingungen wesentlich kleinere Pflanzen. Endlich kann man den Rizinus auch nach Vorkultur in Töpfchen und entsprechendem Wachstum in Kübel verpflanzen und bei Überwinterung in hellen, kühlen Räumen als an sich ausdauernde Pflanze so lange weiterkultivieren, wie seine Größe es erlaubt. – Auslesen aus *R. communis* sind die Formen *borbonensis* ('Arboreus'), bis 3 m mit grünlichroter Belaubung; *gibsonii* ('Sanguineus'), um 2 m mit blutrotem Laub, schönste Form, sowie *zanzibariensis,* um 2 m, Blätter sehr groß, grünlichrot bis blutrot. – Die Rizinusblüte ist grünlichweiß und unscheinbar. Die in einer stacheligen Hülle reifenden Samen sind so gefährlich, daß man sie lieber immer frühzeitig ausbrechen sollte. Vergleiche dazu Kapitel »Schutz vor Gartengefahren«, Seite 106.

Wunderbaum / Ricinus

Löwenmaul, *Antirrhinum majus* (Braunwurzgewächs) Höhe bis über 100 cm; Blütezeit Juni/Oktober; viele Farben. – Aussaat Februar bis Anfang März in Zimmerschalen oder kalten Kasten, Pflänzchen verstopfen und ab Mitte Mai mit 25 bis 30 cm Abstand verpflanzen. Einfacher ist es, fertige Setzpflanzen vom Gärtner zu beziehen. Für späten Flor Freilandaussaat Anfang Juni an Ort und Stelle. Ist mit jedem leidlichen Gartenboden zufrieden. Sonne und Halbschatten. Die meist in vielfarbigen Prachtmischungen angebotenen Sorten – vor allem auch die F_1-Hybriden – des Hohen Löwenmauls sind als Rabattenpflanzen und als Füller im Staudenbeet von wundervoller Wirkung. Sie bewähren sich ebenso wie ihre halbhohen und niederen Geschwister als unermüdliche Blüher, die bis zum ersten Frost anhalten und dazu oft so stark aussamen, daß man im nächsten Frühjahr viele überwinterte Keimlinge zum Versetzen vorfindet. Abschneiden der verblühten Stielchen bewirkt eifriges Nachblühen aus Seitentrieben. – Bild Seite 180.

Sommeraster, *Callistephus chinensis* (Korbblütler) Höhe bis 60 cm; Blütezeit Sommer/Herbst, alle Farben. – Aussaat März ins Frühbeet oder in Zimmerschalen, besser pflanzfertige Setzlinge kaufen. Sie wachsen ebenso willig an wie die selbst verstopften Sämlinge, machen aber viel weniger Mühe. Die Sommeraster ist eine der wichtigsten und beliebtesten Einjahrsblumen. In zahlreichen aufeinanderfolgenden Sorten kann man sie von Ende Juli bis zu den ersten Frösten blühend im Garten haben und auch als Topfgewächs im Zimmer bis weit in den Winter hinein kultivieren. Ihre Ansprüche sind bescheiden, am besten sind sonniger Standort und lockerer, altgedüngter Boden. Der größeren Haltbarkeit wegen sollten grundsätzlich nur die als »welkeresistent« bezeichneten, also nicht von der gefährlichen Asternwelkekrankheit betroffenen Züchtungen verwendet werden. Sie eignen sich auch besser zum Schnitt.

Wunderblume, *Mirabilis jalapa* (Wunderblumengewächs) Höhe bis 100 cm; Blütezeit Juli/September; Blütenfarben: weiß, gelb, rot sowie innerhalb dieser Farben bunt gestreift. – Auspflanzen ab Ende Mai mit 50 cm Abstand in tiefgründigen, lehmigen Boden, der etwas kalkhaltig sein darf. Sonniger Stand, bei Trockenheit wässern. Bei der Pflanzung vor allem die rübenartige Wurzel sorgfältig behandeln. Sie läßt sich übrigens wie die Dahlienknolle im Herbst aus dem Boden nehmen und überwintern. – Die Wunderblume ist ein bildschönes Gewächs von geheimnisvoller Fremdartigkeit. Ihre großen, trichterförmigen Blüten locken die Nachtschmetterlinge an und geben dadurch dem Naturfreund Gelegenheit zu interessanten Beobachtungen.

Ziertabak, *Nicotiana* (Nachtschattengewächs) Höhe 60–80 cm; Blütezeit Sommer/Herbst; Blütenfarben: alle Rottöne, gelb, weiß. – Die Hybridformen des Ziertabaks umfassen eine Anzahl schöner, dekorativer Pflanzen, deren Kultur keine Schwierigkeiten macht. Am bekanntesten ist *Nicotiana* × *sanderae*. Auspflanzen nach Mitte Mai in guten Gartenboden, bei Trockenheit wässern und gelegentlich Kopfdüngungen geben. Zum Füllen größerer Rabatten in Horsten setzen.

Ziertabak

Einjahrs-Bartfaden, *Penstemon hartwegii* (Braunwurzgewächs) Höhe 70 cm; Blütezeit Sommer/Herbst; Blütenfarben: weiß, rosa, rot, karmin, blau – oft getigert oder getuscht mit weißem Schlund. – Der Einjahrs-Bartfaden ist an sich eine tropische Staude und wirkt in seiner Gesamterscheinung wie ein ins Liebliche übersetzter Fingerhut. Aus einer hübschen grünen Blattrosette erhebt sich der Blütenstiel mit den großen, glockig herabhängenden Blüten, die sich interessanterweise nacheinander von unten nach oben erschließen. Besonders prächtig sind 'Scharlachkönigin' und die Mischung 'Neue Riesen'. Im Herbst nicht abgeschnitten, soll der Einjahrs-Bartfaden nach milden Wintern ein zweites Jahr wiederkommen. Mir ist solcher Nachbau allerdings bisher nicht gelungen.

Einjahrs-Sonnenhut, *Rudbeckia hirta* (Korbblütler) Höhe 80 cm; Blütezeit August/September; Blütenfarben: goldgelb, orangegelb, oft dunkle Mitte. – Die Einjahrs-Rudbeckie ähnelt in ihrer ganzen Gestalt der weiter hinten behandelten Stauden-Rudbeckie. Sie stammt aus Nordamerika und bildet schöne, starke Büsche. Hervorragend die in den letzten Jahren herausgebrachte Neuzüchtung 'Meine Freude' mit bis 12 cm breiten, wunderschönen Sternblüten. Bekannt und beliebt ist auch *Rudbeckia hirta* var. *pulcherrima*, der Zweifarbige Sonnenhut, mit 30–50 cm Höhe und 5–8 cm großen Blumen. – Beide Einjahrs-Rudbeckien stellen keine großen Ansprüche, werden nach Mitte Mai gepflanzt und samen sich häufig selbst aus. Sie sind sehr gute Schnittblumen, doch darf man sie erst voll erblüht schneiden und soll sie vor unverzüglichem Einstellen in die Vase nachschneiden. Knospen gehen zwar auf, fallen aber rasch zusammen.

Brokatblume, Trompetenzunge, *Salpiglossis sinuata* (Nachtschattengewächs) Höhe 60–80 cm; Blütezeit Sommer; Blütenfarben: weiß, gelblich, rosa bis dunkelrot, mit buntfarbigen Adern, samtartig schimmernd. – Einzige anbauwürdige Art, daraus auch Züchtung von F_1- und F_2-Hybriden. – Manche Fachleute rechnen die Trompetenzunge zu den Einjahrsblumen ohne Vorkultur, weil Freilandaussaat im Mai unter günstigen Bedingungen auch noch eine Spätblüte bringen kann. Nach meinen Erfahrungen ist es in diesem Fall aber richtiger, die aus Märzaussaat im warmen Frühbeet vorgetriebenen Setzlinge nach Mitte Mai pflanzfertig beim Gärtner zu kaufen, weil man auf diese Weise wirklich in den vollen Genuß einer der schönsten und eigenartigsten Sommerblumen kommt. Sie sind wahre Farbenwunder von orchideenhafter Pracht, unwahrscheinliche Geschöpfe einer geradezu üppigen Spenderlaune der Natur, die hier für wenige Monate einen Reichtum ohnegleichen entfaltet. In Töpfen vorgetriebene Exemplare setzen nicht selten schon Mitte Juni mit der Blüte ein, zu einer Zeit also, wo andere Blumen noch verhältnismäßig knapp sind. Keine Frage, daß eine so prunkvolle Pflanze auch guten, nahrhaften Boden braucht. Ihr Wasserbedarf ist nicht sehr groß, was der kundige Gartenfreund ohne weiteres an der klebrig-drüsenhaarigen Oberfläche ihrer buchtig gezähnten bis fiederspaltigen Blätter erkennt. Kultur etwa wie Ziertabak. – Farbbild Seite 72.

Riesenzinnie, *Zinnia elegans* (Korbblütler) Höhe 60–100 cm; Blütezeit Sommer; alle Farben. – Hervorragend haltbare Schnittblume. Aussaat März / Anfang April ins warme Frühbeet, Auspflanzen Mitte Mai mit 30 cm Abstand; vor Kälte schützen. Ist mit halbsonnigem Standort und wenig Wasser zufrieden; überhaupt eine der dankbarsten Sommerblumen. Zinnien lassen sich leicht verpflanzen, solange ihr Wurzelballen unverletzt ist und es nicht in der Sonne geschieht. Man kann sie sogar noch in der Blüte vom Gärtner beziehen. Kopfdüngungen und reichlich Wasser erhöhen die Monate hindurch anhaltende Blühfreudigkeit. Es gibt unzählige Arten und Sorten, unter denen sich die verschiedenen Riesenzinnien besonderer Beliebtheit erfreuen. Skabiosenblütige und Dahlienblütige, Tetra Kolossal, Kalifornische Riesen, Chrysanthemenblütige, Kaktusblütige und die F_1-Hybridsorten der Zenith-Klasse gehören in diese Gruppe. Eine durch ihre Kleinheit und unerhörte Blütenfülle bestechende neuere Züchtung ist die Form 'Liliput' in vielen Sorten. Höhe nur 20–30 cm.

Einjahrs-Pantoffelblume

Einjahrs-Pantoffelblume, *Calceolaria integrifolia* (Braunwurzgewächs) Höhe 30 bis 40 cm; Blütezeit August bis Frosteintritt; Farbe: gelb. Jeder ihrer 8–10 verästelten, hübsch hellgrün belaubten Stengel trägt eine große Zahl von Blütenknospen, die sich nun viele Wochen lang zu ungezählten, dottergelben Pantöffelchen erschließen. Wahrlich eine »dankbare« Pflanze, mit der man natürlich auch außerhalb des Steingartens viel anfangen kann. Pflegemaßnahmen? Ich habe nie etwas Besonderes für sie getan, so daß Einsetzen im August und Herausnehmen nach den ersten Frösten alle Arbeit umfassen. Und dafür ein rundes Vierteljahr Blütenfreude!

Buntnessel, Blumennessel, *Coleus*-Blumei-Hybriden (Lippenblütler) Höhe 30 bis 60 cm; Blüte unscheinbar. – Die Anzucht dieser durch ihre prächtige Laubfärbung bestechenden Pflanze ist Gärtnersache. Wir kaufen sie Mitte Mai setzfertig in Töpfchen oder mit Topfballen, um Beetränder und Blumenrabatten damit zu schmücken. Sehr sonniger Stand und eine möglichst kalkfreie, mit viel Torf versetzte, feuchte Erde lassen die Blätter bald alle Farbenspiele entfalten. Blütenansätze ausbrechen fördert Laubschönheit. Überwinterung möglich, aber kaum lohnend.

Sommer-Wolfsmilch, Schnee am Berg, *Euphorbia marginata* (Wolfsmilchgewächs) Höhe 60 cm; Blüten ohne Belang. – Leichter Boden, trockener Standort und viel Sonne sind Voraussetzung dafür, daß etwa ab Juli besonders die oberen Blätter der stattlichen, um 60 cm hohen Pflanzen sich kräftig weiß umranden, um damit den unscheinbaren Wolfsmilch-Blütchen zu ungeahnter Anziehungskraft zu verhelfen. Es ist der gleiche Vorgang einer Brakteen-Entwicklung, wie wir sie vom Weihnachtsstern und anderen Wolfsmilchgewächsen kennen. Man kauft für den Anfang beim Gärtner gut abgehärtete Treibpflanzen mit Topfballen und setzt sie Ende Mai ins Freiland. Später sorgt reiches Aussamen für Fortpflanzung von einem Jahr zum andern.

Gazanie, Mittagsgold, *Gazania* (Korbblütler)   Höhe 20–50 cm; Blütezeit Juni/Oktober; Blütenfarben der neuen Hybridsorten von weiß über viele Gelb- und Orangetöne bis karmin. – Diese reizende Korbblütlerin aus dem südafrikanischen Kapland ist ein typisches Beispiel für die Entwicklung von Kulturpflanzen durch Züchtung. Nach dem Krieg tauchte die Gazanie als ziemlich bescheidenes »Mittagsgold« für Steingärten und Trockenmauern auf, wo man vor allem auch ihre späte Blütezeit zu schätzen wußte. Inzwischen sind durch Kreuzung mehrerer Ursprungssorten – vor allem *G. longiscapa, G. nivea* und *G. rigens* – Wuchs und Farbigkeit erheblich gesteigert worden. Dadurch haben sich die meist in Prachtmischung angebotenen Hybridsorten auch viele neue Einsatzgebiete erobert und sind auf dem besten Weg zu einer Art von Modeblume. Sie gedeihen überall, wo volle Sonne herrscht und ein zwar guter, aber trockener und wenig stickstoffhaltiger Boden vorhanden ist: auch am Rand von höheren Staudenrabatten, in gemischten Blumenbeeten am Hang wie in Kästen und Schalen. Vorkultur ab Februar etwas umständlich und langwierig. Man kauft lieber fertige Setzpflanzen, die aber nicht vor dem letzten Maidrittel ins Freiland kommen sollten. In ihrer Heimat sind die meisten Gazanienarten ausdauernd. Bei uns gilt das schmuckvolle Gewächs wegen mangelnder Winterhärte als einjährig, doch lassen sich im Frühherbst bewurzelte Stecklinge am hellen, kühlen Platz in Töpfchen überwintern. – Farbbild Seite 72.

Heliotrop, Sonnenwende, *Heliotropium* (Rauhblattgewächs)   Höhe bis 60 cm; Blütezeit Juli/September; Blütenfarbe dunkelviolett. – Dieser Halbstrauch südlicher Zonen gehört wie Buntnessel, Fuchsie oder Geranie zu den Grenzfällen des Gartenreiches und steht mit mehr als einem Fuß bei den Balkonpflanzen. Dennoch: auch im Freien hat er Heimatrecht als eine unserer lieblichsten, auch durch ihren zarten Vanilleduft bestechenden Gruppenpflanzen. Man bezieht nach der Maimitte fertige Ballenpflanzen vom Gärtner und gibt ihnen einen sonnigen, geschützten Standort. Allgemeine Sommerpflege wie Geranie. Überwintern für Gartenkultur kaum lohnend.

Gartenbalsamine, *Impatiens balsamina* (Balsaminen- oder Springkrautgewächs) Höhe 30–60 cm; Blütezeit Juni/September; alle Farben außer gelb; viele Sorten. – Anzucht aus Samen ab April im warmen Frühbeet, einmal am Ort oder in Töpfchen warm verstopfen, nicht vor Mitte Mai mit 15–20 cm Abstand ins Freiland verpflanzen. Einfacher: Bezug pflanzfertiger Setzlinge beim Gärtner. Die liebe, altmodische Balsamine mit ihren steifen, glasig-durchsichtigen Stengeln und den merkwürdig gespornten, fast ohne Stiel in den Blattwinkeln erscheinenden Blüten braucht nahrhafte, feuchte Erde und viel Sonne. Sie kommt auch gut in Balkonkästen und als Topfpflanze fort. Einfacher zu ziehen als diese Gartenbalsamine ist die bis mannshohe Große Balsamine, *Impatiens glandulifera,* die im April ins Freiland gesät wird und sich für Naturpartien mit Halbschatten eignet. Auch das »Fleißige Lieschen« gehört zur Verwandtschaft und wird besonders in seiner weißbunten Form heute viel als Rabattenpflanze verwendet.

Sommerlevkoje, *Matthiola incana* (Kreuzblütler)   Höhe 50–60 cm; Blütezeit Juni bis Herbst; alle Farben. – Der Fachmann unterscheidet je nach der Blütezeit Sommerlevkojen, Herbstlevkojen und Winterlevkojen. Nur die erste Gruppe ist für Freilandzwecke geeignet und erfreut sich mit einem umfangreichen Sortiment von Klassen und Spezialrassen ständiger Beliebtheit. Diese Zuneigung ist vollauf gerechtfertigt,

Gartenbalsamine

Gauklerblume

Roter Salbei

denn im kärglichsten Boden, fast ohne Pflege entfaltet sie über dem hübschen, graugrünen Laub monatelang ihren üppigen, duftenden, farbenprächtigen Flor. Dicht pflanzen (nicht mehr als 10 cm Abstand von einer Levkoje zur andern) ist eines der Geheimnisse, um ab dem letzten Maidrittel mit ihnen gut voranzukommen. Wo einfachblühende zwischen den gefüllten auftauchen, werden sie ausgezogen. – Es gibt auch »Zwergpyramiden-« und »Zwergbukett-Levkojen« mit nur 20–25 cm Höhe.

Gauklerblume, *Mimulus* (Braunwurzgewächs) Höhe 20–50 cm; Blütezeit Juni/August; Farben: gelb gefleckt, auch purpurkarmin. – Die Gauklerblume ist unter den Einjahrsblühern an Farbenpracht etwa dasselbe wie die Tigerblume unter den Zwiebelgewächsen. Ein zauberhaft buntes Geschöpf, dessen liebenswürdige »Gaukelei« in häufigem Ändern der Farben besteht. Es gibt viele schöne Kulturformen. In milden Gegenden kann vor allem *M. luteus* so dauerhaft sein, daß sie als Staude geführt wird. Alle verlangen feuchten Boden, der auch humos und nahrhaft sein soll. Lichter Schatten am Wasserbecken – jedoch ohne stehende Nässe – ist gerade das Richtige. Die Ansprüche sind im Verhältnis zur Eigenart und Farbenpracht der Pflanze recht gering, so daß jeder Gartenfreund zugreifen sollte, wenn ihm die Gauklerblume angeboten wird.

Petunie, *Petunia*-Hybriden (Nachtschattengewächs) Höhe 30 cm; Blütezeit Juni bis Herbst; Blütenfarben: alle außer gelb und blau. – Als eine der beliebtesten Gartenblumen, die auch im Balkon- und Fensterkasten seit langem Heimatrecht besitzt, wird die Petunie in immer neuen Rassen und Klassen gezüchtet. F_1-Hybriden gelten als besonders regenfest. Jeder Katalog gibt über Einzelheiten Auskunft. Die schwierige Anzucht ist Sache des Gärtners. Wir kaufen nach den Eisheiligen die gut vorgetriebenen und bereits blühenden Pflanzen, die mit unbeschädigtem Topfballen sehr leicht anwurzeln und weiterwachsen. Im übrigen macht ihre Pflege nicht viel Mühe, wenn man bei Trockenheit genügend gießt, Abgeblühtes immer entfernt und die unermüdliche Blühwilligkeit der Pflanzen durch gelegentliche Kopfdüngungen unterstützt. Als geborene Südamerikanerin und nahe Verwandte des Tabaks schätzt die Petunie einen sonnigen Stand und warmen, durchlässigen Boden.

Einjahrs-Sommerphlox, *Phlox drummondii* (Flammenblumengewächs) Höhe 30 bis 50 cm; Blütezeit Sommer/Herbst; Blütenfarben: alle, auch mit Auge. – Man unterscheidet hohen und niedrigen Sommerphlox. Von beiden gibt es zahlreiche Sorten. Der hohe Sommerphlox, *Phlox drummondii grandiflora,* ist schon seit über 50 Jahren bekannt, aber noch immer entstehen Neuzüchtungen und Verbesserungen. Sie haben drüsig behaarte, am unteren Ende liegende Stengel, eignen sich zur Füllung größerer Blumenbeete und bilden in ihrem wunderbaren Farbenspiel eine wahre Augenweide. Bei kühlem und regnerischem Wetter wird die Phloxblüte nicht selten eine Enttäuschung. Andererseits muß bei Trockenheit ausgiebig gewässert werden. Auch Kopfdüngungen und ein humoser, nahrhafter Gartenboden sind erwünscht. – Die niedere Form *Ph. d. compacta* wird nur 20–25 cm hoch und hat die gleichen Kulturbedingungen. Ist in farbigen Horsten auch für den Steingarten reizvoll. Einjahrsphlox ist gegen Spätfröste verhältnismäßig unempfindlich, daher Auspflanzen um Mitte Mai kein Risiko.

Roter Salbei, *Salvia splendens* (Lippenblütler) Höhe 35–40 cm; Blütezeit Sommer; Blütenfarbe: scharlachrot. – Das scharfe Rot des halbstrauchartigen »Feuersalbei« ist heute wohl überall zu finden, wo gärtnerische Anlagen durch laute Farben Aufmerksamkeit erregen. Gut: Kleinere Horste in Staudenrabatten oder Zusammenpflanzung mit *Ageratum*. *Salvia splendens nana* ist eine reizende Zwergsorte, Höhe 18–20 cm.

Gartenverbene, Eisenkraut, *Verbena hybrida* (Verbenengewächs) Höhe 15–40 cm; Blütezeit Juni/Oktober; viele Farben. – Fertige Pflanzen mit Topfballen lassen sich ab Mitte Mai jederzeit, auch vor und während der Blüte versetzen. Die Verbenen gehören zu den beliebtesten Einjahrsblühern, deren Farbenreichtum und Duft sie unentbehrlich macht. Beste Beet-, Einfassungs- und Füllpflanzen. Die Kataloge nennen stets viele Einzelsorten und Prachtmischungen der verschiedenen größeren und kleineren Typen. Neuerdings besonders beliebt die »Mammutverbenen«.

Leberbalsam, *Ageratum* (Korbblütler) Höhe 15–60 cm; Blütezeit Sommer bis Herbst; Blütenfarbe: blau. – Das *Ageratum* ist eine so häufige Gartenpflanze, daß über seine Kultur und Verwendung nicht viel gesagt zu werden braucht. Es eignet sich für bunte Beete, Blumenteppiche, als Einfassung und Grabpflanze, ja sogar im Steingarten kann man hübsche Farbeffekte damit erzielen. Das Hohe Ageratum – Stengel bis 60 cm – ist eine gute Schnittblume.

Zwerg-Löwenmäulchen, *Antirrhinum majus* var. *pumilum* (Braunwurzgewächs) Höhe 20 cm; Blütezeit Juni/Oktober; alle Farben. – Die allerliebste Zwergform des auf Seite 134 beschriebenen großen Löwenmauls wird in gleicher Weise kultiviert. Eignet sich auch zur Fugenbepflanzung von Trockenmauern.

Semperflorens-Begonien, *Begonia*-Semperflorens-Gruppe (Begoniengewächse) Höhe 8–20 cm; Blütezeit Juni/Oktober; Blütenfarben: weiß, rosa, rot. Viele Sorten. Sonne und Halbschatten. – Anzucht aus Samen schwierig und nicht lohnend. Jungpflanzen beim Gärtner kaufen. Semperflorens-Begonien werden mehr im Balkonkasten als im Freiland verwendet. Knollenbegonien siehe »Blumen aus Zwiebeln und Knollen«.

Hahnenkamm, *Celosia* (Amarantgewächs) Höhe 25–35 cm; Blütezeit Sommer; Blütenfarben: rot oder gelb. – Der band- bis hahnenkammartig verbreiterte Blütenstand in seiner merkwürdigen Kräuselung läßt keine Einzelblüte erkennen. Die scharfen Farben passen nicht überall hin. Trotzdem lassen sich mit diesem barocken Gewächs erstaunliche Wirkungen erzielen. Der Pflanzgrund muß sehr nahrhaft sein, häufige Kopfdüngungen mit Volldüngerlösung und sonniger Standort unentbehrlich.

Einjährige Gartennelken, *Dianthus caryophyllus, D. chinensis* (Nelkengewächse) Höhe 40–50 cm, China-Nelke 20–30 cm; Blütezeit Hochsommer bis Herbst; Farben: rot, bunt, auch gefüllt. – Aussaat im Februar in Zimmerschalen oder ins halbwarme Frühbeet, Samen nur leicht mit Sand bedecken, warm verstopfen, nach Abhärtung ab Ende April mit 25 cm Abstand auspflanzen. Einfacher ist der Bezug von Setzlingen beim Gärtner. Kultur wie bei Staudennelken. Wichtigste Formen und Sorten: Chabaudnelken, 'Nizzaer Kind' und 'Riesen der Provence'. – Die niedrigere China-Nelke, *Dianthus chinensis,* ist insbesondere in ihrer Varietät *heddewigii,* der Heddewigsnelke, mit großen Blumen auf straffen Stielen sehr beliebt. – Farbbild Seite 72.

Lobelie, Spaltglöckchen, Teppichspleiße, *Lobelia erinus* (Glockenblumengewächs) Höhe 10–25 cm; Blütezeit Juni/September; Farben: blau, rot und weiß. – Aussaat Februar/April ins kalte Frühbeet oder in Töpfchen, auch Herbstaussaat. Der sehr feine Samen darf nur leicht in die Erde gedrückt werden. Verstopfen unerläßlich, wobei man immer gleich mehrere der winzigen Pflänzchen zusammennimmt, damit es die bekannten kleinen Büschel gibt. Einfacher ist der Bezug von Setzlingen. Lobelien lassen sich jederzeit, auch in der Blüte, verpflanzen. Sie lieben mageren Boden und blühen unermüdlich bis zum Frost, wenn man Abgeblühtes immer zurückschneidet. – Beliebte Sorten: die kornblumenblaue 'Kaiser Wilhelm'; die tiefblaue, dunkellaubige 'Kristallpalast'; die magentarote 'Rosamunde' mit weißem Auge; die großblumige weiße 'Schneeball'. Die beliebte alte Hängelobelie *L. erinus* 'Pendula' ist bei den Kletterpflanzen zu finden. Staudenlobelien siehe Seite 187.

Niedrigste unter 30 cm

Gartennelke

Einjährige Rank- und Kletterpflanzen mit Vorkultur siehe Kapitel »Rundblick auf die Kletterpflanzen« ab Seite 247

In der Mitte zwischen den Einjahresblumen oder Annuellen und den ausdauernden Kräutern, Stauden oder Perennen stehen als kleine, aber gartenbaulich doch recht bedeutsame Gruppe die Zweijahrsblumen, Halbstauden oder Biennen. Sie werden zwischen Frühsommer und Herbst des einen Jahres gesät, keimen und treiben Blätter, werden meist ab Spätsommer auch noch an ihren endgültigen Platz verpflanzt, um je nach Kälteempfindlichkeit mit etwas Deckschutz zu überwintern. Blüte und Samenstände entwickeln sich dann erst während der nächsten Vegetationszeit. Mit einem sehr reichlichen Aussamen ist der Lebenslauf dieser Zweijahrsblüher an sich erschöpft. Aber nicht alle sterben am Ende des zweiten Sommers wirklich ab, sondern unter günstigen Kulturbedingungen kommen manche noch mehrere Jahre wieder, so daß die Klassifizierung von Zweijahrsblumen oder Halbstauden weitgehend Geschmackssache bleibt. Reihenfolge nach den botanischen Namen.

Die Entwicklung im ersten Jahr

Da die Entwicklung im ersten Sommer und Herbst hübsch langsam vor sich gehen soll, wird die Anzucht von Stiefmütterchen oder Vergißmeinnicht, Bartnelke oder Zweijahrsgoldlack auf dem Saatbeet gern unter einem die Luftfeuchtigkeit haltenden, den Sonnenstrahlen wehrenden Schattendach vorgenommen. Über die Anlage solcher sommerlichen Freilandsaatbeete lesen wir im Kapitel »Säen und Pflanzen«. Auch abgeleerte Frühbeete, deren Fenster sich mit Schilfmatten leicht schattieren lassen, sind gut zu gebrauchen. Besondere Düngung ist vor allem bei den Jungpflanzen nicht erforderlich. Knapphalten bekommt ihnen besser und hält sie straff im Wuchs.

Die meisten Zweijahrsblumen müssen nach Bildung des dritten Blattes auf 5—10 cm verstopft werden, ehe sie im Herbst ihren endgültigen Platz erhalten. Nochmals: ab Ende November ist durchweg leichter Winterschutz anzuraten. Da die Anzucht von Halbstauden im eigenen Garten manchmal Schwierigkeiten macht, ist Bezug pflanzenfertiger Setzlinge beim Gärtner besser.

Stockrose, Malve, *Alcea rosea* (Malvengewächs)   Höhe bis 3 m (anbinden!); Durchmesser 30—50 cm; Blütezeit Juli/September; Farben: weiß, rosa, rot, lila und feine Gelbtöne. – Freilandaussaat im Juni/Juli; Verstopfen ist nicht nötig, Auspflanzen möglichst im Oktober, da die Malve sehr lange Pfahlwurzeln treibt und ein Versetzen im nächsten Frühjahr meist schlecht verträgt. Vorsicht, daß die Wurzeln nicht geknickt oder verbogen werden. Braucht kräftigen, gut gedüngten Boden, reichlich Standraum, Sonne und etwas Winterschutz. Bekommt bei zu trockenem und zu engem Stand leicht Malvenrost. – Einige Hybridsorten werden auch einjährig gezogen, siehe Sommerflor; ausdauernde Malven siehe Staudenkapitel. – Bild Seite 107.

Gänseblümchen, Maßliebchen, Tausendschönchen, *Bellis perennis* (Korbblütler) Höhe bis 15 cm; Durchmesser 10—15 cm; Blütezeit März/Oktober; Farben: weiß, rosa, rot. – Freilandaussaat August, den winzig feinen Samen mit Sand mischen, Verstopfen nicht nötig, Auspflanzen im Herbst auf 10—15 cm Entfernung. Samt sich selbst stark aus. Da diese selbst ausgesamten ebenso wie die bei Saatanzucht gewonnenen Jungpflanzen häufig ungefüllte Gänseblümchen-Blüten bringen, ist Vermehrung durch alljährliche Stockteilung vorzuziehen. Man wird dafür natürlich nur Pflanzen mit schön dichtgefüllten Blüten auswählen. Zahlreiche Sorten, auch F_1-Hybriden, in vielen Farben von weiß über karmin bis zu dunkelrot.

Die als »Blaues Gänseblümchen« rasch berühmt gewordene, wirklich reizende Pflanze hat mit *Bellis* unmittelbar nichts zu tun. Botanischer Name; *Brachycome iberidifolia*. Neue Sorte 'Blue Spendor' als Saatgut zu haben, Vorkultur ab März oder Direktsaat ab Maimitte. Einjährig.

Marienglockenblume, *Campanula medium* (Glockenblumengewächs) Höhe 50 bis 90 cm; Blütezeit Juni/August; Farben: weiß, blau, rosa; Blüten in Trauben hängend, sehr groß. Viele schöne Sorten, auch gefüllt blühend. – Aussaat Mai/Juni ins kalte Frühbeet oder geschützte Freilandsaatbeet, Verstopfen und im Herbst mit 30–40 cm Abstand an Ort und Stelle pflanzen. Gedeiht in jedem Gartenboden mit Sonne. Wunderschöner Füller im Staudenbeet, dauerhafte Schnittblume. – Bild Seite 180.

Zweijahrs-Goldlack, *Cheiranthus cheiri* (Kreuzblütler) Höhe 40–70 cm; Blütezeit April/Juli; Farben: gelb, braunrot, violettbraun, duftend. – Zwei Wuchsformen treten hervor: 1. der rundliche, reichverzweigte 'Buschlack' mit einfachen oder gefüllten Blüten und köstlichem Duft – hier auch ein nur 30 cm hoher Zwerg-Buschlack –, 2. der einstielige, großblumige 'Stangenlack', dessen volle Höhe und Schönheit nur in bestem Gartenboden erreicht wird. – Aussaat schon Mai ins kalte Frühbeet oder geschützte Freilandsaatbeet, Verstopfen günstig, Auspflanzen Juni/Juli mit 25 cm Abstand, Winterdecke notwendig. Goldlack liebt nahrhaften, lehmigen Boden und Sonne, hält manchmal drei und vier Jahre aus. Über die ebenfalls mögliche einjährige Kultur derselben Art lesen wir beim Sommerflor.

Bartnelke, *Dianthus barbatus* (Nelkengewächs) Höhe 30–60 cm; Durchmesser 15 bis 20 cm; Blütezeit Juni/August; Farben: rot, weiß. – Aussaat Juni ins kalte Frühbeet oder geschützte Freilandsaatbeet. Jungpflänzchen verstopfen, im Herbst auspflanzen. Vor Kälteeintritt leichte Winterdecke geben. Es genügt etwas Reisig. Die Bartnelke liebt volle Sonne und nahrhaften Boden. Nachwuchs durch Aussamen gesichert. – Zweijährig gehalten wird meist auch die Landnelke, *D. caryophyllus,* deren wunderschöne gefüllte Sorten übrigens fast immer einen gewissen Prozentsatz ungefüllter Blüten bringen. Ihre sehr gute Eignung zum Schnitt und andere liebenswerte Eigenschaften lassen diesen kleinen Webfehler jedoch leicht verschmerzen. – Einjahrsnelken siehe Kapitel Sommerflor; ausdauernde siehe Staudenkapitel.

Fingerhut, *Digitalis purpurea* (Braunwurzgewächs) Höhe bis 150 cm; Durchmesser 25–30 cm; Blütezeit Juni/Juli; Farben: weiß bis karminrot in vielen Schattierungen, auch gefleckt und getigert. – Aussaat Juni ins Freilandsaatbeet, Verstopfen entfällt, Auspflanzen mit 30–40 cm Abstand im August. Fingerhut liebt lichten Schatten und humosen, möglichst kalkfreien, dabei etwas trockenen Boden, wie ihn auch die Wildform als Bewohnerin der Randgebiete lichter Nadelwälder bevorzugt. Rechtzeitiger Rückschnitt unmittelbar nach der Blüte kann die Lebensdauer der dekorativen Pflanze um mehrere Jahre verlängern. Niedrige Arten wie *Digitalis lutea* sind von Natur ausdauernd. Die größten und apartesten Blüten bringen einige Zuchtformen von *D. purpurea* var. *gloxinaeflora,* dem Gloxinienblütigen Fingerhut. Gift S. 105.

Fingerhut

Spring-Wolfsmilch, *Euphorbia lathyris* (Wolfsmilchgewächs) Höhe 40–100 cm; Blütezeit Juli/August; Blüten unscheinbar, von breiten Hochblättern umgeben. Die steif aufgerichteten Stengel sind zunächst dicht beblättert, verkahlen später von unten nach oben. Aussaat Juni/Juli, am besten horstweise über den ganzen Garten verteilt oder im Frühherbst entsprechend auspflanzen. Soll angeblich die Wühlmäuse vom Garten fernhalten. Die bei sonnigem Stand anspruchslose Pflanze samt sich so stark aus, daß ständiger Nachwuchs sogar wie Unkraut lästig werden kann. Der »Fernhalteeffekt« ist umstritten. Wühlmausbekämpfung S. 388.

Garten-Vergißmeinnicht, *Myosotis* (Borretschgewächs) Höhe 7–20 cm; Blütezeit Juni/August; Farben: azurblau, tiefblau, auch rosa und weiß. – Ursprungsarten sind *Myosotis alpestris,* das Alpen-Vergißmeinnicht, und *Myosotis sylvatica,* das Wald-Vergißmeinnicht, von denen die im Freilandbau bevorzugten Sorten und die mehr zur Topfkultur verwendeten, großblumigen Hybridformen abstammen. Aussaat Juni/Juli ins geschützte Freilandsaatbeet, verstopfen, im September mit 15 cm Abstand auspflanzen, später in rauheren Lagen etwas Winterdecke. Reiches Aussamen bringt jeden Herbst weit mehr Jungpflänzchen, als man unterbringen kann. Alle Vergißmeinnicht schätzen einen guten, etwas feuchten Gartenboden und Sonne bis Halbschatten. Daß sie etwas unschön verblühen und dann als trockene, bräunliche Büschel abgeräumt werden müssen, gehört zu ihrem Erscheinungsbild. Hohe Sorten wie 'Indigo' und die rosa 'Karminkönigin' (beide um 30 cm) eignen sich auch zum Schnitt. Einjahrs-Vergißmeinnicht siehe Sommerflor; ausdauernde siehe Stauden.

Greiskraut, Kreuzkraut, *Senecio cineraria* (Korbblütler) Diese in ihrer vielgefiederten, silberfilzigen Belaubung bildschöne Pflanze gehört zu den Grenzfällen ihrer Gruppe. Einige bezeichnen sie als Staude, andere ordnen sie – was mir richtig zu sein scheint – bei den Zweijahrsblumen ein, und wieder andere sagen: bei uns nicht winterhart, deshalb einjährig. Aber wie dem auch sei, das Greiskraut, dem immer noch sein alter botanischer Name *Cineraria maritima* als Handelsbezeichnung anhängt, ist eine so eigenartig-schöne Pflanzengestalt, daß man es als Füller für Teppichbeete und Staudenrabatten nicht missen möchte. Seine Höhe erreicht allerdings 40–60 cm. Fast noch hübscher, weil feiner gefiedert und etwas niedriger im Wuchs, ist die Zuchtform 'Rauhreif'. Rückschnitt im Frühjahr verlängert die Lebensdauer.

Königskerze, *Verbascum* (Braunwurzgewächs) Höhe 150–200 cm; Blütezeit Juni/August; Farbe: gelb. – Aussaat Juni/Juli ins geschützte Freilandsaatbeet, keimt nach 6–10 Tagen. Auspflanzen August/September. Sehr anspruchslos, doch sonnenhungrig. Liebt kalkhaltige, trockene Böden, steht bildschön und wahrhaft königlich als Solitär auf Steilhängen des Steingartens. Samt sich reichlich selbst aus und wird oft mehr als zwei Jahre alt, wie eine Staude. Man verwendet statt der eigentlich nur zweijährigen alten Ursprungsarten *(V. bombyciferum, V. nigrum, V. olympicum)* heute gern Hybriden wie 'Caledonia', 'Cotswold Queen', 'Densiflorum' oder die rosablühende 'Pink Domino'. Da diese nicht echt aus dem Samen fallen, müssen sie vegetativ durch Abtrennen von Nebenrosetten oder durch Wurzelschnittlinge vermehrt werden.

Gartenstiefmütterchen, *Viola*-Wittrockiana-Hybriden (Veilchengewächs) Höhe 20 bis 30 cm; Blütezeit Frühling und Herbst; alle Farben, meist gefleckt. – Aussaat Juli ins geschützte Freilandsaatbeet, einmal verstopfen, Auspflanzen ins freie Land bis September mit Abstand von 15–20 cm. In ausgesetzten Lagen die Jungpflanzen lieber im geschützten Saatbeet überwintern und erst im Frühjahr auspflanzen. Sonne und nahrhafter Boden am Standort erwünscht. Es gibt zahllose »Klassen« von Stiefmütterchen, über die jeder Katalog Auskunft erteilt. Am widerstandsfähigsten gegen Auswintern sind die sogenannten Hiemalis-Stiefmütterchen, die bei zeitiger Aussaat schon im gleichen Herbst zu blühen anfangen und nach der Schneeschmelze sofort wieder einsetzen. Die oft wirklich gewaltige Größe der Blüten mit bis zu 10 cm Durchmesser wird mit dem Kennwort »Riesen« signalisiert. So gibt es die berühmten 'Schweizer Riesen', 'Einfarbige frühblühende Riesen' ohne Auge, ja sogar 'Hesses Überriesen'! Doch alle diese Blütengrößen werden in den Schatten gestellt, seit aus Japan als erste F_1-Hybriden die 'Majestic Giants' kamen. Inzwischen warten auch holländische und USA-Züchter mit weiteren F_1-Hybriden auf. Sie gehören sämtlich zur Gruppe der Spätblüher und sind noch recht teuer. Das Sortiment an Marktpflanzen beschränkt sich wie üblich nur auf die gängigsten Züchtungen.

Königskerze

Bildseite 143:
Kaiserkrone (Fritillaria imperialis 'Aurora').

Bildseite 144:
Vier Gartenstauden:
Oben Palmlilie (Yucca filamentosa) und Edeldistel (Eryngium giganteum). Unten Waldgeißbart (Aruncus dioicus) und Prachtscharte (Liatris spicata).

Die Zwiebelblumen und Knollengewächse sind wichtiger Bestandteil der Gartenflora, die ohne Tulpe und Lilie, ohne Dahlie und Gladiole, ohne das reizende Kleinzeug von Schneeglöckchen bis Herbstkrokus um viele Blütenfreuden ärmer wäre. Andererseits erfordern die Zwiebelblumen und Knollengewächse trotz ihrer so handlichen Grundform kaum weniger Verständnis und Mühe als andere Zierpflanzen, auch wenn die winterharten Arten jahrelang ungestört im Boden bleiben können. Bei den nicht winterharten Arten bedeutet allein schon das fristgerechte Aufnehmen aus dem Boden, das vorschriftsmäßige Einlagern und alljährliche Neusetzen eine beträchtliche Mehrarbeit, die ähnlichen, immer wiederkehrenden Gartenpflichten gleichkommt.

Blumen aus Zwiebeln und Knollen

Bodenansprüche, Bodenvorbereitung

Um den Bodenansprüchen gerecht zu werden, sei die Frage erlaubt: was ist eigentlich eine Zwiebel? Im Schlagwörterverzeichnis steht es genauer zu lesen, daß diese in konzentrischen Schichten um einen am Grunde befindlichen, scheibenförmigen „Nabel" oder Wurzelkranz geordneten fleischigen Gebilde in Wahrheit Stammteile und Blätter, jedoch im pflanzenbiologischen Sinne keine Wurzeln sind. Sie dienen ebenso wie die Knollen und die knollenartigen Rhizome als Nährstoffspeicher und halten mit ihren gehorteten Schätzen das Treiben der starkfädigen Wurzeln nach unten wie das Treiben der gewissermaßen »vorfabriziert« in ihnen verborgenen Blätter und Blüten nach oben in Gang. Erst wenn durch geregelte Nahrungsaufnahme das Wachstum und die Ergänzung der Vorräte oder die Neubildung von Tochterzwiebeln und Tochterknollen sichergestellt ist, sind die Lebensfunktionen der Mutterzwiebeln oder Mutterknolle erfüllt.

Zwiebeln und Knollen biologisch betrachtet

Einziger Schutz für den von Bodenschädlingen begehrten Zwiebelkern ist die trockene, braune Deckhaut, die aber weder gegen ein Benagen noch gegen Bodenfeuchtigkeit und Bodeninfektion genügend Abwehr bietet. Die Knollen sind weniger durch Fraß als durch Fäulnis und Infektionskrankheiten einschließlich Virosen bedroht. Die gelegentlich von Gartenfreunden behauptete Herauszüchtung »mäusefester« Tulpenzwiebeln ist leider bisher ebensowenig gelungen wie andere ähnliche Wunschträume. Aber dafür gibt es heute vor allem für größere Zwiebeln die praktische Containerpflanzung, wie sie auf Seite 85 näher beschrieben ist.

Hilfe gegen Mäusefraß: die Containerpflanzung

Zwiebelblumen und Knollengewächse wollen keinen schweren, bindigen, sondern einen leichten, sandigen, infolgedessen gut durchlässigen Boden. Stehende Nässe ist ihnen ebenso ein Greuel wie der ohnehin im Garten sehr selten gewordene frische Mist. Vorratsdüngung erscheint fast immer angezeigt. Am besten wird dafür einer der bekannten Torfhumusdünger verwendet, wobei die Auswahl sich nach dem mehr oder minder starken Kalkbedürfnis der Pflanzen richten soll. Mineraldünger (Düngesalze) sind als Vorratsdüngung bei der Bodenvorbereitung weniger zu empfehlen, da man ihnen keine so gute

Bodenfragen von Wichtigkeit

Erklärung zur Bildseite siehe Seite 142

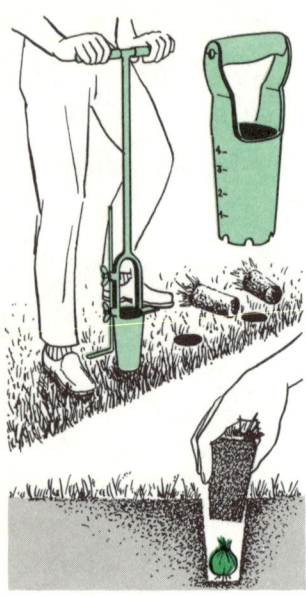

Sachgemäßes Legen ohne
Bodenverdichtung und
in richtig eingestellter Tiefe
gewährleisten die modernen
Blumenzwiebel-Pflanzer.
Links: Das Weihenstephaner
Großgerät mit Fuß-
bedienung.
Rechts: Handliches Klein-
gerät
Unten: Die Pflanzung

Wirkung auf die zarten Zwiebelwürzelchen des ersten Austriebs nachsagt,
auch bei dem bewußt durchlässig gehaltenen Boden mit verhältnismäßig raschem Abgang rechnen muß. Nach Vorschrift drei Wochen vor dem Legen
ausgebracht, würden die Nährsalze für gefahrlose Aufnahme durch die erst
allmählich sich einstellenden Wurzeln mindestens teilweise nicht mehr verfügbar, sondern schon in tiefere Bodenschichten gelangt sein. Regelmäßige
Kalkung ist für viele Zwiebelblumen und Knollengewächse wichtig. Kalk-
bedürftigkeit wird daher bei den Einzeldarstellungen jeweils angemerkt.

Die Pflanzung gründlich vorbereiten

Da größere Arten wie fast alle Lilien, Tulpen, Narzissen — auch Dahlien und
Gladiolen — immerhin zwischen 15 und 30 cm tief in den Boden kommen,
muß man beim Ausheben der Pflanzlöcher schon fast auf die doppelte Tiefe
gehen, um bei ungeeignetem Erdreich erst eine etwa 20 cm starke Schicht
Schlacke oder Grobkies einzubringen und dann hälftig mit Torf gemischten
Sand aufzufüllen. Besonders die schuppigen Lilienzwiebeln sollen davon ganz
eingehüllt sein. Fürsorgliches Beizen mit einem der heute zugelassenen Mittel schützt vor Fäulnis; auch das Bestreuen mit Holzkohlenasche wirkt vorbeugend. Die Deckschicht über der Zwiebel darf aus einer nährenden Erdmischung von gleichen Teilen Lehm, Sand und Wald- oder Komposterde
bestehen. Das Ganze wird leicht angedrückt, damit keine Hohlräume bleiben. Bei Herbstpflanzung nicht wässern, handhoch mit Torf abdecken. Bei
Frühjahrspflanzung nur zu zwei Dritteln auffüllen, mäßig feucht halten.
Soweit die Kultur der Zwiebelblumen und Knollengewächse von diesen
Grundregeln abweicht, ist dies auch in den Einzeldarstellungen vermerkt.

Ein Wort noch zur Containerkultur. Wertvolle Lilienzwiebeln und ähnliche
Großzwiebeln werden nicht selten bereits setzfertig in Gittercontainern gelie-
fert. Hier braucht man nur Pflanzgruben entsprechender Größe auszuheben,
die Gefäße hineinzusetzen und eine Deckschicht wie oben aufzulegen. Bei
Leerbezug von Containern ist es der einfachere Weg, die Bepflanzung auf dem
Pflanzung in Arbeitstisch vorzunehmen. Es ist dann nur etwas Vorsicht geboten, daß der
Gittercontainern erdige Inhalt auf dem Weg zum Setzen nicht aus den Gittern herausrieselt.
Wer da sichergehen will, stellt die Container zunächst in ihre Pflanzgruben
und nimmt das Legen der Zwiebeln an Ort und Stelle vor.

Mit Kleinzwiebeln und Knöllchen wird man selbstverständlich keine solchen
Umstände machen, sondern nach flächenmäßiger Bodenvorbereitung das Le-

| September | Oktober | November | Dezember | Januar |

gen mit dem Zwiebelpflanzer oder durch Eindrücken in das gelockerte Erdreich bewerkstelligen. Mancher nimmt auch eine schmale Konservendose
ohne Deckel und Boden. Gegen Mäusefraß siehe Tulpe, S. 397.

Pflanztiefe, Winterdecke, Pflanzzeit

Die Pflanztiefe der beschriebenen Arten ist aus den beiden Tabellen für winterharte und nicht winterharte Zwiebelblumen und Knollengewächse ersicht-
lich. Im allgemeinen sollen sie das Doppelte bis Dreifache ihrer eigenen Dicke
als Erddecke über sich haben. In leichtem Boden kann man jedoch ruhig noch
ein paar Zentimeter tiefer gehen — in schwerem Boden, der durch Sandzusatz
gelockert werden muß, etwas weiter oben bleiben. Auch spielt der oberirdische Aufwuchs bei der Pflanztiefe eine große Rolle: viel Gladiolenärger mit
umkippenden Blütenständen kommt vom zu flachen Legen! Ebenso wird die
Frostgefährdung der oft nur angeblich Winterharten dadurch erhöht. Etwas
Winterdecke aus Torfmull, Kompost und ähnlichem Material ist deshalb als
vorbeugende Maßnahme allgemein wünschenswert, in einigen Fällen unerläßlich und deshalb bei den Einzeldarstellungen besonders angemerkt. Frisch
gelegte Zwiebeln und Knollen sollten immer Frostschutz erhalten.

Als Pflanzzeit der Winterharten gilt allgemein der nicht zu späte Herbst zwischen Anfang September und Ende Oktober (abweichende Termine siehe Einzeldarstellungen!). Im übrigen ist zeitigeres Legen stets von Vorteil, da die
Zwiebeln und Knollen im wärmeren Boden bis Frosteintritt besser anwurzeln. Viele der kleineren winterharten Arten eignen sich ausgezeichnet für den
Steingarten. Dort können sie mit allen sonst noch ansässigen Gewächsen
jahrelang in bester Eintracht leben, sofern menschlicher Übereifer sie nicht
durch Hacken und Jäten stört und weder Mäuse noch sonstige Bodenschädlinge an ihnen fressen. Sie kommen getreulich jeden Frühling wieder oder
tauchen mit Kindern und Kindeskindern sogar plötzlich an unerwarteten Stellen auf — ganz wie es der bekannten »Wanderlust« mancher Zwiebeln und
Knollen entspricht.

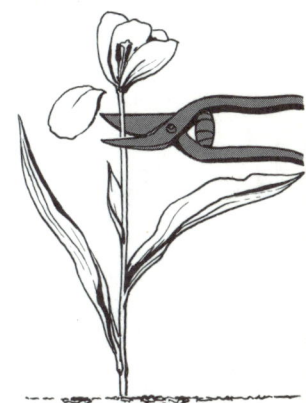

Beim Verblühen köpfen

Bis zum völligen Verwelken im Juli
stehen lassen

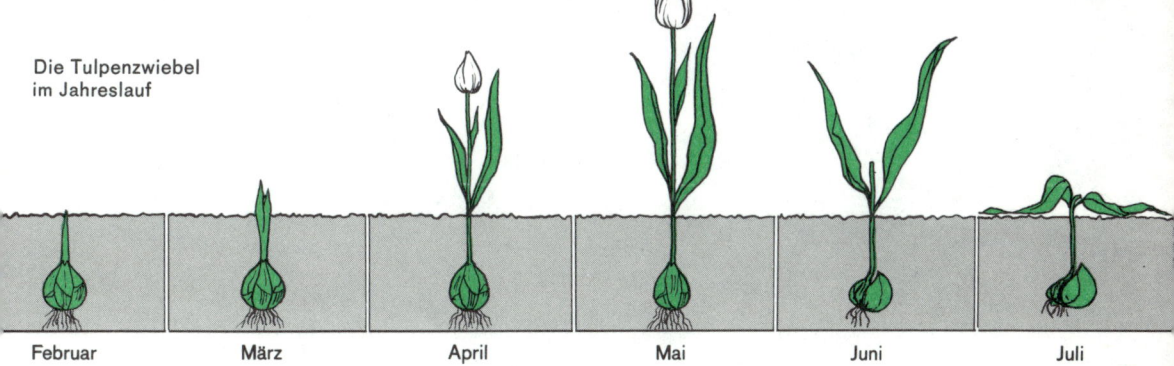

Die Tulpenzwiebel
im Jahreslauf

| Februar | März | April | Mai | Juni | Juli |

Das Sortiment hat in den letzten Jahren mächtig aufgeholt. Frühlings- und Spätsommer-Prospekte mit ihrer lockenden Bilderfülle bringen den Gartenfreund in schwere Konflikte. Was aber niemand dazu verleiten darf, auf billige Schleuderangebote hereinzufallen. Gerade bei Blumenzwiebeln und Knollen kommt es so sehr auf Qualität an, daß man die einwandfreie Herkunft lieber mit einem etwas höheren Preis bezahlen soll.

Nur keinen billigen Ramsch kaufen!

Laufende Pflege: Düngung, Behandlung von Laub und Blüten

Die gute Entwicklung über Jahre hängt nicht zuletzt von ständiger, ausreichender Nährstoffversorgung ab. Dies zu betonen ist dringend notwendig, denn viele sonst ganz vernünftige Gartenmenschen leben in dem Wahn, die Zwiebel- und Knollengewächse könnten ihre Speicher aus dem Nichts ergänzen, und irgendeine Düngung sei hier überflüssig. Wenn aber Tulpen, Lilien, Dahlien, Gladiolen vorzeitig zurückgehen, auch die Narzissen nicht mehr ordentlich blühen wollen, dann ist oft einfach Hunger daran schuld. Man muß also immer wieder genügend Nährstoffe zuführen. Das heißt: je nach dem Wachstumsrhythmus im zeitigen Frühjahr oder im Spätherbst Torfhumusdünger als Krumendüngung auf Vorrat in den Boden einarbeiten (etwa 250 g je 1 qm) und außerdem während der Hauptwachstumszeit Kopfdüngungen — am besten mit in Wasser gelösten Nährsalzen — geben. Wir verwenden hierfür seit längerer Zeit Fertisal (8 % N, 14 % P, 18 % K, 3–4 % Mg), das offenbar die Blühwilligkeit anregt. Auch gibt es inzwischen Spezial-Blumenzwiebeldünger für optimale »Tulpenmenüs«. Im sonst ungedüngten Steingarten muß man Kompromißlösungen suchen. Ich versichere: es geht! Da gerade bei den Zwiebeln und Knollen der Vegetationsabschluß — das völlige Ausreifen vor

An den Zwiebelformen sollt ihr sie erkennen . . .

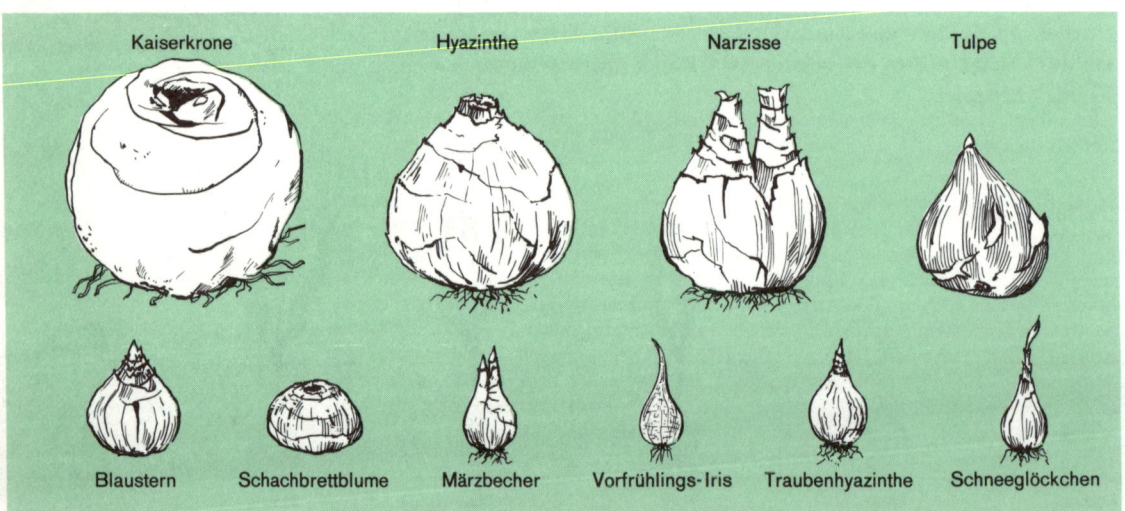

| Kaiserkrone | Hyazinthe | Narzisse | Tulpe |

Blaustern   Schachbrettblume   Märzbecher   Vorfrühlings-Iris   Traubenhyazinthe   Schneeglöckchen

Krokus

Hundszahn

Garten-Anemone

Alpenveilchen

Ranunkel

Winterling

Wintereintritt — überaus wichtig ist, muß hier ähnlich wie bei den Gehölzen die Kopfdüngung rechtzeitig eingestellt werden. Andernfalls wird durch verspätete Triebanregung die mit dem natürlichen Abwelken des Laubes einhergehende Umstellung der Pflanzen auf ihre Ruhezeit empfindlich gestört. Frostanfälligkeit im Boden und mangelnde Haltbarkeit im Winterlager sind die unerfreulichen Folgen.

Mit Abschluß der Blüte wird nicht mehr gedüngt. Nur die herbstblühenden *Crocus speciosus*-Formen und die *Colchicum*-Arten und -Hybriden machen eine Ausnahme. Bei ihnen düngt man ab Laubaustrieb im Frühjahr und hört, damit auf, sobald die erste Gelbfärbung der Blattspitzen sich zeigt.

Für alle Zwiebelblumen groß und klein ebenso wie für die Knollengewächse gilt, daß man ihr Laub schonen, Blüten dagegen spätestens beim Auftreten von Samenbildung abschneiden soll. Denn die Entwicklung von Samen ist gleichbedeutend mit Kräfteverschwendung, die zu Lasten der Zwiebel oder der Knolle geht. Das Laub dagegen hat für ihren gesamten Nährstoffhaushalt wichtigste Funktionen zu erfüllen. Schneidet man es mit ab, so fehlen die beim natürlichen Welken in das Speicherorgan zurückwandernden Stoffe.

... und hier an den Knollenformen.

Winterharte Blumenzwiebel- und Knollengewächse

Alle mit **St** gekennzeichneten Pflanzen sind auch für den Steingarten geeignet. – Die Reihenfolge richtet sich wiederum nach den botanischen Namen.

St Gartenlauch, Zierlauch, *Allium* (Liliengewächs) Höhe 15–90 cm; Pflanzzeit Oktober, Blütezeit Mai/Juni; Farben: weiß, gelb, rot, auch blau. – Schöne Frühjahrs- und Frühsommerblüher, die alle gleich anspruchslos sind. Man verwendet sie gern truppweise an trockenen, sonnigen Stellen im Steingarten oder als Einfassung, die höheren Sorten auch als Rabatten- und Gruppenpflanzen. Einige Spielarten sind besonders beliebt: Goldlauch, *Allium moly*, mit leuchtendgelben Blütchen, die als kugelige Dolden erscheinen, Pflanzabstand von Zwiebel zu Zwiebel etwa 12 cm; etwas Winterdecke erwünscht; Neapler Lauch, *A. neapolitanum:* schneeweiße, glockenförmige Blütchen mit tiefdunklen Staubgefäßen, bildschön für kleine Sträuße; Turkestanischer Zwerglauch, *A. ostrowskianum,* hat karminrote Blüten, Höhe nicht über 15 cm, für Stein- und Felsengärten; ferner der Purpurlauch, *A. sphaerocephalon,* 70–90 cm hoch, im Juli/August rötlich-violett blühend, auch für Schnitt und Trockensträuße: einer der größten Schönlauche. – In ausgesetzten Lagen Winterschutz.

Winterharte Blumenzwiebel- und Knollengewächse

Anemone, Windblume, *Anemone coronaria* (Hahnenfußgewächs)   Höhe 20–25 cm; Pflanzzeit Herbst oder Frühjahr; Blütezeit April/Mai, bei Frühjahrspflanzung noch im Herbst; Blütenfarben: weiß, rosa, rot, blau, violett. Erhöhte Kalkgaben. – Die schwärzlichen Knollen oder »Klauen« der Anemonen werden ebenso wie die Klauen der ihnen nah verwandten Ranunkeln nur 4–6 cm tief gelegt. Der Abstand von einer zur anderen soll 8–10 cm betragen. Halbschatten und ein nährstoffreicher Boden, bei strenger Kälte etwas Winterschutz durch Abdecken mit Laub oder Tannenreisig, sind zu empfehlen. Es gibt zahllose Kulturformen, einfache und gefüllte Sorten, die man zur Verlängerung des Flors in Folgepflanzungen legen kann. Bei Frühjahrspflanzung sollen die Klauen vor dem Legen 24 Stunden in Wasser vorquellen. Sehr haltbare, hübsche Schnittblumen. Herbstpflanzung bringt den reicheren Flor.

Frühlingssternblume, *Brodiaea,* siehe unter *Ipheion uniflorum,* Seite 152.

Prärielilie, *Camassia* (Liliengewächs)   Höhe 50–100 cm; Blütezeit Mai/Juni; Blütenfarben: blau oder weiß. – Im Handel sind die frühe, zartblaue *C. cusickii* sowie die beiden etwas späteren *C. leichtlinii* (weiß) und *C. quamash* (stahlblau). Zwiebeln zwischen August und Oktober zu dritt oder fünft in 8–10 cm Tiefe legen, Pflanzlöcher mit Mischung halb Sand, halb Komposterde auffüllen, mit gutem Herbstlaub decken. Bester Standort: an ungestörter, sonniger, aber nicht trockener Stelle einer Staudenrabatte. Schweren Boden und stauende Nässe meiden!

Schneeglanz, *Chionodoxa* (Liliengewächs)   Höhe 12–15 cm; Pflanzzeit Herbst; Blütezeit März/April; Blütenfarbe: meist himmelblau, nach innen in Weiß übergehend, auch weiß, rosa und lilarosa blühende Sorten. – Eines der zierlichsten Liliengewächse. Man legt die etwa haselnußgroßen Zwiebelchen 6–8 cm tief ziemlich dicht beisammen. Sie bilden dann von Jahr zu Jahr größer werdende Horste. Empfehlenswerte Arten: *Ch. luciliae, Ch. sardensis, Ch. tmolusii.*

Schneeglanz

Herbstzeitlose, *Colchicum autumnale* (Liliengewächs)   Höhe 15–40 cm, Blätter bis 40 cm; Pflanzzeit August; Blütezeit November; Blütenfarbe: rosa-lila bis lila-purpurn. Erhöhte Kalkgaben. – Die Herbstzeitlose, wegen ihrer Blätterlosigkeit zur Blütezeit auch »Nackte Jungfrau« oder »Dame ohne Hemd« genannt, ist wie so manche andere beliebte Gartenblume zwar giftig, aber doch so hübsch, daß immer wieder nach ihr gefragt wird. Man legt die eiförmigen Zwiebeln bis 20 cm tief. Sehr bald schon erscheint dann die prächtige Blüte. Wichtiger als die Ursprungsarten sind die viel prunkvolleren, großblütigen Gartenhybriden. Als schönste eines guten Dutzends sei nur die dichtgefüllte 'Waterlily' genannt.
Die Frühlingslichtblume, *Colchicum bulbocodium* (St), früher *Bulbocodium vernum* genannt, erscheint mit ihren zarten Blüten im Februar/März.

Herbstzeitlose

St Frühlingskrokus, *Crocus vernus* (Schwertliliengewächs)   Höhe 8–10 cm; Pflanzzeit möglichst schon August; Blütezeit Februar/März; Blütenfarben: alle außer rot. – Die meist durch Hybridation herausgekreuzten vielfarbigen Krokus haben neben den bekannten Vorfrühlingsblühern auch eine gleich große, im September/Oktober blühende herbstliche Spielart *Crocus speciosus* mit breitzipfligen, meist hellpurpurn gefärbten äußeren und kleineren, weiß bis hellila gefärbten inneren Kelchblättern. Die Knöllchen beider Arten werden truppweise 8–10 cm tief in den Boden gelegt. Pflanzzeit vor allem bei *Crocus speciosus* genau innehalten. Beide Arten passen in den Steingarten so gut wie an sonstige hellsonnige Plätze, deren Boden durchlässig und lieber mager als zu gehaltvoll sein soll. Im Rasen stehende Krokus verderben unter der Grasnarbe, weil beim Mähen im Frühjahr das Krokuslaub mit abgeschnitten wird, statt seiner natürlichen Entwicklung gemäß bis Anfang Juni von selbst zu vergilben. Die zarten, sehr frühen Wildkrokusarten, wie beispielsweise *C. ancyrensis*, *C. chrysanthus*, *C. angustifolius*, *C. imperati*, werden heute zunehmend geschätzt.

Freiland-Alpenveilchen, *Cyclamen* (Primelgewächs) Höhe 10–15 cm; Pflanzzeit Herbst oder Frühling; Blütezeit August/Oktober; Blütenfarbe: rosenrot, auch weiß. Erhöhte Kalkgaben. – Das winterharte, duftende Freiland-Alpenveilchen hat sich im Laufe der letzten Jahre zum ausgesprochenen Liebling aller jener Gartenfreunde entwickelt, die gern etwas Besonderes hegen und pflegen. Die etwa eigroßen Knollen werden in jedem größeren Katalog angeboten, auch gibt es einige Spezialzüchtereien dieser bezaubernden Pflanze. Der Steingarten ist als Standort nur bedingt geeignet, denn das Alpenveilchen verlangt außer Halbschatten einen leichten, humosen Boden, der mit etwas Wald- oder Lauberde verbessert sein soll. Die Knollen müssen nach der Pflanzung fest liegen und 2–3 cm hoch mit Erde bedeckt sein. Bei starkem Frost ist etwas Winterdecke ratsam. Neben dem Blütenflor ist auch die üppige Belaubung sehr hübsch anzusehen. Beliebter Sommerblütler ist *C. purpurascens*; *C. neapolitanum* blüht erst ab September; das völlig frostharte *C. vernale* ist ein ausgesprochener Frühjahrsblüher und wird deshalb nur im Herbst gepflanzt.

Winterling, *Eranthis* (Hahnenfußgewächs) Höhe 10–15 cm; Pflanzzeit August/ Oktober; Blütezeit ab Januar; Blütenfarbe: leuchtend gelb. – Am frühesten blüht *E. hyemalis*, Farbbild Seite 125; ihm folgt im März *E. cilicica*. Noch etwas später erscheint die duftende, großblumige Hybride *E. × tubergenii* 'Guinea Gold'. Als nahe Verwandte der Anemone und der Ranunkel ist die reizende Pflanze kein Zwiebelgewächs. Man legt die Knöllchen truppweise 4–5 cm tief. Der Winterling will jahrelang ungestört weiterwachsen, so daß an seinen Standorten auch durch das Aussamen mit der Zeit ganze Siedlungen entstehen. Er wächst am liebsten in großen Trupps unter Gehölzen im Halbschatten. Bild Seite 124.

St Hundszahn, Forellenlilie, *Erythronium dens-canis* (Liliengewächs) Höhe 10 bis 20 cm; Pflanzzeit September/Oktober; Blütezeit April/Mai; Blütenfarben: weiß, rosarot bis purpurlila. – Der Hundszahn oder Rötling ist eines der nettesten Zwiebelgewächse, das sich erst seit einigen Jahren mehr in unseren Gärten durchzusetzen beginnt. Man legt die wirklich einem Hundszahn ähnlichen Zwiebelchen so frisch wie möglich (sonst in Plastikbeutel vor Trockenwerden behüten) etwa 5 cm tief an halbschattiger Stelle in kräftige, mäßig feuchte Erde, wo sie sich mit dem graugrünen, purpurgefleckten Laub zu reicher Blüte entwickeln. Diese Laubfärbung wurde übrigens Anlaß für die aus Amerika stammende hübsche Benennung »Forellenlilie«. Vermehrung durch die Zwiebelbrut.

Hundszahn

Kaiserkrone, *Fritillaria imperialis* (Liliengewächs) Höhe 60–100 cm; Pflanzzeit August/September; Blütezeit April/Mai; Blütenfarbe: gelb oder orangerot, im Grunde schwarz mit weißer Grube. – Die Kaiserkrone mit ihren für das Auge so köstlichen, unter einem grünen Blattschopf hängenden Blüten hat leider einen unerfreulichen Geruch. Sie wird 20–30 cm tief gelegt. Immer Winterschutz geben, sonst aber ganz in Ruhe lassen. Kaiserkronen haben ihre Launen und setzen im Blühen manchmal aus, so daß man sie trotz ihrer Größe am besten auch immer gleich truppweise anpflanzt. Zum Unterschied von anderen Familienmitgliedern der Liliengewächse darf man ihr Laub auch im Abwelken nicht schneiden, sondern muß es völlig am Stock vergilben lassen, sonst blüht die Kaiserkrone im folgenden Frühjahr ganz bestimmt nicht. Schönste Sorten: die gelbe 'Lutea maxima' sowie die orangebraunen 'Orange Brillant' und 'Aurora'. Farbbild Seite 143.

St Schachbrettblume, Kiebitzei, *Fritillaria meleagris* (Liliengewächs) Höhe 20 bis 25 cm; Pflanzzeit Herbst; Blütezeit April/Mai; Blütenfarbe: hellviolett, weiß oder mit dunkler Karozeichnung. Bild auf Seite 126. – Die Schachbrettblume gehört zu meinen Lieblingen, und ich glaube, viele andere Gartenfreunde würden meine Zuneigung teilen, wenn sie erst einmal die höchst aparten Blüten im Steingarten, zwischen Felspartien oder auch auf einer Rabatte beobachtet hätten. Erst liegen die Stengel mit der wie ein Eidechsenköpfchen wirkenden Knospe halb am Boden, daß man meint, es würde überhaupt nichts daraus. Aber eines Morgens stehen sie plötzlich straff aufgerichtet, zeigen stolz das eigenartige Schachbrettmuster und haben keinerlei schlechten Geruch. – Man legt die Kiebitzeier in Trupps zu 10–20 Stück etwa 6–8 cm tief in den Boden. Etwas Schatten ist erwünscht. Vermehrung durch Brutzwiebeln. Anzucht aus den leicht ausreifenden Samen ist möglich, bringt aber erst im dritten oder vierten Jahr blühfähige Pflanzen. Etwas Winterschutz! Bild Seite 126.

Schneeglöckchen, *Galanthus* (Ritterstern- oder Amaryllisgewächs)   Höhe 15–20 cm; Pflanzzeit Herbst; Blütezeit Februar/März; Blütenfarbe: weiß mit grünem Halbmond an den Spitzen der inneren Blütenblätter, duftend. Erhöhte Kalkgaben. – Zwiebeln im September truppweise mit 8–10 cm Abstand 10 cm tief legen, sonst ungestört lassen. Zur Vermehrung werden mehrjährige Nester im Juli geteilt. Schneeglöckchen gedeihen in jedem nicht zu schweren Boden bei sonnigem bis halbschattigem Standort mit etwas Feuchtigkeit und Humusgehalt. Die Laubblätter dürfen erst nach ihrem völligen Vergilben entfernt werden. – Noch früher als das Gartenschneeglöckchen *Galanthus nivalis* – oft schon im Januar – blüht *Galanthus elwesii*, das man an den grünen Flecken seiner inneren Blütenblätter und breiteren Laubblättern erkennt.

Hyazinthe, *Hyacinthus orientalis* (Liliengewächs)   Höhe 25–30 cm; Pflanzzeit Herbst bis November; Blütezeit April/Mai; alle Farben. Erhöhte Kalkgabe. – Die Hyazinthenzwiebeln für den Gartengebrauch sollten als hierfür geeignete Kleinformen bezogen werden und nicht nur in Gestalt von überalterten »Treiberlingen« aus dem Zimmer ins Freie wandern. Man legt sie in frühen und späteren Sorten zwischen August und November, am besten um die September/Oktober-Wende, je nach Größe 15–20 cm tief und mit ebensoviel Abstand. Ihr Standort soll warm und sonnig, keinesfalls feucht sein. Wer die mastigen, papiersteifen Prunkhyazinthen auf regelmäßigen Beeten liebt, auch die oft verhältnismäßig teuren Importzwiebeln vor Mäusefraß sichern will, wird sie jedesmal nach dem Verblühen und Vergilben herausnehmen – wer dagegen mehr wildlingshafte Naturkinder mit weniger üppigem Paradeblütenflor vorzieht, wird sie auf gut Glück im Boden lassen und vielleicht erleben, daß sie ein halbes Dutzend Jahre und länger aushalten. Da Containerkultur mit Einzelpflanzung bei Hyazinthen doch etwas umständlich ist, empfiehlt sich bei Anpflanzung größerer Flächen das über 30 cm hohem Schottergrund angelegte, mäusesichere Maschendrahtbeet. Frostschutz unerläßlich. In manchen Katalogen werden »Miniaturhyazinthen« für den Steingarten angeboten. Sie wirken dort recht hübsch.

Frühlings-
Sternblume

Frühlings-Sternblume, *Ipheion uniflorum* (Liliengewächs)   Höhe 10 cm; Blütezeit Mai; Blütenfarbe: zartblau. Frühere Handelsnamen: *Triteleia* oder *Brodiaea*. – Aus Argentinien und Peru stammende Pflanze, die größere, rasenartige Horste bildet. Nur die genannte Art ist völlig winterhart.

Zwiebel-Iris, *Iris xiphioides* und *I. xiphium* (Schwertliliengewächse)   Höhe 40 bis 50 cm; Pflanzzeit Oktober/November; Blütezeit je nach Sorte Mai bis Juni; Blütenfarben: weiß, lila, blau, purpur, gelb, braun; ohne Bart. Diese »orchideenblütigen« Zwiebel-Iris erscheinen ungefähr nach Abklingen der Tulpenblüte in einer verhältnismäßig blütenarmen Zeit. Sie überraschen mit immer neuen Formen und Farbtönungen, sind dazu als Schnittblumen vorzüglich geeignet. Am frühesten erscheinen die *hollandica*-Arten. Ihnen folgt mit etwa zwei Wochen Abstand *Iris xiphium,* und wieder zwei Wochen später *Iris xiphioides*. Alle werden mit 8–10 cm Abstand in Gruppen 8–10 cm tief gelegt, gedeihen in jedem Boden.

St Netzzwiebel-Iris, Vorfrühlings-Iris, *Iris reticulata* (Schwertliliengewächs) Höhe 20–25 cm; Pflanzzeit August/Oktober; Blütezeit: März; Blütenfarbe: blau. – Um Verwechslungen vorzubeugen, sei dieser wunderschöne Vorfrühlingsblüher gesondert angeführt. *Iris reticulata* gehört wie die gelbe *I. danfordiae* und die weniger bekannten *I. bucharica* und *I. histrioides* zu den wichtigsten Zwergarten. Sie ist eine vor allem auch für den Steingarten ausgezeichnet geeignete Zwergform, soll 5–8 cm tief in gut durchlässigen sandigen Lehmboden gelegt werden. Völlig winterhart.

Klebschwertel, *Ixia* (Schwertliliengewächs) Höhe 45 cm; Pflanzzeit: Spätherbst bis November; Blütezeit Juni; Blütenfarben: weiß, rosa, rot, orangegelb, lilablau. – Schönste der sogenannten Kapzwiebeln, mit reichem Farbenspiel der wochenlang anhaltenden Blütenrispen, die auf kräftigen Stielen wie zierliche Blumensträußchen wirken. Auch als haltbare Schnittblumen zu empfehlen. Die Zwiebelchen werden möglichst spät im Jahr 8–10 cm tief in Trupps gelegt, brauchen etwas Winterdecke, die im Frühjahr beizeiten entfernt werden soll. Vermehrung durch Brutzwiebeln.

Märzbecher, Frühlingsknotenblume, *Leucojum vernum* (Amaryllisgewächs) Höhe 20 cm; Pflanzzeit Herbst; Blütezeit März/April; Farben: weiß mit grünem oder gelbem Fleck an der Spitze der Blütenblätter. Bild auf Seite 126. – Unkundige nennen auch den Märzbecher oft Schneeglöckchen, doch ist er viel größer, rundlicher und hat lauter gleichgroße Blütenblätter. Sehr hübsch als Einfassung, auch im Steingarten. Zwiebeln nicht zu dicht setzen, sonst blühen sie bald nicht mehr, während bei 10–15 cm Entfernung der Flor jahrelang wiederkommt. – Liebt feuchten, humusreichen Boden, der aber weder zu kalt noch zu fett sein soll. Bild Seite 126.

Lilie, *Lilium* (Liliengewächs) Lilien gehören seit alters her zu den schönsten und begehrtesten Gartenblumen. In ihren Wild- und Ursprungsformen waren sie seit Jahrhunderten in den Gärten Europas wie im alten deutschen Bauerngarten zu finden. Die Dreiheit Rose–Lilie–Rittersporn ist geradezu ein künstlerisch-kulturhistorischer Tatbestand. Seit alters her aber machten die Lilien – nicht zuletzt bedingt durch die Verschiedenartigkeit ihrer Herkunft aus mehreren Kontinenten der Erde – auch mit Ansprüchen und Untugenden dem Gartenfreund das Leben schwer. Das große Ereignis unserer Zeit ist die züchterische Umstellung der edlen Pflanzen, die dadurch eine ganz neue Gegenwart und Zukunft gewonnen haben. Ein Name muß hier vor allem genannt werden. JAN DE GRAAFF mit seinen Oregon Bulb Farms in Oregon/USA. Ihm nebst einigen anderen bedeutenden Züchtern ist es zu danken, daß Lilienschönheit sich nun auch mit Widerstandsfähigkeit paart und selbst unter bescheidensten Umständen im Garten auf Jahre heimisch werden kann. So hat denn auch inzwischen das alte Gartengut der empfindlicheren Wild- und Ursprungsarten mehr und mehr den unwahrscheinlich blühenden, klima- und krankheitsfesten Kreuzungsprodukten Platz gemacht. Lilienhybriden aller Rassen und Klassen beherrschen das Feld, wobei die Spannweite ihres Gartenwertes sich auch im Preis ausdrückt. Einfache Sorten kosten ein paar Mark; für kostbare Raritäten kann, wer will, ein paar hundert Mark ausgeben . . .
Die Wuchshöhe reicht noch immer von etwa 40 bis 180 cm. Noch immer gilt der Herbst (September/November) als beste Pflanzzeit, je früher, desto besser. Ausnahmen: Die Madonnenlilie, *L. candidum*, hat einen abweichenden Wachstumsrhythmus und muß deswegen bereits in der zweiten Augusthälfte in den Boden. Die Goldbandlilie, *L. auratum*, und die Prachtlilie, *L. speciosum*, nebst ihren Hybriden sind kälteempfindlich und werden deshalb vom Handel erst zur Frühjahrspflanzung geliefert.

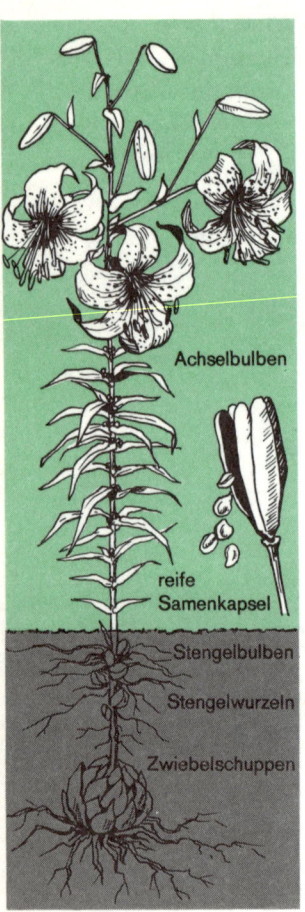

Achselbulben

reife
Samenkapsel

Stengelbulben

Stengelwurzeln

Zwiebelschuppen

Beim Kauf von Lilienzwiebeln heißt es aufpassen. Gute Qualität zeigt sich an der prallen Frische ihrer fleischigen Schuppen. Bräunliche, schrumpelige Ware mit vertrockneten Wurzeln soll man zurückweisen. Auch bei Lieferung in Plastikbeuteln ist etwas Vorsicht geboten, weil hier ebenso wie beim offenen Herumliegen Lagerschäden durch Austrocknen möglich sind. Können die einwandfrei in feuchtem Torf verpackten Zwiebeln nicht gleich gelegt werden, so sind sie unausgepackt im kühlen Raum aufzubewahren. Sollten ausnahmsweise die Schuppen einmal etwas welk erscheinen, dann bettet man die Zwiebeln in feuchten Sand, bis sie sich erholt haben. Die Pflanzstellen müssen sorgfältig ausgewählt werden. Morgen- oder Abendsonne ist besser als vollsonnige Südlage; denn auch die alte Regel, daß Lilien einen kühlen Fuß, aber einen warmen Kopf wollen, hat nach wie vor Gültigkeit. Durch Bodenbedeckende Umpflanzungen ist dieser wünschenswerte Zustand unschwer zu erzielen. Eine andere bäuerliche Spruchweisheit sagt: »Wo Kartoffeln gedeihen, wachsen auch schöne Lilien.« Das heißt: der Boden muß tiefgründig locker und ohne jede Neigung zu stauender Nässe sein. Gute Pflanzplätze ergeben sich daher in terrassiertem Gelände, wo fast immer mit einwandfreiem Wasserabzug gerechnet werden kann. Im ebenen Gelände können größere Pflanzstellen angelegt und zu kleinen Erhebungen ausgebaut werden. Unter Umständen wird man am Grunde solcher Pflanzgruben in 50 cm Tiefe sogar eine Dränage mit Abflußrohr anbringen, die Seitenwände ein wenig mit Dachlatten abstützen und obenauf, zur Randbefestigung, ein paar Steine anbringen. Solche künstlichen Hügel eignen sich auch gut für die Containerpflanzung, wie sie auf Seite 85 abgebildet ist. Die Anlage größerer Pflanzplätze entspricht zudem der Wesensart der Lilien als Gesellschaftspflanzen. Sie stehen gern in Gruppen beisammen, doch muß die Pflanzung weitläufig genug sein, weil ihr langjähriges Verharren am gleichen Platz ein beträchtliches Ausdehnungsbedürfnis mit sich bringt. Da Windschutz geschätzt, aber Tropfenfall nicht vertragen wird, soll man Lilien nie unter Bäume und höhere Gehölzgruppen, sondern weit genug davor setzen. Für die meisten Lilien liegt der günstigste pH-Wert bei 5,5–6,5 (= leicht sauer bis neutral). Es gibt aber auch Lilien, die ausgesprochen kalkfeindlich sind und deshalb im normalen Gartenboden versagen. Ihre Pflanzstellen müssen wie die der kalkfeindlichen Immergrünen mit viel Torf und Laubhumus, auch scharfem (d. h. kalkfreiem) Sand aufgebessert werden. Der pH-Wert beträgt hier 4–4,5.

Einige Beispiele für kalk*freundliche* Lilien: *L. bulbiferum, L. candidum, L. chalcedonicum, L. henryi, L. longiflorum, L. martagon, L. × testaceum;* alle Martagon-Sorten.

Einige Beispiele für kalk*feindliche* Lilien: *L. auratum, L. japonicum, L. pardalinum, L. speciosum, L. superbum;* alle aus den USA stammenden Lilien, alle Bellingham-Hybriden, alle Auratum-Speciosum-Hybriden.

Lilien haben Stengelwurzeln

Die Mehrzahl unserer Gartenlilien gehört zur Gruppe der sogenannten Stengelwurzler: sie bilden außer den echten Wurzeln unterhalb der Zwiebel auch noch Wurzeln an ihrem Hauptsproß, also oberhalb der Zwiebel. Diese Wurzeln dienen der Nahrungsaufnahme aus der humusreichen Bodenkrume im Sommer und entstehen jedes Jahr neu. Stengelwurzler müssen deshalb tief gesetzt werden. Diese Lilien sollen, von der Spitze gemessen, das Dreifache ihrer eigenen Höhe als Erddecke über sich haben. Solche Tiefenpflanzung dient auch dem Winterschutz und einer guten Verankerung im Boden. Wichtigste Ausnahme von der Tiefenpflanzung: Die Madonnenlilie, *Lilium candidum,* darf nur 3–5 cm hoch mit Erde bedeckt werden und erhält keinen Winterschutz; sie besitzt keine Stengelwurzeln. Bild Seite 126.

Die Pflanzung der Lilie

Vor der Pflanzung soll der Boden bereits im Abstand von einigen Wochen mit einem nicht zu stickstoffreichen Volldünger vorgedüngt sein. Wenn der vorgedüngte Aushub entnommen und die Dränage eingebracht ist, wird die Grube bis auf einige Zentimeter unterhalb der Pflanztiefe wieder mit der vorbereiteten Mischung des Erdaushubs gefüllt, darauf kommt eine Schicht von etwa 5 cm scharfem Sand. Die Zwiebeln werden direkt in den Sand gelegt, wobei man die frischen Wurzeln sorgfältig einbettet. Dann Zwiebeln ringsum fingerdick mit Sand umschütten, leicht andrücken, nun den restlichen Aushub einfüllen, wobei über jeder Pflanzstelle ein flaches Hügelchen entsteht, das sich später von selbst absenkt. Im Gegensatz zu allen anderen Blumenzwiebeln und Knollen sollen neu gepflanzte Lilienzwiebeln kräftig angegossen werden. Als Winterschutz genügt eine Decke aus 10 cm hohem, trockenem Laub oder Reisig. Um vorzeitigen Austrieb mit Frostschäden zu verhüten, soll die Winterdecke schon im zeitigen Frühjahr entfernt werden. Einige Lilienarten brauchen ständig Winterschutz: so die überhaupt etwas empfindliche Goldbandlilie, *Lilium auratum*, ebenso die Prachtlilie, *L. speciosum*, und ihre Hybriden. *L. speciosum* 'Uchida' ist dunkelkarminrot. Farbbild 'Rubrum' siehe Seite 89.

Je nach Art oder Sorte erstreckt sich die Lilienblüte über die Monate Juni bis August/September. Als Beispiel richtiger Zusammenfügung hier eine Übersicht neuerer Züchtungen nach der Blütezeit, zum Ineinanderschalten.

Winterharte
Blumenzwiebel- und
Knollengewächse

Blütezeit-Tabelle

Sorte	Juni		Juli		August	
'Golden Chalice'	...	...				
'Enchantment'			...	...		
'Harlequin'-Lilien			...	...	..	
'Black Magic'			..	...	...	
'Golden Splendor'				...	...	.
'Bright Star'				..	...	...
'Golden Sunburst'					...	...	..

Die Pflege ist leicht

Die weitere Pflege ist nicht schwer. Alle Lilien wachsen um so besser, je weniger man sie stört. Im Nachwinter gibt es eine Vorratsdüngung mit stickstoffarmem Volldünger für den schmelzenden Schnee, von Austriebsbeginn bis kurz vor Abschluß der Blüte (keinesfalls später!) alle paar Wochen eine Kopfdüngung mit 0,3%iger Volldüngerlösung, wobei ebenfalls auf weniger Stickstoff- und mehr Kaligehalt zu achten ist. Mit Abschluß der Blüte wird wegen des besseren Ausreifens der Zwiebeln auch bei trockenem Wetter nicht mehr gegossen. Verblühtes ist immer dicht unter dem Blütenstand zu entfernen, Samenbildung nicht zu dulden. Nur wenige Lilien, wie die im Garten besonders dankbare Königslilie, *Lilium regale*, die auf Seite 126 abgebildet ist, samen sich selbst aus. Umpflanzen wird erst nach Jahren notwendig, wenn die bis dahin kräftig herangewachsenen Lilien weniger Stengel und kleinere Blüten zu bilden anfangen. Der Platzwechsel erfolgt selbstverständlich nur während der Ruhezeit, entsprechend den für die Neupflanzung gegebenen Regeln. Dabei sind schlechte Schuppen zu entfernen und die Zwiebeln durch Einstäuben mit Brassicol zu desinfizieren. – Hauptfeinde der Lilien sind Wühlmaus und Feldmaus, Schnecken und Nematoden (Wurzelälchen), das Lilienhähnchen und der Lilienthrips sowie Blattläuse, die als Überträger von Lilienvirosen gefährlich werden. An Pilzkrankheiten stehen Grauschimmel *(Botrytis)* und Zwiebelbodenfäule *(Fusarium)* obenan. Über Bekämpfungsmaßnahmen siehe die Pflanzenschutzkapitel. Lilientabelle S. 156.

St Muskat-, Perl- oder Traubenhyazinthe, *Muscari* (Liliengewächs) Höhe 20 bis 25 cm; Pflanzzeit September/Oktober; Blütezeit April/Mai; Farben: hell- bis violettblau. – Die Zwiebelchen dieser allerliebsten, würzig duftenden Pflanze werden im Herbst etwa 5–8 cm tief gelegt. Am besten gedeihen sie, wenn ihnen humoser Boden und sonnige Lage geboten werden. Reiche Vermehrung durch Selbstaussamen. Es gibt mehrere Sorten – besonders interessant ist die im Mai/Juni blühende »Federhyazinthe« *M. comosum* 'Plumosum'.

Übersicht einiger schönster Lilienarten — die meisten haben schon viele Zuchtformen

Art oder Sorte	Bot. Name	Höhe	Blütezeit	Blütenfarbe	Herkunft
Goldbandlilie	*Lilium auratum*	120	VIII/IX	wachsweiß, goldgelber Mittelstreifen, rote Tupfen	Japan
Feuerlilie	*L. bulbiferum*	80	VI/VII	orange, dunkel gepunktet	einheimisch
Kanadische Wiesenlilie	*L. canadense*	60–150	VI/VIII	orange, innen getupft	Kanada, östl. USA
Madonnenlilie	*L. candidum*	150–180	VI/VII	schneeweiß	Kleinasien
Flieder-Türkenbund	*L. cernuum*	50	VI/VII	fliederfarben, violett gepunktet	Korea, Ussuri
Chalcedonische Lilie	*L. chalcedonicum*	60–120	VII/VIII	mandarinrot	Griechenland
'Enchantment'		100	VI/VII	leuchtend rot	de Graaff-Züchtung
'Fire King'		100	VI	dunkel orange	de Graaff-Züchtung
Gelber Türkenbund	*L. henryi*	180	VIII	orange mit vielen braunen Tupfen	Zentralchina
Japanlilie	*L. japonicum*	40–90	VI/VIII	klares Rosa, auch weiß	südl. Japan
Osterlilie	*L. longiflorum*	40–90	VIII/IX	rein weiß	Japan, Okinawa
Türkenbundlilie	*L. martagon*	80	VIII	bräunlich-rosa bis dunkelkarmin	einheimisch
Pantherlilie	*L. pardalinum*	120–180	VII	glänzend orangerot, Spitzen karmin, rot-braune Flecke	Kalifornien
Königslilie	*L. regale*	120	VII/VIII	weiß, außen rosa überlaufen	China
Prachtlilie	*L. speciosum* 'Rubrum'	100	VIII/IX	zartrosa, karminfarben gepunktet	Japan
Nordamerikanische Sumpflilie	*L. superbum*	bis 300	VII/VIII	orangegelb, im Blütengrund grüner Stern	USA
	L. × testaceum	100	VI/VII	maisgelbe Trichterblüten	
Tigerlilie	*L. tigrinum*	100	VII/VIII	orange-zinnober, orangebraune Sprenkelung	China/Japan

L. × testaceum hat keinen deutschen Namen

St Narzisse, *Narcissus* (Liliengewächs)   Höhe um 40 cm; Pflanzzeit September/November; Blütezeit März/Mai; Blütenfarben: weiß, gelb, mit scharlachrotem Auge. Trompeten- und Tellerform, Bild Seite 126. Ständig Zugang von Neuheiten. – Erhöhte Kalkgaben. Narzissenzwiebeln werden 15–20 cm tief, jedoch nicht zu dicht gelegt, damit sie sich im Laufe der Jahre gut ausdehnen können. Der Boden soll humos, aber nicht zu trocken und keinesfalls sandig sein. Sonne wird ebenso gut vertragen wie Halbschatten – die Dichternarzissen *(N. poeticus)* bevorzugen einen feuchteren Standort. Voraussetzung für regelmäßige Blüte ist, daß die Narzissen unberührt stehen bleiben, bis das Laub von selbst einzieht. Ihr Ansiedlungsgebiet reicht vom Steingarten bis zu den Gehölzgruppen. – Der Blütenflor beginnt im März mit der Sorte 'February Gold' (*N.-cyclamineus*-Typ), gefolgt von den großkronigen Gefüllten und den Trompeten-Narzissen oder Osterglocken in weiß, gelb oder zweifarbig. Auch die großen Kurzkronigen blühen bereits im März/April. Etwas später kommen die Poetaz-Narzissen, die an jedem Stengel mehrere etwas kleinere, herrlich duftende Blüten bilden, und als letzte die Poeticus-Sorten. Die im April und Mai blühenden, zierlichen Felsen- oder Zwergnarzissen sind als Gefährten der botanischen Tulpen besonders für den sonnigen Steingarten geeignet. Narzissen sind weitgehend winterhart. Allenfalls die großen Sorten mögen ein wenig Frostschutz. Bild Seite 126.

*Narzissen
von März bis Mai*

Milchstern, Vogelmilch, Stern von Bethlehem, *Ornithogalum umbellatum* (Liliengewächs)   Höhe 10–30 cm; Pflanzzeit Herbst; Blütezeit April/Mai; Blütenfarbe: weiß. – Allerliebste kleine Zwiebelblume, verträgt viel Trockenheit und eignet sich deshalb gut zu truppweiser Bepflanzung von sonnigen Abhängen. Man legt die birnförmigen weißen Zwiebelchen 8–10 cm tief mit Abstand von 15–20 cm. Vermehrung durch Brutzwiebeln. Auch das juniblühende *O. pyramidalis* sei erwähnt.

St Winterharter Sauerklee, *Oxalis adenophylla* (Sauerkleegewächs)   Höhe 10 cm; Blütezeit April; Farbe: lilarosa. – Schönerer Verwandter des nicht winterharten »Glücksklee« *(Oxalis deppei)*: Über graugrünen Blättern erscheinen die lilarosa Blüten als dichtes Nest. Zwischen September und November legen, Pflanzstellen müssen humos, durchlässig und kalkfrei sein (Boden hälftig mit scharfem Sand mischen). Mit etwas Winterschutz jahrelang ausdauernd. Reizend im Steingarten.

Scheinscilla, Zwerghyazinthe, *Puschkinia scillioides* var. *libanotica* (Liliengewächs)   Höhe 10–15 cm; Blütezeit März/April; Blütenfarben: lichtblau mit dunkleren Streifen oder reinweiß. – Man legt im August/September je 2–3 Zwiebelchen 10–12 cm tief. Gute Nachbarn für *Eranthis, Muscari, Scilla.*

Gartenranunkel, *Ranunculus asiaticus* (Hahnenfußgewächs)   Höhe 20–30 cm; Pflanzzeit Herbst oder Frühjahr; Blütezeit Mai und später; Blütenfarben vor allem goldgelb bis dunkelorange. Erhöhte Kalkgaben. – Als schönste Sorte der Art die päonienblütigen Ranunkeln mit dicht gefüllten, fast rosenähnlichen Blüten, die sich dank großer Haltbarkeit auch sehr gut zum Schnitt eignen. Je mehr man pflückt oder schneidet, desto üppiger wachsen sie nach. Kultur wie Anemone; Winterschutz!

Blaustern, *Scilla* (Liliengewächs)   Höhe 10–30 cm; Pflanzzeit August/Oktober; Blütezeit je nach Sorte März/April, Ende Mai; Blütenfarben: blau, auch weiß, rosa und purpurrötlich. – Die Zwiebeln der verschiedenen Blausternarten werden 5–8 cm tief in Trupps gelegt. Guter, im Sommer trockener Boden wird bevorzugt. Selbstausgesamte Keimlinge wachsen dicht wie Gras. Man braucht sie dann nur noch zu verpflanzen. Am bekanntesten ist *Scilla sibirica,* im Wechsel mit Schneeglöckchen als Einfassung von Gartenwegen, im Rasen oder im Steingarten zu verwenden. *Scilla hispanica,* die Großblumige Glockenscilla mit vielen Sorten, bringt ihre beinahe hyazinthenähnlichen, etwa 30 cm hohen Blütenstände in Hellblau, auch Weiß und Rosa erst Mitte bis Ende Mai. *Sc. autumnalis* hat hell purpurrötliche Blüten. Etwas Frostschutz.

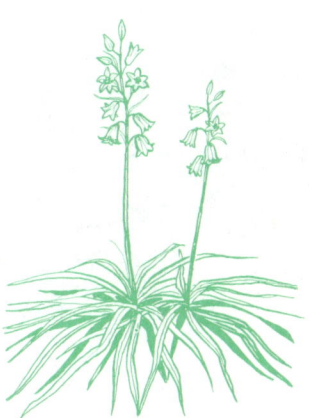

Glockenscilla

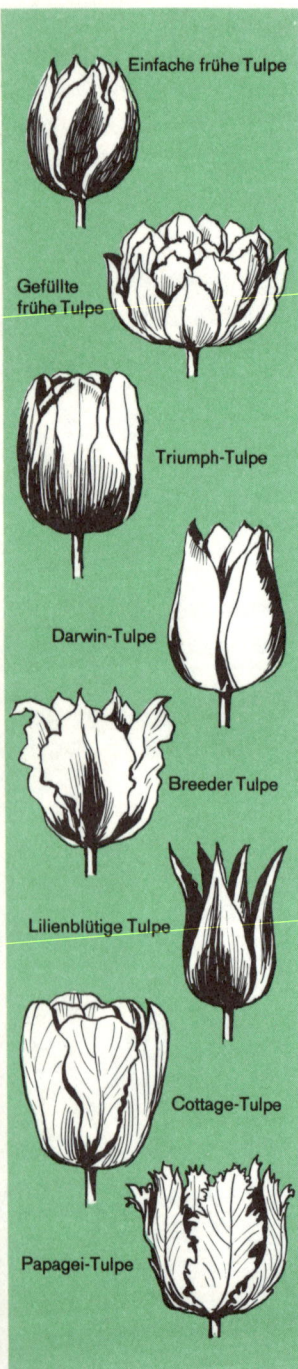

Einfache frühe Tulpe

Gefüllte frühe Tulpe

Triumph-Tulpe

Darwin-Tulpe

Breeder Tulpe

Lilienblütige Tulpe

Cottage-Tulpe

Papagei-Tulpe

Goldkrokus, *Sternbergia lutea* (Amaryllisgewächs) Höhe 10–15 cm. Schon im Juni/Juli etwa 10 cm tief legen, damit die krokusähnlichen, gelben Blüten zugleich mit den Blättern bis September/Oktober zur Stelle sind. Gedeiht nur am sehr sonnigen, geschützten Standort (z. B. Südhang des Steingartens). Laubblätter überwintern, brauchen deshalb guten Schutz durch Einhüllen in trockenen Torf.

Tulpe, *Tulipa* (Liliengewächs) Höhe 20–80 cm; Pflanzzeit September/Dezember; Blütezeit April/Mai; Blütenfarben: alle außer blau. – Hier möchte man sagen: »Wer kennt die Völker, zählt die Namen . . .«, denn *Tulipa gesneriana,* die Gartentulpe, erscheint alle Jahre in neuen Farben und Formen, die das Extrem der Höhe und Riesenblütigkeit nach der einen und das Extrem der Kleinheit und Vielblütigkeit nach der anderen Seite mit aller Publikumswirksamkeit vertreten. Die normale Pflanztiefe ist 10–15 cm, der Abstand von einer Tulpe zur anderen 15–20 cm. Manche guten Gartenkenner lassen ihre Tulpenzwiebeln mit bestem Erfolg jahrelang im Boden – andere nicht minder gewiegte Fachleute bleiben dabei, sie allsommerlich herauszunehmen, gebündelt zu trocknen, nach dem Abstreifen des Laubes fein nach der Größe zu sortieren. Nur die schönsten, regelmäßigsten, größten Zwiebeln werden im zeitigen Herbst 18–20 cm tief neu gelegt. Für dekorative Einzelpflanzung auf Rabatten, auch als Frühlingsflor vor Rosen, wird sich diese Methode empfehlen, zumal man die kleineren Tulpenzwiebeln jeweils auf einem abseitigen Zuchtbeet bis zur richtigen Größe und Blühfähigkeit weitertreiben kann.

Wo Tulpen aber »ungezähmt« in Naturgartenpartien wachsen, können – ja sollen sie ruhig an ihrem Platz bleiben. Nur so entwickeln sie sich nämlich zu jenen schönen, starken Büschen, wie man sie vor allem bei den niedrigen Wildtulpen liebt. Hierher gehört unter vielen anderen und mit einem guten Dutzend Sorten *Tulipa kauffmanniana* mit Blütezeit April. Es folgen, wiederum in mehreren schönen Sorten, die dunkelorange *Tulipa fosteriana* und die mehr rötliche *Tulipa greigii.* Allerliebst sind auch die weiß und zartrosa schattierte »Damentulpe« *Tulipa clusiana* und *Tulipa praestans,* die 2–5 Blüten auf einem Stengel trägt.

Tulpen werden zur Pflanzzeit in jedem einschlägigen Fachgeschäft stets in reicher Auswahl am Lager gehalten, so daß wir unseren Bedarf von den einfachen und den gefüllten Frühblühenden (beide 20–30 cm hoch, Blütezeit April) über die Darwin-Tulpen, Triumph-Tulpen, Breeder-Tulpen, die eleganten Lilienblütigen sowie die Cottage-Tulpen (alle im Mai blühend, 50–80 cm hoch) bis hin zu den krausrandigen, immer etwas künstlich wirkenden Papagei-Tulpen (50–60 cm, Blüte im Mai) und, nebst vielen anderen, den aus Armenien stammenden Spätlingen der *Tulipa sprengeri* wählen können. Übrigens sind die Papagei-Tulpen ebenso wie die sogenannten Rembrandt-Tulpen nichts als zweifarbig gestreifte viruskranke Tulpen verschiedener Gruppen. Im Garten sind einfache, nicht zu hohe Tulpen meist erfreulicher als zu komplizierte, zu langstielige Exemplare, die leicht vom Wind gezaust und durch die Schwere ihrer Blütenköpfe vom Regen geknickt werden. Im übrigen lassen sich die Tulpen gut in andere Pflanzengemeinschaften eingliedern – aber möglichst nie einzeln, sondern immer in Trupps zu mindestens einem Dutzend.

Eifrige Gartenfreunde lassen leider nicht selten Tulpensamen zur Reife kommen und wollen damit »züchten«. An sich ist das durchaus möglich, aber ebenso wie bei der Aussaat von Liliensamen dauert es mehrere Jahre, bis sich eine blühfähige Zwiebel entwickelt. Dann aber ist es keine sortenechte Tulpe, sondern ein Zufallsprodukt. Zieht man dagegen die standardisierte Einzelsorte aus Brutzwiebeln nach, so kann es keine Bastardkreuzung geben.

Tulpen haben außer den Mäusen wenig unter Schädlingen, dagegen unter verlustreichen pilzlichen, bakteriellen und auch Viruserkrankungen zu leiden. Die Bekämpfung ist schwierig, oft unmöglich. Man kaufe gesunde Zwiebeln aus zuverlässigen Quellen – das ist der beste Ratschlag . . .

Übersicht der winterharten Blumenzwiebel- und Knollengewächse

Deutscher Name	Bot. Name	Blütezeit	Blütenfarbe	Blüten-höhe	Pflanz-zeit	Pflanz-tiefe cm	Standort
Lauch-Arten	*Allium*	V–VI	gelb, weiß, rot	15–30 70–90	X	6–12	Sonnig, trocken. Steingarten
Anemone	*Anemone*	IV–V	kein Gelb	20–25	Herbst	4–6	Halbschatten
Frühlingsstern	*Ipheion*	V	zartblau	10–15	Herbst	4–6	Halbschatten
Schneeglanz	*Chionodoxa*	III–IV	blau-weiß	12–15	VII–X	6–8	Sonne–Halbschatten
Herbstzeitlose	*Colchicum*	VIII–XI	lila	12–15	VII	15–20	Sonne–Halbschatten
Präriekerze	*Camassia*	V–VI	blau, weiß	50–100	VIII–X	8–10	Sonnige Stauden-rabatte. Keine Nässe
Krokus	*Crocus*	II–III	kein Rot	5–15	VIII–IX	8–10	Sonne–Halbschatten
Alpenveilchen	*Cyclamen*	VIII–X	rot, weiß	10–15	Herbst od. Frühjahr	2–3	Humusreicher Halb-schatten
Winterling	*Eranthis*	I–III	gelb	3–6	VIII–X	4–5	Im Sommer Schatten
Hundszahn	*Erythronium*	IV–V	rosa, lila	10–20	IX–X	5–7	Humusreicher Boden
Kaiserkrone	*Fritillaria imperialis*	IV–V	orange, gelb	60–100	VIII–IX	20–25	Sonne. Blüte riecht unangenehm.
Schachbrett-blume	*Fritillaria meleagris*	IV–V	hellviolett, weiß	20–25	VII–IX	6–8	Sonne–Halbschatten
Schnee-glöckchen	*Galanthus*	I–III	weiß	8–12	IX–X	8–10	Anspruchslos. Sonne – Schatten
Hyazinthe	*Hyacinthus*	IV–V	alle Farben	25–30	IX–XI	15–20	Sonne, trocken
Zwiebel-Iris	*Iris xiphium, I. xiphioides*	V–VI	alle, außer rot und rosa	40–50	X–XI	8–10	Sonne
Netziris	*Iris reticulata, I. danfordiae*	III	blau, gelb	15–20	VIII–X	5–8	Sonne–Halbschatten
Klebschwertel	*Ixia*	VI	kein Blau	30–40	X–XI	8–10	Sonne. Frostschutz
Märzbecher	*Leucojum*	III–IV	gelbweiß	20	VII–X	8–10	Sonne–Halbschatten
Madonnen-lilie	*Lilium candidum*	VI	weiß	80–150	VIII–IX	10–17	Sonne. Kräftiger Boden
Lilien	*Lilium speciosum u. a.*	VI–IX	alle, außer blau	40–180	Herbst od. Frühjahr	10–20	Sonne–Halbschatten
Trauben-hyazinthe	*Muscari*	IV–V	blau	15–25	IX–X	5–8	Sonne. Nicht zu trocken
Narzissen	*Narcissus*	III–V	weiß, gelb	20–40	IX–XI	8–20	Sonne–Halbschatten
Milchstern	*Ornithogalum*	IV–V	weiß	10–30	IX–X	8–10	Sonne, Hänge
Sauerklee	*Oxalis*	IV–V	lilarosa	8–10	IX–XI	5–8	Humos, kalkfrei
Zwerg-hyazinthe	*Puschkinia*	III–IV	weiß, hell-blau	10–15	VIII–IX	10–12	Sonne–Halbschatten
Garten-ranunkel	*Ranunculus asiaticus*	ab V	gelb, orangerot	20–30	Herbst, Frühjahr	4–6	Sonne–Halbschatten Winterschutz
Blaustern	*Scilla sibirica*	III–IV	blau, weiß	10–20	VIII–X	5–8	Sonne–Halbschatten
Glockenscilla	*Sc. hispanica*	V	blau, weiß	20–30	VIII–X	8–12	Sonne–Halbschatten
Goldkrokus	*Sternbergia*	IX–X	gelb	10–15	VI–VII	5–8	Sonne. Frostschutz
Tulpe	*Tulipa*	IV–V	kein Blau	20–80	IX–XI	10–15	Sonne–Halbschatten

Nicht winterharte Blumenzwiebel- und Knollengewächse

Fehlende Winterhärte bedeutet in den meisten Fällen auch hohe Empfindlichkeit gegen Spät- und Frühfröste. Daraus ergibt sich, daß Zwiebeln und Knollen dieser Gruppe mit einigen Ausnahmen Anfang Mai gelegt werden, damit der Austrieb nicht vor den Eisheiligen erscheint. Soweit es sich um Pflanzen mit Vorkultur handelt, kommen sie erst nach der Maimitte ins Freiland. Im übrigen sind die allgemeinen Kulturbedingungen denen der winterharten Zwiebelblumen und Knollengewächse sehr ähnlich. Hier unsere Übersicht:

Sterngladiole, *Acidanthera bicolor* var. *murielae* (Schwertliliengewächs)   Höhe 60 bis 70 cm; Pflanzzeit Anfang April bis Mitte Mai; Blütezeit Anfang August bis Ende September; Blütenfarbe weiß mit purpurrotem Auge; Standort sonnig bis halbschattig, nicht zu trocken. – In rund zwei Jahrzehnten hat sich die bildschöne Pflanze schon völlig bei uns eingebürgert. Sie stammt aus den Gebirgen Westabessiniens, ähnelt in ihrem Laubwerk der Gladiole und trägt an straffen, aufrechten Stengeln jeweils 12–15 duftende, in lockeren Rispen erscheinende Blüten, deren strahlendes Weiß durch den dunkel karminroten oder bräunlich-kupferfarbenen Schlund besonders hervorgehoben wird. Vorzüge: späte Blüte und Haltbarkeit als Schnittblume. Kultur wie Gladiole. Folgepflanzungen verlängern den Flor bei frostfreiem Wetter bis weit in den Spätherbst. Man legt die Zwiebeln mit etwa 30 cm allseitigem Abstand 12–15 cm tief. Nach dem Vergilben der Blätter werden sie zum frostfreien Überwintern aus dem Boden genommen und wiederum wie Gladiolenknollen behandelt.

Knollenbegonien, *Begonia*-Knollenbegonien-Gruppe (Begoniengewächs)   Höhe 30 bis 40 cm; Blütezeit Juni/Oktober; Blütenfarben: von weiß über gelb bis orange und dunkelrot. Das Sortiment ist riesengroß. Standort schattig, allenfalls halbschattig, feucht. – Die Heranzucht der Knollenbegonien erfolgt einfacher in der Gärtnerei, wo man entweder im Juni einjährige oder Mitte Mai bestimmt blühfähige, zweijährig aufgeschulte Pflanzen kauft. Das eigene Antreiben ist nicht schwierig: die Knollen werden ab Februar in Töpfe mit geeigneter Kulturerde (»Begonienerde«, Einheitserde, TKS 2) gelegt, wobei die Knollen in gleicher Höhe mit dem Topfrand stehen sollen. Hier treiben sie aus und können dann nach den Eisheiligen wie üblich als Schmuckpflanzen verwendet werden.
Nach der Blüte verlangen die Knollenbegonien ihre Ruhezeit. Ausgepflanzte Stöcke werden nach dem ersten Frost handhoch abgeschnitten, die Knolle aus dem Boden genommen und wie Dahlien- oder Gladiolenknollen überwintert, jedoch im Februar wie beschrieben in Töpfen oder Handkästen angetrieben. Eine andere Methode ist es, die Knollen schon im Herbst, bald nach dem Abtrocknen, so in eine mit Sand gefüllte, flache Kiste zu setzen, daß die gestutzten Stengel herausschauen, und sie bis zum Umpflanzen in Töpfe in der Kiste zu belassen. Manche neueren Sorten sind gegen die pralle Sonne schon einigermaßen widerstandsfähig. Schließlich gibt es auch Knollenbegonien, wie die Klasse der Multiflora-Begonien, die nur bedingt als Freilandpflanzen anzusprechen sind und mehr in das Gebiet der Balkon- und Zimmerpflanzen gehören.

Blumenrohr, Gartencanna, *Canna*-Indica-Hybriden (Blumenrohrgewächs)   Höhe 50–80 cm; Blütezeit Juni bis Frosteintritt; Blütenfarben: gelb, orange, rot; Standort sehr sonnig, warm, geschützt. Bester durchlässiger, dabei nahrhafter Boden, »warmer Fuß«. Das Blumenrohr ist gleich schön als Blütenpflanze wie als Blattpflanze, doch erfordert seine Kultur einige Mühe. Auspflanzen Ende Mai, Anfang Juni. Im

Blumenrohr

Herbst Schäfte kurz abschneiden, Knollen aufnehmen und so überwintern, daß sie bei mäßiger Wärme nicht ganz trocken werden. Situation: etwa ein Heizkeller und dazu Einschlag in leicht befeuchtetem Sand. Ende Februar Knollen teilen (Triebknospen!), in Töpfe mit frischer Erde (Einheitserde, TKS) setzen, bis Mai bei gleichmäßiger Temperatur von 18–20° C treiben, gut abhärten, Ende Mai/Anfang Juni ins Freie setzen. Die *Canna*-Indica-Hybriden umfassen alle Sorten der Gartencanna.

Montbretie, *Crocosmia* (Schwertliliengewächs) Höhe 60–90 cm; Pflanzzeit zwischen Anfang April und Ende Mai; Blütezeit August/Oktober; Blütenfarben: gelb bis terrakotta und dunkelrot. – Die liebenswürdigen, um schlanke Stiele geordneten Blüten wirken wie kleinere Verwandte der Gladiole, obschon die Montbretie zu den Kapzwiebeln rechnet. Jeder Stengel, der in seiner ganzen Länge mit schön dunkelgrünen, schwertförmigen Blättern besetzt ist, bringt drei, fünf oder mehr Blütenähren, deren jede ähnlich wie die Freesie 12–20 Blüten trägt. Hervorragende Blütenpflanze mit herrlichen Farbensorten. In milden Lagen Freilandüberwinterung mit ausreichender Schutzdecke. Herbstliches Herausnehmen und gleiche Behandlung wie die Gladiole sicherer. Sonst alle drei Jahre umpflanzen, damit auch der zahlreiche Nachwuchs zu seinem Recht kommt. Pflanztiefe 12–15 cm, zur gruppenweisen Füllung von Staudenbeeten oder vor Gehölzen in Sonne bis Halbschatten. Ausgezeichnete Schnittblume.

Dahlie, *Dahlia* (Korbblütler) Höhe je nach Sorte 50–250 cm; Blütezeit Juli bis Herbst; alle Farben außer blau; Standort sonnig, frei. Boden nahrhaft, feucht. Für trockene Böden Spezialsorten. – Die Dahlie ist sehr frostempfindlich. Ihre Knollen, die weder zu trocken (dann schrumpfen sie!), noch zu feucht (dann faulen sie!), überwintert haben, dürfen keinesfalls vor Anfang Mai ausgepflanzt werden. Der allseitige Abstand von einer Pflanzstelle zur andern soll je nach Größe der Sorten 50 bis 100 cm betragen. Ein kräftiger Stab zum späteren Anheften wird gleich beim Ausheben des Pflanzloches eingeschlagen, denn nachträgliche Anbringung endet nur zu häufig mit der Verletzung von Knollen. Gekaufte Knollen dürften meist die richtige Pflanzgröße haben. Beim Trennen zu großer Knollenklumpen ist darauf zu achten, daß jedes Teilstück mindestens ein Triebauge hat, da sonst kein Austrieb möglich ist. Nach dem Legen sollen die jungen Stockknospen etwa 3 cm hoch mit Erde bedeckt sein. Je nach Wetterlage mehr oder weniger kräftig angießen. Bei Nachtfrostgefahr schon vorhandenen Austrieb mit Blumentöpfen oder Schutzhauben überdecken. Erfrierungen bedeuten Zeitverlust für Wachstum und Blüte, werden aber meist durch Nachwuchs ausgeglichen.

Zur Erzielung kräftiger Büsche und eines reichen Flors je Pflanze nur die drei stärksten Triebe belassen, ab Frühsommer alle 2–3 Wochen eine Kopfdüngung mit Volldüngerlösung geben. Dem Wachstum entsprechend, die Pflanzen laufend aufbinden und später Abgeblühtes immer gleich entfernen. Dann treiben die Dahlien unermüdlich aus den Blattachseln an schlanken Stielen neue Blütenknospen bis weit in den Spätherbst hinein.

Samenkapseln heranreifen zu lassen hat nur Wert, wenn der Gartenfreund gern selbst einmal Dahlien aus Samen ziehen möchte. Unter Umständen genügt sogar Freilandaussaat wie Sommerflor, um bereits im ersten Jahr kleine blühfähige Pflanzen zu erzielen. Beim Gärtner gibt es aber um Mitte Mai in Töpfen vorkultivierte junge Edeldahlien zu kaufen, bei denen man mit Sicherheit ein paar niedliche Erstlingsblüten erwarten darf.

Im Herbst soll man die Knollen so lange wie möglich im Boden ausreifen lassen. Wenn die ersten Fröste Blüten und Laub dahingerafft haben, schneidet man die schwarz verfärbten Stengel dicht über dem Boden ab, lockert das Erdreich ringsum und hebt dann – mit dem Spaten vorsichtig mehrmals untergreifend – den ganzen Knollenklumpen ohne Verletzung heraus. Bei gutem Wetter frostfrei in der Sonne, sonst im mäßig warmen, geschlossenen Raum abtrocknen, von anhaftender Erde be-

Nicht winterharte Blumenzwiebel- und Knollengewächse

Über die neueste Einteilung der Dahlien-Typen gibt die Zeichnung auf der nächsten Seite Auskunft

Bildseite:
Zwei Farne und zwei Ziergräser: Oben Strauß- oder Trichterfarn (Matteuccia struthiopteris) und Schildfarn (Polystichum setiferum 'Plumosum densum').
Unten Lampenputzergras (Pennisetum setaceum) und Pampasgras (Cortaderia selloana). Text S. 195.

Einfachblühende Dahlien   Paeonienblütige Dahlien   Halskrausen-Dahlien   Dekorative Dahlien

Ballförmige Dahlien   Pompon-Dahlien   Cactus-Dahlien   Semicactus-Dahlien   Anemonenblütige Dahlien

Nach dieser offiziellen Einteilung werden die Dahliensorten gehandelt.

freien, mit Namensetiketten versehen und einzeln, nebeneinander, auf trockenen Torfmull oder trockenen Sand breiten. Bild Seite 90.

Lilienschopf, *Eucomis* (Liliengewächs) Höhe je nach Art 60–100 cm; wichtigste: *E. bicolor, E. punctata.* – Hochinteressante Pflanze mit getigertem Blattgrund und Blütenschaft. Der grünlichweiße »Schopf« erscheint im Juni/Juli, hält bis Frosteintritt. Englischer Name »Pineapple-Flower« – Ananasblume – ist sehr charakteristisch. Zwiebel im April/Mai 15–20 cm tief legen. Freilandüberwinterung mit guter Decke soll möglich sein. Aber ich nehme trotz milder Lage die immer wieder geteilten Zwiebelhorste im Herbst auf und überwintere sie wie Dahlien und Gladiolen. *Eucomis* ist auch gut als Kübelpflanze zu halten.

Duftfreesie, *Freesia*-Hybriden (Schwertliliengewächs) Höhe 30–40 cm; Pflanzzeit präparierter Zwiebeln April; Blütezeit August/Oktober; Blütenfarben: alle zarten Pastelltönungen; Standort halbschattig bis schattig. Guter Gartenboden. – Die neuen Freiland-Freesien sind bereits so gut akklimatisiert, daß der Gartenfreund sich den Genuß an ihrem langanhaltenden, duftenden Flor bereiten kann. Die Knollen werden im April truppweise in etwa 8 cm Tiefe und mit jeweils 10 cm allseitigem Abstand gelegt. Je Pflanze treiben 4–6 Stengel, deren jeder 10–15 der harfenförmig nebeneinander angeordneten Blüten trägt. Freesien, die nicht geschnitten werden, treiben nach dem Abwelken des ersten Blütenstengels weitere Stiele. Mit Frosteintritt Knöllchen aus dem Boden nehmen, Aufbewahrung wie Gladiolenknollen. Da Wiederblüte ungewiß, immer einige Knollen zukaufen.

Kaphyazinthe, Galtonie, *Galtonia candicans* (Liliengewächs) Höhe bis 1 m; Pflanzzeit Mitte April; Blütezeit Ende Juli bis September; Farbe: weiß. – Die straff aufrecht stehenden Blätter sind fleischig, graugrün, manchmal auch weiß gebändert, in Form und Anordnung denen der Gartenhyazinthe ähnlich. Rund um den senkrecht auf-schießenden Blütenschaft entwickeln sich im Juli 15–30 reinweiße, zu einer prächti-gen, weithin sichtbaren Traube vereinigte Glockenblüten. Man soll die Zwiebeln Anfang bis Mitte April mindestens 25 cm tief legen. Überwintern im Freien bringt meistens Verlust. Die Kaphyazinthe gedeiht in jedem Gartenboden, liebt Sonne bis Halbschatten und ist eine vorzügliche, sehr haltbare Schnittblume für große Vasen. Sie kann auch als Topf- oder Kübelpflanze gezogen werden.

Gladiole, Siegwurz, *Gladiolus* (Schwertliliengewächs) Höhe bis 1,50 m; Pflanzzeit Anfang April bis Ende Mai; Blütezeit Juli bis Frosteintritt; Blütenfarben: alle Tö-nungen. – Alles über Anzucht, Pflege und Einwinterung der Dahlien Gesagte kann sinngemäß auf die Gladiole angewendet werden. Für ihr Fortkommen besonders wichtig bleibt dabei, daß die zur Herbstzeit der Erde entnommenen rundlichen Knollen gut abgetrocknet und erst danach vom vergilbten Laub abgeschnitten wer-den. – Die Gladiolenzüchter haben ähnlich wie die Dahlien- und Rosenzüchter ihre Lieblinge im Laufe der Jahre zu immer wunderbareren Form- und Farbspielen em-porgesteigert, ihnen Regenfestigkeit gegeben und die einseitige Blühweise der alten Genter Gladiole, *Gladiolus gandavensis,* weitgehend überwunden. Die züchterischen Belange werden gewahrt von der Deutschen Dahlien- und Gladiolen-Gesellschaft (gegr. 1897; Sitz Landau/Pfalz). – Gladiolen müssen zur Verhütung von Windbruch und Regenschaden vor allem tief genug gelegt werden. Leichter Boden erfordert et-was mehr Erddecke als schwerer, kleine Knollen werden flacher eingebracht als große. Auf jeden Fall soll die Pflanztiefe 10–15 cm, der Abstand von Pflanze zu Pflanze bei großen Knollen 8–10 cm und der Reihenabstand 20 cm betragen. Folge-pflanzungen früher, mittelfrüher und später Sorten erlauben eine Blütezeit von 4–5 Monaten. Die Vermehrung erfolgt beim Züchter. Für den Gartenfreund ist sie weder aus Brutknöllchen noch aus Samen lohnend. Deshalb auch hier: Abgeblühtes immer gleich abschneiden. Wer nicht Experimente mit Zufallsprodukten machen will, der bleibe beim Bezug vollentwickelter Knollen von garantierter Größe und Sortenecht-heit, zumal die alljährliche Erneuerung von der Mutterknolle zur Hauptknolle sich schier bis ins unendliche fortsetzen läßt, wenn sie gesund bleiben und richtig behan-delt werden. An erster Stelle unter den heutigen Standardsorten stehen die großblu-migen Hybriden. Das riesengroße Sortiment erweitert und verändert sich stetig.
Übrigens gibt es auch einige winterharte Gladiolenarten, deren Beschaffung im Han-del allerdings nicht immer gelingt. Am ehesten erhältlich ist noch *Gladiolus byzanti-nus.* Seine etwas scharf rotvioletten Blüten haben ausgesprochenen Wildpflanzen-charakter und wirken neben unseren prunkvollen Edelgladiolen mehr als beschei-den. Die Pflanze liebt einen sehr sonnigen Standort, paßt bei uns bei nur etwa 60 cm Höhe als immerhin aparte Erscheinung auch in den Steingarten. Man legt die Knöll-chen im April/Mai und läßt sie dann jahrelang ungestört wachsen und sich vermeh-ren. Etwas Winterschutz. – Alle Gladiolen sind hervorragende Schnittblumen.

Schönhäutchen, *Hymenocallis* (Amaryllisgewächs) Die meisten Arten dieser präch-tigen tropischen Pflanze sind nur für Warmhauskultur geeignet. Aber *H. calathina,* einige Hybriden, wie 'Advance', 'Sulphur Queen' und *H. amancaes,* lassen sich ohne weiteres über Sommer im Freien halten. Man legt die bis faustgroßen Zwiebeln Mitte Mai an sehr geschützter, sonniger Stelle in besten Boden. Der wunderbare Blütenflor in Lichtgelb oder Schneeweiß folgt um die Juni/Juli-Wende, nach dem Austrieb meh-rerer hellgrüner, bandförmiger Blätter. Während der Wachstumszeit reichlich dün-gen, feucht halten. Rechtzeitig aufnehmen, bei 15 bis 18° C überwintern.

Jakobslilie, *Sprekelia formosissima* (Amaryllisgewächs) Legen der schwarzschali-gen Zwiebeln 8 cm tief Anfang Mai bringt nach richtiger Überwinterung (warm, trocken!) bereits Anfang Juni vor oder zugleich mit dem Laubaustrieb auf hohem

Nicht winterharte Blumenzwiebel- und Knollengewächse

Im Herbst: Eingetrocknetes Laub abschneiden und Reste der Gladiolen-Mutter-knolle entfernen!

Die einzige in Gartenkultur vorkommende Kletterpflanze aus dem Bereich der Blumen-zwiebel- und Knollen-gewächse ist im Kapitel »Rundblick auf die Kletter-pflanzen« ab Seite 247 zu finden.

Nicht winterharte Blumenzwiebel- und Knollengewächse

Schaft die 10–12 cm große, leuchtend rote Blüte in Form des Ordenskreuzes der St.-Jakobs-Ritter. Standort warm, geschützt, volle Sonne, reich gedüngter, bester Gartenboden. Aufnehmen Anfang Oktober. Auch Zimmerkultur ab Mai bis nach der Blüte und dann Auspflanzen in den Garten bis Oktober ist möglich. Für die Gesundheit der Zwiebeln hat sich jährlicher Wechsel zwischen Freilandkultur und Topfkultur am besten bewährt.

Tigerblume, Pfauenlilie, *Tigridia pavonia* (Schwertliliengewächs) Höhe 40–50 cm; Pflanzzeit Ende April; Blütezeit Juli/August; Blütenfarben: weiß, gelb, zinnoberrot, purpurrot mit entsprechender Fleckung des becherförmigen Grundes. Viele Sorten. Standort sonnig, warm, geschützt. Sehr guter, nahrhafter Boden, nicht trocken. – Die Tigerblume erblüht mit der aufsteigenden Sonne und fängt um die Mittagszeit zu welken an, schon einige Stunden vor Sonnenuntergang ziert nur noch ein mißfarbener Knäuel ineinander gedrehter Blütenblätter den Stengel. Da sich dieses interessante Schauspiel des Entfaltens und Welkens jedoch täglich mit neuen Blüten wiederholt, kommt der gartennahe Blumenfreund doch auf seine Kosten. So auch die angelockten Insekten: Man findet kaum eine Blüte, in deren samtig getigertem Grund nicht gerade ein Käfer kerumkrabbelt oder eine Hummel Nektar sucht. Mit einem Durchmesser von 10–12 cm leuchtet jede Tigerblume weithin durch den Hochsommergarten. Man kaufe nur erstklassige Ware und lege mit 10–12 cm Abstand etwa 8 cm tief. Häufige Kopfdüngungen erhöhen die Wuchsfreudigkeit; in zu armem Boden bleibt die Pflanze fahlgrün und blütenlos. Auch zu kühle Überwinterung trägt viel Schuld an Versagern. Im Boden belassene Tigerblumen blühen auch dann weniger gern, wenn sie zufällig nicht erfroren sein sollten ... Nach meinen Erfahrungen ist frühzeitiges Aufnehmen – vor Dahlie und Gladiole – dazu Einbetten in trockenem Torfmull und Lagern bei Temperaturen nicht unter 10° C eines der Geheimnisse, von denen das regelmäßige Blühen abhängt. Manche Kataloge führen die Tigerblume auch unter dem Namen *Ferraria pavonia*. Diese Bezeichnung ist irreführend. Es gibt nur ein südafrikanisches Irisgewächs namens *Ferraria undulata* mit bräunlich-grünen, duftenden Blüten von typischer Irisform. Kultur wie *Tigridia pavonia*.

Tigerblume

Übersicht der nicht winterharten Blumenzwiebel- und Knollengewächse

Deutscher Name	Bot. Name	Blütezeit	Blütenfarbe	Blüten-höhe	Pflanz-zeit	Pflanz-tiefe	Bemerkungen
Sterngladiole	*Acidanthera*	VIII–IX	weiß mit rot	60–70	IV–V	12–15	Sonne – Halbschatten
Knollen-begonien	*Begonia*	VI–X	weiß, gelb, rosa, rot	20–50	V–VI	erdgleich	Sonne – Halbschatten
Blumenrohr	*Canna*	VI–X	gelb, orange, rot	50–80	V–VI	erdgleich	Sonne
Montbretie	*Crocosmia*	VIII–X	gelb, orange, rot	60–90	IV–V	12–15	Sonne
Dahlie	*Dahlia*	VII–X	alle, außer blau	50–250	V	Knospen 3 cm tief	Sonne, feuchten Boden
Lilienschopf	*Eucomis*	VI–VII	grünlich-weiß	60–100	IV–V	15–20	Sonne
Freesien	*Freesia*	VIII–X	alle Farben	30–40	IV	5–8	Halbschatten
Kaphyazinthe	*Galtonia*	VII–IX	weiß	80–100	IV	25	Sonne – Halbschatten
Gladiole	*Gladiolus*	VII–X	alle Farben	100–150	IV–V	10–15	Sonne – Halbschatten
Schönhäutchen	*Hymenocallis*	VI–VII	weiß, gelb	60–80	V	15	Sonne
Jakobslilie	*Sprekelia*	VI	rot	60–80	V	8–10	Sonne
Tigerblume	*Tigridia*	VI–VIII	weiß-, gelb-rotgefleckt	40–50	IV	8–10	Sonne

Die ausdauernden oder perennierenden Stauden sind das Rückgrat unseres Blumengartens. Sie legen durch ihr oft jahrelanges Beharren am gleichen Standort seine Raumgestaltung fest; sie erschließen durch unzählige Abwandlungsmöglichkeiten von der Rabatte und der zwanglosen Gruppe bis zu Steingarten und Trockenmauer alle Freuden gärtnerischen Schmuckwillens. Vielerlei gibt es hier zu bedenken, wenn man als Anfänger ohne allzu teures Lehrgeld auskommen möchte. Mancher nimmt sich irgendein Beet vor, stopft ein paar nach Gutdünken gekaufte Stauden in die Erde und glaubt, mit dieser verständnisvollen Großtat alles Nötige besorgt zu haben. Nein, auch Staudenschönheit und Blütenfülle wollen mit redlichem Wissen um die Dinge verdient sein. Man muß die Lebensbedingungen der einzelnen Pflanze, ihre Höhe, ihren Umfang, ihre Blütezeit und ihre Blütenfarben kennen, um sie in richtiger Auswahl an den richtigen Fleck zu setzen. Zu den Blütenstauden aber treten all die anderen Zierpflanzen: Sommerflor und Zweijährige — Blumenzwiebeln und Knollengewächse — Staudengräser, Farne, Rosen und Ziergehölze, Immergrüne, Koniferen, die alle in das »Gesamtkunstwerk Garten« mit einbezogen sein wollen.

Im Reich der winterharten Blütenstauden

Schön ist, was zusammenpaßt

Die Christrose macht zur Jahreswende den Anfang. Es folgen bei den Kleinsten Schneeglöckchen, Winterling, Krokus, Blaustern, Muskathyazinthe, Leberblümchen und Steinbrech, bei den etwas größeren Tulpe, Hyazinthe, Narzisse, Gänsekresse, das bunte Volk der Primeln und viele andere, bis im Mai das Knospen und Blühen in vollen Zügen einsetzt, um über die Sommer- und Herbstmonate hinweg mit Dahlien und Astern letzte Farbengluten des scheidenden Gartenjahres hervorzuzaubern. Sie alle aber wollen ebenso klug genutzt wie sorgsam gebändigt und aufeinander abgestimmt sein.

Hohe Stauden dürfen nicht zwischen, sondern nur hinter den niedrigen stehen. Bauernblumen wie Malve oder auch Goldrute passen schlecht zwischen das exotische Zwerggesträuch des modernen Steingartens. In ein heiter-melancholisches Biedermeierbeet mit Akelei, Schleierkraut und Fliegenden Herzen kann man wohl Moosrosen und Nelken, aber keine so dämonischen Geschöpfe wie Königskerze, Fingerhut oder Waldgeißbart setzen. Andererseits dürfte der Zusammenklang von roten Kletterrosen, Rittersporn und Madonnenlilien jederzeit als ein voller Akkord schönster Gemütswerte des deutschen Gartens empfunden werden, während das helle Gelb des Ginsters, die satteren Goldtöne der Trollblumen ein besonders köstliches Widerspiel im Blau der Glockenblumen und höheren Ehrenpreisarten finden. Weit mehr noch als beim rasch vergänglichen Blumenstrauß gibt es der Farbe, der Blütenform und der ganzen Pflanzengestalt nach gewisse Grundgesetze einer künstlerischen Harmonie, die meist schon in den Lebensbedürfnissen zusammenpassender oder sich gegenseitig ausschließender Gewächse ihre tiefste biologische Verankerung besitzt.

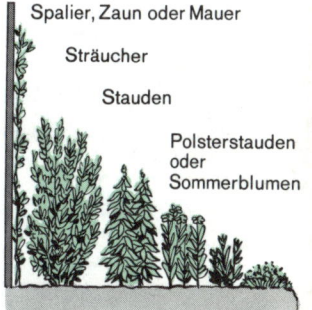

Spalier, Zaun oder Mauer

Sträucher

Stauden

Polsterstauden
oder
Sommerblumen

Höhenunterschiede
beachten!

*Rosen, Rittersporn
und Lilien . . .*

167

Zwei Pflanzpläne von Staudenrabatten für Halbschatten und für Sonne

Pflanzquadrate 50 × 50 cm, je nach Größe eine oder mehrere Pflanzen je Quadrat; Beettiefe 2,80 m.
Pflanzhöhen nach hinten ansteigend, aber ineinander verzahnt.
Ständig blüht etwas.
Rosen- und Ziersträucher sorgen für Lebendigkeit auch im Winter.

Waldgeißbart	Eisenhut		Dufthimbeere		Lanzensilberkerze VIII–IX	Eisenhut VII–VIII, X
	Japananemone rosa VIII–X	VII–VIII, X	VI–VIII	Japananemone	Julisilberkerze VII–VIII / Eisenhut VII–VIII, X	Akelei V–VII
VI–VII	Japananemone weiß VIII–X / Eisenhut VII–VIII, X	Akelei gelb und rot	Japananemone weiß VIII–X	rosa VIII–X	Akelei gelb V–VII	Farn
Farn	Elfenblume	rot V–VII	Farn	Nelkenwurz V, IX	Ballonglockenblume VII–VIII	
Zwergmispel IV–V	Etagenprimel		Christrose rot I–III weiß		Ysander	Elfenblume IV–V
			Pfennigkraut V–VII			

Zur Zeit der Sommerblüte im Juni/Juli sehen die Beete ungefähr wie auf unserer Zeichnung aus. Es gibt zahllose Variationsmöglichkeiten, je nach Breite des Beetes und der Pflanzenauswahl. Die Rabatte kann nach beiden Seiten durch Wiederholung des gezeigten Pflanzplanes in gleicher oder leicht abgewandelter Art beliebig verlängert werden. Große Anlagen erhalten dadurch einen willkommenen »Rhythmus« wiederkehrender Pflanzenkombinationen. Das unterschiedliche Ausbreitungsvermögen der einzelnen Pflanzenarten läßt den strengen Planungs-Raster bald verschwinden. Der vordere Streifen mit Bodenbedeckern oder Polsterstauden wurde jeweils nur 30 cm breit gewählt. Die römischen Ziffern geben die Blütezeit an. Man könnte ihren Beginn durch zwischengepflanzte Blumenzwiebeln (Schneeglöckchen, Winter-

Goldfelberich	Rittersporn		Parkrose rot oder rosa VI–X		Hoher Sonnenhut VIII–IX		Hohe Herbstaster IX–X	Goldfelberich VI–VIII	Stockrose (Malve)		Rittersporn VI–VII, IX
VI–VIII	VI–VII, IX	Madonnenlilien VI–VII		Lavendel VII–VIII	Halbhohe Herbstaster IX–X		Goldfelberich VI–VIII	Rittersporn VII–X			Rote Floribundarose VI–X
Rote Floribundarose VI–X	Fingerstrauch V–IX	Hoher Ehrenpreis	Kissenaster IX–X	Halbhohe Herbstaster IX–X	Kissenaster IX–X	Madonnenlilie VI–VII	Türkischer Mohn	VI–VII, IX	Halbhohe Herbstaster IX–X		Lavendel
Hoher Ehrenpreis VII–IX	Schleierkraut VI–VIII	VI–IX	Sonnenröschen gelb		Glockenblume halbhoch VI–VII	Schleierkraut VI–VIII	VI	Fingerstrauch V–IX	Kissenaster X–XI		VII–VIII
Schleierkraut VI–VIII	Nachtkerze und Blauer Lein VI–IX		Glockenblume – VI–VII	rot VI–VII	Schleierkraut	Nachtkerze und Blauer Lein VI–IX		Glockenblume halbhoch VI–VII	Sonnenröschen gelb V–VII		Schleierkraut VI–VIII
Blaukissen IV–V	Steinrich IV–V	Schleifenbl. IV–V	Zwergiris gelb V	Blaukissen IV–V	VI–VIII	Zwergiris blau V	Steinrich IV–V	Blaukissen IV–V	Schleifenbl. IV–V	Blaukissen IV–V	

ling, Blaustern, Kaiserkrone u. a.) leicht noch vorverlegen. Ebenso kann man im Halbschatten durch die Zwischenpflanzung von Lilien noch schöne zusätzliche Wirkungen erzielen. Die Zahl der für gelegentliche Pflegearbeiten verlegten Steinplatten stellt den Mindestbedarf dar. Da die Stauden recht bald zusammenwachsen, werden die Pflegemaßnahmen, vor allem die Bekämpfung des Unkrautes und die Hackarbeiten, sehr schnell geringer. Der hier gezeigte Pflanzplan ist in erster Linie für Pflanzenfreunde gedacht, die immer wieder ergänzen, verändern und Neues ausprobieren wollen. Einfacher in der Pflege, aber gestalterisch sehr wirkungsvoll, sind natürlich auch großzügige Anlagen mit Bodendeckern und wenigen, als optische Schwerpunkte in die Fläche gesetzten Solitärstauden oder -sträuchern.

Rittersporn

Auch hier:
Mutterboden nicht
beerdigen!

Sonderansprüche
müssen beachtet werden

Wurzeln einkürzen,
Bruchstellen
glattschneiden

Im übrigen soll alles, was wir auf unseren Blumenbeeten, in unserem Staudengarten setzen, dankbar und anspruchslos sein, möglichst auch einige Jahre am Platze bleiben, ohne daß die Blühwilligkeit und der gute Gesamteindruck darunter leiden. Natürlich könnte man die später folgenden Listen leicht um Dutzende reizvollster Erscheinungen vermehren, und mancher Gartenfreund wird bei unserer Zusammenstellung vielleicht gerade seine besonderen Lieblinge vermissen. Das ist jedoch im Rahmen eines solchen Buches nicht zu ändern, und deshalb halten wir es auch an dieser Stelle mit der alten Binsenweisheit, daß sich die wahren Meister erst in der Beschränkung zeigen.

Bodenbeschaffenheit und allgemeine Pflanzregeln

Für alle Blütenstauden muß, soweit nicht ausdrücklich etwas anderes vermerkt ist, der Boden tiefgründig, möglichst bis in zwei Spatenstich Tiefe umgegraben und die darunterliegende Schicht noch mit Hacke oder Spaten gelockert oder gewendet werden. Diese Bodenbearbeitung soll ungefähr einen halben Meter weit hinabreichen. Es ist darauf zu achten, daß die Mutterboden-Oberschicht als oberste Schicht erhalten bleibt. Handelt es sich um guten Gartenboden in alter Kultur, so soll als Vorratsdüngung zugleich möglichst viel guter Kompost oder — wenn nicht vorhanden — einer unserer milden Torfhumus-Volldünger in vorgeschriebener Menge eingebracht werden. Ist der Boden schwer und bindig, so wird man außerdem Torf und Sand zu gleichen Teilen beigeben, um die Erde dadurch lockerer und luftiger zu machen. Für leichten Boden genügt Torf allein, der tags zuvor schon durchfeuchtet und fein zerkrümelt wurde. Man rechnet ungefähr einen Ballen auf 10 Quadratmeter und sorgt dafür, daß dieser Torf nur in die deckende Oberschicht eingebracht wird. Selbstverständlich kommt diese allgemeine Bodenvorbereitung nicht für alle Stauden in Frage. Wo in Einzelfällen besondere Ansprüche an die Bodenbeschaffenheit gestellt werden — also beispielsweise Kalkfeindlichkeit, außergewöhnlicher Nährstoffreichtum oder besonders magerer Boden für volles Gedeihen zu berücksichtigen sind — ist dies bei den Einzeldarstellungen vermerkt. Immer wieder bleibt zu bedenken, daß es sich hier um Maßnahmen auf lange Sicht handelt und deshalb entsprechende Sorgfalt am Platze ist.

Sind unsere Stauden nach längerem Transport angestrengt und etwas welk, dann sollen sie sich durch Lagern im Kühlen, durch Überbrausen mit abgestandenem Wasser oder Einschlag an schattiger, sehr feucht gehaltener Stelle erst erholen. Nur frische, straffe Pflanzen taugen zum Setzen und sind imstande, die große Leistung des Anwurzelns mit Erfolg auf sich zu nehmen. Vor der Pflanzung wird beim Wurzelschnitt alles, was an Faserwurzeln zu lang herumhängt, kräftig eingekürzt. Eine Handbreit Gefaser ringsum ist immer noch genug. Auch fleischige oder holzige Wurzelstöcke können etwas gestutzt werden, vor allem ist jede Bruchstelle sauber und mit schräg abwärts weisender Schnittfläche glatt zu schneiden. Ein großer Fehler ist es, die Wurzeln krumm und schief, von ihrer natürlichen Wachstumsrichtung abweichend, in den Boden zu zwängen. Auch hüten wir uns, bei dem erforderlichen Andrücken nur die Pflanze zu quetschen, statt die umgebende Erde fest zu fassen. Stauden können Hohlräume im Wurzelwerk und lockeres Erdreich um sich herum ebensowenig leiden wie einen zu tiefen oder zu hohen Stand. Unbegreifliche Ausfälle haben nur zu oft in solchen Sünden der Unkenntnis ihre Ursache. Wer Rittersporn oder Akelei oder gar Lupinen »übers Herz« pflanzt oder bei Pfingstrosen die Grenze der Erdbedeckung leichtfertig überschreitet, wird weder die blauen noch die lila und roten Wunder ihres Blühens erleben. Sie streiken einfach und können sogar eingehen.

Das beste Werkzeug zum Staudenpflanzen ist der »beinerne Fünffingerspaten«, weil er mit Gefühl arbeiten kann. Wo schwerer Boden oder die Größe der Wurzel über den Wirkungsbereich der menschlichen Hand hinausgehen, nimmt man beim Einsetzen den kleinen Pflanzspaten zu Hilfe. Und immer wird ein ordentlicher Gießrand gemacht, da durchdringendes Wässern und Einschlämmen die sichersten Voraussetzungen für gutes Anwurzeln bieten. Eine weitere Hilfsmaßnahme ist das Belegen der Pflanzstellen mit durchfeuchtetem Torf, Komposterde, Moos oder einer leichten Laubdecke, um besonders bei Frühjahrspflanzung dem Austrocknen des Bodens um die noch jungen, wenig belaubten Stauden vorzubeugen. Im übrigen sind Eigenheiten des Setzens bei den Einzeldarstellungen angegeben.

Unterschiede in der Intensität der Blütenfarbe hängen meist mit dem Klima des Standortes zusammen. Je höher unser Garten liegt, desto tiefer und leuchtender blühen seine Blumen. Die gleiche Rittersporart kann also in der Elbe-Niederung, in der Rheinebene bläßlich, in der reineren Luft des Schwarzwaldes oder der Voralpen aber ausgesprochen enzianblau sein. Umgekehrt lassen Alpenblumen, die noch keine genügende züchterische Festigung ihrer Farbwerte haben, trotz sonst guter Akklimatisierung beim Verpflanzen in die Ebene bald nach.

Auf die richtige Pflanztiefe kommt es an. Die Stockknospen der Pfingstrose sollen gerade aus dem Boden gucken. Zu tiefes Pflanzen bedeutet Blütenlosigkeit. Siehe auch Text Seite 188.

Wann und wieviel pflanzen?

Grundsätzlich pflanzt man alle Stauden während ihrer Ruhezeiten, so daß für manche neben den am besten geeigneten Herbstmonaten von Anfang September bis Anfang November und den Frühlingswochen vom Offenwerden des Bodens bis zum ersten jungen Austrieb auch noch die Wachstumspause der Sommermitte gleich nach dem Abblühen in Frage kommt. Stauden, die in Töpfen oder Containern geliefert werden, kann man natürlich während ihrer ganzen Wachstumszeit pflanzen. Immer aber hüten wir uns vor dem Zuviel, dem wilden Durcheinander und vor zu breiten Rabatten. Zwei Meter sei das äußerste Maß, denn was im ersten Sommer noch sehr dünn, ja fast leer wirkt, kann sich innerhalb der beiden nächsten Jahre schon zum wahren Dickicht auswachsen, dessen rückwärtige Teile bald völlig unzugänglich werden. Im übrigen macht es sich sehr hübsch, wenn jeweils einige Stau-

In der Ruhezeit pflanzen

Containerware ganzjährig

den gleicher Art in Gruppen beisammenstehen und in ihrem Wechsel von einer Sorte zur anderen ein gewisser innerer Rhythmus waltet. Außerdem sollte man in jedem Staudenbeet immer ein paar Plätze für Sommerblumen frei lassen. Vor allem bei kleineren Rabatten lassen sich dadurch die gartengestalterisch reichsten und auch farblich vollkommensten Bildwirkungen erzielen, zumal die meisten der im Sommer blühenden Stauden doch ziemlich hoch sind und nur durch die Mitverwendung von Sommerblumen den rechten Übergang zu den niederen Einfassungspflanzen finden. Modern und arbeitssparend ist es, die Beetfläche durch geeignete hübsche Bodenbedecker so gut wie unkrautfrei zu halten und nur mit einzelnen ausgewählten, ganz bewußt plazierten Solitärstauden besondere Akzente zu setzen.

Platz lassen für ein paar Sommerblumen

Die weitere Pflege nach dem Anwurzeln beschränkt sich nicht allein auf die Entfernung verwelkter Blätter, überständiger Blüten und trocken gewordener Stengel. Manche Stauden machen durch ihre unbezähmbare Wucherneigung viel Mühe. Einige Staudengräser, wie *Carex* und *Typha,* sind auf diesem Gebiet allen anderen weit voraus. Aber auch mit der Goldball-Rudbeckie oder mit Lampionblumen, Herbstastern und vor allem mit Stauden-Knöterich kann man in hellste Verzweiflung geraten. Bei einigen hilft der von KARL FOERSTER empfohlene alte Eimer ohne Boden. Andere durchwuchern selbst starke Blechwände

 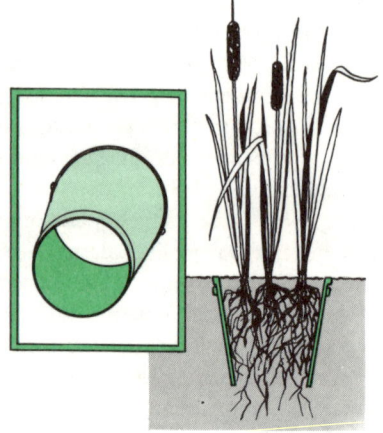

Der alte Eimer ohne Boden ist bester Helfer gegen die »Wucherer«.

und erfreuen ihre Besitzer unablässig weiter durch vielverzweigten Nachwuchs, den man nur immer wieder möglichst tief an den Wurzeln abstechen kann. Daneben tut Unkrautfreiheit not, und die Beobachtung auf Schädlinge, auf Krankheiten darf nicht unterlassen werden. Alles, was an anderer Stelle über Bodenentseuchen, Spritzen, Absammeln von Insekten, über Vertilgung von Wühlmäusen, Maulwurfsgrillen und ähnlichem Gelichter gesagt ist, wird im Staudengarten sinngemäß angewendet.

Grundregeln der Düngung und Winterpflege

Zur Gesunderhaltung unserer Anlagen ist ausreichende Düngung nicht zu entbehren. Da die Stauden sich bald recht nah auf den Leib rücken, entziehen sie dem Boden viele Nährstoffe, die während der sommerlichen Wachstumszeit laufend ergänzt werden müssen. Am besten geht das mit Volldüngerlösungen. Vom Erscheinen der Blütenknospen bis nach der Blüte sind solche

Kopfdüngungen im Abstand von zwei bis drei Wochen sehr beliebt. Wo im Spätherbst die oberirdischen Pflanzenteile abgeschnitten oder durch Einziehen des Laubwerks verschwunden sind, können wir einen der guten Torfhumus-Volldünger auf die Rabatten bringen. Er bleibt über Winter liegen und wird im Frühjahr unter schonendster Berücksichtigung der oft flachen Wurzeln eingehackt. Winterschutz ist bei den Einzeldarstellungen vermerkt.

Aber Stauden und Stauden sind ja keineswegs gleich. Deshalb muß sich auch die Bodenbedeckung nach dem Charakter der einzelnen Pflanze richten. So werden Gewächse wie Rittersporn und Eisenhut, deren Austrieb längst abgeschlossen ist, im Spätherbst vollkommen abgeschnitten. Man nimmt nicht nur die schon abgestorbenen höheren Triebe, sondern auch die noch im Absterben begriffenen Grundblätter weg. Dann wird eine nährende Schutzdecke aus Torf und Humusdünger gleichmäßig über die Pflanzen ausgebreitet.

Unterschiedliche Bodenbedeckung

Anders ist es bei solchen Stauden, die schon im Hochsommer ihre Jungsprosse oder auch Grundblätter für das kommende Frühjahr ausgebildet haben, wie das bei Astern, Rudbeckien, Helenium und vielen anderen der Fall ist. Hier schneidet man nur die abgeblühten alten Triebe weg, denn diese Pflanzen gehen teilweise mit einem dichten Blätterschopf oder einer Art von niedrigem Blätterkissen in den Winter. Würden wir dieses »Wintergrün« mit der Schere antasten oder mit einer düngenden Schutzdecke zuschütten, dann könnte daraus nur Fäulnis entstehen. Also nimmt man hier zum Abdecken Fichtenreisig oder sonst ein lockeres, luftdurchlässiges Material.

Schließlich gibt es noch eine große Gruppe von Stauden, die man geradezu als immergrün bezeichnen kann, und an denen folglich überhaupt nicht herumgeschnitten werden darf. Hierher gehören die Iris, verschiedene Wolfsmilch-Arten und einige harte Staudengräser. Bei ihnen bringt man den Dünger nur bis hart an die Pflanzen heran und arbeitet, soweit erforderlich, im übrigen mit luftigem Deckmaterial.

Wo sich infolge von Frost Wurzeln gehoben haben, was besonders bei den Rhizom-Lilien und Schwertlilien, aber auch bei manchen Primeln nicht selten vorkommt, geben wir im Frühjahr eine dicke Lage Kompost oder auch feuchten Torf um die Pflanze. Neben der Düngung ist in niederschlagsarmen Sommern alle 4–6 Wochen eine durchdringende, mindestens 50 cm tief reichende Bewässerung notwendig. Einige Stauden, vor allem Phlox, haben ein so dichtes Wurzelwerk, daß sich in ihrer Mitte wahre Staubnester bilden, deren Überwindung schon erhebliche Wassermengen notwendig macht. Manchmal wird man da nur mit Aufschüttung kleiner Erdwälle rund um das ganze Staudenbeet oder die Staudengruppe zum Ziel gelangen.

Tiefreichende Bewässerung im Sommer

Wechselwirtschaft auch im Staudengarten

Doch trotz ausreichender Pflege kommt früher oder später die Zeit, wo der Boden müde wird und viele Stauden in ihrer Schönheit nachzulassen anfangen. Sie blühen weniger reich, sie wachsen nur noch außen herum und sind innen häßlich kahl, sie heben sich im Boden und zeigen mancherlei andere Entartungserscheinungen. Im allgemeinen wird dieser Zustand nach 5–6 Jahren eintreten. Dann ist es höchste Zeit, ans Umpflanzen zu gehen, wobei stets durch Teilung verjüngt werden muß. Ungeteilt verpflanzte ältere Stauden kommen fast nie mehr richtig voran. Nun sind in den meisten Gärten ja die Plätze für Schmuckanlagen durch eine architektonische Gesamtgestaltung unter Einbeziehung von Gebäuden und auch durch das Vorhandenseit größerer Bäume festgelegt. Dennoch können wir unseren Umpflanzungsplan so

Wenn sich Bodenmüdigkeit zeigt

einrichten, daß gleiche oder nah verwandte Sorten nicht wieder an dieselbe Stelle kommen. Um Fäulnis und Krankheitsübertragungen vorzubeugen, werden bei der Entnahme vom bisherigen Pflanzort alle Wurzelreste sorgfältig entfernt, der Boden wird tief gelockert und reichlich mit Humusdünger versorgt. Auch Torfschnellkompost ist sehr zu empfehlen. Eine völlige Auffrischung des Bodens kann durch tiefen Aushub der alten und Einbringung neuer Gartenerde vorgenommen werden.

In jedem Falle wird diese Verjüngungsarbeit im Herbst ausgeführt; sie verspricht besonders viel Erfolg, wenn man die Beete über Winter unbepflanzt liegen lassen kann. Dazu müssen die entnommenen Stauden im kältesicheren Raum gelagert und handhoch mit Erde eingeschlagen werden. Sie können auch im Garten überwintern, wenn genügend nahrhafte Komposterde oder ähnliches Material, Laubstreu und Reisig zum frostfreien Einschlag zur Verfügung stehen. Im Frühjahr wird dann nach den bekannten Regeln neu gepflanzt. Zu Einschlag siehe auch Kapitel »Säen und Pflanzen«.

Stauden selbst aus Samen ziehen . . .

Im allgemeinen wird man seine Stauden setzfertig vom Gärtner kaufen, vorhandene ältere Stöcke teilen oder die sonstigen Möglichkeiten der vegetativen (ungeschlechtlichen) Vermehrung benutzen. Sie bringen in kürzerer Zeit blühfähige Pflanzen als Anzuchtversuche mit Samen, für die dem Liebhaber meist das gärtnerische Fachwissen und auch die technischen Einrichtungen fehlen.

Immerhin gibt es einige Stauden, die man verhältnismäßig leicht mit Freilandaussaat heranziehen kann, wie ja auch die Natur durch Aussamen selbst für sich sorgt und weder Gewächshaus noch Pikierholz dazu braucht. Zwei Termine kommen in Frage: der September und der Januar. Sonstige Aussaattermine sind jeweils bei den Einzeldarstellungen angegeben. Im September sät man vor allem solche Arten, die zwischen Samenreife und Keimung

Septembersaat für lange Samenruhe

eine längere Zeit der Samenruhe brauchen. Hierher gehören unter anderen *Centaurea, Corydalis, Cyclamen, Delphinium, Galium, Helleborus, Iris, Paeonia, Primula vulgaris* und *P. elatior* sowie die meisten anderen Freilandprimeln, ebenso *Trollius*.

Januarsaat für die Frostkeimer

Für die Januar-Aussaat, die nur bei frostfreiem Wetter und offenem Boden vorgenommen werden kann, eignen sich *Aconitum, Aquilegia, Eryngium*, verschiedene *Gentiana*-Arten, *Phlox, Viola odorata*. Die hier genannten Pflan-

zen gehören zu den sogenannten Frostkeimern. Ähnlich wie das Winterge-
treide braucht ihr Same zu seiner inneren Umstimmung Kälte, die nicht nur
das Keimen, sondern auch die spätere Entwicklung von Blüte und Frucht entscheidend beeinflußt. Es ist eines der interessantesten Gebiete der modernen
Pflanzenbiologie, auf das wir freilich hier nicht näher eingehen können.

Die Stauden-Freiland-Saatbeete mit Herbstaussaat werden bis Eintritt der
Kälte immer gleichmäßig feucht und sehr sorgfältig unkrautfrei gehalten,
dann über Winter leicht mit Fichtenreisig zugedeckt. Die Januar-Aussaaten
werden sinnentsprechend versorgt, bis die Keimlinge im Frühjahr soweit
herangewachsen sind, daß sie entweder zunächst noch einmal auf ein Anzuchtbeet verstopft oder gleich an ihre endgültigen Standorte versetzt werden. Nach Möglichkeit sollte man immer erst noch auf 5—10 cm verstopfen,
weil sich dadurch ein besserer Wurzelballen und kräftiges Blattwerk von gedrungenem Wuchs bilden. Aber man muß zeitig genug darangehen: sobald
sich die Sämlinge mit dem Finger fassen lassen — ebenso wie ja auch das Auspflanzen ins Standbeet nicht etwa so lange hinausgeschoben werden darf, bis
die Wurzeln der Keimlinge schon ineinander verstrickt sind und die Blätter
sich gegenseitig hochdrücken. Wie gesagt: Solche Staudenanzucht aus Samen
ist Liebhaberarbeit, und wer sich ihr widmet, muß auch gelegentliche Ver-
sager in Kauf nehmen.

Vom Saatbeet über das Anzuchtbeet ins Standbeet

Hohe Einzel- und Deckstauden über 150 cm Höhe

3—5 Stück auf 1 qm

Stockrose, Malve, *Althaea rosea* (Malvengewächs) Höhe bis 200 cm; Durchmesser
30—50 cm; Blütezeit Juli/Oktober; Farben: weiß, rosa, rot, auch lila und gelb. Pflanzzeit Herbst oder Frühjahr – besser Anzucht aus Samen. Standort sonnig, windgeschützt. Gegenseitiger Abstand mindestens 50 cm. – Die alten Malven oder Stock-
rosen, denen wir als Kinder ihrer niedlichen, kreisrunden und in lauter »Viertele«
abgeteilten Samen wegen den Namen »Käsblumen« gaben, waren meist nur zweijährig. Heute haben wir neben ihnen auch die ausdauernden Formen der vielfarbigen
Feigenblattmalve, *A. ficifolia,* und die Prärienmalven, *Sidalcea candida* und *S.
malviflora.* Alle wollen kräftigen, tiefgründigen Boden, reichlich Dünger und Sonne.
Man vermehrt durch Stockteilung. Etwas Winterschutz erwünscht. Einjahrsmalven
siehe »Sommerflor«; Zweijahrsmalven siehe »Zweijahrsblüher«.

Waldgeißbart, Geißblattspiere, *Aruncus dioicus* (Rosengewächs) Höhe 100 bis
200 cm; Durchmesser 60—80 cm; Blütezeit Juni/Juli; Farbe: rahmweiß. – Pflanzzeit
März, die holzige Wurzel ist leicht teilbar. Braucht feuchten, nahrhaften Boden,
kommt am besten im Halbschatten, aber auch noch im Vollschatten vorwärts. Eine
der herrlichsten »Edelspiräen« mit federbuschartigen, weißen Blütenrispen. Die
Pflanze ist zweihäusig. Nur männliche Exemplare erreichen volle Blütengröße; die
weiblichen Rispen sind etwas kleiner. Bild Seite 143.

Scheinaster, Boltonie, *Boltonia asteroides* (Korbblütler) Höhe bis 250 cm; Durchmesser 50—80 cm; Blütezeit Juli/September; Farbe: weiß und rosa. – Pflanzzeit März,
Stockteilung. Gedeiht in jedem guten Gartenboden mit reichlicher Besonnung. Prächtige Schnittstaude, deren blaugrüne, auch blaugrün belaubte kantige Stengel kräftiger
und gedrungener bleiben, wenn man die Triebe im Mai etwa handhoch über dem
Boden einkürzt.

Hohe Einzel- und Deckstauden

Silberkerze, *Cimicifuga* (Hahnenfußgewächs) Höhe 80–200 cm; Blütezeit Juli/August, September/Oktober; Blütenfarbe: weiß. Pflanzzeit Frühjahr, da Spätblüher. Standort halbschattig bis schattig. – Die hohen ährigen Rispen mit den rahmweißen, allerdings nicht sehr angenehm duftenden Blüten halten bei milder Herbstwitterung bis in den November hinein. Die Silberkerze verlangt einen guten, nahrhaften Boden und nur in niederschlagsreichen Gegenden volle Sonne. Je länger sie ungestört an ihrem Platz verbleiben kann, desto stattlicher wird sich ihre prächtige Belaubung entwickeln. Kopfdüngungen tragen zur Erhöhung der Wuchskraft bei. Auch eine ganzjährige Bodendecke aus feuchtem Torf, Kompost oder Grasschnitt ist zu empfehlen. Es gibt mehrere Kulturformen und aparte Neuzüchtungen, deren eine wahrhaftig auf den Namen 'Armleuchter' hört.

Stauden-Rittersporn, *Delphinium* (Hahnenfußgewächs) Höhe bis 200 cm; Blütezeit Juni/Juli und September; Blütenfarben: zahllose Tönungen von blau bis violett, auch weiß und gelb, auch Sorten mit dunklem Auge; rot. Pflanzzeit März oder gleich nach der zweiten Blüte. Standort sonnig, windgeschützt. – KARL FOERSTER hat diese blaueste und größte aller blauen Blumen neu entdeckt und sie vor mehr als einem halben Jahrhundert zum Herzstück seiner Arbeit gemacht. Ihm gelang es, den Rittersporn zu seiner vollen Schönheit zu steigern, geheime Wuchseigenschaften zur Entfaltung zu bringen und den in der Pflanze schlummernden Reichtum an Formen und Farben zu wecken. Zugleich befreite er sein Lieblingskind auch von manchen Schlacken der Krankheitsanfälligkeit und anderen Fehlern. So gehören Mehltau, Rost und Schwarzfleckenkrankheit bei allen erstklassig durchgezüchteten Sorten heute ebenso zu den Seltenheiten wie das lästige Knicken der Rispen und Stiele oder das Abfallen der untersten Blüten, bevor die obersten aufgeblüht sind.

»Die Pflanzplätze im Garten«, so rät KARL FOERSTER, »sollen tief gelockert und reichlich mit nährkräftigen Stoffen versehen sein. Läßt nach einigen Jahren die Schönheit des Flors nach, so ist mehr als bei jeder anderen Gartenstaude zunächst nach Gründen der Trockenheit unter dem Wurzelballen zu forschen, ehe man umpflanzt ... Der Flor dauert vom Ende Mai bis gegen Ende Juli. Im September/Oktober treten dann die neueren Sorten zum zweiten Male in Blüte, wenn sie gut genährt sind und nicht zu dicht und nicht zu trocken stehen.«

Ergänzend sei hinzugefügt: frisch abgeblühte Stiele schneidet man 10 cm hoch über dem Boden ab; Stiele, deren Blütenstand schon Samenansätze zeigt, sollen 25–30 cm hoch stehen bleiben, weil – wie es heißt – das Durchtreiben für den Herbstflor dadurch rascher in Gang kommt. Während der Wachstumszeit sorgt man für reichliche Bewässerung des Wurzelballens. Für die mächtigen Pflanzen sind regelmäßige Kopfdüngungen erforderlich, die am besten in Form von Volldüngerlösung gegeben werden. Bitte keinen stickstoffreichen Dünger wählen: er fördert die Entwicklung von zuviel Blattmasse, den Befall durch Läuse und die Anfälligkeit für Windbruch. Um die Blütenrispen vor dem Umknicken zu schützen, ist vorsichtiges Aufbinden anzuraten. Meist genügt ein Staudenhalter, wie unsere Zeichnung ihn zeigt. Besonders hohe Stengel mit dichtem, schwerem Blütenbesatz können auch einzeln, möglichst unsichtbar, an dünne Bambusstäbe oder die bekannten Stahldraht-Tomaten- oder Bohnenstangen geheftet werden. Um Wurzelschäden zu vermeiden, darf der Boden für die Winterbestellung und Vorratsdüngung nur flach bearbeitet werden. Nicht mit dem Spaten darangehen – nur leicht hacken!

Gartenrittersporn wird heute in drei Hauptgruppen eingeteilt:

1. Die *Cultorum*-Gruppe umfaßt beste, für das Freiland hervorragend geeignete Hybriden, darunter berühmte FOERSTER-Sorten wie 'Gletscherwasser' (hellstes Blau); 'Berghimmel' (hellblau mit weißem Auge, Bild Seite 35); 'Perlmutterbaum' (hellblau mit dunklem Auge); 'Azurriese' (mittelblau, weißes Auge); 'Kühleborn' (dunkelblau); 'Finsteraarhorn' (blauviolett mit dunklem Auge).

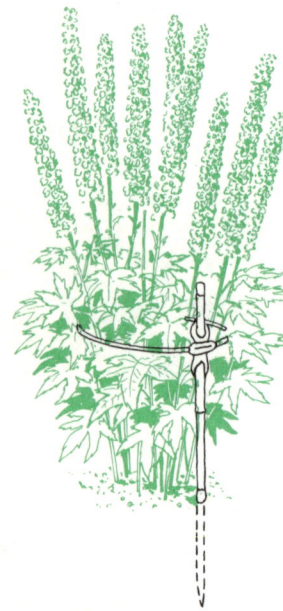

Staudenhalter, in Weite und Höhe verstellbar

2. Die *Pacific*-Gruppe ist besonders großblumig, daher im Erwerbsgartenbau für Schnittblumen bevorzugt, bereitet im Liebhabergarten durch mangelnde Standfestigkeit Kummer.
3. Die *Belladonna*-Gruppe bietet, zum Unterschied von den hohen Hybridsorten mit ihren lanzengleich emporschießenden Einzeltrieben, vom Boden ab dicht verzweigte Büsche, die dadurch wesentlich standfester sind. Ihre Durchschnittshöhe beträgt 100–120 cm. Berühmte Sorten: 'Moerheimii' (weiß); 'Capri' (hellblau); 'Völkerfrieden' (mittelblau); 'Sommernachtstraum' (dunkelblau, dunkles Auge).
Zwei Rittersporn-Kleinstauden, die auch im Steingarten Platz finden, sind *D. sinense* 'Blauer Spiegel' und *D. nudicaule*, scharlachrot, beide nur 50 cm hoch.

Kleopatranadel, Lilienschweif, Steppenkerze, *Eremurus* (Liliengewächs) Höhe des Blütenschaftes 150–250 cm; Blütezeit Juni/Juli; Blütenfarben: goldgelb, auch weißlich, rosa und orangerot. Pflanzzeit nur zwischen August und Anfang Oktober. Standort nur in voller Sonne. – Die Kleopatranadel gehört zu unseren schönsten Stauden für Einzel- und Gruppenpflanzung. Braucht sehr nahrhaften, dabei durchlässigen, keinesfalls nassen Boden. Deshalb Pflanzloch tiefer ausheben, zuunterst handhoch eine Schicht Kies, dann groben Sand hineingeben. Wurzeln in 15–20 cm Tiefe ausgebreitet wie Spargelstöcke daraufsetzen, mit guter Komposterde auffüllen. Bei anhaltend kalter und nasser Witterung Pflanzen nach der Blüte aus dem Boden nehmen, bis zum Wiedereinsetzen Anfang Oktober trocken lagern; das schützt zwar vor Fäulnis, stört aber die stetige Entwicklung und Blühwilligkeit. Über Winter nicht mit Laub oder anderen dichten Stoffen, wohl aber – wo erhältlich – mit sehr gut verrottetem Stallmist abdecken. Notfalls tut es auch Fichtenreisig. Bekannteste Arten: *E. stenophyllus* var. *bungei* und *E. himalaicus*. Am höchsten (über drei Meter) werden die duftenden rosa »Blütenlanzen« von *E. robustus*. Dazu die nur knapp 100 cm hohen, sehr schönen 'Shelford-Hybriden' in allen *Eremurus*-Farben; Bild Seite 90.

Herbstsonnenhut, Sonnenbraut, *Helenium*-Hybriden (Korbblütler) Höhe bis 200 cm; breite Büsche; Blütezeit August/Oktober; Farben: leuchtend gelb mit brauner Scheibe oder rein kupferrot wie 'Sirius'. Pflanzzeit April; Standort sonnig. – Gleich schön als imponierende Einzelpflanze wie im dichten Horst auf dem Staudenbeet. Auch als Schnittblume von großer Haltbarkeit beliebt. Will feuchten, nahrhaften Boden und Sonne. Viele farbenreiche Sorten. Vermehren leicht durch Stockteilung.

Bärenklau, Herkules-Staude, *Heracleum* (Doldenblütler) Höhe bis 300 cm; Blütezeit Juni/August; Blütenfarbe: weiß oder gelblich; Pflanzzeit Frühjahr; Standort sehr sonnig, frei. – Riesige Dekorations-Staude mit den großen, zackigen Blättern und gewaltigen Blütendolden. Die Herkules-Stauden sind ausgesprochene Solitärs und Schaupflanzen, die über den Raum des Privatgartens beinahe schon hinausreichen. Sehr nahrhafter Boden, der tiefgründig und etwas feucht sein muß. In Kultur sind drei Arten: *H. laciniatum* (meist nur zweijährig); *H. lanatum* (kann 20 Jahre alt werden); *H. mantegazzianum* (2- bis 3jährig), der nach dem Fruchten abstirbt. Sein riesiger weißer Dolden-Blütenschirm verstreut im Herbst unzählige, sehr keimfähige Samen. Um den Garten vor solcher Invasion zu schützen, schneidet man die Fruchtstände lieber rechtzeitig ab und verbrennt sie. – Vorsicht: Stengel- und Blattstielhaare können allergische Erscheinungen hervorrufen. Mein Apotheker empfiehlt dagegen die Einnahme von Fenistil-Tropfen. Oder Arzt aufsuchen.

Bokkonie, Federmohn, *Macleaya cordata* (Mohngewächs) Höhe 100–200 cm; Blütezeit Juli/August; Farbe: gelblichweiß; Pflanzzeit Frühjahr; Standort sonnig bis halbschattig. – Am schönsten als Einzelpflanze im Rasen oder als hohe Deckstaude. Ein mächtiges Gewächs von geheimnisvoller Fremdartigkeit, das seine volle Schönheit erst mit den Jahren entfaltet, allerdings leider auch stark wuchert. Kräftiger Boden erwünscht. Vermehrung durch die Wurzelsprossen. Der Mohnsaft ist orangegelb.

Hohe Einzel- und Deckstauden

Herbstsonnenhut

Bokkonie, Federmohn

Hohe Einzel- und Deckstauden

Riesenknöterich, *Polygonum cuspidatum,* jetzt *Reynoutria japonica* (Knöterichgewächs) Höhe 200–300 cm; oben kräftig verzweigt, hohle Stengel; Blütezeit Herbst; Blütenfarbe: cremeweiß; Pflanzzeit Herbst oder Frühjahr; Standort beliebig. – Ideale Pflanze für den »Neubaugärtner«, der an Kahlheitskomplexen leidet und seinen Zaun rasch mit hohem Buschwerk verdecken will. Sehr anmutig sind die im August/September aus den Blattachseln sprießenden, lockeren Blütengehänge. Trotzdem wünscht man spätestens im zweiten, dritten Jahr das gewalttätig wuchernde Zeug zum Teufel und gräbt die Wurzelstöcke aus. Dennoch schicken sie unermüdlich, Jahr um Jahr, weiter unzählige Ausläufer an den ungeeignetsten Stellen und werden damit zum Anlaß eines prächtigen Dauer-Gartenärgers ... Niedriger, kleinbättriger, mit rotgefärbten Stengeln und vom Frühherbst bis Frosteintritt erscheinenden, aufrechten, weißen Blütenrispen ist *P. polystachyum,* der aus Ostasien stammende, duftende »Herbstflieder«. Leider wuchert auch er unerträglich. Die schlingenden Knötericharten sind bei den Kletterpflanzen zu finden.

Zierrhabarber, *Rheum emodi* (Knöterichgewächs) Höhe 200 cm und mehr; breit ausladender Busch. Blütezeit Juni/Juli; Blütenfarbe: grünlichweiß; Pflanzzeit Herbst; Standort sonnig bis halbschattig. – Außer dieser mächtigen, als Solitärpflanze für feuchten, möglichst etwas lehmhaltigen Boden geeigneten Form gibt es noch einige etwas kleinere Arten, die alle durch ihre imposanten Blätter auffallen. Bei *R. palmatum,* dem im Juni/Juli ebenfalls gelblichweiß blühenden Tibet-Rhabarber, ist das Laub vielfach geschlitzt, bei *R. rhabarbarum* dazu noch gewellt. *R. palmatum* var. *tanguticum,* der Kronrhabarber, hat rötliche Blüten, doch ist auch hier der Blätterschmuck die Hauptsache. Alle sind wie ihr Vetter aus dem Nutzgarten große Fresser und entfalten sich nur bei sehr reichlicher Nahrung zu voller Schönheit.

Rudbeckie 'Goldsturm' und Ziergras am Plattenweg

Sonnenhut, Goldball-Rudbeckie, *Rudbeckia* (Korbblütler) Höhe 50–200 cm und mehr; breite Büsche; Blütezeit Juli/September; Farbe: goldgelb; Pflanzzeit Oktober oder März, Stockteilung. Kommt in jedem leidlichen Gartenboden vorwärts, braucht Sonne bis Halbschatten. – Gegen das oft lästige Umfallen der langen, kahlen Stengel hilft kräftiger Rückschnitt auf 10 cm im Mai oder rechtzeitiges, stützendes Aufbinden. Steht auch gut vor Zäunen oder Mauern. Beliebte Schnittstaude. – Zur Familie dieser sehr dankbaren und weit verbreiteten Staude gehören die großblumige, bis 180 cm hohe und erst im September blühende *R. nitida* 'Herbstsonne' (Bild Seite 54) und die dunkelpurpurrote *R. purpurea* 'Leuchtstern'. Als hervorragend schön gilt auch *R. fulgida* 'Goldsturm', die ab Anfang August volle acht Wochen blüht, dabei nur 50 cm hoch wird.

Goldrute, *Solidago*-Hybriden (Korbblütler) Höhe bis 180 cm; Durchmesser 50 bis 80 cm; Blütezeit Juli/Oktober; Farbe: gelb; Pflanzzeit März/April, Stockteilung. – Kommt auf jedem Gartenboden vorwärts, braucht Sonne bis Halbschatten. Famose Rabatten- und Schnittstaude – die eleganten, goldenen Blütenrispen sind herrlichster Schmuck für nicht zu weithalsige Bodenvasen und lassen sich selbst im Winter bei interessanter Trockenbräune noch zu Dauersträußen verwenden. In schlechten Arten kann die Goldrute stark wuchern und sich aussamen. Beste Hilfe: Verblühtes gleich abschneiden. – In Kultur sind überwiegend die wesentlich verbesserten, niedrigeren Gartenhybriden wie die sommerblühenden 'Strahlenkrone' und 'Ledsham' oder das erst ab September blühende 'Spätgold'.

Bildseite:
Die frühe, einfach blühende Pfingstrose (Paeonia officinalis) ist eine unserer schönsten Wildstauden für langes Verweilen am gleichen Platz (siehe S. 188).

Telekie, *Telekia speciosa* (Korbblütler) Höhe bis 2 m; Blütezeit Juli/August; Blütenfarbe: goldgelb. Pflanzzeit Herbst oder Frühjahr. Standort halbschattig. – Schöne Wildstaude zur Randbepflanzung vor Gehölzen. Nicht mit dem viel kleineren und selteneren »Ochsenauge«, *Buphthalmum salicifolium,* verwechseln!

Palmlilie, *Yucca filamentosa* (Liliengewächs) Höhe 150 cm; Blütezeit Juli/August; Blütenfarbe: cremeweiß oder gelblich; Pflanzzeit April; Standort recht sonnig und trocken. Herkunft: südliches Nordamerika und Südamerika. Bild Seite 143. – Das prachtvolle tropische Gewächs kann leider nur bedingt als Freiland-Staude angesprochen werden, da es in rauhen Lagen nicht ganz winterhart ist. Für den Garten eignen sich in unserem Klima nur die stammlosen Arten, voran *Y. filamentosa.* Die Kultur ist leicht. Guter, etwas kalkhaltiger, durchlässiger Gartenboden, dazu gelegentliche Kopfdüngungen unterstützen den Wuchs der steifen, schwertförmigen, an der Spitze meist braunen und mit einem Stachel ausgerüsteten Blätter. Der erst nach Jahren erscheinende Blütenstand wird 120–240 cm hoch. Wenn aber die *Yucca* erst einmal ihre Glockenrispen gezeigt hat, so kann sich dieses Erlebnis bei guter Pflege alljährlich wiederholen.

Mittelstauden von 50—150 cm Höhe

Mittelstauden von 50—150 cm Höhe

Garten-Schafgarbe, *Achillea* (Korbblütler) Höhe bis 90 cm; Blütezeit Juni/August; Blütenfarben: weiß, goldgelb, purpurrot. Pflanzzeit März. Standort sonnig, trocken. – Die edlen Formen der als Wiesenblume und Teekraut bekannten Schafgarbe sind zwar bildschön, im Garten aber manchmal ärgerlich durch Wuchern und unendliches Aussamen, dem man nur durch rechtzeitige Entfernung der Fruchtstände vorbeugen kann. Es gibt aber auch weitgehend wucherfreie Sorten. Sollte man viele Ausläufer feststellen, so hilft herbstliches Abstechen der Wurzeln im Umkreis jeder Einzelpflanze. Im übrigen sind die verschiedenen Garben sämtlich völlig anspruchslos. Ausgezeichnete, haltbare Schnittblumen, auch für Trockensträuße. Niederformen siehe Steingarten. – Zu den besten gehört die ausnahmsweise hohe *A. filipendulina* 'Parkers Varietät' mit großen, goldgelben Blütendolden und feingefiedertem, graugrünem Laub (120–140 cm!). Auch 'Coronation' mit nur 70 cm Höhe sowie die tiefrote *A. millefolium* 'Sammetriese' mit 80 cm Höhe verdienen Erwähnung.

Eisenhut, *Aconitum* (Hahnenfußgewächs) Höhe je nach Sorte 100–150 cm; Blütezeit Juni/Juli, Juli/August, September/Oktober; Blütenfarben: gelblichweiß bis dunkelblau; Pflanzzeit Herbst; Standort mäßig besonnt. – Der bildschöne Eisenhut, nächst dem Rittersporn eine der repräsentativsten blauen Blumen des Staudengartens, hat leider die unangenehme Eigenschaft seiner Giftigkeit. Siehe Kapitel »Schutz vor Gartengefahren . . .« – Wo deswegen keine Bedenken bestehen, ist die aufrechte, schmuckvolle Gebirgsstaude mit ihren tief fingerförmig zerteilten Blättern und wunderschönen, helmartigen Blüten wohl am Platze. Sie liebt kühle, frische Lagen, die je nach dem Niederschlagsreichtum der Gegend mehr oder weniger sonnig sein sollen. Nach der Blüte wird sie wie Rittersporn kurz abgeschnitten. Möglichst wenig verpflanzen. Läuse sind das Zeichen für einen zu trockenen und zu sonnigen Standort. Bekannteste Art: *A. napellus,* leuchtend blau-violett, mit mehreren Kulturformen.

Ochsenzunge, *Anchusa italica* (Borretschgewächs) Höhe bis 150 cm; Blütezeit Juni/August; Blütenfarbe: enzianblau. Pflanzzeit Frühjahr. Standort sonnig bis halbschattig. – Bei Anzucht aus Samen April-Aussaat; besser ist der Bezug von Jungpflanzen mit festen Topfballen. Braucht tiefgründigen, guten Boden. Im übrigen Kultur wie die ausdauernde Malve, *Althaea.* Die Zwergform *Anchusa angustissima* siehe Steingartenkapitel, Seite 261.

Japan-Anemone, *Anemone hupehensis* var. *japonica* (Hahnenfußgewächs) Höhe 10–12 cm; Blütezeit August/Oktober; Farben: weiß, rosa, rot, lila, schöne; oft halbgefüllte Sorten. Pflanzzeit nur März; Standort halbschattig. – Anpflanzung nur mit vollem Topfballen. Später Vermehrung durch abgestochene Wurzelsprosse. Anzucht

Mittelstauden von 50—150 cm Höhe

6—8 Stück auf 1 qm

Eisenhut

Bildseite:
Oben Löwenmaul (Antirrhinum majus, einj.) und Kaukasus-Skabiose (Scabiosa caucasica, ausd.). Unten Spinnenblume (Cleome spinosa einj.) und Marienglockenblume (Campanula medium, gef., zweij.).

aus Samen wenig erfolgreich. Viele Farbvarietäten. Die Japan-Anemone braucht zur Entwicklung ihrer meist waagrecht sich ausbreitenden Wurzeln humosen, nährstoffreichen Boden, einigen Platz und im Winter eine gut schützende Decke aus Torf mit Laubstreu. Sonst stellt sie keine Ansprüche. Einer der schönsten Herbstblüher!

Akelei, *Aquilegia-Hybriden* (Hahnenfußgewächs) Höhe 50–80 cm; Durchmesser 20 cm; Blütezeit Mai/Juli; Farben: gelb, rot, blau, violett; Pflanzzeit Herbst oder Frühjahr; Standort sonnig bis halbschattig. – Anzucht aus Samen sehr leicht, man sät im Herbst, Winter oder sehr zeitigen Frühjahr (Frostkeimer!) an Ort und Stelle, Pflanze blüht im nächsten Sommer. Samt auch selbst stark aus. Stockteilung gelingt selten. Liebt humosen, gut gedüngten Boden, Sonne bis Halbschatten. Im Mittelteil unserer Staudenbeete unentbehrlich, auch wenn nach Verschwinden der wundersam farbigen, auf langem, schlankem Stengel schwebenden und oft lang gesporten Blüten nur die später oft rötliche Blattrosette bleibt. Zu den schönsten neueren Züchtungen gehören die 'McKana Hybrids'. Farbbild Seite 161.

Affodill

Affodill, *Asphodelus albus,* und **Junkerlilie,** *Asphodeline* (Liliengewächse) Höhe 100 bis 120 cm; Durchmesser 20–30 cm; Blütezeit Mai/Juni; Farbe: weiß in hoher, aufrechtstehender Traube. Pflanzzeit im März durch Stockteilung, auch Anzucht aus Samen im April möglich. Standort sonnig bis halbschattig. – Der interessante und schon im alten deutschen Hausgarten beliebte Affodill mit knollig verdickten Wurzeln nimmt sich besonders dekorativ als Einzelpflanze im Halbschatten zwischen Nadelhölzern aus. Zum Unterschied von der weißblühenden Art *A. albus* mit kahlem Blütenstengel und dunkelgrünen, schwertförmigen Blättern gibt es die nah verwandte *Asphodeline lutea,* zu deutschen Junkerlilie. Ihr Blütenschaft ist ähnlich wie bei der Kaiserkrone von oben bis unten dicht beblättert und trägt gelbe Blüten. Die faserigen Wurzeln sind ebenfalls gelb gefärbt, weshalb die Pflanze auch Goldwurz genannt wird.

Aster, *Aster* (Korbblütler) Höhe 30–120 cm; Blütezeit Frühjahr, Sommer, Herbst; Blütenfarben: alle Tönungen. Pflanzzeit je nach Blüte Herbst oder Frühjahr. Standort unbedingt sonnig und luftig. – Astern sind die Sterne am Blumenhimmel. Unzählbar fast nach Blütezeit, Blütenfarbe, Höhe und Charakter des Laubwerks, werden sie fälschlicherweise gern in die großen Gruppen der Sommer-Astern und der Herbst-Astern eingeteilt. Richtig muß es zunächst einmal »Stauden-Astern« und »Einjahrs-Astern« heißen, da sowohl die Sommer-Aster, der 1732 aus China importierte Schönkranz, *Callistephus chinensis,* als erst recht die Stauden-Astern sich in ihrer Blütezeit keinesfalls auf Sommer und Herbst beschränken. Von den in Deutschland vorkommenden Arten werden vor allem *A. alpinus,* die schon ab Mai blühende Alpen-Aster, und *A. amellus,* die Virgils-Aster, in zahlreichen Varietäten kultiviert. – Die meisten Vertreter der in unseren Gärten vorkommenden Arten stammen aus Nordamerika. Hierher gehören die in den Katalogen gewöhnlich als ausgesprochene Herbstblüher angeführten Kissenastern, *A. dumosus,* die nur 30 cm hoch werden (niedere Astern siehe auch Kapitel »Die Welt im Steingarten«), die nicht ganz so hohen Erika-Astern, *A. ericoides,* sowie die bis zu 180 cm hoch werdenden *novae-angliae-* mit rauhem, und die nicht ganz so hohen *novae-belgii-*Sorten mit glattem Laubwerk. Bienen und Schmetterlinge sind ihre Freunde. – Nicht alles, was an Sorten hoch gepriesen wird, entspricht den Wünschen und Hoffnungen des Gartenfreundes. Mancher Astern-Ärger liegt freilich weniger in der Sorte als in bestimmten Kulturfehlern begründet. Wichtig für alle Astern ist die Pflanzung mit unverletztem Wurzelballen und ein weiter, luftiger, sonniger Stand als beste Vorbeugungsmittel gegen typische Asternkrankheiten wie Mehltau und Stengeldürre. Auch Mischung mit anderen Stauden ist der »Monokultur« großer geschlossener Astern-Beete vorzuziehen. Während der Blütezeit gießen!

Prachtspiere, *Astilbe* (Steinbrechgewächs)   Höhe 90–150 cm; Blütezeit Juli/August; Blütenfarben: weiß, rosa, lachs, lilarosa, karmin. – Ähnlich wie die oft mit ihnen verwechselten Spiräen lieben auch die Astilben mit ihrem feingefiederten Laub und den federartig wirkenden Blütenrispen einen nahrhaften, etwas feuchten Boden und lichten Schatten. Am schönsten wirken sie wohl im Umkreis von Gehölzgruppen nahe am Wasser, wo man sie jahrelang ungestört lassen sollte. Im ersten Jahr nach der Pflanzung, die im Herbst oder im Mai erfolgt, gibt man Winterschutz. Vermehrung durch Teilung nach der Blüte. Als Schnittblume gleich ins Wasser stellen.

Waldglockenblume, *Campanula latifolia* 'Alba' (Glockenblumengewächs)   Höhe 100 cm; Blütezeit Juni/Juli; Farben: weiß; *C. l.* var. *macrantha* blüht dunkelviolett; Pflanzzeit März oder August; Standort sonnig bis halbschattig, nicht trocken. – Anzucht aus Märzaussaat an Ort und Stelle. – Bodenansprüche bescheiden. – Neben dieser sehr dankbaren, nur manchmal etwas sperrigen und zu Knickstengeln neigenden Form gibt es viele Varianten, die teils ausdauernd, teils zweijährig sind. Zu den bekannten Perennen dieser Größe gehört *C. persicifolia*, die Pfirsichblättrige, mit mehreren schönen Sorten, bei der man nur manchmal gegen häßliches Verblühen einschreiten muß. Ein energischer Rückschnitt nach der Blüte tut hier Wunder. Kleinformen siehe Kapitel »Steingarten«. Zweijährige siehe »Zweijahresblumen«.

Gartenchrysanthemen, Winterastern, *Chrysanthemum*-Indicum-Hybriden (Korbblütler)   Höhe bis 150 cm; Blütezeit August/November; Farben: weiß, gelb, rosa, rot, braun. – Auspflanzen nur im Frühjahr; Vermehrung durch Stecklinge. Lieben schweren, nahrhaften, am besten lehmig-sandigen Boden und Frühjahrsdüngung; brauchen Sonne und fürsorglich etwas Winterschutz. Im übrigen gibt es keinen schöneren und dankbareren Schmuck für den herbstlichen Garten als die in zahllosen Sorten und in unerschöpflichem Farbenreichtum prangenden Chrysanthemen. Sie überdauern auch leichte Nachtfröste im Spätherbst. Es gibt groß- und kleinblumige gefüllte Sorten, Pompon-Sorten, einfach blühende Sorten, die alle auch hohen Schnittwert haben. Es sind wohl unsere spätesten Herbstblüher.

Weiße Sommermargerite, *Chrysanthemum maximum, C. leucanthemum* (Korbblütler)   Höhe 80–100 cm; Blütezeit Juli/August; Blütenfarbe: weiß; Pflanzzeit Herbst oder Frühjahr; Standort sonnig bis halbschattig. – Die weißen Margeriten zählen ebenso wie die vielfarbigen Frühlingsmargeriten, *C. coccineum*, früher *Pyrethrum roseum*, zur großen Gattung der Chrysanthemen, wie ja auch der Ursprungsname der einfachen Wiesen-Margerite oder Wucherblume *C. leucanthemum* lautet. Aus ihr entstanden durch langjährige sorgfältige Auslese immer neuer Züchtungsreihen die viel großblütigeren ungefüllten Gartenformen, Bild Seite 54, unter denen übrigens auch »halbgefüllte« Spielarten vorkommen. Da sich die Büsche stark ausbreiten (»Wucherblume«!) soll man ihnen reichlich Platz lassen und beim Pflanzen einen allseitigen Abstand von 70–80 cm zugrunde legen.

Mädchenauge, *Coreopsis verticillata* (Korbblütler)   Höhe 50–80 cm; Blütezeit Juni/August; Farbe: klar gelb; Pflanzzeit Herbst oder Frühjahr; Sonne oder Halbschatten. Bild Seite 54. – Äußerst leichte und dankbare Staude für Rabatten, besonders schön, gut verzweigt, hart und anspruchslos die Auslese 'Grandiflora'. Weitere Arten: *C. grandiflora, C. lanceolata* und die mannshohe *C. tripteris*, sowie bei Sommerflor.

Tränendes Herz, Fliegendes Herz, Brennende Liebe, *Dicentra spectabilis* (Mohngewächs)   Höhe bis 80 cm; Durchmesser 80–100 cm; Blütezeit April/Juni; Farbe: rot, auch weiß. Auspflanzen der knolligen Wurzelteilstücke im Herbst oder auch im Frühjahr, kurz vor dem ersten Austrieb. Vorsicht, da sehr brüchig! Vermehrung geht auch mit Stecklingen im Sommer. Keine großen Ansprüche an den Boden, der wegen

Pfirsichblättrige
Glockenblume

Tränendes Herz

Fäulnisgefahr jedoch weder zu schwer noch zu feucht sein darf, dankbar für nicht zu grelle Sonne. Da die Pflanze nach der Blüte einzieht, wird das Laub nach dem Abblühen zurückgeschnitten. So viele ihrer Namen, so seltsam sind die Blüten dieser lieben, altmodischen Staude, ohne die ich mir keinen richtigen Blumengarten denken kann. Am besten durchgezüchtet ist *D. spectabilis,* weniger bekannt dürfte die weiße Varietät *D. eximia* 'Alba' sein, die auch der Vorstellung vom fliegenden rosigen Herzchen nicht wahrhaft gerecht wird.

Diptam, *Dictamnus albus* (Rautengewächs) Höhe 60–100 cm; Blütezeit Mai/Juli; Blütenfarben: rötlich-weiß und reinweiß. Pflanzzeit Herbst oder Frühjahr. Standort sonnig. – Der Diptam hat viele Jahre lang zu meinen unerfüllten Blumenwünschen gehört. Jeder sprach von ihm; pries seine eigenartig-schmuckvollen Blütenstände, die großen Blumen mit den lang herausragenden, leicht gebogenen Staubfäden; berichtete von der Möglichkeit, in sehr warmen, windstillen Sommernächten die in den Samenkapseln enthaltenen ätherischen Öle durch Hinhalten eines Streichholzes zu geheimnisvollem Aufflammen zu bringen – aber der schon von Virgil besungene und von Karl dem Großen in seinen berühmten Gärten gezogene Diptam blieb mir fern. Endlich trieb ich drei blühfähige Stöcke auf, was bei aus Samen gezogenen Pflanzen immerhin erst nach 2–3 Jahren der Fall ist. Sie gedeihen seither im normalen Gartenboden; stehen prächtig da, bringen wirklich zauberhafte Blüten und anschließend prachtvoll würzig duftende Samen – aber das vielgerühmte »Diptam-Feuerwerk« habe ich noch nicht zuwege gebracht, woran wohl weniger der Diptam und mehr die fehlenden warmen Sommernächte schuld sein mögen . . .

Gemswurz

Gemswurz, Gelbe Frühlings-Margerite, *Doronicum* (Korbblütler) Höhe bis 80 cm; Blütezeit April/Mai; Blütenfarbe: gelb; Pflanzzeit besser Herbst als Frühjahr; Teilung nach der Blüte; Standort sonnig bis halbschattig. Steht gut zusammen mit Kaukasus-Vergißmeinnicht. – In der Reihe der Margaretenblumen ein besonders hübscher und anspruchsloser Frühjahrsblüher. Am höchsten wird *D. plantagineum* 'Excelsum'. Sehr gerühmt werden auch die *D.-orientale*-Sorten, deren kleinste bei nur 25 cm Höhe auf den Namen 'Goldzwerg' hört. Etwas später als diese blüht *D. columnae*. – Alle anspruchslos, gute Schnittblumen, aber oft wuchernd.

Kugeldistel, *Echinops* (Korbblütler) Höhe 80–150 cm; Blütezeit Juli/August; Blütenfarben: hellblau, dunkelblau, silbergrau. Pflanzzeit Herbst oder zeitiges Frühjahr. Standort sonnig, trocken. – *Echinops* heißt zu deutsch Igelkopf, womit diese sehr malerische Pflanze hinreichend charakterisiert ist. Anspruchslos bei etwas kalkhaltigem Boden. Man vermehrt durch Stockteilung oder Abtrennung von Grundsprossen.

Berufskraut, Beschreikraut, Feinstrahl, *Erigeron* (Korbblütler) Hybrid-Sorten von 'Adria' bis 'Wuppertal' zwischen 40 und 80 cm hoch mit Blüte von Juni bis August; Farben von rosa bis dunkelviolett; Bild Seite 54. Sonst wie die Art *E. aurantiacus*, siehe Kapitel »Steingarten«.

Edeldistel, *Eryngium* (Doldenblütler) Höhe 70 cm; Blütezeit Juni/Juli; Blütenfarben: stahlblau, rötlichviolett; Pflanzzeit nur Frühjahr; sonnig. Beste: *E. alpinum* 'Superbum', die hohe Elfenbeindistel *E. giganteum,* die nur zweijährig ist, sich aber ständig durch Samen vermehrt (Bild Seite 143), und *E. bourgatii*. Edeldisteln mit ihrer eigenartig blaugetönten vielteiligen Belaubung und den von allen honigsuchenden Insekten sehr begehrten kopfigen Blütenständen gehören in jeden Staudengarten. Sie bilden lange, derbe Wurzeln, die keine Teilung vertragen und oft nicht anwachsen. Hat die Edeldistel aber einmal Wurzel gefaßt, so braucht man sich kaum mehr um ihr Fortkommen zu kümmern. Volle Sonne, trockener, sandiger Boden, kaum wässern und düngen. – Die Edeldistel gehört zur Gruppe der Frostkeimer.

Gaillardie, Kokardenblume, *Gaillardia*-Hybriden (Korbblütler) Höhe 90–120 cm; Blütezeit Juni/September; Blütenfarben: gelb, rot, kupferscharlach. Pflanzzeit Herbst oder zeitiges Frühjahr. Standort sonnig. – Die Gaillardie gehört – und deshalb wird sie so leicht mit anderen schönen Damen ihrer näheren Verwandtschaft verwechselt – zur großen Familie der Korbblütler, von der man insgesamt etwa 20 000 Arten kennt. Die Gattung *Gaillardia* selbst hat nur 12 Arten, die mit Ausnahme einer Südamerikanerin sämtlich aus Mittel- und Nordamerika stammen. Durch Züchterkunst sind sie vielfältig abgewandelt worden. So finden wir neben der Stauden-Gaillardie auch einjährige und in beiden Abteilungen hohe wie Zwergformen mit gefüllten oder ungefüllten Blüten. Die zu prachtvollen Schmuckstauden entwickelten ausdauernden Sorten sind fast durchweg Hybridformen der nordamerikanischen Grannen-Gaillardie *G. aristata.* Leicht aus Samen zu ziehen. Teilung zu umfangreich gewordener oder überalterter Stöcke am besten im Herbst. Jedes stärkere Wurzelstück kann als Jungpflanze verwendet werden.

Schleierkraut

Hohes Schleierkraut, *Gypsophila paniculata* (Nelkengewächs) Höhe bis 120 cm; Durchmesser 20–50 cm; Blütezeit Juli/August; Farben: weiß und rosig; Standort sonnig. Der alte Name Gipskraut deutet auf hohe Kalkverträglichkeit. – Ich habe es selbst ausprobiert: Erwachsenes Schleierkraut umzupflanzen ist eine harte Sache, die fünfmal danebengelingt, bis das sechste Mal auch nicht ganz glückt. Im April aussäen und die Keimlinge später verpflanzen geht weit besser. Die langen, meerrettichartigen Wurzeln wachsen halt schwer er an und wollen tiefgründigen Boden. Wo *Gypsophila* sich eingewöhnt hat, ist sie unermüdlich und gibt schönsten Füllstoff für stilvolle Sträuße. – Am längsten – oft bis November – blüht der rosa gefüllte 'Flamingo'. Sehr großblumig und dankbar im Wachsen sind die weißen 'Bristol Fairy' und 'Plena'. Siehe auch Kapitel »Steingarten«.

Stauden-Sonnenblume, *Helianthus* (Korbblütler) Höhe um 150 cm und mehr; Blütezeit September/Oktober; Blütenfarbe hellgelb bis dunkelgelb. Pflanzzeit Herbst oder Frühjahr. Standort sonnig, frei. – Die Stauden-Sonnenblume hat sich bei uns gegenüber ihren einjährigen Geschwistern (siehe Sommerflor) immer noch nicht so recht durchsetzen können. Vielleicht liegt es an ihrer Neigung zum Treiben vieler Ausläufer und der daraus folgenden Notwendigkeit, die meisten Sorten alle zwei Jahre im zeitigen Frühjahr zu versetzen. Damit werden nämlich die Vorzüge der ausdauernden Pflanze fast illusorisch. Doch lohnt es, die eine oder andere Gartenform der dekorativen Herbstblüherin auszuprobieren, meist Sorten von *H. decapetalus* und *H. rigidus.* – Auf die elegante, mehr durch die schmalen Blätter zierende Weidenblättrige Sonnenblume, *H. salicifolius,* sei als Solitärstaude, beispielsweise am Wasserbecken, aufmerksam gemacht.

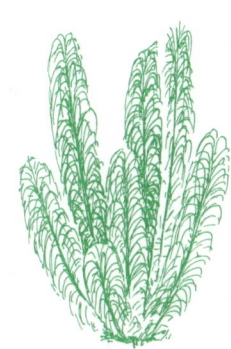

Weidenblättrige
Sonnenblume

Sonnenauge, *Heliopsis* (Korbblütler) Höhe 90–120 cm; Blütezeit August/September; Blütenfarben: goldgelb, ockergelb. Pflanzzeit Herbst oder Frühjahr. Standort sonnig. – Das Sonnenauge ist der Stauden-Sonnenblume nahe verwandt. Bei den neuen Sorten wie 'Goldgefieder', 'Goldgrünherz' oder 'Spitzentänzerin' erreichen die sehr lebendig wirkenden Strahlenblüten einen Durchmesser bis 11 cm. Wenn man die Büsche in den letzten Septemberwochen kräftig zurückschneidet und bei trockener Witterung durchdringend wässert, so erscheint unter Umständen im Oktober ganz überraschend noch ein Nachflor. *Heliopsis* ist unter den Spätblühern einer der unverwüstlichsten, den gärtnerische Züchterkunst wesentlich veredelt hat. Auch sehr schön als Schnittblume.

Taglilie, *Hemerocallis*-Hybriden (Liliengewächs) Höhe 60–80 cm; Blütezeit je nach Sorte Ende Mai/September; Blütenfarben: zitronengelb, hell- und dunkelorange,

Mittelstauden von 50—150 cm Höhe

Taglilie, Hemerocallis

Hohe Bartiris

blutrot, auch gefüllt blühend; Pflanzzeit Frühjahr, Herbst, auch während der Blüte; Standort besser sonnig als halbschattig. Eine unserer schönsten, vielseitigsten und dabei anspruchslosesten Blütenstauden, die zu Recht immer größere Beliebtheit gewinnt. – Taglilien sollten aus einer einzigen, kräftigen Wurzel gezogen werden. Im ersten Jahr dürfen sie nur 2–3 Blütenstengel mit je 5–20 Blüten bringen. Nun müssen sie möglichst ungestört bleiben, damit sich die Wurzelklumpen auswachsen und immer mehr Blütenstengel mit immer zahlreicheren und größeren Blüten treiben können. Höchstens alle 6–7 Jahre wird gleich nach der Blüte geteilt, wobei stets genug Erde an den Wurzeln bleiben muß. Man kann die Taglilie truppweise zu 3–5 Stück zwischen Gehölzgruppen setzen und dabei ihre schönen, schlanken Blätter zur Bodenbegrünung verwenden. – Zwei Besonderheiten sind zu merken: *Hemerocallis* lassen sich ohne Schwierigkeit auch während der Blüte verpflanzen, wenn die Wurzeln dabei nicht von Erde entblößt und die Pflanzstellen sofort gut angegossen werden. Bei Frühjahrs- oder Herbstpflanzung – letztere 4–6 Wochen vor Frosteintritt! – sollen die Wurzeln 3 cm hoch mit Erde bedeckt sein. Ausgezeichnete Schnittblumen: sie halten sich lange in der Vase und entfalten jede Knospe.

Iris, Schwertlilie, *Iris* (Schwertliliengewächs)   Höhe 30–100 cm; Blütezeit Mai/Juni; Blütenfarben: alle Tönungen außer mohnrot; Pflanzzeit je nach Blütezeit Herbst, Frühjahr; Standort trocken, sonnig, frei, allenfalls bis halbschattig. – Die hier beschriebene Iris oder Schwertlilie gehört zu den sogenannten Rhizom-Iris, deren Wurzelknollen nach der Blüte gepflanzt und durch Teilung vermehrt werden. Sie ist wie die bei den winterharten Zwiebeln und Knollen behandelte Zwiebel-Iris uralter Blumenadel, dessen wahre Vornehmheit sich in durchaus mäßigen Kulturwünschen kundtut. Trockener, kräftiger Boden und Sonne genügen, um sie in ihren zahllosen köstlichen Farben als oft bis hüfthohe Wegeinfassung oder Gesellschaftsstaude in der Rabatte hervorzulocken.

Welche Möglichkeiten der Züchter aus seinem lebenden Werkstoff schöpfen kann, haben wir in den letzten Jahrzehnten gerade an der Iris besonders deutlich gesehen. Sie ist heute nicht nur eine, sondern für weite Kreise die Lieblingsblume, deren unerhörter Reichtum an Formen und Farben solche Begeisterung allerdings verständlich macht. Dabei handelt es sich nicht mehr um die »Deutsche Schwertlilie« im alten Sinne, sondern die Iris ist eine internationale Größe geworden, der man besonders auch in Amerika jeden Tribut an Begeisterung und materieller Förderung zollt.

Die Deutsche Irisgesellschaft (gegr. 1950, Geschäftsstelle 7250 Leonberg, Justinus-Kerner-Straße 11) hat folgende Klassifizierung aufgestellt:

1. *Standardsorten*, die sich innerhalb ihrer Farbklassen durch allgemeine Zuverlässigkeit der Blüte, Stengelfestigkeit, Gesundheit auszeichnen.
2. *Liebhabersorten* mit eigenartigen Zeichnungen und Besonderheiten.
3. *Hohe Bart-Iris* mit mehreren Untergruppen wie Landschaftssorten (geringe oder gar keine Pflege im Naturgarten, kein Umpflanzen), niedrige Vordergrund-Sorten und die eigentlichen hohen Bart-Iris mit einem fast unübersehbaren Reichtum an Farben, Formen und Blütengrößen. Sie sind auch für Schnitt und Dekoration geeignet. Bild Seite 90.
4. *Zwerg- oder Miniatur-Iris* sind jene reizenden Kleinformen, die nicht über 30 cm hoch werden und an jedem Stiel nur eine Blüte haben. Hierher gehört auch die unter den Steingartenpflanzen genannte Art *I. pumila*, deren Blütezeit in den April fällt. *I. intermedia* haben ihre Blütezeit zwischen den Miniatur-Iris und den hohen Bart-Iris.

Auch für Uferplätze geeignet sind die kleinblütigen, hell- oder rötlichblauen Spielarten der Sibirischen Schwertlilie, *I. sibirica*. Ausgesprochene Sumpfpflanzen, die kalkfrei am oder im Wasser stehen wollen, sind die Japanischen Sumpfschwertlilien *Iris kaempferi* und *Iris laevigata* mit zauberhaften Sorten. Näheres darüber im Kapitel vom Wasserbecken.

Fackellilie, Raketenblume, Tritome, *Kniphofia*-Hybriden (Liliengewächs) Höhe 50 bis 120 cm; Durchmesser 25–30 cm; Blütezeit in Sorten Juni/September; Farben: orange bis korallenrot. Viele herrliche Sorten. Pflanzzeit im April, Stockteilung. Standort sonnig. – Braucht kräftigen Boden, damit der seltsame, fast wie ein biedermeierlicher Lampenputzer geformte Blütenkolben wirklich einer flammenfarbenen Rakete gleich emporschießen kann. Sommerpflege einfach. Winterschutz für die knolligen Wurzeln: Pflanze zieht im Herbst ein, wird handhoch mit Laub und Fichtenreisig bedeckt. Vorsicht mit Bodenfeuchtigkeit am wassernahen Standort, da tödliche Fäulnis der Knollen droht. Farbbild Seite 90.

Prachtscharte, *Liatris spicata* (Korbblütler) Höhe um 100 cm; Blütezeit Juli/August; Blütenfarbe: purpurrosa. Pflanzzeit Herbst oder Frühjahr; Standort dem Präriecharakter der imposanten Nordamerikanerin angepaßt. – Aus grasartigen, überhängenden Blätterschöpfen erheben sich auf starken Schäften die fast kolbenförmigen Blütenstände, die sich von oben nach unten entfalten: daher als haltbare Schnittstaude beliebt. Vermehrung durch herbstliches Teilen – durch Aussaat mit Blüte nicht vor dem dritten Standjahr wenig lohnend. Kleinform 'Kobold' sehr elegant, nur 30–40 cm hoch. Farbbild Seite 144.

Greiskraut, Kreuzkraut, *Ligularia* (Korbblütler) Höhe 80–100 cm; Blütezeit Juli/August; Blütenfarbe: goldgelb, orange; Pflanzzeit Herbst oder Frühjahr; Standort sonnig. – Kraftvolle Staudengewächse mit mächtigen, huflattichartigen Blättern und interessanten, zunächst von großen Hüllblättern umschlossenen Blütenständen. Nur als Einzelpflanzen verwendbar, brauchen viel Platz, fangen manchmal zu wuchern an. Bei Hitze wässern. Als wertvollste Gartenform gilt *L. dentata* 'Desdemona'.

Staudenlobelie, *Lobelia fulgens* (Glockenblumengewächs) Höhe je nach Sorte 50 bis 80 cm; Blütezeit: August/September; Blütenfarben: scharlach ('Queen Victoria'), blauviolett ('Blauzauber'), karminrosa ('Rosenkavalier'). Leichte Anzucht aus Samen mit Vorkultur. Leider nur bedingt frostfest, daher entweder wie Einjahrspflanze behandeln oder im Herbst eintopfen und kühl (4–6° C) überwintern. Sommerstandort geschützt, nicht zu sonnig. Einjahrslobelie S. 139; Hängelobelie S. 248.

Staudenlupine, Wolfsbohne, *Lupinus-polyphyllus*-Hybriden (Schmetterlingsblütler) Höhe bis 150 cm; Blütezeit in Sorten Juni/September; viele Farben. Standort: saurer Boden, sonnig bis halbschattig. Die wunderbar farbenprächtigen Pflanzen galten früher als problematisch. Sie sind es nicht mehr, seit die Russel-Hybriden manche unangenehmen Eigenschaften – vor allem Neigung zu Fäulnis, Mehltau und häßlichem Verblühen – zum Verschwinden brachten. Besser als Pflanzung von Teilstücken ist Anzucht aus Märzaussaat, die allerdings einige Geduld bis zur ersten Blüte verlangt. Abgeblühtes ist stets gleich wegzuschneiden, um baldiges Remontieren zu erreichen. Kalkgaben rund um die Pflanzen verhüten das Ankriechen des fluguntüchtigen Blattrandkäfers, eines typischen Leguminosenschädlings. Einjahrslupine siehe Seite 128.

Lichtnelke, Pechnelke, *Lychnis chalcedonica* (Nelkengewächs) Höhe 80–100 cm; Blütezeit Juni/Juli; Blütenfarbe: scharlach. Pflanzzeit März/April. Standort sonnig. – Die aus Südrußland bis Westasien stammende *L. chalcedonica* wird wegen ihrer Farbenpracht auch »Brennende Liebe« genannt und gibt dadurch zu Verwechslungen mit *Dicentra spectabilis* Anlaß. Ihre Farbe gehört zu den unentbehrlichen Akzenten des Staudengartens. Nach der Blüte sofort zurückschneiden, um vor Frosteintritt die Ausbildung neuer Stockknospen zu sichern. Freie sonnige Lage, in rauhen Gegenden etwas Winterdecke. Man vermehrt durch Teilung und hält bei Anpflanzung größerer Gruppen etwa 50 cm allseitigen Abstand inne. Farbbild Seite 36. – Die nur bis 50 cm hohe dunkelrote, gefüllte Sorte der Pechnelke, *L. viscaria* 'Plena', bildet gewissermaßen den Übergang zur niederen Viscarie; siehe Vorstauden bis 60 cm Höhe.

Goldfelberich, *Lysimachia punctata* (Primelgewächs) Höhe 60–100 cm; Blütezeit Juni/August; Farbe: goldgelb, Blüten quirlig übereinander; jeder Standort außer Sandboden, auch im Halbschatten. Anspruchslos, hübsch neben Rittersporn und Eisenhut. Breitet sich durch Ausläufer aus.

Moschusmalve, *Malva moschata* (Malvengewächs) Höhe 50–70 cm; Durchmesser 20–30 cm; Blütezeit Juli/August; Farbe: weiß oder rosa; mit Moschusduft. – Vielverzweigter, fast kahler Stengel. Liebt guten Boden. Aussaat im März oder Teilung.

Indianernessel

Indianernessel, Monarde, *Monarda*-Hybriden (Lippenblütler) Höhe bis 100 cm; Durchmesser 30–50 cm; Blütezeit Juli/September; Farben: scharlach und violett, auch weiß und lachsrosa; Pflanzzeit März, Stockteilung; Standort sonnig bis halbschattig. Schön in Zusammenpflanzung mit hohem Schleierkraut. Gute Schnittstauden. – Die großen, dichten Büsche lieben nahrhaften, ausgesprochen feuchten Boden und Sonne. Am bekanntesten, auch als gute Schnittstaude, ist die scharlachrote *M. didyma* 'Cambridge Scarlet' mit Blütezeit Juli/August. Wucherneigung vorhanden.

Pfingstrose, Päonie, *Paeonia* (Pfingstrosengewächs) Höhe 60–100 cm; Durchmesser 70–80 cm; Blütezeit Juni; Farben weiß, rosa, rot; Pflanzzeit am besten August/November. – Die Wurzelstöcke müssen so dicht unter der Erde liegen, daß die schon sichtbaren Knospen fürs nächste Jahr gerade noch zu sehen sind; siehe Zeichnung auf Seite 171. Zu tief gelegte Pflanzen blühen nicht. Auch sachgemäß gelegte Pfingstrosen brauchen zwei bis drei Jahre, um richtig in Flor zu kommen. Sie wollen warme, geschützte Lagen, einen guten, tiefgründig gelockerten Boden, immer reichlich Dünger, viel Sonne und in den ersten Jahren etwas Winterschutz. Wo ihnen dies alles zuteil wird, sind sie von unbändiger Lebenskraft und wachsen im Laufe der Jahre – ja Jahrzehnte – ohne Umpflanzen zu mächtigen blütenstrotzenden Büschen heran, deren Blütezeit man durch geschickte Sortenwahl auf 6–8 Wochen ausdehnen kann. Stehen als Einzelpflanzen im Rasen ebenso schön wie als Vorpflanzung bei Gehölzgruppen und in Wassernähe, weniger glücklich in Staudenrabatten, wo Form und Farben nicht so gut passen. – Die gute alte *P. officinalis,* unsere gemütliche rote Bauernrose, Farbbild Seite 179, ist heute vielfach den prunkvolleren Züchtungen der Edelpäonie *P. lactiflora* gewichen. Doch gibt es auch von ihr immer noch schöne, bereits ab Mai blühende, einfache und gefüllte Sorten. Über *P. suffruticosa,* die verholzende Strauchpäonie, lesen wir im Kapitel »Hecken und Blütensträucher«.

Orientalischer (Türkischer) Mohn, *Papaver orientale* (Mohngewächs) Höhe je nach Sorte 50–100 cm; Blütezeit Juni/Juli; Blütenfarben: von satinweiß über lachs bis feuerrot, scharlach, karmin, tiefbraun. Pflanzzeit Frühjahr oder Herbst. Standort sehr sonnig, trocken. – Der Türkische Mohn ist die Janitscharen-Musik des Sommergartens. Nicht jeder Gartenfreund wird solche schmetternden Klänge schätzen, sondern vielleicht die pastosen Farben der verschiedenen Einjahrs-Mohne vorziehen. Dennoch kann kein Zweifel sein: Das volle Leuchten der leider wenig haltbaren Blüten mit dem hübschen, tieffiederschnittigen, graugrün behaarten Laubwerk gehört zum Gesamtbild der Jahresmitte. – Der Stauden-Mohn hat lange, rübenartige Wurzeln und läßt sich schlecht verpflanzen, treibt aber oft bis zum Überdruß seine Sprosse nach allen Richtungen. Sonst anspruchslos, will möglichst lange am gleichen Ort wachsen. Nach dem Verblühen die schnell vergilbende Belaubung ganz kurz abschneiden. Sie treibt dann bis zum Spätsommer wieder durch.

Bartfaden, Bärtiger Fünffaden, *Penstemon*-Hybriden (Korbblütler) Höhe 50 bis 70 cm; breite, aufrechte Büsche; Blütezeit Juni/Juli; Blütenfarben: scharlach, orange, lila; Pflanzzeit Herbst oder Frühjahr; Standort sonnig. – Der Stauden-Bartfaden erreicht zwar nicht die Blütengröße des beim Sommerflor genannten Einjahrs-Bartfadens, ist aber mit seinem zierlichen Glöckchengeriesel sehr anmutig und bei ständigem Rückschnitt unermüdlich im Blühen. Ein sandig-humoser, nicht zu trockener Boden sagt ihm am meisten zu. In rauhen Lagen etwas Winterdecke. Sonst keine Ansprüche. Schön als Schnittblume für Sommersträuße. Bunte Laubfärbung im Herbst.

Flammenblume, Hoher Staudenphlox, *Phlox paniculata* (Flammenblumengewächs) Höhe 70–120 cm; Durchmesser 50–100 cm; Blütezeit in Sorten von Mai/Juni bis September/Oktober; Farben: alle Tönungen von weiß bis dunkelrot und blauviolett mit Ausnahme von gelb. Blüten zart duftend, sehr beliebt bei den Schmetterlingen. Pflanzzeit April, Stockteilung. Standort sonnig, frei. Zahlreiche alte, berühmte und neuere Sorten. – Anzucht aus Samen möglich, aber schwierig, da bis zur Keimung 1/2 bis 1 Jahr vergehen kann. Phlox ist das unentbehrliche Grundelement aller Staudenkulturen, bestechend in seinem Duft und seinen zahllosen, wundervollen Farbtönungen. Gedeiht überall dort, wo man ihm einen luftigen, weder zu trockenen noch zu nassen, immer aber gut durchfeuchteten und nahrhaften Standort gewährt. Auskneifen des Kopftriebes wirkt wesentlich blüteverlängernd. – Kümmern und Wurzelerkrankungen kommen meist von falscher Ernährung und unbedachter Sortenwahl. Wo das Stengelälchen *(Ditylenchus dipsaci)* die Wurzeln befällt, so daß die Triebe kürzer und spröde werden, die Blätter aber erst blaß, dann braunwelkend erscheinen, muß man restlos »entrümpeln«, gründlich kalken und für die nächsten 4–5 Jahr an gleicher Stelle auf Phlox verzichten. Gut gepflegte Stauden können zehn Jahre und länger ihre volle Schönheit halten.

Flammenblume, Phlox

Lampionblume, *Physalis alkekengi* (Nachtschattengewächs) Höhe 40–80 cm; weißliche Blüten unscheinbar; interessant dagegen der zur Zeit der Fruchtreife blasig aufgetriebene, lampionförmige rote Kelch, dem die Pflanze ihre dekorative Wirkung auch als haltbarer Vasenschmuck verdankt. Farbbild Seite 171. Standort: sonnig bis halbschattig, kalkhaltiger Boden erwünscht. – Es werden die reine Art *P. alkekengi* (früher *P. franchetti*) sowie eine größere Zuchtform 'Gigantea' angeboten. Vorsicht bei der Platzwahl: Wucherneigung kann sehr lästig werden. In ausgesetzten Lagen ist etwas Winterschutz ratsam.

Blauer Salbei, Sommersalbei, *Salvia* × *superba* (Lippenblütler) Höhe um 80 cm; Blütezeit Juli/September; Blütenfarben: leuchtend blaulila; Pflanzzeit Herbst, besser Frühjahr; Standort halbschattig, trocken. Nach der Blüte scharf zurückschneiden. – Diese schöne Buschform stellt außer dem Verlangen nach kalkhaltigem Boden keinerlei Ansprüche, hält sich jahrelang am Platz, sofern ihr nicht Schaden durch Winternässe zugefügt wird. Vermehrung durch Stockteilung im Frühjahr. Weitere Kulturformen siehe bei den Einjahrspflanzen und im Kapitel »Gewürzkräuter«.

Blauer Salbei

Prärie-Malve, *Sidalcea* (Malvengewächs) Höhe bis 90 cm; Blütezeit Juli/September; Blütenfarben: weiß, auch rosarot und purpurrot; Pflanzzeit Herbst oder Frühjahr; Standort sonnig; kalkarmer, nicht zu schwerer Boden. Mehrere Arten und Sorten. – Prachtvolle Staude aus den Felsengebirgen Neumexikos, gedeiht ohne besondere Pflege in jedem frischen Gartenboden. Vermehrung durch Stockteilung oder durch Samen. Brauchbar für Landschaftsgärten, reizvoll durch die in großen, aufrecht stehenden Trauben oder Rispen über dem hübsch saftiggrünen, unterseits drüsig-filzigen Blattwerk erscheinenden Blüten. Die Blätter sind am Grund rosettenförmig angeordnet, kreisrund, siebenlappig, während weiter oben die Form ins Mehrteilige, Lanzettliche hinüberwechselt. *S. candida, S. oregana* und andere Arten.

10—15 Stück auf 1 qm
oder 5—7 Stück auf
den laufenden Meter

Vorstauden bis 60 cm Höhe (siehe auch Kapitel »Steingarten«)

Agrostemma, Rade, *Agrostemma* (Nelkengewächs)   Höhe 50–60 cm; Blütezeit Juni/August; Blütenfarbe: karminrot; Pflanzzeit Herbst oder Frühjahr. Standort sonnig, trocken. – Die Gartenform der als Unkraut bekannten Kornrade wirkt durch den aparten farblichen Gegensatz ihrer dunkelkarminroten Blüten zu der weißfilzigen Belaubung, die an einem vielverästelten, etwas sparrigen Zweiggerüst erscheint. Der Flor dauert um so länger, je fleißiger man die mehrkantigen Samenkapseln – möglichst von Tag zu Tag – abschneidet. Die anspruchslose Pflanze ist lediglich gegen zuviel Nässe empfindlich, überwintert leicht, samt sich aber auch reichlich aus.

Kissen-Aster, *Aster dummosus,* siehe Seite 182 und Kapitel »Steingarten«.

Kaukasus-Vergißmeinnicht, *Brunnera macrophylla* (Borretschgewächs)   Höhe 50 cm; Blütezeit April/Mai; Blütenfarbe: blau; Pflanzzeit Herbst oder Frühjahr. Standort sonnig bis halbschattig, nicht zu trocken. – Ein kleiner Gartenschatz, bescheiden und unverdrossen blühend, aber auch als dunkelgrüner Blätterbusch immer hübsch.

Maiglöckchen, *Convallaria majalis* (Liliengewächs)   Höhe 15–20 cm; Pflanzzeit Herbst bis November; Blütezeit Mai; Blütenfarbe: weiß. – Zur Beachtung: Das Maiglöckchen ist weder eine Zwiebelblume noch ein Knollengewächs. Es hat Rhizome, die sich netzartig, waagrecht im Boden ausbreiten. Daher auch seine Eignung zum Verdrängen bestimmter Dauerunkräuter! Für Freilandkultur verwendet man im Unterschied zu den nur für das Zimmer geeigneten Eiskeimen sogenannte Pflanzenkeime. Abgetriebene Eiskeime bringen im Garten meist nur noch Laub. Der Standort soll halbschattig bis schattig sein; frischer sandig-lehmiger Boden wird bevorzugt. Alle 3–4 Jahre im Herbst herausnehmen und durch Stockteilung vermehren. Giftig!

Prachtnelke, *Dianthus superbus* (Nelkengewächs)   Höhe 40–60 cm; Blütezeit Juli/August; Blütenfarbe: dunkelrot. – Anspruchslosigkeit macht vor allem die zahlreichen niedrigen Formen für den Steingarten geeignet. Die Einjahrsnelken sind unter Sommerflor zu finden, die Bartnelke gehört zu den Zweijahresblumen, so daß als eigentliche Staudennelken nur wenige übrigbleiben. Dazu gehören die bis fast zum Herbst blühende, 60 cm hohe, dunkelpurpurrote Prachtnelke, *D. superbus,* und die völlig winterharten, riesenblumigen »Pfingstnelken« der Rasse Teicher. Im übrigen muß man hier auf das von Jahr zu Jahr wechselnde reiche Angebot des Fachhandels verweisen. Staudennelken können viele Jahre halten. Vermehrung durch Teilen, Absenker, Stecklinge. Kleinere ausdauernde Arten siehe Kapitel »Steingarten«.

Nelkenwurz, *Geum* (Rosengewächs)   Höhe 40–50 cm; Blütezeit Mai und September; Blütenfarben: gelb, orange, rot bis dunkelrot; Pflanzzeit zeitiges Frühjahr; Standort sonnig bis halbschattig. – Die Nelkenwurz gehört zu den Unentwegten, mit denen man jahraus, jahrein keinerlei Sorge hat. Frühjahrs erscheint das rosettenförmig ausgebreitete, hübsche Blattwerk, aus dessen Zentrum dann im Laufe des Sommers unzählige lange Blütenstiele emporsprießen. Strenger Rückschnitt bis auf die Blattrosette nach der ersten Blüte bewirkt ohne weiteres zweiten Flor. Vermehrung durch Teilen der Stöcke im zeitigen Frühjahr; im übrigen die Pflanzen möglichst ungestört lassen. Besonders schön sind einige großblumige neuere Hybriden wie ’Dolly North’ (orange) und die halbgefüllte ’Mrs. Bradshaw’ (scharlachrot).

Storchschnabel, *Geranium* (Storchschnabelgewächs)   Höhe 40–60 cm; Durchmesser 40–50 cm; Blütezeit Juli/September; Farbe: blauviolett; Pflanzzeit und Stockteilung nach der Blüte, auch Frühjahr; Standort sonnig bis halbschattig. – Mehrere bild-schöne Arten; beste Staudengeranie ist der Kaukasus-Storchschnabel, *G. platypeta-lum,* dessen breit ausladende Büsche an allen nur leidlich hellen Halbschattenplät-zen fortkommen. Feuchter, nahrhafter, humoser Boden läßt die weichbehaarten, ge-furchten Stengel mit ihren siebenteilig gelappten, ebenfalls oft bis weißzottig behaar-ten Blättern und den reizenden, blauen Blüten besonders üppig gedeihen. Schöne Herbstfärbung der Blätter. Anzucht auch aus Märzaussaat. Empfehlenswert ist auch *G. grandiflorum* 'Johnsons Variety' mit rotvioletten Schalenblüten.

Christrose, Christwurz, Nieswurz, *Helleborus* (Hahnenfußgewächs) Höhe 15 bis 40 cm; Blütezeit Dezember/März; Farben: weiß bis rosa; Pflanzzeit und Stockteilung Herbst; Standort halbschattig. – Bekannteste Art ist *H. niger.* Sie wird in eine grö-ßere, mit etwas Humuserde und Lehm gefüllte Pflanzgrube gesetzt. Kalkreicher, durch-lässiger Boden und häufiges Düngen fördern das Gedeihen der schönen, wintergrünen Staude, die sich erst mit höherem Alter zu den um die Weihnachtszeit blühenden dicken Büschen auswächst. Vor Koniferengruppen, im Halbschatten entwickelt sich *Helleborus* am besten. Bei Kahlfrost leichter Reisigschutz um die Pflanzstelle ratsam. – Etwas höher als die großblättrige weiße Form und erst von Februar bis März weiß, rosa und karminrot blühend sind die Gartenchristrosen (*Helleborus*-Hybriden) mit ebenfalls voll wintergrünem, langgestieltem Laub. Die nur sparsam in nickenden Rispen grünlich blühende Grüne Christrose, *H. viridis,* mit nur sommergrünen Laub-blättern ist mehr interessant als schön, aber an nicht zu trockenen Stellen sogar im Steingarten brauchbar. Blütezeit März/April; Höhe 30–40 cm.

Funkie, Herzlilie, *Hosta* (Liliengewächs) Höhe 20–60 cm; Blütezeit Juni/Juli; Blü-tenfarben: weiß, rosa, lila; je nach Sorte teils grüne, teils weißbunte oder goldbunte, auch gewellte Blätter; Pflanzzeit und Stockteilung Frühjahr; Standort sonnig bis halbschattig. – Beliebte Beetstaude und Einfassungspflanze mit schönem Laubwerk und langstieligen Blütendolden. Als echtes Liliengewächs bevorzugt die Funkie einen schattigen Fuß – das heißt frischen Boden – und sonnigen Stand. Je tiefer der Schat-ten insgesamt, desto spärlicher die Blüten. Auch windige Lagen wirken ungünstig. Etwas Frostschutz ist angebracht.

Funkie

Freilandgloxinie, *Incarvillea* (Trompetenblumengewächs) Höhe 30 cm und mehr; Blütezeit Mai/Juli; Blütenfarben: rosenrot bis purpurrosa, auch gestreift; Pflanzzeit Herbst oder Frühjahr (*I. olgae* auch leicht aus Samen zu ziehen). Standort halbschat-tig bis sonnig. Boden durchlässig, sandig-lehmig-humos. – Unwahrscheinlich farben-prächtige, große Trompetenblüten, derbe, knollige oder beinahe rübenartige Wur-zeln, die nach tiefgründigem, frischem Boden mit nicht zu wenig Feuchtigkeit verlan-gen. Vermehrung durch Stockteilung im Garten nicht möglich. Großblumig ist die niedrigste Art *I. mairei* var. *grandiflora.* Bis 50 cm hoch wird *I. delavayi.* Bei trocke-nem, sonnigem Stand völlig winterhart ist *I. olgae.*

Lavendel, *Lavandula* (Lippenblütler) Höhe 30–60 cm; Blütezeit Juli/August; Blü-tenfarben: von lavendelblau über violett- und dunkelblau bis zartrosa. Die liebe alte Duftpflanze aus Großmutters Zeit ist so reizend und anspruchslos wie eh und je. Siehe auch »Würz- und Heilkräuter«. Farbbilder Seite 17, 36. Zur Art *L. angustifolia* mit ihren lavendelblauen Blütenähren und dem graugrünen Laub an etwas sparrig wachsenden Stengeln haben sich viele prächtige Kulturformen gesellt. Zu den niedrig-sten, die auch als Steingarten- und Einfassungspflanzen verwendbar sind, gehören der nur 30 cm hohe, buschig wachsende 'Hidcote blue' und andere Kleinformen. Als immer wieder überzeugende Zwischenpflanzung zu Rosen wird man etwa den tiefblauen, 40 cm hohen 'Munstead' wählen. Lavendel ist ein Halbstrauch.

Lavendel

Himmelblauer Lein

Ballonglockenblume

Etagenprimel

Strandflieder, Meerlavendel, *Limonium* (Bleiwurzgewächs) – alte Namen: Widerstoß, *Statice* Höhe 50–60 cm; Blütezeit Mai–Juli und Juli–September. Blütenfarben: flieder- und lavendelblau, auch weiß, rosa und rötlich. Pflanzzeit Herbst oder Frühjahr, einzeln oder in Gruppen; am sonnigen Standort reich blühend. Vorzüglich zum Schnitt für Trockensträuße. Schöne Arten: *L. latifolium, L. sinuatum*. Kleinformen siehe Steingarten Seite 266.

Himmelblauer Lein, *Linum perenne* (Flachsgewächs) Höhe 50–60 cm; Blütezeit Juni/August; Blütenfarbe: leuchtend himmelblau; Pflanzzeit Herbst oder Frühjahr; Standort sonnig bis halbschattig. Sonst keine Ansprüche. – Der Lein schenkt uns außer dieser zauberhaft schönen, zarten Staude mittlerer Höhe auch noch einige reizende Kleinformen für den Steingarten und den im Kapitel »Sommerflor« erwähnten Einjahrs-Lein. Vor allem aber ist die hier genannte blaue Form mit ihren nachmittags schließenden, nickenden Schalenblüten und dem feingefiederten Laub in der Staudenrabatte eine wahre Augenweide. Samt sich selbst aus.

Nachtkerze, *Oenothera* (Nachtkerzengewächs) Siehe Steingarten.

Ballonglockenblume, *Platycodon grandiflorum* (Glockenblumengewächs) Höhe 50 bis 60 cm; Blütezeit Juli/August; Blütenfarbe: blau, weiß; Pflanzzeit Herbst oder Frühjahr. Standort sonnig bis halbschattig. – Die außerordentlich dekorative und reich blühende Pflanze liebt einen lockeren, kräftigen Sandboden. Ihre knolligen Wurzeln liegen ziemlich tief und lassen sich mit dem Frühjahrs-Austrieb soviel Zeit, daß ich oft schon mit winterlichem Totalverlust gerechnet habe. Sie kamen jedoch immer wieder. Zur Verlängerung des Flors Verblühtes täglich abschneiden.

Primel, *Primula* (Primelgewächs) Höhe 10–50 cm; Blütezeit: Frühjahr bis Frühsommer; Blütenfarben: alle Tönungen von weiß über gelb bis rot und blau, teilweise auch mit Auge. – Es gibt Hunderte von Primelarten und immer neue, kaum mehr überschaubare Primelsorten. Die Staudenprimeln zählen zu unseren wertvollsten Frühlingsblühern. Nur einige seien deshalb hier kurz vorgestellt. Meist schon im März blüht die 15–20 cm hohe, großblumige Rosenprimel, *P. rosea*. Ihre Blüten erscheinen vor dem Laub. Sie liebt feuchte Standorte, daher geeignet für Anpflanzung am Wasser. Das Laub zieht im Herbst ein. Zwei schöne Kulturformen: 'Gigas' und 'Grandiflora'. – Die meisten Primeln blühen im April/Mai. Die nur 10 cm hohe Kissenprimel, *P. vulgaris*, ist den meisten Gartenfreunden noch als *P. acaulis* bekannt, mit ihren vielen Sorten in bunten Farben: für Rabatten oder bunte Ecken. – Die *P.*-Elatior-Hybriden, mit 25–35 cm Höhe, sind die goldgelben »Himmelsschlüssel« unserer Primel-Frühlingsblumensträuße. Mehrere bildschöne Sorten, wie die riesenblütige 'Pacific Giant', die leuchtend goldgelbe 'Vierländer' und die feine 'Weißer Schwan'. – Berühmt seit alters her ist auch die Kugelprimel, *P. denticulata*: 30 cm hoch, eine robuste Pflanze mit starken Wurzeln, deren 'Grandiflora-Hybriden' Farbtöne von rosa über lila bis dunkelviolett zeigen. 'Crimson Emperor' ist strahlend karminrot. – Als Vertreterinnen der Spätblüher im Juni/Juli, mit Wuchshöhen bis über 50 cm, seien die Etagenprimeln genannt. Sie vereinigen verschiedene Arten, die alle an den mehrfach übereinanderstehenden Blütenquirlen erkennbar sind. Schönste aus dieser an Formen und Farben schier überreichen Gruppe: die *P.*-Bullesiana-Hybriden. Sie klettern die ganze Farbtonleiter von nankinggelb über orange, karmin, zinnober bis zu hellblau hinauf und herunter, daß man sich an soviel schmelzendem Pastell kaum sattsehen kann. – Eine sehr geschätzte Etagenprimel ist schließlich die karminrot blühende *P. pulverulenta*, deren Blütenstiele und Blütenkelche wie mit Mehl bestäubt aussehen. – Mannsschild, *Androsace*, und Gartenaurikel, *P. pubescens*, sind bei den Steingartenpflanzen zu finden. – Alle Primelgewächse sind anspruchslos – empfindlich nur gegen grelle Sonne und Trockenheit – auch Wintertrockenheit. Sie lieben frischen, etwas lehmigen Boden. Manche frieren bei strenger Kälte gern hoch, brauchen deshalb leichten Winterschutz. Die meisten Primeln lassen sich kurz vor und sogar noch während der Blütezeit versetzen. Gut angießen!

Lungenkraut, *Pulmonaria* (Borretschgewächs)   Höhe 30–60 cm; Durchmesser 25 cm; Blütezeit April; Farbe: leuchtend blau; Pflanzzeit Frühherbst; Standort halbschattig bis schattig, sonst Sonne zurückhalten durch Abdecken der Pflanzstelle mit immer gut befeuchtetem Torf. Schönste Kulturform: *P. angustifolia* 'Azurea' mit leuchtend azur- oder enzianblauen Blüten. *P. saccharata* 'Mrs. Moon' hat silberweiß geflecktes, wie mit Streuzucker überrieseltes Laub und Blüten, deren Farbe von rot zu blau wechselt. – Bei Stockteilung im August etwas tiefer setzen als alten Strauch.

Hohes Seifenkraut, *Saponaria officinalis* (Nelkengewächs)   Höhe 40–70 cm; Durchmesser 25–30 cm; Blütezeit Juli/September; Farbe: rosa; Pflanzzeit Frühjahr; Standort sonnig bis halbschattig. – Stockteilung im April. Die aufrechte, buschige, auch zum Schnitt sehr geeignete Staude liebt nahrhaften, dabei etwas trockenen Boden, hat einen feinen, seifenartigen Duft. Rasenbildendes Seifenkraut siehe Steingarten.

Kaukasus-Skabiose, Grindkraut, *Scabiosa caucasica (Kardengewächs)*   Höhe 60 bis 80 cm; Durchmesser 40–50 cm; Blütezeit Juni/Oktober; Farben: lila, blau, dunkelviolett, auch weiß; Pflanzzeit Frühjahr; Standort sonnig. Bild Seite 180. – Anzucht aus Samen mit Märzaussaat an Ort und Stelle dem Teilen und Verpflanzen vorzuziehen. Vortreiben im Frühbeet oder in Zimmerschalen empfehlenswert. Skabiosen sind mit jedem Gartenboden zufrieden, Jungstauden sollten etwas Winterschutz bekommen. Alle Sorten sind vorzügliche Schnittblumen. Einjahrs-Skabiosen siehe Sommerflor.

Dreimasterblume, Gartentradeskantie, *Tradescantia* (Commelinengewächs)   siehe Text Seite 282, Bild Seite 36.

Trollblume, Goldkugel, *Trollius* (Hahnenfußgewächs)   Höhe 30–80 cm; Durchmesser 15–20 cm; Blütezeit Mai/Juni; Farbe schwefelgelb bis dunkelorange; Pflanzzeit Herbst; Standort sonnig bis halbschattig; Rückschnitt der Blütenstände gleich nach dem Abblühen dient der Wuchskraft und der Verschönerung. Vermehrung im Juli durch Stockteilung oder Herbst/Winteraussaat; samt sich aber auch leicht selbst aus. Guter Gartenboden, etwas Feuchtigkeit und gelegentliche Düngung.

Trollblume

Langblättriger Ehrenpreis, *Veronica longifolia* (Braunwurzgewächs)   Höhe 50 bis 80 cm; Durchmesser 30–45 cm; Blütezeit Juli/September; Farbe: blau, weiß; Pflanzzeit März/April; Standort sonnig. Niedere Arten siehe Steingarten. – Auf nahrhaftem, gutem Gartenboden gibt es straffe, schöne Stauden – auch für Schnittzwecke. Zu den erprobten, straff aufrechten großen Sorten gehören die stramme 'Blauriesin' und ihre schöne Schwester, die 'Schneeriesin' – beide 80 cm hoch.

Veilchen, *Viola* (Veilchengewächs)   An erster Stelle der Gattung Veilchen steht natürlich das Duftveilchen, *V. odorata,* 5–10 cm hoch; Blütezeit März/April; Farben: violett, auch weiß und rot; Pflanzzeit Herbst, als Ballenpflanze auch blühend; Standort halbschattig. – Von diesem lieben Weggenossen unserer Gärten bleibt nur zu sagen, daß es um so besser gedeiht, je lockerer man pflanzt. Im übrigen kann auch das wohlriechendste Veilchen durch Wuchern und Aussamen lästig wie ein Unkraut werden. Wer Veilchen aus Samen ziehen will, sollte schon im Herbst säen, da sie zu den Frostkeimern gehören. Es gibt eine Handvoll schöner Sorten. – Weniger bekannt ist das schon stark an Stiefmütterchen erinnernde Hornveilchen, *V. cornuta;* Höhe bis zu 30 cm; duftende Blüte ununterbrochen vom April bis zum Oktober. Es ist etwas hitzeempfindlich und braucht einen feuchten, hellen Standort.

Die in Gartenkultur vorkommenden Kletterstauden sind im Kapitel »Rundblick auf die Kletterpflanzen« ab Seite 247 zu finden.

Stauden- gräser und Farne

Noch übliche
Handelsnamen:
Bambusa für Sasa;
Gynerium für Cortaderia

Staudengräser und Freilandfarne gehören zu jener Gruppe von Pflanzen, die leider immer noch viel zuwenig beachtet werden. Dabei können sie einen wunderbaren und ganzjährig haltbaren Gartenschmuck bilden.

Die Staudengräser vertragen sämtlich volle Sonne bis lichten Halbschatten, sind leicht zu kultivieren und durch Teilung zu vermehren. Freilich bergen sie auch in ihren edelsten Züchtungen unter Umständen die Gefahr des Wucherns. Sie wachsen ebenso gern am Wasser wie als Einzelpflanzen auf Rasenflächen oder als Zwergformen im Steingarten. Vom 200 cm hohen Bambus (*Pseudosasa japonica*) nebst seinen winterharten Verwandten wie *Sasa palmata* oder *Sinarundinaria murielae* bis zum zierlichen Blaugras (*Molinia caerulea*) mit nur 40 cm Schopfhöhe gibt es alle möglichen hochinteressanten Pflanzengestalten, die sich auch gut zur Dauerfüllung von Vasen für die Wintermonate verwenden lassen. Hier sei an erster Stelle das bis 250 cm hohe Pampasgras (*Cortaderia selloana*) genannt, dessen hohe, spiräenartige Silberwedel draußen wie drinnen zu den schmuckvollsten Erscheinungen gehören, Bild Seite 162. Goldgelbe Herbstfärbung des Laubes und mannshohe, silberne Blütenfahnen sind die Merkmale des Chinaschilfes oder Silberfahnengrases (*Miscanthus sinensis*). Ein naher Verwandter von ihm ist das ebenso interessante Stachelschweingras (*M. sinensis* 'Zebrinus'), beide gehören zu unseren allerbesten und wüchsigsten Staudengräsern. Ein kleiner Trick, um bei ihnen wie bei anderen Pflanzen das lästige Umherwuchern zu vermeiden: Man setzt sie — wie schon im Staudenkapitel beschrieben — einzeln in einen alten Eimer ohne Boden und läßt den Eimerrand ganz wenig überstehen (Zeichnung Seite 172).

Das zauberhaft schöne Riesenpfeifengras (*Molinia arundinacea*) ist heute in jedem größeren Staudenkatalog zu finden: monatelang haltbare, mannshohe Blütenhalme, goldene Oktoberfärbung, anspruchslos in der Pflege, Höhe bis 180 cm. Man soll es nicht mit anderen, weniger guten *Molinia*-Arten verwechseln. Das reizende, bereits oben erwähnte Blaugras (*Molinia caerulea*), dessen Blütenstände immerhin auch bis 120 cm hoch werden, steht natürlich auf einem anderen Blatt. Ein hohes Gras ist noch das Lampenputzergras, *Pennisetum setaceum*, Bild Seite 162, mit graziös hängendem Laub und bis 150 cm hohen, roten Blütenrispen. Das Federgras (*Stipa gigantea*) wird etwa 100 cm hoch.

Als Kleinformen empfehlen sich der sehr malerische Blaustrahlhafer (*Avena sempervirens*), dessen blaugraue, schmale, aufrechte Halme nur 50—80 cm hoch werden, auf Seite 17 abgebildet, sowie der bekannte Kleine Blauschwingel (*Festuca cinerea*) mit 10—20 cm Höhe, beide auch für den Steingarten geeignet. Und schließlich noch eine besonders reizende Art des Schwingels: das sattgrüne Bärenfellgras (*F. scoparia*), dessen lange »Haare« sich zu allerliebsten dichten Polstern schließen.

Die meisten hier genannten Staudengräser können als einwandfrei winterhart angesprochen werden. Nur den hohen Bambus und das Pampasgras soll man etwas abdecken. Beste Pflanzzeit der meisten Gräser ist der zeitige Herbst,

Sehr apart und leicht zu pflegen: das »Stein- oder Kiesbeet« mit Gräsern im Plattenrand.
Hinten Silberfahnengras, vorn Bärenfellgras.

doch werden viele von den Gärtnereien auch in Töpfen oder Containern geliefert und sind in dieser Form dann überhaupt kaum an eine bestimmte Pflanzzeit gebunden. In jedem Fall sollen sie reichlich angegossen werden.

Die Freilandfarne verlangen einen schattigen Standort in Gehölzgruppen, unter Bäumen. Der stattlichste unter ihnen ist der Königsfarn *(Osmunda regalis)*. Dekorativ sind auch die Filigranfarne *(Polystichum)*, allen voran der Schildfarn *(P. setiferum 'Plumosum densum')*, Bild Seite 162, aber auch der Wurmfarn *(Dryopteris filix-mas)* und der Trichterfarn *(Matteuccia struthiopteris)*, Bild Seite 162, seien als höhere Farne von 60–100 cm erwähnt. Niedrige Arten wie der wintergrüne Rippenfarn *(Blechnum spicant)*, der Sichelfarn *(Onoclea sensibilis)*, der Milzfarn *(Asplenium trichomanes)*, die wintergrüne Mauerraute *(A. ruta-muraria)*, die wintergrüne Hirschzunge *(Phyllitis scolopendrium)* sowie der wintergrüne Tüpfelfarn oder Engelsüß *(Polypodium vulgare)* sind bei Wuchshöhen von nur 20–40 cm auch für unbesonnte Stellen im Steingarten geeignet. Schon die charakteristischen Namen deuten darauf hin, daß man es mit oft sehr merkwürdigen Gebilden eines bizarren Pflanzenwuchses zu tun hat. In der Tat bietet diese Gruppe der »Gefäßsporenpflanzen« trotz ihrer Blütenlosigkeit dem Gartenfreund durch Blattschönheit Eindrücke besonderer Art. Vor allem die wintergünen Formen lassen sich mit anderen Gewächsen zu sehr interessanten Gemeinschaften verbinden und entfalten noch im Schnee reiche malerische Wirkungen.

Hirschzunge

Die Pflanzung der Freilandfarne erfolgt am besten während ihrer Ruhezeit im späten Herbst und frühen Winter, also von Ende November bis Mitte Dezember, solange der Boden noch offen ist. Ganz im geheimen sei meinen lieben Gartenfreunden ins Ohr geflüstert, daß Leute mit der glücklichen Hand ihre Farne beinahe zu jeder Jahreszeit aus- und einzupflanzen pflegen. — Immerhin: offizielle Pflanztermine sind November/Dezember. Die Pflanzstellen müssen gut vorbereitet werden. Reichlich scharfer Sand, Torfmull, Laub- und Komposterde sind bei tiefgründiger Lockerung einzubringen, während die oberste Bodenschicht mehr humushaltig sein soll. Wie die meisten Waldpflanzen und Immergrünen vertragen Farne keinen Kalk! Außer der Neupflanzung kann zu gleicher Zeit auch die Teilung vorhandener älterer Horste vorgenommen werden. Mehrköpfige Pflanzen lassen sich einfach zerschneiden. Die rhizombildenden »laufenden« Arten, wie der schon erwähnte Tüpfelfarn, lassen sich sogar in viele Teile zerlegen, deren jeder im nächsten Jahr eine selbständige Pflanze ergibt.

Tüpfelfarn

Farne sind Kalkfeinde

Kleine immergrüne Arten wird man mehr in den Vordergrund setzen, große Arten dürfen nicht zu dicht gepflanzt werden, es hemmt ihren Wuchs und beeinträchtigt die prachtvolle Wirkung dieser stolzen Waldgeschöpfe. Natürlich soll man die umgebende Pflanzenwelt dem Wuchsbild der Farne anpassen. Schattenstauden wie Fingerhut und Astilben, auch winterharte Freiland-Alpenveilchen und Bodenbedeckungspflanzen von Haselwurz *(Asarum)* bis Maiglöckchen und Ysander *(Pachysandra terminalis)* sind nur einige Beispiele.

Die Rose Königin des Gartenjahres

Seit alters her führt der Juni im deutschen Kalender den Beinamen »Rosenmond«, aber Rosenflor hat über solche engbefristete zeitliche Bindung hinaus längst schon immer neue Wochen und Monate erobert. Von den ersten warmen Maitagen bis an die Schwelle des Winters mit seiner poetisch verklärten »letzten Rose« begleiten uns Rosenblüten verschiedenster Formen und Farben. Die Frage nach Wert und Beliebtheit der Rose erübrigt sich von selber, auch wenn andere Pflanzengruppen — voran Steingartengewächse und Stauden — die Ausschließlichkeit ihrer Stellung ein wenig zu beeinträchtigen scheinen. Tatsächlich beweisen aber die Statistiken und Kundenkarteien der großen Rosenzuchtbetriebe, daß sie nach wie vor als unumstrittene Königin im Reiche der Blumen herrscht.

Rosengeschichte, Rosengegenwart und Rosensystematik

Viele der vornehmen alten Rosengeschlechter schienen noch bis vor wenigen Jahren verschwunden. Aber nun zeigt es sich, daß auch die Rose zunehmend eine Art von Nostalgie erlebt. Waren es zuerst einige der offiziellen Rosengärten oder auch die Insel Mainau, auf der man eine »Straße der alten Rosen« fand, so ist heute ganz öffentlich wieder von den drei »Urrosen« Zentifolia, Damaszena und Gallica als den Ahnen noch schönerer, noch lebenskräftigerer Nachkommen die Rede. Und wenn die langstielige, rosa schmachtende 'La France' vor einigen Jahren in die Gefilde der Romanliteratur hinübergewechselt zu sein schien, so steht sie heute als liebliche erste Teehybride von 1867 wieder in den Katalogen.

Klasse 1: Teehybriden (TH)

Rosenduft siehe Seite 214

Nicht anders ist es mit einst so berühmten Züchtungen wie der rosa mit dunkler Mitte gezeichneten 'Königin von Dänemark' von 1816 und der 'Trauerrose Oktavia Hesse' von 1876. Daß in diesem Kreise die berühmte gelbblühende Kletterrose 'Maréchal Niel' von 1864 nicht fehlen darf, ist nur selbstverständlich. Allerdings findet man bei ihr stets den Zusatz »nur für Wintergarten und Gewächshaus geeignet.« Auch der seit Jahren beobachtete Zug »weg vom Hochstamm« hat einer irgendwie nostalgischen Neigung zur Rückkehr zu »hohen Duft-Stammrosen« Platz gemacht.

Als in ihrer Eigenart besonders auffällige züchterische Leistungen neuesten Datums seien hier noch zwei jener insgesamt fünf Rosen genannt, denen diesmal das Prädikat ADR-Rose verliehen wurde. KORDES brachte eine Bodendeckerrose namens 'Repandia' heraus: ihre bis 2,50 m langen, niederliegenden Triebe sind dicht mit ungefüllten roten Blüten besetzt. TANTAU paradiert mit einer bis 1,20 m hohen Strauchrose, deren Reichtum an großen gefüllten, leuchtend pinkfarbenen Blüten rund um den sehr harmonisch geformten Busch wirklich eine Augenweide ist.

Über neuere und neueste Sorten geben jeweils die Kataloge der großen Rosenschulen Auskunft. Im übrigen halten sich gerade bei den Teehybriden Vergangenheit, Gegenwart und Rosenzukunft durchaus die Waage. Erschließt in unserem Garten nach wie vor die als Weltrose offensichtlich

Bildseite 197:
Der Rosenbogen über dem Gartentor gehört noch immer zum Inbegriff ein wenig altväterischer Gartenpoesie ...

Bildseite 198:
Oben Mandelbäumchen (Prunus triloba) und Magnolia soulangiana — zwei schönste Frühlingsblüher. Unten der Japanische Blutahorn (Acer japonicum 'Aconitifolium') und die »Lärmschutzpflanze« Viburnum rhytidophyllum, ein immergrüner Schneeballstrauch.

| Teehybride | Polyantharose | Floribundarose | Topfrose |

unschlagbare 'Gloria Dei' von 1945 ihre seidig schimmernden, auch in der Vase unwahrscheinlich beständigen Riesenblüten, so ist anderswo die ebenfalls sehr wüchsige, stark duftende blauviolette 'Mainzer Fastnacht' seit 1964 die Herzblume ihrer Besitzer. Auch zweifarbige wie 'Kleopatra', der rotgelbe Schlager von 1955, und 'Kordes Perfekta' von 1957 genießen die ungeschmälerte Gunst des rosenfreudigen Publikums. Zur Einzel- und Gruppenpflanzung, als Beet- und Schnittrosen am Hoch- und Halbstamm halten die Teehybriden ihre Spitzenstellung auf der Rangliste. Und niemand wird sie ihnen ernstlich streitig machen.

An zweiter Stelle folgt das jüngste Kind internationaler Rosenzüchtung: die aus Teehybride und Polyantharose geschaffene Floribundarose. Zwar blüht sie wie ihr jüngerer Elternteil in Büscheln oder großen Dolden, doch hat die Einzelblüte dabei vollkommenen Edelrosencharakter. Als Seniorin der Klasse wird heute noch die entzückende 'Gruß an Aachen' von 1909 empfohlen; ihre sehr großen, gefüllten Blumen zeigen rosa-weiße Kronblätter, die allerdings nicht ganz vorschriftsgemäß verblühen; bei kräftig-buschigem Wuchs nur 35 cm Höhe. Zur Weltklasse zählt die feurigrote 'Lilly Marleen' von 1959. Als Grenzfall gilt die silbrig-rosa 'Queen Elizabeth Rose' von 1955, mit deren Hilfe man noch eine mehr zu den Teehybriden neigende Untergruppe 'Floribunda grandiflora' entwickeln wollte. Die Polyantharose blüht kleinblumig in großen Dolden. Ihr Flor hält viele Wochen an. Eine Polyantharose mit Zwergwuchs ist die orangerote 'Vatertag', die nicht nur im Freiland, sondern ebenso als Topfrose und zur Bepflanzung von Blumenkästen verwendet wird. Es gibt heute rund ein Dutzend Zwergsorten. Der Wunsch nach größeren Blumen ließ durch Einkreuzung von Teehybriden die Polyantha-

Klasse 2:
Floribundarosen (Fl)

Klasse 3:
Polyantharosen und
Polyanthahybriden (PH)

Erklärung zur Bildseite
siehe Seite 196

199

Hybriden entstehen. Sie blühen zwar auch in Dolden, doch hat die einzelne Knospe oft schon deutlich Edelrosencharakter. TANTAU-Züchtungen wie die zartrosa 'Traumland' von 1958 oder die blutrote 'Olala' von 1956 — ebenso die zu den Standardrosen zählende 'Paprika' von 1958 sind typisch für diese Zuchtform, die Schönheit und Leistung überzeugend zu verbinden weiß. Auch die mennigrote 'Kordes Sondermeldung' von 1950 und TANTAUS dunkelsamtrote 'Schweizer Gruß' von 1952 halten sich beharrlich im Sortiment.

Klasse 4:
Miniaturrosen (Mi)

Grundtyp der Miniaturrosen ist die Zwergchina- oder Zwergbengalrose, *Rosa chinensis,* 'Minima' mit 20—30 cm Höhe. Zu ihren reizendsten Züchtungen gehören die blutrote 'Zwergkönig' nebst der rosa 'Zwergkönigin', 1954 und 1955. Im gleichen Jahr erschien die zweifarbige 'Baby Maskerade' in Gelb und Rot, während erst 1965 die duftstarke, ebenfalls zweifarbige 'Rosmarin' hinzukam: rosig überhauchte Sternblüten mit hellrotem Auge; kräftige Büsche bis 35 cm. Erwähnt werden müssen hier noch die »Kompaktarosen« des holländischen Züchters DE RUITER — eine breit und niedrig wachsende, überreich blühende neuere Rasse mit großer Widerstandskraft gegen Sternrußtau und andere Pilzkrankheiten. In deutschen Katalogen heißen ihre wichtigsten Vertreter für Minirosen etwas zu heldisch-teutonisch 'Alberich', 'Degenhardt' und 'Eberwein'. Als Urmutter aller Zwerge und angeblich kleinste Rose der Welt geehrt wird das Kußröschen 'Rosa rouletti' mit seinen kaum pfenniggroßen, rosagefüllten Blumengesichtchen. In Wahrheit ist sie gar nicht so »mini«, sondern geht mit den Jahren ganz schön aus sich heraus und erreicht ohne weiteres 60 cm Höhe. Da Kleinheit jedoch zu den hochgeschätzten Superlativen unserer Zeit zählt, gibt es natürlich auch Mini-Kletterrosen wie die gelbe 'Climbing Jackie', die rosa 'Pink Cameo' oder die dunkelrote 'Redhead' — allerdings bisher nicht in bundesdeutschen Katalogen. Mini-Hochstämmchen kann der versierte Rosenfreund selber veredeln. Da das Krönchen entsprechend klein bleibt, soll die Stammhöhe nicht mehr als 30—35 cm betragen: ungefähr so, wie bei einem auf Hochstamm veredelten Blattglieder- oder Weihnachtskaktus.

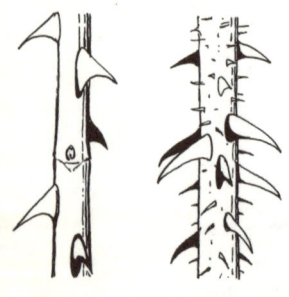

Edelrose   Kartoffelrose

Klasse 5:
Wildrosen (Wi)

Wildrosen sind sogenannte botanische Arten, die durch Samen und Ausläufer vermehrt werden, aber auch Gartenzüchtungen, bei denen trotz gesteigerter Farbigkeit und reicherer einmaliger Blüte doch der Wildrosencharakter gewahrt bleibt. Viele von ihnen bringen auch prächtige Hagebutten hervor und werden dadurch zu »nützlichen Ziersträuchern«. Hauptvertreterin dieser interessanten Klasse ist natürlich das liebe alte »Röslein auf der Heiden«, die Heckenrose, *R. canina,* mit einfachen hellrosa Blüten am zweijährigen Holz und einer Höhe bis 2 m. Weitere schöne Wildrosen: Gelbe Perser, *R. foetida* 'Persian Yellow', Blüten dicht gefüllt, leuchtend gelb; Höhe bis 2 m. — Gelbe Mairose, Chinesische Goldrose, *R. hugonis,* Blüten einfach, sehr früh, goldgelb; *R. hugonis* hat fein gefiedertes Laub, zierliche Zweige mit überhängendem Wuchs; Höhe bis 1,50 m. — *R. nitida,* rosa, wundervolle Herbstfärbung; Höhe 1 m. — Schottische Zaunrose, *R. rubiginosa,* Blüten einfach, sehr reich, karminrot; Höhe bis 3 m. — Kartoffelrose, *R. rugosa,* große rote Schalenblü-

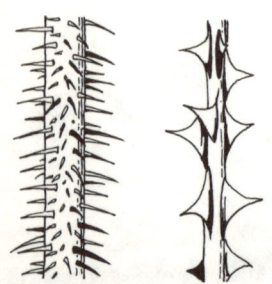

Rosa nitida Stacheldrahtrose

ten, beste Hagebutten für Küchengebrauch; Höhe um 1,50 m. — Stacheldraht-rose, *R. sericea* var. *omeiensis* f. *pteracantha,* kleine weiße Blütchen, filigran-haft gefiedertes Laub; gewaltige, wehrhafte Büsche, deren Jungtriebe lackrote Stacheln tragen; Höhe bis 4 m.

Bei den Parkrosen treffen Rosen verschiedener Herkunft und Gestalt zusam-men. Eine der lieblichsten: die Moosrose, *R. centifolia,* 'Muscosa', mit dicht gefüllten, würzig duftenden, frischrosa Blüten und einer Höhe um 1,50 m. Sehr dekorativ ist auch *R. moyesii* mit einfachen, blutroten Blüten und gelben Staubgefäßen sowie besonders ansehnlichen Hagebutten; Höhe bis 3 m. Zu ihren als Moyesii-Gruppe zusammengefaßten Zuchtformen gehört *R. moyesii* 'Nevada': reinweiß und mit 2—3 m Höhe etwas schwächer wachsend als die Ursprungsform. Zu den Parkrosen zählt übrigens auch die berühmte 'Conrad Ferdinand Meyer', die 1899 aus der bei den Wildrosen genannten Kartoffel-rose, *R. rugosa,* entstand. Mit ihren großen, dicht gefüllten, silbrig-rosa Blüten, dabei gut remontierend, begleitet sie das Werk des Schweizer Romanciers heute wie einst. Parkrosen sind starke, völlig winterharte, nichtrankende Sträucher, die sich vor allem zur Einzelpflanzung in Naturgartenpartien eig-nen, nur ausnahmsweise remontieren, dafür aber meist herrlich duften.

Klasse 6:
Parkrosen (Pa)

Der Gruppenname sagt genau, um was es geht: strauchig wachsende Rosen, die etwa von Mitte Juni bis Frosteintritt unermüdlich blühen. Sie entstanden aus den früher viel gefragten Lambertiana-Rosen des Trierer Züchters PETER LAMBERT und bewähren sich unter anderem durch beispielhafte Unempfind-lichkeit. Außerdem ist ihr handliches Format mit nur 1,50 m Höhe auch für den kleineren Wohngarten bestens geeignet, wobei nicht zuletzt ein besonders »ordentliches« Verblühen mit sauber abfallenden Blumenblättern ins Gewicht fällt. Eine ihrer frühesten Sorten, die dunkelrote Züchtung 'Wilhelm', geht bereits ins vierte Jahrzehnt. Die meisten der heute gefragten Kulturformen aber entstanden im Laufe der letzten 20 Jahre. Es gibt alle Farben von weiß über rosa, rot und gelb bis zur gelbroten 'Bayreuth' und der ebenso leuchtend rosa blühenden wie herrlich duftenden 'Westerland'.

Klasse 7:
Dauerblühende
Strauchrosen (Str)

Viele Wochen — ja, Monate steht der Garten im Schmuck der oft weit über mannshohen Kletterrosen. Vielfältig ist heute der Flor dieser aus Einkreuzun-gen entstandenen Nachkommen bescheidener Wildlinge. Bis 6 m lang sind die Triebe, die ihr Grün gleich lebenden Girlanden um Bögen, Lauben und Zäune schlingen.

Es gibt zwei Hauptgruppen von Kletterrosen: die Einmalblühenden, deren überreicher Flor sich auf die Monate Juni/Juli beschränkt, und die Öfterblü-henden, die im Juni mit einem vollen Akkord einsetzen und dann bis weit in den Oktober hinein immer wieder, wenn auch weniger üppig, »nachblühen«. Sorgfältiges Entfernen der abgetragenen Dolden ist dieser weiteren Blütenbil-dung sehr förderlich. Zu den schönsten Einmalblühenden gehört die gefüllte, samtig-blutrote 'Flammentanz' mit üppiger, dicht am Boden beginnender Be-laubung, gesund und winterhart, was ohne Zweifel ebenso für die rein rosa 'Gerbe Rose' und die wiederum rote 'Excelsa' gelten darf. Auch im Sortiment

Klasse 8:
Kletterrosen (Kl)

der Öfterblühenden gibt es glorreiche Erbstücke: allen voran 'Gloire de Dijon', als deren Züchtungstermin der »Rosen-Gotha« das Jahr 1853 nennt. Daneben aber müssen vor allem die Angehörigen einer neueren Rasse genannt werden: Vertreter der Kordesii-Gruppe aus den fünfziger Jahren wie die gelbe 'Leverkusen', die blutrote 'Zweibrücken' und die feuerrote 'Gruß aus Heidelberg'. Alle sind außerordentlich blühwillig, gesund und frostfest, dabei aber angenehm zurückhaltend im Treiben und gestatten außerdem noch ihre wahlweise Verwendung als aufrecht wachsende Sträucher.

Endlich gibt es noch die durch Mutation entstandenen, sogenannten Climbing-Rosen als buntes Gemisch aller Klassen. Hier findet man eine 'Climbing Gloria Dei' vom Stamm der Teehybriden so gut wie die Floribundarose 'Climbing Spartan' und die Polyanthahybride 'Climbing Circus', während von kletternden 'Minis' schon bei den Zwergrosen die Rede war. Da einige von ihnen nicht einwandfrei winterhart sind, sollten derartige Liebhaber-Spezialitäten am besten nur in Gegenden mit Weinklima angepflanzt werden.

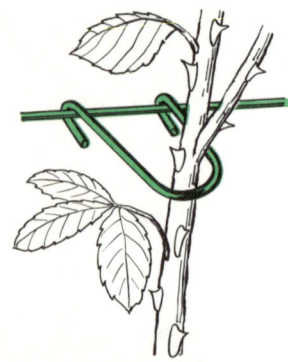

Praktische Drahtklammer zum Aufbinden von Kletterrosen und anderen nicht selbst klimmenden Pflanzen

Nachlese: Das interessiert den Rosenfreund!

Soweit nicht ausdrücklich etwas anderes vermerkt ist, eignen sich sämtliche in diesem Rahmen genannten Sorten für die durchschnittlichen Wachstumsbedingungen im Freizeitgarten. Viele dieser Sorten haben sich in Jahren und Jahrzehnten bewährt. Wer Neuheiten sucht, findet sie ständig in den Katalogen. Ob die Neuheit etwas taugt, ergibt sich unwiderleglich nur aus der praktischen Erprobung. Außerdem aber werden neue Züchtungen des In- und Auslandes in eigens dafür eingerichteten Prüfungsgärten untersucht und bewertet. Bis zur Erteilung eines Wertzeugnisses dauert es mehrere Jahre. Der bundesdeutsche Rosen-Prüfungsgarten befindet sich in Baden-Baden.

Was heißt ADR-Rosen?

ADR steht für »Alldeutsche Rosenprüfung« und gilt schon seit einigen Jahren als wichtiges Qualitätsmerkmal. Wenn hinter einem Sortennamen im Katalog das Wertsymbol ADR steht, so hat auch diese Rose eine mehrjährige Prüfung ihrer verlangten Eigenschaften erfolgreich bestanden. Maßgeblich beteiligt an solcher modernen Selbstkontrolle ist der Bund Deutscher Baumschulen, dem dafür sechs Prüfungsgärten mit unterschiedlichen Anbaubedingungen zur Verfügung stehen.

Das Prädikat »Schnittrose« oder statt seiner das Symbol der Schere, das man hinter bestimmten Sorten in den Katalogen findet, kann als Wertzeichen auf einer Schnittrosen-Ausstellung — etwa im Rahmen der Bundesgartenschau — verliehen worden sein. Mancher Rosenfreund wird dann vertrauensvoll seine Wahl danach richten.

Die »Stammrosen« werden wieder modern: Halbstämme, Fußstämme oder Niederstämme mit nur 50 cm Stammhöhe haben zwei große Vorzüge. 1. Sie sind weniger windanfällig; 2. Man schaut auf sie herunter und hat so die ganze Krone in ihrem Blütenschmuck vor Augen. Winterschutz durch Tannenreisig. Hochstämme haben einheitlich 90 cm Stammhöhe. Pflege und Vered-

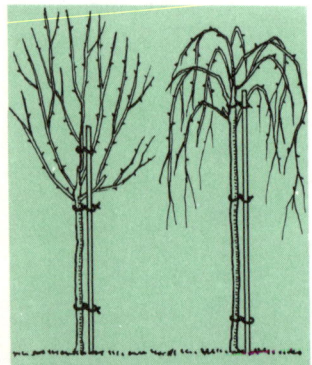

Hochstammrose und Hänge- oder Trauerrose richtig am Stützpfahl angebunden

lung siehe die folgenden Abschnitte. — Trauerrosen sind sehr hoch — üblich: 1,20 m — auf Edelcanina veredelte, nicht zu langtriebige Kletterrosen. Eigentlich ist es nicht einzusehen, weshalb Trauerrosen so selten geworden sind, denn wohl in jedem Garten gäbe es einen Platz, der ihren gestalterischen Reiz und ihre unwahrscheinliche Blütenfülle ins rechte Licht rücken würde. Ich habe zwei seit 15 Jahren: die weiße 'Fräulein Oktavia Hesse', deren Wachstum mit der Zeit schier überhand genommen hat, und die gelbe 'Leverkusen', mit deren Wuchs man besser zurecht kommt, während das zarte Gelb der Blüten zuletzt immer ein wenig ausbleicht.

Trauerrosen

Außer der schon genannten alten Hundsrose, *R. canina*, eignen sich für dichte Rosenhecken vor allem einige Wildrosenarten wie *R. nitida*, *R. rubiginosa*, *R. rugosa* und *R. sericea* var. *omeiensis* f. *pteracantha*. Von den Dauerblühenden Strauchrosen seien genannt: 'Sparrieshoop' in Weiß und Rosa, Höhe 1,50 m; 'Elmshorn', lachsrosa, 1,50 m; 'Hein Mück', blutrot, 2 m; 'Wilhelm', dunkelrot, 1,80 m; 'Nymphenburg', gelb mit rosa, 2 m. Pflanzabstand bei diesen beiden Gruppen etwa 60 cm, wenn es sich um dichte Schutzhecken handelt. Es gibt aber auch kleinere »Schönheitshecken«, zu denen sich weniger stark wachsende Polyanthahybriden wie die zinnoberrote MEILLAND-Züchtung 'Concerto' eignen. In Wahrheit geht es hier um Abwandlungen der Gruppenpflanzung. Daß Kletterrosen fast immer auch zur Heckenbildung herangezogen werden können, versteht sich wohl von selbst. Für Rosenwände, die an Mauern oder Gittern oder Spanndraht entlanggezogen werden, soll der Abstand je nach Wüchsigkeit 1—2 m betragen.

Welche Rosen für die Hecken?

Ganz kurz gesagt: »Schwarze Rosen« gibt es nicht, denn schwarz ist so gesehen keine »Farbe«. Sie mit Hilfe von allerhand Geheimrezepten hervorrufen zu wollen, kann zu nichts führen. Das Äußerste, was man erreicht, ist ein ganz

Schwarze Rosen — gibt es das?

Ein Gartenschmuck voll Poesie: der Rosenbogen — und wie man ihn anpflanzt

Kletterrosen an der Gartenleuchte

Kletterrosen in Dreieckspflanzung an der Pyramide

Blaue Rosen hingegen sind längst keine Seltenheit mehr und schlagen auch kaum noch in schmutziges Altrosa zurück wie meine ersten Beispielpflanzen der fünfziger Jahre. 'Mainzer Fastnacht' und 'Silver Star', die eine fliederlila, die andere silberblau, sind Tatsachen geworden.

Rosenbücher,
Rosenvereine

Wer hier nicht findet, was er sucht, der kaufe sich ein Rosenbuch. Als Muster knapper und dabei guter Information bietet sich das BLV-Taschenbuch Nr. 317 mit dem schlichten Titel »Rosen« an. Sein Verfasser: Professor Dr. Josef Sieber, ein Fachmann allererster Ranges, dessen tabellarische Erläuterungen zum Thema »Rosen« ebenso unüberbietbar sind wie seine Zusammenstellung aller Rosen-Freundeskreise, die im VDR – dem Verein Deutscher Rosenfreunde – zusammengefaßt sind. Unsere Leser finden dessen Adresse zusammen mit den Adressen der Oesterreichischen und der Schweizerischen Rosengesellschaft auf Seite 403.

Bodenvorbereitung und Pflanzung

Rosen gedeihen in jedem nicht gar zu spärlichen und zu feuchten Gartenboden oder sind durch geschickte, kleine Verbesserungen des Erdreichs unschwer heimisch zu machen. Ein milder, lockerer, schwachsaurer Boden mit dem pH-Wert 5,5–6,5 ist ihnen am liebsten. Die weitverbreitete Meinung, daß es unbedingt bindige Lehmerde sein muß, besteht durchaus zu Unrecht. Allerdings wird man dort, wo Sand vorherrscht, mit viel Komposterde, Humusdünger, Torf und möglichst auch etwas Lehm nachhelfen. Im übrigen will die Rose eine harmonische Nährstoffversorgung, wie wir sie am besten durch einen guten Volldünger erreichen. Dazu tritt in mehrjährigen Zeitabständen, wenn erforderlich, das Kalken. Kann jedoch nicht die ganze Beetanlage in dieser Weise aufgebessert werden, dann hilft man sich mit entsprechend aufgefüllten Pflanzlöchern von 50×50×50 cm Umfang weiter. Spätestens vier Wochen vor der Bepflanzung soll diese Vorbereitungsarbeit abgeschlossen sein. Herbstpflanzung ist das Beste. Nur Hochstammrosen und zartere Sorten wird man im zeitigen Frühjahr pflanzen, sobald der genügend abgetrocknete und erwärmte Boden eine entsprechende Bearbeitung erlaubt. Wegen Austrocknungsgefahr muß um diese Jahreszeit besonders gut angegossen und dann angehäufelt werden. Freimachen erst im Frühjahr, wenn sich Austrieb zeigt. Grundsätzlich gelten zwar für alle Rosenformen von den Teehybriden bis zu den Kletterrosen die Pflanzregeln des Kapitels Hecken und Blütensträucher. Aber es gibt doch einige kleine Abweichungen, die eine eigene Darstellung verlangen. Bei allen Rosen, die nicht im Container geliefert werden, sind die Wurzeln gut zu durchfeuchten oder, nach längerem Transport, für einige Stunden oder über Nacht in zimmerwarmes Wasser zu legen. Dann kommt der auch hier unerläßliche Wurzelschnitt. Beschädigungen und Bruchstellen werden glatt geschnitten, alle Hauptwurzeln auf etwa 30 cm eingekürzt, wobei die Schnittstellen schräg nach unten weisen sollen. Schwache und faserige Wurzeln entfernen. Containerrosen lassen sich auch blühend verpflanzen.

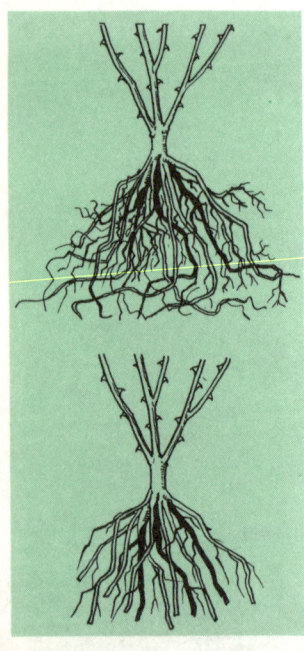

Rosenwurzel vor und nach
dem Schnitt

Ein gleichzeitiger Pflanzschnitt der oberirdischen Triebe kommt nur bei Frühjahrspflanzung in Frage. Bei Herbstpflanzung bleiben sie, wie sie sind, und werden erst im nächsten Frühjahr zurückgeschnitten. Dann sollen schwache Triebe ganz weggenommen werden, während man bei den Haupttrieben 3 bis 5 Augen stehen läßt. Der Schnitt muß schräg zum Holz, etwa einen halben Zentimeter oberhalb des letzten Auges liegen und darf weder Quetschungen noch Risse hinterlassen. Kletterrosen werden auf 50—60 cm eingekürzt. Bei allen Rosen kommt es für die Pflanzung mehr auf ein gut entwickeltes Wurzelwerk als auf den Reichtum der oberirdischen Triebe an. Auch wollen sie sonnig und luftig, jedoch vor rauhen Nord- und Ostwinden geschützt stehen. Der Abstand von Pflanze zu Pflanze soll bei den niederen Buschformen 35 bis 40 cm betragen. Größere stehen 50—60 cm weit. Bei den Park-, Strauch- und Kletterrosen gibt man je nach Verwendungszweck 1—1,50 m Zwischenraum, ebenso dürfen Hochstämme, die ja zudem jeden Winter Platz fürs Umlegen brauchen, nicht dichter aneinandergepflanzt sein, als sie hoch sind. Auch hier werden wir also auf 1,40—1,60 m Abstand kommen.

Bei Hochstämmen wird der Stützpfahl vor der Pflanzung eingerammt. Um ein Abdrehen der blütenschweren und vielleicht noch regennassen Krone durch den Wind zu verhüten, soll der Pfahl mindestens handbreit in die Krone hineinragen und auch dort, in der Krone, gebunden werden. Der Rosenstamm mag aber nicht so stramm befestigt sein, daß er sich wundreibt. Wie beim Befestigen der Obstbäume schlingen wir deshalb einen Achterknoten oder verwenden einen Baumbinder.

Zum Pflanzen breiten wir die vorschriftsgemäß geschnittenen Wurzeln gleichmäßig und ihrem Wuchs entsprechend über dem hügelförmig aufgewölbten Boden des Pflanzloches aus, schütten schichtweise gute, mit Lehm und Kompost vermischte Erde auf und drücken oder treten fest an. Dabei ist streng zu beachten, daß bei Rosen, die auf Wurzelhals veredelt sind, diese Veredlungsstelle mit Erde bedeckt ist, wie unsere Zeichnung es zeigt. Zum Schluß soll ein ordentlicher Gießrand gebildet werden, um nun die eben gesetzte Rose gründlich einwässern zu können. Danach wird zum Schutz der Pflanzstelle vor Trockenheit ungefähr 20 cm hoch angehäufelt. Buschrosen dürften bei solcher Behandlung alsbald willig zu treiben beginnen. Hochstammrosen, die keinen Austrieb zeigen, können durch Niederlegen und Eingraben der Krone wie im Spätherbst sowie Umwickeln der Stämme mit feuchtgehaltenen Säcken oder entsprechendem anderen Material oft noch gerettet werden. Aufnehmen, sobald der Trieb sich zeigt; Stamm weiter feuchthalten. Bei heißem, trockenem Wetter auch schon sichtbar treibende, eingewurzelte Rosen gut wässern.

Wässern, düngen, hacken

Diese drei Pflegemaßnahmen gehören zu den wichtigsten Arbeiten in unserem Rosenjahr. Dabei wird oft übersehen, daß Rosen unter keinen Umständen mit dem Sprengschlauch bearbeitet oder gar stundenlang—womöglich bei Sonnen-

Pflanzschnitt

Pflanzenabstand

Umlegen von
Hochstämmen siehe auch
Zeichnung im Abschnitt
Einwintern, Seite 207

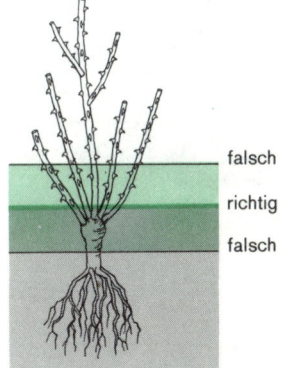

falsch

richtig

falsch

Richtige Pflanztiefe:
Die Veredlungsstelle muß
gerade noch bedeckt sein.

Bewässerung falsch
und richtig

schein — dem Sprühregen einer Bewässerungsanlage ausgesetzt werden dürfen. Solche Brausebäder sind mitverantwortlich für Sternrußtau und endlosen Mehltaubefall. Auf Spritzen der Rosen steht also der große Garten-Bannfluch. Durchdringendes Wässern erfolgt ausschließlich als Bodenbewässerung mit dem ganz schwach gestellten Schlauch ohne Sprühkopf, bei Rabatten auch mit dem Sickerschlauch oder mit der Gießkanne ohne Brause.

Was nun die Düngung angeht, so gelten wiederum die Grundsatz-Regeln für Hecken und Blütensträucher. Dabei soll man auch hier zwischen organischen und mineralischen Düngemitteln abwechseln, vor allem aber bei Nährsalzgemischen vorsichtig dosieren, um jede Überdüngung zu vermeiden. Keinesfalls dürfen chloridhaltige Dünger verwendet werden, sondern nur chloridfreie wie Nitrophoska blau. Von Austriebsbeginn, nach dem Abhäufeln im Frühjahr, bis Ende Juni soll alle zwei bis drei Wochen eine Volldünger-Kopfdüngung mit hohem Kalianteil verabreicht werden. Gut geeignet dafür ist Hakaphos spezial, das flüssig (30 g auf die Zehn-Liter-Kanne) in den flach gelockerten oder durch Beiseiteschieben vorübergehend vom Mulch befreiten Boden gegeben wird. Sehr praktisch ist die Sommerdüngung der Rosen mit einer Düngelanze. Aber es geht auch mit dem Bodenlocher vom Bohnenstangen-Stecken: je Rose drei Löcher von 20 cm Tiefe und nicht zu nahe bei den Hauptwurzeln — die nehmen genau soviel Düngerlösung auf, wie erforderlich. Die winterliche Vorratsdüngung richtet sich nach den allgemeinen Regeln. Wer Spezial-Rosendünger verwenden will, richte sich nach der Gebrauchsanweisung.

Ebenso wichtig wie die Nährstoffversorgung ist es, den Boden im Umkreis der Rosen locker, gar und unkrautfrei zu halten. Unterpflanzungen sind nur bei Hoch- und Halbstämmen ratsam. Für Buschrosen bleibt die Wahl zwischen Lockern und Jäten oder Mulchen durch Abdecken mit Torf, Grasschnitt und ähnlichen Stoffen. Ich rate unbedingt zum arbeitsparenden, für Rosen und Boden äußerst gesunden Mulch. Er hilft zwar gegen Verunkrauten, nicht aber gegen Wildlingstriebe, mit denen manche Rosen überreich gesegnet sind. Da bleibt nichts anderes, als laufend alles wegzunehmen, was sich hervorwagt. Kennzeichen helleres, feiner gefiedertes Laub.

Einwintern: ein umstrittenes Thema

Die Winterpflege ist zwar sehr wichtig, darf aber auch nicht in Verweichlichung ausarten. Die Rose leidet nämlich weniger unter dem Frost als durch seine Begleiterscheinungen bei raschen Witterungsumschlägen. Wir decken also nicht schon im zeitigen Herbst, sondern erst Ende November, wenn die Pflanze nach gründlicher Ausreifung des Holzes von selbst zur Ruhe gegangen ist. Dann werden die Buschrosen etwa 20 cm hoch mit Erde angehäufelt und vor allem in rauheren Lagen auch allseitig mit Tannenreisig umstellt. Letzteres gilt weniger dem Frostschutz als der Verhütung eines zu zeitigen Austriebs während trügerischer Schönwetterperioden im Nachwinter. Kletterrosen sollen ebenso wie Buschrosen rings um den Wurzelhals angehäufelt werden. Eines weiteren Schutzes bedürfen sie nur in ausgesprochen rauhen und dem trocknenden Winterwind ausgesetzten Lagen. Hier kann sogar ein Abnehmen der Ranken vom Gerüst, Niederlegen auf den Boden und Decken mit Tannenreisig erforderlich werden. In weniger ausgesetzten Lagen, besonders vor Mauern und dichten Zäunen mit Südlage, besteckt man die Kletterrosen gelegentlich mit Tannenzweigen, um dadurch wie bei den Buschrosen einem vorzeitigen Austrieb entgegenzuwirken.

Das Einwintern der Hochstammrosen gibt in jedem Herbst von neuem Anlaß zu erbitterten Fehden. Immer noch werden Rosenhauben aus Ölpapier und ähnlich undurchlässigem Material angeboten, obwohl diese Kronenumhüllung für die Hochstammrosen geradezu verderblich ist. Richtig Einwintern geht so vor sich, wie die Zeichnung unten es zeigt. Aber erst werden etwa noch vorhandene Blätter hälftig am Stiel abgeschnitten, ebenso soll man unvollständig verholzte, deshalb zu Fäulnis und Erfrieren neigende Triebenden entfernen, auch allzu weit über das Kronen-Grundgerüst hinausragende Zweige vorläufig einkürzen. Nun werden die Stämme von ihren Stützpfählen gelöst. Das Niederlegen erfolgt stets in Richtung auf die Veredlungsstelle. Wegbiegen von der Veredlung kann zum Ausbrechen führen. Vor dem Niederlegen wird die Erde am Stamm ein wenig beiseite geschoben und dort, wo die Krone zu liegen kommt, eine flache Mulde (nicht etwa ein Loch zum »Beerdigen«!) gemacht. Darauf den Stamm langsam und vorsichtig niederbiegen, mit Haken am Boden festheften. Zum lockeren Zuschütten nur reine Gartenerde ohne verwesliche Bestandteile (Laub, Dünger) oder groben Sand verwenden. Torf ist wegen seiner großen Wasserhaltefähigkeit ungeeignet. Wenn überhaupt, so muß er trocken verwendet und zum Schutz gegen eindringende

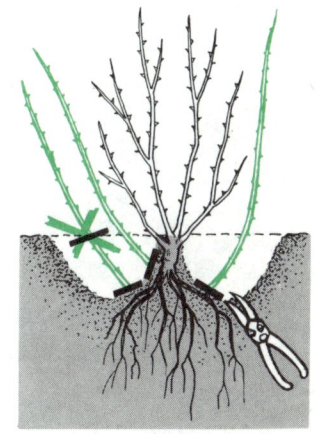

Wildlingstriebe immer dicht an der Wurzel abschneiden

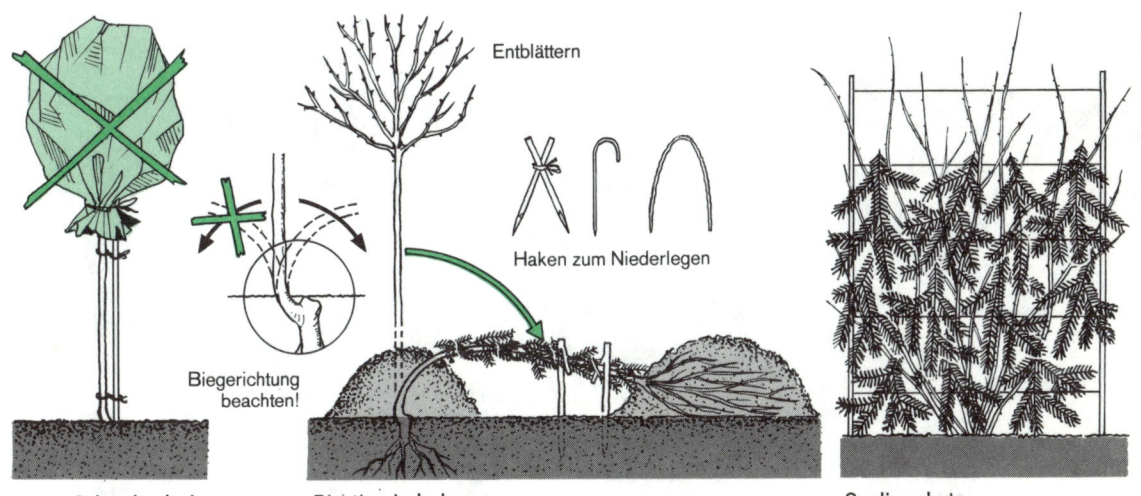

Keine Schutzhaube!

Biegerichtung beachten!

Entblättern

Haken zum Niederlegen

Richtig niederlegen

Spalierschutz

207

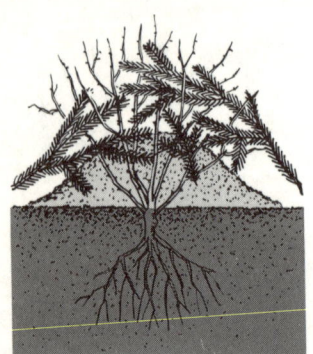

Anhäufeln im Herbst
(nicht vor Anfang November)
und Abdecken mit Tannen-
reisig

Nässe mit Dachpappe oder Gartenfolie abgedeckt werden. Beschweren des Deckmaterials mit Steinen nicht vergessen! Die fertig eingewinterte Hochstammkrone soll 20 cm hoch zugedeckt sein. Bei sehr strenger Kälte ist Verstärkung durch Auflegen von Tannenreisig, Laub- oder Nadelstreu angebracht. Letzte Maßnahme beim Niederlegen: Die am Stammgrund beiseite geschobene Erde wieder an ihren Platz bringen und um den Wurzelhals etwas anhäufeln.

Hochstamm- und Trauerrosen, deren Stämme mit den Jahren zu stark geworden sind, können auch ohne Niederlegen winterfest gemacht werden. Nach Kronenvorbereitung wie oben stopft man das Innere locker mit kurzem Tannenreisig aus; dann werden die Kronen und zwei Drittel der Stämme dachziegelartig dicht mit Tannenzweigen eingebunden. Als »Gleitschutz« für den Schnee und zum Ablaufen von Regenwasser sollen die Zweige, ebenso wie beim Abstecken von Rosenspalieren, schräg abwärts weisen.

Die Entfernung der Winterdecke erfolgt bei normalem Witterungsverlauf zwischen Ende März und Anfang April, sobald der Boden offen und schon etwas erwärmt ist. Busch- und Kletterrosen werden abgehäufelt, die Kronen der Hochstämme vorsichtig aus dem Erdlager geholt, aber erst nach 8—10 Tagen aufgerichtet. Nun haben sie ihre natürliche Biegsamkeit wieder und lassen sich ohne Bruch am Stützpfahl befestigen.

Grundregeln für den Pflegeschnitt

Der jährliche Pflegeschnitt ist eine Frühjahrsarbeit, die gleich nach dem Aufdecken erfolgt. Dabei werden schwachwachsende Formen mehr zurückgenommen als starkwachsende. Beetrosen sowie Halb- und Hochstammkronen werden stets knapp im Holz gehalten. So fallen hier zuerst alle dünnen und alle

Rosen-Frühjahrsschnitt
(jeweils vor und nach dem
Schnitt):
a Buschrose
b Strauchrose (wie Zier-
  sträucher, aber etwas spar-
  riger wachsen lassen)
c Hochstammrose

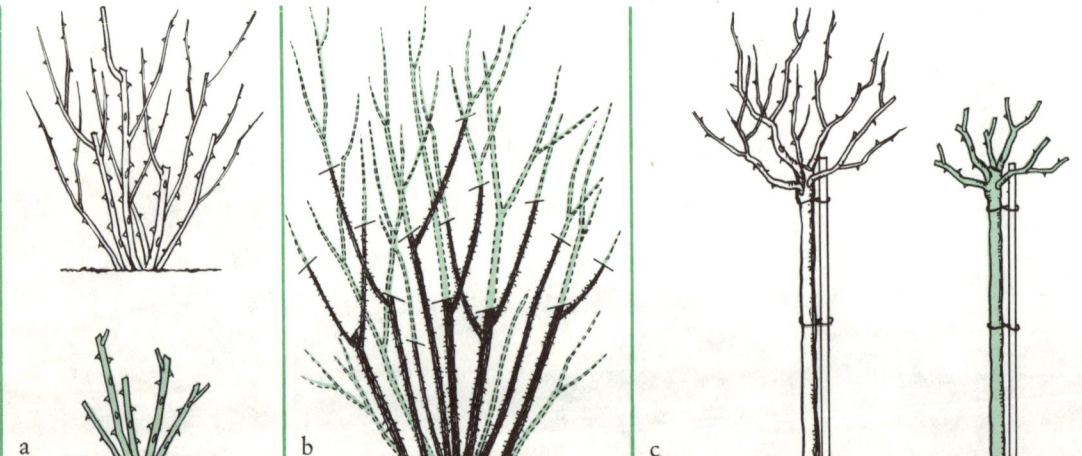

zu dicht stehenden, sich überkreuzenden Zweige. Von den übrigen kräftigen Trieben des letzten Jahres entfernen wir so viel, daß nur die vollkommen ausgebildeten drei oder vier untersten Knospen (Augen) stehenbleiben, weil aus ihnen guter Nachwuchs zu erwarten ist. Bei starktriebigen Sorten läßt man das Holz um ein oder zwei Augen länger stehen.

Natürlich spielen die durch Standort, klimatische Bedingungen, den allgemeinen Pflegezustand und das Alter bestimmten individuellen Voraussetzungen für den Schnitt eine Rolle. Aber von einem Gartenanfänger oder zeitbedrängten Feierabendgärtner kann man nicht erwarten, daß er solche Feinheiten beherrscht. Für ihn bleibt es leider Faustregel, daß bei den Gartenrosen strenger Schnitt auf drei, vier oder auch fünf Augen einen kräftigen Austrieb und die Entwicklung nicht sehr zahlreicher, schöner Blüten bewirkt.

Kletterrosen und Strauchrosen, Park- und Wildrosen werden keinem regelmäßigen Rückschnitt unterworfen. Hier geht es vorwiegend um Auslichtungsarbeiten und – vornehmlich bei Kletterrosen – um die Entfernung des abgetragenen alten Holzes. Da in der Gartenpraxis wie im Gartenschrifttum immer wieder auch die angeblichen Vorteile eines Herbstschnittes erörtert werden, sei nochmals eingewendet, daß allein schon die Ungewißheit der Wetterentwicklung gegen ein Schneiden der Rosen im Herbst spricht. Kommt ein strenger Winter, so gibt es an den zwangsläufig noch unverheilten Schnittstellen tief hinabreichende Erfrierungen, wobei nicht nur das oberste, sondern auch ein zweites und womöglich ein drittes Triebauge am gleichen Zweig zerstört werden. Wenn man daher im Herbst nur eine Art von »Vorschnitt«

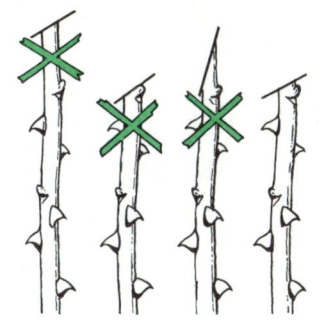

Schnitt über der Knospe

Und so werden tote Zapfen entfernt.

Kletterrose auslichten

━━━ Diesjähriger Schnitt

▭ Schnitt kann hier auch auf nächstes Jahr verschoben werden.

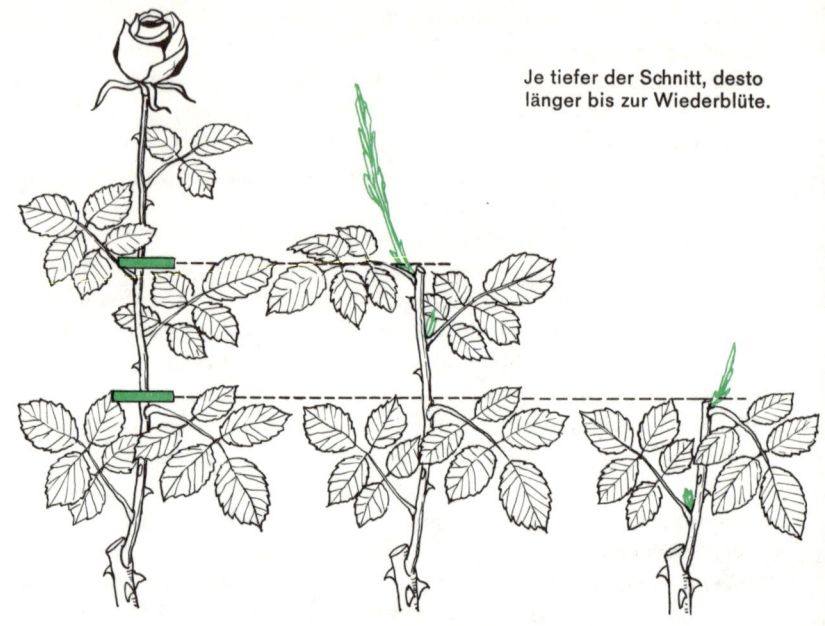

Kein Sommerschnitt bei Rosen, die zierende Hagebutten — zugleich von höchstem Nutzwert — entwickeln! Siehe auch Texthinweise ab S. 200, S. 211 und S. 232.

Je tiefer der Schnitt, desto länger bis zur Wiederblüte.

auf acht oder zehn Augen vornehmen würde, so müßte der eigentliche Rückschnitt nebst Entfernung der zurückgefrorenen Triebenden ja doch im Frühjahr stattfinden. Das wäre dann genau die doppelte Arbeit ...

Der Sommerschnitt Ein so strenger Rückschnitt aller Triebenden im Sommer wie beim Abschneiden von Sträußen hat gewisse Nachteile. Je tiefer wir ins Holz gehen, desto mehr Blätter werden entfernt — desto größere Anstrengungen muß die Pflanze machen, um zunächst diese lebenswichtigen Teile zu ergänzen, ehe dann auch neue Blütenknospen entwickelt werden können. Langstieliges Schneiden ist also gleichbedeutend mit längerer Wartezeit, unter Umständen sogar mit dem Verzicht auf einen weiteren Flor. Nicht umsonst sagte WILHELM KORDES einmal: »Viele Rosen werden über Sommer zu Tode geschnitten!« Sommerschnitt mit Entfernung der abgeblühten Blumen ist also auch eine Sache des Fingerspitzengefühls, das die Rosenschere lenkt und radikale Maßnahmen verhütet. Bei starkwüchsigen Züchtungen wie etwa 'Gloria Dei', deren Triebe nach jedem Schnitt wie die Besenstiele emporschießen und Blüten sonder Zahl treiben, macht langstieliges Wegnehmen nichts aus. Bei weniger triebkräftigen Teehybriden, Polyantha- und Floribundarosen dagegen wird man

»Gemischter Sommerschnitt« vielleicht einen »gemischten Sommerschnitt« ausführen und einen Teil der verblühten Blumen nur auf das nächste gesunde Auge zurückschneiden. Doldenblütige Rosen schneidet man meist erst nach dem Verblühen des ganzen Tuffs, großblütige Polyantha-Hybriden und Floribundarosen, auch großblütige Kletterrosen, wie z. B. 'New Dawn', können mit Vorteil jeweils einzeln entfernt werden, vorausgesetzt, daß die Zeit für solche Feinarbeit vorhanden

ist. Dies gilt aber nur für die mehrmals blühenden Arten, während einmal blühende Wildrosensträucher, wie *Rosa hugonis,* und Kletterrosen, die zierende oder zum Küchenverbrauch bestimmte Hagebutten entwickeln, selbstverständlich keiner einzigen abgeblühten Blume beraubt werden.

Ein kleiner Trick zur Erzielung großblütiger Einzelexemplare: Man dünnt die Rosenknospen aus, solange sie noch klein und grün sind! Wenn meine 'Frau Karl Druschki' 25 Blütenansätze hat, und ich nehme ihr frühzeitig ein Drittel oder sogar die Hälfte davon weg, dann kommen Prachtexemplare und Schaublüten dabei heraus! Und bei allen Edelrosen mache ich es mindestens während des Hauptflors ebenso, wenn mir mehr an der üppigen Einzelblüte gelegen ist.

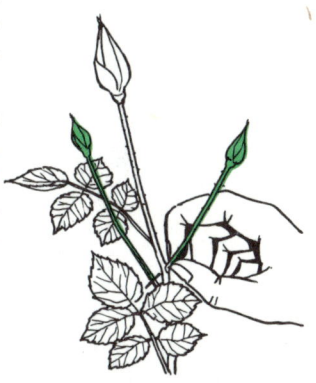

Auch Rosen brauchen Platzwechsel!

Wie lange kann eine Rosenanlage ohne Anzeichen des Nachlassens am gleichen Platz verbleiben? Es gibt Rosenbeete, die ein Jahrzehnt und länger unverändert schön bleiben. Andere zeigen schon nach kürzerer Frist deutliche Ermüdungserscheinungen, die auch bei nachgepflanzten Exemplaren auftreten. Wo immer dies der Fall ist, wird man kaum eine andere Wahl haben, als das Feld zu räumen. Die Bodenmüdigkeit beruht hier wie in allen anderen Fällen möglicherweise auf Wurzelausscheidungen, deren Wirkungsweise trotz vieljähriger wissenschaftlicher Untersuchungen bisher ungeklärt ist. So bleibt es bei der Praxisregel: nie Gleiches nach sich selber pflanzen!

Rosen okulieren ist keine Hexerei ...

Im Grunde genommen müßten sich alle Rosen — ebenso wie die meisten anderen Blüten und Früchte tragenden Gehölze — aus Samen heranziehen lassen. Tatsächlich hat es damit aber wegen der hochgradigen Bastardierung unserer Zuchtsorten seine Schwierigkeiten. Außerdem stammen unsere Gartenrosen ursprünglich aus wärmeren Zonen und sind deshalb nicht ganz winterhart. Eine frostfeste Unterlage (Wurzel) einheimischer Herkunft kann ihnen viel von ihrer Empfindlichkeit nehmen und gestattet außerdem rasche und sichere Vermehrung. Die einfachste und geeignetste Veredlungsart ist das Okulieren oder Äugeln. Man versteht darunter die sachgemäß durchgeführte Verbindung von »Edelauge« und »Unterlage«, als welche meist kräftige, zweijährige Wildlinge vom Typ der Hundsrose, *Rosa canina,* verwendet werden, für Polyantha und Polyantha-Hybriden auch *Rosa multiflora* sowie — besonders für Hochstämmchen — die stachellose *Rosa canina inermis.*

Unterlagen für Busch- und Stammrosen

Die Veredlung »aufs schlafende Auge« wird meist Ende Juli oder Anfang August vorgenommen. Dabei verwächst zwar das Edelauge selbst noch mit der Unterlage, jedoch erfolgt der Austrieb erst im nächsten Frühjahr. Das schlafende Auge ist bei gutem Winterschutz durch Anhäufeln fast unempfindlich gegen Frost.

Als Edelreiser nimmt man gut ausgereifte, gesunde und kernige Triebe, die in ihrem Mittelteil beste und kräftigste Augen zeigen. Diese Augen, die auch der Laie als winzige Blattknospen im Winkel zwischen Trieb und Blattstielen erkennen kann, müssen noch vollkommen fest geschlossen sein: Sie schlafen! Beim Zurechtstutzen des Edelreises schneidet man die überflüssige Spitze und sämtliche Blätter bis auf einen etwa anderthalb Zentimeter langen Blattstiel weg. Auch Flügel-, Neben- oder Afterblättchen am Grunde des Blattstiels sind zu entfernen. Die zugestutzten Edelreiser sollten bis zur Verwendung möglichst nicht länger als einen Tag im Wasser stehen.

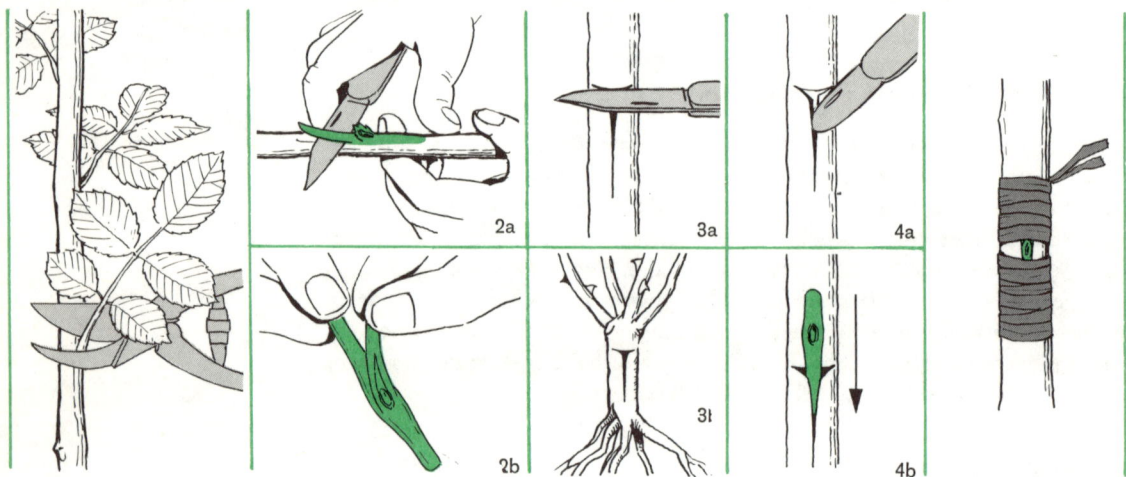

Okulieren:
1   Reis entblättern
2a Auge schneiden
2b Holz auslösen
3a T-Schnitt der Unterlage
    beim Hochstamm
3b T-Schnitt der Unterlage
    bei Buschrose
4a Lösen der Rinde
4b Einsetzen des Auges
5   Verbinden mit Bast

Erst unmittelbar vor der Okulation selbst sollen die zum Einsetzen in den Wildlingsstamm bestimmten Edelaugen aus den Reisern geschnitten werden. Man schneidet sie in glattem, flachem Schnitt schildchenförmig, etwa 2 cm lang und 5 mm breit vom Edelreis und löst den dünnen Holzteil auf der Rückseite des Auges heraus. Auf dem von Erde freigelegten und mit einem Lappen abgeputzten Wurzelhals oder von Dornen gereinigten Stamm der Unterlage öffnet man die Rinde mit dem bekannten T-förmigen Einschnitt und klappt die Rindenlappen vorsichtig auseinander. Der Einschnitt soll lieber etwas zu groß als zu knapp sein. Denn je leichter das Schildchen unter die Rinde des Wildlings geschoben werden kann, desto sicherer wächst es an. Auch der etwas zu lange oder zu breite Einschnitt vernarbt ohne weiteres — vorausgesetzt, daß die Rindenlappen sofort wieder in ihre ursprüngliche Lage gebracht und sorgfältig mit Bast oder mit Veredlungsgummi verbunden werden. Man beginnt beim Querschnitt, wickelt nach unten und nach oben herum gleichmäßig einen 3 mm breiten, weichen Baststreifen, befestigt ihn mit Knoten oder doppeltem »Schlag« (hindurchstecken und strammziehen). Verband über und unter dem Edelauge genügend fest anziehen, während das Auge selbst frei bleibt. Gegen das Eindringen von Okuliermaden, die ebenso wie beim Obstbaum auch bei Rosenveredlungen unter den Schildchen sitzen und das Anwachsen der Edelaugen verhindern, kann der Verband mit Baumwachs bestrichen werden. Um Hochstammrosen mit schöner Krone zu erzielen, werden dem Wildling am besten zwei Augen eingesetzt, die sich ungefähr gegenüberstehen. Bei Veredlung auf den Wurzelhals dagegen setzt man nur ein Edelauge ein und häufelt die Veredlungsstelle anschließend gleich wieder zu. Zwei bis drei Wochen später wird Nachschau gehalten. Hat sich ein Edelauge schwärzlich verfärbt, so ist die Okulation nicht gelungen, und es muß nachveredelt werden. Andernfalls läßt man die eingesetzten Edelaugen bis zum Frühjahr ganz in Ruhe, nachdem Wurzelhalsveredlungen gut angehäufelt und Stammveredlungen wie Hochstammkronen umgelegt worden sind.

Bei Veredlung auf Wurzelhals Anhäufeln nicht vergessen!

Im Frühjahr, nach dem Aufdecken, soll dann der normale Austrieb erfolgen. Der Wildling wird unmittelbar über der Veredlungsstelle abgeschnitten und die Schnittstelle mit Baumwachs verstrichen. Die Edelaugen selbst werden zur Erzielung mehrerer kräftiger Triebe entspitzt, wenn sie etwa fingerlang sind. Hochstämmchen müssen spätestens von diesem Zeitpunkt an Stützpfähle erhalten und gebunden werden, damit sie keinen Windschaden erleiden.

Wildling abschneiden, später die unverzweigten Edeltriebe entspitzen

Rosenkrankheiten — Rosenschädlinge

Sehen Holz, Blätter, Knospen und sogar die Dornen wie mit weißem Puder bestäubt aus, so ist das der Rosenmehltau. Wenn infolge unzweckmäßigen Umgangs mit dem Wasserregner oder auch bei anhaltend feuchtwarmem Wetter das Laub zunächst in Bodennähe Gelbfärbung und darin eingebettet sternförmig dunkle Flecken zeigt, so handelt es sich um den Sternrußtau. Außer den üblichen pflanzenhygienischen Maßnahmen reichlich Kali und wenig Stickstoff geben, keine stauende Nässe und keine mangelnde Durchlüftung der Beete dulden.

Als tierische Schädlinge seien Rosenblattlaus, Rosenblattwespe, Rosenkäfer, Rosenzikade und Rote Spinne genannt. Auch Engerlinge und Maulwurfsgrillen — ja, sogar Wühlmäuse können durch Wurzelfraß schweren Schaden anrichten. Einzelheiten über die Bekämpfung von Krankheiten und Schädlingen siehe die Kapitel über Pflanzenschutz im vierten Teil.

Was Rosenkäufer wissen sollten

Als Handelsware werden die Rosen in zwei große Gruppen eingeteilt:
1. Niedere Rosen einschließlich Strauch- und Kletterrosen;
2. Stammrosen mit den bereits an anderer Stelle genannten Höhenmaßen.
Es gibt insgesamt neun Preisgruppen, in denen nicht nur der Wert der einzelnen Sorte, sondern auch Mehrarbeit bei der Aufzucht berücksichtigt werden. Neuere Rosensorten unter Züchterschutz rücken automatisch in die nächsthöhere Preisgruppe auf. Als Qualitätsmaßstab gelten außerdem die Güteklassen A und B. Sogenannte C-Rosen dürfen nicht gehandelt werden.

Neun Preisgruppen

Zwei Güteklassen

Zu guter Letzt: Vom Duft der Rosen

Wenn es um den Duft der Rose geht, müssen zuerst einige weitverbreitete Irr-
tümer beseitigt werden. Es stimmt nicht, daß nur die »Teerosen« duften, obwohl in der Klasse der Teehybriden die meisten und bekanntesten Duftrosen
vorkommen. Es stimmt nicht, daß unter den älteren Rosensorten mehr Duftrosen zu finden sind als unter den Neuzüchtungen; vielmehr ist das Verhältnis
zwischen duftenden und kaum oder gar nicht duftenden Rosen ziemlich gleich
geblieben. Untereinander dagegen sind sich die Rosendüfte keineswegs gleich;
sie hängen in ihrer Intensität ebenso wie in der Art ihrer Ausbreitung von
mancherlei Umständen wie Tageszeit, Wetter und auch Pflegezustand ab.
Selbstverständlich haben die Rosenspezialisten schon seit langem über alle
Einzelheiten des Rosenduftes genau Buch geführt und ihn trotz seines flüchti-
gen Charakters zu klassifizieren versucht. Bei den Rosenprüfungen wurde ein
Punktsystem von o bis 10 eingeführt, um die Düfte noch besser als bisher
klassifizieren zu können. Andere neue Regeln betreffen robuste Gesundheit
und leichte Pflegbarkeit als notwendige Eigenschaften einer ADR-Rose. Die

Teehybriden folgende kleine Tabelle bietet eine Zusammenstellung erprobter guter Gartenrosen, wobei uns das schon erwähnte BLV-Taschenbuch »Rosen« von
Josef Sieber mit seinen vorzüglichen Tabellen beste Dienste geleistet hat.

'First Lady', zartrosa (8)	'Solo', dunkelrot (8)
'Pink Peace', karminrosa (10)	'Erotica', samtrot (9)
'Crimson Glory', dunkelkarmin (10)	'Sutters Gold', goldgelb (10)
Floribundarosen 'Papa Meilland', samtrot (10)	'Picadilly', goldgelb mit rot (9)
'Mainzer Fastnacht', blauviolett (10)	'Silver Star', silberblau (10)
Park- und Wildrosen 'Pariser Charme', rosa (8)	'Duftwolke', korallenrot (10)
'Elysium', salmrosa (7)	'Duftrausch', violettrosa (10)
Rosa × alba 'Suaveolens', weiß (8)	*Rosa rubigonosa* 'Fritz Nobis', gelb-
Kletterrosen 'Conrad Ferdinand Meyer', rosa (8)	lich-rosa (9)
'New Dawn', rosigweiß (6)	'Gerbe Rose', reinrosa (7)

Aus der Vielzahl duftender Rosen wurden ohne Punktewertung als stark bis
sehr stark duftend noch ausgewählt.
Teehybriden: 'Baden-Baden', dunkelkarmin; 'Charles Mallerin', dunkelrot;
'Ena Harkness', scharlachrot; 'King's Ransom', goldgelb; 'Königin der Rosen', lachsorange; 'Konrad Adenauer', dunkelrot; 'Kordes' Perfekta', gelb-
grundigrosarot; 'Sabine', kirschrot; 'Super Star', salmorange; 'Western
Sun', goldgelb. *Floribundarosen:* 'Frankfurt am Main', weißrosa; 'Glet-
scher', eisblau-violett; 'Schöne von Kaiserslautern', lachsrot, 'Spartan',
orangerosa.
Strauchrosen: 'Bayreuth', gelb und rot, 'Frühlingsduft', gelbrosa; 'Ilse Haber-
land', lachsrosa; 'Parkzauber', dunkelrot; *Rosa rubiginosa,* apfelduftend;
Rosa centifolia einschl. Moosrosen; 'Westerland', rosa, dauerblühend.
Kletterrosen: 'Climbing Rosenmärchen', lachsrosa; 'Blossomtime', goldgelb;
'Dukat', tief goldgelb.

Seit das Wort vom »Garten ohne Zaun« aus der Werkstoffnot vergangener Jahre eine Tugend reizvoller und praktischer Gartengestaltung werden ließ, sind Hecken wieder zu immer höheren Ehren gekommen. Angefangen von der niederen Formhecke als freundliche Vorgarteneinfassung über mittelhohe, streng geschnittene Hecken der grünen Architektur innerhalb des modernen Wohngartens bis zu den meist immergrünen Wänden, die als Begrenzung, Sicht- und Windschutz das ganze Grundstück umfassen, können die triebwilligen und deshalb zum regelmäßigen Schnitt geeigneten Heckenpflanzen vielseitige Aufgaben erfüllen. Ein besonders einleuchtendes Beispiel dafür bietet unter anderem die Reihenhausanlage im Kapitel vom Gartenplan.

Aber Vögel, die nisten, Schmetterlingsraupen, die sich ungestört verpuppen, Bienen, die Honig tragen wollen — und schließlich auch mancher, mehr dem natürlichen Wuchs zugeneigte Gartenbesitzer geben der frei wachsenden Naturhecke aus gut aufeinander abgestimmten Sträuchern mit Blüten, zierendem Fruchtschmuck und oft noch interessanter herbstlicher Laubfärbung den Vorzug. Im übrigen hat jede der beiden Gruppen ihr Für und Wider. So ist das Sortiment der für regelmäßigen Schnitt geeigneten Laub- und Nadelgehölze erheblich kleiner als das der für Naturhecken geeigneten Blütensträucher. Auch macht eine Formhecke eben durch den Zwang zum Schneiden mehr Arbeit und kann großen Ärger bereiten, wenn gelegentlich eine Pflanze in der Reihe versagt. Naturhecken dagegen lassen sich jederzeit beliebig durch Nachpflanzungen ergänzen, verändern und verschönern, sind aber durchweg weniger dicht. Sie nehmen trotzdem erheblich mehr Platz weg, so daß ihre Verwendbarkeit vorwiegend auf die Randgebiete des Gartens beschränkt bleibt.

Was für Pflanzen sollen wir wählen?

Wenn Sträucher gepflanzt werden sollen, geht man mit einer wohlüberlegten Pflanzenliste in die Baumschule und sucht aus, was gebraucht wird. Für Formhecken ist der Pflanzenbedarf je laufender Meter bei den Einzeldarstellungen angegeben. Bei Naturhecken geht es nicht nur um die ebenfalls angegebenen durchschnittlichen Pflanzabstände, sondern vor allem auch um die Zusammenstellung nach Pflanzengestalt, Laubfärbung, Blütenfolge und -farbe sowie sonstige Einzelheiten, die der Anlage ihren besonderen Reiz für viele Monate des Jahres sichern. Gleiche Gesichtspunkte sind auch für Gruppenpflanzungen und Einzelsträucher maßgeblich. Außerdem aber kommt es selbstverständlich auf die Pflanzenqualität an. Zwei- bis dreijährige Jungpflanzen sind überalterter Ware mit Stammholz in den unteren Partien und der dadurch bedingten Neigung zu späterem Verkahlen unbedingt vorzuziehen. Andererseits dauert hier der Aufwuchs so lange, daß mancher lieber nach größeren Gehölzen greift, auch wenn sie teurer sind und vielleicht zunächst etwas mehr Pflege verlangen als das

Hecken und Blütensträucher

Wie man »Quirle« zum Nisten für Singvögel bindet oder schneidet, wird im Kapitel »Nützliche Tiere und Vogelschutz« gezeigt.

Naturhecken machen weniger Mühe

Windschutzpflanzen siehe auch Kapitel »Klima und Lage« Seite 21.

Bildseite:
Vier immergrüne Gehölze: Oben Korea-Tanne mit aufrecht stehenden Zapfen (Abies koreana) und Kalmie, Berglorbeer (Kalmia angustifolia 'Rubra'). Unten Stechpalme (Ilex aquifolium 'Golden Milkboy'), weibl. Expl. mit Früchten, und blühende Bergkiefer (Pinus montana mughus).

wüchsige Jungvolk. Gehölze werden durchweg in drei verschiedenen Formen angeboten:

1. Einfache sommergrüne und immergrüne Sträucher kauft man zur vorgeschriebenen Pflanzzeit aus dem Baumschulquartier ohne Wurzelballen. Sie werden vor dem Setzen möglichst für mehrere Stunden oder über Nacht in ein Wasserbad gestellt und dann dem *Wurzelschnitt* unterzogen. Er besteht im Glattschneiden etwaiger Bruchstellen und Einkürzen solcher Wurzeln, die zu lang oder sonstwie störend sind. Alle Schnittflächen sollen schräg nach unten weisen.

2. Empfindlichere Gehölze, vor allem Immergrüne und Koniferen, bei denen eine Pflanzung ohne festen Wurzelballen Wachstumsschwierigkeiten mit sich bringt, werden als sogenannte Ballenware im Ballentuch geliefert. Dieses Ballentuch darf vor dem Setzen keinesfalls entfernt werden. Als es noch aus leicht verrottbarem Jutegewebe bestand, löste man nur die Verknotung am Wurzelhals und ließ es im Boden; da es sich heute meist um ein Mischgewebe mit unverrottbarem Kunststoffanteil handelt, wird hier – wie im Kapitel »Säen und Pflanzen« auf Seite 84 dargestellt – vorsichtiges Wegziehen angeraten. Auch Ballenpflanzen werden vor dem Setzen gründlich durchgegossen, damit sie besser zusammenhalten. Die üblichen Pflanztermine sind möglichst einzuhalten.

3. Containerpflanzen sind in ihren Gefäßen so fest eingewurzelt, daß nach gründlichem Durchgießen die Entnahme keine Gefahr für den Wurzelballen mit sich bringt. Sie bieten gerade für die Pflanzung auch größerer Laub- und Nadelgehölze so viele Vorteile, daß man den geringen Preisaufschlag gegenüber der Ballenware wohl in Kauf nehmen kann. Schon ihre Handelsbezeichnung als »Ganzjahres-Pflanzgut« läßt darauf schließen, daß hier besondere Bindungen an Pflanztermine nicht bestehen. Man darf Containerpflanzen unbesorgt Tage oder sogar Wochen in ihren Behältnissen stehen lassen, braucht sich also auch bei der Anlage einer Formhecke nicht abzuhetzen und kann bei Naturhecken durch Aufstellung der bereits begrünten oder blühenden kleinen Sträucher ihre Wirkung an Ort und Stelle ausprobieren. Daß die Container wie Blumentöpfe oder Kübel gegossen werden müssen, versteht sich von selbst.

Wurzelschnitt

Emballierte Gehölze Ballenware

Ganzjahres-Pflanzgut

Grenzhecke mit eingegrabenem Maschendraht. Pfähle und Spanndraht werden mit der Zeit von den Pflanzen überwachsen.

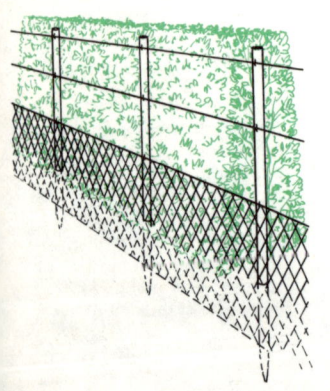

Bodenvorbereitung und Pflanzung

Umgrenzungshecken stehen nicht immer auf dem besten Boden, werden aber – soweit es sich um Formhecken handelt – besonders dicht gepflanzt. Schon aus diesem Grunde sollte einige Wochen vor Erstellung der Anlage eine 50–60 cm tiefe Bodenbearbeitung und -verbesserung erfolgen. Steine und Unkräuter sind auszulesen. Wo mit dem Eindringen von Kaninchen oder Wühlmäusen gerechnet werden muß, wird eine Bahn aus dichtem, verzinktem Maschendraht eingebaut. Er soll möglichst 50 cm in den Boden hinab und ebensoviel darüber hinausreichen. Hart neben seiner Innenseite wird dann der Pflanzgraben gezogen. Sein Durchschnittsmaß: spatenbreit tiefer und breiter als Wurzelumfang oder Ballenstärke der Heckenpflanzen. Wo weder Drahtschutz im Boden noch Zaun die Richtung angeben, zieht man den Pflanzgraben nach der Schnur. Der Aushub wird mit seiner Mutterbodenschicht nach oben so abgelegt, daß eine Durchmischung mit bodenverbessernden Bestandteilen – Kompost, gut durchfeuchteter Torf, kein Dünger – jederzeit leicht bewerkstelligt werden kann. Die Grabensohle wird zusätzlich gelockert und später ebenfalls noch mit Kompost oder Torf, jedoch ohne Zusatz von Düngemitteln aufgebessert. Im allgemeinen ist die einreihige Formhecke ausreichend. Auch bietet sie den Pflanzen bessere Entwicklungsmöglichkeiten als die gelegentlich empfohlene doppelreihige Hecke. Für sie müßten – unter Beachtung etwaiger Grenzabstände – die Pflanzgräben beiderseits des Schutzdrahtes gezogen werden. Einreihige Hecken kann man übrigens durch Verwendung langtriebiger Pflanzen später in ihren unteren Teilen noch verflechten und dadurch fast undurchdringlich machen.

Die Bodenvorbereitung für Naturhecken, Gruppenpflanzung und Einzelstellung wird mit dem Ausheben entsprechend großer Pflanzgruben, Ablage und Verbesserung des Aushubs sowie Lockerung und Verbesserung der Grubensohle sinnentsprechend vorgenommen.

Als beste Pflanzzeit für sommergrüne, nicht emballierte oder in Containern gelieferte Laubgehölze gilt die Zeit zwischen Ende Oktober und Mitte November; nur in sehr rauhen Lagen und gemäß besonderen Hinweisen bei den Einzeldarstellungen ist Frühjahrspflanzung im März/April vorzuziehen. Immergrüne Laubgehölze und Nadelgehölze werden entweder kurz vor Austriebsbeginn Ende April oder nach Triebabschluß Ende August gepflanzt. Näheres über die Pflanztermine für Immergrüne und Nadelgehölze sowie Sonderanweisungen zur Bodenvorbereitung für kalkfeindliche Gehölze siehe im folgenden Kapitel.

Wie bereits festgestellt, ist ohne Rücksicht auf die Pflanzzeit an allen Gehölzen mit freien Wurzeln vor dem Setzen der Wurzelschnitt vorzunehmen. Bei Frühjahrspflanzung tritt noch der Pflanzschnitt hinzu. Bei Herbstpflanzung wird dieser zur Triebanregung notwendige Rückschnitt der oberirdischen Pflanzenteile um etwa ein Drittel der Höhe erst im folgenden Frühjahr vorgenommen. Die Seitentriebe werden entsprechend eingekürzt. Bei Nadelgehölzen zu freier Verwendung gibt es keinen Pflanzschnitt.

Sind alle Vorbereitungen abgeschlossen, so kann das Setzen beginnen. Bei Formhecken verteilt man die Pflanzen im richtigen Abstand und schüttet dann den Graben zunächst hälftig mit dem verbesserten Aushub zu. Die Erde wird leicht angetreten, dann folgt gründliches Einschlämmen der Wurzeln mit dem sparsam fließenden Gartenschlauch. Nach Versickern dieser ersten Wassergabe Pflanzen aufrichten, Graben fertig zufüllen. Nach nochmaligem Antreten und Wässern sollen die jungen Sträucher jetzt etwas höher stehen, als sie zuvor in der Baumschule gestanden haben. Das

Drahtschutz und Pflanzgraben

Einreihige und doppelreihige Formhecken

Verschiedene Pflanztermine beachten

Pflanzschnitt sogleich oder später

Das Pflanzen der Formhecke

Setzen von Einzelpflanzen ebenso wie von emballierten oder aus Containern entnommenen Gehölzen erfolgt sinngemäß nach den gleichen Grundsätzen. Durch Senken des Erdreichs entstehen längs des Pflanzgrabens bei Formhecken und ebenso im Bereich der Pflanzgruben bei Einzelpflanzung Vertiefungen, die alsbald mit feuchtem Torf, Kompost, Grasschnitt, Laubstreu oder ähnlichem Material abzudecken sind. Dies ist der beste Schutz gegen Frostschäden im Winter und trocknende Winde im Frühjahr. Ihr Einfluß kann vor allem größeren Gehölzen gefährlich werden. Tägliches Schattieren mit mehrfach befeuchteter Sackleinwand ist ratsam und so lange fortzusetzen, bis sich kräftiger Neuaustrieb zeigt. Größere Gehölze benötigen vor allem bei Einzelstand nicht selten Maßnahmen gegen Winddruck. Es muß kein Gerüst mit Verspannung sein wie bei Bäumen, sondern meist genügt ein Pfahl, der schräg zur Hauptwindrichtung, entlang dem Strauch, in den Boden geschlagen wird. Zum Binden verwendet man entweder vorschriftsmäßige Baumbinder oder Kokos- oder Hanfstricke, die im Achter lose befestigt werden. Siehe hierzu auch die Angaben über Sicherung neu gepflanzter Obstgehölze und Rosenhochstämme.

Pflanzmulden abdecken

Höhere Pflanzen gegen Winddruck sichern

Schnittmaßnahmen bei Formhecken

Nach dem Frühjahrs-Pflanzschnitt erfolgt im laufenden Sommer kein weiterer Rückschnitt mehr. Die regelmäßige Formarbeit beginnt erst ab dem zweiten Standjahr. Dabei werden sommergrüne Hecken und solche aus frühlingsblühenden Sträuchern — etwa eine Formhecke aus Forsythien — im Juni geschnitten. Nur die Rücksicht auf brütende Vögel in der Hecke rechtfertigt hier eine Terminverschiebung. Formhecken werden im August geschnitten.

Trapezschnitt

Nach der alten Gärtnerregel: »Trapezschnitt hält die Hecke grün«, soll die Hecke im Querschnitt unten breiter sein als oben. Als Faustzahl für Laubhecken gilt auf 100 cm Höhe 10 cm Abweichung von der Senkrechten. Eine drei Meter hohe, freistehende Formhecke wäre demnach an der Basis 30 cm breiter als im Scheitel. Bei Koniferen, deren Wuchs schon von Natur aus dieser Formgebung entspricht, darf die untere Breite noch größer sein. Ausnahmen sind bei den Einzeldarstellungen angegeben. Auch Formhecken, die unmittelbar als Straßenbegrenzung an einem Zaun oder Gitter wachsen, müssen abweichend von der Regel senkrecht geschnitten werden. Das Schneiden nach Maß ist mit Hilfe der straff gespannten Schnur und — für größere Anlagen — moderner, motorisierter Geräte nicht schwer. Ob man die Hecke obenauf waagrecht hält oder in der an sich etwas gefälligeren Tunnelform zurechtstutzt, ist nicht nur Geschmackssache: die Rundung macht nämlich weit mehr Mühe . . .

Verjüngen und Nachpflanzen

Ältere, zu hoch oder unschön gewordene Formhecken lassen sich durch kräftigen Rückschnitt ins alte Holz verjüngen. Zur Schonung der Pflanzen kann eine solche Radikalkur auch auf zwei bis drei Jahre verteilt werden. Es ist eine Winterarbeit mit Baumsäge und Handbeil. Einzelne Pflanzen,

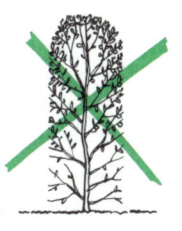
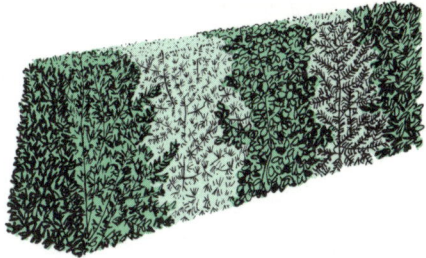

Trapez Tunnel Pyramide Vertikalschnitt

Reizvolle Anregung aus Japan: Die gemischte Formhecke aus verschiedenen, gruppenweise gepflanzten Laub- und Nadelgehölzen, die alle dem gleichen Schnitt unterworfen werden. Aparte Wirkung im Sommer wie im Winter.

die innerhalb der geschlossenen Formhecke ausfallen, lassen sich durch einfaches Nachpflanzen meist nicht ergänzen. Um solche Kahlstellen zu beseitigen, muß ähnlich wie bei der Verjüngung zunächst die ganze Hecke zurückgenommen werden. Dann setzt man größere Pflanzen, deren Austrieb durch nur sparsamen Rückschnitt verlangsamt wird, in die sorgfältig vorbereiteten Pflanzlöcher (tiefgründig lockern, alle Wurzelreste entfernen, mit feuchtem Torf aufbessern, keinen Dünger beigeben!). Alt und jung wachsen einander entgegen und schließen sich allmählich wieder zur Hecke zusammen. Aber der Gartenfreund muß geduldig warten können...
Ebenso wie die Verjüngung werden auch andere Arbeiten am Holz — etwa das Auslichten und Wegnehmen einzelner trocken gewordener Zweige — nicht beim Sommerschnitt, sondern nur im Winter vorgenommen.

Schnittmaßnahmen bei Naturhecken und Einzelsträuchern

Ein regelmäßiger Sommer- oder Grünschnitt findet nicht statt. Nur bei den frühlingsblühenden Sträuchern, zu deren Pflege die pünktliche Entfernung der abgetragenen Blütenstände gehört, sind entsprechende Schnittmaßnahmen erforderlich. Ein Winterschnitt würde die Blütenansätze für das nächste Frühjahr großenteils vernichten, die Blüten aber unnötig zu Samen werden lassen, was nicht nur Kraftverschwendung ist, sondern auch häßlich aussieht. Dies gilt beispielsweise in hohem Maße für Flieder. Auch das gesundheitsfördernde Einkürzen der Neutriebe beim Mandelbäumchen ist in diesem Zusammenhang zu nennen. Bei den sommerblühenden Sträuchern, deren Flor zwischen Juni und September erscheint, genügt die Entfernung der Blütenstände im Laufe des Winters. Einer Wegnahme gleich nach der Blüte steht aber nichts im Wege, zumal wenn Sträucher unschön verblühen — wie etwa der Sommerflieder, *Buddleja* — oder nicht unnötig Samenkapseln bilden sollen — wie etwa der Straucheibisch, *Hibiscus syriacus*. Im übrigen werden Naturhecken sowie einzeln oder in Gruppen stehende sommergrüne Laubgehölze nur bei Bedarf, während der Winterruhe, gelegentlich etwas ausgelichtet oder einem vorsichtigen Instandhaltungsschnitt unterzogen. Über spezielle Schnittmaßnahmen bei frei wachsenden Immergrünen und Nadelgehölzen siehe das folgende Kapitel.

Beim richtigen Auslichten freistehender Ziersträucher bleibt ihr typisches Wuchsbild erhalten.

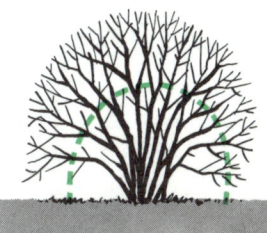

Schematischer Rückschnitt verdirbt die Figur und führt zur Verkahlung im Inneren.

Allgemeine Pflege, Bewässerung, Düngung

Unkraut

Wichtigste Maßnahme der Sommerpflege ist das Lockerhalten des Bodens und Schutz vor Verunkrautung, die unter Hecken und Ziersträuchern besonders gern um sich greift. Anstelle des mühsamen flachen Hackens ist das Abdecken mit einer 8—10 cm hohen Schicht Grasschnitt oder feuchtem Torf für die Sommermonate sehr zu empfehlen. Alle Vorzüge des Mulchens werden damit gewonnen. Über Winter kann noch das zur Verfügung stehende gesunde Herbstlaub mit verwendet werden. Schöner, aber für die Pflege der Sträucher nicht ganz so einfach, ist die Unterpflanzung mit Bodenbedeckern, wie sie in einer Übersicht am Schluß des Rasenkapitels zusammengestellt sind.

Pflanzenschutz:
Bei Obstbaumspritzungen
Hecken gründlich mitspritzen

Zu den Grundbedingungen guter Pflege aller Sträucher gehören ausreichende Ernährung und Bewässerung. Beide sind besonders wichtig bei den Formhecken, deren schlechter Allgemeinzustand und Kahlstellen ihre Ursache nur zu häufig einfach in Hunger und Durst haben. Man darf also nicht versäumen, der dichten Pflanzung und den Substanzverlusten beim Schnitt gebührend Rechnung zu tragen. Öfter einmal den Sickerschlauch mit kleiner Einstellung über Nacht an die Hecke gelegt, wirkt während der Vegetationszeit Wunder. Und daß Immergrüne ebenso wie Koniferen zur Vorbeugung gegen winterliche Trockenschäden im Herbst gründliche Zusatzbewässerung brauchen, sei hier auch gleich angemeldet. Während der Wintermonate muß bei ihnen außerdem auf rechtzeitige Entfernung von Schneelast geachtet werden. Vorsichtiges Abschütteln mit der Harke verhütet entstellende Astbrüche.

Bewässerung

Düngeplan

Formhecken erhalten zur Kräftigung des Frühjahrs-Austriebes bei Wachstumsbeginn eine Gabe Torfhumusdünger. Man rechnet 4 Liter je Quadratmeter. Diese Menge wird beiderseits der Hecke in einem 50 cm breiten Streifen als 1 cm starke Lage aufgebracht. Darauf kommt die schon erwähnte, 8—10 cm hohe Abdeckschicht, die um diese Jahreszeit wohl nur aus feuchtem Torf bestehen kann. Im Wechsel zu dieser nicht dauernd notwendigen optimalen Versorgung wird im nächsten Frühjahr Volldünger (Mineraldünger — z. B. Nitrophoska blau) verabreicht. Man rechnet hier 40—50 g je Quadratmeter, wiederum beiderseits der Hecke auf einen 50 cm breiten Streifen verteilt, vorsichtig flach eingehackt, gründlich eingewässert und abgedeckt. Formhecken in weniger gutem Boden erhalten die Hälfte dieser Menge dann noch als Sommerdüngung während der ersten Junihälfte, rechtzeitig vor Triebabschluß. Naturhecken, Gruppen- und Einzelpflanzen bekommen die gleichen Düngemittel bei Wachstumsbeginn — Torfhumusdünger und Volldünger in jährlichem Wechsel. Eine Sommerdüngung in halber Menge ist nur bei ungünstigen Bodenverhältnissen notwendig, kann aber auch sonst nichts schaden.

*Wechsel zwischen
Humusdünger
und Mineraldünger*

Vorratsdüngung

Die winterliche Vorratsdüngung erfolgt zwischen November und Februar, bei offenem Boden, am besten wieder mit einem Volldünger, der auf die

Deckschicht oder auf den schmelzenden Schnee gestreut wird. Je nach den Bodenverhältnissen brauchen die kalkfreundlichen Gehölze alle drei bis vier Jahre oder auch öfter eine Kalkung, die nach den allgemeinen Regeln des Düngeteiles verabreicht wird. Kalkablehnende Immergrüne erhalten selbstverständlich keinen Kalk. Siehe dazu das nächste Kapitel.

Kalkung

Laubgehölze für Formhecken

Berberitze, Sauerdorn, *Berberis* (Sauerdorngewächs) Sommergrün sind Thunbergs Berberitze, *B. thunbergii,* sowie die beiden bildschönen Blutberberitzen, *B. t.* 'Atropurpurea' und die noch etwas zierlichere *B. t.* 'Atropurpurea nana', alle drei gelb blühend im Mai, reicher, roter Fruchtschmuck im Herbst. Immergrün, sehr dicht wachsend ist die Kaiser-Berberitze, *B. verruculosa;* goldgelbe Blüten im Mai/Juni, blaue Früchte im Herbst. Alle Berberitzen haben bedornte Zweige, sind am sonnigen bis halbschattigen Standort sehr anspruchslos und eignen sich bei Meterhöhe auch für schmale Hecken (25–30 cm Basis!). Von den größeren 3–4, von der Zwergform 5–6 Stück a. d. lfd. Meter. Weitere Seite 226.

Niedrigste, für Einfassungen und Vorgärten, Höhe bis 100 cm

Buchsbaum, *Buxus* (Buchsbaumgewächs) Der traditionelle Einfassungs-Buchsbaum heißt *Buxus sempervirens* 'Suffruticosa'. Niemand würde den durch strengen Schnitt meist auf 20 cm Höhe gehaltenen Sträuchlein zutrauen, daß freier Wuchs sie meterhoch werden läßt. Bei aller Anspruchslosigkeit leiden sie unter zu trockenem Stand (Vergilbung!). Großformen siehe Seite 238.

Liguster, Rainweide, *Ligustrum* (Ölweidengewächs) Gilt als die Allerwelts-Heckenpflanze. Für niedrige Formhecken eignet sich der Dauerblatt-Liguster, *L.ovalifolium,* Höhe 50–60 cm, in rauhen Lagen nicht ganz winterhart. Dort besser die härtere Art, *L.vulgare* 'Atrovirens', deren tiefgrüne Belaubung im Winter schwärzlich wird. Anspruchslos. Für Einfassungen: die Zwergform *L.v.* 'Lodense', deren Laub bronzebraun über Winter aushält. Je nach Art oder Sorte braucht man 3–5 oder mehr Stück a.d. lfd. Meter. Rinde, Blätter, Beeren giftig!

Außerdem eignen sich bedingt für niedrige Formhecken: die Japanquitte, *Chaenomeles japonica;* die Heckenkirsche in der Art *Lonicera pileata;* die Alpen-Johannisbeere, *Ribes alpinum;* der Spierstrauch in seinen Kulturformen der *Spiraea-bumalda*-Hybriden.

Thunbergs Berberitze

Berberitze, Sauerdorn, *Berberis* (Sauerdorngewächs) Besonders in der immergrünen, schön bestachelten Art *B. julianae* zu empfehlen, blauschwarzer Fruchtschmuck im Herbst, Standort sonnig bis halbschattig, anspruchslos. 3 Stück a. d. lfd. Meter.

Mittlere Wohngartenhecken, Höhe 100—200 cm, Breite etwa 50 cm

Felsenmispel, *Cotoneaster* (Rosengewächs) Genannt sei die sommergrüne, allerdings etwas locker wachsende Art *C. bullatus,* im Mai/Juni mit rötlichen Dolden blühend, reicher Fruchtschmuck roter Beeren im Herbst bis Winter. Sonne bis Halbschatten, sehr anspruchslos. 3 Stück a. d. lfd. Meter.

Weißdorn, *Crataegus* (Rosengewächs) Die Art *C. monogyna* ist eine ideale, sommergrüne Schutzheckenpflanze: gefährliche Dornen machen sie undurchdringlich, langsames Wachstum hält sie leichter in Form, beste Größe: Höhe 200 cm, Basalbreite 50–60 cm. 2–3 Stück a. d. lfd. Meter. – Sehr ähnlich *C. oxyacantha.*

Laubgehölze für Formhecken

Forsythie, Goldglöckchen, *Forsythia* (Ölweidengewächs) Die aufrecht wachsenden Arten eignen sich ohne weiteres zum Schnitt und ergeben Formhecken, die besonders während der Blüte im April/Mai an Schönheit ihresgleichen suchen, aber auch im sommergrün-belaubten Zustand durchaus ansehnlich sind. *F.* × *intermedia* in älteren, nicht zu großblütigen Sorten ist am besten. Pflanzung entlang einigen, mitten durch die Hecke laufenden Drähten oder einem Maschendraht ist zur Stützung ratsam. Der regelmäßige Sommerschnitt bald nach der Blüte sichert reichen Knospenansatz von einem Jahr zum andern. 2–3 Stück a. d. lfd. Meter gepflanzt bilden schnell eine dichte Hecke.

Liguster, Rainweide, *Ligustrum* (Ölweidengewächs) Nach allgemeiner Meinung gilt der Liguster vor allem als beste und billigste Pflanze für niedrige Formhecken. In diesem Sinne wird er auch auf Seite 223 beschrieben. Bei entsprechender Behandlung eignet er sich aber beinahe ebensogut für höhere Hecken im strengen Schnitt, vorausgesetzt, daß man auf die in ausgesetzten Lagen oft nicht ganz winterharten immergrünen Arten verzichtet. Ausnahmsweise gut geeignet ist hier *L. obtusifolium* var. *regelianum*, ein mehr in die Breite wachsender Strauch, der sogar im Vollschatten gedeiht. Außerdem kann man auf *L. ovalifolium* und *L. vulgare* 'Atrovirens' zurückgreifen. 4–5 Stück für Höhe bis 2 m. Nochmals gesagt: Rinde, Blätter, Beeren giftig.

Bocksdorn, Teufelszwirn, *Lycium halimifolium* (Nachtschattengewächs) Ein bis 200 cm hoher Strauch mit purpurlila Blüten im Juni/September, völlig winterhart und bei sonnigem Stand in kalkhaltigem, etwas trockenem Boden denkbar anspruchslos. Ergibt bei entsprechendem Formschnitt undurchdringliche Hecken. Der korallenrote herbstliche Beerenschmuck ist giftig. Trotzdem: sehr zu empfehlen! 3 Stück a. d. lfd. Meter.

Kreuzdorn, Faulbaum, *Rhamnus* (Kreuzdorngewächs) Ähnelt dem Weißdorn, gibt dichte, dornige Hecken, sehr anspruchslos. Der Gemeine Kreuzdorn, *R. catharticus*, blüht unscheinbar gelblich im Mai/Juni, bringt dunkle kleine Beerenfrüchte im Herbst. Etwas früher blüht ebenso der ostasiatische *R. utilis*, den eine besondere Vorliebe für trockene, steinige Kalkböden auszeichnet.

Hohe Sichtschutz- und Grenzhecken mit Formschnitt, über 200 cm, Breite am Fuß etwa 60–70 cm

Feldahorn, Maßholder, *Acer campestre* (Ahorngewächs) Für 300–400 cm hohe und 60–70 cm breite Formhecken sehr zu empfehlen. Anspruchslos, leicht im Schnitt zu halten, starkwüchsig, sich reich verzweigend. 2 Stück a. d. lfd. Meter.

Hainbuche, *Carpinus betulus* (Birkengewächs) Bildet sehr dichte Hecken mit guten Nistgelegenheiten für die Gartenvögel. Braunes Herbstlaub hält sich bis zum Frühjahr. Freie Lage erwünscht. 2–3 Stück a. d. lfd. Meter.

Rotbuche, *Fagus sylvatica* (Becherfrüchtler) Wird in vielen Kulturformen angeboten. Eignet sich mehr für große Gärten; als Umrahmung des kleineren Wohngartens wirkt sie leicht etwas derb. Für hohe, schlanke Heckenwände besonders schön ist die Blutbuche, *F. s.* 'Atropunicea'. 2–3 Stück a. d. lfd. Meter.

China-Flieder, *Syringa* × *chinensis* (Ölweidengewächs) Ein bis 300 cm hoher Strauch mit dünnen, leicht überhängenden Zweigen und großen, weich fallenden, purpurlila Blütenrispen, läßt sich in sonnigen bis halbschattigen Lagen mit kalkhaltigem Boden ungefähr ebenso als bildsamer Werkstoff für Formhecken verwenden wie die Forsythie in der Gruppe der mittelhohen Hecken. Fliederhecken werden ziemlich breit, Formschnitt gleich nach der Blüte. 2 Stück a. d. lfd. Meter.

Nadelgehölze für Formhecken

Die als Heckenpflanzen für Formschnitt erprobten Koniferen sind anspruchslos und treiben immer wieder willig aus, wenn einige Besonderheiten der Pflanzung und Pflege beachtet werden.

1. Ein unverletzter Wurzelballen, emballiert oder im Container, ist Bedingung. Siehe hierzu auch Abschnitt Nadelgehölze im nächsten Kapitel.
2. Die Trapezform mit größerer Basisbreite ist mit Ausnahme der Thujahecke schon von der Pflanzengestalt her naturgemäß gegeben.
3. Für die Vorratsdüngung Volldünger mit höherem Kaligehalt verwenden.
4. Zur Verhütung von winterlichen Trockenschäden Hecken im Spätherbst nochmals sehr gründlich wässern.

Scheinzypresse

Scheinzypresse, *Chamaecyparis* (Zypressengewächs) Die Art *C. lawsoniana* und ihre Zuchtformen wie 'Alumii' und die langsam wachsende 'Ellwoodii' werden für hohe und mittelhohe Umfassungs- und Sichtschutzhecken besonders empfohlen. 2–3 Stück a. d. lfd. Meter.

Lärche, *Larix* (Kieferngewächs) Die Europäische Lärche, *L. decidua,* und die Japanische Lärche, *L. leptolepis,* sind trotz ihrer Starkwüchsigkeit gut als Hecke geeignet, weil sie sich nach dem Schnitt schnell wieder begrünen. Zauberhaft schön im zarten, weichen Frühjahrsaustrieb und in gelber Herbstfärbung, auch im Winter durch gelbbraunes, dichtes Gezweig zierend. 2–3 Stück a. d. lfd. Meter.

Rotfichte, Rottanne, *Picea abies* (Kieferngewächs) Eignet sich für niedere und mittelhohe Formhecken. Da ausgefallene Stämmchen durch Nachsetzen nicht ergänzt werden können und häßliche Kahlstellen hinterlassen, darf die Pflege der an sich sehr bescheidenen Pflanzen nicht ganz vernachlässigt werden. Die Neigung zum Austrocknen an der Seite des Regenschattens ist durch entsprechende Wassergaben auszugleichen. 2–3 Stück a. d. lfd. Meter.

Eibe, Taxus, *Taxus baccata* (Eibengewächs) Sie ist eine hervorragende Heckenpflanze, die ähnlich wie Buchsbaum auch allerhand Schnittkunststücke – Fenster, Ornamente, Figuren – erlaubt. Der Boden sei nahrhaft und kalkhaltig, dann besteht auch Eignung für Schattenlagen. Für 150–200 cm Höhe 3–4 Stück a. d. lfd. Meter.

Lebensbaum, *Thuja occidentalis* (Zypressengewächs) Wird geradezu als »Hekkenthuja« bezeichnet. Beste Eignung für mittelhohe und hohe Formhecken, wobei der schlanke Wuchs ausnahmsweise keine große Basisbreite erfordert. Für sehr hohe Umfassungshecken, die bei einer Basisbreite von nur 60–70 cm vier bis fünf Meter hoch gezogen werden können, wird die neuere Züchtung 'Fastigiata nova' empfohlen. Lebensbaumhecken sollten in nicht zu rauhen, ausgesetzten Lagen angepflanzt werden. Sie brauchen guten Boden und einen freien, sonnigen Stand. 2 Stück a. d. lfd. Meter.

Sommergrüne Blütensträucher für Naturhecken und Einzelstellung

H = für Naturhecken geeignet; E = für Gruppen und Einzelstellung

H Stachelkraftwurz, *Acanthopanax* (Araliengewächs) Gibt undurchdringliche, dornige Hecken wie Weißdorn. Mehrere Arten, Höhe 1–3 m. Pflanzweite 80–100 cm.

E Ahorn, Maßholder, *Acer* (Ahorngewächs) Eine der schönsten Straucharten mit duftenden, gelblich-weißen Blüten im Mai, apartem Fruchtschmuck und herrlich leuchtender Herbstfärbung ist der Feuerahorn, *A. ginnala*, Höhe 2–4 m. Als Eschenahorn kennt man schon seit Generationen den heute in vielen Hybridformen mit zartgelben oder weißbunten Blättern erhältlichen *A. negundo;* er blüht im April und kann sich mit den Jahren auch zum kleinen Baum auswachsen. Weitere beliebte Ahornarten siehe bei den Formhecken, im Kapitel Bäume und im Kapitel Steingarten.

Tiefrote Früchte von
A. laevis ab Juli eßbar

E Felsenbirne, *Amelanchier* (Rosengewächs) Bildschöne Frühjahrsblüher zur Einzelstellung für Sonne bis Halbschatten. Belaubung im Austrieb meist rötlich-bräunlich; schöne Herbstfärbung; reicher Fruchtschmuck. Anspruchslos, liebt kalkhaltigen, durchlässigen Boden. *A. canadensis* wird um drei Meter hoch, weiße Blütentrauben im April/Mai. Tiefdunkelblaue Früchte ab Juni. Empfehlenswert auch *A.* × *grandiflora* und *A. laevis,* Maiblüher.

H E Berberitze, Sauerdorn, *Berberis* (Sauerdorngewächs) Als mittelhohe, sommergrüne Ziersträucher seien hier nur zwei typische Vertreter genannt: die mit einer Reihe ansprechender Kulturformen bekannt gewordene *B.* × *rubrostilla,* deren gelbe Blütchen in kleinen Trauben entlang den leicht überhängenden Zweigen erscheinen, und die straff aufrecht wachsende Pracht-Blutberberitze, *B. thunbergii* 'Atropurpurea superba' mit rotem Laub, das im Herbst wunderbare Farbenspiele zeigt. Alle sommergrünen Berberitzen haben rote Früchte, die gelegentlich etwas schwarzrostanfällig sind. Höhe 2–3 m. Weitere Berberitzen s. Formhecken, Immergrüne und Steingarten. Jede Baumschule führt größere Sortimente.

Sommerflieder

E Sommerflieder, Schmetterlingsstrauch, *Buddleja* (Buddleiengewächs) Herrlicher Zierstrauch für sonnige, geschützte Lagen, liebt Beimischung von Heideerde. Blätter hellgrau-filzig, Blütenrispen weiß, stahlblau oder lila, 30–40 cm lang; Blütezeit Juni/September in Sorten. Am schönsten *B. alternifolia* und *B. davidii* in vielen Sorten. Pflanzweite 1–1,50 m; Höhe bis 2 m. Friert oft zurück, treibt aber trotzdem immer wieder willig aus und blüht noch im gleichen Sommer. Zur Blütezeit Sammelplatz der Schmetterlinge.

E Erdbeerstrauch, Gewürzstrauch, *Calycanthus floridus* (Gewürzstrauchgewächs) Wohlriechender Strauch mit im Juni/Juli erscheinenden, lieblich duftenden, braunroten Blüten. Blätter frischgrün, glänzend. Pflanzweite 1–1,50 m; Höhe 1,50–2,50 m.

Bartblume, Nelkenstrauch, *Caryopteris* (Verbenengewächs) Am bekanntesten ist die Kulturform *C.* × *clandonensis.* »Bartblume« wird sie genannt, weil die lavendelblauen, aus jeder Blattachsel in Büscheln herabhängenden Blütchen so bärtig hervorstehende Staubgefäße haben. Der Name »Nelkenstrauch« aber hängt mit dem aromatischen, an Gewürznelken erinnernden Duft der zierlichen, unterseits silbrigen Blätter zusammen. Zwei Vorzüge: die späte Blüte, erst im September/Oktober, und das kleine Format von nur 1–1,20 m Höhe, das ihn bei allgemein großer Genügsamkeit, bei sonnigem Stand auch als Deckstrauch im Steingarten, an Böschungen und Terrassenrändern geeignet macht. Strenger Rückschnitt im Frühjahr steigert die Blühwilligkeit. Gelegentliches Zurückfrieren in kalten Wintern wird durch kräftigen Neuaustrieb überwunden. *C. incana* blüht schon ab August. Liebling der Bienen.

Früchte nach Spätreife
gut für Marmelade, wie
Obstquitte (siehe Seite 357)

H E Japanquitte, *Chaenomeles japonica* (Rosengewächs) Ein starkdorniger Strauch mit glänzendgrüner Belaubung und hellrosa bis tiefroten Blüten, die im April/Mai erscheinen. Gedeiht noch auf ärmstem Boden mit viel Sonne. Die neueren Hybridformen sind etwas anspruchsvoller, dafür noch schöner. Höhe 1–1,50 m.

H Kornelkirsche, Hartriegel, *Cornus mas* (Hartriegelgewächs) Einer der am frühesten blühenden Sträucher, dessen zartgelber Flor vor den Blättern erscheint und sich später in eßbare, rote Beeren verwandelt. Dankbar, bescheiden, liebt kalkhaltigen Boden. Pflanzweite 1–1,50 m. Der sehr schöne Blumenhartriegel, *C. florida,* mit bis 6 cm großen, weißen Sternblüten und prächtiger herbstlicher Laubfärbung ist etwas frostgefährdet. Als anspruchslos gilt *C. alba* 'Spaethii' mit interessanten, gelbgeränderten Blättern. Höhe 2–4 m.

E Hasel, *Corylus* (Becherfrüchtler) Ein Außenseiter des Obstgartens und ein Schmuck des Ziergartens; im Frühjahr seine lieblichen Kätzchen, im Herbst die guten Haselnüsse spendend; in Einzelstellung wie als Deckstrauch zur Zaunbepflanzung verwendbar. Neben der Gemeinen Hasel, *C. avellana,* mit ihren Kultursorten beachtenswert die bizarre Korkenzieherhasel, *C. a.* 'Contorta' und die 2–3 Meter hohe Bluthasel, *C. maxima* 'Atropurpurea', die sich auch für Halbschatten eignet. Viele Haselnüsse sind selbstunfruchtbar, also zur Bestäubung immer auf benachbarte Sträucher angewiesen. Kätzchen bringen keine Nüsse, sondern sind nur Pollenträger, während die weiblichen Blüten als kleine Tragknospen mit Federbusch unmittelbar an den Zweigen sitzen. Pflanzweite 3–4 m; Ertrag ab dem 6. bis 8. Standortjahr. Höhe 2–4 m. Siehe auch Seite 358.

E Perückenstrauch, *Cotinus coggygria* (Sumachgewächs) Naher Verwandter der Essigbäume. Seine im Mai erscheinenden, grünlichen Blütchen entwickeln sich über Sommer zu den auffallenden, flauschigen »Perücken«. Höhe 2–3 m. Die Zuchtform 'Rubrifolius' hat tiefrotes Laub. Höhe bis 1 m.

H E Felsenmispel, Steinmispel, *Cotoneaster* (Rosengewächs) Ähnlich wie die Berberitze ist auch die Felsenmispel dank der Vielfalt ihrer Erscheinungen überall im Garten anzutreffen. Wir begegnen ihr bei den Zwerglaubgehölzen des Steingartens so gut wie bei den Immergrünen, während hier als Beispiele drei sommergrüne Sträucher genannt seien: die Schönfrucht-Felsenmispel, *C. bullatus,* mit aufrechtem Wuchs, rötlich blühend, auffallend große, leuchtendrote Früchte ab August, Höhe um 2 m; die Hängemispel, *C. dielsiana,* mit leicht überhängenden Zweigen, weißblühend, sehr reicher Fruchtschmuck lange haltbarer, roter Beeren, Höhe um 2 m; *C. multiflorus* hat rotbraunes Holz und feingliedrige, überhängende Zweige, milchweiße Blüten in Doldenrispen, reichen, scharlachroten Fruchtbehang, Höhe um 3 m. Alle Felsenmispeln lieben trockenen, kalkhaltigen Boden und viel Sonne. Pflanzweite etwa 70 cm.

E Geißklee, Besenginster, *Cytisus* (Schmetterlingsblütler) An erster Stelle der vielen schönen Ginsterarten und ihrer Hybridformen sei der heimische Besenginster *C. scoparius* genannt, dessen goldgelber Flor im Mai/Juni häufig an Waldrändern mit kalkarmem, sandigem Boden leuchtet. Er ist Stammvater der buntblühenden Sorten wie 'Butterfly', 'Killiney Red' und 'Red Wings', die einen freien, sehr hellen Stand benötigen; häufig nicht ganz winterhart. Nur Ballenpflanzen im Frühjahr setzen. Triebe immer gleich nach der Blüte etwas einkürzen, nie ins alte Holz schneiden. Höhe 1,50–2,00 m. Elfenbeinginster, *Cytisus × praecox,* siehe Steingarten/Zwerglaubgehölze. Echter Ginster siehe bei *Genista.*

E Seidelbast, *Daphne mezereum* (Seidelbastgewächs) Bekannter Vorfrühlingsblüher mit rosavioletten, duftenden Blüten, die am unbelaubten Holz erscheinen. Die Form 'Alba' blüht weiß, 'Grandiflora' blüht purpurrot. Höhe um 1 m. Der Seidelbast liebt lichten Schatten und humosen, kalkhaltigen Boden. Siehe auch Giftpflanzen, Bodenbedecker, Steingarten und Immergrüne!

Blütensträucher

Nur vollreife Beeren von C. mas roh eßbar; Saft, Marmelade, Wein

Perückenstrauch

Nur Früchte von C. bullatus und C. multiflorus wie Mispel, Seite 230

Seidelbast: Blüte im Frühjahr, rote Früchte im Sommer

H E Deutzie, Maiblumenstrauch, *Deutzia* (Steinbrechgewächs)   Die Ausgangsart *D. gracilis* ist ein knapp meterhoher, reizender Zwergstrauch, der sich im Mai mit unzähligen weißen Blütensternchen bedeckt. Pflanzweite 70–80 cm. Die Hybridformen erreichen über zwei Meter Höhe und gehören zu unseren wertvollsten Blütensträuchern. Besonders schön sind die Rosendeutzie, *D. g.* 'Monte Rosa' mit zartrosa Blüten an waagrechten Zweigen und die ebenfalls rosablühende *D. g.* × *kalmiiflora* mit zierlich gebogenen Zweigen. Gefülltblühend und um zwei Meter hoch ist *D. scabra* 'Plena'.

H E Ölweide, *Elaeagnus* (Ölweidengewächs)   Pionierpflanze für Böschungen und Unland, aber auch ein schöner Zierstrauch mit silberweißem Laub und orangerotem Beerenschmuck. Manche Exemplare wachsen sich unter der Hand zu hohen Bäumen aus, und die flach im Boden sich ausbreitenden, unzählige Schößlinge treibenden Wurzeln können im Garten recht lästig fallen. Die Ölweide hat zwittrige Blüten, fruchtet also auch, wenn sie ohne Partner allein im Garten steht. Hauptarten: *E. angustifolia* und die immergrüne, aber leider nicht völlig winterfeste *E. pungens* mit hübschen, teils auch buntblättrigen Gartenformen.

H E Pfaffenhütchen, *Euonymus europaeus* (Spindelbaumgewächs)   Bekanntester Vertreter unter den Spindelsträuchern, die sommergrüne und immergrüne, große, kleine und kletternde Laubgehölze umfassen. Das Pfaffenhütchen mit seinem sehr schlichten Blattwerk und den rosa bis tiefroten Früchtchen stellt keinerlei Ansprüche, fragt nicht nach Sonne oder Schatten und empfiehlt sich gerade deshalb als 3–5 m hoher Füller für Naturhecken. *E. fortunei* var. *radicans* siehe Kletterpflanzen.

Nutzfrüchte siehe Text!

E Freilandfeige, *Ficus carica* (Maulbeergewächs)   Mein echter Feigenbaum draußen im Garten, der uns alljährlich reife Feigen bringt, darf hier nicht ungenannt bleiben. Mildes Klima, freier, aber geschützter Stand in voller Sonne und guter Boden sind unentbehrlich für dieses stattliche Obstgehölz mit den historischen Blättern. Zweimal im Jahr bilden sich die seltsamen »Urnenblüten«, die zuerst wie grüne Knöpfe aussehen. Doch nur die Sommergeneration reift bei gutem Wetter aus, wobei vegetativ vermehrte Pflanzen sicherer tragen als Sämlingsbüsche. Höhe 5–6 m.

H E Forsythie, Goldglöckchen, *Forsythia* (Ölweidengewächs)   Bescheidenheit und Ausdauer dieses unermüdlichen Frühlingsblühers sind kaum zu übertreffen. Seine Schönheit hat durch die großblumigen, teils gefülltblühenden neueren Züchtungen wesentlich gewonnen. Vor allem sind es die *Forsythia-intermedia*-Hybriden wie 'Lynwood Gold', 'Spectabilis' und die als beste hellgelbe Sorte geltende 'Spring Glory', denen das alte Goldglöckchen seinen Aufschwung verdankt. Als Pergolen- und Laubenstrauch sollte auch die hängende *F. suspensa* nicht vergessen werden. Pflanzweite allgemein 1,50–2,00 m. Siehe auch Formhecken.

E Ginster, *Genista* (Schmetterlingsblütler)   Die echten Ginster haben im Unterschied zu den *Cytisus*-Arten (Geißklee) meist einfache Blätter, sind nur schwach belaubt und oft dornig. Gut für sehr sonnige, warme Lagen, auch noch in steinigem oder sandigem Boden. Nicht düngen! Außer den im Steingartenkapitel genannten Kleinformen sind für Gehölzgruppen oder in Einzelstellung geeignet: *G. tinctoria,* der bekannte einheimische Färberginster, im Juni/August gelb blühend, Höhe um 1 m, und seine meist niedrigen Zuchtformen.

E Zaubernuß, Hamamelis, *Hamamelis* (Zaubernußgewächs)   Ein eigenartiger Zierstrauch, dessen goldgelbe, wie Papierschnitzel wirkende Blüten unter günstigen Umständen schon bald nach dem Laubfall erscheinen. *H. japonica* und *H. mollis* blühen gelb im Januar/März. Pflanzweite 1–1,50 m; Höhe bis 2 m.

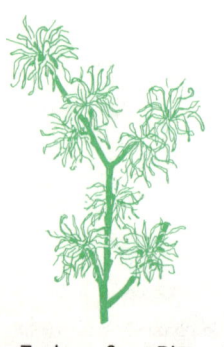

Zaubernuß zur Blütezeit

E Straucheibisch, *Hibiscus syriacus* (Malvengewächs) Ein wundervoller Dauerblüher mit malvenähnlichem Flor, der von Ende Juli bis September anhält. Es gibt einfache und gefüllte Sorten in weiß, rosa, dunkelrot, blau und violett. Braucht warme, sonnige Lage. Pflanzweite 1–1,50 m; erreichbare Höhe 2 m. Dieser Straucheibisch ist nicht zu verwechseln mit der bekannten Kübelpflanze *H. rosa sinensis,* die zwar im Garten übersommert, aber nicht winterhart ist. Mildes Klima verdient freilich auch bei ihm den Vorzug. Dann entwickelt er sich zum prachtvollen Einzelstrauch, der als lebender Blumenstrauß im Sommergarten steht.

H E Sanddorn, *Hippophae rhamnoides* (Ölweidengewächs) Naher Verwandter der Ölweide *(Elaeagnus)* mit gleichen Wachstums- und Kulturbedingungen, jedoch strauchig bleibend. Bekannt als Spender vitaminreicher Beerenfrüchte. Fruchten abhängig vom Vorhandensein weiblicher und männlicher Partner, da im Gegensatz zur Ölweide zweihäusig. Als einheimisches Gewächs der Nordseedünen zwar völlig anspruchslos, jedoch ungeeignet für trockene Lagen ohne Untergrundfeuchtigkeit. Schönheit wird durch weites Umherwuchern und endlose Wurzelaustriebe beeinträchtigt. Höhe bis 5 m, ausnahmsweise auch hohe Baumformen.

Nutzfrüchte
siehe Text!

E Hortensie, *Hydrangea* (Steinbrechgewächs) Es ist nicht damit getan, daß man abgeblühte Topfhortensien in den Garten verpflanzt. Am halbschattigen bis schattigen Platz, in humoser, kalkfreier Erde wachsen sie zwar mit den Jahren zu großen, reichblühenden Büschen heran. Aber für Kenner gibt es doch weit interessantere, völlig winterharte Gartenhortensien mit den gleichen Standortbedingungen. Eine der schönsten ist wohl die Rispenhortensie, *H. paniculata,* in der Kulturform 'Grandiflora' mit bis 25 cm langen, weißen Blütenständen an allen Triebenden von Juli bis September, Höhe bis 2 m. Als Hochsommerblüherin im Juli/August sei noch die aparte *H. sargentiana* genannt. Ihre großen, flachrunden, hellvioletten Blütenstände stehen über samtigem Laub. Höhe ebenfalls bis 2 m. Die Kletterhortensie, *H. anomala* 'Petiolaris', ist im Kapitel Kletterpflanzen zu finden.

Johanniskraut, *Hypericum* (Johanniskrautgewächs) Aus dem Staudenreich als Halbstrauch wohlbekannt – siehe »Bodenbedecker« im Rasenkapitel – hat dieses sonderbare »Kraut« immer Mühe, auch seine prächtigen größeren Gehölzformen ins rechte Licht zu rücken. Da wäre beispielsweise *H. hookerianum* 'Hidkote', eine neuere englische Züchtung. Seine bis 7 cm breiten, goldgelben Schalenblüten mit dem orangegelben Kranz der Staubgefäße erscheinen im Juli/September, zu einer Zeit also, die nicht gerade überreich an Flor von Blütensträuchern ist. Höhe bis 1,50 m. Nur meterhoch wird das reizende *H. patulum* 'Henryi', das bei gleicher Blütezeit und Blütenform noch mit zeitweise feuerroten Fruchtkapseln aufwartet. Alle Johanniskräuter sind denkbar bescheiden, können in voller Sonne wie im Schatten wachsen, nur soll der Boden dazu leicht und eher etwas trocken sein. Nicht unbedingt erfreulich ist ihre starke Ausläuferbildung.

Winterjasmin
links blühend im Winter
rechts belaubt im Sommer

E Winterjasmin, *Jasminum nudiflorum* (Ölbaumgewächs) Oft schon ab Dezember, lange vor Laubaustrieb, mit unzähligen gelben Blütchen bedeckt. Die schlanken Ruten werden bis 2,50 m lang und lassen sich gut auch an Spalieren ziehen. Sehr schmuckvoll vor dem zarten Gitterwerk eines kleinen Gerüstes aus Bambus. Der Winterjasmin ist ein nicht sehr kletterfreudiger Spreizklimmer. Geschützte, sonnige Lage, aber nicht zu trocken, wirkt günstig. Siehe auch Steingarten.

E Ranunkelstrauch, *Kerria japonica* (Rosengewächs) Behängt sich im Mai mit gelben, einfachen oder gefüllten Blüten, kommt auch in einer weißbunt belaubten Form vor. Hübscher, anspruchsloser Zierstrauch für sonnige bis leicht beschattete Lagen, vermehrt sich leicht durch Ausläufer. Höhe bis 1,50 m.

Ranunkelstrauch, Kerrie

Kolkwitzie, *Kolkwitzia amabilis* (Geißblattgewächs) Wegen seiner zarten, rosa Blütenwolke im Juni ein wirklich liebenswerter Strauch! Aber auch der graziöse Wuchs und die feingliedrige Belaubung sind anmutig. Anspruchslos in Sonne bis Halbschatten, völlig winterhart. Höhe 2–3 m. Pflanzabstand 1,50 m.

E Goldregen, *Laburnum anagyroides* (Schmetterlingsblütler) Zierstrauch mit überhängenden Zweigen und im Mai/Juni erscheinenden langen, gelben Blütentrauben. Sehr schön ist die Kulturform L. × *watereri* 'Vossi'. Giftig! Höhe 3–6 m.

H E Heckenkirsche, Geißblatt, *Lonicera* (Geißblattgewächs) Anspruchslosigkeit in allen Lagen von Sonne bis Schatten, Frosthärte sowie reicher Blüten- und Fruchtschmuck kennzeichnen dieses Gewächs. Sommergrüne und immergrüne Pflanzengestalten verschiedenster Form. Als drei Meter hoher, sommergrüner, frühblühender Zierstrauch ist L. *tatarica* bekannt. Rote Früchte. Als noch wertvoller gilt ihre Kulturform 'Zabelii' mit großen, leuchtendroten Blüten, Höhe bis 2,50 m. Die Immergrüne L. *pileata* erreicht nur einen Meter Höhe, wächst dafür mehr in die Breite, hat tiefgrün glänzendes Laub. Sie wurde schon bei den niederen Formhecken als bedingt geeignet angeführt, entfaltet ihre Schönheit aber mehr noch bei freiem Wuchs als Unterpflanzung oder höhere Bodenbedeckung. Rankende Arten siehe Kletterpflanzen. Achtung: keine *Lonicera* in Süßkirschennähe, da die gefährliche Kirschfruchtfliege ihre Früchte zur Eiablage benutzt. Bild Seite 252.

E Magnolie, *Magnolia* (Magnoliengewächs) Das starkwüchsige, ausschließlich für Einzelstellung geeignete Ziergehölz mit seinen vor dem Laub erscheinenden, tulpenförmigen, weiß-rosa Blüten ist eine der herrlichsten Erscheinungen des Frühlingsgartens. Bild Seite 198. Überwiegend handelt es sich dabei um *Magnolia soulangeana* und ihre Spielarten wie 'Lennei' mit außen blutroten, innen weißen Blüten und 'Nigra', deren pompöser, tief weinroter Flor etwas später erscheint. Entwickeln sich diese Kulturformen mit der Zeit oft zu kleinen Bäumen, so wird die ebenfalls beliebte Sternmagnolie, M. *stellata*, kaum über meterhoch; sie hat also auch im kleineren Garten Platz. M. *watsonii* ist eine wunderschöne Sommerblüherin, bei langsamem Wachstum etwa die Größe von M. *soulangeana* erreichend. Die den Magnolien nachgesagte Abhängigkeit von mildem Klima ist nur für die ersten Jahre nach der Pflanzung von Belang und mit etwas Abdeckung gut zu überbrücken. Freier Stand, nahrhafter, frisch-humoser Boden und Schutz des flach liegenden Wurzelballens vor Trockenschäden sind Bedingung für gutes Gedeihen. Magnolien werden nur emballiert oder in Containern geliefert. Kein Rückschnitt, nur Auslichten: Frühlingsblühende im zeitigen Sommer behandeln.

H E Zieräpfel, *Malus* (Rosengewächse) Es gibt ihrer viele, und alle bewähren sich als ausgezeichnete Gartensträucher, die freilich mit der Zeit auch zu kleinen Bäumen werden können. Älteste Art: der Gelbe Zierapfel, M. *floribunda*, mit eleganter, breit gewölbter Krone, blüht rosa-weiß im Mai, bringt im Herbst unzählige gelbrote Früchtchen. Der Rotblättrige Zierapfel M. × *purpurea* 'Eleyi' mit purpurrot austreibendem, später vergrünendem Laub, weinroten Blüten im Mai und gewaltigem, ebenfalls dunkelrotem Früchtesegen im Herbst. Neuere Züchtungen aus den USA beachten! Höhe um 3 m. Nutzfrüchte siehe Seite 245.

H E Mispel, *Mespilus germanica* (Rosengewächs) Eignet sich für breite Naturhecken wie für Gruppen- und Einzelstellung. Die herben Früchte sind nach Frost oder längerem Lagern (»teigig werden«) eßbar (siehe auch Japanquitte).

E Strauchpfingstrose, *Paeonia suffruticosa* (Pfingstrosengewächs) Diese zauberhafte Pflanze aus ältestem ostasiatischem Blumenadel erlebt zur Zeit durch bewußte

Kolkwitzie

Heckenkirsche, sommergrün

Goldregen

Züchtung auch ihrer gefülltblühenden Gartensorten (»Suffruticosa-Hybriden«) eine verdiente Renaissance. Mit ihren bis 20 cm großen Blüten in allen »Pfingstrosenfarben« gehört sie zu den besonderen Laubgehölzen mittlerer Größe, stellt freilich auch einige Ansprüche an geschützte, besonnte, bis leicht halbschattige Lage, nahrhaft-durchlässigen Boden, immer ausreichende Bewässerung und etwas Winterschutz. Dann können die etwas kompakten, kaum über 1,50 m hohen Sträucher mit den dicken, sparrigen Zweigen und dem farnartigen Laub Jahre und Jahrzehnte alt werden. Man sollte sich wirklich mit ihnen alle Mühe geben!

H E Duftjasmin, Falscher Jasmin, Pfeifenstrauch, *Philadelphus* (Steinbrechgewächs) Einer der dankbarsten Sommerblüher mit zahlreichen höheren und niedrigen Sorten (1–4 m). Die Kataloge nennen vor allem den 3–4 m hohen *P. coronarius* und seine teils einfach, teils gefüllt blühenden Züchtungen, es gibt aber noch viele andere. Blüten immer weiß, duftend, manche bis zu 5 cm Durchmesser erreichend. Pflanzweite je nach Größe 80–100 cm. Jeder gute Gartenboden und jede Lage zwischen Sonne und Halbschatten sind recht. Wichtig: abgetragene Blütentriebe immer abschneiden, andere Langtriebe nicht einkürzen!

E Bitterorange, *Poncirus trifoliata* (Rautengewächs) Viel zu wenig bekannter, in milden Lagen winterharter und sehr dekorativer »Orangenbaum«. Er bringt im April/Mai einen reichen Flor duftender, weißer Blüten und im Herbst ebenso zahlreiche, walnußgroße, orangen- oder zitronenähnliche Früchte, die aber nicht eßbar sind. Zweige stark bedornt. Kalkarmer Boden bevorzugt. Winterschutz nicht nötig.

E Fingerstrauch, *Potentilla fruticosa* (Rosengewächs) Neben den niederen Fingerkräutern, von denen bei den Bodendeckern (S. 120) und bei den Steingartenpflanzen (S. 268) die Rede ist, sind die Strauchpotentillen besonders für kleinere Gärten und zur Boskettbepflanzung geeignet. Höhe meist 0,60–1 m, unterschiedliche Laubfärbung, sehr reicher Flor zwischen Mai und Oktober; Blütenfarbe überwiegend gelb, seltener weiß ('Hersii', 'Mandschurica'), neu aus England auch rot. Andere *Fruticosa*-Hybriden in jeder Baumschule ('Farreri', 'Jackman', 'Klondike').

E Mandelbäumchen, *Prunus triloba* (Rosengewächs) Unter den Dutzenden von japanischen Zierobstgehölzen, die in den Katalogen angeboten werden, hält allein das im April/Mai rosa blühende Mandelbäumchen mittleres Strauchmaß nicht viel über 2 m. Seine gefüllten Miniaturröschen sichern ihm einen festen Platz in den Herzen der Gartenfreunde, die auch gern ihre Vorgärten damit zieren; Bild Seite 198. Wichtig: alle Zweige unmittelbar nach der Blüte stark einkürzen. Das hält die Bäumchen in Form und verhütet sonst leicht mögliche Erkrankung an Zweig- und Spitzendürre *(Monilia)*. Kirschlorbeer, *P. laurocerasus,* siehe Immergrüne; die übrigen hohen Prunusarten sind bei den Bäumen zu finden.

H E Feuerdorn, *Pyracantha coccinea* (Rosengewächs) Ziersträucher, in weißen Doldentrauben maiblühend, wunderbarer, feuerroter Fruchtschmuck, der zusammen mit den in nicht zu strengen Wintern immergrünen Blättern bis ins nächste Frühjahr hinein einen herrlichen Anblick bietet – soweit die Früchte nicht als willkommenes Vogelfutter vertilgt werden! Zweige breit ausladend, sparrig verästelt, dornig, daher im Wechsel mit anderen Sträuchern auch durchaus als Schutzpflanzen um Zäune verwendbar. Humoser, etwas sandiger Boden und nicht zu scharfe Sonnenbestrahlung sagen am meisten zu. Als beste Sorten gelten der hochwachsende 'Kasan' und der mehr in die Breite gehende 'Praecox', die beide sehr reich blühen und fruchten. Höhe 2–3 m. Nach kalten, regennassen Sommern kommt – wie beim Sanddorn – gelegentlich Schwarzrostbefall der Früchte vor. Abhilfe: siehe Pflanzenschutz/Rost.

Feuerdorn

E Hirschkolbensumach, Essigbaum, *Rhus typhina* (Sumachgewächs) So genannt wegen seiner geweihähnlichen, braunen Fruchtstände, die ihn nach üppiger, gelblichweißer Frühsommerblüte oft bis weit in den Winter hinein zieren. Das palmartig gefiederte Laub zeigt wunderbare Herbstfärbungen; Farbbild Seite 215. Leider hat der oft mehr baumartig 4–5 m hoch wachsende Strauch sehr brüchiges Holz. Er lebt auch ohne Sturmschaden meist nicht länger als 8–10 Jahre, ergänzt sich aber immer wieder rasch durch Wurzelschößlinge. Es gibt mehrere Zuchtformen. Eine der schönsten: *R. t.* 'Laciniata' mit geschlitzten, farnwedelartig wirkenden Blättern, Höhe bis 3 m. Giftig!

Hagebutten vielseitig verwendbar

H E Heckenrosen, Park- und Strauchrosen, *Rosa,* siehe Kapitel »Rose – Königin des Gartenjahres«, Abschnitt Wildrosen, ab Seite 200.

Dufthimbeere, Zimthimbeere, *Rubus odoratus* (Rosengewächs) Im Kranze der verschiedenen Zierhimbeeren ist dieser zimtduftende Strauch mit die reizvollste Erscheinung. Höhe bis 2 m. Karminrote Blüten in verzweigten Rispen im Juni/August. Rote Früchte hübsch, aber nicht eßbar. Großer Vorteil: ausgesprochener Schattenstrauch zur Unterpflanzung von Bäumen und ähnlichen Zwecken. Zwei kleine Nachteile: Neigung zu endlosem Ausläuferunwesen sowie der Zwang, alle Vorjahrsruten wie bei der Gartenhimbeere im Spätsommer herauszuschneiden. *Rubus henryi,* die Kletterbrombere, siehe Kapitel Kletterpflanzen.

H E Weide, *Salix* (Weidengewächs) Ist im Haus- und Kleingarten vor allem in Form der Kätzchenweide, *S. caprea* 'Mas', gefragt: eine sehr schön und üppig wachsende Weidenart mit großen, silberweißen Kätzchen. Jeder Kätzchenstrauß in der Vase gibt Steckholz, das im Wasser alsbald Wurzeln zu treiben anfängt. Man schneidet die Ruten auf 25–30 cm zurück und steckt sie bis auf 4–6 Augen in die Erde, worauf schon im ersten Sommer allerliebste kleine Sträucher heranwachsen. Viele weitere schöne Kulturformen mit 1–2 m Höhe, so *S. hastata* 'Wehrhahnii' mit rotbraunen Zweigen und die ebenfalls als Kätzchenlieferant wie als Bienenweide begehrte buntblättrige Gebirgsweide, *S. bicolor,* die nur etwa 1 m hoch wird. Alle vertragen einen etwas feuchten Standort.

Nutzfrüchte siehe Text!

H E Holunder, Holder, *Sambucus* (Geißblattgewächs) Die von Volkstumspoesie und Volksheilkunde umwitterte alte Grundart *S. nigra* hat einige unangenehme Eigenschaften, die sie nicht unbedingt empfehlenswert machen: sie ist im Sommer oft mit dicken Schichten schwarzer Läuse besetzt; ihre in der Küche zwar schätzenswerten, blauschwarzen Früchte verunzieren im Abfallen weithin die Gegend; Wucherung und Vermehrung durch verschleppten Samen machen Arbeit. Schöner und in seinen Auswirkungen kultivierter ist der um 3–4 m hohe, rotfrüchtige Traubenholunder, *S. racemosa.* Noch schöner seine Kulturform *S. r.* 'Plumosa aurea' mit tief fiederschnittigem, goldgelbem, rotgestieltem Laub. Höhe nur 1,50–2 m. Übrigens Läuse: Holunder immer mitspritzen oder auch mal für sich behandeln hilft viel.

E Fiederspiere, *Sorbaria sorbifolia* (Rosengewächs) Hellgrünes, eberescheinartig gefiedertes Laub mit endständigen, großen, feingliedrigen Blütenrispen; rahmweiß. Blüht in blütenarmer Zeit Anfang Juli. Anspruchslos, Sonne bis Halbschatten.

H E Spierstrauch, Spiree, *Spiraea* (Rosengewächs) Traditionspflanze in dieser vielseitigen Gruppe ist der Rote Spierstrauch, *S. × bumalda* 'Anthony Waterer', im Juni/Juli mit großen Dolden blühend, bei nur 75–100 cm Höhe in Sonne bis Halbschatten überall verwendbar. Von den übrigen, meist um 2 m hohen Arten und interessanten Züchtungen sei die Prachtspiere, *S. × vanhouttei,* erwähnt. Sie ist ein anspruchsloser, bildschöner Frühlingsblüher mit elegant überhängenden Zweigen und

Bildseite:
Vorschau auf bunte Szene in einem Steingarten: vorn links Teppichphlox (Phlox subulata); Mitte – noch nicht blühend – Federnelkentuff (Dianthus plumarius); rechts aufsteigend Vergißmeinnicht (Myosotis) und Steinrich (Alyssum saxatile); oben Mitte weiß blühend Schleifenblume (Iberis sempervirens). Mehr siehe Steingartenkapitel ab Seite 254.

schneeweißem Flor. Noch früher und in Blüten, Laub und Zweigen filigranartig fein ist *S. × arguta.* Die Spiersträucher sind nicht zu verwechseln mit der Spierstaude oder Mädesüß, *Filipendula,* im Staudenkapitel.

H E Kranzspiere, *Stephanandra tanakae* (Rosengewächs)   Es ist nicht recht einzusehen, warum dieser anspruchslose, dabei bildschöne ostasiatische Strauch so selten angeboten und verlangt wird. Seine schlanken, rotbraunen Zweige sind von anmutiger Eleganz; alle Seitentriebe schmücken sich im Juni/Juli mit einem üppigen Schaum niedlicher weißer Blütchen; die frischgrünen Blätter sind interessant eingeschnitten und wechseln später zu wundervoller purpurroter Herbstfärbung. Dabei ist die Kranzspiere für Naturhecken wie für Einzelstellung gleich gut zu gebrauchen und völlig winterhart. Ein gut besonnter Standort in mehr leichtem als schwerem Boden sagt ihr am meisten zu.

H Schneebeere, *Symphoricarpos* (Geißblattgewächs)   Mit zierlicher, grüner Belaubung und weißrosa Blütchen, die gern von den Bienen aufgesucht werden; der bei allen Kindern beliebte »Knackbeerstrauch«, dessen weiße oder rosa Früchte bis tief in den Winter halten. Pflanzweite 1–1,50 m; Höhe bis 2 m. Gefragt sind vor allem die verschiedenen *Symphoricarpos*-Hybriden, Blüte Juni/August. Keine Nachbarschaft mit Süßkirschen, da Wirtspflanzen für Kirschfruchtfliege. Beeren giftig!

H E Flieder, *Syringa* (Ölbaumgewächs)   In schönen, einfachen und gefüllten Sorten, die man am besten als veredelte Kleinbäume pflanzt. Über den malerisch-poetischen Reiz des Flieders zu sprechen dürfte unnötig sein. Aber vergessen wir über den prunkenden Edelsorten wie der schönsten dunkelroten 'Andenken an L. Späth' oder der gefüllten, reinweißen 'Mme. Lémoine' auch den reizenden persischen Flieder nicht! Seine lockeren, rosa-lila Rispen erscheinen im Mai zwischen den eilanzettlichen Blättern und halten lange an dem feinbezweigten Strauch. Pflanzweite für alle Flieder etwa 1,50 m, kalkhaltiger Boden erwünscht; Höhe 4–5 m. Blütenstände immer abschneiden, keine Samenbildung dulden. Näheres über die gebietsweise stärker auftretende Fliedermotte (Miniergänge im Blattgewebe) siehe Pflanzenschutz.

E Tamariske, *Tamarix* (Tamariskengewächs)   Am frühesten – schon im Mai – blüht die starkwachsende Frühlings-Tamariske, *T. tetrandra,* von der es heißt, daß Kreuzfahrer sie dereinst aus dem Heiligen Lande mitgebracht und auf ihren Burgen heimisch gemacht hätten. Im Juni/Juli blüht *T. odessana,* im August/September *T. pentandra,* die dunkelkarminrote Schönheit. Auch *T. gallica,* die bis nach Flandern hinaus in Westeuropa zu Hause ist, blüht meist spät im Jahr. Alle Tamarisken sind etwas kälteempfindlich und frieren leicht zurück – treiben aber ebenso leicht wieder aus. Ein warmer, halbschattiger Standort in Wassernähe, am Überlauf des Sumpfbeetes oder am Teichrand sagt ihnen am meisten zu. Dann werden sie bald zu wahren Schaupflanzen, deren rosiges Blütengeriesel wochenlang über dem Grün des Gartens schwebt. Jeder abgebrochene Zweig, den man irgendwo ins Wasser legt, treibt alsbald zahllose Wurzeln und gibt einen neuen Tamariskenstrauch.

Tamariske

H E Schneeball, *Viburnum* (Geißblattgewächs)   Das Wörterbuch der Pflanzennamen nennt 55 verschiedene Schneeball-Arten: eine sehr zahlreiche Sippe also, die sommergrüne und wintergrüne Vertreter mannigfacher Wuchsformen mit einfachen und gefüllten Blüten umfaßt. Der einfache Gemeine Schneeball unserer Gärten, sommergrün, bis drei Meter hoch und im Mai/Juni seine faustgroßen Blütenbälle zeigend, heißt *V. opulus* 'Sterile'. Seine Wildform mit tellerförmigen Blütenständen sowie die reizende, nur gut meterhohe Zwergform *V. o.* 'Compactum' sind im Herbst mit reichem, rotem Fruchtschmuck geziert. Ein wundervoller Vorfrühlings-

Blütensträucher

Weigelie

blüher ist der Duftschneeball, *V. fragrans*, sommergrün, bis 3 m hoch; die weiß-rosa Blüten in dichten Rispen an allen Seitentrieben erscheinen vor dem Laub im März/April. Der Wollige Schneeball, *V. lantana*, sommergrün, bis 5 m hoch, hat länglich-eiförmige, graufilzige Blätter; Blüten: weiße Doldenrispen im Mai/Juni, zierende schwärzlich-rote Früchte; kalkliebend, mehrere buntblättrige Gartenformen mit schöner Herbstfärbung. Von den immergrünen Schneeballsträuchern sei vor allem der herrliche Winterblüher V. × *bodnantense* 'Dawn' genannt: bei mildem Wetter schon vor Weihnachten und später bis zum März hellrosa blühend, reich verzweigt, aufrecht wachsend, Höhe 3 m. Nicht minder bemerkenswert, aber in den Baumschulen leichter erhältlich ist der »Eselsohrstrauch« *V. rhytidophyllum,* mit seinen langen, runzligen Blättern und im Mai/Juni erscheinenden rahmweißen Blüten ebenfalls eine ganzjährig interessante Erscheinung; Bild Seite 198. Außerdem – wie im Kapitel Wohngarten berichtet – wird er als moderne »Lärmschutzpflanze« gerühmt, liebt dazu Halbschatten und gedeiht noch im Vollschatten. Leider werden vor allem die Sommergrünen häufig von Blattläusen stark befallen.

E Weigelie, *Weigela* (Geißblattgewächs) Die Weigelien zählen zu den schönsten sommerblühenden Ziersträuchern. Beste Sorten: 'Eva Rathke' (schwachwüchsig, tiefdunkelrot); 'Candida' (reinweiß); ferner die schon ab Mitte Mai blühenden Sorten der 'Praecox'-Gruppe. Pflanzweite 1–1,50 m; Höhe 1,50–2 m.

Welche Blütensträucher wachsen wo?

Sonne Volle Sonne vertragen: die meisten sommergrünen Berberitzen *(Berberis)*; Schmetterlingsstrauch, Sommerflieder *(Buddleja)*; Bartblume, Nelkenstrauch *(Caryopteris)*; Japanquitte *(Chaenomeles)*; Felsenmispel *(Cotoneaster)*; Weiß- und Rotdorn *(Crataegus)*; Geißklee *(Cytisus)*; Ölweide *(Elaeagnus angustifolia)*; Ginster *(Genista)*; Straucheibisch *(Hibiscus syriacus)*; Sanddorn *(Hippophae)*; Johanniskraut *(Hypericum)*; Winterjasmin *(Jasminum nudiflorum)*; Kolkwitzie *(Kolkwitzia)*; Goldregen *(Laburnum)*; Mispel *(Mespilus)*; Fingersträucher *(Potentilla)*; Essigbäume *(Rhus)*; verschiedene Wild- und Kletterrosen (siehe Rosenkapitel); Kranzspiere *(Stephanandra)*; Schneebeere *(Symphoricarpos)* und Schneeball *(Viburnum)* in sommergrünen Formen; Weigelie *(Weigelia)*.

Halbschatten Mehr zum Halbschatten neigen: Felsenbirne *(Amelanchier)*; Buchsbaum *(Buxus)*; Erdbeerstrauch, Gewürzstrauch *(Calycanthus)*; Hartriegel, Kornelkirsche *(Cornus mas)*; Seidelbast *(Daphne mezereum)*; Maiblumenstrauch *(Deutzie)*; Forsythie *(Forsythia)*; Ranunkelstrauch *(Kerria)*; Strauchpfingstrose *(Paeonia suffruticosa)*; Duftjasmin *(Philadelphus)*; Feuerdorn *(Pyracantha)*; Spierstrauch *(Spiraea)*; Tamariske *(Tamarix)*.

Vollschatten Lichten Schatten bis Vollschatten lieben: Gartenhortensie, Hortensie *(Hydrangea)*; die immergrüne Heckenkirsche *(Lonicera pileata)*; Dufthimbeere *(Rubus odoratus)*; die meisten immergrünen Schneeballsträucher *(Viburnum)*.

Sonne und Schatten Sonne und Schatten nehmen hin: Spindelstrauch *(Euonymus)*; Rainweide *(Ligustrum)*; Holunder *(Sambucus)*; Fiederspiere *(Sorbaria)*.

Trockener Sandboden Trockenen Sandboden bevorzugen: die Ahornart *Acer ginnala*; Felsenbirne *(Amelanchier)*; die sommergrünen Berberitzen *(Berberis)*; Sommerflieder *(Buddleja alternifolia)*; Japanquitte *(Chaenomeles jap.)*; Besenginster *(Cytisus scoparius)*; Ölweide *(Elaeagnus angustifolia)*; Ginster *(Genista)*; Sanddorn *(Hippophae)*; Goldregen *(Laburnum)*; Kreuzdorn *(Rhamnus utilis)*; Sumach *(Rhus typhina)*; Eberesche *(Sorbus aucuparia)*.

Kalkreicher Boden Kalkreich: Hartriegel *(Cornus mas)*; Felsenmispel *(Cotoneaster)*; Seidelbast *(Daphne mezereum)*; Schneebeere *(Symphoricarpos)*; Flieder *(Syringa)*; Wolliger Schneeball *(Viburnum lantana)*.

Der Wunsch nach immergrünen Pflanzen, die dem Garten auch in seinen Ruhezeiten eine gewisse Farbigkeit und Fülle sichern, gehört zu den ursprünglichsten Begleiterscheinungen der Gartenfreude. Sie voll auszuschöpfen wird uns freilich nicht ganz leicht gemacht, denn immergrüne Laubgehölze, die noch dazu üppig blühen, stellen zum Teil höhere Anforderungen an Standort und Pflege. Während wir uns bei den »normalen« Arten wie Buchsbaum, Efeu, Mahonie oder Stechpalme und ebenso bei den Nadelgehölzen auf die im Kapitel »Hecken und Blütensträucher« gegebenen, sehr ausführlichen Pflanz- und Pflegeanweisungen berufen können, bleibt hier die Gruppe jener Gewächse, die früher unter der Bezeichnung »Moorbeetpflanzen« eine Art von Eigenleben führten und dadurch Vorstellungen erweckten, die in solchem Ausmaß nun auch wieder nicht stimmen. Nur ganz wenige Heidekrautgewächse kommen wirklich aus dem Moor und haben entsprechende Eigenarten. Bei den übrigen, zu denen vor allem die Rhododendren und Freiland-Azaleen zählen, besteht ihre Besonderheit lediglich in ihrer Kalkfeindlichkeit. Darin sind sie allerdings unerbittlich, und wer den mit **KF** gekennzeichneten Gehölzen normalen Gartenboden zumutet, sie ständig mit hartem Wasser gießt und mit kalkhaltigen Düngemitteln versorgt, wird nur Enttäuschungen erleben. Und noch eine Warnung: Für die meisten Rhododendronarten ist bei sonst freiem Stand ganzjähriger Windschutz so wichtig wie saurer Boden.

Kalkfeindliche verlangen nach einer Bodenreaktion von pH 4—5. Sie ist durch Beigabe entsprechender Mengen von ungedüngtem Torf ohne weiteres zu erreichen. Die Pflanzgruben für diese Gewächse sollen mindestens doppelt so breit und so tief ausgehoben werden, wie der Wurzelballen groß ist. Bei größeren Rhododendren mit langer Lebenserwartung darf man je Pflanze 80 × 80 × 50 cm Aushub und drei Ballen Torf rechnen. Laubkompost oder mit Laub kompostiertes Sägmehl eignen sich zur Beimengung. Das Setzen der stets emballiert oder in Containern gelieferten Pflanzen geht dann wieder nach den allgemeinen Regeln (siehe Kapitel »Hecken und Blütensträucher«). Sehr wichtig ist reichliches Abdecken (Mulchen) mit Torf, Grasschnitt, Laubstreu, auch Nadelstreu oder Bepflanzen der Umgebung mit Bodenbedeckern, um das Erdreich frisch und feucht zu halten, aber Hacken und sonstige mechanische Maßnahmen der Bodenpflege zu vermeiden. Die meisten Immergrünen und Koniferen sind dagegen als Flachwurzler empfindlich.

Als »klassischer Rhododendrondünger« galt von jeher alter Kuhmist. Heute hat man statt dessen mineralische Spezial-Ericaceendünger, die auch in Kleinpackungen erhältlich sind und nach Vorschrift angewendet werden. Außerdem gibt es ja auch Torfhumusvolldünger und andere Humusdünger mit organischen Zusätzen, selbst die gelegentliche Anwendung eines »blauen Volldüngers« schadet nichts, solange das kalkfreie Wurzelbett und die Mulchdecke in Ordnung sind. Auf jeden Fall sei angemerkt, daß Geflügel-, Pferdeund Schweinedung für **KF**-Pflanzen unzuträglich sind. Bitte sagen Sie nicht: wer hat schon so was — meine Nachbarn halten Hühner, und ihre Rhododendronbüsche am Haus sind eingegangen . . .

Immergrüne Laubgehölze und Koniferen

Viele Immergrüne sind kalkfeindlich

Düngung vorwiegend mit Humus

Immergrüne Laubgehölze

K F Lavendelheide, Rosmarinheide, *Andromeda polyfolia* (Heidekrautgewächs) Höhe 20–30 cm; Blütezeit Mai/Juni; Blütenfarben: zartrosa und weiß. Eine entzückende Pflanze, die man leider nur für Kenner empfehlen kann: sie verlangt einen stets feuchten Standort in völlig kalkfreiem Moorboden. Nicht viele Gärten haben das ohne weiteres zu bieten.

Berberitze, Sauerdorn, *Berberis* (Sauerdorngewächs) Dieses Gehölz ist so vielseitig und mit so guten Eigenschaften ausgestattet, daß man es beinahe überall im Garten verwenden kann. Berberitzen der immergrünen Arten und Kulturformen sind deshalb auch bei den Form- und Naturhecken, bei den Blütensträuchern und bei den Zwerglaubgehölzen des Steingartens zu finden. Einige mehr seien hier noch genannt. Die malerische *B. gagnepainii* 'Lanceifolia' ist ein Schattenstrauch von 1,50–2 m Höhe mit langen, schmalen Blättern, goldgelben Blüten im Mai/Juni und blauschwarzem, apart beduftetem herbstlichem Fruchtschmuck; sehr brauchbar sind ferner ihre als *B. hybrido-gagnepainii* bekannten Kreuzungsformen. An *B. stenophylla*, bis 2 m hoch und ebenfalls noch für vollen Schatten geeignet, rühmt man nicht nur die zauberhafte, nadelfeine Belaubung an leicht übergeneigten, schlanken Trieben, sondern vor allem auch ihren großen Reichtum an goldgelben Blüten. Kreuzungen zwischen sommergrünen und immergrünen Arten haben das Sortiment um eine Anzahl sogenannter »Halbimmergrüner« vermehrt; einige sind dadurch winterhärter geworden, als die Ausgangsformen waren, andere hängen ihr Mäntelchen nach der Temperatur und halten oder verlieren das Laub je nachdem, ob der Winter mehr oder weniger mild ist.

Buchsbaum, *Buxus* (Buchsbaumgewächs) Die großen, ernsten Büsche des *B. sempervirens* 'Arborescens' sind in den Gärten von heute ebenso selten geworden wie die aus ihrem dichten Gezweig »modellierten« Figuren gärtnerischer Raritätenkabinette vergangener Zeiten. Zu loben ist ihre Anspruchslosigkeit und Schattenverträglichkeit, die sie auch als Unterholz für größere Baumgruppen geeignet macht. Höhe bei freiem Stand 3–4 m. Einfaßbuchs siehe Formhecken, Seite 223. Giftig!

K F Besenheide, Heidekraut, *Calluna* (Heidekrautgewächs) Wie schon ihr Name vermuten läßt, kann die Besenheide sich zu großen Besen auswachsen. Wo sie heimisch wird, geht es nicht ohne regelmäßigen Schnitt. Als echtes Heidekraut verlangt sie außer dem kalkfreien, armen Boden (pH 4–5,5) viel Sonne. Künstliche Bewässerung wird schlecht vertragen. Wenn überhaupt, dann nur mit Ericaceen-Spezialdünger düngen. Einige schöne Kulturformen mit weißen und rosa Blüten.

Felsenmispel, Steinmispel, *Cotoneaster* (Rosengewächs) Auch hier handelt es sich um ein überaus vielgestaltiges, vielverwendbares Gehölz. Immergrüne Kleinformen siehe Tabelle Bodenbedecker und Steingarten/Zwerglaubgehölze. Zu den großen, zuverlässig Immergrünen zählt die Weidenblättrige Felsenmispel, *C. salicifolius* var. *floccosus*, an der man vor allem den prachtvollen herbstlichen Schmuck roter Beerenfrüchte bewundert. Höhe bis 3 m. Diese Art gehört auch zu den Stammeltern der zahlreichen, schönen Watereri-Hybriden, aus denen sich mit den Jahren recht umfangreiche Büsche entwickeln. Ihr Laub erfriert in kalten Wintern.

Geißklee, Ginster, *Cytisus* Siehe Steingarten/Zwerglaubgehölze, Blütensträucher.

K F Seidelbast, Kellerhals, *Daphne* (Seidelbastgewächs) Außer den verschiedenen Seidelbast-Arten, die bei den Blütensträuchern und bei den Zwerglaubgehölzen des Steingartens genannt werden, ist seit einiger Zeit noch der Lorbeerseidelbast,

Immergrüne Berberitze

D. laureola, im Gespräch. Er wird bis 1 m hoch, blüht im Mai grünlichweiß und duftend, stellt höhere Ansprüche an Standort und Überwinterung, ist ausgesprochen kalkfeindlich und insgesamt mehr eine Sache für Kenner. Giftig!

Schneeheide, *Erica herbacea,* bisher als *E. carnea* bekannt (Heidekrautgewächs) Ist im Gegensatz zu vielen anderen Heidekrautgewächsen des Gartens nicht kalkfeindlich, sondern »kalkhold«. Sie wird bis 30 cm hoch, ihr hell purpurroter Flor erscheint oft schon vor Neujahr. Es gibt viele reizende Zuchtformen, deren weiße, lila oder tiefrote Blüten je nach der Sorte zwischen Januar und April erscheinen. Alle sind denkbar anspruchslos. Rückschnitt gleich nach der Blüte erwünscht.

K F Glockenheide, Moorheide, *Erica tetralix* (Heidekrautgewächs) Ein »echtes« Heidekraut mit Vorliebe für feuchte, anmoorige Böden. Höhe 30–40 cm. Die rosa Blütenglöckchen erscheinen im Juli/September. Weiße und karminrote Gartenformen wie 'Alba' und 'Con. Underwood'. Als weitere kalkfeindliche Sommer- und Herbstblüher seien die Cornwall-Heide, *E. vagans,* und die Grauheide, *E. cinerea,* erwähnt: Beide wegen mangelnder Winterhärte etwas heikel.

Glockenheide

Spindelstrauch, *Euonymus fortunei* var. *radicans,* eine der immergrünen Formen des Pfaffenhütchens, siehe Kletterpflanzen.

K F Scheinbeere, *Gaultheria* siehe Tabelle Bodenbedecker und Steingarten/Zwerglaubgehölze.

Neuseeländer Ehrenpreis, Strauchveronika, *Hebe* siehe Zwerglaubgehölze des Steingartens.

Efeu, *Hedera helix* (Araliengewächs) In erster Linie eine Kletterpflanze und deshalb im einschlägigen Kapitel zu finden. Die Tabelle der Bodenbedecker enthält Efeu als niederliegende Kleinform. Aber es gibt auch aparte Strauchformen wie *H. helix* 'Arborescens' mit großen, glänzendgrünen Blättern, gelben Blüten und schwarzem Fruchtschmuck. Schön für halbschattige Lagen in Naturszenerien.

Stechpalme, Hülse, *Ilex aquifolium* (Wasserblattgewächs) Bei unserem in Küstennähe heimischen Ilex mit seinen korallenroten Beeren muß bei strenger Kälte und in rauhen, trockenen Lagen mit Frostschäden gerechnet werden. Aus der einheimischen Art sind mehrere Kulturformen mit abweichender Belaubung oder andersfarbigen Früchten hervorgegangen. Ältere Sträucher können sich zu kleinen Bäumen entwickeln und über 5 Meter hoch werden. Die Pflanze ist zweihäusig. Fruchtschmuck also nur in Gegenwart weiblicher und männlicher Pflanzen, aber auch da nicht immer. Am sichersten soll die Varietät 'Polycarpa' fruchten. Im übrigen liefern gute Baumschulen gegen kleinen Aufschlag bereits mit Beeren besetzte junge Sträucher zur Herbstpflanzung. Bild Seite 216. Blätter und vor allem Beeren giftig!

Die Abbildung auf Seite 216 zeigt eine gelbfrüchtige Zuchtform.

K F Lorbeerrose, *Kalmia* (Heidekrautgewächs) Außer der bei den Zwerglaubgehölzen des Steingartens angeführten *K. polyfolia* muß die schmalblättrige Lorbeerrose, *K. angustifolia,* als eine der liebenswürdigsten »Moorbeetpflanzen« mit guter Garteneignung genannt werden. Sie wird 80–100 cm hoch, blüht purpurrot im Mai/Juni und ist einwandfrei winterhart; Bild Seite 216. Fast ebenso schön und brauchbar ist der bis 2,50 m hohe Berglorbeer, *K. latifolia,* weiß oder rosa blühend.

Heckenkirsche, Geißblatt, *Lonicera* (Geißblattgewächs) Einige Immergrüne werden bei den Formhecken und den Blütensträuchern genannt. Sie besitzen hohen Zierwert. Die ebenfalls immergrüne, windende *L. henryi* siehe Kletterpflanzen.

Mahonie, *Mahonia* (Sauerdorngewächs) Bekannt ist vor allem *M. aquifolium,* deren Anspruchslosigkeit in jeder Lage kaum überboten werden kann. Gelbe Blüten im April/Mai, blau bereifte, zierende Früchte im Herbst, dazu eine interessante, ins Rötliche spielende Winterfärbung der immergrünen Blätter. Höhe bis 1,20 m. Kein Schnitt im Herbst und Winter, damit nichts zurückfriert!

Ysander, *Pachysandra terminalis* siehe Tabelle Bodenbedecker im Kapitel »Rasen«.

K F Torfmyrthe, *Pernettya* siehe Steingarten/Zwerglaubgehölze.

K F Pieris, Lavendelheide, *Pieris* (Heidekrautgewächs) *P. floribunda* wird bis 2 m hoch. Dieser interessante Strauch ist verwandt mit der eingangs genannten niederen Lavendel- oder Rosmarinheide *Andromeda polyfolia,* deren Gattungsnamen er früher trug. Die im April erscheinenden weißen Blüten stehen in aufrechten Rispen beieinander. *P. japonica* soll bis 4 m hoch werden und hat hängende Blütenrispen. Beide Arten sind nach entsprechender Bodenvorbereitung gut zu haben. Wunderschön in Zusammenpflanzung mit Rhododendron und Azaleen.

Kirschlorbeer, Lorbeerkirsche, *Prunus laurocerasus* (Rosengewächs) Als Schattenpflanze geeignet, in offenen, rauhen Lagen etwas frostempfindlich, wird deshalb zuweilen auch im Kübel gehalten. Bei genügend Winterschutz entfaltet die Lorbeerkirsche im zeitigen Frühjahr weiße Blütenkerzen in Fülle. Auch der Herbstschmuck schwärzlicher Beeren über dem tiefgrün glänzenden Laub ist hübsch anzusehen. Höhe um 1,50 m. Alle Pflanzenteile giftig!

Kirschlorbeer

K F Rhododendron, Freilandazalee, Alpenrose, Felsenstrauch, *Rhododendron* (Heidekrautgewächs) Es hilft nichts: Die beiden Namen »Rhododendron« und »Freilandazalee« müssen zur Klärung der Begriffe an erster Stelle genannt werden. In der gültigen botanischen Nomenklatur gibt es nämlich schon seit geraumer Zeit nur noch *Rhododendron.* Beim Fachhandel und den Gartenfreunden, ja sogar in der Fachliteratur wird aber nach wie vor zwischen den Angehörigen der einen und der anderen Gruppe unterschieden. Die Blütezeit erstreckt sich übereinstimmend von Anfang April bis Mitte Juni, wobei die Hauptblüte im Mai stattfindet. Die Unterscheidung der überwiegend immergrünen Rhododendren von den überwiegend sommergrünen, allenfalls halbimmergrünen Azaleen geht auf LINNÉ zurück. Bei den Rhododendren herrschen als sogenannte veredelte Alpenrosen die Catawbiense-Hybriden vor, deren Winterhärte, gesunde Belaubung, Farbigkeit und gute Form des »Blütenstutzes« als unübertroffen gelten. Daneben gibt es viele andere, durch ihre Eigenart bestechende Hybriden-Gruppen wie die gelbblühenden 'Discolor', die purpurvioletten, niedrigwachsenden 'Impeditum', die scharlachroten 'Repens'-Zwerge (»Hobbie-Azalee«) und einige weitere, bei den Zwerglaubgehölzen des Steingartens genannte Kleinformen.
Auch aus den Ursprungsarten der Freiland-Azaleen sind Hybridengruppen geworden. Zwei von ihnen kennt fast jeder Gartenfreund: die Genter oder Azalea-pontica-Hybriden in ihrem überreichen, meist leuchtendgelben Flor und die großblumigen, orange bis rot blühenden Azalea-mollis-Hybriden, denen sich als nicht minder geschätzte, zierliche Sträucher die kaum meterhohen, meist halbimmergrünen Japan-Azaleen mit ihren Untergruppen und Sorten zugesellen. Rhododendron und Freiland-Azalee gelten heute als die beliebtesten immergrünen Blütensträucher. Man sollte freilich nicht nur die einleitend gegebenen allgemeinen Regeln für die Pflege kalkablehnender Immergrüner beachten, sondern vielleicht noch ein bißchen mehr tun. So sind Umfang und Tiefe der Pflanzgruben besonders reichlich zu bemessen, damit vor allem die stärker wachsenden Kulturformen mit ihren Wurzeln nicht schon über kurz oder lang in kalkhaltige Bodenschichten vorstoßen und da-

durch Rückschläge erleiden. Die nachträgliche Erweiterung der kalkfreien Zone aber macht außerdem viel mehr Mühe, als wenn von vornherein weder an Grabarbeit noch an Torf gespart wird. Und noch etwas: je größer die Blütenstände, desto wichtiger ist das Ausbrechen – keinesfalls schneiden! – gleich nach der Blüte. Dadurch wird die Bildung neuer Blütenknospen für nächstes Jahr gefördert.

Höchst wichtig ist ausreichendes Wässern: Es beginnt beim Tränken der Ballen vor dem Pflanzen, setzt sich fort mit ständig reichlichem Gießen während des ersten Sommers und mündet dann in die Regel, daß immer nach dem Abblühen, zur Unterstützung des Blattaustriebes sowie im Spätherbst vor Eintritt der Winterruhe zusätzliche Wassergaben verabreicht werden müssen. Denn von allen Immergrünen haben Rhododendren den meisten Durst. Bei den Freiland-Azaleen aber ist ein wenig Rücksicht auf ihre Standortwünsche geboten. Sie mögen keine allzu scharfe Besonnung ihrer kahlen Zweige im Nachwinter und leiden unter rauhen, windigen Lagen. Im übrigen sind sie als winterhart zu bezeichnen und insgesamt besonders auch für den kleinen Wohngarten bestens geeignet.

Schneeball, *Viburnum*   siehe Blütensträucher.

Immergrün, *Vinca minor*   siehe Tabelle Bodenbedecker und Steingarten/Zwerglaubgehölze. Besonders für schattige Unterpflanzungen sehr geeignet.

Immergrüne Laubgehölze – Nadelgehölze

Immergrün

Nadelgehölze oder Koniferen mit guter Garteneignung

Edeltanne, *Abies* (Kieferngewächs)   Zwei Vertreter dieser wunderschönen Gattung seien vor allem genannt: als kalkliebende Tanne mit den längsten Nadeln die Kolorado-Tanne, *A. concolor;* als Kleinformat für den Hausgarten die kalkfeindliche Korea-Tanne, *A. koreana* (Höhe bis 3 m), Bild Seite 216.

Zeder, *Cedrus* (Kieferngewächs)   Sie gehört zu den klassischen Nadelbäumen, deren bekannteste Art, die Atlaszeder, *C. atlantica,* ebenso wie ihre blau benadelte Zuchtform 'Glauca' in größeren Gärten sehr gute Figur machen. Dabei ist diese »Blaue Atlaszeder« noch anspruchsloser und härter als die Art.

Scheinzypresse, *Chamaecyparis* (Zypressengewächs)   Ihre Wuchsform mit dem stets leicht überhängenden Leittrieb macht die großen, meist pyramidal oder säulenförmig wachsenden Vertreter dieser wunderschönen Nadelgehölze unverwechselbar. Eine ihrer dekorativsten Züchtungen für Einzelstellung ist die Hängezypresse, *C. nootkatensis* 'Pendula', bei der außer dem Leittrieb natürlich auch alle anderen Zweige schräg abwärts gerichtet sind. Benadelung frischgrün; Höhe bis über 10 m. Eine Besonderheit für Kenner ist auch die Federzypresse, *C. pisifera* 'Plumosa aurea' mit fein gekräuselten Zweigen und gelben Nadeln; Höhe bis 8 m. Etwas Bodenfeuchtigkeit erwünscht. Siehe auch Nadelgehölze für Formhecken und Zwergkoniferen für den Steingarten.

Wacholder, *Juniperus* (Zypressengewächs)   Die Kleinen zählen wiederum zu den beliebtesten Nadelgehölzen des Steingartens. Unter den Großen sei vor allem auf den blaugrün benadelten, bis 4 m hohen Säulenwacholder, *J. communis* 'Hibernica', und den bis 7 m hohen Rotzeder-Wacholder, *J. virginiana* 'Glauca', mit wundervoll stahlblauer Benadelung verwiesen. Alle sind anspruchslos, winterhart, auch für trockene Lagen geeignet, aber nicht immer fest gegen Industriedunst.

Lärche, *Larix* (Kieferngewächs)   Einer unserer schönsten Gartenbäume, wenn auch mit seinen nur sommergrünen Nadeln keine »echte« Konifere wie die anderen. Am häufigsten sieht man wohl die einheimische Lärche, *L. decidua,* deren frisch-

Unterschied zwischen Tanne und Fichte: Tannenzapfen stehen aufrecht, Nadeln stechen nicht; Fichtenzapfen hängen, Nadeln sind meist hart und stechen.

Säulenwacholder

grüne Nadeln vor dem herbstlichen Abfallen noch lohend goldgelb werden; Höhe als Waldbaum bis 30 m! Die nicht minder interessante Japanlärche, *L. leptolepis*, wird ebenfalls sehr hoch, bildet aber breitere, mehr kegelförmige Bäume mit waagrechten Zweigen, deren rotbraunes Holz besonders apart wirkt.

Urwelt-Mammutbaum, *Metasequoia glyptostroboides* (Taxodiengewächs) Als Neuentdeckung der vierziger Jahre war dieser Verwandte der amerikanischen Riesensequoien zunächst eine Sensation. Inzwischen hat sich die immer noch etwas teure Liebhaberpflanze in vielen Gärten gut eingelebt und wird allmählich zeigen, welche Höhe sie bei uns erreichen kann. Das herbstliche Abwerfen der hellgrünen Nadeln mit den Kurztrieben ist ihre persönliche Eigenart.

Fichte, *Picea* (Kieferngewächs) Als größere Arten für Gruppen- und Einzelstellung sind vorzumerken: die Serbische oder Omorika-Fichte, *P. omorica,* schmal im Wuchs, mit oberseits grünen, unterseits silbrigen Nadeln; die Orientalische oder Kaukasus-Fichte, *P. orientalis,* deren Schmuck großer, in der Reife violetter Zapfen sie besonders ansprechend macht; die altberühmte Blautanne oder Blaufichte, *P. pungens* ’Glauca’, und ihre Veredelungen sowie nicht zuletzt die raschwüchsige, starke Bäume bildende Sitka-Fichte, *P. sitchensis,* von der – zu Unrecht – die berüchtigte Sitka-Laus ihren Namen hat. Alle sind so schön wie anspruchslos. Kleine Arten und Sorten siehe Formhecken und Steingarten.

Kiefer, *Pinus* (Kieferngewächs) An erster Stelle der großen, dekorativen Bäume, die bei genügend Platz jedem Garten zur Zierde gereichen, sei die Zirbelkiefer, Arve oder Zirme, *P. cembra,* genannt: sie wächst langsam und wird bis 10 m hoch. Herrlich anzusehen ist auch die Tränenkiefer, *P. griffithii,* deren 10–20 cm lange, bläulich-grüne Nadeln senkrecht herabhängen; Höhe bis 20 m. Die besonders anspruchslose Österreichische Schwarzkiefer, *P. nigra* var. *austriaca,* ist durch dichte, dunkle Benadelung bekannt, wird im Alter bis 20 m hoch, bildet breite Kronen und gilt als ziemlich rauchfest. Alle Kiefern wollen frei stehen und tief wurzeln. Zwergformen (Latschen) siehe Steingarten. Bild Bergkiefer, *Pinus montana,* Seite 216.

Eibe, *Taxus* (Eibengewächs) Sie ist eines der wichtigsten Nadelgehölze des Gartens – gleich gut geeignet als Formheckenpflanze wie zur Einzelstellung, wobei ihre Schattenverträglichkeit noch einen besonderen Vorzug bedeutet. Die einheimische Eibe, *T. baccata,* wird bis 12 m hoch; daneben gibt es herrliche Züchtungen wie die Goldsäuleneibe oder die Irländische Säuleneibe, beide 3–4 m hoch. Kleinformen siehe Steingarten. Alle etwas empfindlich gegen Industriedunst.

Hemlockstanne

Lebensbaum, *Thuja* (Zypressengewächs) Im Unterschied zu der oft mit ihm verwechselten Scheinzypresse hat der Lebensbaum stets einen straff aufrechten Wuchs. Er gilt als rauchfest und wird – siehe dortselbst – vor allem als Heckenpflanze sowie in Zwergformen des Steingartens verwendet. Als Solitär findet der goldgelbe Lebensbaum, *T. occidentalis* ’Pyramidalis aurea’ mit hellgrüner, im Austrieb goldgelber Benadelung und schlankem, bis 3 m hohem Wuchs Beachtung.

Hemlockstanne, Hemlocksfichte, *Tsuga canadensis* (Kieferngewächs) Mit ihrem liebenswürdig geneigten Wuchs, schöner Benadelung und reichem Zapfenschmuck gehört sie zu unseren hübschesten und elegantesten Nadelbäumen. Etwas empfindlich gegen trocknende Winde und zu trockenen Boden, aber völlig frosthart. Höhe der Art bis 15 m; eine bemerkenswerte Zwergform bei den Steingarten-Koniferen.

Je mehr wir uns im Laufe der letzten Jahre dem schmuckvollen Wohngarten zugeneigt haben, desto größer ist auch der Bedarf an Zierbäumen geworden. Das Haus braucht sie als Kulisse, der Garten braucht sie einzeln oder in Gruppen als raumbildende Elemente. Aber ähnlich wie beim Apfelhochstamm oder bei einem Süßkirschenbaum gibt es auch hier gewissermaßen Generationsprobleme, und die meisten »Wohngärtner« mit Neubau hegen unwillkürlich den Wunsch, rasch wachsende Bäume um sich zu sehen, von denen sie bald »noch was haben«. In unserer Familie entstand darob die sehr probate Klassifizierung: »Bäume für alte Leute – Bäume für mittelalte Leute – Bäume für junge Leute«, wobei wir selbst leider auch schon die erste Gruppe in Anspruch nehmen müssen. So pflanzten wir einen Götterbaum und eine ganz gewöhnliche Robinie, auch Falsche Akazie genannt, die beide im Jahr anderthalb bis zwei Meter an Höhe zunehmen, falls kein Sturm sie zwischendurch in ihrem Aufwärtsstreben stört. Eine Roßkastanie und zwei Ebereschen sind vom Standpunkt ihrer Wuchsfreudigkeit höchstens in die Klasse der Bäume für mittelalte Leute einzureihen, während wir auf solche »Junge-Leute-Bäume« wie Walnuß oder Ahorn von vornherein verzichtet haben. Wo die Finanzlage es gestattet, vermag man allerdings Jahrzehnte zu überspringen, denn das Versetzen voll ausgewachsener, erheblich großer Bäume ist bekanntlich für den Fachmann heutzutage kein Problem mehr; Technik hilft hier der Natur bei jedem »Umzug«. Was jedoch die übliche Pflanzung und allgemeine Pflege angeht, so sind keine besonderen Regeln notwendig, da Ziersträucher und Obstgehölze genügend Anhaltspunkte bieten. Alternde Bäume können durch rechtzeitige Sanierung gerettet werden.

Bäume für jedes Lebensalter

Grundregel: Morsche Äste und hohle Stammteile nie mit Zement behandeln, erfahrenen Baumchirurgen zuziehen: Die Kosten dafür lohnen sich!

Ahorn, *Acer* (Ahorngewächs) Anspruchslos, verträgt Trockenheit. Meist schöne Herbstfärbung. Neben dem Spitzahorn, *A. platanoides,* dem Bergahorn, *A. pseudoplatanus,* dem rotbuntblättrigen, weißstreifig berindeten *A. rufinerve* erfreut sich auch der Zuckerahorn, *A. saccharum,* als elegante Baumgestalt großer Beliebtheit. Höhe über 20 m. Weitere Ahornarten siehe Formhecken, Blütensträucher und Steingarten/Zwerglaubgehölze.

Roßkastanie, *Aesculus* (Roßkastaniengewächs) Hauptvertreter ist die Gemeine Roßkastanie, *A. hippocastanum,* deren kraftvolle Schönheit als Baumgestalt nebst Blütenzauber im Frühling und Kinderglück mit den glänzend-braunen Samen (jawohl, es sind echte Samen!) im Herbst leider auch von einigen Unbequemlichkeiten beeinträchtigt wird. Im hausnahen Garten und seiner Umgebung sind halt die klebrigen Knospenschuppen, die Blütenreste, die stacheligen, grünen Fruchtschalen und nicht zuletzt die nach wundervoller Herbstfärbung eines Tages dann doch anfallenden Blattmassen am Boden nicht immer ganz leicht zu verkraften. Dagegen hilft es auch nichts, wenn man eine der vielen schönen Gartenformen verwendet, weil sie vielleicht nicht ganz so gewaltig und gewalttätig sind wie die reine Art. Sehr gelobt wird 'Baumannii' mit gefüllten, weißen, dabei unfruchtbaren Blüten. *A. × carnea* ist die bekannte rotblühende Varietät. Alle werden bis 20 Meter hoch, was aber immerhin einige Zeit dauert. Unser »Hausbaum« im großen Vorgarten an der Straßenecke hat es in 15 Jahren auf etwa 10 m gebracht. Als Solitär im Rasen möchte ich ihn nie und nimmermehr. Wir haben ihn mit *Cotoneaster dammeri* umpflanzt. Das macht seine Eigenarten etwas erträglicher. Übrigens gibt es auch eine beachtenswerte Kleinform: *A. parviflora* mit mehr strauchartigem Wuchs, bis nur 3 m Höhe und erst ab Juli/August in langen, weißen Rispen blühend. *A. parviflora* 'Atrosanguinea' hat tiefrote Blüten. Die Ansprüche der Kastanien sind gering, Schnitt und Pflanzenschutz kaum erforderlich.

Götterbaum, *Ailanthus altissima* (Bittereschengewächs) Wird bis 20 m hoch, sehr rasch wachsend, doch entsprechend leichtes Holz. Schöner, dekorativer Baum mit 30–60 cm langen, unpaarig gefiederten Blättern, im Juni/Juli weiß blühend. Verlangt sonnige, warme Lage, friert leicht zurück, schlägt aber immer wieder aus.

Birke, *Betula* (Birkengewächs) Wegen ihres zierlichen, überhängenden Wuchses, ihres leuchtenden Stammes und ihrer zarten Farben im Frühling und Herbst ist die Sand- oder Weißbirke, *B. verrucosa*, einer der beliebtesten Gartenbäume, der auch gern zu malerischen Gruppen verwendet wird. Höhe 10–15 m. Sie ist sehr widerstandsfähig, auch ziemlich rauchfest und kommt noch in trockenen Lagen gut fort. Die Pflanzung sollte nur im Frühjahr erfolgen. Gelegentlich findet man in Gärten auch die malerische Hängebirke, *B. pendula* 'Youngii'. Sie verlangt etwas feuchteren Boden.

Judasbaumblatt, Katsurabaum, *Cercidiphyllum japonicum* (Judasbaumblattgewächs) Ein interessanter, meist mehrstämmig wachsender Garten- und Parkbaum mit unscheinbaren Blüten, aber prächtiger Herbstfärbung. Da sein abgefallenes Laub so appetitlich riecht, wird er auch »Kuchenbaum« genannt. Es soll auch Exemplare mit einer zweiten Duftperiode bei Laubaustrieb geben. Die Entfaltung der Blattknospen aus rosafarbenen Knospenschuppen wird als besonders reizvoll gerühmt. Höhe bis 10 m.

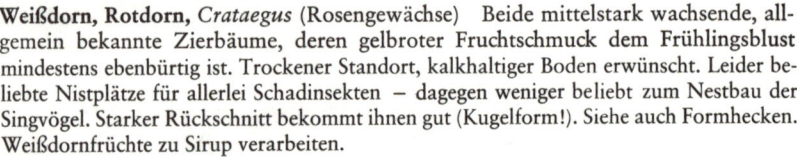

Weißdorn, Rotdorn, *Crataegus* (Rosengewächse) Beide mittelstark wachsende, allgemein bekannte Zierbäume, deren gelbroter Fruchtschmuck dem Frühlingsblust mindestens ebenbürtig ist. Trockener Standort, kalkhaltiger Boden erwünscht. Leider beliebte Nistplätze für allerlei Schadinsekten – dagegen weniger beliebt zum Nestbau der Singvögel. Starker Rückschnitt bekommt ihnen gut (Kugelform!). Siehe auch Formhecken. Weißdornfrüchte zu Sirup verarbeiten.

Quitte

Quitte, *Cydonia oblonga* (Rosengewächs) Kein Obstgehölz eignet sich so gut wie die Quitte zur Einfügung in den modernen Zier- und Wohngarten. Darum sei hier der auf der Grenze zwischen Baum und Strauch stehende Quittenbusch ausdrücklich erwähnt. Aparte, aufrechtstehende rosa Einzelblüten im Mai und sattgelber, nutzbringender Fruchtschmuck im Herbst. Schönes, dunkelgrünes, unterseits graufilziges Laub. Höhe 3–4 m. Alles übrige siehe »Kernobst«.

Buche, *Fagus* (Becherfrüchtler) Hat mehrere Kulturformen, die speziell wegen ihrer Schwachwüchsigkeit begehrt sind. Die einheimische *F. sylvatica* wurde schon bei den für strenge Formhecken geeigneten Gewächsen genannt. Die Grünblättrige Hängebuche, *F. s.* 'Pendula', gehört zu unseren schönsten Trauerbäumen, ebenso die Hängende Blutbuche, *F. s.* 'Purpurea Pendula'. Freier Stand ohne Schattendruck durch Gebäude oder andere Bäume.

Esche, *Fraxinus* (Ölbaumgewächs) Ist für den Garten nur in einigen weniger hohen Kulturformen geeignet. Schönste wohl die bis 8 Meter hohe, oft auch mehr strauchartig wachsende Manna- oder Blumenesche, *F. ornus*, mit zierlicher Belaubung und im Mai/Juni erscheinenden zahlreichen weißen Blütenrispen. Die Kugelesche, *F. excelsior* 'Nana', entwickelt ohne Schnitt die bekannte hübsche Rundkrone. Sehr dekorativ für größere Gärten ist auch die Traueresche *F. e.* 'Pendula'. Alle lieben Untergrundfeuchtigkeit und etwas kalkhaltigen Boden.

Ginkgobaum, Fächerblattbaum, *Ginkgo biloba* (Ginkgogewächs) In der botanischen Entwicklungsgeschichte steht der Ginkgo – gleichsam als lebendes Fossil – auf der Grenze zwischen Konifere und Laubgehölz, wird aber im Garten wegen seiner ganzen Erscheinung als Laubgehölz verwendet. Er ist zweihäusig, wird 10 bis 15 m hoch und bildet auf schlankem Stamm eine etwas sparrige, breit ausladende Krone. Sonst ist der auch literarisch weltberühmte Baum weithin anspruchslos.

Walnuß, *Juglans regia* Großer, schöner Schattenspender, siehe Obstgehölze.

Blasenbaum, *Koelreuteria* (Seifenbaumgewächs) Sehr schmuckvoller, aber nur für milde Lagen und kalkhaltigen Boden geeigneter Parkbaum, im Juli/August mit gelben Blüten an aufrechten Rispen blühend, im Herbst reizender, lampionähnlicher Fruchtschmuck. Höhe bis 8 m.

Amberbaum, *Liquidambar* (Zaubernußgewächs) Als einer der schönsten Garten- und Parkbäume wird die aus Nordamerika stammende Art *L. styraciflua* empfohlen. Drüben nennt man dieses unwahrscheinliche Gewächs mit den handgroßen, fünfstrahligen Blättern auch »Sweetgum« und sieht in ihm den Urvater des Kaugummis. Blüte unscheinbar, Herbstfärbung überwältigend, an langen Stielen hängende Kugelfrüchte aparter Winterschmuck; jüngere Zweige mit grotesk wirkender »Flügelborke« besetzt. Der Amberbaum wird im Alter riesengroß, es soll jedoch gut ein halbes Jahrhundert dauern, bis er den Rahmen eines mittleren Wohngartens sprengt . . .

Tulpenbaum, *Liriodendron tulipifera* (Magnoliengewächs) Ist weniger empfindlich, als man denkt, und gedeiht mit Ausnahme wirklich rauher Lagen überall in Deutschland. Die tulpenförmigen, hellgrünen Blüten erscheinen erst bei älteren Exemplaren. Blütezeit Juni/Juli. Kultur wie Magnolie, siehe Blütensträucher. Höhe bis 20 m.

Zierapfel, *Malus* (Rosengewächs) Außer dem schon auf Seite 230 genannten und seit über hundert Jahren im mitteleuropäischen Gartenbereich unentbehrlichen *Malus floribunda* gibt es zahlreiche andere Arten und Zuchtformen. Alle erfreuen uns zweimal im Jahr: zur Frühlingszeit mit der verschwenderischen Fülle ihrer weißen oder rosigen Blüten, im Herbst mit kleinen, nur zierenden und größeren, auch zur Bereitung von Gelee und Marmelade verwendbaren Früchten und kaum glaublicher Farbenpracht vor dem Laubfall. *M.* 'Profusion' – Neuzüchtung aus den USA – blüht leuchtend karmin.

Pappel, *Populus* (Weidengewächs) Umfaßt eine Reihe wertvoller Formen, die wegen ihrer Raschwüchsigkeit für Gartenzwecke recht brauchbar sind. Alle sind gekennzeichnet durch ihren mehr oder weniger schlanken Wuchs, der sie zur Abgrenzung großer Räume sowie als Wind- und Sichtschutzpflanzen (siehe Kapitel »Klima und Lage«) geeignet macht. Zu den schönsten zählen die Balsampappel, *P. balsamifera,* die Pyramiden- oder Schwarzpappel, *P. nigra* 'Italica', deren schöner, säulenförmiger Wuchs sie auch als Solitär oder für kleine Gruppen empfiehlt; die krankheitsfeste *P. simonii* 'Fastigiata', deren festes, dunkelgrünes Laub an roten Stielen sitzt. Alle Pappeln haben ein weit ausgebreitetes Wurzelsystem, das den Boden sehr stark beansprucht. Hübsch ist auch die Zitterpappel, *P. tremula.*

Blutpflaumen, Zierkirschen, *Prunus-Arten* (Rosengewächse) Das Mandelbäumchen ist bei den Blütensträuchern, der Kirschlorbeer bei den Immergrünen angesiedelt.

Pflaumenartige Früchte nicht gerade häufig

Ginkgobaum

Nutzfrüchte siehe Text!

Angeblich fruchtend: P. cerasifera, die Blutpflaume

Laubbäume

Hier nun handelt es sich um wirkliche Bäume, die durchschnittlich um fünf Meter hoch werden, aber wie die Späte Traubenkirsche, *Prunus serotina,* es auch auf zwanzig Meter bringen und schöne Kronen bilden. Da jeder Baumschulkatalog alljährlich Dutzende von Arten und Züchtungen empfiehlt, mögen hier einige Hinweise genügen. Zu den bekanntesten und beliebtesten, im März/April überreich blühenden Formen gehört die Kirschpflaume oder Myrobalane, *P. cerasifera,* aus der auch die buntlaubige *Atropurpurea*-Gruppe unserer Blutpflaumen hervorging. *P.c.* 'Pissardii nigra' blüht lilarosa vor dem Laubaustrieb, Blätter tiefdunkelrot, fast schwarz wirkend. Höhe 4–6 m. Sehr berühmt sind auch die durchweg aus Japan stammenden Zierkirschen, die *Serrulata*-Züchtungen wie *P. serrulata* 'Kanzan', der mehrstämmige, 6–8 m hohe Bäume mit bogenförmig abstehenden Ästen bildet; Blüten dunkelrosa, halbgefüllt. Ein Gartenschmuck sondergleichen: *P. s.* 'Kiku shidare sakura' mit elegant überhängenden Ästen, die mit der Zeit fast schleppenartig wirken; Blüten reinrosa, gefüllt, gut als Solitär. Schmal säulenförmig wächst *P.s.* 'Amanogawa' bis 6 m hoch; die dichtgefüllten, wie Freesien duftenden rosa Blüten erscheinen erst im Mai. Die bei uns heimische Traubenkirsche, *P. padus,* sei als robustes, schönes Gehölz für freie Hecken, in Parks auch als Solitär, hier nur am Rande erwähnt. Alle *Prunus*-Arten sind in ihren Ansprüchen bescheiden, mit jedem einigermaßen kultivierten Gartenboden in sonniger wie in schattiger Lage zufrieden. Ihr durchschnittliches Lebensalter beträgt 20 Jahre.

Robinie, Schein-Akazie, *Robinia* (Schmetterlingsblütler) Park- und Straßenbaum, vielfach auch als heckenartiges Gesträuch wachsend, völlig anspruchslos, rauchfest, jedoch auf armen, trockenen, dabei kalkhaltigen Boden angewiesen. Zu nahrhafte, feuchte Erde bewirkt innerhalb weniger Jahre schwerwiegende Wurzelerkrankungen, die beim nächsten Sturm zum Totalverlust führen. – Im Mai/Juni erscheinen die rahmweißen, herrlich duftenden Blütentrauben, deren Schötchenfrüchte sich später bis zum Überdruß aussamen. Am geeigneten Standort wachsen Akazien erstaunlich rasch und werden bis 25 m hoch. Schöne Arten sind *R. hispida* mit stark überhängenden Zweigen und rosenroten Blüten sowie *R. pseudoacacia*.

Weide, *Salix* (Weidengewächs) Baumartige Formen sind die Sal- oder Palmweide, *S. caprea,* mit breitblättriger, filziger Belaubung (rauchfest) und dicken, grauen Blütenkätzchen, die Hängende Salweide, *S. c.* 'Pendula', und die Echte Trauerweide, *S. alba* 'Tristis'. Untergrundfeuchtigkeit dringend notwendig, sonst anspruchslos. Siehe auch Tabelle Bodenbedecker und Abschnitt Blütensträucher.

Eberesche

Ebereschen-Marmelade: Früchte bei Vollreife im September pflücken, entstielen, waschen, je 1 kg Beeren mit 800 g Gelier-Zucker kochen, zerstampfen, heiß in Gläser füllen. Aroma etwas säuerlich, doch apart.

Eberesche, *Sorbus* (Rosengewächs) Besonders die ebenso hübsche wie nützliche Form *S. aucuparia* var. *edulis* 'Moravica' mit eßbaren Früchten ist als Gartenbaum zu rühmen. Die sehr großen, scharlachroten Beeren sehen prächtig aus und ergeben ein ausgezeichnetes Kompott. Blütezeit Mai, Höhe 4–6 m. Jede Baumschule führt Kulturformen. Neuzüchtung: Edel-Eberesche mit echtem Obstwert!

Linde, *Tilia* (Lindengewächs) Guter alter Dorfbaum. Es gibt viele Spielarten: von der Herzblättrigen Linde, der amerikanischen Silberlinde, der Krimlinde, der großblumigen Sommerlinde, der holländischen, der ungarischen Silberlinde bis zur Winterlinde. Alle wachsen ziemlich stark, einige sind besonders unempfindlich und werden deshalb in Industriegebieten bevorzugt.

Ulme, Rüster, *Ulmus* (Ulmengewächs) Schönste und auch für kleinere Gärten geeignete Form ist die Trauer- oder Schirmulme *U. glabra* 'Camperdownii', doch ist auch sie nicht gefeit gegen das seit etwa 1920 immer wieder ausbrechende Ulmensterben. Angeblich pilzresistente neue Züchtungen haben bisher leider kaum gehalten, was von ihnen versprochen wurde. Großversuche ergaben immer wieder schwere Rückfälle.

Kletterpflanzen sind liebenswürdige Helfer, um Unvollkommenheiten des Gartens zu überspielen, Getrenntes zu verbinden, strenge Formen zu mildern, das Gefühl der Wohnlichkeit zu fördern und überall dort zur Stelle zu sein, wo irgendwelche Lücken geschlossen oder unerwünschte Einblicke abgewehrt werden sollen. Sie können den Eindruck tropischer Lianen-Üppigkeit vermitteln und werden dadurch für den »Gartenkünstler« zu einem willkommenen Gestaltungsmittel. Die Einjahrs-Kletterpflanzen insonderheit erweisen sich als unentbehrlich für junge Gärten, wo es ohne sie oft kahl und öde wäre, weil ausdauernde Pflanzen eine längere Anlaufzeit brauchen.

Gewächse aller Art stehen für die verschiedenen Aufgaben zur Verfügung. Vom einfachen Sommerflor bis zu den immergrünen Gehölzen hat beinahe jede der großen Gruppen unserer Gartenpflanzen etliche Meister ihres Faches zu bieten. Nur Zwiebelblumen, Staudengräser und Koniferen scheinen dem Klettern, Ranken und Winden, dem Klimmen, Schlingen und nicht zuletzt auch dem malerischen Herabhängen abhold zu sein. In der folgenden Zusammenstellung ist versucht worden, das Wesentliche jeder einzelnen Pflanzengestalt, ihrer Pflege und Verwendung hervorzuheben. Die grundsätzliche Frage, ob und in welchem Rahmen — insbesondere auch zur Hausberankung — Kletterpflanzen herangezogen werden sollen, muß freilich der Gartenfreund selbst entscheiden. Ich würde diese Frage nach vieljährigen Erfahrungen mit Wandbepflanzung mit einem lauten Ja beantworten. Außerdem ist dies nur eine Anwendungsart unter vielen.

Wandgerüste sollen mit etwa 10 cm Abstand von der Mauer angebracht werden. Statt der vor dem Verputzen eingeschlagenen und mit Spanndrähten oder besser farbloser Perlon-Angelschnur verbundenen Spaliereisen gibt es jetzt Patent-Kunststoff-Spaliere zu vereinfachter Anbringung. Sie sind selbstverständlich auch weitaus besser als die teuren und nur bedingt haltbaren Lattengerüste. Auch mit Rostschutz und Farbe gestrichenes Baustahlgitter wird wegen seiner Einfachheit gern verwendet. Als Träger für freistehende Klettergerüste erfreuen sich nach wie vor die einbetonierten Gasrohre großer Beliebtheit. An Wänden, die von Zeit zu Zeit gestrichen oder geputzt werden müssen, sollte man abnehmbare Gerüste bevorzugen, die samt den Pflanzen niedergelegt und nach der Arbeit wieder eingehängt werden können. Welldrahtpyramiden bieten ungeahnte Möglichkeiten zu freier Dekoration mit viel Abwechslung.

Einjahrs-Kletterpflanzen mit und ohne Vorkultur

(V = Vorkultur unerläßlich)

V Glockenrebe, *Cobaea scandens* (Flammenblumengewächs) Klettert mit Haftranken 4–5 m hoch und in die Breite. Große, tiefblaue oder weinrote Glockenblüten. Vorkultur ab Anfang März in Töpfchen oder Jungpflanzen ab Maimitte. Sonnige Lage, reichliche Kopfdüngungen und Wassergaben. Für Gitter, Rankgerüste, Kastenspaliere, Zäune. Bild Seite 252.

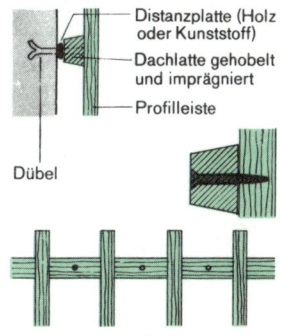

Spalierbefestigung richtig. Es gibt auch abnehmbare Gerüste in ähnlicher Konstruktion.

Wie Kletterpflanzen schlingen und klimmen zeigen die folgenden Randzeichnungen.

Spreizklimmer sind Kletterrose und Brombeere.

Einjahrs-Kletterpflanzen

Zierkürbis, *Cucurbita pepo* var. *ovifera* (Kürbisgewächse)   Mit einfachen Ranken 6–8 m emporwachsend. Aus den Kürbisblüten entstehen originelle Dauerfrüchte. Freilandaussaat Anfang Mai oder Vorkultur ab Anfang April in Töpfchen. Gewicht des Aufwuchses erfordert starke Gerüste. Geschützte Lage, sparsam düngen.

V Hängefruchtranke, *Eccremocarpus scaber* (Bignoniengewächs)   Klettert mit Haftranken 3–4 m. Zierliche Belaubung. Orangegelbe Blütenglocken. Aussaat ins Warmbeet ab Februar, später pikieren. Bildschöne Liebhaberpflanze, nur für milde Lagen.

Japanischer Hopfen, *Humulus scandens* (Maulbeerbaumgewächs)   Sehr rasch hoch und dicht kletternd und schlingend. Linkswinder. Blüten unscheinbar weißgelb; Laub apart geformt, grün oder bunt (*H. s.* 'Variegatus'). Freilandaussaat Ende April oder Vortreiben ab März in Saatschalen. Zur Flächenberankung Abstand von Pflanze zu Pflanze 40–50 cm. Für Wände (Spanndraht), Pergolen, Zäune.

Ein Rechtswinder (von unten gesehen) ist der Hopfen.

Duftwicke, Edelwicke, Riecherbse, *Lathyrus odoratus* (Schmetterlingsblütler)   Wie Gemüseerbsen 1,50–2 m kletternd. Herrlichster Flor ab Juni/Juli bis Frosteintritt, duftend. Ab Anfang April Freiland-Folgesaaten: je drei Körner mit 20–25 cm Abstand 3 cm tief legen; Samen vorquellen. Für Erbsengitter, Erbsenreiser, Maschendrahtgitter, Kastenspaliere. Anspruchslos. Regelmäßig wässern und düngen.

V Hängelobelie, *Lobelia erinus* 'Pendula' (Glockenblumengewächs)   Triebe bis 60 cm lang, hängend. Blüten tiefblau, rot mit weißem Auge und andere von Juli bis Oktober. Pflege wie Beetlobelie. Reizende Ampelpflanze; auch für Trockenmauern.

Kaiserwinde, *Pharbitis imperialis;* **Dreifarbige Prunkwinde,** *Ipomoea tricolor* (Windengewächse)   Je nach Art oder Sorte 2–5 m hoch windend. Viele Eintagsblüten in herrlichen Farben von Juli bis September. Freilandaussaat Anfang Mai oder Vortreiben ab März für Ballenpflanzen. Nach Mitte Mai mit 15 cm Abstand auspflanzen. Für Welldrahtpyramiden, Rankgitter, Drähte und Fäden. Lage sonnig, windgeschützt; Boden humos, wenig düngen, Stickstoff meiden. Bild Seite 252.

Ein Linkswinder ist die Feuerbohne.

Feuerbohne, Prunkbohne, *Phaseolus coccineus* (Schmetterlingsblütler)   Wuchsart und Kultur wie Stangenbohnen; Freilandaussaat nicht vor dem 5. Mai oder zur Verfrühung in Töpfchen ab Anfang bis Mitte April antreiben. Blüten der Sorte 'Preisgewinner' ziegelrot, der Sorte 'Weiße Riesen' weiß, bringt weiße Kerne. Beide noch mit Fäden und spät reifend. 'Desirée' ist fadenlos; auch für rauheste Lagen. Alle Sorten eignen sich zur raschen Begrünung großer Flächen, auch für Welldrahtpyramiden, Masten, Spanndraht. Typus der »Nützlichen Zierpflanze« (siehe Gemüse).

Aus Fiederblättern gebildete Blattranken besitzt die Wicke.

Sternwinde, Papageienwinde, *Quamoclit;* **Scharlachwinde,** *Q. coccinea;* **Indische Winde,** *Q. vulgaris* (Windengewächse)   Wie Feuerbohnen schlingend, die beiden ersten stark, die dritte schwach wachsend. Hochrote, duftende Blüten erscheinen in Rispen von Juli bis Oktober. Kultur wie *Pharbitis*- und *Ipomoea*-Arten. Sternwinde und Scharlachwinde mit dekorativer, auch Schatten spendender, tiefgrüner Belaubung für große Flächen; die Indische Winde ist eine zierlichere Kleinform.

V Thunbergie, Schwarzäugige Susanne, *Thunbergia alata* (Akanthusgewächs)   Die 1–1,50 m langen Triebe aufbinden oder hängen lassen. Entzückende gelbe Blüten mit schwarzem Auge ab Juni bis Herbst. Vorkultur im Warmhaus oder in Zimmerschalen ab März, zweimal pikieren; besser: Jungpflanzen nach Mitte Mai vom Gärtner kaufen. Reizend für kleine Spaliere, Ampeln in Bäumen oder von der Trockenmauer hängen lassen. Braucht warmen, geschützten Platz, Sonne bis Halbschatten; versagt in kalten, regennassen Sommern.

Kapuzinerkresse, *Tropaeolum majus; T. peltophorum; T. peregrinum* (Kapuziner-kressengewächse) *T. majus* schickt seine Triebe lieber liegend als rankend bis 2 m; blüht gelb mit rot von Juni bis Oktober. *T. peltophorum* und *T. peregrinum* treiben bis 4 m und sind beide kletterwillig. Letztere hat dazu fein gefiedertes Laub, verträgt auch Halbschatten im Innern von Bäumen und bringt viele leuchtend gelbe Blüten. *T. peltophorum* blüht wie *T. majus.* Außer den Arten gibt es von diesen beiden mehrere hübsche Kulturformen, auch mit rein scharlachroten, rein orangegelben, besonders großen und gefüllten Blüten. Das in Prachtmischung angebotene, enthülste Saatgut keimt schneller und sicherer. Freilandaussaat von je 2–3 Körnern mit 20 cm Abstand nicht vor dem 10. Mai, da sehr frost- und kälteempfindlich. Vortreiben ab März in Töpfchen sichert früher blühende Ballenpflanzen. Kletterkünste durch Aufbinden unterstützen. Im übrigen denkbar anspruchslose Lückenbüßer für alle Zwecke; Abneigung gegen Wind und zu scharfe Besonnung. Blattlausbefall möglich.

Kletterstauden Klettergehölze

Rankende Blattstiele hat die Clematis, siehe Seite 250.

Kletterstauden sind seltene Gäste

Ruhmeskrone, *Gloriosa rothschildiana* (Liliengewächs) Klettert an Stäben bis 2 m. Wunderbare dunkelrote Schau- und Schnittblumen im Juli/August. Fleischige Rhizome nach Mitte Mai 5–6 cm tief in allerbesten, durchlässigen Boden legen. Liebhaberpflanze, nur für ganz geschützte, warme, sonnige Standorte, am besten vor Südwand. Mäßig feucht halten. Rhizome im Herbst aufnehmen, bei mäßiger Wärme (10–12° C) in Sandeinschlag überwintern. Verlangt etwas Sorgfalt.

Bärwinde, Zaunrösel, *Calystegia pubescens* 'Plena'; **Taurische Bärwinde,** *C. dahurica* (Windengewächse) Triebe bis 4 m; durch Ausläuferbildung stark wuchernd. Die Kulturform des Zaunrösels hat dicht gefüllte rosa Blüten; die Taurische Bärwinde wartet mit ungefüllten, dunkelroten Windenblüten auf. Man legt die Erdstämme (Rhizome) wie Meerrettichfechser im Frühjahr. Völlig anspruchslos. Zur Berankung von Lauben, Mauern, Zäunen in sonniger Lage.

Klettergehölze, Schlingsträucher, Selbstklimmer

Strahlengriffel, *Actinidia arguta, A. chinensis* (Strahlengriffelgewächse) Sommergrüne Schlingsträucher, Triebe bis 8 m, sehr wüchsig, Laubfall spät. Bei *A. chinensis* Zweige rot behaart, Laub rot geädert. Zweihäusige Pflanzen. Blüten weiß mit lang herausragenden Staubgefäßen, in Trauben herabhängend, duftend; Blütezeit Juni; wohlschmeckende Früchte im August/September. Diese bildschöne Liane braucht nährstoffreichen, feuchten Boden, geschützte Lage, Sonne bis Halbschatten. Jungpflanzen werden in Töpfen oder Containern geliefert; Frühjahrspflanzung ist besser. Verwendung: zum Beranken von Mauern und Hauswänden in Süd-, Ost- und Westlage. Sehr schön für Pergolen und Masten oder abgängige Bäume. Bei Flächenberankung Kletterhilfe durch waagrechte Spanndrähte.

Nächste Verwandte: einfach Kiwi! In Baumschulen als Zuchtform erhältlich. Zweihäusig.

Scheinrebe, Doldenrebe, Eisenhutwein, *Ampelopsis aconitifolia* (Rebgewächs) Sommergrüner Schlingstrauch, Triebe bis 10 m windend; Wickelranken bildend. Laub wie Eisenhut. Blüten unscheinbar; erbsengroße, erst blaue, dann gelbe zierende Früchte im Herbst. Pflanzung wie Weinstock; Boden frisch, lehmhaltig. Jeden Herbst Volldüngung. Für Zäune und Spalierwände in jeder Lage, Sonne wie Schatten.

Pfeifenwinde, *Aristolochia macrophylla* (Osterluzeigewächs) Sommergrüner Schlingstrauch, Triebe bis 8 m; nach langsamer Jugendentwicklung später sehr wüchsig, große Flächen bedeckend; rechtswindend. Blüten wie kleine Tabakspfeifen im Juni. Frischgrüne Blätter bis 25 cm breit und lang, ornamental, dachziegelartig

Der Efeu bildet Haftwurzeln aus, siehe Seite 250 unten.

249

Trompetenblume

Bergwaldrebe
(Clematis montana)

übereinanderliegend. Boden nahrhaft und feucht halten. Sonst keine Ansprüche. Bestens für Schattenlagen, verträgt aber auch Halbschatten bis mäßige Sonne. Für Drahtzäune, Hauswände mit Spanndraht, Überdachung von Lauben und Pergolen. Wegen des hohen Eigengewichtes starke Gerüste erforderlich.

Trompetenblume, Jasmintrompete, *Campsis grandiflora* und Hybriden (Handelsname *Tecoma*), (Bignoniengewächse) Sommergrüne Klettersträucher; mit Haftwurzeln bedingt selbstklimmend. Triebe 6–8 m lang. Riesige, außen orange, innen scharlachrote Trompetenblüten, bis zu 12 Stück in Büscheln von Juli bis September. Liebhaberpflanze. Nur für beste, geschützte, sonnige Lagen; Winterhärte schwankend. Pflanzen im Nachwinter wie Reben auf Stummel schneiden. Kletterhilfe erwünscht.

Baumwürger, *Celastrus orbiculatus, C. scandens* (Spindelbaumgewächse) Sommergrüne Schlingsträucher; Trieblänge 8–12 m, *C. scandens* wächst etwas schwächer. Blüten in langen Rispen, unscheinbar; ausdauernder Fruchtbehang, leuchtend gelb mit rot und umgekehrt von Oktober bis Januar. Anspruchslos, für alle Lagen, Sonne bis Halbschatten. Wegen Zweihäusigkeit auf passende Partner achten oder neue Zwitterzüchtungen pflanzen. Pflanzung unter lebenden Bäumen vermeiden. Beste Eignung für kahle Flächen (Spanndraht!), hohe Masten, tote Bäume.

Klematis, Waldrebe, *Clematis* (Hahnenfußgewächs) Sommergrüner Schlingstrauch in vielen Arten und Sorten; mit Wickelranken und umgebildeten Blattstielen kletternd. Trieblängen sehr unterschiedlich, zwischen 3 und 10 m. Blütenfarben: weiß, rosa, rot, blau, violett in vielen Tönungen. Frühsommerblüher und Spätsommerblüher; kleinblütige und großblütige Formen bis 12 cm ⌀, alle ungefüllt. Beste Pflanzzeit Ende April, sonst wie alle anderen Ballen- und Containerpflanzen. Grundsatz: kühler, beschatteter Boden, aber Aufwuchs warm, hell, sonnig. Hoher Mulch oder Bodenbedeckungspflanzen wichtig. Pflanzgrube wie für Immergrüne; vor Mauern 40–50 cm Abstand wegen Trockenzone; kein Tropfwasser von oben! – Neuer Stand nach dem Setzen 4–5 cm tiefer als vorher. Stäbe als Kletterhilfe bis zur Selbständigkeit sollen vor der Pflanzung eingerammt werden. In den ersten drei Jahren nach der Pflanzung starker Rückschnitt aller Austriebe auf 10–20 cm zum Vorbeugen gegen Verkahlung unten. Später weniger kurz halten. Frühsommerblüher werden gleich nach der Blüte geschnitten; Spätsommerblüher (August bis Herbst) werden im Nachwinter geschnitten. – Schönste aller Gartenlianen. Am wüchsigsten sind die kleinblütigen botanischen Wildformen wie *C. vitalba* und *C. montana* mit ihrer beliebten rosa Form 'Rubens'. Andere Wildformen wie *C. alpina* oder *C. tangutica* bleiben kleiner. Viele Arten haben silbrige Fruchtstände im Herbst. Am prunkvollsten sind die großblumigen Hybriden. Gut für Ost- und Westseiten von Gebäuden (Spanndrähte!), auch zum Einspinnen von Zäunen, Lauben, Pergolen. Kleinformen eignen sich für Naturgartenpartien.

Kletternder Spindelstrauch, *Euonymus fortunei radicans* (Spindelbaumgewächs) Immergrüner Kletterstrauch, mit Haftwurzeln selbstklimmend, dabei buschig wachsend. Höhe 6–8 m. Blüten und Früchte unscheinbar, aber hübsche dunkelgrüne Belaubung (»Falscher Kirschlorbeer«). Denkbar anspruchslos, aber gelegentlich zu Mehltau neigend. Haftwurzeln nicht ganz windsicher, deshalb stärkere Zweige und Äste in der Höhe anbinden. Neigung zum Kriechen am Boden und über Steine. An der Ostseite unseres Hauses wächst ein Prachtstück zwei Stockwerke hoch.

Efeu, *Hedera helix* (Araliengewächs) Immergrüner Kletterstrauch mit verschiedenen Zuchtformen. Haltbare Haftwurzeln zum Selbstklimmen. Blüht und fruchtet erst in älteren Jahren an besonnten Stellen. Boden humos und tiefgründig – sonst keine Ansprüche. Efeu verträgt sowohl volle Sonne als auch tiefen Schatten. Bodendecker.

Jelängerjelieber, Geißblätter, *Lonicera caprifolium, L.* ✕ *heckrottii, L. henryi* und andere (Geißblattgewächse) *L. caprifolium* ist sommergrün, *L. henryi* immergrün. Triebe 3–4 m schlingend. Blüten gelbrot, stark duftend (Nachtfalter!) von Mai bis Juni; Früchte orangerot bis schwarzpurpurn ab Spätsommer. Nahrhafter, humoser Boden fördert Wachstum und Blütenfülle. Im Ganzen anspruchslos, aber Neigung zum Verlausen. Gegen Verkahlen von unten alle 3–4 Jahre auf 80–100 cm zurückschneiden. Für Pergolen, Lauben, Rankgerüste, wo der etwas wirre Wuchs am Platze ist. Sonne erwünscht, Halbschatten wird hingenommen.

Jungfernrebe, Wilder Wein, *Parthenocissus quinquefolia;* Efeuwein, Veitchie, *P. tricuspidata* 'Veitchii' und andere (Rebgewächse) Selbstklimmend mit Haftscheiben an Ranken; bei *P. quinquefolia* sind die Haftscheiben nur schwach ausgebildet, darum Gerüst erwünscht. Sommergrüne Triebe bis 10 m lang. Blätter 3-, 5- oder 7zählig gefingert. Blüten und Früchte unscheinbar; herrliche Herbstfärbung der Blätter. Pflanzung sinngemäß wie Hausreben, Pflege jedoch gering; nur selten, bei Bedarf, Instandhaltungsschnitt. Anspruchslos, verträgt Industriedunst. Arten mit ausgeprägten Haftscheiben zur Bekleidung großer Flächen ohne Gerüst, hält die Wände im Sommer kühl. Bei Direktbewuchs auf Entfernung von Herbstlaub achten.

Schlingknöterich, Klettermaxe, Architektentrost, *Polygonum aubertii, P. baldschuanicum* (Knöterichgewächse) Sommergrüne Schlingsträucher, davon *P. aubertii* mit gewaltigem Ausdehnungsstreben; bei *P. baldschuanicum* Triebe bis 3 m. Überreicher Flor weißer oder rosa Doldenblüten von Juni bis August, in zierende Samenstände übergehend. Wegen ständigem Blüten- und Samengeriesel für Sitzplätze weniger geeignet. Denkbar anspruchslos, aber durch tolles Umherwuchern nicht ungefährlich für Dachrinnen, Dachziegel und Holzwerk.

Kletterrosen, *Rosa,* siehe Farbbild Seite 197 und »Wildrosen« ab Seite 200!

Kletterbrombeere, *Rubus henryi* (Rosengewächs) Immergrüner Kletterstrauch, Spreizklimmer wie Rose; stark bedornte Triebe bis 6 m lang. Lilarosa Blüten weniger auffallend als das tiefgrüne, unterseits weißfilzige Laub; dunkle Früchte im August. Standort sonnig, windgeschützt. Buschige Form durch häufigen Rückschnitt fördern, schwache Triebe wegnehmen. Sonst wie Gartenbrombeere pflegen. Bildschönes Gewächs für Rankgerüste oder Spanndraht vor Wänden.

Sommerrebe, *Vitis aestivalis,* Uferrebe, *Vitis riparia* (Rebgewächse) Sommergrüne Schlingsträucher mit Ranken ohne Haftscheiben und 8–10 m langen Trieben. Die Sommerrebe hat große, herzförmige Blätter mit schöner Herbstfärbung, bringt kleine, eßbare Früchte; das Laub der Uferrebe ist kleiner; duftende Blüten im Juni; blauschwarze Beeren ungenießbar. Boden wie Weinstock. Instandhaltungsschnitt nur Spätherbst oder Nachwinter (Bluten!). Rankgerüste oder Spanndraht notwendig.

Glyzine, Blauer Goldregen, *Wisteria floribunda* 'Macrobotrys', *W. sinensis* (Schmetterlingsblütler) Sommergrüne Schlingsträucher, die sich durch Form, Farbe und Größe ihrer herabhängenden und bei *W. sinensis* auch duftenden Blütentrauben voneinander unterscheiden. Länge der Triebe 8–10 m. Frühjahrspflanzung. Triebe auf 30–40 cm zurückschneiden; verlangt warme, geschützte Lage und nährstoffreichen, dabei durchlässigen Boden. Abstand von Mauern und Gebäuden halten. Winterschutz um Wurzelhals erwünscht. Superphosphatdüngung fördert Blühwilligkeit. Die Glyzine zählt zu den großen Frühlings-Gartenwundern. Braucht kräftige Gerüste zum Tragen der später verholzenden, knorrigen Stämme (Vorsicht bei Dachrinnen!). Nach senkrechtem Aufwuchs ist waagrechte Führung in etwa 3 m Höhe zweckmäßig. Übermäßigen Holz- und Laubaustrieb durch Sommerschnitt regulieren.

Klettergehölze

Winterjasmin (Jasminum nudiflorum) siehe Zwerglaubgehölze des Steingartens und Blütensträucher.

Ranken mit Haftscheiben beim Efeuwein

Die Rebe (Vitis) bildet Sproßranken.

Bildseite:
Vier Kletterpflanzen: Oben einjährige Kaiserwinde (Pharbitis imperialis), gemischt, und das Klettergehölz Glycine (Wisteria sinensis). Unten das Klettergehölz Jelängerjelieber oder Geißblatt (Lonicera caprifolium) und die einjährige Glockenrebe (Cobaea scandens).

Die Welt
im
Steingarten

Wenn ich mir überlege, warum wir Gartenfreunde allzumal nun schon in zweiter oder gar in dritter Generation so »steingartenverrückt« sind, dann bietet sich die Lösung dieses Gartenrätsels eigentlich fast von selber an. Sämtliche anderen Erscheinungsformen der gärtnerischen Gestaltungskunst — die Staudenrabatte, das Rosenbeet, die Gehölzgruppen, der Zwischenflor von Einjahrsblumen, die Blumenzwiebeln, die Knollen — alles hat seinen bestimmten Rhythmus des Blühens und Vergehens. Und wie geschickt man auch frühe, mittlere und späte Sorten zusammenfügt, immer wird irgendwann einmal Blütenlosigkeit oder Kahlheit herrschen, woran selbst eingestreute Immergrüne grundsätzlich nichts zu ändern vermögen.

Anders im Steingarten. Hier ist dank der Fülle und Mannigfaltigkeit verschiedenartigster Pflanzengestalten wirklich des Gartenlebens Überfluß zu finden. Hier gibt es auf kleinstem Raum so viele Möglichkeiten, daß vom frühesten Frühling bis zum spätesten Herbst und dann sogar noch mitten im Winter sich immer irgend etwas ereignet, irgend etwas grünt oder blüht, und zwar mit schönster Selbstverständlichkeit. Ist es da ein Wunder, daß wir den Steingarten so lieben, daß wir in ihm den Inbegriff all unserer Gartenfreuden

*Der Steingarten
als Experimentierfeld*

sehen. Es kommt hinzu, daß der Pflanzenfreund hier das herrlichste Experimentierfeld hat. Liebenswürdig und verspielt, sachlich, romantisch und modern zugleich, vereinigt der Steingarten schlechthin alle Elemente gärtnerischer Erfüllung. Er umfaßt jenes »désordre savant«, jene absichtsvolle Unordnung, die seinen höchsten Reiz ausmacht und durch den Wechsel der Gestalten auch nicht zum Schema erstarren kann.

*Ein bißchen Steingarten-
ärger als Dreingabe . . .*

Freilich gibt es auch im Steingarten nicht nur eitel Freude und Wonne, sondern manchen ausgewachsenen Steingartenärger. Da entdeckst du zum Beispiel eines schönen Sommersonntags, als gerade beim Abnehmen der Kaffeedecke vom Terrassentisch dein Auge wohlgefällig über den geliebten goldgelben Zwergwacholder und von da weiter zu den üppigen Polstern des Blauschwingels gleitet, mittendrin auf den abgeblühten Skabiosen so merkwürdige Erdansammlungen. Ein Häufchen liegengebliebener Torfmull? O nein, ein Ameisenbau, dessen fleißige Einwohner schon den größten Teil der Pflanze unterminiert und zum Vergilben gebracht haben. Ein andermal sind es die Schnecken, vor deren Freßgier nichts sicher ist, oder eine verirrte Feldmaus, die just unter dem großen Stein unweit des als Augapfel gehüteten japanischen Zwergahorns einen Gang nach innen graben mußte. Doch das alles sind Randerscheinungen, die dem immer wieder empfundenen Zauber der Steingartenwelt kaum Abtrag tun können.

Mißverständnisse und ihre Überwindung

Ehe wir uns nun mit dem systematischen Aufbau eines Steingartens, wie er sein soll, beschäftigen, laßt uns zuerst das Gegenbeispiel betrachten: den Steingarten, wie er nicht sein soll. Auch hier ist es ja wie beim Kampf gegen Kitsch aller Art: »Wenn ihr's nicht fühlt, ihr werdet's nicht erjagen!«

Der Steingarten ist recht eigentlich die Vorstufe für den Traum vom Naturgarten. Leider läßt er sich nicht überall verwirklichen. Man lese dazu das BLV Taschenbuch »Naturnahe Gärten« von Helga Briemle.

Dann wird eben statt einer verständnisvoll und ästhetisch befriedigend ausgeführten Anlage womöglich so eine komische Steinplantage mit symmetrisch aufgelegten Felsbrocken entstehen, wie sie als ewiges Mißverständnis in den Gärten landauf, landab immer wieder zu finden ist. Genau besehen, ist ja das Gestein, das dieser Kleinform des Gärtchens im Garten den Namen gegeben hat, gar nicht das wichtigste. Kommt nämlich erst einmal der Aufwuchs richtig in Gang, so sind die anfangs das Gerüst bildenden Steine doch bald gründlich überwuchert. Und deshalb soll man ihnen von vornherein gar keine so überragende Bedeutung beimessen, wie das vor allem in den »selbstgemachten« Steingärten immer wieder geschieht. Letzten Endes sind die Steine doch nur Mittel zum Zweck. Denn da die Grundvoraussetzung des Steingartens ein hängiges Gelände ist, sollen sie dort im ideellen wie im materiellen Sinne als stützende und der Aufgliederung dienende Bauelemente wirken. Sollen elegante Unregelmäßigkeiten schaffen und Pflanzstellen vor dem Abrutschen bewahren, wobei Farbe und Form solche Aufgaben gefälliger Staffage noch wirkungsvoll unterstreichen. Aber wie gesagt: Dieser tiefere Sinn darf nie zum Hauptzweck werden. Der Steine dürfen auch nie so viele sein, daß jede Bodenbearbeitung dazwischen unmöglich wird. Denn mögen schon die echten Steingartenpflanzen mit einem Minimum an Düngung auskommen, so braucht die Anlage als Ganzes eben doch genauso ihre Pflege wie jedes andere Beet. Der Boden muß von Zeit zu Zeit gelockert und das unvermeidliche Unkraut beseitigt werden, auch wenn meist schon nach Jahresfrist eine fast lückenlos geschlossene Decke erwünschter Pflanzen vorhanden ist, die stärkerer Verunkrautung wohltuend entgegenwirkt.

Es darf kein »Garten für Steine« daraus werden

Wo aber — vor allem bei größeren Anlagen — umfänglichere Steine verwendet werden, dürfen sie niemals bloß »draufgelegt« erscheinen, sondern müssen durch entsprechenden Erdaushub so tief im Boden sitzen, daß der Eindruck des natürlich Gewachsenen entsteht. Und noch ein Grundsatz, den die Steingarten-Architekten mit gutem Recht aus der Praxis hergeleitet haben: Wenige große Steine sind stets bei weitem wirkungsvoller als viele kleine, womit freilich nicht gesagt sein soll, daß unbedingt überall nur zentnerschwere Findlingsblöcke angebracht werden müssen! Auch eine Gruppe aus drei oder vier materialgleichen Steinen kann gut aussehen, wenn sie sich dem Ganzen organisch einfügt.

Große Steine bilden das Grundgerüst

Beim Anbringen der Steine muß man sich immer nur vorstellen, sie wären von selbst einen Hügel herabgerollt. Wie bleiben sie liegen? Natürlich doch mit ihrer schwersten, also ihrer Breitseite nach unten! Allerdings kann es hier für den nachschaffenden Gartenmenschen Ausnahmen von der Regel geben, wenn etwa ein Stein im Querschnitt eine besonders schöne Maserung zeigt und deshalb gebieterisch aufrecht gestellt zu werden verlangt, obwohl er mehr schmal als hoch ist.

Steine nicht mit der Spitze nach unten!

Und noch etwas ist gleich bei dem Aufbau des Steingartens zu beachten: Er sei nicht einfach schräg angelegt, so daß alles im gleichen Neigungswinkel verläuft, sondern zeige möglichst einen gestuften Abfall, so daß dadurch die

Waagrechte Pflanzstellen
zwischen sicher eingebauten,
stützenden Steinen formen
das Gesamtbild der voll-
kommen natürlich wirkenden
Anlage mit abwechslungs-
reichem Pflanzenbestand.

Pflanzstellen ungefähr waagerecht bleiben, wie unsere Zeichnung zeigt. Man schlägt nämlich zwei Fliegen mit einer Klappe: Einmal wurzeln die Pflanzen besser an und haben es leichter mit ihrem Wasserhaushalt, zum anderen ist in einem so terrassierten Gelände die Gefahr des Abschwemmens der Erde bei starkem Regen oder auch nur beim Gießen viel weniger groß. Schließlich haben gerade die hübschesten und beliebtesten Steingartenpflanzen, wie Blaukissen, Polsterphlox und der Moosartige Steinbrech, die Rasenbildende Zwergglockenblume ebenso wie viele *Sedum-* und *Sempervivum-*Arten die Eigenschaft, durch Überwallen der ihrem Pflanzort vorgebauten Steinbrüstungen besonders augenfällige Schönheit zu entfalten und jene hängende Blütenfülle zu entwickeln, die nun einmal zum Wesen des Steingartens gehört und ihm den Eindruck üppiger Selbstverständlichkeit sichert.

Aparte Steingärten
nicht nur
in südlichen Hanglagen

Übrigens muß er sich nicht nur als willkommener Ausgleich der Höhenunterschiede zwischen Haus und Garten oder Haus und Straße darbieten, wie man es heute bei zahllosen hübschen Neubauten sieht; Bild Seite 35. Ein Steingarten kann auch am Wasser liegen. Er kann in etwas abgewandelter Form als nur wenig erhöhtes, breites Band aus Steinen und Blütenpolstern einen künstlich etwas tiefer gelegten Weg säumen. Er kann — mit schuldigem Respekt vor dem für seine bei Südlage übliche Pflanzenwelt meist unerwünschten Schattenschlag der Bäume — vor einer entsprechend hoch angelegten Gehölzgruppe hingebreitet werden. Schließlich bleiben noch die vielen Möglichkeiten fließender Übergänge.

Trockenmauer, Alpinum, Troggärtnerei

Die Trockenmauer ist eine Art Unterabteilung des eigentlichen Steingartens. Sie hat ein strengeres architektonisches Gepräge und weist zwar ihm verwandte, doch wiederum auch völlig andere Züge der Anlage und der Bepflanzung auf; Bilder Seite 18 unten links und Seite 35. Wichtig ist es vor allem, daß auch hier genügend Tropfstellen geschaffen werden, damit das Niederschlagswasser sich in den Fugen und Ritzen sammeln kann. Deshalb werden solche Mauern immer etwas schräg oder ausdrücklich mit abgesetzten Steinen angelegt. Ferner muß man beim Bau darauf achten, daß jeder einzelne Stein nicht waagerecht, sondern leicht nach innen geneigt zu liegen kommt, damit das anfallende Regen- oder Gießwasser nicht wie von einem Dach abläuft, sondern — genau umgekehrt — aufgefangen und den im Mauerwerk wurzelnden Pflanzen zugeleitet wird. Siehe hierzu die Zeichnungen auf Seite 57 unten.

Die Bewässerung der Pflanzen durch Schräglage der Steine verbessern

Während Steingarten und Trockenmauer heute, nach Jahren des Übergangs und nach Überwindung mancher Kinderkrankheiten, unabhängig von sonstigen Voraussetzungen der Landschaft und des Klimas fast in jedem Garten zu finden sind, wird das »Alpinum« wohl immer eine Sache für Kenner bleiben. In gebirgsnahen Gegenden hat das keine Schwierigkeit. Anders aber ist es in den Gärten der Ebene, wo völlig andere Umweltfaktoren die Lebenskraft klimafremder Alpenwildpflanzen bald erschöpfen. Es ist also nicht damit getan, daß man — den Naturschutz mißachtend — irgendwo im Hochgebirge »echte« Alpenrosen oder Enziane, Alpenaurikeln oder gar einen der letzten Edelweißhorste ausgräbt, um sie einem meist noch mißverstandenen »Auch-Alpinum« einzufügen. Die geraubten Fremdlinge müßten dabei so schwerwiegende biologische Veränderungen durchmachen, daß ihre ursprüngliche Schönheit und ihr Farbenglanz bald verloren wären, sie selbst aber kümmern und in absehbarer Zeit eingehen würden. Wildpflanzen zu entführen ist also ebenso unrecht wie unzweckmäßig. Auch gibt es von einer großen Zahl »echter« Alpenpflanzen und internationaler Hochgebirgsflora längst klimafest durchgezüchtete Kulturformen, an denen man auch ohne besondere Sachkenntnisse seine Freude haben kann.

Statt geraubter Alpenwildpflanzen lieber akklimatisierte Kulturformen verwenden

Sie wachsen nicht nur im Steingarten und im Steingarten-Alpinum, sondern haben sich dazu noch ein anderes Gebiet erobert, das — wiederum den Wandlungen der menschlichen Lebenshaltung entsprechend — viele eifrige Liebhaber gefunden hat. Ich meine die Tisch- und Troggärtner, deren besondere Anliegen auch auf den Bundesgartenschauen der letzten Jahre durch zauberhaften Anschauungsunterricht wesentlich gefördert wurden. Schon gibt es heute wahre Troggarten-Künstler, die unter Umständen ein halbes Dutzend Steintröge, alte Brunnen- oder Futtertröge oder auch deren industriell aus Kunststein gefertigte moderne Konkurrenten besitzen und darin, fein säuberlich nach ihren Ansprüchen geordnet, reizendste Vertreter einer unendlich vielseitigen Kleinflora pflegen. Das sind nicht nur Polsterstauden

Troggärtnerei, das große Hobby von heute und morgen

Ein sachgemäß angepflanzter
Trog macht wenig Arbeit
und überdauert viele Jahre.

und andere typische Steingartenpflanzen, sondern die Skala der Möglichkeiten reicht bis zu ausgesprochenen Sukkulentensammlungen, Zwerglaubgehölzen und Zwergkoniferen.

Alle derartigen Pflanzgefäße müssen an ihrer tiefsten Stelle eine Abfluß-
öffnung haben, oder auch deren zwei und drei, wenn das Format es geraten
erscheinen läßt. Stehende Nässe, die nach starken Regenfällen und sogar
schon nach durchdringendem Gießen kaum zu vermeiden wäre, wird nämlich von den hier verwendeten Gewächsen besonders schlecht vertragen und
bringt sie innerhalb kürzester Zeit zum Erliegen.

Die richtigen Erd-
mischungen sind wichtig

Äußerst wichtig ist deshalb auch immer die Frage der Bodenzusammenset-
zung. Die meisten Steingartenpflanzen und Alpinen, ebenso wie die Sukkulenten vom Stamme *Sedum* und *Sempervivum* nebst kleinbleibenden Arten
der Freiland-Opuntie, verlangen einen sehr durchlässigen Wurzelgrund. Für
sie kommt auf den Boden des Pflanzgefäßes, dessen Seitenhöhe mindestens
20 cm haben sollte, eine 3 bis 4 cm hohe Schicht Schlacke, Blumentopfscher-
ben oder Schotter. Die Erdmischung für kalkholde Pflanzen soll etwa dem
Boden natürlicher Geröllhalden entsprechen. Das überlieferte Rezept dafür
lautet: Man nehme knapp hälftig scharfen (= kalkfreien) Quarz- oder
Flußsand, ein Viertel Rasenerde, ein Viertel feinen Kalkschotter oder alten
Mauermörtel (keinesfalls frischen, zementhaltigen Bauschutt!) und füge je
nach der Gesamtmenge noch soviel feuchten Torf hinzu, wie zur vollen Hälfte
beim Sand fehlt. Die verschiedenen Bestandteile solcher »Troggartenmi-
schung« zu beschaffen wird nicht immer ganz leicht sein. Auch bin ich für
meine prachtvoll gedeihende Sukkulentensammlung in einem großen barok-
ken Steintrog, der die Jahreszahl 1718 trägt, mit einer Mischung aus Ein-

heitserde und scharfem Sand immer recht gut gefahren. Verhältnismäßig einfach ist die Bodenfrage bei den kalkfeindlichen Pflanzen zu lösen, denn hier kann man sich notfalls mit einer Mischung aus natürlich ebenfalls kalkfreiem Sand und einem der Torfkultursubstrate des Handels weiterhelfen, während das zuständige Rezept folgende Mischung vorsieht: ein Teil scharfer Sand, zwei Teile kalkfreier Lehm, 2 bis 3 Teile Torf, 2 bis 3 Teile Rasenerde. Statt Torf und Rasenerde wird von den Spezialisten — falls erhältlich — auch Heideerde empfohlen. Was sich eigentlich von selbst versteht: Die hier angegebenen Erdmischungen kommen nicht nur für Troggärten, sondern durchaus auch für Pflanzplätze in exklusiven Alpinum-Anlagen in Frage.

Sollen in nicht ortsfesten Gefäßen künstliche Felsszenerien geschaffen werden, dann sind schwere Granitbrocken schon wegen ihres Gewichtes weniger günstig als beispielsweise leichter Kalktuff oder Sinter, die man zudem von Hand bearbeiten kann. Probleme gibt es nicht selten auch wegen der Überwinterung. Große, schwere Steintröge mit dicken Wandungen wird man ziemlich unbesorgt im Freien belassen können. Andere, weniger kältefeste Gefäße müssen ringsum in trockenen Torf gebettet und durch Abdecken mit Tannenzweigen vor Frost- wie insbesondere auch vor Trockenschäden geschützt werden. Ballentrockenheit im Winter bedroht vor allem Immergrüne und Nadelhölzer auf engem Raum natürlich noch mehr als im Freiland, so daß man hier auch mit zusätzlichem Gießen bei frostfreiem Wetter ein übriges tun sollte. Das öfters empfohlene Einstellen der »mobilen Gärtchen« im kühlen, frostfreien Raum, der in diesem Fall auch noch hell sein sollte, bleibt ebenso ein Notbehelf wie spätsommerliches Auspflanzen wertvoller Gewächse in den Garten; denn beides widerspricht eigentlich dem Sinn der Sache und ist außerdem wegen Mangel an geeigneten Einstellplätzen in vielen Fällen praktisch undurchführbar.

Ausblick und Pflanzenauswahl

Weil der Steingarten noch mehr als jede andere gärtnerische Anlage von den örtlichen Voraussetzungen und dem persönlichen Geschmack her bestimmt wird, möchte ich auf genaue Richtlinien für die Anpflanzung bewußt verzichten. Dem wahrhaft schöpferischen Gartenmenschen wird es zweifellos am ehesten gelingen, mit der Zeit eine Art »Wildnisgartenkunst« zu entwickeln, von der KARL FOERSTER einmal sagt, aus Landwein könne hier Champagner werden. Aber, so fährt er fort, man müsse nach gründlicher Anfangsorientierung an Hand guter Pflanzenlisten eben selbst genug Erfahrungswissen sammeln, um sich dann allein in die tieferen Feinheiten und Wagnisse hineinarbeiten zu können.

Schauen wir uns also nach den Pflanzen um: Es sind viele Hunderte, deren Schönheit unbestreitbar und deren Eignung erprobt ist. Und nicht nur ausgesprochene Steingartenpflanzen, sondern dazu noch alle jene, die man ganz nach Neigung und Bedarf aus anderen Gruppen — vom blühenden Zier-

»Troggartenfelsen« macht man aus leichtem Kalktuff oder Sinter

Überwinterungsprobleme und ihre Lösung

»Wildnisgartenkunst« heißt unser Gestaltungsziel

strauch im Kleinformat bis hin zu den Küchenkräutern — auch im Steingarten unterbringen kann.

Soweit dies der Fall ist, finden sich in den anderen Pflanzenübersichten jeweils entsprechende Hinweise, wie beispielsweise im Kapitel »Blumen aus Zwiebeln und Knollen«. Was anschließend genannt wird, ist vor allem auch unter dem Gesichtspunkt der Dauerhaftigkeit und langen Blütezeit ausgewählt. Und was nicht genannt werden kann, möge sich jeder mit Lust und Liebe zur Sache aus den reichhaltigen Katalogen der großen Staudengärtnereien selbst zusammensuchen oder es im Austausch mit Gleichgesinnten »zusammenfuggern«, was bekanntlich mit den allermeisten Spaß macht ...

Niedere Steingartenstauden und Polsterblüher

Igelpolster, *Acantholimon* (Bleiwurzgewächs) Höhe 8–10 cm; Blütezeit Juni/August; Blütenfarbe: rosa. Standort: vollsonnig und trocken, steiniger, kalkhaltiger Boden (Kalkschotter). – Die immergrünen, aus Kleinasien stammenden Stachelpolster eignen sich hervorragend für südwärts gerichtete Trockenmauern und Terrassenplätze. Wichtigste Arten sind das graustachelige *A. olivieri* und das grünstachelige *A. glumaceum,* beide schmücken sich wochenlang mit leuchtend rosa Blütenähren. Abbildung Seite 35.

Schafgarbe, *Achillea* (Korbblütler) Rund ein Dutzend dankbarer Blüher; Höhe zwischen 10 und 30 cm; Durchmesser: 20–25 cm; Blütezeit: je nach Sorte Mai bis August; Blütenfarben: weiß und gelb; Pflanzzeit März; Standort: sonnig. – Kommt auf jedem leichten Boden, auch auf Trockenmauern und in den Fugen der Plattenwege fort. Einige Arten, wie *A. ageratifolia* (20 cm) und *A. canescens,* zeichnen sich durch wunderschöne silbergraue Belaubung aus. Die bekannte gelbblühende *A. tomentosa* hat mehr wollige, die reizende weiße *A. lingulata* einfach grüne Blätter. *A. moschata nana* ist kalkfliehend.

Adonisröschen, *Adonis* (Hahnenfußgewächs) Höhe: 20–30 cm; Blütezeit: Februar/Mai; Blütenfarbe: goldgelb. Standort: in voller Sonne, kalkhaltiger, etwas steiniger Boden bevorzugt. – Das Vorfrühlings-Adonisröschen, *A. amurensis,* entfaltet seine strahlenden Sonnengesichtchen vor dem Laub, oft noch aus dem letzten Schnee heraus. Bei der Gartenform 'Pleniflora' sind die Blüten dicht gefüllt und erscheinen gleichzeitig mit den Blättern. Im April/Mai folgt das Frühlings-Adonisröschen, *A. vernalis.* Man legt die Wurzelstöcke in Horsten, darf aber nicht ungeduldig werden, wenn es bis zur ersten Blüte einige Zeit dauert.

Kriechender Günsel, *Ajuga reptans* (Lippenblütler) Höhe: 10–15 cm; Durchmesser: 15–25 cm; Blütezeit: Mai/Juni; Farbe: blau; Pflanzzeit: März; Standort: halbschattig, wächst am Wasserbecken. Siehe auch Rasenersatz/Bodendecker. – Bevorzugt feuchte Stellen im Steingarten. Gelegentliche Düngung ist zu empfehlen. Fast alle, so auch die Kulturformen *A. reptans* 'Rosea' mit rosa Blüten und der buntlaubige Feuersalamander-Günsel 'Multicolor' wuchern gern und müssen deshalb streng im Zaum gehalten werden. Kleine Ausläufer bildet der Pyramiden-Günsel, *A. pyramidalis,* mit aufrechten, zottig behaarten Stengeln und auffallend blauen, dichten Blütenähren.

Steinkraut, Steinrich, *Alyssum* (Kreuzblütler)   Höhe: 15–30 cm; Durchmesser: 20 bis 25 cm; Blütezeit: April/Mai; Farbe: zitronengelb; Pflanzzeit: Herbst oder zeitiges Frühjahr; Standort: sonnig. Bild Seite 233. – Der niedliche, staudige Halbstrauch gehört zu den ganz richtigen, bescheidenen Steingarten-Polsterpflanzen, auf die man auch wegen ihres winterharten, silberfilzigen Blätterkleides keinesfalls verzichten mag. Ihre Vermehrung geschieht im Herbst durch Stockteilung. Am beliebtesten ist *A. saxatile,* dessen schwefel- bis goldgelbe, in dichten Doldentrauben erscheinende Blüten gefüllt und einfach vorkommen. Das Silbersteinkraut, *A. argenteum,* hat den Vorzug später Blüte von Juni bis August. Die kleinste, nur etwa 10 cm hohe Form ist das kriechende silberlaubige *A. moellendorffianum.* Das einjährige *A. maritimum,* jetzt *Lobularia maritima,* siehe Kapitel »Sommerflor«.

Zwergochsenzunge, *Anchusa angustissima* (Borretschgewächs)   Höhe: 30 cm; Durchmesser: 15–20 cm; Blütezeit: Mai/August; Blütenfarbe: enzianblau. – Zum Unterschied von der hohen Ochsenzunge braucht die erst seit wenigen Jahren eingeführte bildschöne Zwergform einen trockenen, stark besonnten Standort und ist dadurch als Steingartenpflanze vorzüglich geeignet, verlangt allerdings etwas Winterschutz. Kultur wie *Anchusa italica,* siehe Staudenkapitel, Seite 181.

Mannsschild, *Androsace* (Primelgewächs)   Höhe: 5–10 cm, Rasen oder Ausläufer bildend; Blütezeit: Mai/Juni; Blütenfarben: hellrosa und dunkelrot; Pflanzzeit: Herbst oder Frühjahr; Standort: unbedingt halbschattig. – Die Mannsschilde können nur teilweise als echte Steingartenpflanzen angesprochen werden, da die am leichtesten erreichbaren Arten und Kulturformen halbschattige Lagen mit lockerem, humosem Boden bevorzugen. Als geeignet darf dagegen die kalkholde und sonnenliebende *A. sarmentosa* und Sorten gelten, die über zottelhaarigen Blattrosetten von seidigem Glanz entzückende, hellrote, primelartige Doldenblüten bringt.

Anemonen-Arten, *Anemone* (Hahnenfußgewächse)   Höhe: 15–40 cm; Durchmesser: 15–30 cm; Blütezeit: April/Mai; Blütenfarben: weiß, blau, auch cremegelb und karminrot. – Angefangen von dem einheimischen Buschwindröschen, *A. nemorosa,* und seinen vielfarbigen Gartenformen bis zum 40 cm hohen Waldwindröschen, *A. sylvestris,* und dem bis zu 30 cm hohen, oft schon im März blühenden Leberblümchen, *Hepatica nobilis,* haben wir es hier mit einer der liebenswürdigsten Gattungen des Steingartenreviers zu tun. Die bis hierher genannten Pflanzen zählen zu den Waldanemonen, die schattige Lagen und Lauberde bevorzugen. Sonnenfreundlich ist dagegen die wundervoll azurblau blühende, nur 15 cm hohe *A. blanda* mit mehreren schönen Gartenformen, die auf Seite 234 abgebildet ist. Küchenschelle siehe unter *Pulsatilla.*

Zwergakelei, *Aquilegia discolor* (Hahnenfußgewächs)   Höhe: 15 cm; Blütezeit: Mai/Juni; Farbe: leuchtend lilablau mit weiß. – Diese ziemlich seltene alpine Zwergform sei lediglich deshalb erwähnt, weil sie wohl die einzige europäische Art ist, die allenfalls im Garten fortkommt und von guten Staudengärtnereien geführt wird. Daneben japanische und amerikanische Hybrid-Zwergformen, wie *A. akitensis,* die im Juni/Juli blühende, weinrote *A. ecalcarata* und *A. scopulorum.*

Gänsekresse, *Arabis* (Kreuzblütler)   Höhe: 15–20 cm, große Polster bildend; Blütezeit: April/Mai; Farben: weiß, lilarosa, rot. – *Arabis* gehört zu den Standardpflanzen eines jeden Steingartens, ist anspruchslos und dabei außerordentlich dekorativ. Es gibt eine ganze Handvoll teils einfach blühender, teils gefüllter Sorten, voran *A. caucasica* 'Plena' und die buntblättrige 'Variegata'. Besonders hübsch sind 'Rosabella' und die großblumige, weiße 'Schneehaube'.

Gänsekresse, gefüllt

Grasnelke, *Armeria* (Bleiwurzgewächs)   Höhe: 20 cm, rasenbildend; Blütezeit: Mai/Juni; Farben: weiß, lilarosa. – Eine der mit liebenswürdiger Bescheidenheit ausgezeichneten Kleinstauden, mit vielen hübschen Sorten, die man alle gut als Einfassungspflanzen verwenden kann. Bei uns dient die weiße Form, *A. maritima* 'Alba', als »Sommerdecke« für den bis September unter ihr schlummernden Herbstkrokus.

Zwergedelraute, *Artemisia* (Korbblütler)   Höhe: 10–15 cm, breite Polster bildend; Blütezeit: Juli/August; Farbe: weiß. – Wichtiger als die Blüten ist hier das zauberhaft filigranartig am Boden hingebreitete, silbrigweiße Laub, zu dessen voller Schönheitsentfaltung jedoch ein sehr lockerer, sandiger Boden und freier Stand unerläßlich erscheinen. Ohne Beengung durch andere höhere Pflanzen gehalten, gereichen Artemisien wie *A. nitida* oder *A. splendens* var. *brachyphylla* dem Steingarten zur besonderen Zierde. Verwandte des als Heil- und Würzpflanze geschätzten Wermuts!

Zwergastern, *Aster alpinus*, *A. amellus* und *A. dumosus* (Korbblütler)   Höhe: 20 bis 30 cm; Blütezeit der *A. alpinus* Mai/Juni, der *A. amellus* Juli/August, der *A. dumosus* September/Oktober; Blütenfarben: weiß, rosa, hellviolett, blau; Pflanzzeit: nur Frühjahr oder mit Topfballen. – Die ganze Gruppe ist so liebenswert, daß man sie eigentlich alle der Reihe nach durchprobieren müßte. Die frühesten und kleinsten sehen fast wie etwas groß geratene Gänseblümchen aus. Alle bilden breite, runde Büsche und sind ungemein dankbar. Jeder Katalog enthält ein paar Dutzend Namensorten, die ständig durch Neuheiten vermehrt werden. Hübsch in Gemeinschaft mit *Arabis, Iberis,* auch *Doronicum* für die Frühsorten, Vorpflanzung der Spätsorten (Kissenastern) vor Immergrün und Zwergnadelhölzern.

Aubrietie, Blaukissen, Purpurkissen, *Aubrieta* (Kreuzblütler)   Höhe: 10–15 cm; Blütezeit: April/Mai; Farben: blau, rot, rosa, weiß. – Kein Steingarten, kein Alpinum, keine Trockenmauer ohne den bezaubernden Frühlings-Farbenschmelz der Aubrietien! Dabei machen sie so gut wie keine Arbeit, kommen überall willig fort und überschütten selbst noch das Gestein mit dem silberflaumigen Graugrün ihrer Belaubung. Herrlich mit *Alyssum* und *Iberis* zusammen! Anzucht aus Samen in Schalen oder im kalten Kasten ist einfach, ebenso die Vermehrung durch Stecklinge. Außerdem kann man in jedem Herbst Teile der großen Polster abzweigen. Schönste Sorten: die blauviolette 'Schloß Eckberg', die magentarote 'Feuervogel', die karminrosa 'Rosenteppich', die dunkelblaue, nur 5 cm hohe 'Tauricola'. Bild Seite 234.

Aubrietie, Blaukissen

Karpatenglockenblume, *Campanula carpatica* (Glockenblumengewächs)   Höhe: 15 bis 30 cm; Durchmesser: 15–20 cm; Blütezeit: Juni/August; Farben: Blau, weiß; Pflanzzeit: September oder März; Standort: sonnig, auch halbschattig. – Neben den schon als Mittelstauden vorgestellten großen Glockenblumen gibt es eine ganze Reihe von reizenden Kleinformen, die sich ihrer rührenden Anspruchslosigkeit wegen besonders für Einfaß- und Steingartenzwecke eignen. Beispielhaft für alle anderen ist die Karpatenglockenblume mit ihren aufrechten, verzweigten Stengeln; polsterbildend, dabei mit jedem Boden zufrieden und unempfindlich gegen Prallsonne. Mit Vor- und Nachflor läßt sich ihre Blüte auf rund drei Monate ausdehnen. Sehr dankbar: die rasenbildende *C. portenschlagiana*. Weitere siehe Zweijahrsblüher, Stauden.

Hornkraut, *Cerastium* (Nelkengewächs)   Höhe: 6–10 cm; gern stark umherwuchernd; Blütezeit: Mai; Farbe: weiß; Pflanzzeit: kaum begrenzt; Standort: sonnig. Bild Seite 18. – Mit seinen weißfilzigen Blättern kommt das Hornkraut in der Nachbarschaft von Aubrietien, Grasnelken, auch Polsterphlox oder *Veronica* besonders gut zur Geltung. Aber man muß seine Freunde vor ihm schützen: Vor allem *C. biebersteinii* ist geradezu gewalttätig in seinem Ausbreitungsbedürfnis. Edler und gezügelter im Wuchs: *C. tomentosum* var. *columnae* mit silbrigweißer Belaubung. Denkbar bescheiden, auch in Geröll wachsend und als Bodenbedeckungspflanze geeignet. Vermehrung mit Ausnahme der Wochen des Blühens jederzeit durch Abrisse.

Lerchensporn, *Corydalis* (Mohngewächs) Höhe: 15 cm; Blütezeit: März/April und bis Oktober; Blütenfarbe: gelb, rot; Pflanzzeit: beliebig; Standort: schattig bis halbschattig. – Wir bekommen den Lerchensporn meist in den Arten *C. cava* (roter Frühlingsblüher für schattige Lagen) und *C. lutea* (gelber Dauerblüher für Trockenlagen, Mauerfugen, Felsritzen) angeboten. Beide sind unermüdlich im Blühen wie im Aussamen und rücksichtslosen Ausbreiten. Dennoch möchte man diese saft- und kraftstrotzenden Gesellen mit den eigenartigen Blüten nicht missen, zumal sie sich auch als Lückenbüßer bei Ausfällen anderer, »feinerer« Pflanzen unentbehrlich machen. Einige weniger gewalttätige Arten, wie die filigranhaft zartbelaubte *C. cheilanthifolia* oder die bis 50 cm hohe *C. nobilis*, sind leider nicht leicht zu bekommen.

Nelken-Arten, *Dianthus* (Nelkengewächse) Die niedrigen, meist rasenbildenden, ausdauernden Nelkenarten sind für Steingarten, Trockenmauer und Einfassungszwecke sehr beliebt. Ihre weißen, rosa oder karminroten Blütenteppiche erscheinen teils im Frühjahr, teils im Hochsommer. Pflanzzeit Herbst oder Frühjahr; sonniger Standort wird von den meisten bevorzugt. Die Alpennelke, *D. alpinus,* mit großen, fleischroten Blüten im Juli/August bei 5–12 cm Höhe ist ausnahmsweise etwas empfindlich und gilt deshalb als Liebhaberpflanze vor allem fürs Alpinum. Auf trockenem, doch nahrhaftem Boden in sonnigster Lage gedeiht die Pyrenäennelke, *D. neglectus,* Blüte karminrot, im Juli/August, Höhe 5–12 cm, bildet dichte Rasen. In großen, grasartigen Büschen von etwa 20 cm Höhe erscheint die im Mai/Juni rosa blühende Steinnelke, *D. silvester,* die sich auf sonnigem, trockenem, kalkhaltigem Boden als besonders schöne und dankbare Wildnelke bewährt. Etwas schwierig wird die Sache, wenn wir uns nun der so beliebten Federnelke, *D. plumarius,* zuwenden. Sie selbst gehört eigentlich einer anderen Nelkenrasse an, hat aber zusammen mit der rosa blühenden Pfingstnelke, *D. gratianopolitanus,* so viele reizende Gartenformen hervorgebracht, daß Verwechslungen kaum noch vermeidbar sind. Die niederliegenden, graugrünen Büsche mit den verhältnismäßig langstieligen Blüten, Farbbild Seite 233, schmücken nicht nur Steingarten und Trockenmauer, sondern liefern auch schöne Schnittblumen in weiß, rosa und dunkelrot, auch gefüllt. Eine nahe Verwandte der Federnelke ist die bis 40 cm hohe Karthäusernelke, *D. carthusianorum*; purpurrote, leicht duftende Blüten von Juni bis September. Einjahrsnelken siehe Sommerflor; Zweijahrsnelken siehe Zweijahrsblüher.

Hungerblümchen, Felsenblümchen, *Draba* (Kreuzblütler) Höhe: 5–10 cm; Horste und größere »Fladen« bildend; Blütezeit: März/April, auch noch Mai; Farben: weiß, gelb. Pflanzzeit: je nach Anlieferung; mit Topfballen auch blühend. – Der Name sagt es schon: eines der anspruchslosesten Pflänzchen von allen, dabei im Schmuck seiner je nach Sorte grünen oder rötlichgrünen, dicht bei dicht stehenden Blattrosetten reizend anzuschauen. Je ärmer der Boden, desto besser gedeihen diese Frühlingsblüher, unter denen die gelbe *D. aizoides* am zeitigsten einsetzt, während die weiße *D. dedeana* und die ebenfalls gelbe *D. sibirica (D. repens)* oft bis weit in den Mai die auf schwanken Stengelchen stehenden, einzeln gestielten, kleinen Blüten vorschicken. Aber auch später, im Schmuck unzähliger Samenstände, die unentwegt für Nachwuchs sorgen, sieht dies Kind der südlichen Hochgebirge allerliebst aus. Es wächst auch in jeder Ritze und Plattenfuge. Siehe dazu Hinweis Seite 87.

Berufskraut, Beschreikraut, Feinstrahl, *Erigeron aurantiacus* (Korbblütler) Höhe: 10–20 cm; Durchmesser: 10–15 cm; Blütezeit: Juli/September; Farben: orange, ro-

Niedere
Steingartenstauden
und Polsterblüher

Lerchensporn

salila; Pflanzzeit: März/April; Standort: sonnig. – Die rauhhaarigen Stengel stehen meist einzeln und tragen ihre asternartigen, feinstrahligen Blüten in Form einer verzweigten Traube. Rationelle Züchterarbeit hat das früher etwas empfindliche kleine Beschreikraut mit vielen Sorten von 'Adria' bis 'Wuppertal' heute zu einer begehrten Schönheit in Steingarten und Staudenbeet gemacht, zumal lange Blütezeit und sehr einfache Kultur es besonders dankbar erscheinen lassen. Bild Seite 54.

Wolfsmilch, *Euphorbia* (Wolfsmilchgewächs) Höhe: je nach Art zwischen 5 und 40 cm; meist große, breite Büsche bildend; Blütezeit: April/Mai und Mai/Juni; Farbe: gelb; Pflanzzeit: beliebig; Standort: sonnig. – Natürlich breitet auch in meinem Steingarten *E. myrsinites,* die Walzeneuphorbie, ihre hellgrünen, gotisch-bizarren, langen Stielrosetten als farbiges Widerspiel unweit des japanischen Blutahorns aus und vermehrt sich, wohin man blickt. Die Euphorbien bilden einen so altbekannten Werkstoff des Steingartens, daß über sie kaum weitere Einzelheiten gesagt zu werden brauchen. Anspruchslos, mit Ausnahme der Sumpf-Wolfsmilch (siehe Uferbepflanzung) am besten in magerstem Boden siedelnd, sind sie famose Kameraden für die niederen Staudengräser, die dunkelgrünen Zwergnadelgehölze und nicht zuletzt für andere Sukkulenten, wie Hauswurz und Fetthenne. An trockenste, sonnigste Stellen setzt man auch die bis 40 cm hohe *E. polychroma,* deren gelbe Hochblätter über dicken, halbkugelförmigen Büschen einen besonders lange anhaltenden Blütenflor vortäuschen. *E. marginata* siehe Einjahrspflanzen mit Vorkultur.

Enzian, *Gentiana* (Enziangewächs) Höhe: 10–30 cm; Durchmesser: 10–15 cm; Blütezeit: Mai–August/September; Farbe: blau; Pflanzzeit: zeitiges Frühjahr; Standort: nicht zu sonnig. – Alle Enzianarten werden am besten mit festem Topfballen gepflanzt oder gleich nach der Blüte in Schalen gesät. Die Keimlinge dürfen nicht zu oft versetzt werden. Einige Arten, zu denen auch die großblumigen, stengellosen *G. angustifolia* und *G. dinarica* sowie der bis zu 30 cm hohe, aufrechte Sommerenzian, *G. septemfida* var. *lagodechiana,* gehören, lieben lockeren, auch mit kleinen Steinen belegten, humosen Boden. Pflanzt man diese und ähnliche Arten zusammen, so gibt es einen von Mai bis September anhaltenden Blütenflor. Enziane stehen oft im ersten Sommer noch etwas mager. Im zweiten Jahr fangen sie schon an zu zeigen, was sie können. Übrigens gibt es auch gelb und weiß blühende Arten. Der altbekannte Stengellose Enzian, *G. acaulis,* ist in der Nomenklatur untergetaucht und heißt jetzt *G. clusii.* Als Handelsname steht er aber noch in vielen Katalogen.

Kriechendes Schleierkraut, *Gypsophila repens* (Nelkengewächs) Höhe: 5–10 cm; sehr stark wuchernd; Blütezeit: Juni/August; Farbe: rosa; Pflanzzeit: beliebig; Standort: sonnig. Farbbild Seite 36. – Wie seine große Staudenform wird auch das Zwergschleierkraut besser durch Aprilaussaat als durch Stockteilung vermehrt. Die polsterförmigen bis rasenbildenden Kleinformen sind im übrigen sehr anspruchslos, gedeihen in voller Sonne auf trockenem, sandigem Boden, als Einfassung und in Stein- und Mauerfugen, können aber durch Wuchern geradezu verderblich wirken. Neben der zartrosa Form *G. repens* 'Rosea' verdient die nur 5 cm hohe, im Mai/Juni schneeweiß blühende, mit rosa Äderchen und mit behaarten Blättern dicke Polster bildende *G. cerastioides* Erwähnung.

Sonnenröschen, *Helianthemum* (Zistrosengewächs) Höhe: 10–20 cm; breite Büsche bildend; Blütezeit: Juni/Juli; Farben: von weiß und hellgelb über rosa bis lachs und orange; Pflanzzeit: Herbst oder Frühling; Standort: sonnig. – Der niedliche, flach am Boden sich ausbreitende Halbstrauch tritt in teils gefüllten, teils ungefüllten Sorten auf und gehört zu den Allerwelts-Steingartenbewohnern. Immer blühwillig, anspruchslos und dabei so stark wachsend, daß man sich seiner langen Triebe nur durch öfteren kräftigen Rückschnitt erwehren kann.

Sonnenröschen

Strahlensame, *Heliosperma* (Nelkengewächs) Höhe: 5–15 cm; Blütezeit: Mai/Juni und Juli/Oktober; Blütenfarben: weiß, rosarot; Pflanzzeit: am besten gleich nach der Blüte; Standort: sehr sonnig. – Die Hauptart *H. alpestre* wurde früher als Alpen-Schaumnelke oder Leimkraut unter dem botanischen Namen *Silene alpestris* geführt. Seine aparten, weißen Blütchen heben sich wie eine kunstvolle Stickerei vom Grün des glänzend grünen, rasenartig umherwuchernden Laubwerks ab. Ebenfalls rasenbildend und von Juli bis Herbst unermüdlich in zartem Violettrosa blühend ist das nah verwandte Kaukasus-Leimkraut, *Silene schafta.* Abgesehen von der manchmal schon lästigen Verbreitung durch unterirdische Ausläufer zwei reizende und typische Steingartenpflanzen. Einjahrs-Leimkraut siehe Seite 133.

Purpurglöckchen, Blutströpfchen, *Heuchera*-Hybriden (Steinbrechgewächs) Höhe: 40–60 cm; Durchmesser: 20–30 cm; Blütezeit: Mai/Juni, auch Juni/Juli; Blütenfarben: von zartrosa bis dunkelkarmin; Pflanzzeit: Herbst oder Frühjahr; Standort: sonnig. – Eigentlich wächst einem die *Heuchera* mit ihren wunderschönen »Bressingham-Hybriden« und anderen neuen Sorten unter den Händen über das Steingarten-Kleinstaudenmaß hinaus, wenn über den zierlichen Blattrosetten das leichte Geriesel der zarten Glöckchenblüten erscheint. Aber die Blutströpfchen fühlen sich so wohl im kargen, vollbesonnten Reich der kleinen Terrassen, Hänge und Trockenmauern, daß man sie doch hier einordnen darf, was natürlich ihre Verwendung auch im Staudenbeet nicht ausschließt.

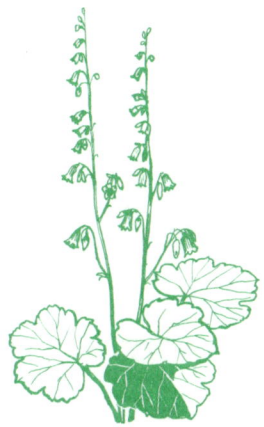

Purpurglöckchen

Johanniskraut, Hartheu, *Hypericum* (Johanniskrautgewächs) Höhe: 15–30 cm; wuchernd, breite Büsche bildend; Blütezeit: Juni/Juli; Farbe: goldgelb; Pflanzzeit: Herbst oder Frühjahr; Standort: sonnig. Schönste Kleinformen: *H. calycinum,* Höhe 30 cm; große, goldgelbe Schalenblüten, auch als Kriechpflanze und Bodenbegrüner bestens; *H. olympicum* und *H. polyphyllum* gehören zu den kleinsten Arten. – Alle diese unverwüstlichen, strauchartigen Gewächse arbeiten treu und redlich an der Verbreitung ihrer Ausläufer, sind fast wintergrün, blühen bereitwillig und machen dem Anfänger keine Sorgen. Die kommen erst später, wenn man die Lieblinge nicht mehr los wird! – Neuzüchtung: *H. o.* ’Citrinum’, sehr großblütig, H. nur 15 cm.

Schleifenblume, *Iberis* (Kreuzblütler) Höhe: 10–20 cm; Durchmesser: 20–30 cm; Blütezeit: April/Mai; Farbe: weiß; Pflanzzeit: Herbst oder Frühjahr; Standort: sonnig. Bild Seite 233. – Standardbewohner aller gut besonnten Steingärten. Immergrüner, völlig winterharter Halbstrauch. Die breit niederliegende *I. saxatilis* wird 10–15 cm hoch und ist auch sehr gut für Trockenmauern geeignet. Bekannteste Art: *I. sempervirens* in vielen Kulturformen. Hübsch in Gemeinschaft mit dem Blau, Rot und Violett der Aubrietien, dem Schwefelgelb des *Alyssum saxatile* oder dem zarten Blau des Polsterphlox. Einjahrsform bei Sommerflor.

Zwergschwertlilien, *Iris pumila* und *I. germanica* (Schwertliliengewächse) Höhe: um 20 cm; durch Rhizome sich mählich zu flächigen Trupps ausbreitend; Blütezeit: April/Mai; Blütenfarben: weiß, goldgelb, violett. – Die Wildform und die mannigfaltigen Gartenhybriden der Barbata-Nana-Gruppe wollen so sonnig und trocken wie möglich stehen, was natürlich nicht ausschließt, daß man sie in der Nähe anderer, größerer Iris auch in einer Steingartenpflanzung in Wassernähe unterbringen kann. Andererseits fühlt sich die ganze Sippe auch im Trockenmauerbereich wohl. Außer den Zwerg-Bartiris gibt es als sogenannte botanische Arten noch viele Kleinschwertlilien, die sich bestens für den Steingarten eignen, allerdings meist 40–60 cm hoch werden. Duftende, hellviolette Blüten im grasartigen Laub zeigt *I. graminea.* Lilablau blüht die zur Rasse der Kamm-Schwertlilien zählende *I. tectorum.* Ein allerliebstes Zwergenkind aus den USA mit kaum 10 cm Höhe ist *I. lacustris.* Man pflanzt im Herbst oder unmittelbar nach der Blüte und verpflanzt möglichst selten.

Niedere Steingartenstauden und Polsterblüher

Edelweiß, Gartenedelweiß, *Leontopodium* (Korbblütler)   Höhe: 10–15 cm; Durchmesser: etwa 20 cm; Blütezeit: Juli; Blütenfarbe: weiß; Pflanzzeit: Herbst oder Frühjahr, am besten mit Topfballen; Standort: sehr sonnig. – Die Gartenformen des echten Alpen-Edelweiß, *L. alpinum,* werden leicht grau. Empfehlenswert sind asiatische Arten, wie *L. souliei* und *L. palibinianum,* sowie Hybriden. Natürlich gehört das Gartenedelweiß an den sonnigsten, trockensten, felsigsten Platz im Steingarten. Wer etwas Kalksteingrus in den Pflanzgrund hineingeben kann, wird besonders schöne, weißfilzige Exemplare erzielen. Ihr Standort bei uns daheim hat lehmigen Ackerboden, der absichtlich nicht aufgebessert wurde und ihnen deshalb auch zusagt. In guter Gartenerde dagegen fangen sie gern an zu vergrünen. Vor allem der silberweiße Stützblätterkranz ihrer Blüten büßt seine typische Färbung ein. Edelweiß soll man selbst bei großer Trockenheit kaum und nach der Blüte gar nicht mehr gießen. Dagegen wirkt sich alljährliches Teilen und Verpflanzen besonders bei älteren Stauden günstig aus. Nur bei stärkerem Kahlfrost etwas Winterschutz geben. Manchmal keimen selbst ausgesamte Pflänzchen, die leicht wachsen und vom zweiten Jahr ab blühen.

Strandflieder, Meerlavendel, *Limonium* (Bleiwurzgewächs)   Höhe: 15–30 cm; Blütezeit: August und später; Blütenfarben: weiß, lila; Standort: sonnig, karger Boden. – Kleine Arten dieser völlig anspruchslosen Pflanze sind *L. binervosum* und *L. tataricum.* Man schätzt sie vor allem auch wegen ihrer späten Blüte. Die höheren Arten werden bei den Mittelstauden besprochen.

Gartenmiere, Hainkraut, *Minuartia* (Nelkengewächs)   Diese reizende Rasen- und Polsterstaude gehört zu den Kleinsten unter den Kleinen. Die Granitmiere, *M. laricifolia,* bildet bei nur 5 cm Höhe dichte, dunkelgrüne Polster aus nadelartigen Blättchen, über denen im Juli/August zahllose weiße Blütensternchen erscheinen. Bild Seite 35. Andere hübsche Arten: *M. graminifolia* und die kalkablehnende, bis 10 cm hohe *M. verna.* Wird oft noch unter dem Namen *Alsine* geführt.

Alpen-Vergißmeinnicht, *Myosotis alpestris* (Borretschgewächs)   Höhe: 10 cm; Blütezeit: Mai; Farbe: blau mit weißlichem Kelchgrund. – Das Alpen-Vergißmeinnicht ist eigentlich nur eine Standortform des gewöhnlichen Wald-Vergißmeinnichts. Es hat kürzere, dichtere Blütentrauben, duftet. Der Kelch weist einzelne Haare auf. Ins Tal versetzt, verschwinden die Merkmale der Bergpflanze, und das Alpen-Vergißmeinnicht bildet sich bald in seine Ursprungsform zurück, Bild Seite 233. Ein Beweis mehr, daß man Alpenpflanzen nicht ohne weiteres in Steingärten der Niederung halten kann. Für »Wasser-Steingärten« sei noch auf das Sumpfvergißmeinnicht, *M. scorpioides,* verwiesen. Es wird bis 30 cm hoch, hat große, dunkelblaue Blüten, die von Mai bis September erscheinen. Im Sumpfbeet bis ins flache Wasser hinein wächst *M. caespitosa.* Es bildet entzückende, kaum 5 cm hohe Blütenteppiche.

Kriechende Nachtkerze, *Oenothera missouriensis* (Nachtkerzengewächs)   Höhe: 20 bis 30 cm; Blütezeit: Juli/Oktober; Blütenfarbe: chromgelb; Pflanzzeit: besser Frühjahr als Herbst; Standort: sonnig. Auf dem Farbbild Seite 36 zu sehen. – Diese aus Nordamerika stammende Staude mit ihren ausgebreiteten, niedrig am Boden hingestreckten, rötlichen Stengeln, den schmalen, lederartig grünen Blättern und den unermüdlich hervorsprießenden, sehr großen Blüten gehört zu den unentbehrlichen Steingarten-Bewohnern. Aber sie braucht viel Platz und ist in der Wahrnehmung ihrer Lebensinteressen nicht gerade zart. Um so schöner wirken die geheimnisvoll in den Abend leuchtenden, riesigen Nachtkerzenblüten. Freilich schrumpfen sie schnell zu häßlichen, gelbbraunen Gebilden ein. Regelmäßiges tägliches Wegnehmen regt die Blühwilligkeit der Pflanze ungemein an. Aber bitte nicht nur jene Blütenreste

Kriechende Nachtkerze

abrupfen, denn erst am Grunde der langen Kelchröhre, dicht dem Blattstengel aufsitzend, entwickelt sich die fächerförmige Fruchtkapsel, die vor allem ausgebrochen werden muß. – Übrigens, wer eine Trockenmauer hat, setze obenauf, in eine mit genügend Erdreich versehene Pflanzstelle, eine Nachtkerze. Es ist zum Entzücken, wie sie sich dort im Sonnenschein ausdehnt und zu einem riesigen Blütengehänge entwickelt. – Neben der schönen *O. missouriensis* seien noch die aufrechte, bräunlich belaubte *O. tetragona* und trotz Wuchereigung die Schnee-Nachtkerze *O. speciosa* empfohlen. Auch die neueren Hybridsorten verdienen Beachtung.

Freiland-Opuntie, Feigenkaktus, *Opuntia* (Kaktusgewächs) Höhe: 10–30 cm; Blütezeit: Juni/Juli; Blütenfarben: gelb, rosa, rot; Pflanzzeit: Frühjahr; Standort: sehr sonnig, sehr durchlässiger Boden. – Mit ihren bizarren Formen sind die an sich sehr anspruchslosen Freiland-Opuntien überaus dekorativ zur Bepflanzung von Felspartien und Trockenmauern. Es gibt verschiedene Kulturformen: mit großen, mit kleinen, mit runden, mit walzenförmigen Gliedern, mit und ohne größere oder kleinere Stacheln. So ist *O. phaeantha* eine große, weit ausgebreitete Pflanze mit kleinen, gelben Blüten. *O. fragilis* ist zierlicher von Gestalt, auch gelbblühend. *O. rhodantha* hat walzenförmige Glieder und blüht sehr schön rot. Etwas Winterschutz ist angezeigt. Tannenreisig genügt. Frost schadet weniger als Nässe.

Freiland-Opuntie

Alpenmohn, *Papaver alpinum* (Mohngewächs) Höhe: 10 cm; Blütezeit: Mai/Juli und Juli/August; Blütenfarben: weiß, gelb. – Einmal angesiedelt, beansprucht der Alpenmohn so gut wie keine Pflege, während die zierliche Haltung, der durch leichte Behaarung auffallende Blätterschmuck und die mohnschönen Blüten ihn als eine unserer liebenswürdigsten niedrigen Arten des Staudenmohns empfehlen. Lockeres Erdreich, dazu Sonne oder etwas Halbschatten sind die auch im Steingarten unschwer vorhandenen Bedingungen für gutes Gedeihen. Erwähnenswert: der Islandmohn, *P. nudicaule,* Höhe 30–40 cm, viele schöne Sorten, Blütenfarben auch kardinalrot und weinrosa. Besonders hübsch die Neuzüchtung 'Gartenzwerg'.

Teppichphlox, Polsterphlox, *Phlox subulata* (Flammenblumengewächs) Höhe: 10 bis 20 cm; Durchmesser: 20–25 cm; Blütezeit: April/Juni; Farben: weiß, rosa, blau; viele Sorten; Pflanzzeit: März oder September; Standort: sonnig. Auf dem Farbbild Seite 252 zu sehen. – Die im Steingarten, auf Trockenmauern, in breiteren Fugen der Plattenwege und als Einfassung unentbehrlichen Polster- oder Teppichphloxe bedürfen im allgemeinen der gleichen Pflege wie ihre großen Geschwister im Staudenbeet. Jeder leidlich gute Gartenboden ist ihnen recht. Man pflanzt am besten mit Topfballen oder vermehrt im Mai durch Stecklinge. Sehr hübsch ist der ebenfalls 5–10 cm hohe, im Mai/August weiß und hellblau blühende Douglas-Polsterphlox, *P. douglasii,* und die 20–35 cm hohe, im Mai/Juni blauviolett blühende Liebliche Flammenblume, *P. amoena,* der man mit nahrhaftem, gut gedüngtem Boden besondere Freude machen kann. Bild Seite 232.

Tibetorchidee, *Pleione pogonioides* (früher *P. limprichtii*) (Orchideengewächs) Höhe: 10 cm; Blütezeit: April/Juni; Blütenfarbe: dunkelrosa, Lippe weiß, innen rot gefleckt, Rand gefranst. – Standort muß halbschattig, im Sommer feucht, im Winter trocken sein. Besser: Trotz an sich voller Winterhärte Bulben im Herbst aufnehmen und mit den nicht winterharten Zwiebeln und Knollen trocken aufbewahren. – Die Tibetorchidee hat sich in den letzten Jahren einen festen Platz im Steingarten erworben. Ihre auffallend großen Blüten lohnen einige Anstrengungen mit der Bodenvorbereitung: Der Wurzelgrund soll aus Heideerde, kalkfreiem Lehm, etwas Sphagnum (Sumpfmoos) und hohe Durchlässigkeit sichernden Topfscherben bestehen. Unter Umständen wäre hier Containerkultur recht zweckmäßig.

Fingerkraut, *Potentilla* (Rosengewächs) Höhe: 10–20 cm; Durchmesser: 10–15 cm; Blütezeit: März/Mai; Blütenfarben: gelb, gelbrot; Pflanzzeit und Stockteilung: Herbst; Standort: sonnig. – Alle niederen Fingerkräuter, unter denen wir uns die goldgelbe *P. aurea,* mit Blütezeit Juli/September, die blutrote *P. atrosanguinea,* die kriechende, nur als ältere Pflanze rosa blühende *P. nitida* und das Frühlingsfingerkraut *P. verna* merken, lieben guten, nahrhaften Boden, der nicht zu trocken sein darf. *P. nitida,* das »Glänzende Fingerkraut«, kommt auch in tiefen Mauerritzen fort und wird am besten im Mai durch Stecklinge vermehrt. Bei Anzucht aus Samen Aussaat an Ort und Stelle im März/April. Bei den Bodenbegrünern ist noch die ebenfalls kriechende Art *P. reptans* erwähnt. Strauchpotentillen siehe Seite 231.

Gartenaurikel, *Primula* × *pubescens* (Primelgewächs) Höhe: 20–50 cm; große, etwas fleischige Blattrosetten bildend; Blütezeit: April/Juni; Blütenfarben: gelblich-lila-braun in zarten Pastelltönen; Blüten duftend. Nimmt mit jedem leidlich humosen Gartenboden in halbschattiger Lage vorlieb. Für das Alpinum eignet sich die ausgesprochen kalkholde Alpenaurikel, *P. auricula.* Blütezeit ebenfalls April/Juni. Sie schätzt steinigen Boden, ist daher auch bestens für Spalten in der Trockenmauer geeignet. Standort: sonnig bis halbschattig. Weiß bemehltes Laub hat die goldgelb blühende *Primula auricula var. albocincta.*

Küchenschelle, Pelzanemone, *Pulsatilla* (Hahnenfußgewächs) Höhe: 15–20 cm; Durchmesser: 10–15 cm; Blütezeit: April/Mai; Blütenfarbe: leuchtend blau-violett; Pflanzzeit: Herbst oder zeitiges Frühjahr; Standort: sonnig, trocken. – Unsere Küchenschelle steht als echtes Frühlings-Kleinod im Schutzbereich einer Zwergfichte und ruft von einem Jahr zum andern wahre Begeisterungsstürme hervor, wenn sich schon im März ihre mit langen, silberweißen Zottelhaaren bedeckten Knospenhände aus dem dunklen Erdreich emporschieben. Gleichsam als Widerspiel zum Feuerrot und Rahmweiß der botanischen Tulpen erschließen sich dann einige Wochen später die großen, blauen Blütensterne: am vollendetsten bei der Art *P. slavica.* Alle Küchenschellen sind kalkliebend und lehnen Bodenfeuchtigkeit ab. Sie gedeihen noch an trockenen Hängen.

Sternmoos, *Sagina subulata* (Nelkengewächs) Höhe: 3 cm; moosartige Polster bildend; Blütezeit: Juni/August; Farbe: weiß; Pflanzzeit: April und August; Standort: sonnig bis halbschattig, nicht zu trocken. – Überall dort, wo man ein moosartig weiches, dichtes Polster braucht, ist das reizende Sternmoos unentbehrlich. Es wächst in den Fugen der Plattenwege. Es läßt sich, von Zeit zu Zeit sauber abgestochen, sehr fein als Einfassung verwenden. Es füllt die Lücken zwischen Niederstauden im Steingarten. Es dient als vorzüglicher Pflanzgrund und Rasenersatz auf Lilien- oder Sempervivumbeeten. Man teilt im April oder im August, pflanzt büschelweise und erlebt bei reichlichem Wässern, daß die einzelnen Sternmoos-Grüppchen alsbald wieder zu einheitlichen Flächen zusammenwachsen.

Sternmoos

Rasenbildendes Seifenkraut, *Saponaria ocymoides* (Nelkengewächs) Höhe: 10 bis 25 cm; Durchmesser 10–15 cm; Blütezeit: Juni/August; Farben: rosa, rot. – Die Kultur dieser reizenden, dichte Polster bildenden Zwergform richtet sich nach den Angaben über die Stammpflanze bei den Mittelstauden. Außer der dort schon beschriebenen Vermehrung durch Stecklinge kann man *S. ocymoides* auch im August, nach der Blüte, aus Samen heranziehen. Das Zwergseifenkraut kommt noch an den trockensten Stellen vorwärts und erfreut uns neben seiner Unermüdlichkeit im Wachsen und Blühen durch zarten Duft. Gefüllte und einfache Blumen.

Steinbrech, *Saxifraga* (Steinbrechgewächs) Höhe: je nach Sorte zwischen 5 und 25 cm; Blütezeit: je nach Art oder Kulturform März/April und Mai/Juni, bis in den Herbst; Blütenfarben: weiß, gelb, rosa bis dunkelkarmin; Pflanzzeit: Herbst oder Frühjahr; Standort: sonnig, trocken. Auch schattenliebende Arten. – Der Name Steinbrech kennzeichnet eine große Gruppe von Pflanzen, die alle »den Stein brechen«, das heißt seine unwirtliche Macht überwinden und trotzdem an steinigen Orten wachsen. Man unterscheidet polsterbildende, moosartige und rosettenbildende Arten, die sämtlich zum eisernen Bestand aller Steingarten- und Alpinum-Anlagen zählen. Greifen wir einige der schönsten und interessantesten heraus: Der Knollige Steinbrech, *S. granulata,* unterscheidet sich von seiner Verwandtschaft durch eine Knollenbildung der Wurzeln, die auch Vermehrung mit Brutknollen gestattet. Man legt sie im März/April. – Der Moosartige Steinbrech, *S. muscoides,* wird nur 5 bis 10 cm hoch, macht dichte Polster und überrascht im Mai durch eine Fülle weißer oder auch rosenroter Blütchen. – Das Blutströpfchen, *S. umbrosa,* auch Porzellanblümchen oder Jehovablümchen genannt, gehört zur Abteilung »Rosettenbildende«, wird bis 30 cm hoch, blüht weiß oder rosa und verlangt für seine rasenbildende, weithin wurzelnde Ausläuferschar Schatten. Wer genug Gärtnerlatein versteht, ersieht das schon aus der botanischen Bezeichnung. – Zu den Silberrosetten-Steinbrechen zählt mit mehreren Kulturformen *S. aizoon,* im Mai/Juni weißblühend, 25 cm hoch. – Wie gesagt: Es gibt so viele Steinbrecharten, wie das Jahr Wochen hat. Sie werden ausgesät oder im Frühjahr oder nach der Blüte durch Teilung vermehrt. Der Steingartenbesitzer wird sie meist pflanzfertig vom Gärtner beziehen. Alle sind bescheiden in ihren Ansprüchen, mögen nicht zuviel Sonne, wohl aber Feuchtigkeit.

Moosartiger Steinbrech

Fetthenne, Mauerpfeffer, *Sedum* (Dickblattgewächs) Höhe: 10–20 cm; meist polster- oder rasenbildend; Blütezeit: Juni/September; Blütenfarben: weiß, gelb, rosa bis dunkelrot; Pflanzzeit: ziemlich unbeschränkt; Standort: sehr sonnig, sehr trocken. – Auch die *Sedum*-Arten gehören zum unveräußerlichen Besitz des Steingartens. Sie siedeln leicht in Mauerfugen, in den Ritzen der Plattenwege, an Böschungen und Einfassungen, sind anspruchslos und vermehren sich außerordentlich leicht. Wir nennen einige der bekanntesten und beliebtesten: Scharfer Mauerpfeffer, *S. acre,* 5–6 cm hoch; Blütezeit: Juni/Juli; Farbe: gelb, bildet große, grüne Polster. Farbbild Seite 234. – Nickende Fetthenne, Tripmadam, *S. rupestre,* Höhe: 15–30 cm; Blütezeit: Juli; Farbe: gelb, sehr hübsches, blaugrünes Laub. – *S. floriferum* 'Weihenstephaner Gold', beliebter, im Juli/August gelb blühender Bodendecker (siehe dort). – Ewers Fetthenne, *S. ewersii,* auch Himalayasedum genannt; Höhe: 20–30 cm; Blütezeit: August/September; Farbe: rosa, purpurn, ist bemerkenswert durch seine blaugrün belaubten, rankenden Stengel. – Siebolds Fetthenne, *S. sieboldii,* Höhe: 20–30 cm; Blütezeit: August/Oktober; Farbe: rosa; es ist das späteste *Sedum,* in Süddeutschland deshalb auch »Oktoberle« genannt. Schon diese Aufstellung zeigt, daß die Aufeinanderfolge der Blütezeiten durch Zusammenstellung entsprechender Arten vom Frühsommer bis weit in den Herbst hinein dauert. Bild Seite 234.

Dachwurz, Hauswurz, *Sempervivum* (Dickblattgewächs) Höhe: 10–15 cm; Blütezeit: Juli/August; Blütenfarben: gelb, rosa, rot; Pflanzzeit: beliebig, nur nicht während der Blüte; Standort: sehr sonnig, sehr trocken. Hybridform siehe S. 234. – Wie hübsch sieht es aus, wenn irgendwo auf dem Lande die hohen Steinpfosten am Tor eines alten Bauernhauses dicke Mützen aus blühender Hauswurz tragen! Eine neben der anderen drängen sich die schmucken, saftig-grünen Rosetten mit dem zartbraunen Rand, und steil schießt hier oder da aus der Gemeinschaft solcher Sempervivum-Familien der Blütenschaft mit seinen reizenden, sterngesichtigen Blütendolden empor. *Semper vivum* – »immer lebendig« haben die alten Botaniker die unverwüstliche, durch keine Trockenheit und kaum einen harten Frost zerstörbare Pflanze getauft. Mitten aus der Rosette kommt die Blüte. Ist sie vorbei, so stirbt die Mutterpflanze ab, während unten am Wurzelhals oder aus den Blattachseln schon Ausläufer mit niedlichen Rosetten-Kindern entsprungen sind, die sich in den folgenden Jahren zu blühfähigen Rosetten entwickeln. Als lebende Ornamente bevölkern sie auch unseren Steingarten und bieten sich in so bezaubernden Formen dar, daß dem Gartenfreund die Wahl schwer wird. – Da haben wir *S. arachnoideum*, die Spinnweb-Dachwurz, die aus einem Gespinst silbrig behaarter, kleiner Rosetten korallenrot aufblüht. Besonders große Rosetten von 6–8 cm Durchmesser und dunkelgrüne, drüsenhaarige Blätter mit purpurroten Spitzen hat das im Juli blühende *S. košaninii*. Aus einer ganzen Reihe wunderschöner, deutlich größerer Hybridformen nur zwei: 'Alpha', deren bräunlichgrüne Rosetten in der Mitte silbern besponnen sind, und 'Rubin', bei der zur Abwechslung die Blätter dunkelrot und der Rand hellgrün, die Blüten aber dunkelrosa sind. Am weitesten verbreitet ist *S. tectorum* in vielen Variationen. – Alle haben sozusagen negative Ansprüche: kein Dünger, kein Wasser, recht armer, sehr sandiger, möglichst mit etwas zementfreiem Bauschutt gemischter Boden. Die Vermehrung macht keine Sorgen, denn sie geht ganz von selbst vor sich. Anzucht aus Samen ist möglich, aber weshalb soll man sich damit plagen, wenn die Ausläufertour so gut funktioniert? Bild Seite 234.

Zwerg-Goldrute, *Solidago cutleri* (Korbblütler) Höhe: 15 cm; Blütezeit: August/September; Blütenfarbe: gelb; Pflanzzeit: Frühjahr; Standort: sonnig. Die wunderschöne FOERSTER-Züchtung *S. hybr.* 'Laurin' wird 40 cm hoch. – Bereits seit einigen Jahren ist die Goldrute ein angesehenes Mitglied der Gruppe herbstblühender Stauden geworden, da ihr durch gärtnerische Züchterkunst das Wuchern und ähnliche unangenehme Eigenschaften abgewöhnt werden konnten. Besonders reizend sind nun die niedrig bleibenden Sorten, mit denen man im Spätsommer-Steingarten, vor Trockenmauern und Terrassenwänden ungewöhnliche Wirkungen erzielen kann.

Wollziest mit Blütenstand

Wollziest, *Stachys olympica* (Lippenblütler) Höhe bis 30 cm; Blütezeit Juni/Juli; Blütenfarbe purpurlila; Pflanzzeit Frühjahr; Standort sonnig. – Das silberweiße, samtige Laub dieser niedrigen, kriechenden Art hält bis weit in den Winter. Es wird um so schöner, wenn man die an sich unscheinbaren, fast unschönen Blüten nicht zur Entwicklung kommen läßt.

Gamander, *Teucrium chamaedrys* (Lippenblütler) Höhe 10–20 cm; Durchmesser 10–20 cm; Blütezeit Juli/September; Farbe: rosarot; Pflanzzeit und Stockteilung im Frühling; Standort sonnig bis sehr sonnig. Denkbar anspruchslos. – Die reizende, halbstrauchartige, dabei lockere Rasen bildende Pflanze mit ihrem glänzenden, immergrünen Laub und der viele Monate hindurch anhaltenden Blütenfülle ist längst nicht so bekannt, wie sie es ihrer zahlreichen Gartentugenden wegen verdient. Läßt sich wie Buchsbaum schneiden.

Thymian, Quendel, *Thymus* (Lippenblütler) Höhe 10–15 cm; Blütezeit Juni/Juli; Blütenfarben weiß, lilarosa, rot; Pflanzzeit Frühjahr oder Herbst; Standort sonnig. – Die wunderhübschen, große Polster und Rasen bildenden Gartenformen des bekannten Würzkrautes zeichnen sich zum Teil durch interessante Belaubung aus: *T. × citriodorus* hat weißbunte Blätter und duftende, hellila Blütchen, braucht etwas Winterschutz; *T. villosus* bildet dichte, grau behaarte Polster und blüht rosa; nur etwa 3 cm hoch werden die weißwolligen Blattpolster von *T. drucei,* der ebenfalls rosa blüht; gleich niedrig sind auch *T. serpyllum* 'Albus' (also weißblühend) und 'Coccineus', die einzige rotblühende Form. Alle dehnen sich ziemlich stark aus, aber man kann unbesorgt Zwiebelblumen unter ihnen hegen: Sie fühlen sich im Schutz solcher Thymian-Decke sehr wohl und kommen ohne Behinderung wieder.

Ehrenpreis, Veronika, *Veronica* (Braunwurzgewächs) Höhe 5–20 cm; Blütezeit April/Mai und Mai/Juni; Blütenfarben weiß, rosa, viel blau; Pflanzzeit Herbst oder Frühjahr; Standort sonnig bis halbschattig. – Weit bescheidener als der bei den Stauden behandelte Langblättrige Ehrenpreis, gedeihen die Zwergformen der Veronika auf jedem Gartenboden. Die rasenbildende, porzellanblau blühende *V. prostrata* braucht etwas Zeit bis zur vollen Entfaltung. Also nicht ungeduldig werden, wenn sie ein oder auch zwei Jahre lang kümmerlich dasteht. *V. incana* ist etwas höher. Ihr silberweißes Laub nimmt sich als Hintergrund für eine leuchtend dunkelblaue Blütenfülle ganz besonders hübsch aus. Schneeweiß, in dichten Polstern kriechend, ist die nur 5 cm hohe *V. repens* mit Blütezeit Mai/Juni. Eine Dauerblüherin von wundervollem Enzianblau, das durch einen scharlachroten Ring hervorgehoben wird, ist *V. fruticans,* die von Juni bis September ununterbrochen in Flor steht. Die *Hebe*-Arten sind bei den Zwerglaubgehölzen zu finden.

Sommergrüne und immergrüne Zwerglaubgehölze

Neben Polsterblühern und Kleinstauden gehören auch die Zwerglaubgehölze seit jeher zum festen Bestand des Steingartens — ja er erhält durch sie geradezu sein Gepräge. An erster Stelle geht es dabei um sommergrüne Kleinsträucher, die sich für sonnige, mehr oder weniger trockene Lagen eignen und auch mit den sonstigen Lebensbedingungen des »Normalsteingartens« zufrieden sind. Aber es gibt ja auch — landschaftsbedingt oder den besonderen Liebhabereien ihrer Besitzer entsprechend — Steingärten anderer Art: Übergangsformen am Wasser, Anlagen mit Heidegartencharakter oder in Verbindung mit größeren Gehölzgruppen, die Schatten und humosen Waldboden bieten. Auf jeden Fall sind neben den sommergrünen Laubgehölzen auch Immergrüne in Kleinformat durchaus interessant, nur daß man bei ihnen unter Umständen auch ihrer Ablehnung jeglichen Kalkgehaltes im Boden Rechnung tragen muß. Da für beide Gruppen die gleichen Regeln der Pflanzung und Pflege gelten wie für ihre größeren Verwandten, sei hier auf die Kapitel »Hecken und Blütensträucher« sowie »Immergrüne Laubgehölze« verwiesen. **KF** vor dem Namen = kalkfeindliche Pflanze.

Grüner und **Blutroter Japanischer Fächerahorn,** *Acer palmatum* und seine Form 'Atropurpureum' sind wegen ihrer prächtigen, farben- und formenreichen Belaubung wahre Kostbarkeiten im Steingartenreich. Die beiden Züchtungen *A. p.* 'Dissectum Viridis', Bild Seite 198, und *A. p. japonicum* 'Aconitifolium' (der »Eisenhutblättrige«) haben tiefgeschlitzte, gesägte, frischgrüne Blätter mit herrlicher Herbstfärbung von gelbrot bis karmin oder goldgelb bis rot.

Berberitze, *Berberis.* Diese Gattung steuert eine ganze Reihe immergrüner Zwergformen bei. Genannt seien: *B. buxifolia* 'Nana', 30–40 cm hoch, im April/Mai goldgelb blühend, im Herbst große, blaubereifte Beerenfrüchte tragend, Laub rotbraun. *B. candidula* ist ein niedriger Strauch mit überhängenden, dornigen Zweigen und lederartigem Laub, blüht goldgelb im Mai. Die meisten Sommergrünen werden zu groß. Eine sehr reizende Ausnahme bildet *B. thunbergii* 'Atropurpurea Nana', rotlaubig und nicht über 50 cm hoch.

KF Besenheide, Heidekraut, *Calluna,* Höhe 30 cm; Blütenfarben von weiß bis rotlila.

Zwergmispel, *Cotoneaster.* Unter ihren vielen Arten und Züchtungen ist es rund ein halbes Dutzend, das immer wieder die Herzen der Steingartenfreunde erobert.

Berberitze

Die wichtigsten bei den ganz kleinen, kriechenden – immergrün und nur 20 cm hoch – sind *C. dammeri* und *C. dammeri* var. *radicans* mit weißen Blütchen zwischen dunklem Laub und sehr geeignet als Bodenbedecker über Kleinzwiebeln und -knollen. Unbedingt erwähnenswert ist auch die zu den Watereri-Hybriden zählende Sorte »Herbstfeuer« mit langen, dicht am Boden aufliegenden Zweigen und feuerroten Früchten. *C. horizontalis* mit seinen fächerförmig ausgebreiteten Zweigen, reizenden, weißen Blütchen im Mai und reichem, rotem Fruchtschmuck sowie noch weit in den Herbst hinein haftendem, auch sonst nur sommergrünem Laub ist so bekannt, daß man ihn spaßeshalber auch »Heringsgrätenstrauch« nennt. Zu den Sommergrünen zählt ferner *C. praecox,* ein bis 50 cm hoher Busch, dessen Zweige bogig wachsen, während hübsch gewellte Blättchen, rosa Blütenfülle im Mai und der leider schon im September abfallende mennigrote Fruchtschmuck zu seinen weiteren Kennzeichen gehören. Von ihm gibt es eine kleinere Variante *C. p.* 'Hessei' als echte Zwergform. Zum Schluß noch ein besonders netter Immergrüner: *C. conspicuus,* dessen Zweigbögen sich Wurzeln schlagend ausbreiten und im Mai zwischen dem weißen Blütenflor fast verschwinden. Die orangeroten Früchtchen über glänzend grünem Laub sind ein bezaubernder Winterschmuck und den Amseln ein Labsal.

Geißklee

Geißklee, *Cytisus,* ist der Gattungsname des im April/Mai blühenden Elfenbeinginsters, *C. × praecox,* den auch wir als Hintergrundpflanze an der Terrassenwand beim Steingarten stehen haben. Im Mai/Juni blühen dann die »Ginsterzwerge« und weben goldgelbe Teppiche aus ihrem niederliegenden Gezweig. Zu ihnen zählen, bei nur 20–30 cm Höhe, Arten wie *C. decumbens,* den man unbesorgt auch in die Fugen der Trockenmauer setzen kann, und der etwas höhere *C. hirsutus.* Interessant durch seine hell fleischfarbenen Blütenmassen ist *C. purpureus* 'Albiroxus'; nur bis 30 cm hoch wird der überreich blühende Liliput-Elfenbeinginster *C. × kewensis.*

Rosmarin-Seidelbast, *Daphne cneorum,* gehört zu den kleinen Naturwundern der einheimischen Pflanzenwelt: immergrün, nur 10–30 cm hoch, mit würzig duftenden, rosenroten Blütendolden im April/Mai, mit Vorliebe für viel Sonne, steinig-trockenen Boden oder das Geschiebe der Trockenmauer und – kalkhold. Siehe auch Blütensträucher.

KF Glockenheide, Moorheide, *Erica tetralix,* Höhe 25 cm; Blüten weiß oder karmin.

KF Scheinbeere, *Gaultheria,* Höhe 20 cm; hellrosa Blüten, schmucke, lachsrote Früchte.

Glockenheide

Echter Ginster, *Genista,* bietet mit *G. lydia* ein niedriges, breit hinwachsendes, gelb blühendes Sträuchlein; der Flügelginster, *G. sagittalis,* ist ein rasenbildender Halbstrauch für magerste, trockenste, aber kalkarme Böden, dazu als Hochsommerblüher schätzenswert; mit dünnen Trieben am Boden wachsend, überrascht der altbekannte Färberginster, *G. tinctoria* 'Plena', im Juni/Juli durch eine Unmenge gefüllter, orangegelber Blüten: ein Geschenk für voll besonnte, karge Steingärten, Terrassen, Hänge und Böschungen.

Strauchveronika oder **Neuseeland-Ehrenpreis,** die sogenannten *Hebe*-Arten, sind höchst eigenartige Gewächse, die der Gartenfreund eher für Koniferen halten würde. Wären nicht seit Jahren einige dieser weißblühenden Sonderlinge in meinem Steingarten ansässig, so würde ich mich kaum getrauen, hier mitzureden, um sie zu empfehlen. Völlig anspruchslos am sehr sonnigen Standort und in durchlässigem Boden, haben sie in unserem milden Klima auch noch nie einen Winterschutz erhalten. Für ausgesetzte Lagen wird er angeraten.

Nacktblühender oder **Winterjasmin,** *Jasminum nudiflorum,* ist nur bedingt als Steingartenbewohner geeignet, da dieser »Spalierstrauch« immer irgendeinen Halt braucht. Aber seine primelgelben Blüten sind als winterliche Augenweide so hübsch, daß die Eingliederung des völlig anspruchslosen, auch über Terrassenstufen und andere Pflanzen hinweglaufenden echten Jasmins unbedingt versucht werden sollte.

KF Lorbeerrose, *Kalmia,* in Kleinformen wie *K. polyfolia* (20–30 cm) und *K. angustifolia;* große, rosenrote Blütendolden. Großformen siehe Seite 239.

Blautröpfchen, *Moltkia petraea* (Borretschgewächs) Winterhart und völlig anspruchslos, mit einer Vorliebe nur für enge Mauerritzen und vollste Sonne ist dieses zauberhaft blaublühende Halbsträuchlein aus den Gebirgen Nordalbaniens. Höhe 15–30 cm. Blütezeit Juni/Juli. Manchmal noch unter *Lithospermum* bei den Stauden geführt. Man sollte es suchen!

KF Torfmyrte, *Pernettya mucronata,* Höhe bis 50 cm; verschiedene Sorten mit reichem Schmuck rotvioletter oder weißer Beeren; nicht ganz winterhart.

KF Lavendelheide, *Pieris,* in der Kleinform *P. japonica* ’Pygmaea’; weiße Blütenrispen von März bis Mai.

Fingersträucher der niedrigen Formen wie *Potentilla fruticosa* ’Arbuscula’, 30 cm hoch und im Sommer viele Wochen lang goldgelb blühend, oder die niederliegende, weißblühende Varietät ’Mandschurica’ sind nur zwei Beispiele für vieles, was hier in Frage kommt. Bodendecker Seite 120; Größere Seite 231; Steingarten Seite 268.

KF Rhododendron in zahlreichen kleinen Arten und Sorten. Hier einige Beispiele: 1. Immergrüne wie *Rhododendron calostratum,* H. 20–30 cm, Blüte hellpurpur, April; *R.-forrestii-*Hybriden, H. 20–40 cm, Blüte tiefrot, Mai – darunter entzückende kriechende Arten wie *R. radicans,* H. 15–20 cm, Blüte purpurrot, Mai; *R.-williamsianum-*Hybriden vom Züchter DIETRICH HOBBIE, kleine Sorten um 30 cm, meist rosa. 2. Sommergrüne »Freiland-Azaleen«; sie sind bis auf wenige Ausnahmen zu hoch. Niedrig genug bleiben einige Japan-Azaleen der Aronensis-Hybriden und *R. obtusum* var. *amoenum* mit eigenartig magentaroten Blüten.

Rosen im Steingarten? Es gibt verschiedene Klein- und Wildformen der Miniatur- oder Kußröschen wie *Rosa persica* (die alte *R. berberifolia);* auch ’Zwergkönig’ (blutrot) und ’Zwergkönigin’ (rosa), alle nur 20–30 cm hoch, sind außerdem für Trockenmauern und Troggärten interessant. Containerkultur erweitert die Verwendungsmöglichkeiten.

Spiräen liefern mit Zwergformen wie der 40 cm hohen, dunkelrot blühenden *Spiraea bullata* und der bildschönen *S. japonica* var. *alpina* (H. 20–30 cm, im Juni/ August rosenrot blühend) zwei wertvolle Beiträge zu den Zwerglaubgehölzen. Auch die im Juni weiß blühende, nur 20 cm hohe *S. decumbens* darf nicht vergessen werden – sie eignet sich sogar für Trockenmauern.

Immergrün, *Vinca minor,* ist in seinen vielseitigen Verwendungsmöglichkeiten zwischen Sonne und Schatten so bekannt, daß der Hinweis auf die um weiß und rotviolett erweiterte Skala der Blütenfarben genügen möge. Siehe auch »Bodenbedecker« im Rasenkapitel. Das Große Immergrün, *V. major,* ist sehr hübsch, aber leider nicht immer ganz frosthart.

Winterjasmin, links im Winter mit Blüten, rechts belaubt im Sommer

Immergrün

Viele reizende Zwergkoniferen

Wie die Zwerglaubgehölze, so gehören auch die Zwergnadelgehölze unabdingbar zum Bild des Steingartens, runden das Bild der Trockenmauer ab und fühlen sich in Troggärten auf Jahre hinaus heimisch. Ihre Kultur richtet sich nach den Regeln für die großen Formen; ihre Pflanzung ist durch Containerkultur wesentlich einfacher geworden, zumal dadurch auch die Pflanztermine sich gelockert haben. Hier einige der reizendsten Kleinformen:

Japanische Feuerzypresse, *Chamaecyparis obtusa.* Sie schenkt uns unter anderem Zwerge wie *C. o.* 'Nana Gracilis' mit tiefdunkelgrünen, fächerförmigen Zweigen; 'Nana Gracilis Aurea' ist goldgelb benadelt; eine noch flacher als diese beiden wachsende Form bietet sich mit *C. o.* 'Pygmaea' an. Alle drei außerdem ganz langsam wachsend.

Wacholder, *Juniperus.* Er liefert mindestens ein halbes Dutzend entzückender Kleinformen: sehr bekannt ist Pfitzers Wacholder, *J. chinensis* 'Pfitzeriana', breit ausladende Äste, feines, leicht nickendes Gezweig, graugrüne Benadelung; seine 'Aurea'-Züchtung hat goldgelbe Nadeln, beide werden erst in Jahren bis 150 cm hoch. Wunderschön ist der blaue Kriechwacholder, *J. horizontalis* 'Glauca'; seine flach am Boden liegenden Zweige bilden dichte Matten von nur 20 cm Höhe, er wächst sehr langsam, verträgt auch Schatten; siehe »Bodenbedecker« als Rasenersatz. Den Blauzeder-Wacholder, *J. squamata* 'Meyeri', erkennt man am Silberschimmer seiner blauen Nadeln, Höhe bis 130 cm, beim Austrieb Spitzen einkürzen.

Fichte, *Picea.* Sie kann allein mit der Art *P. abies (P. excelsa)* und deren Zuchtformen mehr als genug Zwergnadelgehölze von großem Formenreichtum und unterschiedlichster Färbung sowie teilweise mit originellem Zapfenschmuck aufweisen. Die allerliebste Gnomenfichte, *P. a.* 'Pygmaea', bildet kugelförmige, kleine Büsche mit hellgrüner Benadelung; die Nestfichte, *P. a.* 'Nidiformis', wächst sehr langsam bis zu 60–80 cm Höhe heran; ebenso wie sie gehört die Zuckerhutfichte, *P. a. glauca* 'Conica', schon seit anderthalb Jahrzehnten zum angestammten Inventar meines Steingartens, ohne ihre volle Höhe von 120 cm erreicht zu haben, was zweifellos als Musterbeispiel für langsamen Wuchs bezeichnet werden darf (Farbbild Seite 108); eine Zwergform der schlanken Omorikafichte ist *P. omorika* 'Nana', und auch die Stechfichte hat eine Zwergform: *P. pungens* 'Glauca Nana'. Mit der in den Katalogen gern als »Gartenjuwel« gerühmten Zwergblaufichte (volkstümlich »Blautanne«) sei das Fichtenprogramm abgeschlossen. Ihr botanischer Name: *P. pungens* 'Glauca Compacta'.

Kiefer, *Pinus.* Sie ist im Steingartenreich ebenfalls seit jeher zu Hause. Eine kleine Rarität ist die ausnahmsweise kalkfeindliche Zwerg-Zirbelkiefer, *P. cembra* 'Pygmaea'; die Latsche oder Legföhre, *P. mugo,* wächst mehr in die Breite als in die Höhe; für kleinste Steingärten eignet sich die noch zierlichere Zwerg-Kriechkiefer *P. mugo* var. *pumilio.*

Eibe, *Taxus baccata.* Sie kommt mit der auch als Bodenbedecker verwendbaren, flachwachsenden Tafeleibe, *T. b.* 'Repandens', zum Zuge.

Hemlockstanne, *Tsuga canadensis.* Ihre bildschöne, schattenliebende und schon bald reizende Zapfen tragende Zwergform *T. c.* 'Nana', mit höchstens 100 cm Wuchshöhe, bietet sich an.

Wasser als das ursprüngliche Lebenselement gehört auch im kleinsten Bereich zu den schönsten und vielseitigsten Erscheinungen. Es gliedert und belebt den Garten. Kein Wunder, daß auch unsere Familie sich in wahre »Wasserbecken-Enthusiasten« verwandelt hat, seit wir uns vor vielen Jahren mit damals denkbar geringem Aufwand selber eines angelegt haben. Morgens, mittags, abends, nachts — immer gibt es da etwas zu sehen. So kommt es vor, daß ich bereits bei Sonnenaufgang oben am Fenster stehe und mit dem Fernglas die um diese Zeit besonders lebendigen Fische beobachte. Am Vormittag erschließen die Seerosen ihre Blüten, und je höher die Sonne steigt, desto mehr geflügelte Tiere finden sich ein. Im zeitigen Frühjahr kommen die Bienen zu Hunderten zur Tränke; später im Jahr umschwirren Libellen die glitzernde Fläche; Schwalben sind unsere ständigen Gäste; Rotschwänzchen, Amseln, Stare und natürlich auch die frechen Spatzen plustern sich badend am Rande. Nachts aber kann man schließlich noch auf dem Treppchen an der Terrasse sitzen und zuschauen, wie der volle Mond ganze Reihen von Golddukaten ins dunkle Wasser wirft ...

Was unter einem biologischen Wasserbecken zu verstehen ist, braucht nach dieser Einleitung wohl nicht noch näher erörtert zu werden. Man bekommt heute auch für solche Anlagen ebenso vielseitige Pläne, Bau- und Betriebsanleitungen wie für den »Swimming-pool«. Über manche grundsätzliche Gemeinsamkeit gibt schon das Kapitel von der Wohngartentechnik im ersten Teil Auskunft. Darüber hinaus aber verlangt das Biologische, dem unser Becken dienen soll, die Lösung noch etlicher anderer Fragen.

1. Die Platzfrage: Ein biologisches Wasserbecken muß an der sonnigsten Stelle des Gartens liegen; denn nur im hellsten Licht und bei guter Erwärmung des Wassers vermag sich die Lebensgemeinschaft von Pflanzen und Tieren voll zu entfalten. Sonnenlicht und Wärme unterstützen die Blühwilligkeit der Wassergewächse; in Schattenlagen vegetieren die meisten nur grün dahin. Die Uferbepflanzung kann passend auch für schattige Stellen ausgewählt werden.

2. Die Raumfrage: Ein großes, genügend tiefes Becken, das auch in strengen Wintern nicht bis zum Boden durchfrieren kann, ist leichter zu »bewirt-

Das biologische Wasserbecken

Libellen, Schwalben, Golddukaten ...

Vier Wasser- und Uferpflanzen siehe Bildseite 36

Links: Wasserbecken in Hanglage, mit senkrechten Wänden, die innen durch Bodenaufschüttung und Steine ausgeglichen werden.

Rechts: Wasserbecken mit angebauten Flachwasser-Beeten, eines mit niedriger, das andere mit überragender Zwischenmauer.

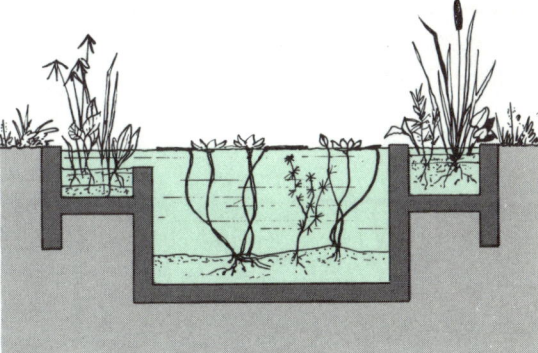

schaften« und als Dauereinrichtung in Ordnung zu halten als ein kleines oder ein zu flaches Becken, in welchem die Fische schon bei gewittrigem Sommerwetter schwer unter Sauerstoffmangel leiden. Als Faustzahl möge gelten, daß bei einer Oberfläche von 10 qm die Wassertiefe 100 cm betragen soll. Die Zeichnungen dieser Seiten zeigen, daß mancherlei Gesichtspunkte der Formgebung berücksichtigt werden können.

Gefahr des harten Wassers

3. Die Wasserfrage ist zwar beim biologischen Becken viel wichtiger als beim Schwimmbecken oder bei Gartengeräten zur Bewässerung, aber unabhängig von der anfänglichen Härte des zur Beckenfüllung benutzten Leitungswassers doch zu lösen. Veralgung und Trübung sind vermeidbar. Drei Regeln merken wir uns: Wasser langsam einlaufen lassen, möglichst nicht wechseln und — zumindest anfangs — nicht düngen.

4. Die Frage des Pflanzgrundes ist weniger wichtig, als man gemeinhin annimmt; denn die Wasserpflanzen nehmen die Nährstoffe nicht nur aus

Lehm ist besser als Sand

dem Boden, sondern auch aus dem Wasser auf. Lehm ist freilich besser als sandiger Boden. Grundsatz bleibt, daß alle organischen Bodenbestandteile vollständig zersetzt sein müssen, damit sie nicht zu Faulungsprozessen Anlaß geben. Guter Mutterboden oder alter Kompost sind durchaus empfehlenswert. Auch Teichschlamm ist gut. Eine Torfschicht unter dem eigentlichen Pflanzgrund schützt vor Algenbildung und unerwünschter Wasserhärte.

Wassermenge und Fischbesatz

5. Die Besetzungsfrage — das heißt: Anzahl der Fische und Menge der Pflanzen im Verhältnis zum Wasserinhalt des Beckens — soll vor allem den Anfänger darauf hinweisen, daß weniger hier stets mehr bedeutet. Übervölkerte Freilandbecken mit viel zu vielen Fischen und zu vielen Pflanzen leiden häufig noch unter dem Fütterungswahn ihrer Besitzer, die vom fertig käuflichen Teichfischfutter bis zu Weißbrotbröckchen immerzu irgend etwas hinwerfen, das dann — Fäulnis hervorrufend und das Wasser verpestend — am Boden liegenbleibt. Richtig ist es, die Fische nach einer Anlaufzeit im Frühjahr so gut wie gar nicht mehr zu füttern, zumal sie sich durch Vernichtung von Mückenbrut einen Teil ihres Lebensunterhaltes selber verdienen, im übrigen aber auch Pflanzenkost nicht verschmähen sollen. Je frischer und folglich noch härter das Was-

Links: Die Wannenform mit allmählich abfallenden Wandungen ist in mancher Hinsicht naturgemäßer als das Steilwandbecken.

Rechts: Solche kleinen Gruppenanlagen dienen vorab der Haltung von Wasserpflanzen; für Fische bieten sie meist zu wenig Raum.

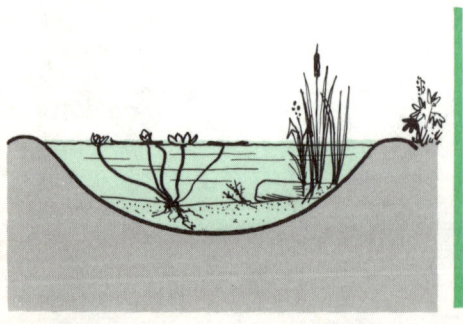

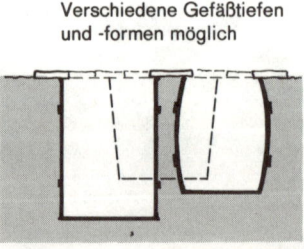

Verschiedene Gefäßtiefen und -formen möglich

ser ist, desto sparsamer soll man mit dem Fischbesatz sein. Im März/ April, wenn die Wasserbeckensaison beginnt, genügt — wiederum als Faustzahl zu werten — ein mittelgroßer Fisch auf einen Quadratmeter Wasserfläche. Fische im Freilandbecken wachsen ziemlich rasch, und außerdem pflegen sie sich im Laufe des Sommers zu vermehren...

Vom Umgang mit Wasserpflanzen

Ganz gleich, ob ein Wasserbecken geometrisch oder als Naturszenerie gebaut ist, gibt es für die Bepflanzung immer verschiedene Möglichkeiten:

1. Beim Bau werden Vertiefungen eingeplant, um die Pflanzen unmittelbar hineinzusetzen. Nur für Gewächse, die mit oder ohne Wasser im Freien überwintern können.
2. Die Vertiefungen werden so angelegt, daß die Pflanzgefäße bündig darin stehen. Sieht gut aus und erlaubt die Herausnahme empfindlicher Pflanzen über Winter.
3. Keine Vertiefungen: dann kann man winterharte Pflanzen in Erdaufschüttungen setzen und ein paar Steine zur Abgrenzung einbringen. Dies birgt die Gefahr des Wucherns in sich, das Becken ist nicht so gut in Ordnung zu halten. Ich würde nach eigenen Erfahrungen nicht mehr dazu raten.
4. Pflanzgefäße werden auf den ebenen Boden gestellt: können also im Herbst ohne weiteres herausgenommen werden. Auch läßt sich der Boden selbstverständlich leicht mit einer Kiesaufschüttung versehen, in die man die Pflanzgefäße eindrückt.
5. Wasserpflanzen haben genau wie die Landpflanzen ihre Pflanzabstände, die man unbedingt beachten muß. Große, starkwachsende Seerosen beanspruchen bis zu anderthalb Quadratmeter Wasseroberfläche; bei Froschlöffel, Pfeilkraut oder Zypergras soll man einen allseitigen Abstand von 40—50 cm innehalten; kleinere Pflanzen, die im flachen Randgebiet bei 10—20 cm Wasserstand wurzeln, setzt man zu 5—8 Stück auf den Quadratmeter. Insgesamt: auch hier lieber weniger als zuviel, denn zu den wurzelnden Pflanzen kommen ja fast immer auch noch Schwimmpflanzen, die Lebensraum beanspruchen und mit den anderen zusammen über Sommer oft gewaltig ins Kraut schießen.

Pflanztiefe, Wurzelgrund, Pflanzzeit

Das Gedeihen unserer Wasserpflanzen hängt sehr wesentlich von der ihnen zuträglichen Wassertiefe ab. Man muß also auch in dieser Hinsicht seine Wünsche nach den örtlichen Gegebenheiten richten. So ist ein nur 60 cm tiefes Becken ungeeignet für Teichmummeln, die mindestens 1,20 m Wassertiefe brauchen, Blütenstauden wie Froschlöffel, Wasserliesch oder Pfeilkraut wiederum wollen ebenso wie Kalmus, Rohrkolben und Binsen

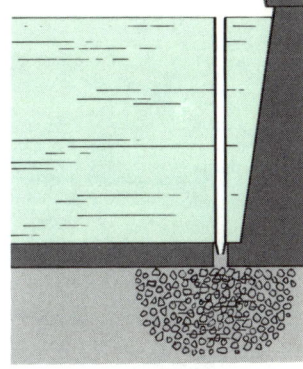

Der Überlauf braucht keinen Anschluß an die Kanalisation, sondern mündet unten in einer tiefen Kiesdränage zum Versickern des Wassers.

Raumbedarf der Wasserpflanzen

Pflanzenansprüche berücksichtigen

flach — nur etwa 10—15 cm — im Wasser stehen, während eine Reihe unserer schönsten winterharten Seerosen und Seerosen-Hybriden am besten um die Halbmetergrenze angesiedelt wird. Weitere Einzelheiten ergeben sich aus der folgenden Wasserpflanzen-Übersicht. In Becken mit allmählich ansteigendem Bodengrund kann man durch aufgemauerte Kanten Unterwasserbeete für jeden Bedarf einrichten. In Becken mit senkrechten Wandungen hilft man sich durch erkerartig vorspringende Podeste und Sockel zum Aufstellen der Pflanzgefäße, doch kann hier die Bepflanzung, vor allem auch unter Einbeziehung der Uferränder, niemals so organisch sein wie beim natürlichen Übergang zwischen Wasser und Land.

So baut man »Unterwasserbeete«

Bei tieferen Becken mit Kammern im Boden muß nach Neupflanzungen der Wasserstand zunächst niedrig gehalten und dann — das Wachstum der grünen Pflanzenteile begleitend — allmählich erhöht werden. Sind die Seerosen in Kisten eingesetzt, so geht man durch Unterlegen von Steinen und allmähliches Tieferstellen den umgekehrten Weg. Jedenfalls soll zur besseren Erwärmung die Wasserhöhe über den austreibenden Blättern nicht mehr als 10—15 cm betragen. Nie dürfen auch nur kleinste Mengen von Mineraldüngern (»Kunstdünger«) zugesetzt werden. Wenn eine Düngung — falls überhaupt — notwendig ist, dann höchstens Aquarium-Spezialdünger. Die Zeit der Seerosen und anderer Wassergewächse kommt frühestens Ende April. Besser wartet man bis Mitte Mai; denn auch für die an sich härteren einheimischen Arten muß das Wasser genügend erwärmt sein, damit sie anwurzeln. Empfindlichere tropische Wasserpflanzen dagegen kann man ohne Glasschutz mit Fenstern überhaupt nur während der warmen Jahreszeit — etwa ab dem letzten Maidrittel bis Mitte September — im Freien halten. Da die Überwinterungsansprüche dieser vornehmen Ausländerinnen nur in Ausnahmefällen und nur mit erheblichem Aufwand befriedigt werden können, verzichten wir hier trotz der bezaubernden Schönheit einiger ihrer Vertreter auf eine namentliche Erwähnung. Vor Experimenten aufgrund verführerischer Katalogbeschreibungen sei der Anfänger

Becken langsam füllen!

Pflanzzeit ab Ende April

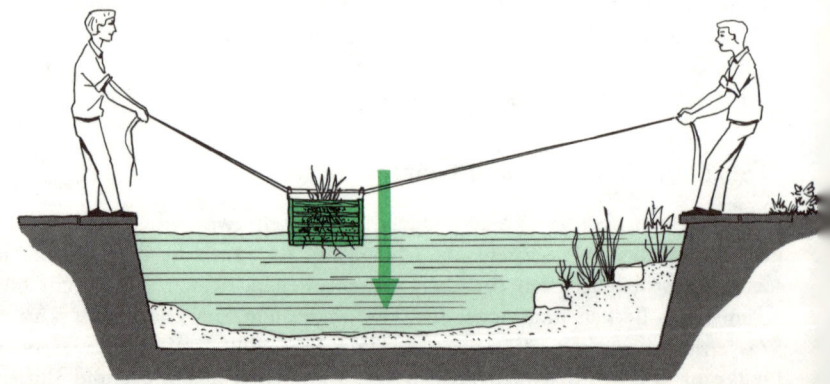

Vorsichtiges Einlassen von fertig gepflanzten Seerosen: links im Weidenkorb, rechts in einer Lattenkiste

278

gewarnt. Die Übersicht geeigneter Wasserpflanzen ist in drei Teile geteilt: Die Seerosen und Mummeln nehmen mit ihren zahlreichen Sorten zweifellos eine Sonderstellung ein. Es folgen die übrigen ausdauernden Wasserpflanzen und die Schwimmpflanzen. Gerade unter ihnen gibt es einige Pflanzen, die durch ihre untergetauchte Blattmasse den Sauerstoffgehalt des Wassers erhöhen und dadurch wasserreinigend wirken. Vor allem die Wasserpest verdient hier Erwähnung, aber nicht die gewöhnliche Kanadische Wasserpest *(Elodea canadensis)*, deren Vermehrungsdrang nach kurzer Zeit überhandnimmt, sondern nur die mäßig wuchernde Art *Elodea densa*. Weitere Wasserreiniger sind alle Pflanzen mit filigranartigen Unterwasserblättern, die dadurch eine große Oberflächenwirkung besitzen. Die Wasserfeder *(Hottonia palustris)*, das Hornkraut *(Ceratophyllum demersum)*, das Tausendblatt *(Myriophyllum verticillatum)* und der Wasserhahnenfuß *(Ranunculus aquatilis)* gehören zu dieser Gruppe.

Pflanzen, die das Wasser reinigen

Sumpfbeet und Uferbepflanzung

Erst wenn das Wasserbecken fertig ist, kommt das Bepflanzen des umliegenden Geländes an die Reihe. Dabei möge klargestellt werden, daß man unter »Sumpfbeet« nicht eigentlich jene Zonen versteht, die unmittelbar mit dem Wasserbecken selbst zusammenhängen und nur durch den bewußt auf 10—20 cm begrenzten Wasserstand die Verwendung solcher Pflanzen gestatten, die im Wasser wurzeln, aber außerhalb des Wassers grünen und blühen. Das Sumpfbeet ist eine Übergangszone mit lehmighumosem Boden, der zwar ständig durchfeuchtet sein und nach Bedarf auch vom Becken aus mit Wasser geflutet werden kann, ohne jedoch einen eigenen, niederen Wasserstand zu haben. Technisch ist diese Sache ganz einfach: wir schafften es seinerzeit mit dem Einbau großer Blechplatten, die 60 cm tief in den Boden hinabreichen und das Sumpfbeet vom umgebenden Rasen trennen. Auch kann dieser Uferstreifen ruhig etwas beschattet sein, denn es gibt Pflanzen genug, die sich hier ohne Sonne wohl fühlen.

Im Uferbereich darf es auch etwas schattig sein

Alle möglichen Blütenpflanzen, Farne und Staudengräser, die sich auch für Sumpfbeet und Uferbepflanzung eignen, sind in den verschiedenen Pflanzenlisten schon genannt worden. Ich erinnere hier nur an Sumpfschwertlilien wie *Iris kaempferi* und *I. sibirica,* an das Münzkraut, *Lysimachia nummularia,* und an die Rosenprimel, *Primula rosea,* Bild Seite 36.

Als typische Sumpfbeet- und Ufergewächse seien nun noch angeführt: die nur bis 30 cm hohe Sumpfdotterblume, *Caltha palustris* (Bild Seite 36), die 60—100 cm hohe, rötlich-gelb belaubte Sumpf-Wolfsmilch, *Euphorbia palustris;* die bereits im April/Mai blühende, schwefelgelbe Scheinkalla, *Lysichiton americanus,* und die wenig später weiß blühende, wundervolle Kamtschatka-Scheinkalla, *Lysichiton camtschatcensis.* Ferner seien genannt: die Pestwurz, *Petasites,* mit ihren vor dem Laub erscheinenden »Blütenhüten« und gewaltigen Blättern in verschiedenen Arten und neuen Hybridformen von

Interessante Pflanzen stehen zur Wahl

Seerosen und Mummeln — sämtlich winterhart

	Name	Blütezeit, Farbe	Tiefe in cm	Bemerkungen
Große Seerosen	Nymphaea alba	ab Juni, weiß	100–200	einheimische Grundform, viele schöne Hybriden. Kaltes, klares Wasser
	Nymphaea 'Marliacea albida'	ab Juni, weiß	bis 120	sehr große, zahlreiche Blüten
	Nymphaea 'Marliacea rosea'	ab Juni, fleischfarben, hellrosa	bis 120	sehr große, zahlreiche Blüten
	Nymphaea tuberosa 'Poestlingberg'	ab Juni, rein weiß gefüllt, mit gelbem Schlund, ⌀ bis 30 cm	100	nur für große Becken, Sorte mit den größten Blüten
Mittelgroße Seerosen	Nymphaea tuberosa 'Richardsonii'	ab Juni, weiß	60–100	sehr große, zahlreiche Blüten, vollgefüllt, weiß
	Nymphaea 'Attraktion'	ab Juni, rot	60–100	großblütig
	Nymphaea 'Marliacea chromatella'	ab Juni, schwefelgelb, ⌀ 15–18 cm, auch für Schnitt	60–100	Laubblätter bräunlich marmoriert
	Nymphaea 'Sioux', 'James Brydon', 'Rosennymphe' u. a.	ab Juni, gelb bis kupferrot, rosa, rot	40–100	viele andere Namensorten aller Farbtöne außer blau; alle reichblühend
	Nymphaea 'Hermine'	ab Juni, reinweiß	40–100	sehr dankbar
Zwergseerosen	Nymphaea 'Odorata superba'	ab Juni, weiß	30–50	duftend
	Nymphaea 'Froebelii'	ab Juni, purpurrot	30–50	auch andere Sorten
	Nymphaea 'Laydeckeri purpurata'	ab Juni, dunkelkarminrot	30–50	auch andere Sorten (Bild Seite 36)
	Nymphaea × helvola	ab Juni, kanariengelb	10–15	auch andere Sorten
	Nymphaea tetragona und N. 'Pygmaea alba'	ab Juni, weiß	10–15	Blätter bräunlich gefleckt
Teichrosen oder Mummeln	Nuphar lutea Teichmummel	Juni/August, Blüte leuchtendgelb	60–200	Meist sehr starkwüchsig, Unterwasserblätter wintergrün
	Nuphar advena Amerikan. Teichrose	Juli/August, gelb, Standort sehr hell, sonnig	30–100	Unterwasserblätter wintergrün, verträgt Halbschatten
	Nuphar pumila Zwergteichrose	ab Juni, hellgelb	10–50	Unterwasserblätter wintergrün, auch Vollschatten

Ausdauernde Pflanzen für flachen Wasserstand (10–20 cm)

Deutscher Name	Botanischer Name	Pflanzengestalt, Höhe über Wasserspiegel	Blüte, Sonstiges
Kalmus	*Acorus calamus*	Höhe um 60 cm, Blätter hellgrün, schwertförmig. *A. c. variegatus* hat dekorative, weißbunte Blätter	Juni/Juli, gelblich-hellbraun
Froschlöffel	*Alisma plantago*	Höhe um 70 cm, breit lanzettliche Blätter	Juli/Sept. zartrosa Doldenrispen
Blumenbinse, Wasserliesch	*Butomus umbellatus*	Blätter schilfartig, dreikantig. Höhe um 60 cm	Juni/Juli, grünlichweiß, typische Aronstabblüte
Sumpfkalla, Schlangenwurz	*Calla palustris*	Höhe um 20 cm, Blätter breit herzförmig, glänzend, gedrungener Wuchs	Juni/Juli, grünlichweiß, typische Aronstabblüte
Hornkraut	*Ceratophyllum demersum*	feingeteiltes Laub, flutend	Nur für große Becken
Tannenwedel	*Hippuris vulgaris*	Höhe um 40 cm, Unterwasserblätter vielgliedrige Quirle, anders als Überwasserblätter	Sommer, unscheinbar grünlich; kalkhaltiges Wasser
Wasserfeder	*Hottonia palustris*	Höhe bis 60 cm. Fein geteiltes Laub, brüchige Stiele und Blätter. Wassertiefe bis 30 cm	Mai/Juli, rosa Blüten in Etagen auf hohen Stielen
Flatterbinse Graugrüne Binse Buntgestreifte B.	*Juncus effusus Juncus inflexus Juncus zebrinus*	Höhe 60 cm und mehr, bilden dicke, runde Gräserbüsche aus den stielrunden, oft röhrigen Blättern. Völlig winterhart	Sommer, lockere Rispen oder runde Köpfchen. Brauchen große, 40–50 cm tiefe Pflanzgruben
Fieberklee, Bitterklee	*Menyanthes trifoliata*	Höhe bis 30 cm, Blätter dreiteilig, gestielt, lederartig	Mai/Juni, rosigweiße Blütentrauben
Tausendblatt	*Myriophyllum verticillatum*	Kammförmig gefiedertes Laub	Unscheinbar. Guter Sauerstoffspender für kleine Becken
Sumpfrose, Seekanne	*Nymphoides peltata*	verträgt bis 60 cm Wassertiefe, runde bis längliche, herzförmige Schwimmblätter	Sommer, Blüten sehr groß, gelb, aus dem Wasser herausragend
Hahnenfuß	*Ranunculus aquatilis*	Feingeteiltes Unterwasserlaub, Schwimmblätter flächig. Wassertiefe 5–30 cm	Juni/August, dichte, weiße Blüte. Anspruchslos
Pfeilkraut	*Sagittaria sagittifolia*	Höhe der einheimischen Art um 50 cm, verträgt bis 50 cm Wassertiefe	Juni/Juli, reinweiß. Anspruchslos.
Krebsschere, Wasseraloe	*Stratiotes aloides*	rosettig angeordnete, lange, schmale Blätter, meist untergetaucht. Wassertiefe 20 bis 40 cm	Juni/Juli, reinweiß. Anspruchslos
Rohrkolben	*Typha angustifolia, T. latifolia*	Höhe bis 2,50 m, Blätter grasartig, Fruchtschmal	Sommer, kolbenförmiger Fruchtstand; große Arten, stark wuchernd
Zwergrohrkolben	*Typha minima*	Höhe bis 2,50 m, Blätter schmal, grasartig	Sommer, rundlich-kolbenförmiger Fruchtstand
Wasserschlauch	*Utricularia vulgaris*	untergetauchte Blätter, blasige Insektenfallen	Juni/August, gelb. Fleischfressende Pflanze, vertilgt Mückenlarven, verlangt saures Hochmoorwasser.

der bis meterhohen Japanischen Riesen-Pestwurz bis zum nur 30 cm hohen vanilleduftenden »Winterheliotrop« *Petasites fragrans,* dessen weißlich-rosa Flor ab Januar erscheint. Ein eigenartiges Gewächs ist auch der Maiapfel (»Fußwurz«), *Podophyllum hexandrum,* mit der größeren Spielart *'Emodi majus'* und der als Schatten-Bodendecker geeigneten Kleinform *P. peltatum.* Die Garten-Tradeskantie oder Dreimasterblume bietet mit ihren *Tradescantia-Andersoniana*-Hybriden viele Möglichkeiten. Weiß, himmelblau, karminrot und dunkelblau blühend, wächst sie bei mir nicht nur im Sumpfbeet, sondern wie jede andere Staude an den verschiedensten, auch ziemlich trockenen Plätzen und bestätigt damit wieder einmal die Ausnahme von der Regel. Bild Seite 36.

Vom trüben und vom klaren Wasser

Das Becken frühzeitig füllen

Wenn es sich um ein künstlich angelegtes Becken mit Zulauf aus der Wasserleitung handelt, so soll die gründliche Frühjahrs-Reinigung und neuerliche Füllung mindestens 8—10 Tage vor dem Einsetzen der im Haus überwinterten Fische und Pflanzen geschehen. Sehr gut ist es, wenn man außer dem »naturfremden« Leitungswasser zur Hälfte hygienisch einwandfreies, nicht durch Öldunst verschmutztes Regenwasser oder echtes Teichwasser zusetzen kann. Ist das Becken dann erst einmal im Betrieb, so soll das Wasser möglichst selten, am besten den ganzen Sommer über nicht erneuert werden. Denn das harte Leitungswasser ist — noch einmal sei es gesagt — den Fischen und den Wasserpflanzen ein Greuel. Und wenn mancher sonst recht tierfreundliche Mensch aushalten müßte, was er seinen Fischen durch solchen ständigen Wasserwechsel an Qualen bereitet — er würde ihnen auch keinen ewig plätschernden, unbepflanzten Springbrunnen zumuten. Abgesehen davon genügt schon der dauernde Zufluß von hartem Leitungswasser aus einem Wasserspeier, um im Becken eine trübe Brühe zu haben. Je härter, je kalkhaltiger der Zufluß ist, desto rascher bilden sich unter dem Einfluß des Sonnenlichtes unzählige Braunalgen, deren Gesamtheit das Wasser undurchsichtig erscheinen läßt.

Sauberes Regenwasser erwünscht

Bitte keinen Springbrunnen

Wer nun den Fehler macht, das angeblich »schmutzige« Wasser schleunigst durch schönes, klares Leitungswasser zu ersetzen, hat alsbald wieder dieselbe Bescherung, weil die alkalische Reaktion des harten Wassers das Auftreten der Algen fördert. Sie verschwinden dagegen, sobald das Wasser die auch für Fische und Pflanzen erwünschte, leicht saure Reaktion erreicht. Der Fachmann sagt: das Wasser muß verarmen — dann gibt es keine Algen, und unser altes, abgestandenes Wasser im Becken bekommt jenen kristallklaren Goldton, der jeden Kieselstein am Boden erkennen läßt. Auf die wasserreinigende Wirkung einiger Wasserpflanzen wurde bereits im Zusammenhang mit der Pflanzenauswahl hingewiesen. Ähnlich wie bei dem Gießwasser für Zimmerpflanzen kann man auch im Freilandbecken der »Verarmung« nachhelfen — nämlich mit Torf, der vor allem reichlich in die Pflanzgefäße der Seerosen eingebracht wird. Aber bitte keinesfalls so klug sein wollen wie

Statt beunruhigender Wasserspiele lieber abseits vom Becken ein »Sprudelstein«, aus dem Vögel, Bienen und Schmetterlinge trinken können

Einheimische und ausländische Schwimmpflanzen

Deutscher Name	Botanischer Name	Pflanzengestalt	Blüte, Sonstiges
Wasserfarn	*Azolla mexicana*	wasserlinsenartig, bei 16–22° C auch für halbschattige Becken	bräunliche Herbstfärbung, liebstes Goldfisch-Grünfutter
Wasserhyazinthe	*Eichhornia crassipes*	bei Wärme reiche Blüte Wucherneigung	überwintern möglich
Kanadische Wasserpest	*Elodea canadensis*	wurzellose, belaubte Stengel bis 1 m lang, flutend; beliebtes Fischfutter. Vorsicht, weil stark wuchernd	weißliche Blütchen an Wasseroberfläche; anspruchslos, kann bei 8–14° überwintern
Dichte Wasserpest	*Elodea densa*	ähnlich wie *E. canadensis*, aber nicht so wuchernd	anspruchslos
Froschbiß	*Hydrocharis morsus ranae*	nierenförmige Blätter	Juli/August, reinweiß. Winterknospen überwintern am Grund.
Wasserlinsen	*Lemna*-Arten	Blättchen stark wuchernd, bedecken oft ganze Oberfläche und behindern Luftzutritt: als »Entengrütze« bekannt	einheimische Arten wegen anhaftender Wasserpolypen in 2% Kochsalzbad desinfizieren
Flutendes Teichlebermoos	*Riccia fluitans*	bildet dichte Polster, gedeiht in jedem stehenden Wasser, einheimisch	keine direkte Sonneneinstrahlung
Schwimmfarn	*Salvinia natans*	Name kennzeichnet Aussehen	einheimisch, einjährig
Wassernuß	*Trapa natans*	Rautenförmige, langgestielte Schwimmblätter, Blüte unscheinbar	einheimisch; nur für weiches Wasser mit viel Sonne
Zwerglinse	*Wolffia arrhiza*	wurzellose Pflänzchen mit nur 1,5 mm langen Laubgliedern	In warmen Gegenden an der »Entengrütze« beteiligt

jener Gartenfreund, der anstelle von einfachem Torfmull einen Torfhumus-Volldünger nahm und dieses Mineralsalz-Experiment mit dem Verlust fast aller seiner Fische bezahlen mußte! Und obenauf alles gut mit Flußsand oder Kies abdecken, damit der Torf nicht hochgeht! Noch ein Weg: angefeuchteten Torf in einen Beutel oder Sack füllen und ins Becken legen. Vor allem aber: kein frisches Wasser aus der Leitung zufließen lassen, oder doch nur in so geringen Mengen, wie sie der natürliche Schwund durch Verdunstung in regenarmen Wochen erforderlich macht! Das Auffüllen geschieht immer mit feinstem Strahl, vorsichtig und langsam, um keine Pflanzstelle aufzuwühlen. Und hier fürsorglich noch eine Warnung: Chemikalien, wie sie zum Entalgen von Schwimmbecken zur Verfügung stehen, dürfen im biologischen Becken nicht angewendet werden. Lediglich ein genau dosierter, geringer Zusatz von Kupfervitriol, bis zu drei Gramm auf einen Kubikmeter (= 1000 Liter) Wasser wird von Fischen und Pflanzen ohne Schädigung vertragen — vorausgesetzt, daß diese Prozedur eine seltene Notmaßnahme bleibt und somit keine Anreicherung des Kupfervitriol-Gehalts im Wasser nach sich zieht.

Vorsicht: Mineraldünger bringt Lebensgefahr für Fische!

Auch Chemikalien zum Entalgen sind verboten!

Betonbecken, wie sie noch immer im Selbstbau hergestellt werden, rufen oft noch jahrelang trübes Wasser hervor, weil beim Anmischen des Betons ein zu hoher Zementanteil verwendet wurde. Hier hilft nur ein Schutzanstrich mit flüssigem Kunststoff, der hervorragend abdichtet und für die Beckenbewohner unschädlich ist. Nicht unschädlich sind dagegen die Absonderungen neuer Betonbecken, auch wenn sich der Zementanteil in normalen Grenzen hält. Solche Becken müssen vor dem Einsetzen von Pflanzen und Fischen, unter mehrfachem Wasserwechsel, mindestens zwei Wochen lang »ausgewässert« werden. In dieser Zeit scheiden die Wände alles aus, was Schaden stiften könnte. Nun folgt die erste Teilfüllung zu etwa einem Drittel. Man gibt auch immer gleich ein paar Wasserschnecken hinein, denn sie gelten für das Freilandbecken immer noch als beste Gesundheitspolizei, die faulende Stoffe vertilgt, aber gesunde Pflanzen nicht angreift. Zu dem, was sich im Wasser bald zersetzt und auch in jedem Kunststoffbecken Ärger machen kann, gehört übrigens das Herbstlaub, voran stark gerbsäurehaltige Blätter. Mit einem Kescher sind sie aber – möglichst jeden Tag – leicht zu entfernen.

Herbstlaub möglichst jeden Tag abfischen

Aus der fast überreichen Fachliteratur zum Thema Gartenteiche sei hier nur das recht brauchbare BLV-Taschenbuch »Wassergärten« von Siegfried Stein genannt.

Am besten gleich Goldfische ...

Mein Rat: im Freilandbecken keine Experimente machen, sondern sich gleich mit den gar nicht langweiligen, sondern auch typmäßig sehr abwechslungsreichen Goldfischen befreunden. Sie sind und bleiben der klassische Besatz, wirken im klaren Wasser immer dekorativ, geben sich nach Karpfenart ruhig und werden bald so zutraulich, daß ihnen der Schritt ihrer Betreuer zum Signal für herzerweichendes Betteln wird. Aber wir lassen es hier mit geringsten Gaben bewenden und erinnern uns, daß auch pflanzliche Kost bei ihnen hoch im Kurs steht. Wasserlinsen, *Azolla,* sind eine wahre Goldfisch-Delikatesse; die Wasserpest, *Elodea,* ist so beliebt, daß auch im Winterquartier immer ein paar Stiele davon verfügbar sein sollten; an den zarten Würzelchen von Schwimmpflanzen wird gern herumgezupft, weshalb man sie vorsichtshalber am flachen Uferrand ein wenig im Boden verankern sollte.

Der Umgang mit Fischen ist im Rahmen eines Gartenbuches doch mehr eine Randerscheinung mit anderweitigen Informationsmöglichkeiten. So sei zum Schluß nur noch daran erinnert, daß man zur ausreichenden Sauerstoff-Versorgung beim Überwintern im Freien grundsätzlich 20–25 % der Becken-Oberfläche eisfrei halten muß. Dies geschieht am zuverlässigsten durch eine automatisch gesteuerte Schwachstrom-Maschendrahtheizung, denn Löcher ins Eis hacken und Strohwische hineinstecken ist bei strengerer Kälte wegen der Gefahr des Zufrierens nicht anzuraten. Besser als der Strohwisch: Bildung einer tragfähigen Eisdecke abwarten, ein größeres Loch hacken und soviel Wasser entnehmen, daß eine etwa 10 cm hohe Luftschicht entsteht, Loch gut zudecken. Nur extrem harter Frost kann hier zur Entstehung einer zweiten Eisdecke führen, die dann aber leicht zu zertrümmern geht.

Wichtiges Thema: Freiland-überwinterung richtig.
Die hier gezeigte Maschendrahtheizung mit Schwach-strom-Transformator verhindert das Zufrieren des Beckens im Winter.
Die kunststoffbeschichtete Maschendrahtmatte muß nach Einbau im Holzrahmen 2 cm unter der Wasseroberfläche liegen.

Der Nutzgarten

Nach Jahren einer gewissen Nutzgarten-Müdigkeit sind viele Freizeitgärtner mit Freuden wieder zum eigenen Gemüsebau zurückgekehrt. Es lohnt sich nicht, die vielschichtigen Ursachen und Hintergründe dieser Entwicklung aufzuzeigen. Nehmen wir die Dinge drum, wie sie sind, und stellen nur heraus, daß auch in diesem altangestammten Nutzgartenbereich im Vergleich zu früher vieles anders geworden ist. Die alte Systematik aus Opas Garten mit ihrer »Fruchtwechselrotation« und strenger Aufteilung in Stark- und Schwachzehrerquartiere interessiert nur noch am Rande. Dagegen erweisen sich die zeitnahen Formen einer Eingliederung des Nützlichen in den Gesamtkomplex des Gartens als äußerst lebensfähig. Haben sie doch gerade das zum Inhalt, was beim Gemüsebau so großen Spaß macht.

So sind es denn weit weniger verstandesmäßige, als gefühlsbetonte Erwägungen, um die es geht. Und irgendwie steht sogar auch hier — fast wie am Steuer seines Klassewagens — der Mensch als Herr aller Dinge dahinter. Er läßt es wachsen wie er will; er läßt das wachsen, was ihm schmeckt und was er so, als eigenen Ernteertrag mit all seinen gesundheitlichen Vorzügen, nirgendwo kaufen kann. Diese so persönliche Haltung zum Thema Gemüsebau im Wohngarten findet übrigens längst auch schon gestalterisch ihren Niederschlag. Die einschlägigen Pläne im Kapitel »Gartenplan« sind der beste Beweis dafür, in welchem Ausmaß der Gartenarchitekt von heute Nutzgartenakzente setzen muß. Und sie geben zugleich auch Einblick in das konstruktive Gefüge, von dem nicht zuletzt auch der Ernteerfolg abhängt.

Gemüse nicht nur als Zierpflanzen-Ergänzung

Natürlich braucht unser Gemüse sich nicht zu verstecken. Es soll keineswegs nur als eine Art von Zierpflanzen-Ergänzung mitlaufen oder bei den Blumen Unterschlupf suchen. Denn immer noch entfalten ja auch diese Pflanzen — wenigstens zum Teil — eine Schönheit eigener Art. So kann man beispielsweise statt eines ungenießbaren Zierrhabarbers genausogut einen Gemüserhabarber als Solitär setzen und auf diese Weise wieder einmal das Nützliche mit dem Dekorativ-Eindrucksvollen verbinden. Aber abgesehen von solchen und ähnlichen Möglichkeiten, zu denen auch der an anderer Stelle zitierte Paprika im Steingarten, der Chinakohl als interessante Beeteinfassung oder das Gurkenkraut mit seinen romantisch blauen Blüten in der Staudenrabatte treten, haben ja auch normale Gemüsebeete mit Salat und Radieschen, Buschbohnen, Gurken und Sellerie ihre Wohlgestalt. Daß dabei der Genußwert, als vorweggenommenes »Essen mit den Augen«, eine Rolle spielt, macht die Sache vollends reizvoll. Dieser kleine psychologische Umweg führt nämlich ganz von selbst dazu, auch aus der Sicht moderner Zielsetzungen den Garten wie eh und je als beglückende Einheit zu empfinden. Und damit — siehe oben — beginnt dann wiederum der rechte Spaß an der Freud'.

Neue Anbauregeln

Wenn wir so einen goldenen Mittelweg zwischen Zier und Nutzen beschreiten, so kann das nur mit ganz gewaltigen Abstrichen gegenüber früheren Darstellungen geschehen. Alte Anbaugrundsätze haben sich ganz oder teilweise als überholt erwiesen; das Saatgut aus modernen Zuchtbetrieben wird immer vielseitiger und besser; Düngung und Pflanzenschutz sowie vor allem auch die

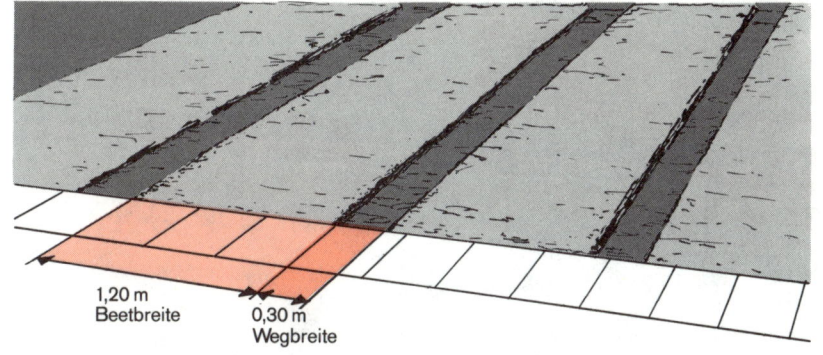

1,20 m
Beetbreite

0,30 m
Wegbreite

Die normale Beetbreite für Gemüsebeete beträgt 1,20 m; für die kleinen Tretwege genügen 30 cm. Damit die Beetränder nicht austrocknen, sollen die Beete nicht erhöht angelegt werden.

Anbaumethoden werden dank den Erkenntnissen von Wissenschaft und Praxis immer mehr vereinfacht. Gewisse Grundtatsachen haben freilich auch heute noch ihre Gültigkeit. Dazu gehört vor allem die Einsicht, daß im Gemüsebau auf den Fruchtwechsel innerhalb der einzelnen Quartiere nicht ganz verzichtet werden kann. Wenn man Tomaten oder Sellerie oder Kohlgemüse jahraus, jahrein immer auf den gleichen Flächen anbauen würde, so wären nicht nur die Ernteerträge bald spürbar geringer, sondern es würde sich auch eine immer zunehmende Anfälligkeit gegenüber Krankheiten und Schädlingsbefall bemerkbar machen. Ohne eine vernünftige, sorgfältig auf längere Sicht geplante Fruchtfolge, die auch den unterschiedlichen Nährstoffbedarf der einzelnen Pflanzenarten berücksichtigt, geht es also nicht. Außerdem soll man selbstverständlich keinesfalls immer nur sogenannte Gleichkultur oder Monokultur treiben und sich mit einer Gemüseart auf dem Beet begnügen. Vielmehr kann durch sinnvolle Ineinanderschaltung verschiedener Gemüse mit unterschiedlichen Anbau- und Erntezeiten jede Fläche fortlaufend genutzt werden. Nach diesem Prinzip der Zwischenkulturen fügen wir also früher und später reifende — schneller und langsamer wachsende Gemüse in einem solchen Verhältnis zueinander, daß die Hauptfrucht während der ersten Zeit ihres Wachstums den noch nicht voll ausgenützten Platz mit einer »Vorfrucht« teilt und selbst später wieder von einer »Nachfrucht« gefolgt wird. Die Kulturen können so nahtlos ineinandergreifen, daß praktisch der Boden während der ganzen Vegetationszeit nie ohne schützende Pflanzendecke bleibt. Für solche Zwischenkulturen gibt es viele bewährte Beispiele, die auch bei den Einzeldarstellungen der Gemüse jeweils angeführt werden. Nur nebenbei sei hier noch eine Anbaumethode erwähnt, von der man gelegentlich spricht: Es ist die »Mischkultur wahlverwandter Gemüse«, die das Prinzip der Zwischenkulturen — angeblich zur Erzielung von Höchsterträgen — auf die Spitze treibt. Man braucht dazu große Sachkenntnis und weit mehr Zeit, als auf die Dauer dafür erübrigt werden kann, zumal die Mehr- oder Höchsterträge kaum je erreicht werden. Aber etwas anderes bedarf hier noch der Erörterung: nämlich das früher unrichtig als »Schießen« und seither richtig als »Schossen« bezeich-

Fruchtwechsel verhütet Gefahren der Bodenmüdigkeit

Vor-, Nach-, Haupt- und Zwischenkulturen

Mischkultur

Statt »Schießen« jetzt »Schossen«

287

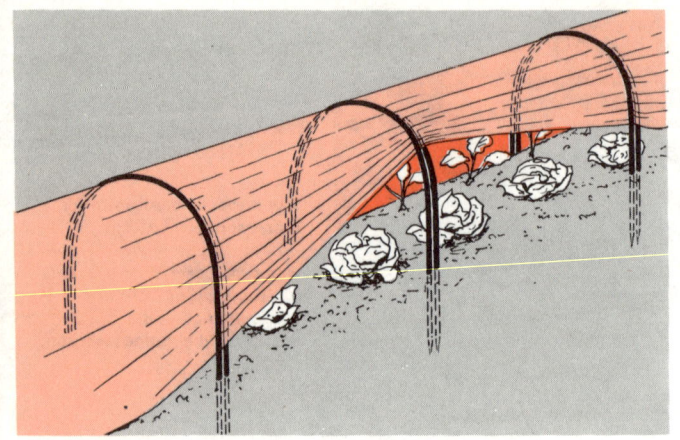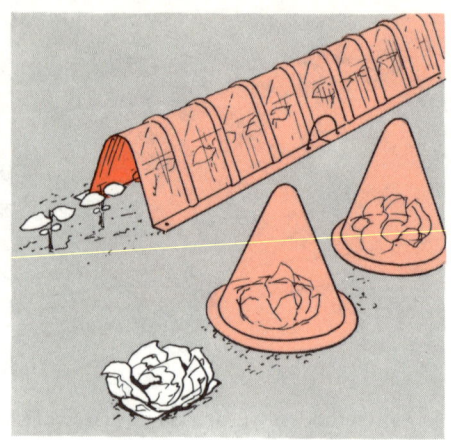

Verfrühung und Schutz vor Frost im Frühjahr und Herbst durch Folientunnel (links) und Kunststoffhauben (rechts). Die doppelten Bügel beim Folientunnel ermöglichen eine zweckmäßige Lüftung an warmen Frühlingstagen.

nete vorzeitige Blühen mit anschließender Samenbildung mancher Gemüse. Wir kennen es beim Salat und beim Kohl, die keine Köpfe bilden — beim Spinat, der Ästchen kriegt wie eine Miniaturtanne — bei Gelben Rüben, Schwarzwurzeln, Sellerie, Lauch und Zwiebeln. Schon falsche Sortenwahl, wie ein zu später Anbau von Frühgemüsesorten, kann die Schosserneigung hervorrufen. Sehr wesentlich sind auch das Wetter und bestimmte Temperatureinflüsse beteiligt. Aussaat in noch zu kalten Boden oder Vorkultur bei zu geringen Warmhaus-Temperaturen, die besonders bei Sellerie als Ursache des Schossens herausgefunden wurde. Ohne Zweifel spielt auch die Qualität des Saatgutes eine Rolle, weshalb hier nochmals vor Resteverwendung und Samen aus Eigenbau gewarnt sei (siehe Kapitel »Säen und Pflanzen«).

Bestes Saatgut ist gerade gut genug

Wo aber ein genügend großes Gartengelände nebst Lust und Liebe zur Sache es gestatten, daß man dem Gemüsebau mehr Raum gönnen möchte, sei einmal mehr der Rückgriff auf ein informatives Fachbuch empfohlen. MARTIN STANGL hat es unter dem Titel »Gesundes Obst und Gemüse aus dem eigenen Garten« geschrieben, und es ist ebenfalls bei der BLV Verlagsgesellschaft erschienen. Und auch er bestätigt damit von der ersten bis zur letzten Seite: Gemüsebau — zugleich mit dem Blick vom Garten in die Küche — macht großen Spaß. Das wissen sogar die Kinder, deren erste Beete häufiger etwas zum Ernten als »bloß Blumen« tragen.

Kernig und frisch: delikate Blattsalate

Schon die Götter Griechenlands haben außer Nektar und Ambrosia den Salat zu ihren Leibspeisen gezählt. Der Lattich — die Urform aller Blattsalate — war keiner geringeren als der Schönheitsgöttin Aphrodite heilig, weil sie einst den Adonisknaben unter seinen Blättern versteckt haben soll. Ist es da ein Wunder, daß wir noch heute den Salat in vielerlei Gestalt als wahren Born der Jugend und Gesundheit schätzen, und daß in abgeklungenen Jahrhunderten

Leibspeise der Götter Griechenlands

Könige, Dichter und Philosophen seine heilsamen Kräfte rühmten, die größten Feinschmecker aber sich um immer neue Zubereitungsweisen mühten? Mancher von ihnen hat schier eine Aktion von europäischem Rang daraus gemacht, so daß man zu gewissen Zeiten den Stand der Salatrezepte fast als Gradmesser für die kulturelle Höhe eines Volkes anzusehen geneigt war. Meister auf diesem Gebiet der feinen Küche blieben stets die Franzosen, weshalb denn auch der aus dem wilden Lattich gezüchtete neumodische Kopfsalat im 16. Jahrhundert von allen Ländern des Kontinents zuerst in Frankreich heimisch wurde. In Deutschland begnügte man sich damals noch mit einem jenseits des Rheines als schlechte Bauernkost mißachteten wilden Feldsalat oder einem fetten Krautsalat, wie ihn auch hundert Jahre später die LISELOTTE VON DER PFALZ als Inbegriff sehnsüchtig vermißter Heimatgerichte von den entsetzten Hofköchen des Sonnenkönigs verlangte. Erst das 18. Jahrhundert wird die hohe Zeit des Salates. GOETHE schreibt 1787 aus Palermo: »Der Salat ist hierzulande so herrlich von Zartheit und Geschmack wie eine Milch. Man begreift, warum die Alten ihn *lactuca* (›Milchelchen‹) nannten.« Und aus der gleichen Stimmung genießerischer Salatfreudigkeit stammt die geistreich schillernde barocke Zubereitungsvorschrift, der auch die Kenner von heute nur beipflichten werden: »Nimm Öl wie ein Verschwender, Essig wie ein Geizhals, Salz wie ein Weiser, Zucker gleich einem flüchtig hinhuschenden Gedanken – dann aber wende und schüttle das Ganze wie ein Narr!«

Kopfsalat zuerst in Frankreich heimisch

Öl, Essig, Salz und Zucker

Kopfsalat, Schnittsalat, Pflücksalat, Eissalat Samenbedarf bei Kopfsalat: auf 1 qm ¹/₂ g; Keimdauer 8 Tage. Auspflanzen der ersten gekauften Setzpflanzen in Multitöpfen oder Jiffy-pots nach Abhärtung ab Mitte März – nur in besten geschützten Lagen. Erste Aussaat ins Freilandsaatbeet Mitte bis Ende März, dann Folgesaaten im Zeitraum von zwei bis drei Wochen; bis Ende April Frühsorten und Frühsommersorten, von Mai bis Anfang Juli Sommersorten und im August wieder Frühsommersorten. Wintersorten nicht lohnend. Auspflanzen jeweils vier Wochen nach der Aussaat in Reihen, für die Frühsorten Abstand allseitig 20 bis 25 cm, für die Spätsorten und Riesensorten 30 cm und mehr. Rechtzeitige und ausreichende Grunddüngung, später dann Kopfdüngung mit Volldüngerlösung. Salat eignet sich auch als Zwischenkultur bei Gurken, Tomaten, Kohlrabi, Sellerie und anderen Gemüsen. Von 10 qm ernten wir etwa 150 Salatköpfe.

Um später die Setzpflanzen Stück für Stück mit kleinen Ballen ausheben zu können, müssen wir sehr dünn aussäen. Beim Pflanzen, das keinesfalls an heißen Tagen und in praller Sonne erfolgen soll, ist streng darauf zu achten, daß weder die Keimblätter zu tief gesetzt werden, noch daß Erde auf das Herz der Salatpflanze kommt. Zur Vermeidung von Pilzbefall möglichst hoch pflanzen! Beim Angießen soll man die Salatblätter nicht benetzen. Nach dem Auspflanzen wird bald gehackt und in kurzen Zwischenräumen, bei Hitze täglich, gegossen.

Schnittsalat und Pflücksalat sind zwei Unterarten des Kopfsalates. Man zieht mit entsprechend dichterer Aussaat an Ort und Stelle (1–2 g Samen auf 1 qm), da keine Köpfe, sondern nur Einzelblätter geerntet werden. Beim *Schnittsalat* treiben wochenlang immer neue Rosetten zarter, etwas krauser Blättchen, die abgeschnitten oder abgezupft werden, bis nach zwei- oder dreimaliger Ernte die Pflanze in Blüte schießt. Für Freilandkultur ab März Aussaat in Reihen mit 15 cm Abstand. Leider mehltauanfällig. – *Pflücksalat* wird größer, ist auch gesünder und wächst willig den

Die richtige Sorte zur rechten Zeit

Gewußt wie

Schnittsalat kann man dreimal ernten

ganzen Sommer nach. Er schließt damit jede Lücke, die durch Schossen des Kopfsalates in der heißen Zeit vorkommt. Außer dem Herztrieb dürfen alle jungen
Blätter dauernd nachgepflückt werden.

Im Hochsommer:
Eis- oder Krachsalat

Besonders für die heißen Sommermonate, in denen der Kopfsalat oft ohne die er-
wartete Kopfbildung in die Höhe schießt, bietet der amerikanische *Eis-* oder
Krachsalat einen willkommenen Ausgleich. Er ist mehr als ein Lückenbüßer, denn
sein großer, fast weißkohlähnlicher Kopf ist knusprig und zart zugleich und von
herzhaftem, erfrischendem Geschmack. Die gefransten oder gewellten Deckblätter
werden bei der Zubereitung ebenso wie der harte Strunk entfernt. Seine Kultur
entspricht bei 30 cm Pflanzabstand etwa der des Kopfsalates. Er verträgt aber
Nässe und Hitze besser und ist weitgehend schoßfest. Den Eissalaten ähnlich in
Geschmack und Kultur ist die Sommerendivie, auch Lattich oder Römischer Bind-
salat genannt. Es gibt inzwischen selbstschließende Sorten.

Gute Sorten

Kopfsalat – Frühsorten: 'Maikönig', 'Unico', 'King', 'Blondine', 'Primeur'.

Frühsommersorten: 'Avondefiance' (virusfrei), 'Hilds Neckarriesen'.

Sommersorten: 'Kagraner' (besonders gut in trockenen Sommern), 'Resistent'.

Herbstsorten: 'Sylvester', 'Aurelia', 'Mona' (virusfrei), 'Pirat'.

Eissalat: 'Avon crisp', 'Great Lakes 118', 'Forty Niner', 'Mesa'.

Schnittsalat: 'Gelber runder', 'Krauser gelber'.

Pflücksalat: 'Amerikanischer brauner', 'Australischer gelber'.

Winterendivie, Eskariol Samenbedarf: auf 1 qm ¹/₂–1 g; Keimdauer 6–8 Tage.
Man sät frühestens Ende Juni/Anfang Juli, verpflanzt in Reihen mit 30 cm allseitigem Abstand je Pflanze. Sobald die Außenblätter sich zur Erde neigen, Rosetten-
form annehmen und die abgeschlossene Entwicklung der Pflanze erkennen lassen,
wird nur bei trockenem Wetter zum Bleichen mit Bast oder Gummiring gebunden;
zur Selbstbleiche etwas enger pflanzen. Bleichzeit 8–12 Tage. Herbstsäte Septem-
ber/Oktober. Lagerung: Einschlag in Sand in frostfreiem Raum. 10 qm ergeben
etwa 100 Stück Winterendivie. Der leicht bittere, aber doch angenehme Geschmack
erklärt sich aus ihrer Verwandtschaft mit der Zichorie.

Gute Sorten

In zeitlicher Reihenfolge: 'Grüner selbstbleichender', auch als 'Bubikopf' bekannt,
gut für Sofortverbrauch; 'Golda' als Massensorte und 'Eskariol grüner' als Spätsorte (nicht selbstbleichend, aber gut haltbar).

Zichoriensalat, 'Zuckerhut' Dieser aus der Schweiz stammende Salat ist im Geschmack der Endivie und dem nah verwandten Chicoree, im Aussehen dem Chinakohl ähnlich. Samenbedarf: auf 1 qm 2 g; Keimdauer 3–6 Tage. Aussaat Ende Juni
bis Mitte Juli nur an Ort und Stelle möglich, nach 14 Tagen auf 30 cm verziehen.
Grunddüngung vor der Saat 80 g Volldünger je qm. Ein bis zwei leichte Kopfdün-
gergaben mit Volldünger fördern Wachstum und Kopfbildung. Der ursprünglich

Zuckerhut lagert gut

'Vatters Zuckerhut' genannte Salat kann bis zu drei Wochen lagern, mit Wurzeln im
kühlen Keller eingeschlagen sogar drei Monate. Eingetrocknete Hüllblätter schützen
das Innere.

Chinakohl auch
als Gartenschmuck

Chinakohl Hervorragend gesundes und wohlschmeckendes Salatgemüse für die
erste Winterhälfte, verträgt bis – 5° C. Aussaat Ende Juli/Anfang August sehr dünn
in Reihen oder – besser – je drei Körner mit 40 x 40 allseitigem Abstand dibbeln,
später auf stärkstes Pflänzchen verziehen. Verzogenes schwer verpflanzbar. Junge
Saat vor Erdflöhen schützen! Willkommene Nachfrucht! Die länglichen Köpfe sind
innerhalb zehn Wochen schnittreif, können aber bis November im Freiland bleiben. Zubereitung wie Endiviensalat, auch wie Spinat. Nebenbei: sehr dekorative
Pflanze im Wohngarten ...

'Kantoner' ist schnellwüchsig (2 Monate). Geschmacklich besser sind 'Hongkong Resist F₁-Hybride' und 'Nagaoka Hybrid'; sie haben beide breitere, kürzere Köpfe, sind aber etwas frostempfindlicher.

Feldsalat, Ackersalat, Rapunzel, Nisselsalat Samenbedarf: auf 1 qm 1–2 g; Keimdauer 8 Tage. Freilandaussaat an Ort und Stelle in Reihen mit 12–15 cm Abstand ab Ende Juli bis Ende September in Folgesaaten. Samen nur ganz dünn mit Erde bedecken und etwas festklopfen, da er in lockerem Boden nur schwer keimt. Gute Nachfrucht auf unkrautfreiem Land. Ernte ab Herbst laufend bei offenem Boden, je nach Bedarf. Friert bei scharfem Kahlfrost aus. Vorbehaltlich regionaler Verschiebungen von etwa zwei Wochen rechnet man mit folgenden Kulturzeiten:

Rapunzel hat viele Namen

Aussaat:	Bedarfszeit:
ab 25. Juli	Ende Oktober bis November
1. bis 10. August	Anfang bis Mitte Dezember
15. bis 25. August	Ende Dezember bis März
September bis Oktober	Mitte März und später

Großblättrige Sorten wie 'Deutscher' und 'Holländischer breitblättriger' geben mehr Ertrag, kleinblättrige Sorten wie 'Dunkelgrüner vollherziger', 'Felma' und 'Etampes' sind feiner im Geschmack und frosthärter, 'Vit' ist mehltaufest.

Gute Sorten

Blattsalate (header)

Gesund und wohlschmeckend: die Wurzelgemüse

Auch sie gehören zwar verschiedenen Pflanzenfamilien an, aber in ihrem Daseinszweck der Ausbildung aromatischer, wohlgeformter, zarter »Wurzeln« finden sich doch viele Übereinstimmungen. Nicht immer wird dieser Daseinszweck erreicht, weil wieder einmal der Mensch als Maß aller Dinge es an der notwendigen Sorgfalt bei der Bodenvorbereitung fehlen läßt. Da sät er dann womöglich in das noch rohe, klumpige, mit Steinen durchsetzte Erdreich eines Neubaugartens Gelbe Rüben, denen unter diesen Umständen nichts anderes übrig bleibt, als sich aus Abscheu vor solchem Boden zu drehen und zu winden, bis »beinige« Rübenmännlein und Alraunen entstehen, wie unsere nebenstehende Zeichnung zeigt. Auch die anderen Wurzeln — ob Radies und Rettich, Rote Bete, Schwarzwurzel oder Sellerie — gedeihen nicht immer so, wie die Farbbilder im Katalog oder auf der Samentüte es verhießen. Das zeigt sich nicht nur an der äußeren Gestalt, sondern vielleicht mehr noch an den inneren Eigenschaften. Es nützt uns nichts, wenn wir hochqualifiziertes Saatgut beispielsweise der neuen Karotinmöhren kaufen, sofern dann die Anbaubedingungen zu wünschen übrig lassen. Man braucht nur seinen gesunden Menschenverstand, um einzusehen, was im Versuchsanbau bestätigt wurde: Daß die den Möhren angezüchtete schöne rote Farbe in schlechtem Boden genauso wieder vergeht wie der als erstaunliche züchterische Leistung bewirkte doppelte Karotingehalt oder die besondere Saftigkeit von Möhren für die Gemüsepresse. So merken wir uns als Generalforderung aller Wurzeln: Ihr Boden soll tiefgründig locker, humusreich und etwas sandhaltig sein — kurzum einfach dem Idealboden entsprechen, der die Forderung nach »alter gärtnerischer Kultur« erfüllt.

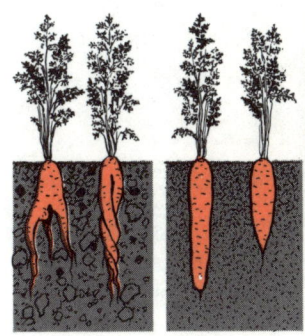

Möhren brauchen guten, garen, steinarmen Boden.

Radieschen Samenbedarf: auf 1 qm 3 g; Keimdauer 8–10 Tage. Erste Freiland-aussaat Anfang April, in günstigen Lagen auch früher. Folgesaaten alle 14 Tage bis Anfang September, im Sommer halbschattig und sehr feucht halten. Körner ganz dünn, am besten einzeln oder zu zweit mit 3–5 cm Abstand etwa 1 cm tief legen, leicht andrücken. Von der Saat bis zur Ernte braucht das Radieschen etwa 40 Tage. Mehrmals durchernten. Frühsaaten sonnig, Folgesaaten im Sommer halbschattig, herbstliche Spätsaaten wieder sonnig.

Gewußt wie

Wer Radieschen immer noch auf Beeten für sich allein sät, der hat den tieferen Sinn des Zwischenfruchtbaues nicht verstanden. Radieschen, diese lieben kleinen Gartengenossen, sind mit jedem freien Eckchen, jeder Lücke zwischen anderen Gemüsen zufrieden, wenn nur der Boden locker und humushaltig ist. Man soll ihnen 1–2 leichte Kopfdüngungen geben, denn das Wichtigste ist ein zügiges Wachstum ohne Stockung, sonst schossen sie vorzeitig oder werden hart und pelzig. Radieschen und Rettiche sind durstige Gesellen. Im Sommer darf man sie auch in halbschattiger Lage täglich wässern. Ja, man kann sogar kleine Erdwälle und Gießränder anlegen, damit das Wasser um die Pflanzen herum möglichst lange stehen bleibt. Erdflöhe und Rettichfliegen (Kohlfliegen) sind ihre gefährlichsten Feinde. Siehe Pflanzenschutzteil.

Gute Sorten

Für Früh- und Spätsaat 'Cherry Belle', 'Rota', 'Riesenbutter', Sommerradies 'Champion' und 'Parat', beide sehr groß. Für den Nachsommer: 'Eterna'.

Rettich Samenbedarf auf 1 qm 1½ bis 2 g; Keimdauer 8–12 Tage. Leichte und humose Böden bevorzugt; Kompost, Huminal oder Torf einarbeiten. Erste Freilandaussaat für Mai- und Sommerrettiche Mitte April – (Körner auf 12–15 cm dibbeln oder stupfen); dann Folgesaaten alle 14 Tage. Aussaat der Herbst- und Winterrettiche ab Mitte Juni, auf 25–30 cm verziehen; gezogene Rettiche lassen sich gut verpflanzen. Zwei und fünf Wochen nach der Saat zwei kräftige Kopfdüngungen mit Volldünger nach Vorschrift.

Mittelgroße Rettiche sind zarter und meist auch haltbarer als die übergroßen. Deshalb Abstand keinesfalls über 25 cm. Das Einwintern geschieht am besten mit viel Sand im Keller. – Feines Raspeln und In-Scheiben-Schneiden mit anschließendem leichtem Einsalzen, damit der Rettich »weint«: mildert die Schärfe und hebt das Aroma.

Rettich auf dem Teller soll »weinen«

Feinde: *Erdflöhe* und *Kohl-* oder *Rettichfliege*. Siehe Pflanzenschutzteil. Gegen die sogenannte *Rettichschwärze* ist kein Kraut gewachsen. Saure mineralische Düngung mindert den Befall. Fruchtwechsel!

Gute Sorten

Frühsorten: 'Unus', 'Langer weißer Treib- und Freiland' und 'Halblanger weißer Treib- und Freiland' sowie 'Hilds roter Neckarruhm'. Ferner 'Mainkrone' und 'Münchner Bier' als Herbst- und Winterrettich. Sonderformen: 'Benarys Reform' und 'Ostergruß' als Fünf- bis Sechs-Wochen-Rettiche sowie 'Runder Schwarzer' als Winterrettich. Neu: 'Minovase Spring Cross', japanische F_1-Hybride.

Möhre oder Mohrrübe, Gelbe Rübe, Karotte Samenbedarf auf 1 qm ¾ bis 1 g; Keimdauer 18–21 Tage. Erste Frühjahrsaussaat der Freilandkarotten bei günstigem Klima: sobald der Boden offen ist, meist nicht vor Anfang bis Mitte März. Man sät flach in Reihen mit 25 cm Abstand. Samen mit Sand mischen, damit die Aussaat dünn genug wird. Markiersaat mit Radies oder Salat, alle 10–15 cm ein Korn, ist anzuraten. Aussaat der Sommersorten: März/April; Aussaat der Wintermöhren ab Anfang Mai; Aussaat der Herbstkarotten im Juni; Ernte durchschnittlich 12–18 Wochen nach Auflaufen der Saat. Von 1 qm kann man etwa 3–5 kg Mohrrüben ernten, bei sogenannten 'Pariser Karotten' weniger. Ernte ab Anfang Juli. Einkellern in feuchtem Sand. Bild Seite 318.

Gewußt wie

Die Kultur der Mohrrübe – auch Möhre, Gelbe Rübe, Karotte oder gar nur Wurzel genannt – ist einfach und bringt gute Erträge, wenn man einige Grundfehler vermeidet. Der *erste* ist: Ansäen auf falsch gedüngtem Land. Möhren wollen wenig Stickstoff, dafür um so mehr Kali und hinreichend Phosphor. Trotzdem reichen eine herbstliche Vordüngung mit Humusdünger und zwei bis drei Kopfdüngungen während der Hauptwachstumszeit aus. – *Zweiter Grundfehler:* Immer wieder die zu dichte Aussaat. Mohrrüben lassen sich nicht verpflanzen. Was nach dem Aufgehen und später ausgedünnt werden muß, ist verlorenes Saatgut. Ausdünnen der Keimlinge von Frühsorten und Karotten bei 4 bis 5 cm Höhe auf etwa 2 cm Zwischenraum. Bei den langen, großen Wintersorten darf der Abstand von einer Reihe zur anderen 30 cm betragen, der Abstand von einer Rübe zur anderen aber sei mindestens 5 cm. – *Dritter Grundfehler:* Die Karotten haben zu wenig Wasser. Wer frühe Ernten sehen möchte, muß ihnen mit gelegentlichem Gießen nachhelfen. Nicht zuviel auf einmal, auch nicht plötzlich nach vorausgegangener Trockenheit, damit die Rüben nicht platzen. Es genügt jeden dritten, vierten Tag; dazwischen wird fleißig gehackt. Man braucht für den Erfolg ein bißchen Fingerspitzengefühl, das schon beim Anlegen der flachen Saatrillen nebst dem folgenden Abdecken mit einer leichten Kompostschicht anfängt und beim vorsichtigen Ernten mit der Grabgabel aufhört. Zerstochene und im Boden abgebrochene Wurzeln sind eine Schande für den Gärtner, dagegen eine Freude für Wühlmäuse. – Wind ist der Feind der *Möhrenfliege,* darum offene Lagen bevorzugen.

Die drei Grundfehler vermeiden!

Frühsorten (Karotten) sind 'Pariser Markt' (rund, zart, helles Herz, sehr früh) und 'Signal' (rundlich, delikat, aber geringerer Ertrag). Mittelfrüh sind 'Rubica' (halblang, platzfest, mit sehr hohem Karotingehalt, auch als Spätmöhre mit Aussaat im Juli geeignet), ferner 'Nantaise' und 'Rotin' (halblang, sehr saftreich). Spätsorten: 'Rothild', 'Juwarot' (mit höchstem Karotingehalt); neu: 'Nandor', F_1-Hybride.

Gute Sorten

Rote Rübe, Rote Bete, Salatrübe Samenbedarf: auf 1 qm 1½ g; Keimdauer 10–14 Tage. Erste Freilandaussaat für den Sommerbedarf nicht vor dem 15. April. Zweite Freilandaussaat für den Herbst- und Winterbedarf ab Mitte Mai an Ort und Stelle. Folgesaaten bis Ende Juni oder – bei »Babybeats« bis Ende Juli. Reihenabstand 20 cm, alle 15–20 cm 2–3 Körner auf Lücke; oder Reihenabstand 30 cm, alle 10–15 cm 2–3 Körner auf Lücke. Erde andrücken. Jungpflanzen später bis auf die stärkste ausdünnen. Gezogene Pflänzchen mit unverletzter Wurzel lassen sich neu setzen und wachsen leicht an. Von 10 qm kann man 30 kg ernten. Düngung mit 40–60 g Volldünger je Quadratmeter. Eine Volldüngung genügt.

Für »Babybeats« 'Rote Kugel' dicht gesät

Allgemeine Anbaubedingungen ungefähr wie bei der Mohrrübe. Der Boden sei nahrhaft und tiefgründig gelockert. Während der Wachstumszeit öfter leicht durchhacken und gleichmäßig feucht halten, verhütet Wachstumsstockung und Schossen. Rote Bete für den Winterbedarf lassen sich gut als Nachfrucht hinter frühen Erbsen ziehen. Sogenannte »Babybeats« können noch durch Juli-Aussaaten der Sorte 'Rote Kugel' erzielt werden. Die jungen Pflanzen werden dann nur auf 6–8 cm verzogen und bei einem Durchmesser von 4–5 cm geerntet. Einlegen in Würzessig, wie üblich. – In jedem Fall muß die Ernte vor Eintritt stärkerer Fröste abgeschlossen sein. Verletzungen beim Ausheben bewirken gleich oder später Ausfließen des Saftes und mindern die Lagerfähigkeit. Nach Entnahme aus dem Boden Erde abklopfen, Laub bis auf die Herzblätter abdrehen, nicht abschneiden! Sandeinschlag im Keller. Nebenbei: Die Bezeichnung »Rote Bete« kommt nicht vom deutschen »Beet«, sondern vom botanischen Namen »Beta«, daher Schreibung nur mit einem e.

Gewußt wie

Zu empfehlen: 'Rote Kugel', prächtige, dunkelblutrote Rübe ohne Ringbildung, schnellwüchsig, beste Eignung für Zwischenkultur und Nachfruchtbau; 'Formanova', lange Walzenform von guter Qualität mit hoher Ausbeute.

Gute Sorten

Sellerie Das Land soll möglichst schon im Spätherbst oder Nachwinter tiefgründig gelockert und reichlich vorgedüngt werden. Grunddüngung: 40–50 g/qm chlorid-

293

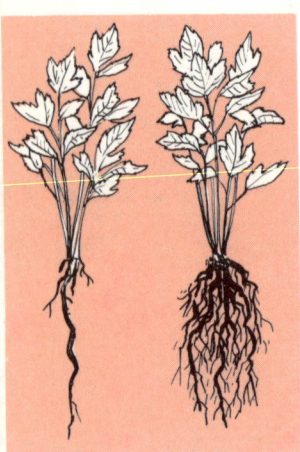

schlecht   gut

Sellerie-Jungpflanzen

haltiger Volldünger. Eigene Anzucht nicht lohnend. Man kauft erst Anfang Juni bei einem zuverlässigen Gärtner kräftige, aus gebeiztem Saatgut gezogene, pikierte Setzlinge. Nicht »irgendwo« kaufen, denn nur eine garantiert *warme* Anzucht bei 20–25° C mit kurzer Abhärtung vor dem Auspflanzen vermindert die Schossergefahr durch kühles Juniwetter. Pflanzung mit 50 cm Abstand, je Beet drei Reihen. Neuere Versuche zeigten, daß die früher empfohlene Hochpflanzung von Sellerie keine größeren Knollen bringt als die Normalpflanzung. Wer freilich seinen Sellerie zu tief setzt, erntet in erster Linie Wurzelbärte! Gleichmäßige Wasserversorgung und mehrere Kopfdüngungen fördern die Qualität.

Mittelschwerer bis schwerer Boden, der zugleich mild und mürb sein soll, sagt am meisten zu. Hacken, Jäten und reichlich Wässern gehören zur ständigen Selleriepflege. Alle 2–3 Wochen gibt man dann noch eine gut ausgewogene, flüssige Kopfdüngung mit Volldünger (20 g je qm), der von dem salzliebenden Gewächs besonders gut vertragen wird. Ab Ende August nicht mehr düngen – sonst bringt der Sellerie zwar äußerlich prächtige Knollen, aber innen sind sie hohl oder werden beim Kochen schwarz, was beides unter anderem auch die Folge zu reichlicher Stickstoffgaben oder unregelmäßiger Wasserversorgung sein kann. Ebenso heißt es mit dem Kalk sehr vorsichtig sein. Zum Abpflücken von Suppengrün halten wir uns an eine bestimmte Pflanze, die nicht gespritzt wird und deren Knolle für die Ernte von vornherein ausscheidet. Die Knollen können bis Anfang November im Garten bleiben. Sie werden vom anhängenden kleinen Wurzelwerk befreit; die Blätter fallen bis auf die innersten drei Herztriebe beim Putzmesser zum Opfer. Sofern bei Pflanzenschutzspritzungen die vorgeschriebene Konzentration und Wartezeit eingehalten wurde, können sie büschelweise als Suppenwürze getrocknet werden. Die Knollen werden im mäßig feuchten Sand des gut durchlüfteten, kühlen Kellers eingewintert. Gelegentlich gefährdet die Blattfleckenkrankheit den Anbau, siehe »Pflanzenschutz«.

Gute Sorten ’Dippes Invictus’ mit schöner, glatter Knolle und mittlerer Lagerfestigkeit, bleibt beim Kochen schneeweiß, ist aber im Anbau anspruchsvoller und pilzanfälliger als ’Roka’ und ’Hilds Neckarland’. Letztere wird wegen geringer Krankheitsanfälligkeit und gleichmäßiger Knollenbildung empfohlen; ’Oderdörfer’, schoßfest, eignet sich besonders für Niederungsmoorböden. ’Wiener Markt’ ist resistent gegen Blattfleckenkrankheit, aber in der Knolle etwas gröber als die vorigen Sorten. Bleichsellerie siehe Kapitel »Sonderkulturen«.

Schwarzwurzel, Skorzonerwurzel Samenbedarf: 3 g auf 1 qm; Keimdauer 15–18 Tage – nur ganz frisch gelieferter Samen ist keimfähig. Saattiefe nur 2 cm. Freilandaussaat Anfang März in Reihen mit 30 cm Abstand; die stäbchenförmigen Samen einzeln mit 5 cm Zwischenraum in 4 cm tiefe Rillen stecken, gut andrücken. Abstand unbedingt einhalten, da die Schwarzwurzel sich bei zu dichtem Stand nicht versetzen läßt, sondern »beinig« wird. Die Pflanze ist an sich zwei- bis mehrjährig, doch zieht man sie heute meist einjährig. Überwinterung ist möglich. 10 qm bringen 12–15 kg. Die Stangen sind sehr brüchig. Tiefgründiger, steinfreier Boden erwünscht. Düngerbedarf: 50–60 g Volldünger je Quadratmeter.

Gewußt wie Damit die an sich bescheidene Pflanze – auch Winterspargel genannt – über das Bleistiftstadium hinauskommt und schöne, starke, unverzweigte und vor allem glatte Wurzeln bildet, muß der sehr mürbe Boden zwei Spaten tief umgegraben und bereits im Herbst oder Nachwinter kräftig mit Kompost oder Torf vorbereitet werden. Ein so ausgesprochenes Wurzelgemüse wie unsere Skorzoner reicht tief genug in die Erde hinab, um sich sogar bei heißem, trockenem Wetter noch mit Feuchtigkeit versorgen zu können. Immerhin tun ein wenig Gießen und im Juni eine Kopfdüngung mit Kalksalpeter (20 g je Quadratmeter) gut, da die Wurzeln ja recht saftig und milchig bleiben sollen. Um die langen Wurzeln unverletzt aus der Erde zu bringen, sticht man bei der Ernte im Oktober erst längs der Reihe einen kleinen Graben und hebt dann die Pflanzen durch Gegendruck mit dem Spaten vorsichtig heraus. Natürlich wird immer nur der Tagesbedarf geerntet. Beete für Winterernten etwas abdecken. – Der Weiße Rost und der Echte Mehltau müssen bekämpft werden, siehe Pflanzenschutzteil.

'Einjährige', altbekannte Standardsorte; 'Hoffmanns schwarze Pfahl', neue, sehr gute, ertragreiche Hochzuchtsorte für besonders tiefgründige Böden.

Eine Handvoll feiner Fruchtgemüse

Die Fruchtgemüse rechnen beinahe schon ein wenig zum Liebhaberbau. Sie sind durchweg Kinder wärmerer Zonen und wollen deshalb in unseren Breiten entsprechend verwöhnt werden. In kühlen, regnerischen und sonnenarmen Sommern kann man deshalb auch mit sogenannten Klimafesten meistens wenig Staat machen. Tomaten und Gurken mickern dahin, und erst recht die vornehmeren Familienangehörigen wie Melone und Aubergine denken nicht an Fruchtansätze. Das Problem der »kalten Füße« hängt alljährlich drohend über ihnen allen. Der Gartenfreund sollte hier fürsorglich ein übriges tun und wenigstens mit gut durchfeuchtetem Torf-Humusdünger in den Pflanzgruben nachhelfen. Das ist zwar nicht ganz so wirksam wie die mit wärmenden Original-Pferdeäpfeln angesetzten Unterlagen der guten alten Zeit, als die Hinterlassenschaften lebendiger Pferdekraft noch auf den Straßen eingesammelt und den Aposteln subtiler Gurken- und Kürbiskultur im Handwägelchen zugänglich gemacht wurden. Immerhin haben wir heute auch Möglichkeiten, um die Wärmespeicherung zu fördern. Zum Beispiel durch Mulchen oder durch die Verwendung von Kleinfolien, die um jede Pflanze einzeln gelegt werden, so daß sie im Umkreis von 30 × 30 cm wärmer und unkrautfrei bleibt. In besonderem Maße auch für die Tomatenkultur hat sich dieses Verfahren bestens bewährt.

Plastik-Mulch bei Gemüse: Kleinfolien zum Umlegen von Einzelpflanzen; auch für Büsche oder kleine Bäume geeignet.

Stab- und Buschtomate Eigene Anzucht kaum lohnend. Man kauft fertig vorgetriebene Setzlinge, die nach den Eisheiligen für ein- oder zweitriebige Kultur mit 60 × 80 cm Abstand unter sorgsamer Schonung der Ballen in Reihen ausgepflanzt werden. Nach Grunddüngung noch zwei oder drei Kopfdüngungen. Bei Trockenheit gießen. Ernte August bis Ende Oktober. Von 1 qm kann man 4–6 kg Tomaten ernten, in warmen Sommern noch mehr. Bild Seite 317.

Als wahres Sonnengeschenk tropischer Zonen benötigt die Tomate eine weit längere Wachstums- und Reifezeit, als der verhältnismäßig kurze deutsche Sommer ihr bieten kann. Deshalb muß sie schon zur Zeit des Auspflanzens einen gewissen Vorsprung haben. Gut abgehärtete, kräftige, gedrungene Ballenpflanzen von 25 bis 30 cm Höhe in Töpfen oder Jiffy-pots sind für unsere Ansprüche gerade gut genug. Sonnige, geschützte Lage und Ost-West-Richtung der Pflanzreihen ist für Tomatenbeete am besten. Der Boden soll möglichst schon im Herbst tiefgründig gelockert und mit viel nährstoffreichem Humus (Kompost, Torfhumusdünger) versorgt werden. Grunddüngung im Frühjahr 50–60 g Volldünger je Quadratmeter. Denn die Tomate ist nicht nur ein Hauptfresser, sondern auch ein Tiefwurzler. Mitte Mai werden mit 80 cm Reihenabstand und 60–70 cm Abstand innerhalb der Reihe die Pflanzlöcher gegraben, dabei auch gleich die Tomatenstecken aus Holz oder Welldraht in Reih und Glied so eingeschlagen, daß die Tomaten alle an der Südseite ihrer Stecken zu stehen kommen. Erstes Aufbinden der Jungpflänzchen an Blumen-

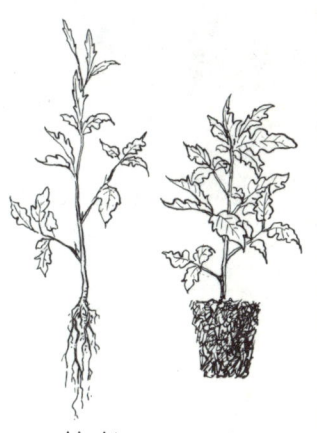

schlecht   gut

Tomaten-Jungpflanzen

Ausgeizen der Tomate: Die Seitentriebe werden mit den Fingern ausgebrochen.

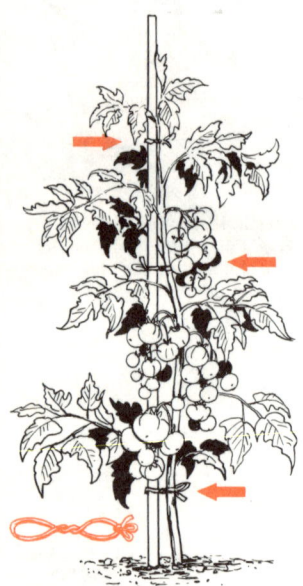

Tomate richtig aufgebunden

stäben und späteres Einziehen der stärkeren Stützen macht nicht nur viel mehr Arbeit, sondern beschädigt auch leicht die dringend benötigten Wurzeln. In das gut gelockerte Pflanzloch kommt eine kleine Unterlage von feuchtem Torf mit Komposterde, dann wird die Jungpflanze mit unbeschädigtem Topfballen fast bis an ihre untersten Keimblätter eingesetzt, damit der Stamm bald zusätzliche Haltewurzeln (»Adventivwurzeln«) treibt. Man füllt mit der gleichen Mischung aus Torf und Komposterde auf, drückt ziemlich fest an und macht dabei einen ordentlichen Gießrand um die Pflanzstelle. Ist alles wie es sein soll, so darf der Setzling nach gründlichem Angießen höchstens ein bis zwei Tage trauern. Er wird dann erstmals leicht mit Bast aufgebunden. Neben dieser Anbauweise in geschlossenen Beeten, die ich immer wieder als beste und ertragreichste erprobt habe, gibt es im Wohngarten noch viele andere Möglichkeiten, Tomatenpflanzen unterzubringen. Jedes warme, sonnige und genügend vorgedüngte Plätzchen ist recht.

In kühlen Mainächten sind die Setzlinge vor Spätfrostgefahr mit Hauben oder wenigstens Papiertüten zu überdecken. Haben sie das Gröbste überstanden und fangen nun aus den Blattwinkeln zu treiben an, so müssen alle Schößlinge oder Geize laufend entfernt werden. Nur ein Spitzentrieb oder in Ausnahmefällen zwei bleiben als Stammverlängerung stehen. Da man weiß, daß die Keime der gefährlichen Tomatenwelke und verschiedene Viruskrankheiten beim Beschneiden und auch beim Abkneifen mit dem Fingernagel von einer Wunde zur anderen übertragen werden können, dürfen die Geiztriebe nur ausgebrochen werden. Wenn wir die Triebe klein genug entfernen, geht es ganz gut: Man faßt sie fest an der Spitze und bricht seitlich aus. Die Wunde wird nicht berührt und heilt rasch, ohne Infektion. Wen der scharfe Geruch und die häßliche, lange haftende Verfärbung der Hände stört, benutze für diese Arbeit Gummihandschuhe. – Welkekranke Tomatenpflanzen sollte man sofort herausnehmen und in jedem Fall mit den Wurzeln verbrennen.

Stetig wachsen unsere Tomaten, zumal sie auch alle 3–4 Wochen eine Kopfdüngung von 20–30 g Volldünger je Quadratmeter erhalten und bei Trockenheit gegossen werden. Stetig, mindestens vierzehntägig, brechen wir die Geize und heften den Haupttrieb weiter am Pfahl an. Schöne große Blätter und verlockende Fruchtstände umkleiden ihn in seiner ganzen Länge. Gewässert wird nur in den Gießrand und ohne die Blätter zu netzen, denn die Tomate will es nicht gar zu naß haben und nimmt Sprengschlauch oder Regner übel. Kommen aus den Fruchtständen Blattriebe hervor, so werden sie ebenfalls gebrochen. Gesunde Blätter werden aber weder während der Wachstumszeit noch im Herbst vom Stock entfernt, da sie zur Ernährung der Früchte auch im letzten Stadium der Spätreife unentbehrlich sind, die in ihrem Schatten hängenden Früchte werden trotzdem rot und bleiben dazu schön dünnschalig. Ausnahme: Bei beginnendem Befall mit Krautfäule sollten die bodennahen Blätter abgenommen werden. Der einzige Eingriff in die Fruchtbarkeitsbereitschaft der Tomate ist das Entfernen des Gipfeltriebes Anfang September, denn aus den jetzt noch erscheinenden Blüten können sich doch keine reifen oder auch nur grün verwendbaren Früchte mehr entwickeln. Besser noch ist es, den Gipfeltrieb selbst stehen zu lassen und nur die obersten Blütenstände abzuschneiden. Vor erster Frostgefahr muß die Ernte geborgen und zur Nachreife dunkel und mäßig warm aufbewahrt werden.

Buschtomate wieder aktuell

Durch die moderne Tiefkühltruhe, für die sich möglichst saftarme, kleinfrüchtige Tomaten am besten eignen, ist die gute alte Buschtomate wieder zu Ehren gekommen. Sie wird weder aufgebunden noch entgeizt, doch empfiehlt es sich, bei nassem Wetter zur Schonung der Früchte den Boden mit Holzwolle oder Kunststoff (Styromull, Folie) abzudecken oder einen Lattenrost unterzulegen.

Gute Sorten

Stabtomaten: 'Haubners Vollendung' (Früchte feinhäutig und wohlschmeckend, gut zum Rohessen); extrem früh: 'Große Fleischtomate Master', F_1-Hybride.

'Planet', F$_1$-Hybride; 'Goldene Königin' und 'Mandarin': zwei gelbfrüchtige Fleisch-tomaten. Kleinfrüchtige Cocktail-Kirschtomate: 'Sweet 100', F$_1$-Hybride.
Buschtomaten: 'Heinemanns Jubiläum' (früh bis mittelfrüh, störend ist geringe Standfestigkeit), 'Professor Rudloff' (mittelfrüh, gut für leichte Böden).

Gurke Samenbedarf: auf 1 qm 1 g; Keimdauer 10–12 Tage, stärkste Keimkraft im zweiten bis dritten Jahr; wegen Gefahr der Einschleppung von Krankheiten Saatgut unbedingt beizen. Freilandaussaat an Ort und Stelle nicht vor dem 5. Mai. Am besten mit Zwischenräumen von 8 Tagen einige Folgesaaten machen. Eine Reihe auf dem Beet, je 2–3 Korn mit 10–20 cm Abstand legen, später die schwächeren Pflanzen verziehen, so daß immer nur 1–2 stehen bleiben. Erntebeginn: 9–10 Wochen nach der Aussaat. Von 10 qm kann man 20–25 kg Gurken ernten.

Gewußt wie

Freilandaussaat an Ort und Stelle ist die einfachste Form des Gurkenanbaues. Sie enthebt uns vor allem der Mühen und Gefahren des Verpflanzens. Nicht nur, daß die Umstellung von drinnen nach draußen mit aller Vorsicht geschehen muß. Auch jede kleine Verletzung des Wurzelballens – ja, schon ein zu festes Andrücken der Erde beim Umpflanzen kann übel vermerkt werden, von größeren Temperatur-schwankungen ganz zu schweigen. Wer aber auf einen um drei Wochen früheren Erntebeginn Wert legt, der sollte die möglichst in Jiffy-pots angezogenen Pflanzen ab 20. Mai ins Freie setzen und dabei lieber etwas tiefer als zu hoch pflanzen: nicht ganz bis an die Keimblätter, damit der Gurkensetzling fest und wüchsig bleibt. Dann zart angießen und um ein paar Tage leidlich günstiges Wetter bitten!

Die Herrichtung unserer Gurkenbeete, auf die wir im Frühjahr säen oder aus-pflanzen wollen, erfordert besondere Sorgfalt. Beim herbstlichen Umgraben wurde das Land mit Humusdünger kräftig vorgedüngt. Im Frühjahr heben wir in der Mitte jedes Beetes eine etwa 20 cm tiefe Furche aus und geben den gut durch-feuchteten Humusdünger hinein. Dann wird die vorher entnommene und inzwi-schen seitlich aufgeschichtete Erde wieder aufgefüllt, so daß ein kleiner Damm oder Wall entsteht. In ihm machen wir mit der Hand, ähnlich wie beim Legen der Buschbohnen, flache Teller und stecken darin unsere Gurkenkerne oder setzen unsere Jungpflanzen. Der Abstand von einem Teller zum anderen soll 20–30 cm betragen. Solange die Gurken noch klein sind, lassen sich die beiderseits des Walles verbliebenen breiten Beetränder für Zwischenkulturen ausnutzen. Rettich, Frühkohlrabi und Salat sind dafür besonders geeignet, weil sie den noch zarten Gurkenpflänzchen einigen Windschutz gewähren. Andererseits können sie aber auch schon abgeerntet werden, ehe die Gurken zu ranken beginnen.

Einlegegurken am Maschen-draht gezogen

Hat sich um die Junimitte oder auch schon ein paar Tage vorher das vierte bis fünfte Blatt gebildet, dann werden die Gurken leicht angehäufelt. Neuere Sorten können mit Erfolg auch an 60–80 cm hohem Maschendraht oder an Erbsengittern gezogen werden. Immer muß man die Gurken bei schönem Wetter recht feucht halten, und zwar nicht nur gießen, sondern vor allem die Jungpflanzen auch öfter mit abgestandenem Wasser spritzen. Mit Kopfdüngungen nicht sparen! Alle vier-zehn Tage ein paar Kannen vorschriftsmäßig verdünnter Volldüngerlösung, immer wieder hacken und häufeln: das hat die Gurke gern und lohnt es mit schönen, nicht bitteren Früchten. Das Bitterwerden der Gurken ist keine Krankheit, sondern geht wahrscheinlich auf Unregelmäßigkeiten in der Wasser- und Nährstoffversor-gung oder auf starke Temperaturschwankungen zurück.

Unter Schädlingen leiden Gurken weniger als unter einigen typischen Krankheiten, wie Gurkenwelke, Gurkenmehltau und Gurkenblattbrand, die entsprechend auch beim Kürbis auftreten können.

Einlegegurken: 'Heureka', 'Hokus', 'Delefin', alle auch für Maschendrahtkultur ge-eignet. – Salatgurken: 'Hoffmanns Giganta', 'Delikateß', 'Moneta' (bitterfrei), 'Sen-sation'. Besonderheit: Epram, F$_1$-Hybride (Mehrzweck-Traubengurke bis 16 cm).

Gute Sorten

Gurken, Kürbisse und Melonen sind getrennt-geschlechtlich:
Oben weibliche Gurkenblüte mit deutlichem Fruchtknoten, der späteren Gurke, unterhalb der Blüte.
Unten männliche Blüte ohne Fruchtknoten. Sie fällt nach dem Verblühen samt Blütenstiel ab. Die meisten Sorten haben beide Blüten auf einer Pflanze, sie sind »einhäusig«. Man hat aber auch bereits rein weibliche Gurkensorten gezüchtet.

Gute Sorten

Kürbis Aussaat Anfang Mai je 2 Kerne ziemlich tief ins Freiland, Keimdauer 6–8 Tage, oder Vorkultur ab Mitte April in Töpfen, nach dem 15. Mai auspflanzen. Raumbedarf: mindestens 1½ m nach allen Seiten je Pflanze. Ernte: Gemüsekürbis Juli/August, Speisekürbis September/Oktober, vor Frosteintritt.

Selbst wenn der Kürbis nicht so gut zu essen wäre, möchte man ihn schon um des Vergnügens willen im Garten haben. Ist es doch ein Hauptspaß für die ganze Familie, wenn unter den mächtigen Blätterschirmen die goldenen Mondkugeln oder auch die grünen Riesenwalzen immer runder aufschwellen. Dazu sind alle besonderen Anbauregeln, die uns bei den Gurken ein wenig das Leben schwer machen können, für den dicken, gemütlichen Herrn Kürbis ohne Belang. Bloß dreierlei kann der Kürbis nicht leiden: das eine ist Kälte, das andere gewöhnliche Gartenerde, das dritte Wassermangel. Deshalb wurde es vielfach zur Regel, Kürbiskerne einfach in den Komposthaufen zu stecken und die zwei oder drei Pflanzen für den Hausbedarf dort heranzuziehen. Weniger wegen Auslaugung der Nährstoffe als vielmehr wegen mangelnder Sonne ist das problematisch, denn unser Komposthaufen verlangt bekanntlich einen ausgesprochenen Schattenplatz. Lieber machen wir uns also, je nachdem, ob die Lage trocken oder feucht ist, besondere Pflanzlöcher oder Pflanzhügel als ausschließliche Kürbisheimat und versorgen sie ungefähr in gleicher Weise wie die Furchen im Gurkenbeet. Hier hinein stecken wir Anfang Mai je Pflanzloch 2–3 Kürbiskerne oder setzen nach den Eisheiligen vorsichtig die gut bewurzelten Jungpflanzen. In der ersten Zeit sind die Keimlinge natürlich ebenso empfindlich wie bei den Gurken und brauchen die gleichen Schutzmaßnahmen. Auf nahrhafter Unterlage, bei reichlichem Gießen und öfteren Kopfdüngungen nach Regen, wächst der Kürbis meist zu ganz unheimlicher Größe heran. Um rechte Riesenkugeln zu erzielen, lassen wir ihm je Pflanze höchstens drei bis vier Früchte und knipsen die anderen gleich ab. Wenn sie sich am Boden entwickeln, ist eine Schieferplatte, notfalls ein Brett oder ein Dachziegel, unterzuschieben. Die Sorte 'Gelber Zentner' ist seit jeher am beliebtesten.

Zucchini oder Garten-Speisekürbis gehören als italienisches Feingemüse heute ebenso wie Brokkoli zu den Lieblingen aller Nutzpflanzen-Freizeitgärtner: die grünen Flaschenkürbisse werden bei 20–30 cm Länge geerntet und meist als süßsaures Gemüse zubereitet. Kultur wie Kürbis und Gurke. Empfohlene Sorten: 'Ambassador' (F$_1$-Hybride, früh), 'Golden Rush' (schönste gelbfrüchtige Sorte), 'Cocozelle von Tripolis', 'Diamant' (F$_1$-Hybride).

Melone: Zuckermelone, Netzmelone, Cantaloupe, Wassermelone Ideal für Frühbeetkästen und Kleingewächshäuser. Gute Freilandsorten kommen aber auch in geschützter, sonniger Lage zur Vollreife. Es gelten die Grundregeln des Gurkenanbaues, jedoch ist Vorkultur in Töpfchen mit Auspflanzen nach der Maimitte wegen des dadurch erzielten Wachstumsvorsprunges besser als Freilandaussaat.

Melonen müssen abweichend vom Gurkenanbau nach dem 3. oder 4. Blatt und dann an den hieraus entstehenden Seitentrieben nach dem 6. oder 7. Blatt entspitzt werden. Nun erst wachsen schwächere Seitentriebe, an denen sich die Blüten bilden. Je Ranke nicht mehr als zwei Früchte belassen, durch Unterlage vor Bodeneinwirkungen schützen.

'Benarys Zuckerkugel Freiland', 'Berliner Netz', 'Amerikanische Freiland' (im August reifende Wassermelone), Neuheit ohne Entspitzen: 'Honigtopf'.

Hülsenfrüchte müssen dabei sein

Wenn man es recht bedenkt, so gehören die Erbsen und Bohnen zu den angenehmsten und nützlichsten Gemüsen von allen. Wenn es Zeit wird, die ersten Erbsen zu legen, weiß der Gartenmensch: Jetzt ist der Frühling da. Und wenn Anfang Mai die Stangen für das Legen der Stangenbohnen und die »Stufen« für die Buschbohnen vorbereitet werden, freut man sich wieder, weil ja nun auch die Eisheiligen bald vorbei sein werden. Außerdem aber sind Erbsen und Bohnen auch lehrreiche Gemüse, die es den Kindern gerne zeigen, wie Keimen, Blühen und Fruchten vor sich gehen, wie die Pflanze rankt und klettert – rechts herum, links herum: wer weiß es genau? – und schließlich, nach dem Abernten, sogar noch als Lieferant von Erbsenstroh und Bohnenstroh zum Abdecken den anderen Gutes tut. Dabei ergibt sich dann aber auch rückblickend noch einmal die ungewöhnlichste Eigenschaft der Hülsenfrüchtler oder Schmetterlingsblütler, wie sie heute heißen: ihre bodenverbessernde Lebensgemeinschaft mit den Knöllchenbakterien, die als kleine rundliche Wucherungen in den Wurzelhaaren der Wirtspflanzen leben und durch Stickstoffsammeln in eigener Produktion der Bodenverbesserung dienen.

Der kluge Gartenfreund seinerseits weiß natürlich, daß zur Keimzeit und bis nach Erreichung einer bestimmten Wachstumsschwelle noch keine Knöllchenbakterien an der Arbeit sind. Deshalb gibt er seinen Erbsen und Bohnen beim Legen auch eine kleine Wegzehrung: Komposterde oder feuchten Torf und dazu 50 g Volldünger wie Nitrophoska blau auf den Quadratmeter. Das reicht, um die Anlaufzeit zu überbrücken. Später aber, wenn Erbsen und Bohnen anderen Kulturen Platz machen sollen, reißt er das »Stroh« nicht mit Stumpf und Stiel aus dem Boden, sondern schneidet es dicht an der Erdoberfläche ab. Dann wirken nämlich die dicht mit Knöllchenbakterien besetzten Wurzeln als Gründüngung noch eine gute Weile fort und füttern aus ihrem Vorrat die Nachkultur.

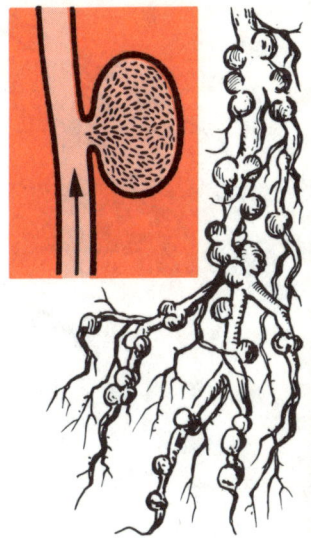

Knöllchenbakterien, siehe
auch Düngekapitel

Palerbsen, Markerbsen, Zuckererbsen Samenbedarf: auf 1 qm 20 g; Keimdauer 8 Tage. Freilandaussaat Palerbsen ab Mitte März bis Juli möglich; Markerbsen ab Mitte April, Zuckererbsen ab Ende April. – Folgesaaten alle 3 Wochen, in Rillen höchstens 5 cm tief, mit 50 cm Abstand der Rillen und 3–4 cm Abstand je Korn. Erbsenbeete nicht nebeneinander, sondern im Wechsel mit anderen Gemüsebeeten anlegen. Erste Freilandernte bei günstigen Bedingungen meist noch vor dem 15. Juni, 6–8 Wochen nach der Aussaat. 10 qm bringen etwa 10 kg Erbsen. Pal- oder Schalerbsen: Bild Seite 318.

Erbsen sind ein treffliches Gemüse, das auch wegen seines hohen Gehaltes an den Vitaminen A, B und C geschätzt wird. Die neueren Markerbsensorten haben dank ihrer zarten Qualität die früheren Pal-, Kneifel- oder Schalerbsen fast völlig verdrängt. Nur als ausgesprochene Früherbsen finden Palerbsen noch Verwendung. Die Markerbsen bringen nicht nur größere und vollere Schoten als Palerbsen, sondern auch zartere und süßere Körner. Bei fortschreitender Reife werden die Körner runzlig. Junge Erbsen lassen sich gut einfrieren. Ihres lieblichen, süßen Geschmackes wegen werden sie mißverständlich oft als »Zuckererbsen« bezeichnet. Unter wirklichen Zuckererbsen, die nicht vor Ende April gelegt werden, versteht man die verhältnismäßig selten angebotenen, länglichen, zartgrünen Schoten, deren Hülse nebst der Innenhaut auch im Reifezustand weich bleibt und ähnlich wie bei der Bohne mitgekocht oder roh mitgegessen wird.

Noch einen Unterschied müssen wir machen: es ist der zwischen Busch- und Reisererbsen. Buscherbsen, bei denen 3 Saatrillen auf das 1,20 m breite Beet kommen dürfen, sind die niederen, ohne Erbsenreiser wachsenden Sorten. Reisererbsen sind die

Gewußt wie

Busch- und Reisererbsen

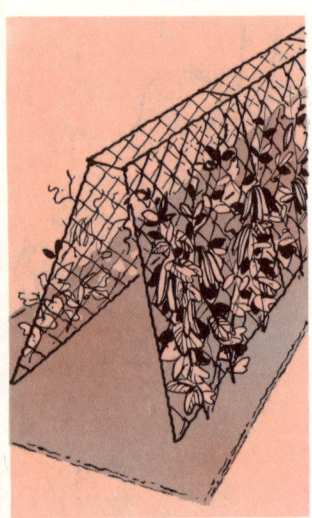

Modernes Erbsengitter für »Reisererbsen«

hohen Sorten. Sie werden 1–1,50 m hoch und bedürfen daher unbedingt einer Stütze durch Reiser oder moderne Erbsengitter, an denen sie emporranken können. Auch bei den mittelhohen Sorten bis 80 cm kommt man ohne Stützen nicht mehr aus. Reiser werden senkrecht an der Innenseite jeder Pflanzreihe entlanggesteckelt. Wo aber Reiser oder das an sich viel zweckmäßigere Gitter notwendig sind, dürfen ausnahmslos je Beet nur 2 Reihen mit 50–60 cm Abstand gelegt werden, damit die Erbsen genug Licht und Luft bekommen.

Hauptfeinde der keimenden Saat sind bekanntlich die frechen Spatzen und Amseln. Zur Abwehr kommen Reisig oder 10–12 cm hohe Lattenrahmen mit engem Maschendraht über die Saatbeete und bleiben darauf, bis unsere Pflänzchen die entsprechende Höhe erreicht haben. Dann werden sie erstmals gehackt und auch gleich leicht angehäufelt.

Schal- oder Palerbsen: 'Rheinperle' (Frühsorte) und 'Mignon' (Buscherbse). – Markerbsen: 'Arkel', 'Avanta', 'Akuta', 'Dorla', 'Kelvex' und 'Salout' (alles Buscherbsen) sowie 'Salzmünder Edelperle', 'Breustedts Ceres', 'Vereduna Weserperle' und 'Sprinter' (Reisererbsen). – Zuckererbsen: 'Rheinische Zucker' und 'Zuga'. – Tiefkühlsorten: 'Kelvex', 'Lorka', 'Prohortis', 'Vereduna Weserperle'.

Buschbohnen und Stangenbohnen Busch- oder Kruppbohnen: Samenbedarf je nach Sorte 80–120 g auf 10 qm; Keimdauer 8–10 Tage. Vorkeimen in Wasser günstig. Trockenbeize dringend notwendig. Sehr frostempfindlich, daher erste Freilandaussaat nicht vor dem 5. Mai. Man sät in Horsten oder Mulden zu 6–8 Stück mit 40–50 cm allseitigem Abstand oder in Reihen mit 35 cm Abstand voneinander und 8–10 cm in der Reihe je 2 Bohnen. Folgesaaten bis Anfang Juli. Vom Auflaufen bis zur ersten Pflücke je nach Sorte 55–60 Tage. Von 10 qm kann man 10–15 kg Bohnen ernten.

Stangenbohnen: Aussaat kreisförmig um die Stangen. 6–8 Kerne je Stange. Samenbedarf, Keimdauer und anderes wie Buschbohnen. Folgesaaten bis Ende Juni. Kulturdauer etwas länger als Buschbohnen. 10 qm geben 25–30 kg Stangenbohnen.

Gewußt wie

»Die Bohnen in der Erde müssen die Glocken läuten hören«, sagt eine alte Bauernregel. Das heißt: zur raschen und kräftigen Keimung dürfen die Kerne nicht zu tief gelegt werden. Wie die meisten anderen Samen, soll auch die Bohne höchstens um das Doppelte ihrer eigenen Stärke mit Erde bedeckt sein. Dazu muß diese Erde – was sich besonders alle Gartenfreunde mit falschem Frühzeitigkeitsehrgeiz hinter die Ohren schreiben mögen – bereits eine Mindesttemperatur von 10° C haben; sonst friert die Bohne und bleibt so lange ungekeimt, bis sie angefault, mit einer der gefährlichen Pilzkrankheiten angesteckt oder von Bodenschädlingen angefressen ist. Abgesehen von der Bodentemperatur ist also gerade auch bei den Bohnen das vorschriftsmäßige Beizen des Saatgutes besonders wichtig.

Ich lege sowohl Busch- als auch Stangenbohnen stets in ein Bett aus gut durchfeuchteter Torf-Komposterde, die ohne Verkrustung zugleich wärmend und quellend wirkt. Anhäufeln ist nicht unbedingt erforderlich, erleichtert aber die Unkrautbekämpfung. Im übrigen machen die Bohnenbeete verhältnismäßig wenig Arbeit. Sie sollen nur unkrautfrei und nicht zu trocken sein. Darum empfiehlt sich öfteres Hacken.

Von den Bohnenstangen

Bohnenstangen werden immer vor dem Legen in den Boden gerammt. Es gibt dafür verschiedene Methoden. Der eine baut »Dreierpyramiden«, der andere kreuzt reihenweise je 2 Stangen zum gleichschenkligen Dreieck und verbindet sie oberhalb der beiden Reihen mit einer Querstange. Dann wieder sieht man kunstvolle Gerüste, die auf senkrecht-quadratischer Grundlage errichtet und oftmals verkreuzt oder gebunden sind. Ich habe mir in vielen reich gesegneten Bohnensommern diese Mühen alle abgewöhnt, nehme Welldrahtstangen und stecke nur noch jede für sich wie eine Fahnenstange 50 cm tief in den Boden. Auf das 1,20 m breite Beet kommen im Abstand von 60 cm 2 Reihen mit 60 cm Entfernung von einer Stange zur anderen. Ziemlich dicht um jede Stange legen wir – zur besseren Bodenbearbeitung nur im Halbkreis – je 6–8 Bohnen. Wenn nur vier davon aufgehen, ist dies zur Ertragssicherung vollauf genug. Wegen samenübertragbarer Krankheiten verbietet sich die Gewinnung eigener Saat. – Stangenbohnen sind übrigens »Linksklimmer«, wachsen also andersherum, als die Kaffeemühle geht. Man bedenke dies, wenn Hilfe beim Ranken geleistet werden soll!

Die Bohnenernte läßt sich nicht unwesentlich ausdehnen. Wo nämlich die einzelne Bohne unnötig lange am Stock hängenbleibt, nimmt sie die Kräfte der Pflanze über Gebühr in Anspruch und wirkt damit hinderlich auf die weitere Blütenbildung ein. Aus diesem Grunde pflücken wir unsere Bohnen mindestens während der Haupterntezeit jeden dritten Tag gründlich durch. Das Pflücken selbst ist auch noch so ein Kapitel: Da wird an den armen Bohnen herumgerissen und gezerrt, daß es nur so rauscht. Ranken hängen traurig herunter, Blütenstände sind abgeknickt, und mit den wirklich erntereifen Hülsen wandert manches winzige Bohnenkind, manche hübsche Schmetterlingsblüte in den Korb. Müssen diese »stillen Verluste« unbedingt sein? In unserem Garten sind sie längst abgeschafft, denn da werden die Bohnen wie die Erdbeeren und vieles andere nur mit der kleinen Traubenschere geschnitten ...

Buschbohnen, grünhülsig ohne Fäden: 'Pfälzer Juni' (Schwertbohne), 'Schreibers Grandimuna', 'Lintorpa früh' und 'Unima' – drei hervorragende, krankheitsresistente Flageoletbohnen; ferner die rundhülsigen 'Schreibers Longimuna' (mittelfrüh), 'van Waverens Favorit', 'Erntesicher', 'Famos', 'Marona'.

Buschbohnen, gelbhülsig ohne Fäden: 'Grandresista Wachs', 'Goldimun', 'Butterzart' und 'Kiwa'.

Stangenbohnen, grünhülsig: 'Hilda' und 'Topfix' (flachhülsig), 'Haubners Rekord', 'Hilds Neckarkönigin' und 'Rapid' (flachoval bis rundoval), 'Ernteleicht' (rund, halbhoch wachsend); blauhülsig: 'Blauhilde' und 'Bert' (Liebhabersorten).

Stangenbohnen, gelbhülsig: 'Goldhilde' (sehr früh), 'Mago' (dickfleischig) und 'Goldstrahl' (widerstandsfähig). Speziell für den Hausgarten: 'Juwagold'.

Prunk- oder Feuerbohnen wurden im Kapitel über Kletterpflanzen erörtert. Hier sei noch hinzugefügt, daß sie sich auch für solche Lagen eignen, wo Stangenbohnen manchmal kopfscheu werden. Vom reichen Behang sollte immer ein Teil zum Ausreifen hängenbleiben, denn die Bohnenkerne geben gute Suppen. Geeignet sind 'Preisgewinner' und 'Weiße Riesen' sowie die neue fadenlose 'Désiré'.

Vom rechtzeitigen und richtigen Bohnenpflücken

Gute Sorten

Links: Modernes Stangenbohnengerüst aus Welldraht

Rechts: Bohnenstangen aus Holz, nach bewährter alter Manier aufgestellt

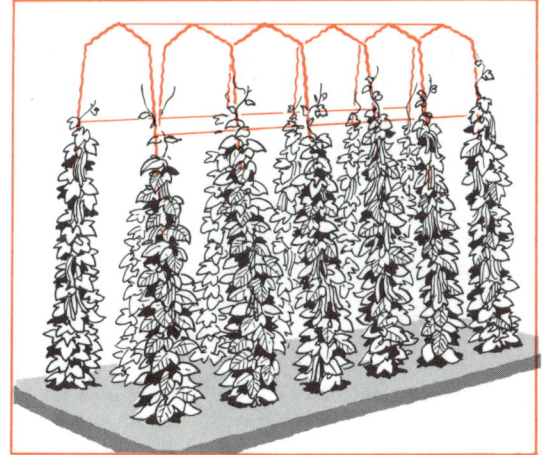
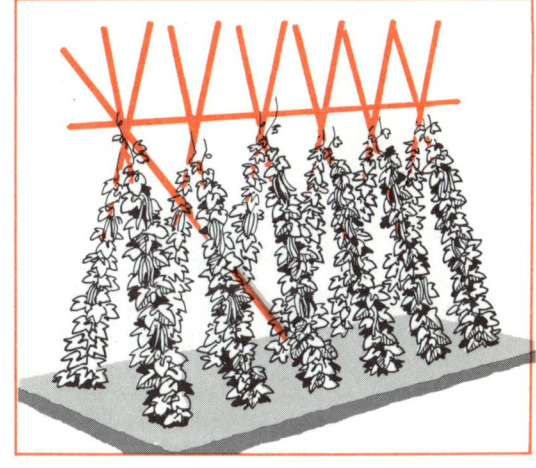

Puffbohne, Saubohne, Dicke Bohne Samenbedarf: auf 1 qm 25–30 g; Keimdauer 10 bis 12 Tage. Freilandaussaat so früh wie möglich, Anfang März, 6 cm tief in Reihen mit 50–60 cm Abstand und 20–30 cm Zwischenraum von Bohne zu Bohne oder je 4 Bohnen in Tellern mit 40 cm Abstand; am besten jedoch nicht im geschlossenen Beet, sondern einzeln in Reihen oder als Zwischenkulturpflanze, 10 qm geben 8 kg Puffbohnen.

Gewußt wie

Puffbohnen sind eine feine Sache, wenn man ihre Zubereitung versteht. Allein zwischen der Aussaat und der dampfenden Gemüseschüssel auf dem Mittagstisch steht meist der große Blattläuseärger mit der ekelhaften schwarzen Art. Sie kommt besonders zahlreich, wenn wir den frühesten Aussaattermin zwischen dem 1. und 5. März verpassen, so daß unsere Puffbohnen bis zur Hauptverbreitungszeit der Läuse gegen Ende Mai noch nicht weit genug entwickelt sind. Puffbohnen sind wenig kälteempfindlich und halten bis drei Grad unter Null ohne weiteres aus. Dafür wollen sie bei sonstiger Anspruchslosigkeit und einer Vorliebe für schwere, lehmhaltige Böden viel Kali, so daß eine zusätzliche Vordüngung ihrer Plätze mit 1 kg Patentkali und Thomasphosphat in Mischung auf 10 qm drei Wochen vor der Aussaat nicht versäumt werden sollte.

Wenn sich die ersten Ansätze der dicken, grünen Schoten zeigen, wird der Haupttrieb entspitzt. Dadurch verhütet man Blattlausbefall an den Triebspitzen.

Gute Sorten

Standfest und reichtragend sind 'Trio', 'Comprimo' und 'Sterntaler'. Die Sorte 'Dreifach Weiße' blüht rein weiß, hat weiße Samen und bleibt auch beim Kochen und Konservieren weiß. Früh und sehr ertragreich: die weißkeimende 'Con Amore'.

Spinatgemüse für groß und klein

Unter dem Namen Spinatgemüse tummelt sich mancherlei, was mit dem echten Gartenspinat wenig zu tun hat und besser als »gekochte Blattgemüse« zusammengefaßt würde. Das alte *spinargium* kleinasiatischen Ursprungs war schon bei den mittelalterlichen Mönchen als appetitanregender »Magenbesen« beliebt. Noch in unsere Gegenwart hinein bewahrte das frischgrüne Gänsefußgewächs seinen Ruf und Ruhm als unübertroffene Kleinkinder- und Krankenkost, bis verfeinerte Untersuchungsmethoden das historische Gebäude ins Wanken brachten. Daran ist aber ohne Zweifel weniger der Spinat selber schuld, sondern unverständige Menschen haben durch Stickstoffüberdüngung zur Erzielung von viel Blattmasse die unerwünschten Folgen einer möglichen Nitratgefährdung bei Kleinkindern ausgelöst. Im Eigenanbau wird man sich nach dieser Warnung davor hüten, die unbestreitbar guten und gesunden Eigenschaften des Spinats durch zu hohe Stickstoffgaben zu beeinträchtigen. Außerdem wird jede Hausfrau und Mutter es sich zur Pflicht machen, Spinatgemüse aus Gartenspinat immer nur frisch zubereitet auf den Tisch zu bringen und es unter keinen Umständen aufgewärmt zu verabreichen. Für Neuseeländer Spinat, Mangold, Melde und was immer sonst noch als Spinat verheizt wird, dürften entsprechende Untersuchungen noch fehlen, um beurteilen zu können, ob diese Warnungen auch für sie zutreffen.

Nicht zuviel mit Stickstoff düngen

Spinat niemals aufwärmen

Spinat Samenbedarf: auf 1 qm 5–15 g; Keimdauer 5–6 Tage, Saatgut muß frisch sein. 30 g Blaukorn (Volldünger) je Quadratmeter einarbeiten. Aussaat des Sommerspinats: In 14tägigem Abstand von März bis Ende April, dünn in Reihen an

Ort und Stelle, 20–25 cm Abstand. Reifezeit 21–28 Tage. Aussaat für Herbstbedarf: letztes Julidrittel und August. Aussaat des Winterspinats: September, dünn in Reihen an Ort und Stelle, 20 cm Abstand, ebenfalls Folgesaaten. Von 10 qm kann man etwa 10 kg Spinat einbringen.

Will man dem Spinat das Keimen erleichtern, so werden die Samenkörner vor der Aussaat 24 Stunden in zimmerwarmes Wasser gelegt. Auch in der ersten Zeit nach dem Säen halten wir sie recht feucht; aber später mag der Spinat Nässe nicht leiden. Da man Spinat im allgemeinen nicht verpflanzt, ist recht dünn säen eine weitere Grundbedingung. Durch genügend Abstand von Pflanze zu Pflanze (3–5 cm!) erzielt man eine besonders üppige Blattentwicklung.

Beim Winterspinat, der als Nachfrucht vieler Gemüse in Frage kommt, machen wir zur Überbrückung aller witterungsbedingten Zwischenfälle am besten wohl zwei Aussaaten: Anfang und Mitte September.

Für den Frühjahrs-, Herbst- und Winterbedarf mit Aussaat ab März: 'Breustedts Spica' sowie die beiden mehltauresistenten 'Wiremona' und 'Vital R'; für den Sommerbedarf 'Nores' (mehltaufest) und 'Supergreen' (spät schossend). *Gute Sorten*

Neuseeländer Spinat, Rankender Spinat Samenbedarf: auf 1 qm 5–10 Korn; Keimdauer 40–50 Tage (!). Aussaat: Anfang März nach gründlichem Vorquellen im Warmwasser oder Vorkeimen in feuchtem Sägmehl. Aufzucht in Töpfchen oder im Frühbeet. Auspflanzen: Mitte Mai mit allseitigem Abstand von 80 cm. Erste Ernte ab Juli. Bester Spinatersatz für den Sommer. Man kann ständig an den Pflanzen herumschneiden, denn unermüdlich wachsen neue Triebe und Blätter nach. Dazu ist der würzige Geschmack als Gemüse ausgezeichnet. Ein halbes Dutzend Pflanzen sind übergenug, um eine mittelgroße Familie während des Sommers mindestens einmal wöchentlich mit einer Spinatmahlzeit zu versorgen. Da der Neuseeländer durch den Tiefkühlspinat wohl etwas aus der Mode gekommen ist, sind auch nur selten noch setzfertige Pflanzen beim Gärtner zu haben. Darum »Do it yourself«! Mit Sonne und einem nährstoffreichen Beet geht das ganz leicht.

Mangold, Römischer Kohl Samenbedarf: auf 1 qm 2–3 g; Keimdauer 10–15 Tage. Aussaat für Blattmangold: Ende April in Reihen mit 25–30 cm Abstand, später auf 5 cm ausdünnen, gezogene Pflänzchen umsetzen. Aussaat für Rippenmangold: März/April aufs Freiland-Saatbeet. Auspflanzen in Reihen mit 50 x 35 cm Abstand. Ernte als Blatt- und Spinatpflanze schon nach wenigen Wochen. Ernte des Rippenmangolds für Stielgemüse bei März-Aussaat im Juli/August. Von 1 qm kann man an die 4 kg Schnittmangold ernten. Stielmangold ergibt natürlich viel weniger.

Zwei Varietäten der gleichen Pflanze erlauben die Heranzucht von zwei doch recht verschiedenen Gemüsen. Blattmangold, ein zwar ertragreicher, aber doch ziemlich grober Spinatersatz, ist meines Erachtens seit den Nachkriegsjahren durchaus zu Recht in Vergessenheit geraten. Anders beim Stielmangold: Um die hellen, dickfleischigen Stiele oder Rippen wie Spargel in Holländischer Soße zu servieren, braucht man schöne, starke Einzelpflanzen, die in bestem Boden stehen und reichlich ernährt werden wollen. Stielmangold darf man zu den Feingemüsen rechnen. *Gewußt wie*

Blattmangold: 'Grüner Schnitt'. Als Blatt- und Stielmangold verwendbar: 'Lukullus'. Bester Stielmangold: 'Glatter Silber'. *Gute Sorten*

Stielmus Den Rheinländern und Westfalen zuliebe, denen Stielmus fast ein Nationalheiligtum ist, sei dieses wenigstens erwähnt. Stielmus nennt man die ersten Laubblätter der Mai- oder Herbstrüben, die als Spinat zubereitet werden. – Volldüngung mit 20–30 g je qm. Die Aussaat erfolgt im März/April mit 5 g je Quadratmeter, also ziemlich dicht, damit sich die Blätter strecken und etwas vergeilen. Ertrag: 1–2 kg je qm.

Die Mairübe 'Holländische Weiße' wird speziell für Stielmus besonders empfohlen. *Gute Sorte*

Noch immer bauen wir Kohl

*Vor allem Frühkohl
und andere edle Arten*

Es heißt immer, Kohl — mit Ausnahme von Blumenkohl — gehöre heutzutage unwiderruflich zum Feldgemüsebau und habe dank seiner derberen Natur sowie wegen des verhältnismäßig großen Platzbedarfes im Privatgarten nichts mehr zu suchen. Geht man den Dingen auf den Grund, so sieht die Sache ganz anders aus. Gemüsebauexperten haben festgestellt, daß allen voran der Weißkohl im Haus- und Kleingarten recht häufig angebaut wird. Natürlich weder in den späteren Konsumsorten noch als ohnedies immer etwas schwieriger Adventkohl — um so mehr in frühen und mittelfrühen Sorten, die ihr mildes Kohlaroma im delikaten Krautsalat und zarten Bayrisch Kraut darbieten. Rotkohl (Blaukraut) und Wirsing fallen demgegenüber allerdings stark zurück. Grünkohl ist sowieso mehr regional bedingt, und Rosenkohl wird erst wieder aufholen, wenn die vielversprechenden neuen Hybridsorten sich durchgesetzt haben. Genau die gleiche Entwicklung erlebte man ja beim Kohlrabi, der auch und gerade in den Freizeitgarten zurückgefunden hat, seit seine Neuzüchtungen nicht mehr holzig werden.

*Fruchtwechsel mit
mehrjährigen Pausen*

Im übrigen liegt es nicht nur am Saat- oder Pflanzgut, sondern der Gartenfreund muß auch mancherlei dazu tun. Mit fleißigem Hacken fängt es an, denn ständige Durchlüftung des tiefgründig lockeren, nahrhaften Bodens ist wichtig. Auf Standortwechsel möglichst mit jeweils mehrjährigen Pausen ist streng zu achten, denn der Kohl wird von Krankheiten und Schädlingen bedroht, deren Keime und Vorstadien teilweise über längere Zeitstrecken im Boden lebendig bleiben und sofort über ihn herfallen, wenn man ihn unvorsichtigerweise nach sich selbst kultiviert. Ebenso wichtig ist nach der Ernte die Vernichtung aller Blattreste, Strünke und Wurzeln, die weder auf noch in der Erde bleiben, auch nicht etwa auf den Komposthaufen wandern dürfen, sondern unverzüglich zu verbrennen sind. Neben allgemeinen Gemüseschädlingen sind die Kohlgewächse bedroht von Kohlhernie, Drehherzmücke, Kohlgallenrüßler, Kohlfliege, Kohlweißling und zunehmend auch vom Kohltriebrüßler; siehe dazu die Kapitel über den Pflanzenschutz.

Blumenkohl, Karfiol Samenbedarf: auf 1 qm 2–3 g; Keimdauer 6–8 Tage. Aussaat der Frühsorten: Januar/Februar unter Glas in Reihen. Spätsorten: erste Freilandaussaat ins Saatbeet Anfang April; zweite Freilandaussaat ins Saatbeet von Mitte Mai bis Anfang Juni. Praktischer ist es, vom Gärtner gute Jungpflanzen zu beziehen. Auspflanzen: in versetzten Reihen mit 50 x 50–60 cm Abstand; Frühsorten Anfang bis Ende April, Spätsorten Juni/Juli. Ernte der Frühsorten: Juni/August. Ernte der Spätsorten: September/November. Von 10 qm kann man 30–40 Köpfe ernten. Vorkultur der Frühsorten: Winterspinat und Feldsalat vom Vorjahr; Nachkultur: Winterendivie. Vorkultur der Spätsorten: Lattich, Radieschen. Als Zwischenkultur, solange sich noch keine Blume gebildet hat, Radies oder auch Salat. – Grunddüngung 40–50 g Volldünger je Quadratmeter. Drei bis vier Kopfdüngungen von 20–30 g/qm in 14tägigem Abstand. – Nicht vergessen: Sorgfältiges »Decken« der heranreifenden Blumen.

Gewußt wie

Blumenkohl richtig zur Entfaltung zu bringen, verlangt ebensoviel Sorgfalt in der Aufzucht wie Glück mit dem Saatgut, dem Standort und dem Wetter. Er braucht mehr für die Frühsorten, weniger für die Spätsorten – allerbeste, tiefgründige, reichlich vorgedüngte Gartenerde, viel Platz und soviel Feuchtigkeit und Nährstoffe von allen Seiten, daß man ihn unentwegt wässern und 3–4mal düngen muß. Wenn die Blume reichlich faustgroß geworden ist, werden zu ihrem Schutze vor Sonne und Hitze ein oder zwei hochstehende Blätter so abgeknickt, daß sie quer über der Mitte liegen und die Blume beschatten. Dieses »Decken« ist nötig, wenn man eine zarte, weiße Qualität ernten will.

Für Freiland-Frühjahrsanbau und Herbsternte: 'Aristokrat' (sehr früh), 'Alpha', 'Delfter Markt', 'Malinus'. Anschlußsorten mit längerer Entwicklungszeit sind 'Sesam' und 'Corvilia'. Unschlagbar: der gute alte 'Erfurter Zwerg'.

Gute Sorten

Brokkoli oder **Spargelkohl**   Dieser nahe Verwandte des Blumenkohls hat sich innerhalb weniger Jahre zum Liebling aller Nutzpflanzen-Freizeitgärtner entwickelt. Dies nicht zuletzt dank seiner Fähigkeit, nach rechtzeitigem ersten Schnitt ab Juli zu weiteren Ernten nachzuwachsen. Die blaugrünen Köpfe können nach kurzer Kochzeit (nicht zu weich werden lassen!) warm als Gemüse oder kalt als Salat gereicht werden. Nach kurzem Blanchieren eignet sich Brokkoli auch bestens für den Tiefkühlvorrat.

Aussaat im März unter Glas oder im April ins Freilandsaatbeet. Auspflanzen ab Mitte Mai im Abstand von 50 × 50 oder 60 × 60 cm. Grunddüngung: 50–60 g Volldünger je Quadratmeter. Gelegentlich wässern. Kopfdüngungen erwünscht.

Bei der Züchtung sind große Erfolge zu verzeichnen. Man unterscheidet nicht nur frühe und mittelfrühe Sorten, sondern es gibt bereits F_1-Hybriden mit immer neuen, verbesserten Eigenschaften. Für Hobbygärtner wird besonders die Sorte 'Atlantik, OP' (mittelfrüh, viele Nebentriebe) empfohlen. Unter den züchterisch wertvolleren Hybriden muß außer 'Corvet' und 'Futura' vor allem die besonders großköpfige Neuheit 'Juwatard' genannt werden. Man erntet, solange der aus vielen Einzelköpfchen bestehende »Kohlkopf« wie Blumenkohl noch fest geschlossen ist.

Brokkoli, ein neues Gemüse

Weiß- und Rotkohl, auch Kraut, Kappes oder Kabis   Für den Gartenfreund lohnt eigentlich nur Anbau von Frühsorten für Sommerkohl. Die Spät- und Lagersorten sollte er dem Feldgemüsebau überlassen. Setzpflanzen vom Gärtner beziehen. Bodenvorbereitung im Herbst mit reichlich Humusdünger. Im Frühjahr Grunddüngung: 40 g Volldünger je Quadratmeter einarbeiten. Leichtes Kopfdüngen und Wässern bei Trockenheit ist erwünscht. Jede Wachstumsstockung vermeiden. Auspflanzen in Reihen mit 50 × 50 cm Abstand Mitte April, Kulturdauer 100 Tage, Ernte Juli/August. Von 10 qm kann man etwa 50 Köpfe ernten. Weißkohl 'Braunschweiger': Bild Seite 318.

Gewußt wie

Die Kultur von Weiß- und Rotkohl ist im allgemeinen gleich, nur stellt der Rotkohl mehr Ansprüche an den Boden und braucht länger bis zur Erntereife.

Gute Sorten

Frühweißkohl: 'Dithmarscher allerfrühester' und etwas später 'Nagels Frühweiß'. Rotkohl früh: 'Marner Frührotkohl' gefolgt von 'Dieners Frührotkohl'.

Wirsing- oder Savoyerkohl   Er ist in seiner Kultur dem Weiß- und Rotkohl gleich, nur kann man ihn leicht vom Frühjahr bis zum Herbst in Folgesaaten selbst nachziehen und nachsetzen. Ab Ende April alle 14 Tage ganz wenig in Reihen aufs Freilandbeet säen, sobald das erste Blatt entwickelt ist, auf 5 cm allseitigen Abstand pikieren, nach Erscheinen des vierten Stengelblattes wie üblich auspflanzen. Wirsing liebt schweren Boden; Düngung und Pflege wie Weiß- und Rotkohl.

Gute Sorten

Frühwirsing: 'Frühwirsing Praeco'. Mittelfrüh ist 'Marner Grünkopf'; spät ist 'Dauerwirsing'.

Kohlrabi   Samenbedarf: auf 1 qm 2–3 g; Keimdauer 6–8 Tage. Aussaat der Frühsorten: ab Februar unter Glas; Spätsorten: erste Freilandaussaat ins Saatbeet Anfang April, Folgesaaten 14tägig bis Anfang Juni. Auspflanzen in Reihen mit 30 × 30 cm Abstand ab Anfang April. Folgepflanzungen mit größer werdenden Abständen von etwa 40 × 35 cm bis Ende Juni. Ernte der Frühsorten: vom Pflanztag innerhalb 45–50 Tagen: Ernte der Spätsorten vom Pflanztag innerhalb 70–80 Tagen. Von 10 qm kann man etwa 10 kg Frühkohlrabi oder 20–25 kg Spätkohlrabi ernten. Vorkultur der Frühsorten: Spinat. – Kohlrabi selbst ist als Zwischenkultur für Salat, Gurken, Möhren, Zwiebeln, bei Tomaten und Beerenobst geeignet. Neu: F_1-Hybride 'Kohlrabi Flott' für frühen Freilandanbau.

Gewußt wie   Kohlrabi ist anpassungsfähig und ähnlich dem Salat verhältnismäßig einfach zu ziehen. Seine kurze Lebensdauer macht ihn auch als Zwischenfrucht geeignet. Eines nur braucht er: viel Wasser! Sonst wird er – von »holzfreien« Sorten abgesehen – bei Hitze leicht hart und pelzig. Besonders beim jungen, zarten Frühkohlrabi ist reichliches Gießen wichtig. Seine buttermilden kleinen Köpfchen und frischen grünen Blätter sind beinahe so eine Delikatesse wie Blumenkohl. Sie geraten am besten in einem warmen, durchlässigen Boden. Und noch eines: Während alle anderen Kohlsorten tief gepflanzt sein wollen, müssen wir beim Kohlrabi beachten, daß er hoch genug steht. Sein Knollenansatz, der beim Jungpflänzchen schon deutlich erkennbar ist, darf weder zu dicht über der Erde noch in die Erde zu sitzen kommen, sonst bleibt die Knolle weg. Pflanzen, die innerhalb der ersten drei Wochen noch keine Knollenbildung zeigen, werden als Suppengrün verwendet. Ersatz vom Saatbeet schließt die Lücke. – Warm gehaltene Jungpflanzenanzucht vermindert Schossergefahr durch kühles Frühjahrswetter.

Gute Sorten   Frühkohlrabi: 'Lanro-Rogglis weißer Freiland', 'Blaro-Rogglis blauer Treib- und 'Freiland', 'Castor' (sehr früh und zart). Für Sommer- und Herbstanbau: 'Delikateß', blauer und weißer sowie 'Blauer Speck' (Spätanbau, als Nachfrucht). Blaue Sorten brauchen länger, bleiben aber auch länger zart.

Rosenkohl, Sprossenkohl   Samenbedarf: auf 1 qm 2–3 g; Keimdauer 5–6 Tage. Aussaat ab zweiter Aprilhälfte ins Freiland-Saatbeet. Auspflanzen: Mai/Juni, in klimatisch günstigen Gebieten bis Mitte Juli, in Reihen mit mindestens 50 cm Abstand; Pflanzen möglichst weit auseinandersetzen, bis 80 cm! Ernte ab Oktober, den ganzen Winter über. Von 10 qm kann man 10–12 kg Rosenkohl ernten.

Gewußt wie   Wenn man die von oben bis unten mit prallen Röschen besetzten Musterbilder in den Katalogen sieht und die oft recht armselig in den Gärten herumfrierenden Strünke damit vergleicht, dann scheint hier mehr als irgendwo sonst ein recht betrübliches Mißverhältnis zwischen Ideal und Wirklichkeit zu herrschen.
Erster Fehler: Wir säen zu zeitig, womöglich noch ins Frühbeet, und die Rosen kommen weit eher als sie sollen.
Zweiter Fehler: Das genaue Gegenteil. Wir denken: Ach – der Rosenkohl hat ja noch so lange Zeit, der kommt doch erst im Winter. Und säen womöglich erst Ende Mai, um dann vielleicht in der zweiten Junihälfte jene kümmerlichen, dünnen Stengelchen auszupflanzen, die einfach 2–3 Wochen zu spät daran sind und folglich nur winzig kleine Röschen bringen.
Dritter Fehler: Wir pflanzen zu dicht. Rosenkohl will nämlich viel Licht und Luft von allen Seiten. Deshalb dürfen wir ihn, im Vertrauen auf seine späte Reife, während des Sommers auch nicht überall dazwischenstopfen oder gar noch hinter Erbsen, Bohnen oder Sommerrettich her als Nachfrucht pflanzen.
Das Auskneifen der Spitze ist nur sinnvoll, wenn die Röschenbildung im Oktober noch zu wünschen übrig läßt.

Gute Sorten   'Abunda' und 'Harola' für Pflanzung Ende Mai, nur als Hauptkultur, im Herbst nicht laubabwerfend; 'Hilds Ideal' auch für Nachfruchtanbau geeignet.

Grünkohl, Braunkohl, Blätterkohl, Krauskohl, Winterkohl   Samenbedarf: auf 1 qm 2–3 g; Keimdauer 6–8 Tage. Aussaat: Mitte Mai bis Anfang Juni und später ins Freiland-Saatbeet. Auspflanzen: Anfang Juli bis Anfang August in Reihen mit Abstand von 40 x 40 cm und mehr, je nachdem, ob es sich um niedere, mittlere oder hohe Sorten handelt. Auch Direktsaat Ende Juli in Reihen bei relativ dichtem

Stand möglich. Erntezeit: November bis März. 10 qm bringen 12–15 kg Grünkohl. Vorkultur: Salat, Spinat, Erbsen, Buschbohnen.

'Niedriger grüner Krauser' (gut zum Überwintern in schneereichen Lagen), 'Hamma', 'Halbhoher grüner mooskrauser' (nur für Herbsternte), 'Lerchenzungen' (beliebte norddeutsche Sorte, deren lange, schmale Blätter ein mehrmaliges Abernten gestatten). *Gute Sorten*

Stets gefragt: vielerlei Zwiebelgemüse

Die Zwiebeln und ihr Vetter Knoblauch stehen im internationalen Kochbuch der Zeiten und Völker seit jeher ganz weit vorne an. Sie sind für die Entwicklung der Eßkultur Europas mindestens so wichtig wie die seit den Kreuzzügen in immer neuen Abwandlungen eingeführten morgenländischen Spezereien, und sie können sich seit dem Altertum mindestens der gleichen Literaturfähigkeit rühmen wie die bereits als Götterspeise erwähnten Salate. Hat nämlich GOETHE die aus antiken Zeiten bekannte Zartheit des Sizilianischen Lattichs einer ausdrücklichen Erwähnung gewürdigt, so glossiert SHAKESPEARE im »Sommernachtstraum« die Vorliebe des Südländers wie seiner eigenen Landsleute für alles Zwiebelige mit Zettels herzlicher Warnung an die eifrig schauspielernde Rüpelbande: »Allerliebste Akteurs! Eßt keine Zwiebel und keinen Knoblauch, denn wir sollen süßen Odem von uns geben!«

Sind Zwiebelgemüse in ihren Ansprüchen heikel? Es gibt viele Leute, die das behaupten, weil ihnen infolge immer wiederholter Kulturfehler reiche Ernten versagt bleiben. Die Bodenbeschaffenheit tut natürlich viel zur Sache. So sollten die »Neubaugärtner« sich nicht gleich mit Zwiebeln versuchen. Erst wenn zwei, drei Jahre lang andere Gewächse den jungen Boden bestanden haben, kann man es für den Anfang mit einer Tracht Steckzwiebeln versuchen. Auch ein Boden, der schwer, schlecht erwärmbar, feucht und schattig, zu tief gegraben ist, kann erstklassigen Zwiebelärger bringen, weil man nur endlos ausgewachsene Wurzelstrünke, aber keine haltbaren Zwiebeln erntet. *Guter Boden ist Voraussetzung*

Speisezwiebel, Küchenzwiebel, Zipolle 1. Saatzwiebeln: Samenbedarf: auf 1 qm 1½–2 g. Keimdauer 3–5 Wochen in schon etwas erwärmtem Boden. Freilandaussaat im März sehr dünn in Reihen mit 20 cm Abstand, knapp 1 cm tief. Gut abdecken, etwas festklopfen und während der Keimung ständig feucht sowie unkrautfrei halten. Etwa 4 Wochen nach dem Auflaufen der Samen auf 4–6 cm vereinzeln; gezogene Pflänzchen lassen sich weiterverwenden. Sie werden sehr flach gesetzt und behutsam, doch reichlich angegossen. Ernte meist nicht vor August/September. 10 qm bringen 15–20 kg Zwiebeln. *Saatzwiebeln*

2. Steckzwiebeln: Zur Vorkultur im ersten Jahr Maiaussaat sehr dicht in Reihen, um die Zwiebelchen klein zu halten. Samenbedarf: auf 1 qm 5–10 g. Sonst Anzucht wie bei Saatzwiebeln. Ernte nach Gelbfärbung der Schlotten, in der Sonne gut nachreifen, dann in milder Ofenwärme rasch nachtrocknen lassen. Zum Stecken im nächsten Frühjahr aussortieren. Am besten ist Haselnußgröße. Man steckt ab März in Reihen mit 20×8–10 cm Abstand lose in den Boden, so daß die Spitzen gerade noch sichtbar sind. 1 kg Steckzwiebeln sind 400–500 Stück. Ernte Juli/August. *Steckzwiebeln*

Meist werden die Steckzwiebeln nicht selbst gezogen, sondern fertig im Samenfachgeschäft gekauft. Sie bieten auch bei nur wenig günstigen Anbauverhältnissen immer noch Aussicht auf lohnenden Ertrag. Man rechnet auf 1 qm 150–200 g Steckzwiebeln.

3. Frühlings- oder Winterzwiebeln: Sie werden Anfang August gesät, Ende September mit 20×6–8 cm Abstand verpflanzt und können mit ein wenig Torfmull eingedeckt überwintern. Samenbedarf auf 1 qm 1½–2 g; Keimdauer 18–24 Tage.

Frühlings- oder Winterzwiebeln

Sie sind frosthart und bringen bei nur einigermaßen günstigen Bedingungen schon im Mai jene silberweißen Zwiebeln von Gänseeigröße hervor, die auf Butterbrot geschnitten eine der größten Frühlingsdelikatessen sind, während das Laub als willkommene Grünwürze dient. Die Frühlingszwiebel will guten, humushaltigen Boden, jedoch ohne Beigabe von Torf.

Gewußt wie

Zwiebeln bevorzugen einen guten, »garen«, altgedüngten Boden. Man gibt eine Grunddüngung von 40 g Volldünger je Quadratmeter und 1–2 Kopfdüngungen. Die Zwiebeln sind Flachwurzler, deshalb braucht der Boden zur Vorbereitung der Beete im Frühjahr nur oberflächlich mit dem Grubber oder der kleinen Bodenfräse bearbeitet zu werden. Flach hacken, um die dicht unter der Erddecke sitzenden Zwiebeln nicht zu verletzen! Sie sollen auch so dicht stehen, daß »sie sich gegenseitig aus der Erde drücken«. Hacken und Jäten ist das A und O erfolgreicher Zwiebelkultur. Verunkrautete Beete geben Minderernten.

Eine ständig wiederkehrende Streitfrage ist es, ob das Zwiebellaub vor der Ernte umgetreten werden soll oder nicht. Im allgemeinen werden wir die natürliche Entwicklung des Reifens ruhig abwarten, bis die Schlotten von selber umfallen, abwelken und vergilben.

Wenn die Zwiebeln jedoch während eines sehr kühlen Sommers nicht zum Reifen kommen, ist das Umtreten des Zwiebellaubes als Notmaßnahme erlaubt. Man kann die Schlotten übrigens ebensogut mit der Harke niederdrücken, was für die Zwiebeln zweifellos schonender ist. Sich bildende Samenstengel werden während des Sommers ausgebrochen.

Gute Sorten

'Stuttgarter Riesen' (bekannteste Sorte für Sä- und Steckzwiebelkultur), 'Zittauer Gelbe' (Spätsorte für Säzwiebelkultur), 'Madeira' (Liebhabersorte, sehr groß, Gemüsezwiebel). Frühlings- oder Winterzwiebeln: 'Weiße Frühlingszwiebel', 'Zwaans große Winter' (Aussaat letztes Augustdrittel, Pflanzung erst Frühjahr, schnelle Reife, vorzügliche Bundzwiebel), 'Allround GS', F₁-Hybride.

Weitere Zwiebelarten

Die *Schalotte* wirkt neben der Küchenzwiebel wie die Salondame neben der Bäuerin. Anzucht und Vermehrung geschieht nur durch kleine Brutzwiebelchen, die sich im Sommer als dichter Haufen um die Mutterzwiebel bilden. Sie werden im April einzeln mit allseitigem Abstand von 15 cm reihenweise so tief in guten Zwiebelboden gesteckt, daß gerade noch ein winziges Stückchen zu sehen bleibt. Sonstige Kultur wie bei der Speisezwiebel. 1 kg Steckschalotten hat etwa 400 Stück, auf 1 qm braucht man 180–200 g. Nach der Ernte, die meist bis Juli erfolgt sein dürfte, trennt man die Zwiebelchen voneinander, trocknet sie gut ab und liest die kleinsten als Setzgut aus, das in milden Lagen bereits im September/Oktober wieder in den Boden kommt. Sonst legt man es erst im Frühjahr. Im Küchenverbrauch macht sich die Schalotte durch ihre Haltbarkeit, kein Austreiben und den edlen, mildscharfen Geschmack beliebt.

Perlzwiebeln sind das Feinste

Die *Perlzwiebel* genießt im Küchengebrauch fast noch mehr Ansehen als die Schalotte. Sie gilt als feinste Einmachzwiebel. Auch bei ihr erfolgt die Vermehrung ausschließlich durch Brutzwiebelchen; auf 1 qm 150–200 g. Diese werden im August häufchenweise zu 10–20 Stück und mit 10 cm allseitigem Abstand gelegt, überwintern frostfest und sind elf Monate später erntereif. Man zieht sie dann an den zwar schon gelben, aber noch nicht völlig abgestorbenen Schlotten aus dem Boden, sortiert die mittleren und kleinen für die Küche und verwendet die größten, die bereits während der nächsten Wochen wieder zu treiben beginnen, noch im August als Setzzwiebeln fürs kommende Jahr.

Zur Vervollständigung seien noch genannt: die ihre kleinen Brutknöllchen an oberirdischen Trieben »lebend gebärende« *Etagenzwiebel;* die im Herbst als Schnittlauchersatz kultivierte *Winterheckzwiebel;* die *Kartoffelzwiebel;* der schon im März-April mit grünen Schlotten, im Mai mit erntefähigen Zwiebeln aufwartende *Johannislauch;* der *Schlangenlauch;* endlich *Lauch* oder *Porree,* der anschließend, und *Schnittlauch,* der unter »Gewürzkräuter und Heilpflanzen« zu finden ist.

Lauch, Porree Samenbedarf: auf 1 qm 2 g; Keimdauer mindestens 15–20 Tage. Aussaat ab März ins Frühbeet oder ab April ins Freilandsaatbeet. Auspflanzen des Sommerlauchs Ende April/Anfang Mai, des Winterlauchs Ende Mai bis Ende Juni/Anfang Juli in Furchen mit 30 cm Abstand und 15–20 cm Tiefe; Abstand von Pflanze zu Pflanze 20 cm, auf 10 laufende Meter etwa 50 Pflanzen. Ernte des Sommerporrees ab Juli. Ernte des Winterporrees ab Oktober.

Gewußt wie

Der Gartenfreund wird meist fertige Setzlinge kaufen. Wer etwas erreichen will, sollte ein besonders gutes Stück Land für sie bereithalten. Denn der Lauch ist ein starker Verbraucher, dem man zum Aufbau seiner weißen Schäfte ein reichlich vorgedüngtes Land und auch später viel Nahrung geben muß. Wurzeln und Laub müssen vor dem Einpflanzen etwas gestutzt werden. Vom Grün schneidet man nur die äußeren Blätter auf die Hälfte zurück. Lauch soll gern tief, bis an die grünen Blätter, gesetzt werden. Die Hauptarbeit während des Sommers besteht im Hacken, Unkrautentfernen und Anhäufeln sowie gelegentlichen kräftigen Volldüngergüssen nach Regen. In demselben Maße, wie der Lauch höher wird, folgen wir ihm mit allmählichem Zuschütten der Pflanzfurchen nach, so daß die Erde schließlich ungefähr bis dahin reicht, wo sich die Blätter vom Stengel trennen. Vor allem beim Winterlauch, der im Freien bleibt, ist diese Behandlungsweise sehr wichtig und soll bis zur Septembermitte abgeschlossen sein. Sommerporree ist oft schon bis Juli erntefertig. Er wird bei rundlichem Aufbau der Stengel bis 25 cm lang und erreicht einen Durchmesser von 3 bis 4 cm. Winterporree, den man im Juni und sogar noch Anfang Juli aus Freilandsaaten setzen kann, erreicht bei ungefähr gleicher Länge in mehr breiter Form Durchmesser bis zu 6 und mehr cm. Man kann ihn bei frostfreiem Wetter ernten. Um eine Reserve für Frostperioden zu haben, schlägt man einen Teil im Frühbeet oder im kühlen Keller (Sand) ein.

Sommerlauch und Winterlauch

Sommerlauch: 'Früher Sommer'; Herbst- und Winterlauch: 'Elefant' und 'Fafner' (beide gut für Herbstanbau); 'Carentan' und 'Super Elefant' (winterfest).

Gute Sorten

Ausdauernd sind Rhabarber und Spargel

Es ist wirklich nicht nur Pedanterie oder der Systematik zuliebe, wenn hier ein besonderer Abschnitt »Ausdauernde Gemüse« folgt. Es geht dabei doch um ganz wichtige Fragen der Planung, denn während man — in Erinnerung an ernstliche Ermahnungen vonwegen Fruchtwechsel und so — den einjährigen Gemüsen regelmäßig andere Plätze zuweisen muß, bleibt ein Spargelbeet auf lange Sicht ein Spargelbeet. Gut gepflegte Kulturen können bekanntlich bis zwanzig Jahre alt werden. Spargel läßt sich natürlich auch nicht verpflanzen, sondern behauptet eisern seinen Platz, was bei plötzlich ausbrechenden Wünschen nach einem »Gartenumzug« unter Umständen schwere Familienkonflikte heraufbeschwören kann.

Spargelbeete halten 20 Jahre

Da tut sich der Rhabarber ein wenig leichter. Er tritt im Hausgarten zumindest nicht immer gleich in langen Reihen, sondern mehr als Einzelerscheinung auf. Ihn kann man deshalb zur Not einmal versetzen, auch wenn die nächste Ernte dadurch etwas gemindert werden sollte. Und daß wir uns recht verstehen: Rhabarber, die völlig winterharte Staude aus dem Geschlecht der Knöterichgewächse, ist wirklich kein Obst, sondern ebenso wie die Melone ein »süßes Gemüse« —, zum mindesten eines, das stets mit Zucker und nie mit Salz zubereitet wird.

Rhabarber Als großer Fresser und Säufer will der Rhabarber viel Platz (1 qm je Pflanze), tief gelockerten, sehr nahrhaften Boden und viel Feuchtigkeit. Er verträgt Halbschatten. Pflanzzeit Herbst oder Frühjahr. Das Pflanzloch ist so tief auszuschachten, daß die langen Wurzeln ohne Knick oder Biegung darin Platz haben. Es wird am besten mit Kompost oder feuchtem Torf aufgefüllt, wobei der Kopf der Pflanze nur wenig bedeckt werden soll. Dann andrücken, gründlich wässern. Während des ersten Jahres wird kein Stengel gebrochen. Später Ernte von April bis Juni, einmal wöchentlich. Jeder Stengel wird von Hand unmittelbar über der Wurzel herausgebrochen (siehe Seite 95). Ebenso gilt es, bei Blütenbildung den gesamten Blütenschaft nebst allen Blättern am Wurzelhals möglichst frühzeitig zu entfernen. Mehrere Kopfdüngungen während der Erntezeit.

Gute Sorten 'Holsteiner Blut' und 'Elmsfeuer' sind bewährte rotstielige Sorten für den Garten.

Spargel im Ziergarten? **Spargel** Ein oder zwei Reihen Bleichspargel im Garten zu haben, ist ein großes gärtnerisches Vergnügen. Einzelne Pflanzen oder Horste können sehr hübsch in den Wohn- und Ziergarten eingefügt werden, zumal das zarte Spargelkraut später wirklich wunderschön aussehen kann. Spargel ist an mildes Klima und einen sich schnell erwärmenden, also durchlässigen, sandhaltigen Boden gebunden, so daß sein Anbau nach wie vor weitgehend landschaftsbedingt erscheint. Bei uns liegt Schwetzingen vor der Tür ...
Es sei jedoch vermerkt, daß Spargel natürlich auch auf lehmigem Boden gedeiht, aber dort mehr Arbeit macht und später austreibt. Als Pflanzenbedarf rechnet man 20–25 Stück je Kopf der Familie. Auf die dreijährige Anlaufzeit (die man mit allerhand Zwischenkulturen gärtnerisch ausfüllen kann) folgen bei richtiger Pflege gut und gern zwei Jahrzehnte ununterbrochener Nutzung. Zum Setzen sollte man nicht laienhaft zweijährige Stöcke wählen, sondern die zwar kleineren, dafür aber wüchsigeren einjährigen Pflanzen bevorzugen.

Anbaurezept Bodenvorbereitung: Ausnahmsweise keinen Volldünger verwenden, sondern reichlich Kompost oder Torfmull sowie je Quadratmeter 100 g Thomasphosphat und 100 g Kalidünger im Herbst zwei Spatenstich tief umgraben. Pflanzgräben im Frühjahr 30–40 cm tief ausheben, Grabensohle lockern und jetzt einen Humus-Volldünger einarbeiten. Pflanzung im März/April, Abstand 50 cm. Erde gut andrücken und angießen. Anfang Juni leichte Kalksalpeter-Kopfdüngung (20–30 g/qm). Im November das vergilbte Laub dicht am Boden abschneiden und verbrennen. Strünke im Frühjahr herausziehen und verbrennen. Im zweiten Sommer 60–80 g/qm Volldünger geben. Im dritten Frühjahr 20 cm hohe Dämme errichten. Erste Ernte nur bis Ende Mai, in den Folgejahren bis Johanni (24. Juni). Stangen zum Stechen freilegen. Krankheiten und Schädlinge siehe Pflanzenschutz.

Gute Sorten 'Schwetzinger Meisterschuß', 'Huchels Auslese' und 'Spaganiva' (bleibt im Kopf auch nach dem Durchbrechen noch weiß).

Grünspargel Schmeckt würziger und etwas herber als Bleichspargel. Seine Einfügung in den Ziergarten ist noch einfacher als beim Bleichspargel, weil sich der Bau von Dämmen erübrigt und weniger Rücksicht auf die Bodenart genommen werden muß. Geerntet wird bei einer Stangenlänge von 15–20 cm, wenn sich die Blattschuppen an der Spitze öffnen. Pflanzung, Düngung, Pflanzenschutz und Sorten wie beim Bleichspargel; besonders geeignet ist die weißbleibende 'Spaganiva'.

Sonderkulturen von Artischocke bis Zuckermais

Von Artischocke bis Zuckermais gibt es noch eine ganze Reihe aparter und wohlschmeckender Pflanzen, die sozusagen am Rande der üblichen Kulturen manchmal geradezu das Dasein von Hätschelkindern und Lieblingen führen, weil sie für unser Durchschnittsklima und für unseren Durchschnittsboden vielleicht etwas zu anspruchsvoll sind, oder weil der Erwerbsgartenbau sie noch nicht »entdeckt« hat. Geschmacksgewohnheiten mögen hierbei auch eine Rolle spielen.

Artischocke Ein der Distel verwandtes, dekoratives Staudengewächs, das einen sehr warmen, geschützten Platz, besten Boden, reichlich Nahrung und Feuchtigkeit benötigt; Aussaat zur Jungpflanzenanzucht in Zimmerschalen Anfang Februar. Raumbedarf etwa 1 qm je Pflanze. Pflanzung von geteilten Stauden oder Jungpflanzen Mitte Mai. Die Blütenstiele mit ihren dicken, schuppigen Köpfen erscheinen im August. Zur Erzielung des wohlschmeckenden Blütenbodens beläßt man nur die Hauptköpfe und schneidet die äußeren Nebenköpfe ab. Ernten, solange die Köpfe noch grün sind. Überwintern der bis auf zwei Sprossen zurückgeschnittenen Stöcke im frostfreien Raum (Sandeinschlag, feucht halten!) oder, bei sehr sorgfältigem Winterschutz, im Freiland. Da die Artischocke ebenso wie ihr nur zweijähriger Verwandter, der Cardy, sich zu repräsentativen, nicht selten über mannshohen Büschen entwickelt, wird sie ähnlich wie Topinambur auch als Dekorationspflanze im Ziergarten geschätzt. Am schönsten ist die violette Sorte.

Artischocke

Aubergine Auberginen sind noch etwas wärmebedürftiger als ihr Vetter 'Paprika' (siehe unten) und gehören eher ins Frühbeet oder Kleingewächshaus als ins Freiland. Kultur wie Paprika. Die Sorten mit länglichen, rot- oder blauschwarzen Früchten werden bevorzugt. Auberginen werden auch »Eierfrucht« genannt.

Bleichsellerie Naher Verwandter des Knollensellerie, Delikateß-Züchtung für Feinschmecker. Die Beschaffung setzfertiger Pflanzen ist leider noch schwierig. Anzucht aus Samen im Frühbeet oder im Mai im Freiland möglich. Neue amerikanische Sorten gestatten das Bleichen ohne Erdeinschlag. Anfang Juni ausgepflanzt, wird der Bleichsellerie – reichlich gewässert und gedüngt – bis September/Oktober erntefertig. Drei Wochen vor der Ernte sollen die nicht selbstbleichenden Sorten mit schwarzer Folie oder Papiermanschetten umhüllt und etwas angehäufelt werden. Nichtverbrauchtes mit Wurzeln einkellern. Neu: 'Avonpearl' und 'Top Seller'.

Aubergine

Knollenfenchel Fenchelgemüse aus den am Wurzelhals zwiebelartig ineinander gefügten Blattschäften der Sorte 'Florentiner' ist aus Italien zu uns gekommen. Aber auch bei uns läßt sich Fenchel noch gut als Nachfrucht mit Aussaat im Juni und Ernte im Oktober/November anbauen. Die sehr feinen Samen mit Sand vermischen, sehr flach säen, später verziehen, im August düngen. Gelobt: 'Latina'.

Paprika, Spanischer Pfeffer Naher Verwandter der Tomate; gleiche Anzucht. Auspflanzen ins Freiland nicht vor Ende Mai. Weitere Kultur bei gutem Boden und gutem Wetter einfach, nur Blattläuse ständig bekämpfen. Die hellgrün belaubte, bis 40 cm hohe Pflanze sieht in der Blüte wie erst recht im Fruchtschmuck sehr hübsch aus, steht bei uns immer irgendwo zwischen den Blumen. Verwendung sortenbedingt. Großfrüchtige, milde Gemüsepaprika: 'Gold Topas', 'Pusztagold', 'California Wonder'; scharfe Gewürzpaprika: Pfeffer 'Cayenne', Bild Seite 318.

Zuckermais Vom Zuckermais gibt es inzwischen verschiedene, bestens akklimatisierte Sorten mit hohem und niederem Wuchs. Wohlgeschmack und Nährwert der im Milchsaft geernteten Kolben nehmen es mit den feinsten süßen Erbsen auf. In schwach gesalzenem Wasser wie Spargel gekocht und mit Butter serviert als Vorspeise oder Beigabe zum Abendbrot nicht zu verachten.

Anbaurezept Man sät die verhutzelten Körner ab Anfang Mai in Folgesaaten bis Mitte Juni. Je 2–3 Körner mit etwa 30–40 cm allseitigem Abstand, später bis auf die stärkste Pflanze verziehen, wegen Bestäubung möglichst quadratische Beete anlegen, gut hacken und häufeln, reichlich wässern und Kopfdüngungen geben. Vorkultur und Auspflanzen im Mai bringt bessere Erträge. Windschutzpflanze für Gemüsebeete.

Gute Sorten Die Sorten 'Presto' (sehr früh), 'Golden Beauty' (frühe F$_1$-Hybride) und 'Victory Golden' (spät) werden empfohlen.

Würz- und Heilkräuter für viele Zwecke

Die Schätze unseres Gartens an aromatischen, geschmacksverfeinernden und heilsamen Kräutern finden neuerdings nicht nur das Interesse der Feinschmekker, sondern auch mancher Mediziner, die in den pflanzlichen Quellen der Gesundheit einen notwendigen Gegenpol zu der Übermacht an chemischer Arznei erblicken.

Die Anzucht ist meist nicht schwer Die meisten Würzpflanzen lassen sich leicht aus Samen ziehen und stellen auch bei ihrer weiteren Pflege keine großen Ansprüche. Was wie Basilikum oder Lavendel, Liebstock oder Majoran, Melisse, Schnittlauch und Tripmadam schwieriger zu entwickeln ist, wird man besser als Jungpflanze vom Gärtner beziehen, anstatt sich mit der eigenen Aufzucht in Saatschalen herumzuplagen. Pfefferminze und Echter Estragon, Salbei und Liebstöckel, Pimpinelle und Thymian lassen sich auch durch Teilung älterer Stöcke vermehren.

Originelle Anlage eines Kräuterbeetes. Es ziert den Wohngarten.

Das Trocknen von Blüten und Blättern soll in luftigen Räumen, aber im Schatten geschehen. Sonne und Backofen sind gleichermaßen ungeeignet und führen zu schweren Einbußen an Farbe wie Aroma. Zum Unterschied davon sollen Wurzeln, die man tunlichst der Länge nach aufschneidet, rasch an der Sonne vorgetrocknet und dann bei gelinder, 40 Grad nicht übersteigender Ofenwärme künstlich nachgetrocknet werden. Körner dagegen gibt man wiederum recht luftig und in dünner Schicht auf Horden, um sie zum Abschwitzen zu bringen. Ein gut durchsonnter Dachboden ist als Trockenraum besonders geeignet. Häufiges Wenden und sorgsames Beobachten auf Schimmelbildung sind Voraussetzung für den Erfolg. Alle getrockneten Drogen müssen in gut verschließbaren Gefäßen aufbewahrt und vor Licht geschützt werden.

Blüten und Blätter nur im Schatten trocknen

Einjährige Würz- und Heilkräuter

Nach botanischen Namen geordnet

Dill, *Anethum graveolens* var. *hortorum* (Doldenblütler)   Aussaat möglichst früh ab März an Ort und Stelle, da Umsetzen schlecht vertragen wird; Keimdauer drei Wochen. Folgesaaten je nach Bedarf. Dill ist denkbar bescheiden, wächst wie Unkraut, samt sich immer wieder selbst aus, deshalb soll man die reifen Samenstände immer rechtzeitig ernten, um der bald lästigen Vermehrung zu steuern. Neueinführung: 'Tetradill' mit viel Blattmasse. – Verwendung: Frischer, junger Dill ist vorzügliche Würze für Salat und Spinat, dem man halbfertig einige feingewiegte Dillblätter beigibt. Blühend und Samen tragend unentbehrlich als Gurkengewürz und zum Einlegen des Sauerkrautes. Dillsoße.

Kerbel, *Anthriscus cerefolium* var. *cerefolium* (Doldenblütler)   Aussaat ab März in Folgesaaten alle 2–3 Wochen bis zum Frühherbst in Reihen mit 10–15 cm Abstand; Keimdauer zwei Wochen. Kerbel läßt sich nicht verpflanzen und geht rasch in Blüte, was ihn für Küchenzwecke unverwendbar macht. Anbau deshalb nur frühjahrs in voller Sonne, später im Halbschatten. Immer nur wenig auf einmal säen, rasch verbrauchen. Zimmerkultur in Töpfen. – Verwendung: für Salate, Soßen, Suppen und Braten, zur Herstellung von Kräuterbutter allein oder in Mischung mit anderen Kräutern. Kerbelsuppe. Getrocknet als Blutreinigungstee und für Frühjahrskuren.

Borretsch, Gurkenkraut, *Borago officinalis* (Rauhblattgewächs)   Dibbelsaat wie Radieschen zu je 2 Korn mit 40 cm allseitigem Abstand; Keimdauer 6–8 Tage. Wächst willig und samt sich selbst aus. Anspruchslos, braucht aber viel Platz und sieht im Schmuck seiner leuchtend blauen Blüten sehr hübsch aus. Beste Bienenweide. – Verwendung: Junge Blätter feingehackt frisch dem Kopfsalat oder Gurkensalat beifügen. Getrocknet als Teeaufguß, nervenberuhigend.

Gartenkresse, *Lepidium sativum* (Kreuzblütler)   Vorquellen in warmem Wasser beschleunigt die Keimung. Keimdauer 2–4 Tage. Kann zu jeder Jahreszeit gesät werden: im Winter Anzucht in Schalen oder Kästen am Fenster, Frühbeetkultur ab Mitte März, im Sommer Freilandaussaat alle 14 Tage, darf nicht überständig werden, daher lieber öfter nur wenig aussäen und Folgesaaten machen. Kresse ist sehr frostempfindlich. Sommersaaten leiden oft bis zur Vernichtung unter Erdflöhen, daher gut als Einfassung erdflohgefährdeter Beete. – Verwendung: Frische Kresse mit feingewiegter Zwiebel, Salz, Essig und Öl als Salat, außerdem zum Garnieren anderer Salate und kleingeschnitten auf Butterbrot.

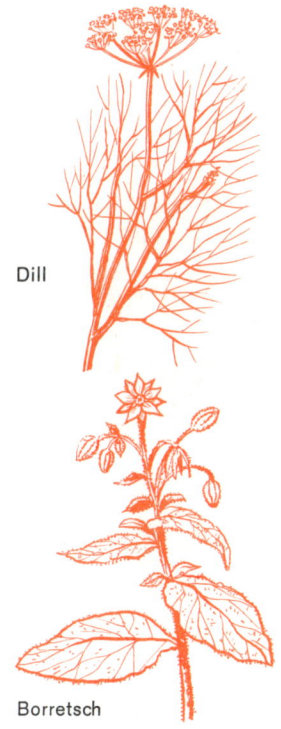

Dill

Borretsch

Majoran

Basilikum

Mooskrause
Petersilie

Bohnen-
kraut

Majoran, *Majorana hortensis* (Lippenblütler) Eigne Anzucht kaum lohnend. Man kauft fertige Setzlinge beim Gärtner und pflanzt sie nach Mitte Mai jeweils zu zweit oder zu dritt mit 15×20 cm Abstand aus. Majoran liebt lockeren, mürben Boden und geschützte Lage. Die niedlichen Sträuchlein werden im Juli, kurz vor der Blüte, etwa 6 cm über dem Boden geschnitten. Zweite Ernte im Oktober. – Verwendung: zum Wurstmachen; im Haushalt als Würze für Klöße, Braten, Soßen. Mit Honig zusammen als Hustentee heilsam und lösend. In Büscheln trocknen, später Kraut von den Stielen streifen, in gut schließender Büchse aufbewahren.

Basilikum, *Ocimum basilicum* (Lippenblütler) Aussaat Anfang März in Schalen; Keimdauer zwei Wochen. Besser: Pflanzen vom Gärtner beziehen und Ende Mai mit 30×20 cm Abstand auspflanzen. Basilikum ist sehr wärmebedürftig, daher auch als Topfpflanze geeignet. Ernte nach Bedarf, besonders während der Blütezeit. – Verwendung: Braten- und Soßengewürz, frisch oder getrocknet.

Petersilie, *Petroselinum crispum* (Doldenblütler) Früheste Freilandaussaat in Reihen mit 20 cm Abstand, sobald das Land offen ist. Keimdauer 3–4 Wochen, daher Markiersaat beigeben. Samen leicht unterharken, etwas festklopfen. Zu Schnittpetersilie später auf 4–5 cm verziehen; Wurzelpetersilie braucht 10–15 cm Abstand und wie alle Wurzelgemüse einen tiefgelockerten, mürben Boden. Petersilie ist zweijährig, schießt aber im zweiten Jahr in Blüte. – Verwendung: Würzkraut. Zum Garnieren wird die weniger aromatische Mooskrause Petersilie den glattblättrigen Sorten vorgezogen. Wurzelpetersilie: Beigabe zum Suppengrün. Man erntet die dicken, fleischigen Wurzeln je nach Bedarf im ersten oder zweiten Herbst, sonst Sandeinschlag. Im Winter Wurzeln zum Treiben am Küchenfenster in Blumentöpfen halten. – Die Mooskrause Petersilie eignet sich gut zum Bepflanzen (Unterpflanzung) von Schalen oder Balkonkästen, zusammen mit Schnittlauch und Blumen (Chrysanthemen).

Portulak, *Portulaca oleracea* var. *sativa* (Portulakgewächs) Für Erstpflanzung Vorkultur, daher besser fertige Setzlinge vom Gärtner kaufen, nach der Maimitte auspflanzen. Einmal im Garten angesiedelt, samt sich Portulak dann reichlich selber aus und kommt immer wieder. Braucht leichten, lockeren Boden, viel Sonne. – Verwendung: Die grünglänzenden, fleischigen Blätter werden vor der Blüte geschnitten und frisch verwendet – am feinsten in Butter gedünstet, als Suppeneinlage. Der ausgepreßte Saft soll bei Verbrennungen schmerzstillend wirken.

Bohnenkraut, *Satureja hortensis* (Lippenblütler) Freilandaussaat März/April sehr dünn in Reihen mit 20 cm Abstand; Keimdauer etwa zwei Wochen. Später auf 15 cm verziehen, gezogene Pflänzchen lassen sich leicht weiterverwenden. Anbau auch in Kästen oder Töpfen einfach. Bohnenkraut samt sich leicht aus, liebt schweren, ungedüngten Boden und warme, sonnige Lage. Man erntet kurz vor der Blüte durch Abschneiden der vielverästelten, reichbeblätterten Zweiglein, die gebündelt und getrocknet werden. – Verwendung: Zum Bohnengemüse, auch als Wurstgewürz.

Ausdauernde Würz- und Heilkräuter

Knoblauch, *Allium sativum* (Liliengewächs) Er wird durch Stecken der bekannten Knoblauchzehen vermehrt. Pflanztiefe 3–4 cm, Pflanzweite 20×10 cm. Kultur: Ende April bis zur Stengelwelke, dann Zwiebeln aufnehmen, trocknen, bündeln, frostfrei überwintern. Feine Neuheit: Schnitt-Knoblauch: Aussaat in Reihen, keine Knollen, Schnittgrün 30–50 cm hoch. Sorten: Sperlings 'Kno-Lau', Wagners 'Kobold'. Beide Geschmack wie Knoblauch ohne typischen Geruch.

Schnittlauch, *Allium schoenoprasum* (Liliengewächs) Anzucht aus Samen leicht (Keimdauer 25–28 Tage!), doch kauft man meist Büschel zum Einsetzen. Gedeiht am besten in feuchtem, ziemlich festem Boden und soll jedes zweite Jahr versetzt werden. Junge Nachzucht ist aber alten, oft versetzten Stöcken vorzuziehen. Geeignet auch zur Schalenbepflanzung mit Petersilie und Sommerblumen.

Meerrettich, Kren, *Armoracia rusticana* (Kreuzblütler) Meerrettich braucht tiefgelockerten, feuchten, dabei aber auch sandhaltigen Boden. Im Herbst wird eine reichliche Humusdüngung zwei Spaten tief umgegraben. Im Frühjahr werden die bleistiftstarken Fechser vor dem Legen mit einem Tuch ganz sauber und glatt gerieben, damit sie keine Austriebe und Nebenwurzeln bilden. Sie werden waagrecht in 6–8 cm tiefe Rillen mit 10 cm Abstand voneinander gelegt; Reihenabstand 40 cm. Das an seinem stärkeren Wuchs erkennbare Kopfende des Fechsers zeigt ein wenig nach oben, das Wurzelende wird angetreten und erhält dadurch die für jede Meerrettichpflanzung typische Schrägrichtung nach unten. Es soll etwa 10 cm hoch mit Erde bedeckt sein und treibt nun an seinem tiefsten Punkt neue Wurzeln, von denen aus die unterirdische Ernährung der Pflanze erfolgt, während am Kopfende der Blätterbusch erscheint. Im Juli/August werden die Wurzeln noch zwei- bis dreimal freigelegt und abgerieben.
Zur herbstlichen Ernte im Oktober macht man ähnlich wie bei den Schwarzwurzeln zuerst längs der Pflanzreihe nebenher einen tieferen Graben und löst von hier aus die Stangen mit ihrem Wurzelwerk vorsichtig aus der Erde. Diese Endwurzeln liefern die Fechser für das nächste Jahr und überwintern im Sandeinschlag. Man tut gut, keine Wurzelteilchen im Boden zu lassen, da sie wie Unkraut zu wuchern anfangen. – Verwendung: Für Soßen oder als Sahnemeerrettich zu Fisch und Rindfleisch.

Wermut, *Artemisia absinthium* (Korbblütler) Gibt über meterhohe Halbsträucher, braucht zur Entwicklung des vollen Aromas trockenen, sehr sonnigen Standort und kalkhaltigen Boden. Wermuttee als vorzügliches, vielseitiges Hausmittel bekannt. Ernte vor der Blüte.

Estragon, *Artemisia dracunculus* (Korbblütler) Der aromatische Echte Estragon (seiner Herkunft wegen auch Russischer Estragon) wird nur durch Stecklinge oder Stockteilung vermehrt. Er liebt feuchten Boden und Halbschatten. Beste Pflanzzeit März/April, ergibt große, bis 1,50 m hohe Büsche, daher genügend Platz lassen! Mit Stäben stützen oder zusammenbinden. – Verwendung: Frisch oder getrocknet als Würze zum Einlegen von Gurken und Kürbis, als Zutat zum Kräuteressig oder allein zur Bereitung von Estragon-Essig. Man erntet die ständig nachwachsenden frischen Triebspitzen vor der Blüte.

Waldmeister, *Galium odoratum* (Krappgewächs) Pflanzung der Staude oder Aussaat im Herbst unter Bäumen, Erde mit Buchenlaub und Moos abdecken; siehe auch »Bodenbedecker«. Bekanntes Bowlenkraut, getrocknet als Mottenschutz im Kleiderschrank, Duftspender zwischen der Wäsche. Blutreinigungstee. Hübsche weiße Blüte im Mai/Juni.

Ysop, *Hyssopus officinalis* (Lippenblütler) Ist ein reizender, im Juni/Juli hellblau oder rosa blühender Halbstrauch bis 60 cm Höhe, anspruchslos, sehr gut als heckenartiger Abschluß niedriger Staudenbeete oder als regelmäßig gestutzte Einfassung. Gesuchte Bienenweide. Ysopkraut als feiner Würzeffekt für Braten und Soßen. Ysopaufgüsse als Gurgelwasser wie Löffelkraut.

Lavendel, *Lavandula angustifolia* (Lippenblütler) Vorkultur im Frühbeet. Auspflanzen im Mai ergibt innerhalb Jahresfrist Büsche von 50–60 cm Höhe, die blauen

Estragon

Waldmeister

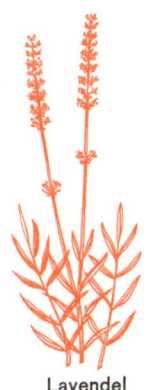

Lavendel

Blütchen erscheinen erstmals im zweiten Jahr und werden durch Abpflücken oder Abstreifen der ganzen Rispen geerntet. Lavendel liebt mageren, trockenen, kalkreichen Boden. Kann jahrelang an gleicher Stelle stehen. In feucht-humosem Erdreich etwas Winterschutz. – Verwendung: Getrocknet in Mullbeutelchen zwischen Wäsche und Kleidung. Siehe auch Staudenkapitel, Seite 191.

Liebstöckel, *Levisticum officinale* (Doldenblütler) Vermehrung durch Stockteilung oder Beschaffung kräftiger Jungpflanzen beim Gärtner. Sie wachsen zu schönen, dekorativen, nur leider sehr von Blattläusen heimgesuchten Stauden heran, die bei günstigem Standort in lehmiger Erde und Halbschatten unschwer 2 m hoch werden. Die Pflanzen ziehen im Winter ein. Liebstöckel wird im Volksmund auch »Maggikraut« genannt, doch hat die Firma Maggi gegen diese Bezeichnung so berechtigte Einwände, daß man wirklich davon absehen sollte. – Verwendung: Das überaus kräftige, fleischbrühartige Aroma gestattet nur sparsamste Beigabe einzelner Blättchen als Suppen- oder Soßenwürze. Man kann auch die rübenartigen Wurzeln trocknen und sie später stückchenweise als würzende Beigabe in Suppen oder Soßen mit durchkochen. Liebstöckeltee aus den Wurzeln gilt als Heilmittel gegen Herz- und Magenleiden.

Zitronenmelisse, *Melissa officinalis* (Lippenblütler) Aussaat im April an Ort und Stelle. Schneller ist es, Jungpflanzen vom Gärtner zu beziehen. Hübsche, buschartige Staude, die 60–70 cm hoch wird. Empfindlich gegen zuviel Nässe, alle 3–4 Jahre versetzen. Die unscheinbaren weißen Blütchen sind eine begehrte Bienenweide. Samt sich leicht aus. – Verwendung: Die Blätter mit ihrem ausgeprägten Zitronenaroma können kleingewiegt fast jeder gesalzenen Speise – ob Fleisch-, Fisch-, Gemüse- oder Pilzgericht – beigegeben werden, ebenso mit anderen Kräutern zusammen zu Salaten und Kräuterbutter. Wichtige Teepflanze. Man erntet die rauhen, etwas haarigen Blätter mit den Stengeln vor der Blüte, trocknet rasch und streift sie später von den Stengeln ab. Besser ist Frischgebrauch.

Pfefferminze, *Mentha × piperita* (Lippenblütler) Man vermehrt meist durch Stockteilung oder durch Stecklinge, die zunächst im Wasser Wurzeln treiben. Die Krauseminze, *Mentha crispa*, läßt sich leicht aus Samen ziehen. Beide Arten müssen alle drei Jahre bei gleichzeitiger Stockteilung im Frühjahr umgepflanzt werden, da sonst der Ertrag merklich nachläßt. In feuchtem Boden und bei voller Sonne entwickeln sich die aromatischen Kräfte am besten. Etwas Kopfdüngung nach jedem Schnitt ist angebracht. Eine leicht düngende Winterdecke nach dem letzten Herbstschnitt erhöht die Lebenskraft der üppig durch Seitensprossen sich vermehrenden Pflanze. – Verwendung: Zur Ernte schneidet man die Stengel, sobald sich Blütenknospen zeigen, und trocknet ausgebreitet oder in losen Büscheln luftig aufgehängt. Zur Aufbewahrung werden die Blätter von den Stielen befreit.

Dost, Ausdauernder Majoran, *Origanum vulgare* (Lippenblütler) Einfacher in der Anzucht als die einjährige Art *Majorana*. Völlig winterhart, sehr gute Bienenpflanze. Aroma ähnlich wie Thymian, doch nicht so intensiv.

Rosmarin, *Rosmarinus officinalis* (Lippenblütler) Bildschöner immergrüner Strauch, den man im Herbst eintopft und im kühlen Raum überwintert. Blüte April–Mai. Blätter zum Würzen von Braten und Soßen, Rosmarinwein zur Herzstärkung, Blätter ins Badewasser, Zweige als Mottenschutz in den Kleiderschrank.

Sauerampfer, *Rumex patientia* (Knöterichgewächs) Beinahe ein Unkraut zum Ansiedeln an schattigen und abseitigen Stellen. Dem zu starken Aussamen durch recht-

Liebstöckel

Zitronen-
melisse

Rosmarin

Bildseite:
Fleischtomaten sind Trumpf:
F$_1$-Hybride Typ Hellfrucht

316

zeitiges Schneiden entgegenwirken. Gedeiht auf jedem Boden, kommt immer wieder. Aussaat im Frühjahr oder Herbst in Reihen, Keimdauer 8–10 Tage, später vereinzeln oder verpflanzen. – Verwendung: Frische junge Blätter kleingeschnitten dem Spinat beigegeben, erhöhen den Wohlgeschmack. Sauerampfersuppe, Sauerampfergemüse wie Spinat zubereitet ist herbsäuerlich, doch wohlschmeckend.

Weinraute, *Ruta graveolens* (Rautengewächs) Hübscher, bis in den Herbst hinein hellgrüner Halbstrauch von 50 cm Höhe. Kommt auch im Blumentopf vorwärts. Junge Blätter geben kräftige Würze für alle salzigen Speisen. Rautentee gegen Magen- und Darmstörungen sowie zum Gurgeln. Manche Menschen bekommen bei Berührung allergische Erscheinungen und können den Geruch nicht vertragen.

Salbei, *Salvia officinalis* (Lippenblütler) Breite Büsche mit blauen Blüten. Höhe 60–70 cm. Jungpflanzen vom Gärtner. Etwas kälteempfindlich, daher Winterdecke empfehlenswert, doch treibt Salbei selbst nach schwerem Frostschaden meist willig wieder aus. Düngung wird sehr geschätzt. Hervorragende Bienenweide. Salbei läßt sich auch als Topfpflanze halten. Einordnung im Ziergarten üblich. – Verwendung: Salbeiblätter frisch oder getrocknet zusammen mit Thymian und Majoran sind eine erlesene Bratenwürze. Aal in frische Salbeiblätter gewickelt im geschlossenen Topf gebraten gehört zu den Leckerbissen der süddeutschen Küche. Salbeitee als Hausmittel gegen alle Erkältungskrankheiten. Man erntet die Blätter mit den Blüten- rispen und trocknet sie ausgebreitet oder in Büscheln aufgehängt.

Bibernelle, Pimpinelle, Pimpernell, *Sanguisorba minor* (Rosengewächs) Zeitig im Frühjahr an Ort und Stelle gesät, keimt die überaus anspruchslose Pflanze innerhalb 10–12 Tagen. Stockteilung und Heranzucht im Blumentopf. Auch Pimpi- nelle bleibt das ganze Jahr über grün und verträgt jede Kälte sowie jeden Standort, obzwar trockener, kalkhaltiger Boden ihr am liebsten ist. Die roten Blütenknöpfchen und die hübschen hellgrünen Fiederblätter sehen so allerliebst aus, daß man sie auch im Blumengarten leiden mag. Höhe etwa 50 cm. – Verwendung: Eines der würzig- sten Frischkräuter, dessen von den Stielen befreite und feingewiegte Blättchen an keinem Salat fehlen sollten. Auch als Beigabe zu Kräuterbutter vorzüglich. Hoher Vitamingehalt.

Tripmadam, *Sedum reflexum* (Dickblattgewächs) Immergrüne Sukkulente, auch als Steingartenpflanze in sonniger Lage geeignet, gelbe Blüte im Juni/August, gute Bienenweide. Frische Blätter und junge Triebe kleingeschnitten mit anderen Kräu- tern als Salatwürze, auch zu Soßen, Kräutersuppen oder zum Rindfleisch. Tripma- dam bildet mit Kresse und Schnittlauch eine würzige Rohkost-Diät. Die Große Fetthenne, *S. telephium,* wird gelegentlich zu ähnlichen Zwecken verwendet.

Quendel, Feldthymian, *Thymus serpyllum* (Lippenblütler) Kultur wie der echte Thymian, *Th. vulgaris,* die bekannte Würz- und Duftpflanze des Biedermeier, hüb- sche Steingartenpflanze, auch als Bodenbedecker geeignet; siehe Rasenkapitel.

Gartenthymian, *Thymus vulgaris* (Lippenblütler) Der niedere Halbstrauch eignet sich auch als Steingarten- oder Einfassungspflanze. Eigene Anzucht nicht lohnend. Man bezieht kräftige Pflanzen vom Gärtner und pflanzt in Reihen oder Gruppen mit 20×20 cm Abstand. Trockener, kalkhaltiger Boden bevorzugt. Winterhart, jahre- langes Verweilen an einer Stelle möglich. Beste Bienenweide. – Verwendung: Ähn- lich wie Majoran zum Wurstmachen, sparsam als Beigabe zu Braten, Soßen, Fisch- gerichten, Erbsenbrei und Kartoffelsuppe. Thymiantee gegen Keuchhusten, krampf- lösend bei Magenbeschwerden. Man erntet die blühenden Stengel, die ausgebreitet oder gebündelt im Schatten getrocknet werden.

Bildseite:
Kostproben aus dem Gemüsegarten:
Oben – auch im Steingar- ten zu ziehen – Gewürz- paprika (Cayenne-Pfeffer, langer roter) und Pal- oder Schalerbse 'Maiperle' (3 Tage früher als die alte Sorte 'Allerfrüheste Mai'). Unten der vorzügliche Weißkohl 'Braunschweiger, großer, weißer Plattrunder' und die unübertroffene Karotte Nantaise 'Markt- gärtner'.

Fragaria, die Duftende, war bis ins Mittelalter nur als einheimische Wildfrucht bekannt. Erst seit dem Barock gibt es eine zielstrebige Züchtung, die aus der bescheidenen, doch aromatisch ansprechenden Beere eine der vollkommensten Gartenfrüchte gemacht hat. Dank der Vielseitigkeit ihrer zahllosen Kulturformen lassen sich die Erdbeeren überall ansiedeln: In riesigen, dem Feldfruchtbau gewidmeten Anlagen zur Konsumobst-Erzeugung ebenso wie im Warmhaus für teure Frühernten; in rationell bepflanzten Beeten alten Stils ebenso wie als liebenswürdige Mitläufer zwischen niedrigen Blütenstauden und Sommerflor oder als reizende, zum Naschen verleitende Wegeinfassung aus rankenlosen Monatserdbeeren im Wohngarten. Wer sich zum Erdbeerpflücken nicht mehr bücken will, versucht sich wohl an Spaliererdbeeren im Freiland oder im Kasten, und wo ein Gartenfreund das Ungewöhnliche liebt, steht vielleicht gar ein »Erdbeerbaum« mit Hochstammkrone als Solitär im Rasen.

Jahrelang war die voll aromatische, aber nur mittelgroße, wohlgeformte Frucht zum Frischverzehr wie zur Konservierung Trumpf. Jetzt geht der Zug unter anderem wieder einmal zu den Riesenfrüchten, deren frühere Aroma-Armut weitgehend überwunden zu sein scheint. Auch gibt es die »Brummer« mit 50 bis 80 Gramm Gewicht nicht mehr nur bei den einmal tragenden, sondern auch bei zuverlässig zweimal — im Juni und August/September — tragenden Sorten.

Der Zug zur Riesenfrucht

Anbaufragen von Wichtigkeit

Erdbeerboden wie er sein soll

»Erdbeerländer« sollen sonnig liegen. Eine geringe Neigung nach Osten und etwas Schatten während der Mittagsstunden sind besonders günstig. Die Erdbeere verlangt einen sandigen, humusreichen und gleichmäßig feuchten Lehmboden. Bodenverbesserung mit bester, reifer Komposterde in jeder möglichen Menge, unter Mitverwendung von vorher stets gut durchfeuchtetem Torf, Torfhumus-Volldünger ist daher meistens unerläßlich. Am einfachsten: man gräbt die künftige Erdbeeranlage schon im vorhergehenden Spätherbst tief um, läßt das Land über Winter in grober Scholle liegen und verabreicht dann, nach den allgemeinen Grundsätzen des Düngeteiles, im zeitigen Frühjahr eine kräftige Vorratsdüngung, die in die Oberkrume eingebracht wird. Nun sollte als Vorkultur eine Gründüngung mit stickstoffsammelnden Buscherbsen oder Buschbohnen — auch zur Verbesserung der Bodenstruktur — erfolgen.

In Neubaugärten erst Gründüngung

Eine zusätzliche Bewässerung ist besonders wichtig in Trockenperioden ab Austriebsbeginn bis zur Blüte und dann wieder nach dem Abernten bis in den September hinein, denn dauernde Bodentrockenheit führt zur Ertragsminderung. Neuanlagen müssen besonders sorgfältig bodenfeucht gehalten werden. Das Problem, welcher Kulturmethode man seine Erdbeeren unterwerfen soll, stand früher nicht zur Diskussion, denn man kannte nur den Dreijahresturnus. Heute werden Erdbeeren außerdem auch noch zweijährig, einjährig und zweijährig-einjährig gemischt angebaut. Wer den Bogen heraus hat, wird bei den neueren Kulturformen unter Umständen mehr herauswirtschaften, hat aber auch mehr Arbeit.

Auf jeden Fall durch Wechselwirtschaft die gefährliche Bodenmüdigkeit verhüten.

Der Trick hoher Erträge trotz kurzer Laufzeit liegt in der dichteren Pflanzung. Werden bei dreijähriger Kultur im Schnitt 8—10 Erdbeerstöcke auf den Quadratmeter gesetzt, so rechnet man für zweijährige Kultur 12—14 Pflanzen, bei einjähriger Kultur aber 20 Stück und mehr. Können sie sich auf bestem Boden, bei möglichst frühzeitigem Setzen noch im ersten Herbst kräftig entwickeln, so ist im nächsten Frühjahr eine viel größere Ernte je Quadratmeter zu erwarten, als sie die weitläufiger gesetzten Pflanzen der zwei- und dreijährigen Kulturen erbringen. Aber eine biologische Auffrischung der Quartiere durch Fruchtwechsel ist unerläßlich. Wer Erdbeeren nach sich selber anbaut, wird trotz reichlicher Düngergaben schlechte Erfahrungen machen, weil die gleichartige Nutzung in jedem Fall ernteminderd und krankheitsfördernd wirkt. Bei einjährigen Kulturen benötigt man mehr Land zum Wechseln und hat mehr Arbeit als bei der Zwei- und Dreijahreskultur.

Für Liebhaber:
Die »Spaliererdbeere«

Für die Dreijahreskultur soll das 1,20 m breite Normalbeet zwei Reihen mit einem freien Mittelstreifen von 70—80 cm Breite tragen; Pflanzabstand innerhalb der Reihen 25—30 cm. Dies entspricht der zuvor genannten Zahl von 8—10 Stück auf den Quadratmeter.

Nach dem gleichen Prinzip — nur mit etwas dichterem Stand der Pflanzen von 20 cm innerhalb der Reihen — wird das 1,20 m breite Normalbeet für Zweijahreskultur angelegt. Wie bei der Normalkultur kann man das Abernten sowie die laufenden Arbeiten noch bequem vom freien Mittelstreifen aus erledigen, was besonders das Entranken sehr erleichtert.

Die Einjahreskultur hat überhaupt nur Zweck, wenn sehr frühzeitig — möglichst Anfang bis Mitte August — besonders kräftiges, möglichst schon in Töpfen vorkultiviertes Jungpflanzenmaterial zur Verfügung steht. Bei nur 30 cm Abstand werden vier Reihen auf dem 1,20 m breiten Normalbeet angelegt; die Engpflanzung erfolgt mit einem Abstand von nur 8—10 cm. Etwas mehr Mühe beim Auspflücken muß in Kauf genommen werden. Unbequemlichkeit der Sommer- und Herbstarbeiten zwischen den Reihen entfällt, denn gleich nach der Ernte wird das Beet ja bereits wieder abgeräumt.

Wem dabei das Herz gar zu sehr blutet, dem sei die Kombination zwischen Einjahres- und Zweijahreskulturen empfohlen. Ihre einfachste Form: Anlage wie zur Einjahreskultur, dann aber gleich nach der Ernte nur je eine Reihe abräumen, damit die verbleibenden zwei Reihen auf den doppelten Abstand von 60 cm kommen. Die freigewordenen Streifen sehr reichlich mit Komposterde oder gut durchfeuchtetem Torf und Torfhumus-Volldünger versehen. Innerhalb der Reihen wird jede zweite Pflanze entfernt, so daß jeder verbleibende Stock genügend Platz hat, um der folgenden zweiten Vollernte des nächsten Frühjahres entgegenzuwachsen. Eine dritte Tracht zu versuchen, hat wenig Zweck. Ein anderer Vorschlag, besonders für starkwachsende Sorten, lautet: drei Reihen mit je 40 cm Abstand auf dem 1,20 m breiten Normalbeet anlegen; Abstand innerhalb der Reihen 15 cm. Sonst gleiche Behandlung.

Kombinierte Einjahrs- und Zweijahrskultur

Zweimaltragende, dreimaltragende und sogenannte Immertragende Gartenerdbeeren haben besonders deshalb — und gerade für kleinere Gärten mit we-

Großfrüchtige, mehrmals tragende Erdbeeren

nig Platz — steigende Bedeutung erlangt, weil sie auch nach wetterbedingtem Pech mit der ersten Blüte, die ein Nachtfrost zerstört hat, noch Aussicht auf weitere Erntefreuden bieten. Sie eignen sich besonders zur Gruppenpflanzung als Naschfrucht mit Überraschungseffekt im Wohngarten. Einige Neuzüchtungen dieser Gruppe sind übrigens als Hochzuchtsorten anerkannt. Es wird jedoch auch sehr viel unseriös wirkende Reklame gemacht, was eine gewisse Zurückhaltung ratsam erscheinen läßt.

Gleiches gilt für die an sich netten Spielereien am Spalier und als Hochstamm, für die hier keine Anbauregeln gegeben werden, weil die Züchter oder Versandhäuser stets eigene Kulturanweisungen mitliefern (Zeichnung Seite 321). Übrigens handelt es sich bei derartigen Sonderformen nicht nur um reine Kunstgebilde, und es stimmt auch nicht, daß noch nie eine Erdbeerpflanze senkrecht in die Höhe gewachsen ist; vielmehr wird in der Festschrift zur Emeritierung von Professor von SENGBUSCH vom Dezember 1968 eine Mutante von *Fragaria vesca* mit verholzendem Stamm abgebildet und beschrieben. Blüten und Ableger wachsen hier aus den obersten Blattachseln hervor. Die kleinfrüchtigen, stets rankenlosen Monatserdbeeren sind Kinder der Walderdbeere. Sie werden vornehmlich als Wegeinfassung und zur gruppenweisen Zwischenpflanzung benutzt, können ohne weiteres 3—4 Jahre am gleichen Platz verbleiben und samen sich dabei noch aus.

Kleine Freunde für viele Jahre: Monatserdbeeren

Pflanzgut und eigene Ableger

Bestes Pflanzgut ist am billigsten

Die erste Garnitur für eine Erdbeer-Neuanlage wird der Gartenfreund üblicherweise wohl aus zuverlässiger Quelle käuflich erwerben. Dabei sollte er doch von vornherein, zur Streckung der Ernte und den Familiengepflogenheiten angepaßt, je eine Gruppe früher, mittelfrüher und später Sorten nebeneinander pflanzen. Dies ist auch mit Rücksicht auf klimatische Zufälle zweckmäßig.

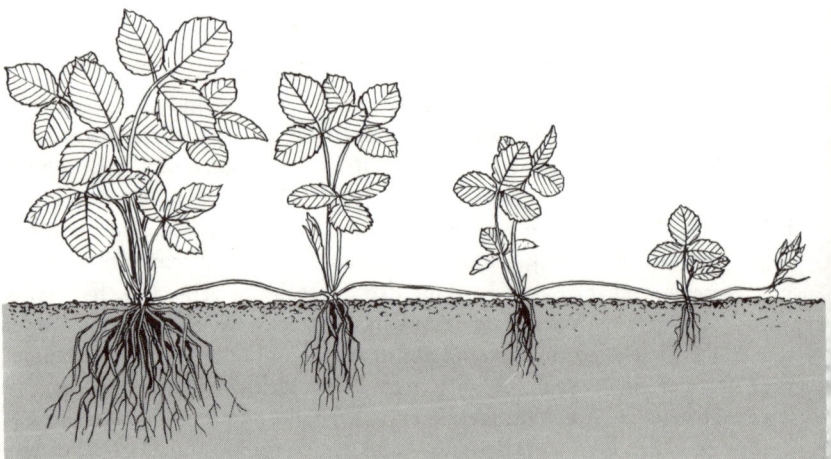

Nur die stärkste Ablegerpflanze nächst der »Mutter« wird verwendet.

Ist die Erdbeerkultur erst einmal im Gange, so wird der Wunsch nach eigenem »Vermehrungsanbau« für Neuanlagen bald übermächtig. Dafür werden aber nur Ableger solcher Mutterpflanzen genommen, die sich im ersten und im zweiten Standjahr als reichtragend bewährt haben und deshalb bereits mit einem Stöckchen gekennzeichnet wurden. Keinesfalls nimmt man Ableger von solchen Pflanzen, die sich durch besonders kräftige Laubentwicklung hervortun. Sie verfügen durchweg nicht über die Erbanlagen hoher Fruchtbarkeit. Von jeder Ranke wird nur die der Mutterpflanze am nächsten sitzende, gut bewurzelte, kräftige Jungpflanze verwendet. Man kann sie einfach bis zum Setzen an ihrem Platz belassen oder durch Vorkultur in Töpfchen oder Jiffy Pots zur vorzeitigen Bewurzelung bringen.

Vorkultur der Ablegerpflänzchen

Wann und wie soll gepflanzt werden?

Übliche Erdbeer-Pflanzzeit ist der späte Sommer oder frühe Herbst. Man hört zwar immer wieder die Forderung: so früh wie möglich — aber vor Anfang bis Mitte August hat kein normal kultivierter Setzling die rechte Pflanzreife. Bei großer Trockenheit soll man warten, bis feuchtkühles Wetter oder mindestens schon Nächte mit reichlicher Taubildung günstigere Voraussetzungen schaffen. Einjahreskulturen sollten allerdings möglichst noch im Juli, spätestens während des ersten August-Drittels gepflanzt werden, und leistungsfähige Züchtereien halten dafür denn — natürlich auch entsprechend teures — Pflanzgut bereit, das ähnlich wie Maiglöckchen-Eiskeime durch Kühllagerung vorbehandelt ist.

Früh pflanzen!

Kühlhaus-Setzlinge für Einjahreskultur

Wie gepflanzt werden soll, ergibt sich nicht nur aus der Beispielzeichnung Seite 83 im Kapitel »Säen und Pflanzen«, sondern auch aus den vorangegangenen Darlegungen des Abschnittes »Anbaufragen von Wichtigkeit«. Nochmals sei davor gewarnt, Erdbeerpflanzen zu tief zu setzen. Reichliches Gießen oder Einschlämmen ist meist notwendig. Je Pflanzloch eine Handvoll gut durchfeuchteten Torfmull hineinzugeben, lohnt sich vor allem in warmen Nachsommerwochen. Gießrand um jede Pflanze nicht vergessen!

Sorgfältig pflanzen — erste Pflicht!

Vom Erwerbsobstbau haben manche Gartenfreunde den sogenannten Folienmulch übernommen. Dazu wird der Boden mit einer Vorratsdüngung für zwei Jahre versehen, feinkrümelig vorbereitet und mit einer 0,05 mm starken, schwarzen Kunststoff-Folie überrollt. Nach dem Eingraben der Folienränder werden die Jungpflanzen durch die mit vorgestanzten Löchern oder Einschnitten im richtigen Abstand versehene Folienbahn (Zeichnung) hindurch gesetzt; das erfordert allerdings einige Handfertigkeit und Sorgfalt. Diese schwarze Folie hält den Boden gar, feucht und unkrautfrei. Das Regenwasser läuft durch die Pflanzlöcher ab. Leider verschmutzen die Früchte fast ebenso wie auf der Erde, so daß Hochlegen oder Verwendung der nachfolgend gezeigten »Erdbeerteller« keine überflüssigen Maßnahmen sind. Außerdem ist die Entwicklung der Ableger so stark gehemmt, daß ihre Weiterverwendung nur mit Töpfchenkultur gesichert werden kann.

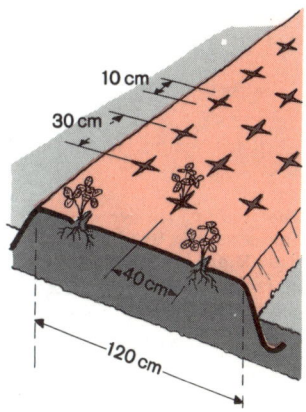

Folienmulch spart viel Arbeit

Endlich ein neuer »Erdbeer-Schutzkragen«:
aus weißem Styropor, reifefördernd, Unkraut und Schneckenbefall verhütend – im Herbst einfach wegwerfen . . .

Pflückregeln aus Hausfrauensicht

Überraschung auf der Erdbeertabelle Seite 326: 'Frau Mieze Schindler', Ahnfrau unter den Liebhabersorten, neu selektiert wieder im Sortiment!

Laufende Pflege, Ernten, Entranken, Düngen, Winterschutz

Der Boden muß immer gut gelockert und unkrautfrei gehalten werden. Mit dem flachen Hacken und Jäten beginnen wir alsbald nach der Pflanzung und setzen sogleich nach der Winterpause wieder ein.

Zwischen Blüte und Fruchtreife werden Hacken, Jäten und Bewässern auf ein Mindestmaß beschränkt. Reifende Früchte schützt man durch Unterlegen mit geeignetem Material – kein Torf, besser die neue »Styroporwolle« – vor Verschmutzung und Fäulnis. Die gegitterten Kunststoff-Erdbeerteller sind leider vom Markt verschwunden. Allenfalls gibt es wacklige Drahtstützen.

Nur vollreife Früchte lohnen die Ernte. Man pflückt sie ohne Berührung durch Abkneifen – besser: Abschneiden – eines Stielendchens, nie durch Herausreißen aus dem Kelch, und legt sie in kleine, möglichst flache Schälchen, so daß es keine Druckstellen gibt. Jedes Schütten und Schütteln ist streng verboten, da Druck oder Verletzung der Außenhaut auch einen Verlust an Aroma und wesentliche Herabminderung der Haltbarkeit bedeutet. Erdbeeren unreif zu ernten ist zwecklos, weil sie bei sogenanntem Nachreifen kein Aroma mehr entwickeln. Die beste Zeit zum Pflücken ist der frühe Morgen, wenn die Früchte noch kühl von der Nacht sind. Etwas Taufeuchtigkeit schadet nichts; regennaß gepflückte Erdbeeren sollen im kühlen Raum abtrocknen. Müssen verschmutzte Früchte gewaschen werden, so sind sie anschließend sofort zu verwenden oder vorsichtig auf Tüchern ausgebreitet abzutrocknen. Ihr lackroter Glanz ist dann freilich meist dahin. Mangelhaft ausgeformte, angefaulte oder anderweitig beschädigte Früchte werden beim Durchpflücken weggenommen. Keinesfalls auf den Komposthaufen werfen, sondern möglichst unter Beigabe von etwas Kalk tief vergraben, da sie fast immer ansteckungsfähig sind. Bei gutem Wetter muß etwa alle 2–3 Tage durchgepflückt werden.

Schon während der Fruchtreife haben unsere Erdbeerpflanzen auch mit der Rankenbildung begonnen. Wer viel Zeit hat, kann laufend alles abschneiden – nie abreißen! –, was sich da zeigt. Aber üblicherweise wartet man mit dem Entranken bis nach der Ernte und fängt erst dann mit dem Ausputzen an.

In den nun folgenden Wochen bilden die Pflanzen ihre Knospen für das nächste Jahr aus und ernähren auch noch solche Ableger, die wir ihnen zu späterer Verwendung belassen haben. Nährstoffergänzung heißt also die dringendste Aufgabe. Sie soll mit reichlichem Wässern einhergehen. Selbstverständlich hat eine findige Industrie inzwischen auch bereits Spezial-Erdbeerdünger entwickelt, die nach Vorschrift angewendet werden. Jedoch sind wir ohne solche moderne »Individualdüngung« bisher mit guten Torfhumus-Volldüngern, die beiderseits der Reihen – ebenfalls nach Vorschrift – ganz flach in den Boden eingebracht werden, auch nicht schlecht gefahren. Früher nahm man für diese Hauptdüngung kurzstrohigen Stallmist – ein Grund mehr, um auch heute vor allem nach humusreichen oder auf Basis organischer Stoffe zubereiteten Düngemitteln zu greifen. Peru-Guano (1 Kilo auf 10 Quadratmeter) sei dafür als Beispiel genannt. Man gibt die Volldüngung entweder auf einmal oder — was natürlich mehr Arbeit macht — gleich nach dem Entranken die erste Hälfte, die zweite Hälfte etwa vier Wochen später. Es darf dann statt des organischen auch ein chloridfreier Blaukorn-Volldünger sein. Damit ist die Düngung für das laufende Jahr abgeschlossen.

Erdbeeren sind nur bedingt winterhart. Besonders Jungpflanzen neigen dazu, bei strenger Kälte mit Kahlfrost »hochzufrieren«, so daß der unbedeckte Wurzelhals mehrere Zentimeter weit aus dem Boden ragt und die Pflanze vertrocknet. Im Spätherbst werden deshalb die Pflanzen je nach Anbaumethode einzeln oder beiderseits der geschlossenen Reihen mit Torfkompost, feuchtem Torfmull oder anderem geeigneten Material abgedeckt. Es wird nur unterhalb der Blätter dicht an die Erdbeerstauden herangebracht, keinesfalls obenauf gelegt. Im Frühjahr schiebt man dann diesen Winterschutz einfach beiseite, um nun die für den Ernteertrag maßgebliche Frühjahrsdüngung vorzunehmen. Sie besteht üblicherweise in gut durchfeuchtetem Humusdünger, der wiederum dicht um die Pflanzen herum oder an den Reihen entlang gelegt und leicht eingehackt wird. Erfahrene Erdbeergärtner benutzen dafür übrigens keine Hacke, sondern nur den kleinen Eisenrechen, mit dem sich dieses leichte Lockern und Einbringen besonders gut und ohne Gefährdung flach verlaufender Wurzeln bewerkstelligen läßt. Für diese Frühjahrsdüngung sollte man keinen stickstoffhaltigen Volldünger, sondern nur Patentkali und Superphosphat zu gleichen Teilen, zusammen 500—600 Gramm auf 10 Quadratmeter, verwenden. Mehrmals- oder Immertragende Erdbeeren erhalten noch eine zweite Düngung dieser Art, jedoch nur mit der Hälfte der genannten Menge, im Anschluß an die erste Ernte im Juni/Juli. Diese Düngermengen werden am besten flüssig als Kopfdüngungen und unter reichlichem Wässern gegeben.

Winterschutz gegen Hochfrieren und Vertrocknen

Austriebsdüngung im Frühjahr

Kopfdüngung für Mehrmalstragende nach der 1. Ernte

Die Erdbeere hat viele Feinde

Wer so nah am Boden so verlockende Früchte entwickelt, ist auch vor Krankheiten und Feinden nicht sicher. Mit zu den wichtigsten pilzlichen Infektionen gehört der Grauschimmel, der besonders in nassen Jahren große Verluste bringt. Erdbeermehltau ist in erster Linie eine Erkrankung der Frühsorten, deren Blätter bei viel warmem Frühjahrsregen unterseits von dem mehligen Schimmelrasen überzogen werden; auch Fruchtbefall ist möglich. Die Weißfleckenkrankheit schädigt das Laub während oder nach der Ernte: Hier genügt das Auspflücken und Vernichten der erkrankten Blätter mit den dunkelgeranderten, hellen Flecken. Ist ein Erdbeerland von der Lederfäule an Früchten und Wurzeln befallen, so daß sich zähe, gummiartige Verhärtungen bilden, dann soll man ein solches Land abräumen, alle Pflanzenreste verbrennen und an gleicher Stelle mindestens fünf Jahre keine Erdbeeren mehr pflanzen. Gleiches gilt für die leider zunehmend beobachteten Virosen. Steckbrief und Bekämpfungsvorschläge einiger typischer Erdbeerschädlinge wie Erdbeerblütenstecher, Erdbeerstengelstecher, Erdbeermilbe, Erdbeerspinnmilbe, Erdbeerälchen und Erdbeerwickler finden sich im Pflanzenschutzteil.

Empfehlenswerte Erdbeersorten

Erdbeersorten mit Erntezeit	Frucht	Sonstiges
'Elvira' Reife früh	groß, kegelförmig, fest, als wohlschmeckend getestet	Ertrag sehr hoch, Hauptsorte in Rheinland-Pfalz, in Bayern empfohlen; mehltauanfällig, Anf. gegen Welkekrankheit gering.
'Gorella' Reife früh bis mittelfrüh	mittel bis groß, leuchtend rot, druckfest, saftig, bei Vollreife wohlschmeckend	Ertrag mittel bis hoch für Frischverzehr; Ersatz für 'Regina' und 'Senga sengana'.
'Tenira' Reife mittelspät	mittel bis groß, kurz kegelförmig, Fleisch sehr fest/druckfest, saftig, wohlschmeckend	Ertrag hoch, gleichmäßige Beerengröße, für Frischverzehr gut haltbar, wenig anfällig für Fruchtfäule und Verticilliumwelke
'Senga Gigana', 8 Tage nach 'Elvira'	riesig, dunkel, etwas weich	mittlere Böden; kräftig, großlaubig, gesund, nachbauempfindlich
'Solweta', mittelfrüh, 8–10 Tage nach 'Elvira'	groß, länglich-spitz oder -breit, dunkel lackrot, köstlich im Geschmack	leichter, humusreicher Boden bevorzugt; dichtes Laub von eigenartig hellem Grün schützt Blüten und Früchte. In nicht zu sonnigen Lagen einigermaßen ertragreich, doch nicht selten von Roter Spinne bedroht
'Senga Sengana', mittelfrüh, Reife hält 15–20 Tage an	herzförmig-kugelig, glänzend, karminrot, fest und haltbar, mild-aromatisch, zum Einfrieren	sehr verbreitete Sorte; kleine, im Laub versteckte Blüte, wenig spätfrostgefährdet; robust, widerstandsfähig gegen Mehltau, Erdbeermilbe, Blattfleckenkrankheit, empfindlich gegen Botrytis; höchste Erträge, behält beim Konservieren und als Tiefkühlfrucht die rote Farbe
('Senga Litessa', mittelfrüh bis mittelspät)	(Form und Ansprüche wie 'Senga Sengana'; Höchsterträge auf leichten Böden, sonst Wurzelfäule)	
»Alte« Neuheit: 'Frau Mieze' Schindler' (siehe auch S. 324)	saftreich, fast brombeerrot, vielseitig verwendbar, gute Tiefkühlfrucht	mittelschwerer Boden, nährstoffreich; Blüten überwiegend weiblich. Braucht Pollenspender (z. B. 'Peltata')
'Peltata', neuere Spätsorte, ertragreich	groß, dunkelrot, festfleischig, feines Aroma, für Frischverzehr/Tiefkühlen	kräftig im Wuchs, späte Blüte ohne Frostgefährdung; Dreijahrskultur ohne Ertragsminderung
'Macherauchs Späternte', späteste, 18-20 Tage nach 'Elvira'	groß, rundlich, dunkelrot, sehr feines Aroma; vorzüglich zum Tiefkühlen, da Form und Farbe haltbar	mittelschwerer Boden; Wuchs mittelstark, dunkelgrünes Laub, goße, rein weibliche Blüten, braucht Pollenspender (die meisten der hier genannten Sorten)
'Bogota' Reife sehr spät	groß, kegelförmig, orangerot, druckfest, wenig saftig, mäßiges Aroma	Ertrag sehr hoch, Pflückarbeit mittel, Laub anfällig für Mehltau; Botrytisanfälligkeit mittelstark
'Macherauchs Dauerernte', zweimaltragend	groß, glänzend, mittelrot, aromatisch	stark wachsend, gesund, Fruchtgröße wie bei einmaltragenden Sorten
'Rügen', immertragende Monatserdbeere	klein, doppelt so groß wie Walderdbeeren	beste Monatserdbeere, geringe Ansprüche, nicht zu trocken, halbschattig, kräftiger Wuchs da keine Ausläufer, nur Vermehrung durch Samen möglich

Oft, nur allzuoft sind die Beerensträucher nichts anderes als arme Stiefkinder, die in irgendeine abseitige Ecke des Gartens gestopft und schlecht oder gar nicht behandelt werden. Und dabei wäre ordnungsgemäße Pflanzung nebst regelmäßiger Pflege so leicht und so lohnend!

Man kann sie zwar nicht alle einfach über einen Kamm scheren, aber auch die folgenden Einzeldarstellungen zeigen, daß es viele Übereinstimmungen und dadurch Vereinfachungen der immer wiederkehrenden Maßnahmen gibt. Eine davon ist die Düngung. Wir könnten uns dabei ohne weiteres auf den Düngeplan der Blütensträucher berufen, der allein schon genügen würde, um auch den Beerensträuchern ein ganz gutes Auskommen zu sichern. Wer aber auf regelmäßige bessere Ernten Wert legt, sollte darüber hinaus im zeitigen Herbst 50–60 Gramm Thomasphosphat je Quadratmeter im Umkreis der flachwurzelnden Sträucher ausstreuen, leicht unterhacken und durch eine gründliche Bewässerung im Boden verteilen. Noch vor Frosteintritt, solange der Boden offen ist, oder auch im zeitigsten Frühjahr gibt man einen chlorid-freien Kalidünger (Schwefelsaures Kali oder Kalimagnesia) und Stickstoff in Form von Kalkammonsalpeter, je 40–50 Gramm auf den Quadratmeter.

Zugegeben: solche Anwendung von einzelnen Düngesalzen ist heute in der Liebhaberpraxis wenig erwünscht, kann auch leicht zu Irrtümern und Dünge-fehlern führen. So zeigt sich bei Johannis- und Stachelbeerblättern nicht selten eine Braunverfärbung vom Rande her mit anschließendem Rollen und späte-rem Abfallen, die ein Zeichen für Kalimangel oder eine Schädigung durch chloridhaltige Düngemittel ist. Diese Besonderheiten müssen also beachtet werden. Im übrigen kann man für die winterliche Vorratsdüngung statt der einzelnen Mineraldünger auch einen langsam wirkenden Volldünger wie Ni-trophoska blau extra, Kampka blau oder einen der verschiedenen Torfhumus-Volldünger verwenden, was zugleich noch der Bodenverbesserung dient.

Himbeere Bei diesen Halbsträuchern mit ausdauernder Wurzel tragen die nach dem Austrieb bis zum ersten Herbst verholzenden, unverzweigten Ruten im zweiten Sommer Früchte, sterben dann ab. Dadurch machen sie dem inzwischen schon wieder frisch ausgetriebenen Nachwuchs Platz. Jeder Himbeerstrauch hat also stets zweier-lei Holz, das kinderleicht zu behandeln ist: die oft bis zu 2 m hohen Tragruten wer-den bald nach der Ernte im August dicht über dem Boden abgeschnitten und alle schwächlichen Triebe entfernt. Nur vier bis sechs gleichmäßig kräftige Jungtriebe bleiben stehen. Daneben muß man sein Augenmerk auf die Ausläufer richten, denen bei mangelnder Pflege die Hauptschuld am Verwildern unserer Himbeeranlagen zu-kommt.

Im Garten steht die Himbeere am schönsten an einfachen Gerüsten aus starken, mit waagrecht verspanntem Draht verbundenen Pfählen, so daß man die einzelnen Trag-ruten sauber aufbinden kann. Für eine Neupflanzung muß der Boden bis in 50–60 cm Tiefe gründlich gelockert werden. Die Vorratsdüngung richtet sich nach dem Zu-stand des Bodens. Alle Verbesserungsmaßnahmen sind so zeitig abzuschließen, daß die Herbstpflanzung nicht zu spät erfolgt. Auch Frühjahrspflanzung ist möglich, doch wegen der Gefahr des Austrocknens weniger zu empfehlen. Abdeckung der Pflanz-stellen mit feuchtigkeitshaltendem Material ist unerläßlich. Ist das Gerüst erstellt, das Pflanzenmaterial geliefert, so werden schön ordentlich, mit 40–50 cm Abstand

Problempflanzen und Sensationszüchtungen wie Aktinidia, Bromhimbeere, Garten-Heidelbeere oder Kultur-Preiselbeere wurden zum Nutzen der Garten-freunde in dieses Kapitel nicht aufgenommen.

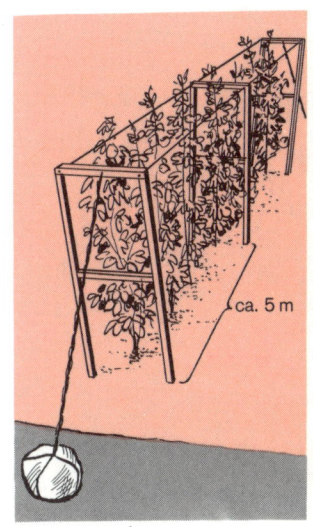

Himbeergerüst, wie es sein soll

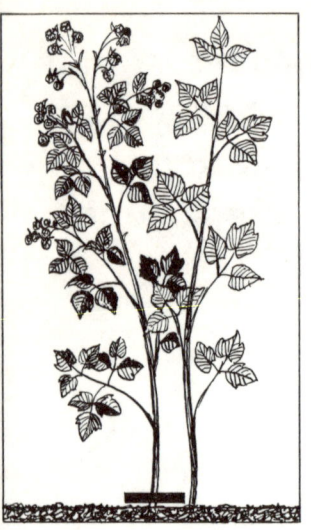

Abgetragene Himbeerruten
dicht am Boden wegnehmen!

in der Reihe und 1,50 m Abstand von einer Reihe zur anderen, die nötigen Pflanzlöcher gegraben, die kräftigen, reich verfaserten Wurzeln ein wenig zurückgestutzt, Bruchstellen glattgeschnitten und der oberirdische Austrieb je nach der mutmaßlichen Triebkraft auf 50–60 cm eingekürzt. Nach dem Zufüllen des Pflanzloches wird leicht angetreten und gründlich gewässert. Eine Bodenbedeckung der Pflanzstellen mit feuchtem Torf oder Mulchmaterial erleichtert das Anwachsen.

Im ersten Sommer läßt man die Ruten ruhig austreiben, einige sogar schon ein paar Früchte bringen. Eine gut gepflegte Himbeerrabatte kann mindestens 10 Jahre am gleichen Platz voll ertragsfähig bleiben. Anlage alle drei Jahre kalken. Düngung siehe oben und einschlägiges Kapitel.

Es ist zwischen einmaltragenden, zweimaltragenden oder remontierenden und neuerdings auch immertragenden Himbeeren zu unterscheiden. Unter den einmaltragenden Rotfrüchtigen stand früher die große, leuchtend rote 'Preußen' an erster Stelle. Inzwischen haben Frostempfindlichkeit, Anfälligkeit für Rutenkrankheit und Virosen ihre Vorrangstellung sehr beeinträchtigt. Die etwas früher reifende, ungemein robuste 'Winklers Sämling' sowie die starkwüchsige, allerdings ebenso wie 'Preußen' zur Rutenkrankheit neigende 'Malling Promise' werden heute weit besser beurteilt. Gleiches gilt für 'Andenken an Paul Camenzind' und für 'Schönemann'.

Zweimal tragend und recht resistent gegen Rutenkrankheit ist auch 'Lloyd George'. Sehr gut eingeführt hat sich die Schweizerin 'Zeva II', einmal tragend.

Brombeere Alles, was von der Himbeere gesagt wird, darf sinngemäß auf die Brombeere angewendet werden. Auch sie ist ein Halbstrauch mit ausdauernder Wurzel, wobei das zweijährige Holz aber noch viel stärker treibt und rankt. Die 5–6 m langen Triebe lassen sich nicht nur an Drahtzäunen, Mauerwänden und freistehenden Gerüsten ziehen, sondern auch zur Bildung von Bögen und Girlanden sowie zum Beranken von Lauben verwenden. Wo aber die dornigen Zweige nicht gelenkt und festgeheftet, dazu auch immer rechtzeitig ausgelichtet werden, ist freilich bald kein Durchkommen mehr. Die wichtigsten Schnittmaßnahmen fallen in die Zeit nach der Ernte. Zunächst werden alle abgetragenen Fruchtruten ganz weggenommen. Dann macht man sich an die im Laufe des Sommers aus den Augen der Langschosse oder Hauptzweige gewachsenen, besonders bei den rankenden Sorten oft endlos fortwuchernden Seitentriebe. Diese Geize oder Räuberzweige kommen selbst doch nicht zum Tragen, sondern nehmen der Pflanze nur unnötig Kraft. Wenn die Geiztriebe an ihrer Austriebsstelle gerade eben zu verholzen beginnen, schneidet man sie bis auf das unterste Auge (»Basalauge«), dessen nächstjährige Entwicklung dann meistens zur Fruchtrute führt, zurück. Sollten die Geize infolge feuchter Witterung oder auch zu frühen Schneidens gleich wieder auszutreiben beginnen, so muß im Herbst nachgeschnitten werden. Auch nimmt man schon beim Sommerschnitt – genau wie bei den Himbeeren – alle aus dem Wurzelstock kommenden, weniger guten Schosse dicht am Boden weg und läßt der Pflanze je nach Alter und Gesamtzustand nur drei bis sechs kräftige Haupttriebe, deren rationelle Pflege durch wahre Massenerträge gelohnt wird. Düngung wie die anderen Beerensträucher.

»Räuberzweige« rechtzeitig entfernen

Die Pflanzung der Brombeere soll lieber im Herbst als im Frühjahr erfolgen und richtet sich nach den für die Neuanlage von Himbeerbeeten gegebenen Regeln. Pflanzabstand siehe Sorten. Nur in klimatisch ungünstigen Lagen und bei schwerem, deshalb auch schlecht erwärmbarem Boden ist Frühjahrspflanzung anzuraten. Die Ranken werden bis auf 3 Augen zurückgesetzt, die Jungpflanzen etwas angehäufelt und dann erst mit der dringend erforderlichen Bodendecke versehen.

Beste Sorte: 'Theodor Reimers'

Alle Tugenden der Anspruchslosigkeit hinsichtlich des Bodens, der Widerstandsfähigkeit gegen Spätfröste, Krankheiten und Schädlinge besitzt in vollem Umfang nur die sehr starkwüchsige sogenannte amerikanische Sandbrombeere 'Theodor Reimers'. Sie eignet sich gleich gut zum Beranken von Zäunen, für Hecken- und

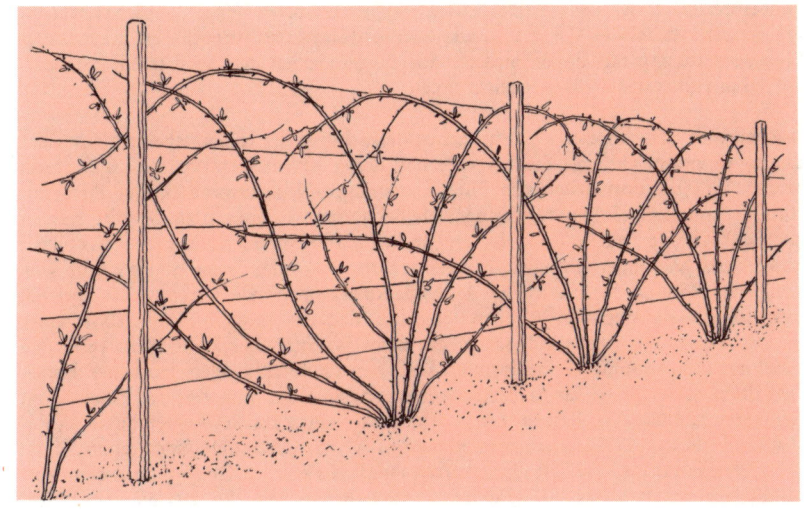

Brombeeren müssen kein wildes Gestrüpp sein, das sieht man an dieser gut gezogenen Hecke.

Schutzpflanzungen. Abstand für Zäune und Hecken etwa drei Meter, für Spalier-zucht etwa vier Meter. Erntezeit ab Anfang August.

Gute aufrecht wachsende Sorte: Die schwächer treibende, nicht ganz so winterharte, aber dafür schon ab Anfang Juli reifende 'Wilsons Frühe'. Pflanzabstand 1–1,50 m. Kräftig-aufrecht im Wuchs, frostfest, aber weniger aromatisch ist 'Taylors Frucht-bare', sehr beliebt die dornenlose, immergrüne 'Thornless Evergreen'.

Johannisbeere Für die Pflanzung gelten die allgemeinen Regeln des Wurzelschnit-tes, gründlicher Bodenvorbereitung und Vorratsdüngung, nur daß die Pflanzgruben gegenüber der Himbeere etwas größer sein sollen. Allseitiger Pflanzenabstand 1,50 bis 2 m; bei der Heckenpflanzung an Drahtgerüsten genügt 1 m. Als Pflanzmaterial nur markenechte, garantiert seuchenfreie Baumschulware verwenden! Beste Pflanz-zeit: Mitte Oktober bis Ende November. Frühjahrspflanzung soll nicht zu spät er-folgen und erfordert zur Vermeidung von Trockenschäden mehr Aufmerksamkeit. Abdecken der Pflanzscheibe mit feuchtem Torf und sehr durchdringendes Angießen dürfen nicht versäumt werden. Auch bei längst eingewurzelten Büschen verlangt der sehr dichte und umfängliche Wurzelballen über Sommer öfter eine gründliche, durch-dringende Bewässerung.

Johannisbeeren brauchen einen »Gesundheitspaß« als Garantie gegen die San José-Schildlaus.

Die Grundregel des Schnittes ist einfach: Vor allem das alte, längst übertragene Holz muß weg, damit Licht und Luft bis ins Innere der meist viel zu dichten Büsche und Laubkronen dringen können. Man erkennt dieses alte Holz an seiner dunklen Rinde. In den ersten beiden Jahren nach der Pflanzung schneidet man kaum. Vom dritten Jahr an erfolgt regelmäßiges Auslichten, so daß gepflegte Sträucher überhaupt nie mehr als je ein Viertel einjährige, zweijährige, dreijährige und vierjährige Triebe aufweisen. So aber können sie Jahrzehnte alt werden, ohne dabei zu überaltern. Feinere Schnittmaßnahmen sind allerdings zum Teil sortenbedingt, siehe Sortenüber-sicht. Beste Schnittzeit: Ende Februar.

Vom richtigen Schneiden

Die roten Sorten werden ihrer schönen Farbe und des höheren Ertrages wegen mehr geschätzt als die weißen, deren süßes Aroma aber bei manchen Gartenfreunden be-liebt ist.

Im übrigen soll man sich schon wegen der unterschiedlichen Reifezeiten keinesfalls nur auf eine Sorte festlegen. Dies gilt in besonderem Maße für die Schwarze Jo-

Sortenfragen

hannisbeere, bei der das Vorhandensein mehrerer Sorten sogar die Befruchtungsverhältnisse verbessert. Zwar sind alle Beerensträucher selbstfruchtbar, doch bringt
Fremdbestäubung mit Pollen anderer Sorten gerade bei den Schwarzen Johannisbeeren unverkennbare Ertragssteigerungen.

Stachelbeere   Nach unserer ausführlichen Betrachtung der Johannisbeere bleibt über
die ihr in vielem ähnliche Stachelbeere und deren Kultur nicht viel zu sagen. Man
braucht nur die dort gegebenen Hinweise sinngemäß anzuwenden. Der Pflanzabstand ist um etwa ein Viertel geringer als bei Johannisbeeren. Beim Schnitt müssen
zur Bekämpfung des Amerikanischen Stachelbeermehltaues sämtliche Triebspitzen
mindestens halbfingerlang entfernt und verbrannt werden. Dies ist eine sehr wirkungsvolle Maßnahme, die freilich das Ende April beginnende, vorbeugende Spritzen
nicht überflüssig macht (siehe Beerenobst im Pflanzenschutzteil). Trotz allgemeiner
Anspruchslosigkeit liebt die Stachelbeere wohl Wärme, aber keine ihren reifenden
Früchten unbekömmliche Prallsonne. Auch ein zu durchlässiger, trockener Boden
sagt ihr nicht zu. Ideal für Stachelbeeren ist dagegen ein humoser, die Feuchtigkeit
haltender Lehmboden. Richtig behandelt, bringt ein guter Stachelbeerbusch in der
Vollkraft seines Wachstums unter günstigen Witterungsbedingungen ohne Mühe
8–10 Pfund Früchte. Bei fast allen Sorten empfiehlt sich im Grünzustand eine Verminderung des Behangs um etwa ein Drittel. Bei Sorten, die speziell zum Grün-
pflücken gut sind, leert man jeden Strauch ordentlich bis auf die letzte Beere ab.
Schlechtes Wetter, besonders die für alles Obst so gefährlichen Spätfröste im Mai,
sowie Hitze und Trockenheit im Hochsommer können sehr ertragsmindernd wirken
und das Auftreten von Krankheiten und Schädlingen begünstigen. An erster Stelle
steht hier der berüchtigte Amerikanische Stachelbeermehltau, daneben Blattläuse,
Stachelbeerspanner, Stachelbeerblattwespe und Stachelbeermilbe.

Gute Sorten   Im Stachelbeersortiment gibt es runde und länglichrunde, behaarte und unbehaarte,
kleinfrüchtige und großfrüchtige, gelbe, grüne und rote Sorten, deren Gewicht zwischen 10 g und 50 g beträgt. Auskunft über Wuchstyp, Eignung zum Einmachen,
Empfindlichkeit gegen Sonne, gegen Trockenheit, gegen Krankheiten und gegen
Spritzmittel erteilt die Sortenübersicht.

Zu starke Besonnung läßt
die Früchte am Strauch
»kochen«, so daß sie weich
und matschig werden.

Empfehlenswerte Johannisbeersorten

Johannisbeersorten	Frucht und Ertrag	Sonstiges
'Jonkheer van Teets', früheste Sorte	große rote Beeren, lange Trauben, sehr säuerlich, intensive Saftfarbe, reichtra- gend	frühe Blüte, wenig frostempfindlich; geringe Ansprüche, straff aufrechter Wuchs
'Heros', sehr früh	dunkelrot, sehr große Beeren, volle Trauben, sehr süß; mittelhoher Ertrag	frühe Blüte, sehr leicht Frostschäden; wie 'Fays Fruchtbare' hohe Standortansprüche; wächst locker, etwas sparrig, braucht regelmä- ßigen Schnitt; etwas empfindlich gegen Blatt- fallkrankheit
'Fays Fruchtbare', sehr früh	rote Beeren, lange Trauben, sehr süß; mäßiger Ertrag	frühe Blüte, sehr leicht Frostschäden; braucht kräftigen Boden, viel Düngung, nicht für kalte und schwere Böden; wächst ziemlich schwach, dünnes Holz, laufend verjüngen; neigt zu Läusebefall und Krankheiten, besonders Blattfallkrankheit
'Red Lake', früh	rot, langtraubig, reichtragend	etwas frostempfindlich; nährstoffreicher Bo- den; mittelstarker Wuchs

330

'Rote Vierländer', mittelfrüh	große rote Beeren, lange Trauben, intensive Saftfarbe, sehr ertragreich	wenig anspruchsvoll, kräftige, aufrechte Triebe
'Rosetta' Reife sehr spät	sehr lange Trauben, hellrot, sehr gut pflückbar, Tiefkühlfrucht	Ertragswert sehr hoch, Wuchs stark, lang verzweigt, für Haushalt geeignet
'Weiße Versailler', früh	große weiße Beeren in lockeren Trauben, feines Aroma	etwas frostempfindlich; keine besonderen Ansprüche; mittelstarkwüchsig
'Rosenthals Langtraubige Schwarze', früh, beste aller Schwarzen	große, sehr saftige Beeren an langen Stielen, vitaminreich; rieselt leicht	frühe Blüte, frostgefährdet; liebt gute Düngung, sonst nicht anspruchsvoll; mächtige Büsche von 1,50–1,80 m Höhe, weiträumig wachsend; fest gegen Krankheiten und Schädlinge
'Silvergieters Schwarze', früh, gleichmäßig reifend	sehr guter, milder Geschmack, große Beeren; rieselt weniger	nicht anspruchsvoll; starke Büsche; fest gegen Krankheiten und Schädlinge
'Wellington XXX' schwarz, mittelfrüh bis spät	lange Trauben, große Beeren, herb, sehr vitaminreich, nicht ganz gleichmäßig reifend	nicht anspruchsvoll; starke Büsche; befallsfest
'Daniels September' schwarz, spät	lange Trauben, Beeren locker verteilt	nicht anspruchsvoll; kein schwerer Boden; breitkugelig

Empfehlenswerte Stachelbeersorten

Stachelbeersorten	Frucht und Ertrag	Sonstiges
'Hönings Früheste', sehr früh	gelb; mittelgroß, stark behaart, mittlerer Ertrag	keine pralle Sonne, mildes Klima; kräftig aufrecht wachsend, viel verzweigt; spritzfest
'Mauks Frühe Rote', früh	hellrot; groß, dünnschalig, bestes Aroma kurz vor Vollreife, guter Ertrag	frostgefährdet; kräftiger, etwas überhängender Wuchs; anfällig gegen Mehltau
'Mai Herzog' ('May Duke') mittelfrüh	purpurrot; mittelgroß, dünnschalig, seit 100 Jahren bewährte Sorte	ziemlich frostfest, nicht zu rauhe Lagen; kräftig, locker, etwas hängend wachsend; ziemlich spritzfest
'Rote Triumph', spät ('Whinhams Industry')	purpurrot, groß, kurz behaart, gut zum Grünpflücken, sehr guter Ertrag	verträgt weder Trockenheit noch Prallsonne; Wuchs kräftig, aufrecht, locker verzweigt, gut für Hecken; wenig mehltauempfindlich, spritzfest
'Weiße Triumphbeere' ('Whitesmith'), spät	weiß; große, behaarte Frucht, sehr dünnschalig, gut zum Grünpflücken, sehr reichtragend	alle Lagen, liebt etwas Schatten; sehr kräftig, straff aufrecht; wenig mehltauempfindlich, spritzfest
'Grüne Kugel' früh bis mittelfrüh	große bis sehr große Beeren, dickschalig, glatt, aromatisch	für Grünpflücke geeignet, im Liebhaberanbau zunehmend verbreitet; etwas mehltauanfällig.
'Robustenta', spät	weißlichgrün; glatt, mittelgroß, platzt leicht; guter Ertrag	nicht frostgefährdet; sehr starkwüchsig, leicht überhängend; mehltaufrei!
'Resistenta', spät	gelblich; glatt, länglich, groß, feste Schale, Geschmack befriedigend, mittlerer Ertrag	nicht frostgefährdet; starkwachsend, stark bedornt, mehltaufrei!

Kernobst und Steinobst

Die Obstgehölze zählen sämtlich zu den Rosengewächsen und bilden zwei große Gruppen. Die eine umfaßt mit Apfel und Birne das Kernobst, dessen fünffächriges Kernhaus mit den je zwei braunen Kernen aus dem Fruchtknoten heranwächst, während das Fruchtfleisch sich als Scheinfrucht aus dem Blütenboden bildet. Die andere Gruppe, deren Hauptvertreter Kirsche, Pflaume, Pfirsich und Aprikose sind, führt ihren Namen Steinobst nach der den eigentlichen Samenkern umschließenden steinharten Hülle.

Viele Obstgehölze werden nur durch Fremdbestäubung befruchtet. Die überwiegend von Insekten, seltener vom Wind übertragenen Pollen jedoch wirken nur dann samen- und fruchterzeugend, wenn sie von einer anderen, für den empfangenden Obstbaum verträglichen Sorte stammen. Außerdem ist für diese wechselseitige Entsprechung der Fruchtorgane und des Blütenstaubes noch zwischen guten und schlechten Pollenbildnern zu unterscheiden.

Das ist einer der meist zu wenig beachteten Gründe, weshalb ganze Gärten voll prächtig blühender Obstbäume trotz guter Lage und sorgsamer Pflege ihre Besitzer gelegentlich durch geringe Erträgnisse enttäuschen. Da man jedoch heute genau weiß, welche Sorten füreinander befruchtungsgünstig sind, kann durch Zusammenpflanzung passender Obstgehölze eine beachtliche Fehlerquelle ausgeschaltet werden.

Ohne Bienen kein Obst!

88 Prozent aller Befruchtungen der Baumblüte werden von den Bienen vorgenommen. Obstbau ohne Bienen ist also beinahe ebenso unmöglich wie Obstbau ohne richtig vorbereiteten Boden, ohne Wasser oder ohne Düngung.

Klima, Lage und Boden

Aber nicht nur wegen der Befruchtung ist es gut, über den Gartenzaun weg rundum zu blicken. An den Obstsorten der anderen, an ihrem Gedeihen oder Nichtgedeihen lernt man nämlich besser als aus theoretischen Erörterungen, was man selber pflanzen soll. Gewiß gibt es auch hier Grundregeln wie diese, daß Pfirsiche und Aprikosen zum vollen Gedeihen Weinklima mit einer durchschnittlichen Jahrestemperatur nicht unter 8—10° C und eine Höhenlage nicht über 250 m brauchen, während ein mittleres Klima bis zu 600 m Höhe für alle weniger empfindlichen Obstarten günstig ist. Kalte und rauhe Lagen, deren Jahresmittel unter 7° C und deren Höhe über 600 m liegen, lassen meist nur minderes Most- und Wirtschaftsobst gedeihen. Äpfel und alle Pflaumenarten bedürfen höherer Niederschläge als Birnen und Kirschen. Zu beachten bleibt ferner der Grundwasserstand.

Ideal ist ein gut vorkultivierter, humushaltiger, mittelschwerer Lehmboden mit einem pH-Wert von etwa 6,5. Ein hoher Sandgehalt im Boden führt nach vielversprechendem Jugendwachstum bei langlebigen Obstbäumen nicht selten zu Rückschlägen. Kurzlebige Formen brauchen bei guter Düngung kaum Erschöpfung zu zeigen. Übrigens kann man auch im Obstbau sehr wohl auf die Grundsätze der Fruchtfolge achten und dadurch unliebsame Ausfallerscheinungen durch Bodenmüdigkeit verhüten. Wo längere Zeit ein Obstbaum gestanden hat, soll man nicht wieder dieselbe Art hinpflanzen.

Nur nicht zuviel pflanzen!

Die größte Gefahr aber droht trotz allgemein günstiger Kulturvoraussetzungen im Garten vom Übereifer ihrer Besitzer. Sie stopfen noch einen und immer noch einen Jungstamm auf ihre Beete, sie müssen etliche Jahre drangeben, bis die Bäume ins Tragen kommen, und dann hat keiner mehr genug Licht und Luft und Bodenraum, um sich frei entwickeln zu können. Späterer Hinauswurf der störendsten Stücke aber tut dem Gärtnerherzen weh, ohne jene Ordnung zu schaffen, die bei sparsamer Pflanzung erzielt worden wäre.

Wer also Obstbäume pflanzen will, muß die Sache genau bedenken. Für jede Obstart gibt es Baumformen, die während ihres ganzen Lebens nur einen beschränkten Standort benötigen, so daß nicht für einen einzigen Baum gleich der halbe Garten draufgeht. Mitbestimmend für die Wahl der Baumform bleibt die Schädlingsbekämpfung. Ein kleiner Spindelbusch voll edler Tafeläpfel — eine als Wandspalier oder freistehender Busch gezogene Schattenmorelle lassen sich besser unter Kontrolle halten als die Krone eines auf Wildlingswurzel stehenden Nieder-, Mittel- oder Hochstammes.

Edelobstgehölze sind gärtnerische Zuchtprodukte

Obstgehölze wachsen nicht im üblichen Sinne »natürlich« aus Samenkörnern hervor, sondern werden überwiegend auf ungeschlechtlichem Wege durch Veredlung herangezogen. Diese »vegetative Vermehrung«, bei der das Auge oder Edelreis einer Pflanze einer als »Unterlage« dienenden anderen Pflanze gleicher oder nah verwandter Art eingefügt wird, ermöglicht es dem Menschen, die einmal festgelegten Erbanlagen einer bestimmten Obstsorte immer wieder von neuem auf junge Bäume zu übertragen und dadurch über Generationen unverändert zu erhalten. Wohl kann man, wie das zur Heranzucht der sogenannten Sämlingsunterlagen geschieht, auch einen Apfelkern, einen Birnenkern, einen Kirsch-, Pfirsich- oder Pflaumenkern als Samen in die Erde stecken. Ließe man aber den darauf entstehenden Schößling unveredelt weiterwachsen, so würde er meist ein Wildlingsbäumchen werden, jedenfalls als Kreuzungsprodukt mehr oder weniger aus der Art schlagen, weil eben die Erbanlagen unserer Obstgehölze sehr vielfältig sind. »Der Same fällt untreu«, sagen die Obstzüchter und richten sich mit ihren Maßnahmen danach.

Nur ausnahmsweise kommt es vor, daß ein solcher Wildling zum Zufallstreffer wird und auch ohne Veredlung »richtige« Früchte bringt. So ein Zufall hat uns zum Beispiel die dänische Apfelsorte 'Ingrid Marie' beschert. Im Garten eines Lehrers auf der Insel Fünen trug der Mutterbaum im Jahre 1915 seine ersten Früchte, deren Qualität dann durch folgerichtige, immer wiederholte vegetative Vermehrung unverändert erhalten blieb.

Es ist ein seltsam Ding um das Veredeln. Zwei Pflanzenindividuen werden durch das Edelreis vom Gärtner künstlich gekoppelt. Sie leben fortan aus einer Wurzel; in ihnen kreist der gleiche Saftstrom. Aber obwohl sie zur Einheit zusammenwachsen, behalten beide ihre ursprünglichen, als Erbgut wirksamen Eigenschaften. Andererseits hilft die gegenseitige Beeinflussung mit, das gärtnerische Zuchtziel einer bestimmten Baumgröße und eines entsprechenden Ertragsbeginns zu erreichen.

**Raumbedarf
bei Obstgehölzen**

Apfel: Großkronige Stämme auf Sämling
80—100 qm, Abstand 8—10 m
Apfelspindelbusch 6—8 qm, Abstand 3—4 m
Birnen: Großkronige Stämme auf Sämling
70—90 qm, Abstand 7—10 m
Birnenbüsche auf Quittenunterlage
25—30 qm, Abstand 4—5 m
Quittenbüsche 25 qm, Abstand 4—5 m
Süßkirsche 60—90 qm, Abstand 8—9 m
Sauerkirsche 20—25 qm, Abstand 5—6 m
Pflaumen 40—50 qm, Abstand 6—8 m
Pfirsich 25—30 qm, Abstand 5—6 m
Aprikose 25—30 qm, Abstand 5—6 m, jedoch meist am Spalier
Haselnuß 20 qm, Abstand 4 m
Walnuß über 100 qm, Abstand 10—12 m
Weinrebe Abstand am Spalier 2—4 m

*Das Geheimnis
der Veredlung*

333

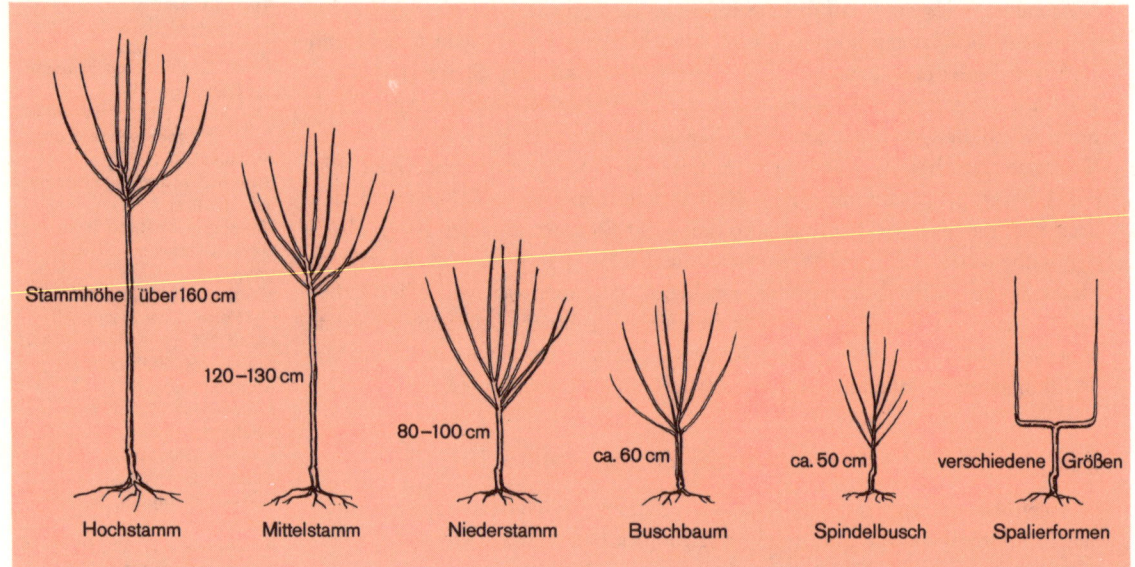

Stammhöhe über 160 cm

120–130 cm

80–100 cm

ca. 60 cm

ca. 50 cm

verschiedene Größen

Hochstamm   Mittelstamm   Niederstamm   Buschbaum   Spindelbusch   Spalierformen

Die handelsüblichen Baum-
formen

Alte und neue Unterlagen-Systematik

Fast bei allen Obstgehölzen wird mit Unterlagen gearbeitet. Um was es dabei geht, zeigt aber am deutlichsten das Beispiel des Apfels, der deshalb auch im folgenden die Hauptrolle spielt. Unterlagen der anderen Obstarten, die für den Garten von Belang sind, werden bei den Einzeldarstellungen erwähnt.

Wüchsigkeit von Unter-
lage und Sorte beein-
flussen sich gegenseitig

Früher kannte man für den Apfel allgemein nur die drei großen Gruppen der Veredlung auf die starkwüchsige Sämlingsunterlage für Hoch- und Halbstämme, auf die schwächer wachsende Unterlage des Splittapfels oder Doucin und die ganz schwachwüchsige Unterlage des Paradiesapfels. Der englische Professor HATTON auf der Obstbauversuchsstation East Malling in England schuf ein neues, genaueres System, das mit den Buchstaben EM (= East Malling) und römischen Ziffern bezeichnet wurde.

Heute spricht man nur noch von »M–Typen« und merkt sich für Liebhaberzwecke als schwachwachsend vor allem M IX, dazu M 26 und M 27, wobei letztere auf die veredelte Sorte eine besonders starke Bremsung des Wachstums ausübt, für den Hausgarten jedoch als nur bedingt geeignet gilt. So hält M IX nach wie vor ihre Stellung als meistgekaufte schwachwachsende Unterlage. Sie fördert frühzeitige und regelmäßige Fruchtbarkeit und Fruchtqualität der Edelsorte und ist weitgehend widerstandsfähig gegen die beim Kernobst heute nicht selten beanstandete Kragenfäule (Bekämpfung: Kupfermittel). Eine etwas stärker wachsende Unterlage ist M 26 mit ähnlichen Vor- und Nachteilen wie M IX, jedoch etwas größerer Frosthärte.

Bildseite:
Die 'Goldparmäne', auch 'Wintergoldparmäne' genannt, zählt seit altersher zu den beliebtesten und edelsten Tafeläpfeln. Um solche Idealstücke zu erzielen, braucht sie allerdings viel Licht und beste Pflege.

Mittelstark wachsende Unterlagen sind MR 4, MM 104 und MM 111, von denen die letzte mit der geringsten Neigung zu Kragenfäule sowie Anfälligkeit gegen Staunässe und Trockenheit am ehesten zu empfehlen ist. Starkwachsende Unterlagen wie M 11 und die schwedische A 2 sind nur dann zu empfehlen, wenn man sich einen Hochstamm wünscht. Beide sind ökologisch recht anpassungsfähig und wenig frostempfindlich. Andererseits läßt der Ertragsbeginn auf sich warten, und Befall mit Kragenfäule ist nicht auszuschließen. Hilfreich ist in jedem Fall die Beratung beim Kauf in der Obstbaumschule, die auch mit den örtlichen Bodenverhältnissen vertraut ist, was man im Versandhandel nicht erwarten kann.

Für Buschbäume, Spindelbüsche und Spalierformen gibt es die genannten vegetativ vermehrten Unterlagen, die je nach Wüchsigkeit der Edelsorte ausgesucht werden. Vorgeformte Spaliere sind in den Baumschulen nur selten zu finden. Aber man kann sie aus geeigneten ein- oder zweijährigen Veredlungen leicht selbst heranziehen. Das Anheften oder »Formieren« der jungen Triebe ist keine Kunst.

Vom Pflanzen der Obstbäume

Wenn die Frage der Unterlage, der Baumform, ihres Raumbedarfes nebst des Zusammenklanges mit Klima und Boden sowie vor allem auch die Sortenwahl geklärt sind, so kann beim Pflanzen nicht mehr allzuviel passieren. Herbstpflanzung bietet auf leichten bis mittelschweren Böden und in nicht zu rauhen Lagen der Frühjahrspflanzung gegenüber manche Vorteile. Das Erdreich ist noch etwas warm, der Jungbaum, dessen Laub unbedingt schon gefallen und dessen Holz zuverlässig ausgereift sein soll, verfügt jetzt über mehr Kräfte, um die durch den Wurzelschnitt entstandenen Wunden auszuheilen und noch vor Winterbeginn an seinem Platze anzuwurzeln. Je kürzer die Frist zwischen der Entnahme aus dem alten und der Verbringung an den neuen Standort ist, desto besser. Auf schweren Böden und in kälteren Lagen wird üblicherweise im Frühjahr gepflanzt.

Muß ein noch im Laub stehender Baum vorzeitig umgepflanzt werden, so wird er unter Belassung je eines kleinen Stielendchens durch Abschneiden jedes einzelnen Blattes künstlich entlaubt. Da die in den Blättern enthaltenen Nährstoffe verlorengehen und der natürliche Triebabschluß noch nicht eingetreten ist, kann es sich hier immer nur um eine Notmaßnahme handeln.

Für die Pflanzgrube gilt das Riesenloch von 1 qm Fläche und über 70 cm Tiefe bei ordentlich bearbeiteten Gartenböden als theoretisch verlangte Überforderung gärtnerischer Sorgfalt. Umfang nach Baum- und Wurzelgröße, Tiefe bis 50 cm dürften für alle Formen als Faustregel genügen. Für kleinere Büsche,

Die Reneklode 'Graf Althans' spricht dafür, daß man diese Obstart mit ihren köstlichen Früchten wieder mehr ins Auge fassen sollte.

Vier verschiedene Spalierformen in freierer oder strengerer Erziehung

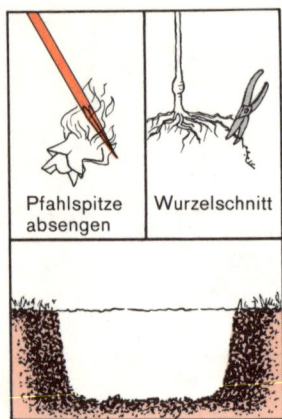

Pfahlspitze absengen

Wurzelschnitt

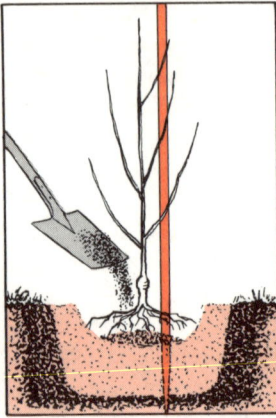

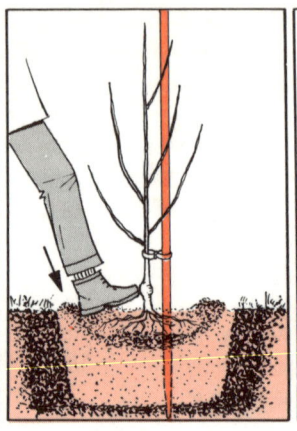

Obstbaumpflanzung: Beim Aushub Mutterboden oben lassen. Stützpfahl imprägnieren oder anbrennen und vor der Pflanzung einschlagen. Nach dem Wurzelschnitt Baum an der Nordseite des Pfahles (Strahlungsschutz durch den Pfahl!) eine Handbreit von diesem entfernt einsetzen. Erde auffüllen, dabei Wurzeln rütteln und dann antreten. Veredlungsstelle bleibt 5 cm über der Erde. Baumband locker anlegen

Obstbäume müssen fest gepflanzt werden — Hohlräume und lockerer Boden erschweren das Anwurzeln.

Schnurbäume und Spindeln, die in Rabatten gepflanzt werden, reichen Pflanzgruben nach Wurzelgröße erst recht aus. Die Erde soll in ihrer Zusammensetzung der Obstsorte entsprechen. Gute Komposterde, Torf-Komposterde, auf sandigen Böden auch Lehm, sind als Beimischung zur Krume geeignet.

Alle Obstgehölze mit schwach wachsenden Unterlagen brauchen unbedingt, die starkwüchsigen fürsorglich auf einige Jahre, einen imprägnierten Stützpfahl zum Anbinden. Spaliergerüste werden vor der Pflanzung des Spalierobstes errichtet. Der Abstand zwischen Pflanze und Gerüst beträgt 10—15 cm. Vor stark sonnenbestrahlten Wänden ist für den Anfang Schattieren mit Latten oder Zuhängen mit alten Säcken empfehlenswert.

Beim Wurzelschnitt stutzt man die Wurzelenden mit einem scharfen Messer leicht schräg nach unten, nimmt gebrochene oder angeknickte Teile ganz weg und schneidet die Bruchstellen glatt. Eine gesunde Wurzel soll außer den Hauptwurzeln auch genügend Faserwurzeln besitzen, die das Anwachsen und den Austrieb fördern. War das Pflanzgut länger unterwegs, so soll es vor dem Schnitt über Nacht, zumindest aber einige Stunden, im Wasser stehen.

Gepflanzt wird besser zu zweien. Der eine hält nun den Baum in richtiger Höhe mitten in die Pflanzgrube und achtet auf gute Verteilung der Wurzeln, der andere schaufelt oder schüttet mit dem Spaten die rings um das Pflanzloch bereitgelegte Erde ein. Durch leichtes Rütteln des Stammes für gute Verteilung der krümeligen Erde auch unter den Wurzeln sorgen! Da jeder Baum sich nach dem Pflanzen noch etwas setzt, darf der Boden um den Stamm zunächst 8—10 cm überhöht werden. Bei größeren Bäumen kann man die Pflanzerde nach reichlicher hälftiger Füllung der Pflanzgrube ein wenig antreten, bei kleineren Bäumen genügt gründliches, mehrmaliges Einschlämmen in den muldenförmigen Gießrand der Baumscheibe, die abschließend eine Bodendecke von gut durchfeuchteter Torf-Komposterde erhält. Später gießt man höchstens einmal in der Woche, dafür aber gründlich und nicht zu kalt. Bis der Baum sich gesetzt hat, wird er leicht mit Kordel am Pfahl befestigt. Das eigentliche Baumband, modern aus wetterfestem, elastischem Kunststoff oder traditionsgemäß aus Hanf- oder Kokosstrick, der im Achterknoten um Stamm und Pfahl geschlungen wird, darf bei Herbstpflanzung erst im nächsten Frühjahr, bei Frühjahrspflanzung im folgenden Herbst angelegt werden. Es soll nicht locker sitzen, damit sich der Baum bei zuviel Spielraum nicht wundscheuert, aber es darf auch das Dickenwachstum des Stammes nicht behindern.

Die Zweckmäßigkeit des Pflanzschnittes ist umstritten; man hat jedoch den Lehrsatz aufgestellt, daß der Pflanzschnitt an den oberirdischen Baumteilen die natürliche Ergänzung des Wurzelschnittes bilde und daher unbedingt notwendig sei. Zur Festigung des inneren Gleichgewichtes sollten Wurzelschnitt, Pflanzung und Pflanzschnitt nach Möglichkeit zeitlich zusammenfallen, wennschon man im Herbst gesetzte Obstbäume zur Vermeidung von Frostschäden an den eingekürzten Zweigen üblicherweise erst im nächsten März, vor Beginn des Austriebs schneidet. Bei im Frühjahr gesetzten Obstbäumen dagegen wird der Pflanzschnitt zugleich mit dem Wurzelschnitt vor dem Setzen ausgeführt oder erst im folgenden Herbst als »Nachjahrsschnitt«.

Man schneidet ohne Quetschung und ohne die Rinde einzureißen, immer dicht oberhalb einer nach außen und unten stehenden oder in eine Lücke weisenden Triebknospe, für die wir uns von jetzt an den Fachausdruck »Auge« angewöhnen. Die Schnittfläche soll möglichst klein, dabei aber doch ein wenig abgeschrägt sein. Kernobst – also Apfel und Birne – wird weniger scharf eingekürzt als Steinobst. Bei den Steinobstarten aber verträgt der Pfirsich den radikalsten Pflanzschnitt bis auf 5 oder 6 kräftige Triebaugen. Beim Pflanzschnitt von Spalierformen ist im Gegensatz zur räumlichen Kronenform von vornherein der auf Flächenwirkung abzielende Aufbau des Astwerks zu berücksichtigen. So werden auch die untersten Triebe im Verhältnis zu den oberen Ästen oder Astpaaren weniger stark eingekürzt. Das unter der Schnittstelle liegende Triebauge soll stets vom Spaliergerüst weg in den freien Raum gewendet sein.

Bodenpflege, Düngung, Fruchtqualität

Wer die großen Zusammenhänge zwischen Bodenpflege, Düngung und Wachstumsvermögen der Kulturgewächse begriffen hat, der weiß, daß auch der Obstbaum schließlich nichts anderes verlangt, als mit Hilfe einer harmonischen Ernährung am ihm gemäßen Standort im physiologischen Gleichgewicht gehalten zu werden. Unter gewissen Voraussetzungen muß dazu noch der regelmäßige und richtig ausgeführte Schnitt beitragen. Lichter Stand, gute Durchlüftung des Bodens, ein ausgeglichener Wasserhaushalt sind die Grundlagen für Wohlbefinden und Fruchtbarkeit unserer Obstbäume. Wie im Ka-

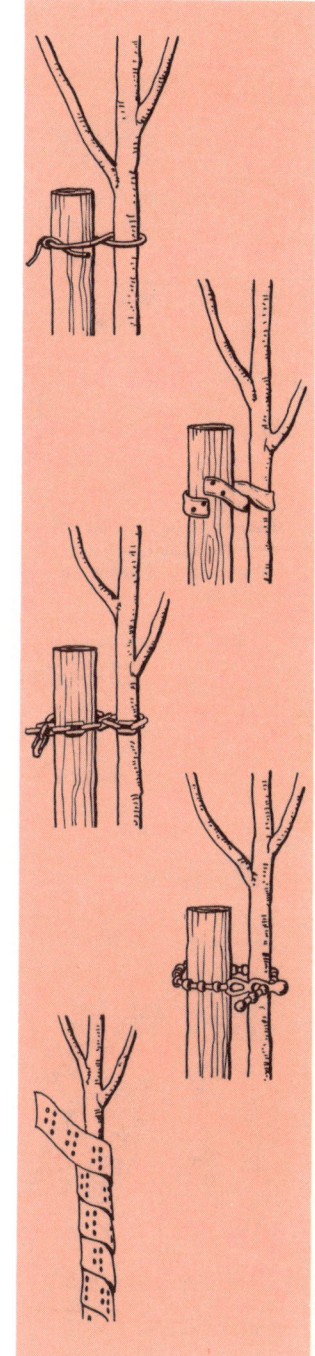

Vier Beispiele für richtiges Anbinden an den Baumpfahl mit Weide, Fahrraddecke und zwei Kunststoffbändern. Unten: praktischer Wildverbißschutz aus Kunststoff für junge Baumstämme

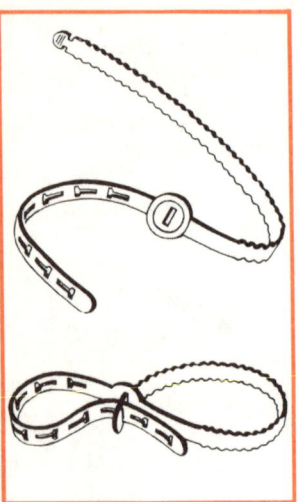

Baumband aus Kunststoff, wetterfest, elastisch, verstellbar und daher »mitwachsend«

Baumscheiben müssen nicht sein!

Düngemaßnahmen bei freiem Stand

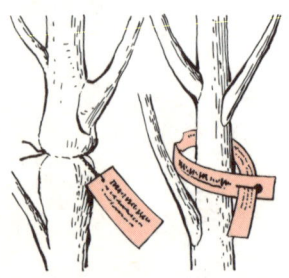

Drahtetiketten sind gefährlich und müssen rechtzeitig entfernt werden. Das moderne Etikett ist darum aus Kunststoff.

pitel »Grund und Boden« gezeigt wurde, ist gute Bodenbearbeitung gleichbedeutend mit bester, sparsamster Wasserverwertung. Eine ständig flach gelockerte Oberschicht im weiteren Umkreis der Kronentraufe hilft also den Obstbäumen, besonders aber den feuchtigkeitsbedürftigen Apfelbäumen, bei der Aufnahme der wassergelösten Bodennährstoffe. Dies ist vorab wichtig für alle Sorten mit schwachwüchsiger Unterlage, deren Wurzeln besonders flach verlaufen. Aber auch die stärker wachsenden Unterlagen zählen noch zu den Flachwurzlern, so daß allgemein vor zu tiefer Bodenlockerung gewarnt sei.

Im Garten von heute dürften geschlossene Obstanlagen ohne Unterkultur kaum noch vorkommen. Auch findet der Ruf nach offenen Baumscheiben, die zusätzlich mit Feuchtigkeit speichernden Stoffen wie Torf oder Grasschnitt belegt werden, beim Gartenfreund meist wenig Gegenliebe. Er möchte gern eine von keinen Unterbrechungen beeinträchtigte Rasenfläche sehen und sucht immer wieder nach Auswegen, die den Obstbäumen wie dem Rasen gleichermaßen gerecht werden. Es ist richtig, daß eine dichte Grasnarbe bis unmittelbar um die Stämme herum die freie Bodenatmung unmöglich macht, jede Bodenbearbeitung im Bereich der Kronentraufe ausschließt und Bewässerung wie Düngung mindestens während der Vegetationszeit sehr erschwert. Aber ich habe es mit meinen eigenen Obstbäumen im Rasen nun auch seit mehr als einem Jahrzehnt ausprobiert: Baumscheiben müssen nicht sein, wenn man den Rasen etwa von Mitte Mai bis Ende August möglichst zweimal in der Woche schneidet und den Grasschnitt als »Mulch« liegenläßt. Außerdem ermöglicht die auch im Bild wiedergegebene Lanzendüngung jede wünschenswerte Versorgung mit Kopfdüngungen während der Wachstumszeit, und selbst wo eine Düngelanze fehlt, kann man mit dem Eisenlocher nachhelfen, was gleichzeitig der Lüftung des Rasens dient. Die winterliche Vorratsdüngung mit Torfhumus-Volldünger auf den schmelzenden Schnee kommt dem Rasen wie den Obstbäumen zugute.

Wo keine Rücksicht auf Rasenflächen genommen werden muß, vollzieht sich die Düngung der Obstgehölze im Rhythmus der Wachstumsvorgänge des Jahres. Größter Nährstoffbedarf besteht bei Austriebsbeginn im zeitigen Frühjahr sowie beim Triebwachstum von Mitte bis Ende Juni, das daher auch die bekannte Bezeichnung »Johannistrieb« führt. Also sollen die Obstgehölze ihre Haupt-Düngergaben zu diesen Fristen voll verfügbar haben. Man arbeitet dafür bereits Anfang März, dann nach Beendigung der Blüte und nochmals zur Zeit des Ausbildens der Blütenknospen für das kommende Jahr (Ende Juni / Anfang Juli) mit einem der bekannten Torfhumus-Volldünger, die in diesen Zeitabschnitten immer feucht verabreicht werden. Man kann für die Frühjahrsdüngung und die Sommerdüngungen aber auch einen der im Edelobstbau bewährten mineralischen Volldünger verwenden. Unter der Voraussetzung reichlicher Bodenfeuchtigkeit mögen sie im Frühjahr aufgestreut und leicht untergehackt werden; die Sommerdüngungen sollen stets nur in wassergelöster Form erfolgen. Kali chloridfrei und hoher Magnesium-Anteil sind im Garten zu bevorzugen. Anwendung nach Vorschrift.

Werden die Nährsalze nicht in Volldüngerform verabreicht, sondern selbst zusammengemischt, so greife man für den Stickstoffanteil zu Schwefelsaurem Ammoniak oder Patentkali und gebe die Phosphorsäure in Form von Superphosphat. Im Durchschnitt rechnet man auf 10 qm beschattete Fläche um 300 g von jedem. Treten irgendwo Blattflecken oder Stippen auf, so läßt man den Kalidünger ein paar Jahre weg.

Wer im Frühjahr und Sommer mineralische Volldünger gibt, wird zur Deckung des Humusbedarfes beim Umgraben im Herbst oder bei der Bestellung im Nachwinter unbedingt einen Humus-Volldünger (Huminal, Manural, Nettolin u. ä.) verwenden. In diesem Zeitraum genügt es, den Dünger zu zerkleinern, trocken aufzustreuen, unterzuspaten oder leicht einzuhacken. Menge nach Vorschrift, wobei die in den Gebrauchsanweisungen gegebenen Richtzahlen immer nur für die Obstbäume selbst, nicht aber für die Unterkulturen gelten. Zwergobstbäume haben im Verhältnis einen stärkeren Verbrauch als Hochstämme — dicht gepflanzte Kulturen verlangen reichlichere Düngerzufuhr als einzeln stehende Bäume. Endlich liegen die aufnahmefähigsten Wurzeln keineswegs dicht am Stamm oder im unmittelbaren Bereich der Kronentraufe, sondern reichen weit nach allen Seiten darüber hinaus. Ein Wurzelforscher hat als größte Ausdehnung bei einem Kronendurchmesser von nur 1,50 m einen Wurzeldurchmesser von fast 9 m (neun!) festgestellt. Mag dies auch ein Ausnahmefall sein, so soll er uns doch zur Lehre dienen, daß wir bei einzeln stehenden Bäumen mindestens 1 m über den Umfang der Laubkrone hinaus den Boden düngen, bei Zwergformen und in geschlossenen Anlagen aber das ganze Gelände in die Düngung einbeziehen. Im übrigen sei auf das Düngekapitel sowie Sonderregeln bei den einzelnen Obstarten verwiesen.

Auf kalkarmen Böden ist alle drei Jahre eine Kalkung fällig. Wir erinnern uns dazu aller einschlägigen Lehren über »verträgliche und unverträgliche Stoffe«, geben den Kalk hübsch für sich allein, am besten 3–4 Wochen vor der Märzdüngung, nur auf einigermaßen abgetrockneten Boden und hacken ihn gleich unter. Die richtigen Mengen: bei leichten bis mittelschweren Böden 2–2,5 kg Kohlensaurer Kalk, bei schweren Böden 1–1,5 kg Branntkalk auf 10 qm.

Unsere Edelobstbäumchen — in heißen, trockenen Sommern aber auch die Großen mit ihrem vieltausendfältig »atmenden«, Feuchtigkeit verdunstenden Blattwerk — können leicht an Wassermangel leiden. Verdunstet doch ein mittelgroßer Obstbaum an einem einzigen heißen Sommertag rund 70 Liter Wasser! Obstbäume wässern heißt daher nicht, ihnen des Abends nach der Tageshitze mit dem Sprengschlauch ein erfrischendes Brausebad bereiten. Obstbäume wässern heißt, volle Kannen schleppen oder den Schlauch anlegen und den Boden mindestens im Umkreis der Kronentraufe so gründlich durchtränken, daß auf einen Quadratmeter Fläche 10–15 l Wasser kommen. Vor allem Spaliere mit dem Hintergrund stark besonnter Wände haben solche Maßnahmen oft dringend nötig, aber auch die anderen sind dankbar dafür.

Zwei Dinge sind es, die schließlich bei der Sommerpflege unserer Obstbäume noch bedacht werden müssen: während sich auf der einen Seite, biologisch

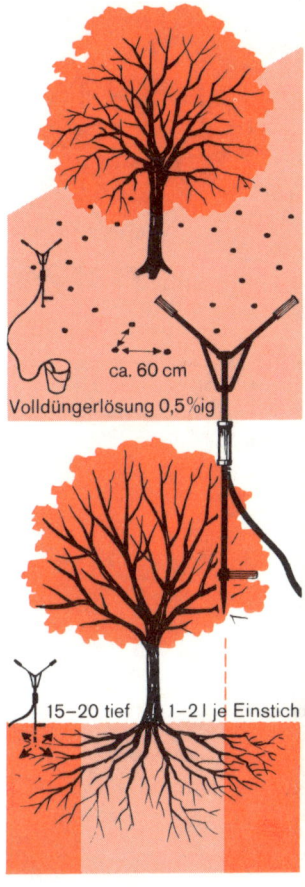

ca. 60 cm
Volldüngerlösung 0,5%ig

15–20 tief   1–2 l je Einstich

Lanzendüngung für Obstbäume und ihre Durchführung

Wässern fast so wichtig wie düngen

Das Ausdünnen darf man nicht versäumen

341

Ausdünnen der knapp
walnußgroßen Früchte

betrachtet, im Juni die Ernteaussichten für das laufende Jahr entscheiden, bilden ungefähr gleichzeitig und noch bis etwa Anfang September alle unsere einheimischen Obstarten schon ihre Blütenknospen für das kommende Frühjahr aus. Dieser wunderbare innere Gleichklang der Natur zwischen gegenwärtigem Reifen und künftigem Blühen muß nun von uns besonders beachtet werden. Man darf nicht enttäuscht sein, wenn in den Frühsommerwochen auch ohne jedes Anzeichen von Schädlingsbefall oder Krankheit allmorgendlich kleine Früchte unter den Bäumen liegen, denn dieses »Putzen«, dieses Abstoßen der viel zu vielen, die den Übergang von der Blüte zur Frucht noch mitgemacht haben, ist natürlich Selbstausleste, die der Mensch ergänzen soll.

Dies gilt besonders bei frischgepflanzten und bei jungen Bäumen im zweiten Wachstumsjahr, auch wenn dem Gartenfreund beim Ausbrechen solcher niedlichen Erstlinge das Herz blutet. Der junge Baum braucht zunächst alle seine Kräfte, um am neuen Standort erst einmal Wurzeln zu schlagen. Deshalb soll im ersten und im zweiten Jahr nach der Pflanzung kein einziger Fruchtansatz belassen werden. Im dritten Jahr dürfen kräftig herangewachsene Kernobstbäume — also Apfel und Birne — schon etliche Früchte behalten. 6—8 Stück sind genug. Bei Kirschen und Pflaumen können es mehr sein, während Pfirsichbäume meist schon so gut entwickelt sind, daß man nichts mehr — oder noch nichts — auszudünnen braucht.

Entlastung auch für ausgewachsene Bäume

Das Ausdünnen geschieht nicht nur zur Schonung der Jugend. Auch ausgewachsene Bäume haben es oft nötig, damit sie statt kleiner, mangelhafter Massenware schöne, ansehnliche Früchte bringen: ein Ziel, auf das wir nicht eifrig genug hinarbeiten können. Die Anzahl der Früchte soll in einem gesunden Verhältnis zur Ernährungsfläche des Baumes, zur Blattmasse, und somit zur Tragfähigkeit des Baumes stehen. Mit aller Vorsicht sei eine Faustzahl genannt: je Frucht 20—40 Blätter in nächster Umgebung. Wer sich beim Ausdünnen danach richtet, schafft gewiß genügend Raum für Qualität, zumal man ja doch zuerst nach solchen Früchten greift, die gar zu dicht beisammenstehen, die krüppelhaft erscheinen oder irgendwelche Befallspuren aufweisen. Sie sollen beim Ausdünnen nicht größer als Walnüsse sein. Man sollte so viel auspflücken, daß die Bäume zunächst beinahe ein wenig leer aussehen, denn es ist besser, statt fünf kleiner Äpfel oder Birnen bei fast gleichem Gewicht zwei große zu ernten.

Baumschnitt ist eine hohe Kunst

Damit wären wir bei dem Kapitel, das den Inbegriff aller gärtnerischer Erfahrung umschließt: im allgemeinen, weil sich hier die natürlichen Wachstumsgesetze der Pflanzen mit genauen, in Generationen erarbeiteten Züchterkenntnissen verbinden müssen, um die gewünschte Lenkung von Baumform und Fruchtbildung zu erzielen; im besonderen, weil die einzelnen Obstarten, Typen und Sorten verschieden behandelt sein wollen, der Apfel anders als Birne oder Pflaume; ein Hochstamm anders als ein Spindelbusch oder ein Spalier; ein sehr starkwüchsiger 'Gravensteiner' anders als der schwachwüchsige 'Weiße Klarapfel'; ein junger Baum endlich anders als einer in mittleren oder späten Jahren. Dazu kommen die Einflüsse von Boden und Klima, die Rückwirkungen der sonstigen gärtnerischen Pflege — vor allem der Düngung. Zum Schneiden gehören also größtes Verständnis für den Obstbaum in seiner Lebensganzheit und eine über Jahre sich erstreckende Zielstrebigkeit. Die folgenden Ausführungen gelten in erster Linie für den Apfel, im übrigen sinngemäß auch für die anderen Obstarten. Abweichungen betreffen vor allem Kirsche, Pflaume und Pfirsich.

Zunächst die Ausbildung der Kronenform: man versteht darunter die Verteilung der Hauptäste, ihr Verhältnis zur Stammverlängerung im Sinne der Pyramide oder die Schaffung einer sogenannten Hohlkrone ohne Mittelachse, wie sie sich in vielen Spalierbildungen, doch auch in Hochstämmen und Buschbäumen darbietet. Die Ausbildung der Kronenform ist zeitlich begrenzt. Sie beschränkt sich auf die ersten Lebensjahre des Obstbaumes, wird meist schon in der Baumschule begründet und dann durch systematischen Erziehungsschnitt so weit gefördert, daß mit seiner Hilfe die gegebenen Anlagen des Baumes zu sinnvoller Entwicklung kommen. So sollen die 3—4 Leitäste untereinander in einem gesunden Verhältnis stehen und sich nicht gegenseitig behindern, keine einseitige, etwa durch eine vorherrschende Windrichtung oder die Nähe von Hauswänden beeinflußte Triebbildung zeigen, auch im Innern der Krone nicht verkahlen, sondern in ihrer Gesamterscheinung ein harmonisches Wuchsbild bieten. Der Erziehungsschnitt wird mit zunehmendem Lebensalter des Baumes ergänzt und weitergeführt durch den Instandhaltungsschnitt, der nichts anderes als eine ständige Überwachung der einmal geprägten Kronenform und die Beseitigung von Mängeln im Aufbau darstellt.

Für den Erziehungsschnitt gelten bestimmte Schnittregeln. Starker Rückschnitt zeitigt im allgemeinen starken Neuwuchs, schwacher Rückschnitt dagegen einen im einzelnen schwächeren, zahlenmäßig aber erhöhten Neuwuchs. Damit ist die Möglichkeit eines Ausgleiches zwischen verschieden wüchsigen Ästen bei der Kronenerziehung gegeben, indem die tiefer stehenden und schon

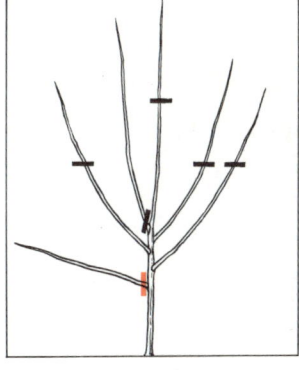

Richtiger Pflanzschnitt

— Schnittstelle

— Trieb kann bei waagrechter Stellung zur Bildung von Fruchtholz auch belassen werden

Erziehungsschnitt an dreijährigem Apfelbaum, vor und nach dem Schnitt

Auslichten und Instandhalten einer zu dicht gewordenen Baumkrone (schematisch)

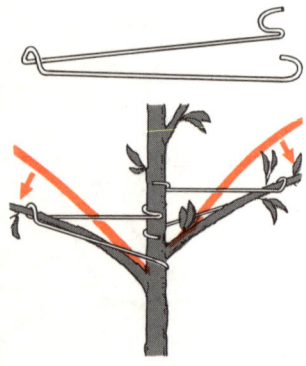

Mit dem Zweigkrümmer aus kunststoffbeschichtetem Stahl lassen sich junge Triebe gut in die gewünschte Lage biegen

mehr zur Waagrechten geneigten Triebe stets länger gelassen werden als die höher sitzenden, aufwärts strebenden. Das ergibt: kurzer Schnitt ist Schnitt aufs Holz, der vor allem beim Kernobst keine Blütenbildung bewirkt; langer Schnitt ist Schnitt auf Frucht, der Kurztriebe und Blütenbildung hervorruft.

Fehlerhaft und für jede vernünftige Kronenbildung abträglich ist es, unnötig viele Seitenäste heranzuziehen, die später doch entfernt werden müssen. Auch darf man keinesfalls durch unrichtige Wuchslenkung und Duldung von Nebentrieben oder »Afterleittrieben« an der Stammverlängerung das Entstehen einer Gabelkrone fördern, die bei zunehmendem Alter leicht zu einem Auseinanderbrechen der falsch belasteten Äste führen kann.

Der Erziehungsschnitt mit seiner relativ scharfen Zurücknahme der Leittriebe soll beim Kern- und Steinobst im allgemeinen mit dem dritten Standjahr vollendet sein. Beim Steinobst darf man das Seitenholz der Leitäste nicht zu stark einkürzen, da sonst der Holztrieb übermäßig gefördert wird. Erziehungsschnitt und Instandhaltungsschnitt werden vorwiegend während der winterlichen Vegetationsruhe zwischen Mitte Januar und Mitte bis Ende März vorgenommen. Zur Instandhaltung eines Obstbaumes gehört auch die Entfernung von wilden Schößlingen aus der Wurzel, die besonders gern als Folge zu tiefer Pflanzung auftreten. Sie werden nicht nur oberirdisch abgeschnitten, sondern an ihrer Austriebsstelle im Erdreich vorsichtig weggenommen. Auch Schößlinge aus dem Stamm, die besonders beim Steinobst häufig sind, müssen entfernt werden. Bei uns teilen sie das Los des Unkrautes und werden jeweils so klein abgepflückt, daß von einem Verholzen solcher Triebe überhaupt keine Rede sein kann. Eine andere Rolle spielen die Wasserschosse, denen man — wie wir noch sehen werden — nicht so bedenkenlos zu Leibe rückt. Zur Technik des Schneidens erinnern wir uns an die entsprechenden Mahnungen bei der Ausführung des Pflanzschnittes: nicht brechen, nicht reißen, nicht splittern, keine Rinde verletzen — sondern mit der Gartenhippe oder einer scharfen, den Trieb nicht quetschenden Gartenschere, unter Hinterlassung einer möglichst kleinen, immer etwas schräg abwärts gerichteten Schnittstelle, das überflüssige Holz dicht über einem nach außen und nach unten gerichteten Triebauge entfernen. Wo beim Auslichten größere Zweige und Äste weggenommen werden müssen, geschehe dies mit einer ordentlichen Baumsäge, dicht am Stamm, ohne häßliche, für Feuchtigkeit und Bakterien zugängliche Stümpfe. Einen größeren Ast sägt man erst etwa handbreit von der endgültigen Schnittstelle ab, um darauf ohne die Belastung schwerer, beim Niederbrechen vielleicht sogar gefährlicher Holzteile die Feinarbeit an dem Stumpf auszuführen. So wird ein Einreißen der Rinde oder Splittern des Holzes verhindert und eine glatte, leicht überwallende Wunde hergestellt, die mit der Gartenhippe nachzuschneiden ist. Jede größere Schnittfläche zu rascher Ausheilung mit einem der modernen Wundverschlußmittel — z. B. Lac Balsam — verschließen.

Sehr wichtig ist die erzieherische Lenkung des Kronenwuchses ohne Schnitt. So kann ein krummer Hauptverlängerungstrieb mit Hilfe eines etwas weiter unten befestigten Stockes allmählich in die richtige Stellung gebracht werden.

Widerspenstige Zweige aber, die im Gesamtaufbau unentbehrlich sind, werden entweder ebenfalls durch Anbinden formiert, oder wir setzen bei zu steilem Wuchs Holzstücke als Spreizen ein, damit im Verhältnis zwischen Stamm und Seitenast ein Winkel von etwa 60° entsteht. Man muß sie allerdings gut einpassen, am besten auch an den Enden des Spreizholzes ein Stückchen Stoff oder alte Fahrraddecke dazwischenschieben, damit es keine Druckverletzungen der Rinde gibt. Auch Aststücke mit gegabeltem Ende sind brauchbar. Diese Formierungsarbeit des Bindens und Spreizens wird im Sommer vorgenommen, so lange die Triebe noch biegsam und nicht verholzt sind. An den Erziehungsschnitt schließt sich die ständige pflegerische Beeinflussung des Kronenbaues zur Fruchtholzbildung an.

Was ist eigentlich unter »Fruchtholz« zu verstehen? Man braucht nur einen Apfelbaum anzusehen, um das zu erkennen. Da haben wir neben den schlanken, kräftigen Holztrieben beinahe knorrige, oft mehrfach gegabelte und im Verhältnis zum Holztrieb stets kürzere Zweige, die statt den flach in die Rinde gebetteten, spitzigen Holzknospen zur Trieb- und Laubentwicklung dicke, mit bräunlichen Schüppchen umkleidete Blüten- oder Tragknospen aufweisen. Oft bilden sie den Triebabschluß besonders geformter kleiner Zweiglein, die je nach ihrer Gestalt Fruchtrute, Fruchtsproß, Fruchtspieß oder Ringelspieß heißen. Kommt die Tragknospe zur Entwicklung, so bringt sie bei Apfel und Birne stets ein ganzes Bukett von Blüten hervor, von denen bei günstigem Verlauf drei, vier oder mehr zu Früchten werden. Beim Steinobst sind solche »Bukettblüten« weniger häufig, und es überwiegt — mit Ausnahme der oft auch bukettblütigen Kirsche — die Einzelblüte neben der Holzknospe.

Die uns so wichtigen Tragknospen entstehen am einjährigen und am mehrjährigen Fruchtholz. Es bleibt im allgemeinen unbeschnitten. So sehr jedoch das zahlreiche Auftreten von Tragknospen nebst den für die Fruchtholzbildung typischen Kurztrieben wünschenswert erscheint, darf es doch nicht zum Schaden der Langtriebbildung überhandnehmen. Denn ein auffallendes Nachlassen des Holztriebes zugunsten einseitiger Entwicklung von Fruchtholz ist kaum weniger ein Zeichen für Störungen im Gesamtwachstum des Obstbaumes als der umgekehrte, allerdings weit häufigere Vorgang ausschließlicher Holztriebbildung. Im höheren Lebensalter, nach Abschluß der Kronenentwicklung, hat diese Holztriebbildung ihre Ursache in falschem Schnitt, häufig aber auch in Düngefehlern, vor allem in Stickstoffüberdüngung. Triebigkeit und Fruchtholzbildung sollen also in einem gesunden Verhältnis zueinander stehen, das als »physiologisches Gleichgewicht« bezeichnet wird.

Gerade in diesem Zusammenhang sei auf die bekannte Erscheinung der Wasserschosse hingewiesen: jene langen, wie Pfeile aus dem Scheitel alter, bogenförmig gesenkter Leitäste mit ungestümem Aufwärtsdrang hervorschießenden, schlanken Holztriebe. Völlig klar ist, daß solche »Räuber« oder »Ständer« an gesunden, gut entwickelten Bäumen nichts zu suchen haben. Aber wo sie plötzlich in großer Zahl auftreten, bedeutet ihr Erscheinen immer ein Warnsignal des Baumes, mit dem er irgendwelche Unstimmigkeiten in seinem

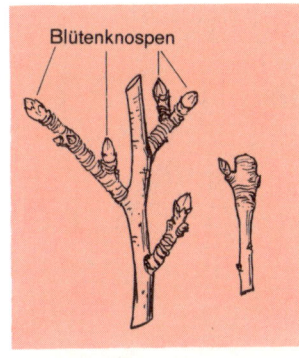

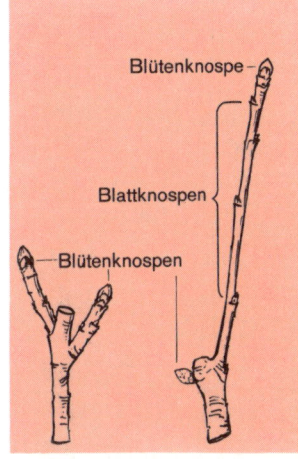

Kurze Fruchtholzformen beim Apfel: Quirliges Fruchtholz, Fruchtkuchen einjährig, Fruchtkuchen zweijährig mit Kurztrieben, Fruchtspieß aus früherem Fruchtkuchen

Die Behandlung von Wasserschossen

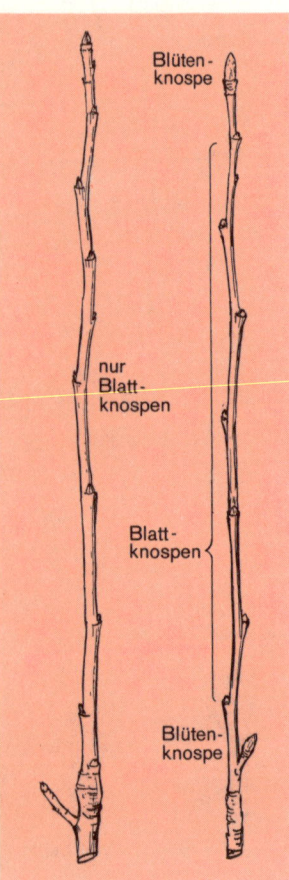

Blüten-
knospe

nur
Blatt-
knospen

Blatt-
knospen

Blüten-
knospe

Einjähriger Holztrieb und
einjährige Fruchtrute mit
Blütenknospe als Endknospe
beim Apfel

Zeichnung der gebräuchlich-
sten Veredelungsmethoden
siehe Seite 348

Ernährungshaushalt anzeigt. Es kann zu reichliche Düngung und Bewässerung nach einer längeren Mangelperiode sein; es kann die Wegnahme von zu
vielen Zweigen beim Schnitt sein, die solchen wilden Trieb hervorruft. Frostschäden, Trockenschäden, Krankheit in den oberen Kronenteilen, aber auch
Alterserscheinungen allgemeiner Art lassen gleichfalls nicht selten Wasserschosse entstehen, und in diesem Falle ist es ein Zeichen dafür, daß sie nicht
alle weggeschnitten werden dürfen. Man soll einige von ihnen als Ersatz für
die in ihrer Wuchskraft beeinträchtigten Äste zum Aufbau eines neuen Kronengerüstes belassen. Für Kleinformen meist zu langwierig.

Verjüngen und Veredeln

Ein Verjüngen der Krone, das bei Nachlassen der Triebkraft und Überhandnehmen der Fruchtholzbildung erforderlich werden kann, kommt bei Apfel
und Birne sehr wohl auch für ältere Kleinformen in Frage. Dieser Verjüngungsschnitt besteht unter Wahrung der Grundform des Kronengerüstes im
gleichmäßigen Einkürzen aller gesunden Äste bis weit ins alte Holz. Sie dürfen auf die Hälfte bis ein Viertel ihrer ursprünglichen Länge zurückgenommen werden. Überzähliges und krankes Holz wird dabei gleich ausgemerzt;
alle Schnittstellen sind gut mit Baumwachs zu verstreichen.
Weitreichender in seinen Zielsetzungen als das Verjüngen der Obstbaum-
krone ist das Umpfropfen oder Veredeln. Es wird vorgenommen, um statt der
vorhandenen Sorte des betreffenden Baumes eine andere auf dem gleichen
Astgerüst anzusiedeln. Daß man dabei aus Liebhaberei, oder weil geeignete
Pollenspender fehlen, gelegentlich auch zwei (oder gar noch mehr!) Sorten
ziehen kann, sei nur der Kuriosität halber erwähnt.
Es gibt zahlreiche Veredlungsarten. Alle haben das gleiche Ziel: eine möglichst innige Verbindung zwischen den angeschnittenen Gewebeschichten her-
zustellen. Je unkomplizierter die Methode, je fester die Zusammenfügung,
desto sicherer ist der Erfolg.
Okulieren. Das »Auge« des Edelreises in Form eines schildförmigen Rinden-
stückchens mit Holzknospe wird in den T-förmigen Einschnitt am Wildlingsstamm geschoben und mit Bast gebunden. Hauptanwendung: in der Baumschule und bei Rosen. Dort auch genauere Beschreibung. Bester Zeitpunkt:
Mittsommer, wenn »die Rinde löst«.
Kopulieren. Unterlage und Edelreis müssen ungefähr die gleiche Stärke haben, werden schräg angeschnitten, mit den Schnittflächen so aufeinanderge-
setzt, daß sich beide mindestens auf einer Seite genau mit dem Kambium
decken, und fest mit Bast umbunden. Gegen Austrocknen wird die gesamte
Veredlungsstelle dicht mit Baumwachs verschmiert; die offene Spitze des Edelreises wird mit dem Wachs betupft.
Beim *Kopulieren mit Gegenzungen* wird in Unterlage und Reis noch je ein
Schnitt durch die Mitte gelegt und dadurch eine doppelte Einpassung ermöglicht. Beste Zeitpunkte: Januar/Februar oder April/Mai.

Pfropfen hinter die Rinde. Wird angewendet, wenn die Unterlage stärker ist als das Edelreis, vor allem beim Umpfropfen von Bäumen (Abwerfen der Krone). Das zugespitzte Edelreis wird hinter die Rinde der Unterlage geschoben, festgebunden und wie bei der Kopulation mit Baumwachs verstrichen. Zum Schutz vor den Vögeln werden Weidenbügel über den Pfropfkopf gebunden. Anwendung und Zeitpunkt wie beim Kopulieren.

Geißfußpfropfen. Aus der Unterlage wird ein dreieckiger Keil herausgeschnitten, das Edelreis entsprechend zugerichtet, eingepaßt, gebunden und mit Baumwachs zugestrichen. Anwendung und Zeitpunkt wie beim Kopulieren.

Apfel Kaum eine andere Kulturpflanze gibt es, die seit Urzeiten dem Menschen so bedeutungsvoll zugeordnet ist wie der Apfel. Im wahrsten Sinne des Wortes müßte man bei Adam und Eva anfangen, um seine Geschichte zu schreiben, die mindestens während der letzten tausend Jahre auch angefüllt ist mit den Zeugnissen gärtnerischer Arbeit und immer deutlicher hervortretender weltwirtschaftlicher Geltung. Ein Garten ohne Apfelbaum ist auch bei uns fast undenkbar, obschon es in vielen Fällen kein Familienerbstück mehr sein kann, weil für seine große, breite Hochstammkrone einfach der Platz fehlt. Wie sich aus den vorangegangenen Darlegungen über den Obstbau insgesamt ergibt, steht der Apfel als Beispielbaum und als Beispielfrucht allen anderen Obstarten voran. Seine Eigenschaften sind es immer wieder, von denen die Regeln des Umganges mit Obstbäumen bis in die letzte technische Feinheit so mancher Hantierung hergeleitet werden. Bild Seite 334.

So bleibt hier nur einiges über die Pflanzengestalt des Apfels und seine Einbeziehung in die begrenzte Welt des modernen Wohngartens nachzutragen. Über allgemeine Anbauvoraussetzungen und Sortenwahl gibt die Tabelle auf den Seiten 354/55 Auskunft. Auch hat der Leser längst erfahren, daß für seine Zwecke vor allem die

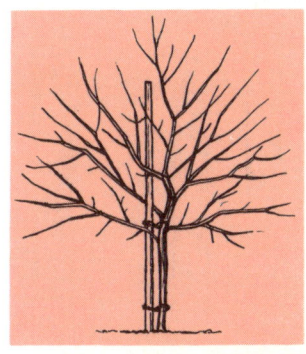

Apfelspindelbusch vor und nach dem Instandhaltungsschnitt

Arbeitsvorgänge beim Umpfropfen. Abwurfwinkel je nach Obstart flacher oder steiler. Vorläufiges Abwerfen der Krone im Februar. Nachschneiden der Stümpfe unmittelbar vor der Veredlung ins frische, saftreiche Holz. Veredeln, mit Bast verbinden und mit Baumwachs dicht verschmieren. In den folgenden Jahren Nachbehandlung der Pfropflinge und neuer Kronenaufbau.

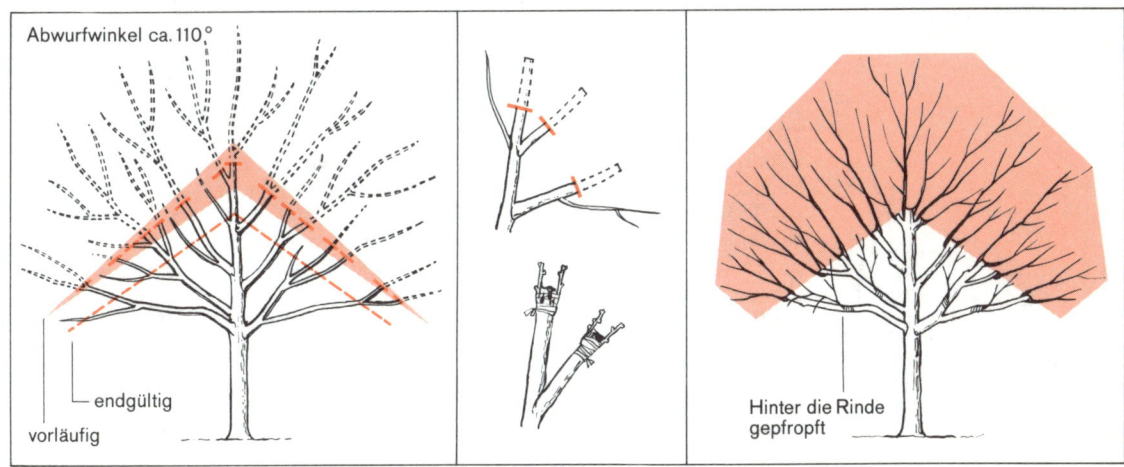

Abwurfwinkel ca. 110°

endgültig

vorläufig

Hinter die Rinde gepfropft

347

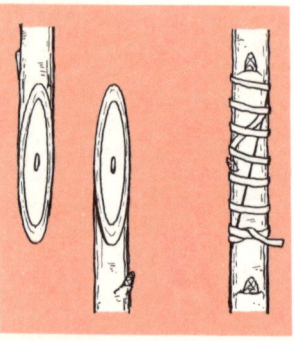

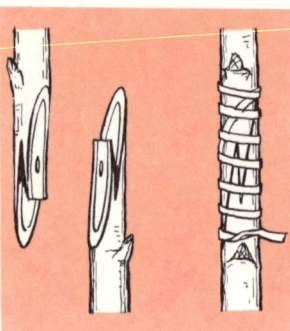

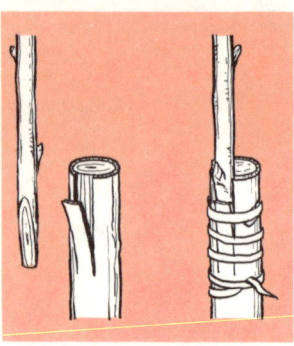

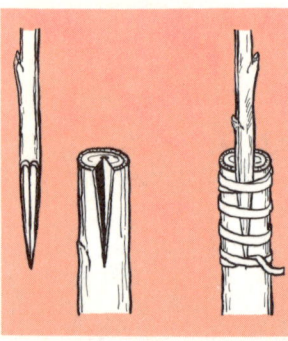

kleineren, dafür früher tragenden Formen in Frage kommen. Wir wollen uns deshalb nun vor allem der anerkannt besten unter ihnen zuwenden: dem Apfelspindelbusch, der heute immerhin schon auf einige Jahrzehnte der Bewährung zurückblicken kann. Seine großen Vorzüge: er braucht nur 3–4 Meter Abstand und kann deshalb in verschiedenen Sorten, vom Frühapfel bis zum Lagerobst, selbst auf schmalen Rabatten und neben den Gartenwegen her angepflanzt werden (siehe Kapitel Gartenplan); er kommt durchweg bereits im dritten Standjahr zum Tragen und bleibt so klein, daß auch später alle Ernte- und Pflegearbeiten ohne Leiter ausgeführt werden können; sollte aber wirklich einmal der Garten geräumt oder umgestaltet werden müssen, dann läßt sich ein Apfelspindelbusch selbst im Alter von acht oder zehn Jahren noch ohne großen Schaden verpflanzen.

So ein Bäumchen besitzt natürlich eine schwachwachsende Unterlage und braucht seiner Gesamtkonstitution entsprechend ein möglichst mildes Klima, guten Boden und verständnisvolle Pflege. Seine Lebensdauer beträgt nicht mehr als zwei Jahrzehnte, was aber seine allgemeine Gartenbrauchbarkeit kaum schmälern dürfte. Wenn der Apfelspindelbusch aus der Baumschule kommt, hat er meist noch die Grundform des senkrechten Schnurbaumes. Nach gründlichem Wurzelschnitt erfolgt die Pflanzung entsprechend den früher gegebenen Hinweisen, wobei auch ein Stützpfahl von etwa 2,5 m Höhe vorher eingerammt wurde. Auf lose Bindung ist hier besonders zu achten. Die Befestigung des Stämmchens mit Baumbinder oder Achterknoten erfolgt auch hier erst im nächsten Halbjahr, nach dem Setzen des Erdreichs.

Der Pflanzschnitt wird wie üblich bei Herbstpflanzung im nächsten Frühjahr, bei Frühjahrspflanzung gleich anschließend an das Setzen vorgenommen. Der Hauptverlängerungstrieb (Mittelachse) wird auf 7–10 Triebaugen eingekürzt, was ungefähr einer Minderung um ein Drittel der ursprünglichen Länge entspricht. Nur 3–5 Seitenäste werden belassen, wobei man die stärkeren auf acht, die schwächeren auf fünf deutlich sichtbare Augen zurücknimmt. Sehr schwache, bereits waagerecht stehende Triebe dürfen ungekürzt stehen bleiben: sie bringen im nächsten Jahr vielleicht schon die ersten Früchte, während Ansätze während des ersten Sommers unbedingt entfernt werden müssen. Im übrigen darf der kleine Apfelspindelbusch nun austreiben.

Schon im Juli des ersten Sommers erfolgt aber auch bereits die erste »Horizontalformierung« durch Herabbinden der jungen Seitentriebe. Dabei dürfen die noch weichen jungen Zweige höchstens bis zur Waagrechten heruntergezogen werden. In dieser Lage befestigt man sie mit Bast oder – besser – mit einer weichen Kordel am Stamm. Auch entsprechend konstruierte Zweigkrümmer aus Metall lassen sich dafür verwenden. Sehr gut geht das »Binden mit Ziegelsteinen«, wobei die Schnüre nur senkrecht zum Boden geführt und dort – jede einzeln – an einem genügend schweren Stein befestigt werden. Wir finden immer wieder, daß diese Liebhabermethode besser ist als das Binden am Stamm, weil nichts wegrutschen kann und auch »Nachregulierungen« sehr einfach sind. Die Bindung darf nie zu stramm sein oder so nahe der Triebspitze angebracht werden, daß der Zweig womöglich in »Saxophonstellung« verholzt. Alle Bindungen werden nur über einen Winter weg belassen.

Nach diesem Prinzip erfolgt auch die weitere Kronenerziehung in den folgenden Jahren. Je älter der Spindelbusch wird, desto weniger Äste gibt es obenher zum Niederbinden, während die reiche Fruchtholzgarnierung der unteren Etagen dann schon zu den Selbstverständlichkeiten gehört. Ein gelegentlicher Verjüngungsschnitt sorgt gleichzeitig dafür, daß keine völlige Trieberuhigung eintritt, während regelmäßiger Winter- und Sommerschnitt dazu beitragen, daß der elegante, immer irgendwie zierliche Wuchs nicht ins Dichte, Buschige entartet.

Birne Zwischen Apfel und Birne gibt es hinsichtlich der gärtnerischen Voraussetzungen viele Übereinstimmungen, die uns vom Apfel her den Weg zum Verständnis der Birne erleichtern. Doch daneben gibt es auch einige wichtige Abweichungen.

Will nämlich der Apfel gern viel Luftfeuchtigkeit, aber keine Prallsonne und stehende Wärme, so kann es der Birne oberirdisch kaum heiß und trocken genug sein. Der Boden aber sei tiefgründig, warm, feucht und nährstoffreich, Lehmgehalt ist dabei besonders erwünscht, Sand allenfalls bei Quittenunterlage zu dulden. Im übrigen werden die feinen Tafelbirnen nur im milden Klima der Rebe und des Pfirsichs ihre volle Güte erreichen. Für rauhere Lagen soll man aber lieber zu robusten Wirtschaftssorten greifen, selbst wenn damit ein Verzicht auf lagerfähiges Winterobst verbunden ist. Auch hierin besteht ja ein wesentlicher Unterschied zum Apfel, der uns in aller Frische oft durch Monate von einem Jahr ins andere begleitet, während die Birne nur in Einmachgläsern geborgen oder als bräunliche »Schnitze« getrocknet hält.

Die Unterlagenfrage ist einfach. Für alle Stammhöhen mit großen Baumkronen und längerer Lebensdauer bevorzugt man die Sämlingsunterlage, deren allgemeine Wachstumsbedingungen mit denen des Apfelsämlings übereinstimmen. Die Ertragsfähigkeit setzt je nach der Sorte oft erst zwischen dem sechsten und zehnten Standjahr ein. Für alle Kleinformen wird die Birne vegetativ auf der viel schwachwüchsigeren Quitte veredelt, wobei die beiden Typen A (Angers-Quitte) und C zu unterscheiden sind. Von diesen kommt allerdings nur der verhältnismäßig frostfeste Typ A in Frage. Nicht alle Birnenedelinge wachsen auf der Quittenunterlage an. Manche verbinden sich zwar zunächst ganz gut, zeigen aber später Wachstumsmängel oder zu geringe Lebenskraft. Man nennt diese Erscheinung auch »Unverträglichkeit«. Für solche »quittenablehnenden« Sorten wird ein Stammbildner als sogenannte Zwischenveredlung mit einer quittenfreundlichen Sorte eingeschaltet. Man veredelt zum Beispiel auf die Quittenunterlage zunächst eine verträgliche Sorte, wie 'Gellerts Butterbirne' oder 'Pastorenbirne', und pfropft dann erst der einjährigen Rute des Stammbildners das zur Kronenbildung bestimmte Edelreis einer Sorte wie etwa 'Williams Christ' auf. Wer einen solchen, doppelt veredelten Jungstamm mit Gütezeichen in der Baumschule kauft, soll sich über den etwas höheren Preis nicht wundern.

Die Vorbereitung der Pflanzgrube, die Pflanzung nebst Wurzel- und Pflanzschnitt, die weitere Pflege durch Bodenbearbeitung und Düngung, ebenso die Schädlingsbekämpfung erledigen sich nach den vorangegangenen allgemeinen Grundsätzen. Als Baumform wird im Privatgarten von heute schon aus Raumgründen der Buschbaum auf Quittenunterlage gegenüber den auf Sämlingsunterlage veredelten starkwüchsigeren Stämmen bevorzugt. Auch wegen früher einsetzender Erträge ist der Birnenbuschbaum mit etwa 50 cm Stammhöhe für den Garten die gegebene Form. Da fast alle Birnensorten gern sehr eng und wenig verzweigt in die Höhe wachsen, soll der Erziehungsschnitt darauf abzielen, diese enge Aststellung zu lockern und ein verzweigtes, räumlich weitergreifendes Kronengerüst aufzubauen. Sorten siehe Seite 353.

Quitte Die Kultur der Quitte ist denkbar einfach, wenn schon ihre wolligen Früchte auf gutem, tiefgründigem Boden bei genügend Wärme und Feuchtigkeit besser geraten als auf ärmlichem Grund. Reichliche, dabei milde Düngung ist ebenfalls nur von Vorteil. Da die feinverzweigten Wurzeln sehr flach liegen, ist Vorsicht bei der Bodenbearbeitung am Platze. Die natürliche und zweckmäßige Form ist der strauchartige Baum, der eine Höhe von 3 bis 4 m erreicht und eine Pflanzweite von 4 bis 5 m erfordert. Die Tragfähigkeit setzt bereits im dritten bis vierten Standjahr ein und hält bei guter Pflege mit reicher Regelmäßigkeit wohl ein Menschenalter oder noch länger an. Die Quitte wird auf Weißdorn veredelt, auch die Eberesche ist als Unterlage geeignet. Der Schnitt beschränkt sich auf gelegentliches Auslichten und auf das Einkürzen zu lang geratener Jahrestriebe. Birnenquitten sind ihrer größeren Früchte wegen beliebter als Apfelquitten, im Geschmack unterscheiden sie sich kaum. Gute, reichtragende Birnenquitten sind 'Bereczki' und 'Portugiesische', beide sehr groß, mild im Geschmack, die eine weiß-, die andere gelbfleischig. Die etwas schwächer wachsende Apfelquitte 'Champion' ist nicht ganz so groß, aber ein Massenträger.

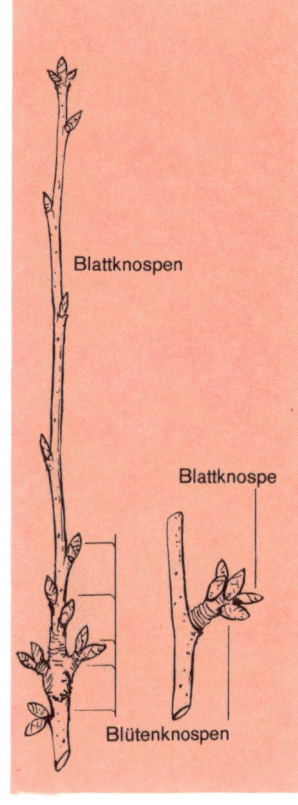

Triebe und Knospen der Süßkirsche (rechts Ringelspieß, Buketholz)

Sorten Seite 357

Zeichnung Seite 348: Kopulation, Kopulation mit Gegenzungen, Pfropfen hinter die Rinde, Geißfußpfropfen

349

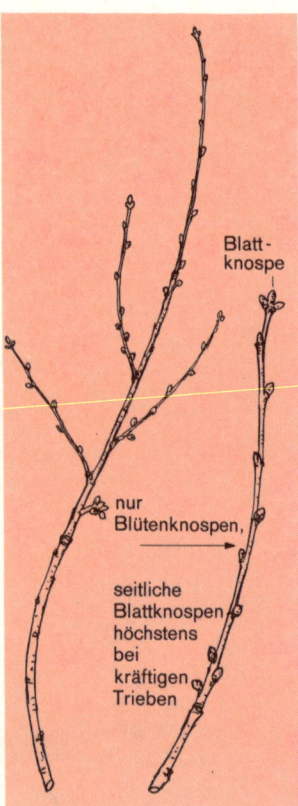

Blattknospe

nur Blütenknospen,

seitliche Blattknospen höchstens bei kräftigen Trieben

Triebe und Knospen der Schattenmorelle: Kurzes Fruchtholz kommt nur selten vor.

Gegen »Bluten« von Schnittwunden (auch im Sommer) und Gummifluß des Steinobstes hilft SAFT STOP, nach Vorschrift angewendet.

Süßkirsche und Sauerkirsche Der wilde Vogelkirschbaum, *Prunus avium,* und der gemeine Sauerkirschenbaum, *Prunus cerasus,* sind als Stammväter unserer zahlreichen Süß- und Sauerkirschsorten in Europa heimisch: Die Süßkirsche als Wildform, die sogar noch bis zu 1500 m Höhe im Bodenseegebiet und weiter nördlich gedeiht, die Sauerkirsche als schon von den Griechen veredelte Kulturpflanze.

Die Süßkirsche kommt überwiegend als Hoch- und Halbstamm vor; man findet aber auch Niederstämme, deren geringere Höhe für die Durchführung der laufenden gärtnerischen Arbeiten natürlich manche Bequemlichkeit bietet. Als Unterlage hat sich die sehr starkwüchsige hellrindige Vogelkirsche bewährt. Da andere, schwachwüchsigere Unterlagen bisher nicht bekannt sind, wird der Gartenfreund zur Neupflanzung auf den umfänglichen Baum wohl meist verzichten müssen. Wo sich aber einer im Gelände befindet, ist man gut daran, denn die Süßkirsche kann bei geeigneten Standortbedingungen ein hohes Alter erreichen. Für Kinder ist ein volltragender Süßkirschenbaum im eigenen oder in Nachbars Garten ein unvergeßliches Erlebnis. Kein anderes Obst ist eine so beliebte »Naschfrucht«. Je nach dem Fruchtcharakter werden Herzkirschen mit glatter, weicher Haut, weichem Fleisch und färbendem Saft sowie Knorpelkirschen mit harter Haut, festem Fleisch und fast farblosem Saft unterschieden. Alle Süßkirschen sind selbstunfruchtbar, einige auch sortenunverträglich, so daß bei rationellem Anbau die Befruchtungsverhältnisse und unterschiedlichen Blühzeiten beachtet werden müssen. Der Same fällt meist untreu, bringt also nur kleinfrüchtige Wildlinge. Als echtes Naturkind braucht die Süßkirsche keinen regelmäßigen Schnitt. Einkürzen von Wurzel und Krone bei der Pflanzung sowie gelegentliches Auslichten sind alles, was sie verlangt. Von den Schädlingen am ärgerlichsten ist wohl die Kirschfruchtfliege als Urheberin der sogenannten »Madigkeit«. Frühsorten und Sauerkirschen sind kaum betroffen, aber von der dritten Kirschwoche an, also bei den Knorpelkirschen, kann ein Befall mit Larven der Kirschfruchtfliege den Genuß der Früchte beeinträchtigen. Auch Vögel können die erhoffte Ernte völlig vernichten, Näheres siehe in den Pflanzenschutzkapiteln. Feuchte Lagen mit hohem Grundwasserstand und unbewegte, feuchte Luft allerdings sind der Süßkirsche ebenso schädlich wie zuviel Stickstoffdünger. Sie paßt am besten bei freiem Stand auf kalkreichem Verwitterungsboden.

Die Sauerkirsche stellt von allen Obstgehölzen die wenigsten Forderungen. Wenn man ihr nur ein wenig mehr Kalk gibt, so findet sie sich auf jedem, wenn auch bescheidenen Gartenboden zurecht und trägt bei verhältnismäßig geringer Pflege jahraus, jahrein unermüdlich. Ihre Hauptvertreterin, die Schattenmorelle, kommt auch noch in halbschattigen, nur zeitweise besonnten Lagen, wie an der West- und Ostseite von Häusern, fort und liefert eine der wertvollsten Einmachfrüchte. Sie entwikkelt sich um so besser, je regelmäßiger die sonst bald peitschendünnen Zweige geschnitten werden. Die Schattenmorellen sind selbstfruchtbar, benötigen also keine Zusammenpflanzung bestimmter Sorten. Als Unterlage wird die Vogelkirsche bevorzugt. Eine schwachwachsende Unterlage ist die Steinweichsel, *Prunus mahaleb,* die sich besonders für sandige Böden eignet.

Der Pflanzschnitt muß ebenso radikal wie beim Pfirsich sein, damit alle Augen zum Austrieb kommen und das Entstehen häßlicher, das gesunde Wachstum hindernder Kahlstellen im Innern der Krone von vornherein vermieden wird. Auch der Hauptverlängerungstrieb (Mitteltrieb) ist so stark zurückzunehmen, daß für Buschbäume eine Stammhöhe von 50–60 cm verbleibt. Beim Schnitt älterer Bäume, die zur Wuchsanregung gelegentlich auch durchgreifend verjüngt werden dürfen, ist vor allem auf genügende Öffnung der Krone nach oben zu achten. – Sorten siehe Seite 357.

Pflaume, Zwetsche, Mirabelle, Reneklode Die Befruchtungsverhältnisse aller Pflaumenarten spielen bei der Sortenwahl keine Rolle, da Selbstfruchtbarkeit überwiegt und Unverträglichkeit der nicht selbstfruchtbaren Sorten praktisch kaum ins Gewicht fällt. Die als Unterlage meist verwendete St.-Julien-Pflaume bevorzugt feuchte Lagen und verhilft zu etwas früheren Erträgen; die stärker wachsenden Myrobalanen eignen sich für trockene Standorte. Bei den Typenunterlagen hat sich die Ackermannspflaume durch Ausgeglichenheit der Erbanlagen und Frostfestigkeit bewährt. Im milden Oberrheingebiet sagt man auch der zählebigen *Prunus myrobalana alba* 'Pfälzer Typ' Gutes nach. Alle Pflaumenarten haben ein gewisses Kalkbedürfnis. Sie lieben lehmigen, nährstoffreichen Boden und geschützte Lage. Mirabelle und Reneklode brauchen an sich Weinklima. Alle empfindlich gegen Kupfer. Sorten siehe Seite 356.

Pfirsich Seit Jahrhunderten gilt der Pfirsich als edelste Baumfrucht der gemäßigten Zonen. Er gedeiht am besten im Weinklima, bei entsprechender Sortenwahl mit etwas Winterdecke um den Wurzelhals und beschützt von sonnigen Hauswänden oder Mauern, auch noch in Weizengegenden. Rauhe, offene Lagen scheiden dagegen für einen befriedigenden Anbau aus. Seine Bodenansprüche stimmen mit denen des Weinstockes weitgehend überein: der Untergrund soll warm, tief gelockert, durchlässig, nährstoffreich, aber nicht sehr kalkhaltig sein. Schwere, kalte, tonige und nasse Böden sind ebenso ungeeignet wie trockene oder nur in den Oberschichten brauchbares Erdreich. Scharfe Winde und regnerisches, zu kühles Frühjahrswetter mit Spätfrösten schaden der zeitigen Blüte, während allgemein ungünstige Standortbedingungen die ohnehin große Neigung des Pfirsichs zu Gummifluß erhöhen und die normale Lebensdauer von 15 bis 20 Jahren herabsetzen.

Der Pfirsich ist durchweg selbstfruchtbar, fällt auch in einigen Sorten treu aus Samen. Diese Sorten sind zwar etwas robuster, aber dafür weniger »edel« als die häufig und ertragsmäßig mit bestem Erfolg gepflanzten amerikanischen Sorten.

Zum Anbau in warmen Weinlagen, wo bei an sich leichtem, trockenem Boden die edelsten Tafelfrüchte erzielt werden, empfiehlt sich als Unterlage der Pfirsichsämling aus kernechten pfälzischen Sorten wie 'Roter Ellerstädter' oder 'Kernechter vom Vorgebirge'. Niederstämme oder wenigstens Halbstämme sind zweckmäßiger als Hochstämme. In warmen Lagen mit feuchterem Klima und mehr humosem Boden sind Veredlungen auf Ackermannspflaume vorzuziehen. Sie ergeben die gerade für den Privatgarten auch raummäßig so geeigneten, bis vier Meter hohen Buschbäume, deren Ertrag bereits im dritten Standjahr einsetzt.

Wie sich aus unserer Übersicht ergibt, unterscheidet man »Kerngeber«, die sich leicht vom Stein lösen, daher für Einmachzwecke sehr beliebt sind, und »Duranzen«, bei denen das Fruchtfleisch auch zur Zeit der Vollreife fest am Kern haftet.

Der Pfirsichbaum wächst verhältnismäßig leicht an. Da jedoch auch in klimatisch günstigen Lagen mit Frost gerechnet werden muß, gilt das zeitige Frühjahr seit jeher als die bevorzugte Pflanzzeit. Einjährige Veredlungen mit Markenettikett aus einer guten Baumschule sind älteren Exemplaren vorzuziehen. Vor der Pflanzung imprägnierten, handbreit unter den Kronentrieben abschließenden Stützpfahl einrammen. Wegen Neigung zu Gummifluß durch Rindenverletzungen darf das Baumband nicht scheuern. Siehe Hinweis Seite 250!

Damit der Pfirsich vorwärtskommt, muß beim Pflanzschnitt der Mitteltrieb unbedingt auf 2/3 seiner ursprünglichen Länge eingekürzt werden; schwache Seitentriebe werden ganz weggenommen, die 4–6 kräftigsten Zweiglein rund um den Stamm aber behalten nicht mehr als 2–3 Augen. Später muß man den Fruchtansatz alljährlich lieber zu viel als zu wenig ausdünnen. Die einzelnen Pfirsiche werden schöner. Auch im späteren Lebensalter soll der Pfirsichbaum einem regelmäßigen Rückschnitt unterworfen werden. Man schneidet ihn aber nicht während der Vegetationsruhe, sondern in oder ganz kurz nach der Blüte. Neuerdings verlegen manche den Schnitt sogar in die Zeit von Anfang bis Mitte Juli. Die Gründe dafür sind in beiden Fällen gleich: einmal soll die Gefahr zusätzlicher Frostschäden durch Schnittstellen ausgeschaltet werden, und man sieht besser, wie es um Frucht und Trieb bestellt ist. Sortenübersicht siehe Seite 355.

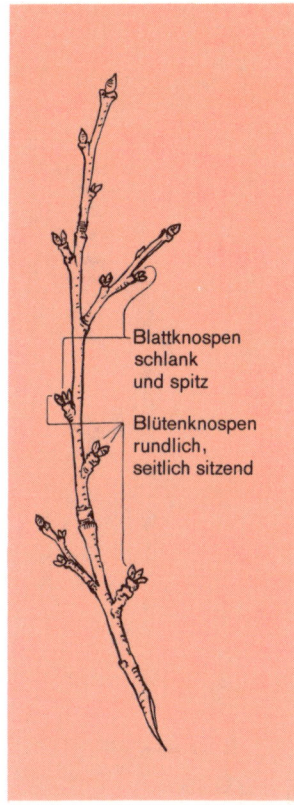

Blattknospen schlank und spitz

Blütenknospen rundlich, seitlich sitzend

Fruchtholz und Knospen der Pflaumen, Zwetschen, Mirabellen, Reneklloden

Pflanzzeit und Pflanzschnitt

Andere Schnittmethoden

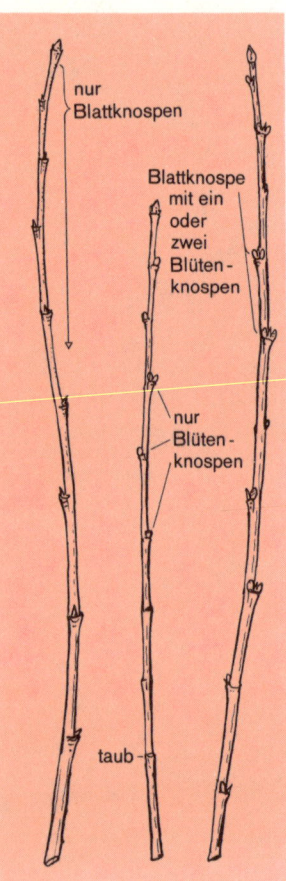

Triebe und Knospen beim
Pfirsich von links nach rechts:
Einjähriger Holztrieb (Räuber), »Falscher Fruchttrieb«
(zu schwach), »Wahrer
Fruchttrieb« (gute Mischung
von Blatt- und Blütenknospen
nebeneinander)

Ich habe für meine Pfirsichbäume seit Jahren den Schnitt während oder kurz nach
der Blüte eingeführt. So kann ich durch Wegnahme von Blütenzweigen für die Vase
die spätere Arbeit des Ausdünnens gleich miterledigen.

Richtig schneiden kann man nur bei Kenntnis der Trieb- und Knospenbildung!

1. Holztriebe, die auf ihrer ganzen Länge nur mit den länglich-spitzen Holzknospen
   besetzt sind, werden »nach Bedarf« eingekürzt.
2. Falsche Fruchttriebe sind ausschließlich mit Blütenknospen besetzt. Diese meist
   schwachen, bald kahlen Zweige bringen selten gute Früchte. Sie werden entfernt.
3. Wahre Fruchttriebe haben zwar an der Basis und an der Spitze auch Holzknospen,
   jedoch in der Mitte überwiegend sogenannte gemischte Blütenknospen, die man
   als Zusammensetzung von meist zwei Blütenknospen und einer Holzknospe erkennt. Diese wertvollsten Triebe kürzt man so weit ein, daß nach dem Rückschnitt
   nicht mehr als 8 gemischte Knospen verbleiben.
4. Bukettzweige sind 4–8 cm lange Kurztriebe, die in einer aus vielen Blütenknospen
   zusammengesetzten Bukettknospe enden. Sie werden nicht geschnitten, bringen
   meist nur im ersten Jahr sehr schöne Früchte und sterben später von selbst ab.
5. Vorzeitige Triebe mit meist einfachen Blüten- und Holzknospen entstehen durch
   den Johannistrieb am einjährigen Holz und werden überwiegend bis auf die Ba-
   salaugen weggenommen. Läßt man den einen oder anderen, für die Kronenbildung günstigen Trieb stehen, so soll er auf 2–3 Augen eingekürzt werden.

Es darf also der Pfirsich lieber etwas zu scharf als zu wenig geschnitten werden. Sollten dann immer noch die Früchte zu dicht sitzen, so wird im Juni wie beim Kernobst
ausgedünnt. Man rechnet beim Pfirsich etwa 30 Blätter je Frucht: selbstverständlich
nur an den unmittelbar umgebenden Zweigteilen und nicht etwa die ganze Belaubung zusammengezählt durch die Anzahl der Früchte dividiert!

Abweichend von den allgemeinen Dünge- und Bewässerungsregeln für Obstgehölze
sollen Pfirsichbäume im Frühjahr nicht zu üppig mit Nahrung versorgt werden. Sie
verlegen sich sonst überwiegend auf die Hervorbringung von Holztrieben und Blattwerk. Erst wenn die kleinen Pfirsiche etwa Walnußgröße erreicht haben, sind reichliches Wässern und häufigere Düngergaben am Platze, wodurch auch die Bildung
von Blütenknospen für das folgende Jahr angeregt wird. Alle Nährstoffgaben müssen rechtzeitig bis Johanni verabfolgt werden, damit der frostempfindliche Baum
nicht mit mangelhaft ausgereiftem Holz in den Winter geht. Außerdem muß bei
kalkarmen Böden der so wichtige Kalkanteil stets fristgerecht ergänzt werden.

Aprikose   Die Beliebtheit der Aprikose gründet sich anders als bei dem zum Frisch-
genuß bevorzugten Pfirsich auf ihrer Eignung für die winterliche Vorratswirtschaft.
Ihre Ansprüche liegen bei ungefähr gleichen Grundvoraussetzungen noch einige Grade
höher als die des Pfirsichs. Doch während die Aprikose durch ihre besonders frühe
Blüte stärker spätfrostgefährdet ist als er, übertrifft sie ihn an Frosthärte im Holz.
Bestens geschützte, vor scharfen Winden gesicherte und dabei auch wieder nicht zu
grell besonnte Standorte sind für den Erfolg der Aprikosenkultur entscheidend. Diese
Bedingungen können gerade vom Hausgartenbesitzer meist überraschend gut erfüllt
werden. So findet man selbst in Mittel- und Norddeutschland – ja sogar in Ober-
bayern – prächtige Spaliere an warmen Hauswänden, wobei sich der nährstoffreiche
Verwitterungsboden in gebirgigen Gegenden zusätzlich günstig auswirkt. Das kräftige Laub ist besonders vor hellen Wänden durch seinen Kontrast sehr zierend. Wie
der Pfirsich liebt die Aprikose einen durchlässigen, leicht erwärmbaren Boden, während stehende Nässe und Niederschlagsreichtum den Gummifluß begünstigen.

Alle bei uns gebräuchlichen Sorten sind selbstfruchtbar; Buschbaum und unregel-
mäßiges Spalier sind die üblichen Baumformen. Auch Düngung und Bewässerung
stimmen mit denen des Pfirsichs überein. Ausdünnen bei zu reichem Fruchtbehang
ist erforderlich. Der Schnitt ähnelt mehr dem der Pflaumen. Sorten siehe Seite 355.

Empfehlenswerte Birnensorten – ohne noch nicht voll bewährte Neuheiten

Sorte und Baumform	Erntezeit (Genuß-reife etwas später)	Fruchtcharakter	Wüchsigkeit und Ertrag	Anbaubedingungen
'Frühe aus Trévoux', alle Formen	Ende Juli bis Mitte August	hellgelb mit roter Backe, punktiert; mittelgroß, saftig, aromatisch	mittelstark, nicht auf Quitte; früh- und reichtragend	warme Lage, sonst geringe Ansprüche, nicht krankheitsanfällig
'Clapps Liebling', alle Formen	Mitte August bis Anfang Sept.	gelb mit Rot; groß, aromatisch; edle Frühbirne	mittelstark, etwas hängend, auf Quitte nur mit Zwischenveredlung; reichtragend	nicht anspruchsvoll, gedeiht noch auf leichten, trockenen Böden
'Williams Christbirne', Busch, Spalier	August bis September	gelbgrünlich; groß, mit weißem, saftigem Fleisch, würzig; beste Sorte zum Einmachen	mittelstark, schlecht auf Quitte; guter Ertrag; auch 'Rote Williams' wird gelobt	nicht für rauhe Lagen, schorfanfällig
'Gute Luise aus Avranches', alle Formen	nach Mitte September	gelblichgrün, punktiert, etwas rötlich; groß, aromatisch	mittelstark, aufrecht, gut auf Quitte; Ertrag mäßig	nur für gute Lagen, sehr anfällig für Schorf und Weißfleckenkrankheit, wiederholt spritzen
'Gellerts Butterbirne', alle Formen	Mitte September	grüngelb bis rötlich, stark berostet, groß, oval, von feinstem Geschmack, wird schnell teigig	stark, pyramidal, sehr gut auf Quitte; spät, aber reichtragend	anspruchslos und widerstandsfähig
'Köstliche aus Charneu', alle Formen	Ende September	grüngelb, rötlich punktiert; mittelgroß, Fleisch weiß, saftig; haltbar bis November	mittelstark, schlank, auf Quitte nur mit Zwischenveredlung; reichtragend	nicht anspruchsvoll, etwas schorfanfällig; gut in Norddeutschland
'Vereins-Dechantsbirne', Busch, Spalier	Ende Sept. bis Anfang Oktober	mattgelb, mit etwas Rot; Frucht groß, haltbar bis November; sehr edles Aroma	mittelstark, schlecht auf Quitte; ausreichender Ertrag	höchste Ansprüche an Boden und Klima, dabei krankheitsfest
'Conference', Busch, Spalier	Ende Sept. bis Anfang Oktober	hellgrün mit vielen Rostpunkten; Frucht mittelgroß, länglich, sehr saftig, haltbar bis Ende November	mittelstark, am besten mit Zwischenveredlung; sehr reichtragend	anspruchslos
'Alexander Lucas', alle Formen	Anfang Oktober	grüngelb, rostig punktiert mit wenig Rot; Frucht groß, weißes, etwas grobes Fleisch, aromatisch; lange haltbar	überhängend, mittelstark, gut auf Quitte; guter Ertrag	nicht anspruchsvoll, trägt regelmäßig
Madame Verté alle Formen Winterbirne	nach Mitte Okt., Genuß ab Ende Nov. bis Ende Jan.	klein bis mittelgroß, Pflück gelbgrün, Genuß gelborange, Schale rauh, dick; schälen, Geschmack vorzüglich	mittelstark, breit-pyramidal, Holz ausr. frosthart, auch für Spalier und Obsthecke; trägt ab 5.–7. Standjahr reich regelm., vorzügl., Tafelbirne	Boden warm, humos, genügend feucht, von Nord bis Süd anbaufähig, auch geschützte Höhenlage (300–500 m)

Empfehlenswerte Apfelsorten – ohne noch nicht voll bewährte Neuheiten

Sorte und Baumform	Erntezeit	Genußreife	Fruchtcharakter	Wüchsigkeit und Ertrag	Anbaubedingungen
'Weißer Klarapfel', Busch	Ende Juli	Ende Juli bis Anf. Aug.	weißgelb; mittelgroß; angenehm weinsäuerlich schmeckend	mittelstark; reich, aber nicht regelmäßig	guter bis mittlerer Boden; nicht zu rauhe Lagen; guter Pollenbildner; schorf- und blutlausanfällig
'James Grieve', Busch, Spindel	Anfang September	Sept. bis Oktober	wachsgelb mit Rot; breitkegelig, groß; aromatisch, saftig	mittelstark; sehr reich, regelmäßig	guter Boden, nicht zu rauhes Klima; guter Pollenbildner; Blüte spätfrostempfindlich
'Summerred' Spindel, Spalier, Zwergform	Mitte Sept.	wie Ernte	mittelgroß, Schale dunkelrot, weiß punktiert; schmeckt hervorragend	schwach; sehr hoch im Ertrag, Liebhabersorte	Boden offen, nährstoffreich; geeignet für Topf-Container, auf Zwergunterlage M9 oder für Spindel u. Spalier M27, M26; nur für Weinbauklima
'Gravensteiner', alle Formen	ab Mitte Sept.	wenn noch druckempfindlich, echter Herbstapfel	breit geflammt; duftend; alte Liebhabersorte; – kann treuer Freund werden	sehr stark; Ertrag setzt spät ein, dann aber gut bis sehr gut	stellt hohe Anspüche; Boden tiefgründig, nährstoffreich; verlangt beste Pflege; guter Pollenbildner, kein Pollenspender; anfällig für Stippe, Schorf, Mehltau; Kupfermittel meiden
'Goldparmäne', alle Formen	Mitte Okt.	Okt. bis Dez.	rot auf goldgelbem Grund; mittelgroß; aromatischer Edelapfel	mittelstark; reich, aber nicht regelmäßig	nur für warme Lagen, sonst leicht bitter; guter Pollenbildner; allgemein anfällig; neigt zu Blutlausbefall; Bild Seite 335
'Jonagold', Niederstamm	Ende Sept. bis Mitte Okt.	Nov. bis Jan. auch März	groß, Tiefkelch; Schale glatt, später wachsig; gelblich-orange marmoriert; zartes Aroma, auf Lager kaum mürbe	starkwüchsig, breitkronig; früh und reich tragend, prima Tafelapfel	Boden offen, nährstoffreich; warme Lage ohne Trockenheit; kein Pollenspender, guter Pollenbildner (nicht mit 'Golden Delicious'); Stippe bei Trockenheit
'Elstar', Niederstamm gut für schmale Spindeln	Ende Sept.	Okt. bis Januar	Mittelgroß, Grundfarbe gelb, rotbackiger, hübscher Apfel	mittel bis stark; Ertrag hoch, regelmäßig	Boden gut, nahrhaft, durchlässig; leichte Feuchtigkeit erwünscht; Lage warm, geschützt; interessante Neuheit für Liebhaber – Erfahrungen noch nicht abgeschlossen
'Freiherr von Berlepsch', alle Formen	Mitte Okt.	Nov. bis Februar	gelb bis gelbrot; mittelgroß; Fleisch fest, sehr würzig; Feinster Tafelapfel	mittelstark; gut tragend, wenn nicht zu stark beschnitten	sehr anspruchsvoll; guter Pollenbildner; krebsempfindlich, blutlausfest

Empfehlenswerte Apfelsorten – ohne noch nicht voll bewährte Neuheiten

Sorten und Baumform	Erntezeit	Genußreife	Fruchtcharakter	Wüchsigkeit und Ertrag	Anbaubedingungen
'Gloster 69', Hoch- und Halbstamm, Winterapfel seit 1969 mit Erfolg im Handel	Mitte bis Ende Okt.	Nov. bis Mai	mitelgroß bis groß; gelblichgrün, Deckfarbe dunkelrot mit Blaustich; Fruchtfleich knackig, saftig, aromatisch	Ertrag früh einsetzend, bei guter Pflege regelmäßig	Boden tiefgründig, nährstoffreich, frisch mit genügend Feuchtigkeit; breites Anbaugebiet von Süd bis Nord bei warmen geschütztem Standort überall zusagend
'Schöner aus Boskoop', alle Formen	Ende Oktober	Dez. bis April	leuchtend gelb oder grün mit bräunlicher Berostung; sehr groß, aromatisch; guter Lagerapfel	sehr stark; trägt reich, aber nicht regelmäßig	anspruchsvoll, etwas frostempfindlich; schlechter Pollenbildner; blutlausanfällig
'Golden Delicious', Busch, Spindel	Ab Ende Oktober	Dez. bis April	grünlich-gelb mit Punkten, länglich, mittelgroß; leicht säuerlich; haltbar	mittelstark; trägt früh und reich	guter Boden, Wärme und Sonne; guter Pollenbildner; schorfanfällig
'Melrose', Hoch- und Halbstamm Winterapfel	Ende Sept. bis Mitte Okt.	Nov. bis März	mittelgroß bis groß; gelb, Deckfarbe dunkelrot bis bräunlich; – orangegestreift	mittel bis stark; früh einsetzend, regelmäßig	Boden frisch, durchlüftet, Lehmboden aus Löß, Weinbauklima bevorzugt

Empfehlenswerte Pfirsichsorten (alle selbstfruchtbar, empfindlich gegen Kupfer)

Sorten	Erntezeit	Fruchtcharakter	Anbaubedingungen
'Früher Roter Ingelheimer' Frühpfirsich, Baum mit breiter Krone	Mitte bis Ende Juni	klein bis mittelgroß flachrund; Schale gut; Stein bedingt lösend; saftig-aromatisch	Blüte zwar frostempfindlich, Sorte jedoch auch für etwas rauhere Lagen geeignet, für guten Ertrag starker Rückschnitt und Fruchtausdünnen erforderlich
'Dixigen' Frühpfirsich Baum mit breiter Krone	Ende Juli bis Mitte August	mittelgroß, plattrund; leicht schälbar; löst vom Stein; Aroma mäßig, angenehm säuerlich	Standort- und Klimaansprüche hoch, Weinklima erforderlich; dennoch anbauwürdig; Kräuselkrankheit beachten
'South Heaven' Spätpfirsich sehr stark wüchsiger Baum	Ende August bis Anfang Sept.	sehr groß, breitrund; dichte Behaarung abreibbar; Schale gut abziehbar; leicht steinlösend	durch Frosthärte Standort auch in rauheren Lagen geeignet; Hauptsorte der BRD für Konservierung; anfällig für Kräuselkrankheit, daher rechtzeitig spritzen
'Roter Ellerstädter' = 'Kernechter vom Vorgebirge'	September	Haut lebhaft dunkelrot, die kleinen Früchte von feinstem, weinartigem Aroma; hervorragende Spätsorte	Weinklima, leichter bis mittelschwerer Boden; dort starkwüchsig und reichtragend; dort Massenträger

Gute Aprikosensorten (beide selbstfruchtbar)

Sorten	Erntezeit	Fruchtcharakter	Anbaubedingungen
'Wahre Große Frühe'	ab Mitte Juli	Große Früchte; Fleisch sehr saftig und wohlschmeckend	starkwüchsig, kräftig, aufrecht; Ansprüche wie Pfirsich
'Ungarische Beste'	ab Mitte Juli	Haut orangegelb mit rötlicher Sonnenseite; Frucht mittelgroß, saftreich und aromatisch erst bei Vollreife	mittelstarkwüchsig; regelmäßige Krone; Ansprüche wie Pfirsich, verhältnismäßig widerstandsfähig

Empfehlenswerte Pflaumen-, Zwetschen-, Mirabellen- und Reneklodensorten
(alle Sorten sind empfindlich gegen Kupferspritzungen)

Sorten	Erntezeit	Frucht und Ertrag	Anbaubedingungen
Pflaumen			
'Magna Glauca' Früh-Pflaume	Mitte bis Ende Juli	groß bis sehr groß, rund; Schale rötlichblau mit kl. weißen Punkten; Fruchtfleisch gelb, saftig bei Vollreife; steinlösend	bei sehr starkem Wuchs leichter Boden am warmen Standort; Astbrüche bei zu starkem Behang, deshalb durch Schnitt kräftiges Astgerüst aufbauen; Sorte für Freizeitgarten und Frischverzehr
'The Czar'	Ende Juli bis Mitte August	dunkelblau; groß, sehr saftig und süß, löst sich gut vom Stein; sehr reich tragend, fallen leicht ab	frohwüchsig, nicht krankheitsempfindlich; für alle Lagen; selbstfruchtbar
'Ontario-Pflaume'	Mitte August	gelb, mittelgroß; weich und süß; sehr reich tragend	starkwüchsig, braucht regelmäßigen Schnitt; verlangt Ausdünnen; selbstfruchtbar
'Kirkespflaume'	Mitte bis Ende August	dunkelviolett, größte Frucht, goldgelbes Fleisch, sehr saftig, sehr aromatisch; Ertrag nur mittelhoch	stark- und breitwachsend, braucht Pollenspender, sehr widerstandsfähig. Für Liebhaber
Zwetschen			
'Lützelsachsener Frühzwetsche'	Ende Juli bis Anfang August	tiefblau; Frucht mittelgroß; wegen ihrer Frühreife sehr beliebt, aber nicht steinlösend	starkwüchsig, anspruchslos, krankheitsfest; selbstunfruchtbar
'Zimmers Frühzwetsche'	Mitte bis Ende August	dunkelblau, eiförmig, mittelgroß, goldgelbes Fleisch, aromatisch	Ertrag früh, hoch; mittelstarkwüchsig, guter Boden, geschützte Lage
'Bühler Frühzwetsche'	Mitte bis Ende August	schwarzblau mit Schmelz, mittelgroß, oval, würzig; reich und früh tragend	widerstandsfähig und anspruchslos; selbstfruchtbar
'Hauszwetsche'	Mitte bis Ende September	dunkelblau mit hellem Schmelz; mittelgroß, Fleisch löst sich sehr gut, sehr aromatisch, hervorragend zur Verarbeitung, reichtragend	starkwüchsig; nur bei guten Anbaubedingungen voll ertragsfähig; sonst widerstandsfähig; selbstfruchtbar
Mirabellen			
'Mirabelle von Nancy'	Mitte bis Ende August	gelb mit roten Pünktchen; mittelgroß, löst sich leicht vom Stein; beste Sorte	starkwüchsig; krankheitsfest; frostempfindlich; warme Lagen, selbstfruchtbar
Renekloden			
'Graf Althanns' siehe Farbbild Seite 336	August	violettrosa mit bläulichem Hauch, gelbes Fleisch, gut steinlösend, groß bis sehr groß, sehr aromatisch; reichtragend	starkwüchsig; frostempfindlich, selbstunfruchtbar; für Liebhaber
'Große grüne Reneklode'	September	grün, sonnenseits manchmal etwas rötlich; mittelgroß, rundlich, vorzüglich im Aroma. Beste Sorte zum Einmachen	frohwüchsig; frostempfindlich; Früchte neigen zu Schädlingsbefall; selbstunfruchtbar

Empfehlenswerte Süß- und Sauerkirschen

Sorten	Reifezeit (= Kirsch-woche)	Fruchtart	Wuchsart	Boden und Klima
Süßkirschen: Spätere Sorten gefährdet durch Kirschfruchtfliege			Alle Süßkirschen sind selbstunfruchtbar; sie sind aber fruchtbar mit allen hier genannten Süßkirschensorten;	
'Kassins Frühe'	1.–2. (Mai-Juniwende)	schwarzrot, groß (Herzkirsche)	mit lichter, breit ausladender Krone	leichte, nährstoffreiche Böden in geschützter Lage
'VAN' Knorpelkirsche	4–5	sehr groß, festfleischig platzfest, saftig-süß, zu starker Behang verkleinert Früchte	kräftiger Baum mit lichter Krone, Leitäste schräg aufwärts, viele Jungspieße, Blattwerk gesund	nur für Kirschenstandorte geeignet, Weinklima bevorzugt; Liebhabersorte auch für Kleingärten
'Schneiders späte Knorpelkirsche'	5. (Juli)	tief dunkelrot, groß, helles, festes Fleisch	sehr starkwüchsig, aufrecht, spät, meist reichtragend	mittelschwerer, etwas lehmiger Boden, wenig anspruchsvoll
Sauerkirschen kaum gefährdet durch Kirschfruchtfliege			Bei den Sauerkirschen gibt es selbstfruchtbare und selbstunfruchtbare Sorten	
'Frühe Ludwigskirsche'	3. (Frucht hält lange am Baum)	leuchtend rot, klein bis mittelgroß, säuerlich	selbstunfruchtbar, Pollenspender: 'Schattenmorelle', 'Schneiders späte Knorpelkirsche'; starkwüchsig, Halbstamm und Busch	nicht anspruchsvoll, moniliafest
'Köröser Weichsel'	4.–5.	glänzend rot, groß, fest, kann ohne Stiel geerntet werden	selbstunfruchtbar; Pollenspender: 'Kassins Frühe', 'Frühe Ludwigskirsche' u. a.; starkwüchsig, aufrecht, schlechter Träger	nicht anspruchsvoll, moniliafest, empf. gegen »Schrotschuß«
'Schattenmorelle' ('Große Lange Lotkirsche')	5.–6.	glänzend dunkelrot, groß, beste Wirtschaftssorte	selbstfruchtbar; mittelstark, als Busch und Spalier am besten	auch noch in leichten Schattenlagen

Zwei feine Quittensorten (alle selbstfruchtbar)

Sorten	Reifezeit	Fruchtart	Wuchsform	Boden und Klima
Riesenquitte von Lescovac	Oktober/November	Früchte sehr groß, apfelförmig, Fleisch kocht hellgelb	strauchiger Baum	bei gutem, warmem Boden weniger frostempfindlich
'Portugiesische'	Früheste Sorte, ab Anfang Oktober	Große bis sehr große, echte Birnquitte, Fleisch leuchtend goldgelb, feinstes Aroma, beste Haushaltsfrucht	strauchiger Baum, sehr reich tragend	warme Lage, guter Boden; Holz sehr frostempfindlich

Nüsse und Wein

Haselnuß Den Ausführungen im Kapitel »Hecken und Blütensträucher« sei noch angefügt, daß als beste Ertragssorten die 'Weiße Lambertsnuß', die 'Hallesche Riesennuß', 'Webbs Preisnuß' sowie die 'Englische Zellernuß' und die 'Lange Zellernuß' gelten. Alle stellen geringe Ansprüche, kommen aber meist nicht vor dem sechsten Standjahr ins Tragen. Dazu sollen die Haselsträucher recht licht gehalten werden und nur aus 5–6 Haupttrieben bestehen. Nebentriebe und Wurzelschößlinge müssen stets entfernt werden. Reichliche Düngung erwünscht. Siehe auch Seite 227.

Rückfragen wegen Walnuß-Problemen:
Hessische Lehr- und Versuchsanstalt für Gartenbau Beinstraße 15, 6222 Geisenheim. Oder an die bedeutendste Walnuß-Baumschule des Bundesgebietes mit ständig etwa 12 Walnuß-Züchtungen im Sortiment:
Baumschule Huben,
6802 Ladenburg.

Walnuß Auch der Walnußbaum ist ein Grenzfall, denn er könnte mit gleichem Recht als »nützliches Ziergehölz« bei den »Bäumen für den Wohngarten« stehen. Hauptsorte ist *Juglans regia,* der allbekannte, herrliche Baum, dessen Höhe bis 30 m und großer Raumbedarf ihn allerdings leider aus vielen kleineren Gärten fernhalten. Auch kommt er selbst bei gutem Stand erst nach 12–15 Jahren ins Tragen. Besser ist es deshalb, als Halbstamm veredelte, möglichst spätblühende und dadurch nicht spätfrostgefährdete Sorten zu pflanzen, wie sie in größeren Baumschulen angeboten werden. Tiefgründig nahrhafter Boden und freier, sonniger Stand in mildem Klima sagen dem Walnußbaum am meisten zu. Niederungen mit viel Nebelbildung sind ungeeignet. Kein regelmäßiger Schnitt; notwendiges Auslichten nur im Frühsommer. Schneiden im Winter bringt schwerste Blutungen. Pflanzenschutzmaßnahmen sind kaum erforderlich, auch wegen der Größe der Bäume fast nicht durchführbar.
Vermehrung durch Aussaat von Nüssen im Garten ist schwierig. Mangelnde Keimfähigkeit bis 40%, daher entsprechend große Anzahl von Nüssen ab Herbst mäusesicher zum Stratifizieren unterbringen, im Frühjahr bei erwärmtem Boden ohne Anfeilen o. ä. in doppelter Tiefe der Nußgröße auf Saatbeet auslegen. Keimdauer 6–8 Wochen. Gekeimte Sämlinge nach Entwicklung des 2. Blattpaares an vorgesehenen Standort pflanzen. Wachstum sehr langsam, – erste Ernte etlicher Nüsse nach 8–10 Jahren. Rascheres Wachstum durch „Rindenkopulation" der Jungpflanzen möglich (nur vom Fachmann auszuführen). Erstes Fruchten hier nach 4–6 Jahren. Man bedenke sein eigenes Alter und die Bestimmungen des Nachbarrechtes über Grenzabstände: beim Walnußbaum betragen sie 6 m. ...

Umfassendes Verständnis für die Kultur der Weinrebe kann man nicht aus einer halben Druckseite im Gartenbuch erwerben.
Wir empfehlen zu knapper, aber gründlicher Information das BLV-Taschenbuch Nr. 340 »Der Weinstock am Haus« von Werner Fader. 127 Seiten, 113 Farbfotos, 23 Zeichnungen.

Weinrebe Die kleine Welt unseres Gartens wäre nicht vollkommen, wenn ihr der Weinstock fehlte: jenes einzigartige Pflanzenwesen, das mehr als alle anderen Kulturgewächse zusammen dem Leben des Menschen verbunden ist. Zwischen dem Erwerbsanbau der ausgesprochenen Weingebiete bestehen zwar große Unterschiede, doch wissen wir heute, daß der Weinstock angesichts seiner relativ guten Frosthärte und bei Verwendung geeigneter Sorten im Liebhaberbau durchaus nicht auf das nach ihm benannte Weinklima angewiesen ist.
Gewinnt die Rebe während des kurzen deutschen Frühlings und Sommers noch genügend Vorsprung im Blühen, Fruchten und Reifen der Trauben, so werden wir auch dort gute, im Haushalt bestens verwendbare Ernten erzielen, wo nur eine Durchschnittstemperatur von 12 bis 18° herrscht. Für die Planzung der Reben, die man zur Gartenkultur meist als veredelte Topfsetzlinge beziehen wird, gelten strenge Bestimmungen, die vor allem der Reblausbekämpfung dienen.
Die Kultur der Rebe verlangt großes Verständnis für die Besonderheiten dieses eigenartigen Klettergehölzes aus der Gruppe der Selbstklimmer. Auch Rebkrankheiten und Schädlinge, die im Pflanzenschutzteil genannt werden, erfordern an sich noch mehr Aufmerksamkeit als die Feinde anderer Kulturpflanzen. Alles zusammen geht jedoch über den hier vorgezeichneten Rahmen weit hinaus.

Düngung und Pflanzenschutz

Wie sich die Pflanze ernährt

Zwei Hauptziele der Einwirkung durch Düngemittel sind zu unterscheiden: das erste ist die allgemeine, mit systematischer Bodenbearbeitung Hand in Hand gehende Bodenverbesserung, wie sie in großen Zügen bereits im Kapitel »Grund und Boden« geschildert wurde. Es besteht in der Beschaffung geeigneter Stoffe zur Umwandlung ungeeigneten oder minderwertigen Geländes in gutes Gartenland — im Lüften und Lockern, in Wahrung und Steigerung des Humusgehaltes. Das zweite Hauptziel ergibt sich aus den besonderen Ansprüchen der einzelnen Kulturpflanzen, für deren richtiges Verständnis man einige Kenntnisse grundsätzlicher Art besitzen muß.

Von Assimilation und Osmose

Als wir zur Schule gingen, lernten wir im Naturkundeunterricht, mit den Begriffen der Assimilation und der Osmose zu hantieren. Das erste ist im weiteren Sinne die Umwandlung der von den Pflanzen zur Erhaltung ihrer Lebenstätigkeit aufgenommenen Stoffe in arteigene, »verdauliche« Substanz — im engeren Sinne die Umformung der mit den Spaltöffnungen der Blätter aufgenommenen Kohlensäure unter Mitwirkung von Wasser, Blattgrün und Lichtenergie in Zucker und Stärke, die dann weiter in arteigene Stoffe umgebildet werden. Dieser Vorgang ist, nebenbei gesagt, eines der größten Wunder des Lebens überhaupt, weil die grüne Pflanze — nicht aber Pilze oder sonstige, chlorophyllfreie Gewächse — auf diese Weise leblose, anorganische Verbindungen in lebendige, organische Substanz verwandelt. Das zweite, die Osmose, ist der Austausch oder das Aufsteigen von Flüssigkeiten innerhalb der mit feinporigen, häutchenartigen Scheidewänden umgebenen Zellen — ein Vorgang, der nach den physikalischen Regeln vom osmotischen Druck unter etwas anderen Voraussetzungen auch das Kapillar- oder Haarröhrchensystem des Wasseraufstieges im Boden bestimmt, vor allem aber für die Nährstoffversorgung der Pflanze bedeutungsvoll ist.

Umwandlung der Stoffe

Aufnahme der Nährstoffe nur in wassergelöster Form

Als dritter Faktor, in Wechselbeziehung zu den beiden Grundvorgängen der Assimilation und der Osmose, tritt hinzu, daß die Pflanze alle im Boden enthaltenen, von der Kleinlebewelt der Bodenbakterien »mundgerecht« für sie vorbereiteten Rohstoffe nur in wassergelöster Form aufzunehmen vermag. Oder, um es in einem vergleichbaren Bilde auszudrücken: die Pflanze »schluckt« lediglich nahrhafte Wassersuppen. Freilich müssen zu deren Bereitung erhebliche Mengen von Wasser zur Verfügung stehen. Setzt sich doch der Pflanzenkörper selbst schon zu 60—95 % aus Flüssigkeit zusammen. Von einem ganzen Liter Wasser aber, den die Pflanze aus dem Erdreich aufnimmt, kann sie nur einen winzigen Bruchteil in sich selbst speichern, während der Rest, nämlich fast 100 %, durch Verdunstung wieder ausgeschieden wird. Dieses »Schwitzen« der Pflanze geht, wie die Aufnahme der Kohlensäure aus der Luft, durch die Spaltöffnungen der Blätter vor sich. Es wird um so lebhafter, je mehr Sonnenlicht und Wärme auf sie einwirken, und es hört nur dann völlig auf, wenn Kälte und Frost die ausdauernden Gewächse zugleich mit ihrer

Wasser, Träger des Pflanzenlebens

Entblätterung zur Winterruhe zwingen. Wasser muß also geradezu als Träger des Pflanzenlebens bezeichnet werden. Ohne Wasser könnte weder eine Zufuhr an Bodennährstoffen erfolgen noch jener Saftstrom entstehen, der das im Wurzelbereich gewonnene, noch »unverdaute« Gut von Zelle zu Zelle nach oben transportiert. Im Blattbereich wie überhaupt in allen grünen, unverholzten Pflanzenteilen trifft diese wässerige Lösung der Bodennährstoffe dann mit den durch Photosynthese entstandenen Assimilaten zusammen. Dabei entstehen — um diese verwickelten Vorgänge wenigstens anzudeuten — die vielen komplizierten organischen Verbindungen wie Eiweiß und Fett, Lezithin und Phosphatide. Sie werden vom Saftstrom an ihre Verbrauchsorte getragen, um dort das Längen- und Dickenwachstum, die Bildung von Blättern, Blüten und Früchten nebst allen sonstigen Lebensvorgängen zu bewirken.

Photosynthese und die Assimilate — Längen- und Dicken-Wachstum

Die leidigen Düngefehler

Ohne Zweifel kann durch unsachgemäße Düngung in diesem wunderbaren Kreislauf großer Schaden entstehen. Denn ein Zuviel, weit mehr noch als ein Zuwenig, an Düngemitteln verdirbt die Nährstoffsuppe der Pflanze im Erdreich. Ob Übersättigung mit Stickstoff, Versalzenheit mit Kali, zu hohe Gaben Phosphorsäure — sie muß es hinnehmen und kann zum Zeichen ihrer Abwehr höchstens eingehen. Schießt sie aber infolge falscher Ernährung ins Holz, bringt viele Blätter und nur wenige oder schlecht haltbare Früchte hervor, dann behaupten die Leute, daran wäre nur der »Kunstdünger« schuld!
In Wahrheit besteht die Pflanze unbeirrbar auf einer richtig gemischten Kost und lehnt jeden ungerechtfertigten Austausch der Düngemittel ab. Sie will nicht bloß Stickstoff oder Kali, bloß Phosphorsäure oder Magnesium oder bloß Kalk allein, wenn ihr Bedarf auf alle Kernnährstoffe gemeinsam oder auf das bestimmte Mischungsverhältnis einer Auswahl von ihnen abzielt. Sie verlangt außerdem noch alle möglichen anderen Stoffe — meist nur in geringen Spuren —, sogenannte Spurenelemente oder Mikronährstoffe, deren Fehlen im Boden ebenso typische Mangelkrankheiten hervorruft wie das Fehlen eines oder mehrerer Kern- oder Makronährstoffe. So richten sich alle Kulturpflanzen nach wie vor ohne jedes Zugeständnis nach jenem Naturprinzip, das Justus von Liebig als Begründer unserer modernen Land- und Gartenwirtschaftslehre in seinem berühmten Gesetz vom Minimum zusammenfaßte:

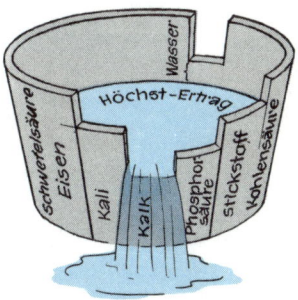

Das Gesetz vom Minimum

Das Gedeihen der Pflanze hängt ab von demjenigen Hauptnährstoff, der ihr in geringster Menge zur Verfügung steht.

Damit bestätigt sich noch einmal die Grundeinsicht, daß alle Düngemaßnahmen harmonisch aufeinander abgestimmt sein müssen. Solche Ausgewogenheit aber läßt sich nicht in starre Regeln pressen. Sie ist so vielseitig wie Bodenbeschaffenheit, Landschaft und Klima unserer Gärten in Süd und Nord, Ost und West. Nur das Allgemeingültige kann man klarstellen. Die Feinarbeit muß jeder Gartenfreund selbst besorgen.

Grundregeln für die Düngung der verschiedenen großen Pflanzengruppen wie Rasen, Stauden, Blumenzwiebeln, Rosen und andere Ziergehölze, Gemüse, Beeren- und Baumobst finden sich jeweils in den einschlägigen Kapiteln.

Organische Dünger

Als es noch keine hochragenden chemischen Fabriken, keine Laboratorien, keine wissenschaftlich überwachten Versuchsfelder gab, düngten Bauern und Gärtner allgemein mit Mist. Sie verstanden darunter organische Abfallprodukte jeder Art, voran die Abgänge des Groß- und Kleinviehes. Dieser Stallmist verschiedenster Herkunft steht dem Privatmann heute kaum noch zur Verfügung. Von einer organischen Düngung auszugehen, die einfach nicht mehr vorhanden und von den Ereignissen längst überholt ist, erscheint mir deshalb unsinnig. Es kommt hinzu, daß gerade im Privatgarten, der doch immer auch Wohnzwecken dient, ein Verzicht auf »Mist« in jeglicher Gestalt zugunsten einer mindestens ebenso wirksamen, dazu hygienisch wie ästhetisch einwandfreien Torfgärtnerei nebst vernünftiger Anwendung von Mineraldüngern große Vorteile bietet.

Die Hauptaufgabe der organischen Düngung, die ihr von keiner anorganischen Düngung abgenommen werden kann, ist die Humusbildung und Humusergänzung. Ein Boden, der anspruchsvolle Kulturpflanzen trägt, soll 1–3 % Humusgehalt haben. Fassen wir darum noch einmal die guten Eigenschaften des Humus zusammen:

Was ist Humus?

1. Der Humus ist Lebensstoff der Bodenbakterien und Träger der von ihnen bewirkten Bodengare. Er hält die Nährstoffe fest, verhütet das Versickern der Düngergaben.

2. Der Humus regelt den Wasserhaushalt der fruchtbaren Oberschicht.

3. Der Humus sorgt für ausreichende Durchlüftung des Bodens und erleichtert das Wachstum der Wurzelspitzen.

4. Der Humus entwickelt im Verein mit den Bodenbakterien Kohlensäure, die zur Umwandlung der Bodennährstoffe für die Pflanzen beiträgt.

5. Der Humus verhütet im Einklang mit einer geordneten Fruchtwechselfolge in vielen Fällen eine Bodenmüdigkeit.

Was bewirkt der Humus?

6. Der Humus wirkt allgemein ausgleichend auf den Boden.
Er macht leichte Sandböden bindiger, wasser- und nährstoffhaltiger;
er macht schwere Lehm- und Tonböden lockerer, wärmer und poröser;
er vermag bei gleichzeitiger Bodenbearbeitung und Kalkung — oft allerdings nur unter erheblichem Aufwand von Geld, Zeit und Mühe — beinahe jeden, auch ungeeigneten Boden in kulturwürdiges Gartenland zu verwandeln. Freilich muß man dafür zunächst auch den Anbau der Pflanzen entsprechend einrichten.

7. Als Humus- und Moorboden zeitigt er selbst umgekehrt bei entsprechender Pflege, Entwässerung und Kalkung ebenfalls recht befriedigende Anbauergebnisse.

Wie aber gewinnen wir diese wunderwirkende, dunkle, feinkrümelige »Misterde«, die durch Verwesung von Pflanzenteilen und tierischen Stoffen entsteht? Die folgenden Abschnitte wollen darüber unterrichten. Sie zeigen auch, wie man mit modernen Vorrichtungen verhältnismäßig bald zum Ziel kommt.

Der Komposthaufen

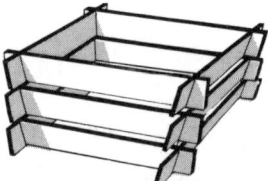

Zum Ineinanderstecken

Theoretisch betrachtet ist der Komposthaufen das erklärte Lieblingskind aller Gartenfachleute. Er gilt als das wertvollste Bodenverbesserungsmittel, als idealer, selbständiger Humusbildner. Er wächst — jedenfalls auf dem Papier — völlig kostenlos aus dem Nichts heran und befriedigt somit alle Bedürfnisse, die Mensch und Gartenpflanze überhaupt haben können. Praktisch betrachtet, ist aber der richtig »komponierte« Haufen mit seiner je nach Reifegrad 2- bis 3jährigen Entwicklungsdauer, besonders für den Anfänger, eine harte Geduldsprobe. Es kommt hinzu, daß der zeitbedrängte Feierabend- und Großstadtgärtner heute vielfach unter wesentlich anderen Voraussetzungen sein Stückchen Land bebaut, als es etwa unsere Eltern oder Großeltern taten.

Viele Stoffe, die früher zur Anreicherung des Komposthaufens dienten, kommen im modernen Haushalt nicht mehr vor. Aber auch der Wohngarten von heute produziert außer dem vor allem zum Mulchen verwendeten Grasschnitt und dem Herbstlaub längst nicht mehr so reichlich kompostierbare Abfälle, wie dies bei großen Nutzgärten mit Selbstversorgertendenz der Fall war. Ja, man muß ehrlich zugeben, daß immer mehr Freizeitgärtner von eigener Kompostbereitung abkommen, weil dafür kein Platz und keine Zeit vorhanden ist. Ihrem Garten tun sie damit keinen Gefallen, und deshalb sei auch hier wiederum darauf hingewiesen, daß guter Kompost recht eigentlich durch nichts ersetzt werden kann. Auch braucht man für seine Zubereitung nicht unbedingt auf die alte Dreijahresrotation mit ihrer zweifellos umständlichen Haufenbildung zurückzugehen. Denn es gibt dafür praktische, raumsparende »Silieranlagen« zur beschleunigten Verrottung.

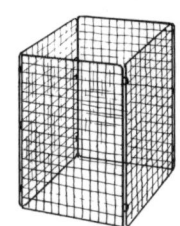

Zum Auseinandernehmen

Wer exakt düngen und dabei mit greifbaren Nährstoffwerten rechnen will, wird allerdings gegen den Kompost immer einwenden, daß bei der großen Verschiedenartigkeit seines Ausgangsmaterials solche Festlegung unmöglich ist. Man hat für reifen Kompost zwar gewisse Faustzahlen errechnet, die bei 0,35 % langsam wirkendem Stickstoff, 0,2 % Kali und 0,25 % Phosphorsäure liegen. Aber das sagt dem Gartenfreund wenig und ist in jedem Fall viel zu gering, um damit allein eine Volldüngung durchführen zu können. Vielmehr: man würde so riesige Mengen an Kompost benötigen, wie kein normaler Garten sie hergibt. Dennoch behält guter Kompost seinen Wert als feinste humose Erde, die von allen Pflanzen in beliebiger Menge vertragen wird.

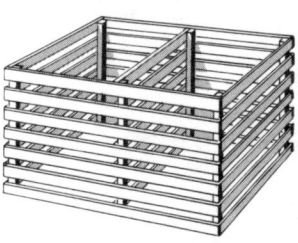

Lattengestell mit Trennwand zum Umsetzen

Die Grundvorgänge seiner Entstehung sind die gleichen wie überall bei der Umwandlung organischer Stoffe in Humus. Wir setzen im Abstand von Halbjahresfrist dicht beieinander an schattiger, geschützter Stelle die drei Haufen: Grundfläche etwa 1,20 × 1,50 m; Untergrund Torf; nach oben abgeschrägtes schichtweises Stapeln aller gesunden, leicht verweslichen Stoffe im Wechsel mit guter Gartenerde und Torf; dünn Zwischenstreuen von 2–3 kg Branntkalk je 1 cbm Masse bei jedem Umsetzen, das ebenfalls halbjährlich erfolgen soll, wobei jeweils die unteren Schichten der drei Haufen ihrem Reifegrad entsprechend zusammengelegt werden. Dadurch entsteht nämlich jene lückenlose

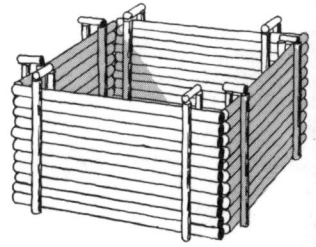

Aus Knüppelholz, zum Herausziehen

Drei Kompostsilos:

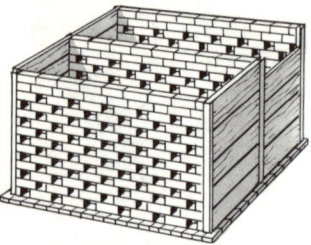

Aus versetzten Ziegelsteinen mit Bretterwänden zum Hochziehen

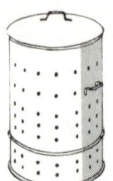

Tonne zum Schnell-kompostieren

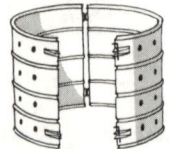

Aus Zinkblech zum Öffnen

Komposthaufen: links verboten, rechts erlaubt

Wechselwirtschaft, die immer Nachwuchs bringt und nach Überwindung der langweiligen Aufbauzeit ständig genug reifen Kompost verfügbar macht. Zur Sicherung des nötigen Luftzutritts, dessen Wichtigkeit auch die insgesamt mit durchlässigen Wandungen konstruierten Kompostliegen erkennen lassen, sollen die Haufen nicht höher als 1,20 m sein und nicht zu fest geklopft werden. Eine solche Anlage verlangt auch Feuchtigkeit. Also bringen wir in der Mitte jedes Haufens eine Rinne an, die gelegentlich mit ein paar Eimern Wasser versorgt wird. Eine leichte Erddecke mit etwas Torf umschließt das Ganze.

Die Verrottung des Kompostes soll nicht den Zustand völliger Vererdung erreichen. Es dürfen ruhig noch ein paar gröbere Rückstände in ihm enthalten sein. Wir sieben ihn deshalb nur dort, wo zur Verwendung in Saatschalen jene vollkommenste Komposterde verlangt wird, die sich dunkel, mürb und feingekrümelt auf der anderen Seite des Durchwurfes häuft (vgl. auch Seite 73).

Wer Kompost bereiten will, muß wissen, welche Stoffe er dafür verwenden und welche er meiden soll. Dringend zu warnen ist vor samenhaltigen, krankheitsverdächtigen oder mit Ungeziefer behafteten Pflanzenteilen einschließlich Unkraut. Alles, was in diesem Sinne gefährlich werden könnte, wird abseits gelegt, getrocknet, verbrannt und nur in Form von Asche dem Kompost beigegeben. Dazu gehören beispielsweise Kohlstrünke mit Kohlhernie, Schnittabfall von Rosen mit Mehltau, von Pfirsichlaub mit grüner Pfirsichblattlaus, Austrieb vom Mandelbäumchen mit Monilia-Spitzendürre, auch abgeräumte Erdbeerpflanzen, deren Verrottung ungebührlich lange dauert. Steine, Papier, Draht und andere feste Gegenstände gehören ebensowenig auf den Kompost wie Ruß aus Kaminen mit Ölheizung oder Wasch- und Spülwasser mit Beimengungen von pflanzenfeindlichen synthetischen Waschmitteln, Ölreste.

Verwendbar dagegen ist alles, was ohne Vergiftungs- oder Krankheitsgefahren seiner stofflichen Beschaffenheit nach wieder zu Erde werden kann. Dazu gehören außer dem schon erwähnten gesunden Herbstlaub und Grasschnitt auch harmlose Einjahrs-Unkräuter ohne Samen, die Rückstände aus der Fruchtmühle und ähnliche Küchenabfälle. Nur Holzasche und Braunkohlenasche bis zu 10 % der Gesamtmasse verwenden. Sägemehl ungeeignet, schwer verrottend.

Früher, als man die Zusammenhänge noch nicht so genau kannte, wurde zum Beweis seiner Nützlichkeit der Komposthaufen nicht selten bepflanzt. Und besonders stolz war der Gartenvater, wenn er dort ein paar prächtig gediehene Kürbisse oben drauf vorweisen konnte. Daß dem Kompost dadurch wichtige Nährstoffe entzogen wurden, kam niemand in den Sinn. Auch Unkrautkolonien sind selbstverständlich nicht zu dulden.

Wie man Kompostplätze eingliedert, zeigen einige Vorschläge im Kapitel »Gartenplan«.

Torf und Torfdünger Seit ich in Gartenbegriffen denken gelernt habe, ist Torf mir immer als einer der angenehmsten, säuberlichsten und vielseitigst verwendbaren Stoffe erschienen. Ich weiß noch, wie wir die Doppelwände unserer bescheidenen Gartenhäuschen mit Torf gegen Winterkälte isolierten und fehlende Kohle etwas mühsam durch selbstgemachte ’Torfbriketts’ ersetzten. Torf war eben damals nicht nur so eine Art Mädchen für alles. Doch daß man mit seinem hohen Humingehalt bei manchen Pflanzen auch des Guten etwas zu viel tun konnte, war früher weithin noch unbekannt.

Heute hat das zunehmende Verständnis für dringend notwendigen Umweltschutz die Einsicht gefestigt, daß wir nicht mehr die gesamte Natur bedingungslos für unsere menschlichen Zwecke verwirtschaften dürfen, – ganz gleich, ob es sich um die Erhaltung landschaftlicher Freiräume als Lebensgebiete für bedrohte Tiere und Pflanzen oder um begrenzte Vorräte von Erdformationen handelt, die Tausende von Jahren für ihre Entwicklung gebraucht haben. So wurde schon vor einiger Zeit statistisch nachgewiesen, daß unsere bisher noch nicht angetasteten mitteleuropäischen Torflager bei unvermindertem Abstich allenfalls noch etwa fünfzig Jahre ausreichen könnten. Das führte 1981 zu einer Gesetzesvorlage im Bundestag, den Abstich von Torf radikal zu verbieten. Andererseits meldete sich der Erwerbsgartenbau zum Wort und wies nach, daß in seinem Bereich der Torf schlechthin unentbehrlich sei. Die Wahrheit lag also – wie so oft – wieder einmal in der Mitte. Und es bedurfte einiger salomonischer Urteile, um der Situation einigermaßen gerecht zu werden.

Daß Torf zu einigen Sorgen Anlaß gibt und keinesfalls mehr bedenkenlos verwirtschaftet werden darf, wurde bereits im Vorwort erörtert. Neue Entwicklungen bleiben vorerst noch abzuwarten . . .

Auch gibt es ja in jedem Samenfachgeschäft die bekannten Torftypen nach wie vor zu kaufen. Ja, – als ich zur Herbstzeit diese Zeilen schrieb, klingelte an der Gartentür ein Mann, der Torf sackweise im Hausierhandel anbot. Ganz passionierte Umweltschützer können sich schließlich mit gut ausgereiftem Kompost oder Rindenpräparaten begnügen; auch wenn hier eine genaue Nährstoffbestimmung fehlt und gegen Rinde – je nach Herkunft – gewisse Einwände bestehen. Nicht allgemein bekannt dürfte es übrigens sein, daß beträchtliche Mengen vor allem von Schwarztorf nicht aus bundesdeutschen Torflagern, sondern aus Finnland und Rußland stammen.

Für unsere gartenbauliche Torfpraxis beachten wir: der landläufig auch ’Torfmull’ genannte reine Torf enthält so gut wie keine Nährstoffe. Seine irreführende alte Bezeichnung ’Düngetorf’, die an sich nur der Transportgebühren wegen Gültigkeit hatte, kommt nur noch bedingt auf den Ballenpackungen vor. Einfacher Torf ohne Nährstoffzusatz wird heute meist als ’Floratorf’ gehandelt. Aber gerade auch dieser einfache Torfmull wirkt schon durch seine hohe Wasserhaltekraft, seinen natürlichen Humusgehalt und seine schwach saure Reaktion erheblich bodenverbessernd. Vorzüglich ist seine Eignung als Beigabe zu Neupflanzungen, zum Abdecken von Gießrändern sowie zur Bodenbedeckung im Sinne des Mulchens. Daß er in allen diesen Fällen nicht naß, sondern nur gut durchfeutet angewendet wird, versteht sich fast von selbst, wobei wiederum zu bedenken bleibt, daß die Torfqualität sehr verschieden ist.

Torfmull ohne Nährstoff heißt trotzdem »Düngetorf«

So kann billiger Weißtorf beispielsweise Unkrautsamen und sonstige unerwünschte Beimischungen enthalten. Markentorf für Düngezwecke wird verschiedenen Aufbereitungsverfahren unterzogen und mit entsprechenden Nährstoffen versetzt. Er hat natürlich einen höheren Preis, aber man spart viel Zeit bei seiner Einbringung, kann ihn je nach dem Verwendungszweck beliebig selbst mit Erde mischen und gewinnt dazu die Sicherheit des Erfolges. Als feiner Qualitätstorf gilt das Kultursubstrat TKS. Seine vor allem dem Zim-

Herstellung von Torfschnellkompost

1 Ballen Düngetorf mit 200–300 Litern Wasser gut durchfeuchten, über Nacht liegen lassen. Dazumischen: 5 Kilo Kalkstickstoff, 5 Kilo Thomasphosphat, 5 Kilo 40er Kali. Masse zum Haufen setzen, mit 20 cm starkem Erdmantel umgeben, obenauf Regenrinne anbringen, durch Gießen ständig feucht halten. Nach 4 Wochen umstechen, erneut Haufen aufsetzen und Erdmantel mit Regenrinne umlegen, weitere 4 Wochen feucht halten. Fertig. Ein Ballen Düngetorf ergibt Schnellkompost für 100 qm Fläche. Auch Silokompostierung ist nach dem gleichen Schichtungsverfahren möglich.

Styromull war wegen »mangelnder Zersetzbarkeit im Boden« zeitweise vom Markt verschwunden. Neuerdings werden sogar in der gärtnerisch fortschrittlichen Schweiz wieder Produkte wie »Styro-Mull Storit« als »einer der besten Bodenlockerer« angeboten. So ändern sich die Zeiten . . .

Gartenfreunde, die sich über den Torf in seinem Verhältnis zum Umweltschutz im Sinne der »Renaturisierung abgetorfter Gebiete« näher unterrichten wollen, wenden sich mit der Bitte um Informationen an den Torfstreu-Verband, Postfach 4820, 2900 Oldenburg oder an die Zentrale Informationsstelle Torf und Umwelt, Postfach 1205, 2903 Bad Zwischenahn

Für leichte Böden:
das wasserspeichernde
Hygromull

merpflanzenbereich vorbehaltene Type ist TKS 2. Dessen Beiname »instant« besagt, daß hier (und nur hier!) durch eine Spezialbehandlung das lästige Trockenwerden des feuchten Torfes überwunden und ständige leichte Benetzbarkeit ermöglicht werden konnte.

Als gute Torf-Mischdünger gelten nach wie vor der vom Torfstreuverband entwickelte Humus-Volldünger **Super-Manural** sowie für kalkfeindliche Pflanzen **Rhodohum**, das entsprechend auch nur mit kalkarmem Wasser angesetzt werden darf. Für den allgemeinen Gartengebrauch zur Verfügung: **Florahum**, **Humobil** und **Plantahum**.

Die ohne Zweifel kritische Situation einer ungewissen Weiterversorgung aller vom Torf abhängigen Faktoren hat besonders für den Gartenbau Ersatzpräparate zur Entwicklung gebracht. Wir haben beim öffentlichen Grün wie in den eigenen Gärten alljährlich beachtlichen Anfall an Holz, das allein schon beim Beschneiden von Bäumen, Sträuchern und Hecken abfällt. Daraus hat sich schon seit einigen Jahren die zum Teil bereits industrialisierte Herstellung von sogenanntem Rindenhumus entwickelt. Man versteht darunter ein Produkt aus zerkleinerter und fermentierter Rinde, deren Verwendbarkeit jedoch bei dem heutigen Stand der Erkenntnisse nicht ganz unproblematisch ist. So weiß man, daß Laubholzrinde überwiegend alkalisch reagiert, während Nadelholzrinde schwach sauer ist. Nur gut fermentierte Rinde kann ohne Rücksicht auf wirtschaftliche Gesichtspunkte zur Substratherstellung eingesetzt werden, wobei Torf als Zuschlagsmaterial – ebenso wie bei anderen laut gepriesenen Neuprodukten – noch immer kaum entbehrlich ist.

Dies gilt auch für den oft hochgelobten Laubkompost, dessen Ausgangsmaterial im Herbst beim privaten wie beim mobilen Grün alljährlich in beträchtlichen Mengen anfällt. Fragt man bei den Grünflächenämtern, ob beispielsweise das an den großstädtischen Straßenrändern eingesammelte Laub nicht durch Verkehrsverschmutzung zur Kompostierung ungeeignet geworden sei, so sind die Antworten – nach angeblich einwandfreien Erfahrungen – meist positiv in dem Sinne, daß jedes Laub durch Kompostierung keine abträglichen Stoffe mehr enthalte und zur Kompostierung durchaus geeignet ist. Laub aus dem eigenen Garten unterliegt kaum solchen Beanstandungen und kann ohne weiteres verwendet werden, soweit die Kompostierung insgesamt in Ordnung ist.

Noch immer gibt es eine große Anzahl von durchaus nicht nur »natürlichen« Stoffen, die zur Herstellung von »torfstreckenden Substraten« verwendet werden. Auch so aus der Mode gekommene »Kunststoffe« wie Hygromull und Styromull sind noch darunter. Aber wohin man immer sieht: Torf ist bis jetzt als Zuschlagsstoff immer noch dabei. So bleibt nur die Hoffnung, der Torf – angeblich durch Einfuhren von erstklassigem Schwarztorf aus Russland leidlich abgesichert – möge uns als Gartenhilfe noch auf lange Sicht erhalten bleiben.

Sonstige organische
Dünger

Haben wir bei den Torfmischdüngern mit mineralischen Zusätzen eigentlich schon auf die anorganischen Stoffe vorgegriffen, so seien in aller Kürze wenigstens noch einige der belebten Welt entstammende Düngemittel aufgezählt. Meist sind es Abfälle aus dem Tier- und Pflanzenreich, die nach entsprechender industrieller Aufbereitung in den Handel kommen. Hierher gehören:

Blutmehl (wasserlöslich, 12 % Stickstoff und 1,5 % Phosphorsäure) Für Kulturen unter Glas und wertvolle Pflanzen geeignet, besonders in Wärme und Feuchtigkeit sehr rasch wirkend.

Hornmehl, Horngrieß (10–14 % Stickstoff und 5 % Phosphorsäure) Ebenso wie die durch ihre gröbere Beschaffenheit noch zusätzlich der Bodenlüftung dienenden Hornspäne langsam und sehr nachhaltig wirkend. Zur Nährstoffergänzung im Sinne der Volldüngung sollen auf 1 kg Hornmehl (Hornspäne) etwa 250 g entfettetes Knochenmehl und 250 g Schwefelsaures Kali (Patentkali) zugesetzt werden.

Knochenmehl (gedämpft) Soll nicht in schwer zersetzbarem Rohzustand, sondern stets nach industrieller Aufbereitung durch Dämpfen und Entfetten verwendet werden. Nur so entsteht ein hochwertiger, doch sehr langsam wirkender Phosphordünger (etwa 13–22 % Phosphorsäure und 4 % Stickstoff, Fettgehalt höchstens 4 %), der sich besonders für leichte Böden und langlebige Pflanzen eignet.

Peru-Guano Einst ein berühmtes Objekt des Welthandels, der diesen Seevogelmist von den peruanischen Chincha-Inseln überallhin verschiffte, ist auch heute noch – und wieder – als reiner Naturdünger von hoher Wirksamkeit nicht zu unterschätzen. Aufbereitet und standardisiert wird er heute in fester wie in flüssiger Form – auch als feiner Zimmer- und Balkonpflanzendünger – beispielsweise von den BASF-Compo-Werken in Münster/Westf. geliefert. Dieser als »Organischer NPK-Dünger« eingestufte Typ trägt den Handelsnamen 'Echter Guano'.

Gründüngung Sie besteht im herbstlichen Untergraben von Einjahrspflanzen vorwiegend aus der Familie der Schmetterlingsblütler (Inkarnatklee, Bitterlupine, Pflückerbse, Sandwicke), auch der Bienenfreund gehört dazu.
Die Aussaat erfolgt breitwürfig, bei größeren Flächen mit einer Drill- oder Sämaschine. Der Aussaattermin hängt weniger von der Witterung als vom sonstigen Arbeitsanfall ab. Weniger frostempfindliche Gründüngungspflanzen können schon im März oder April in die Erde – vorausgesetzt, daß der Boden genügend erwärmt und mit einer für das Jugendwachstum notwendigen kleinen Vordüngung versehen worden ist. Bei kargem, trockenem Boden rechnet man auf je 1 Ar 500 g Superphosphat und 500 g 40er Kali, die zusammen mit etwas Torf-Komposterde mindestens zwei Wochen vor der Aussaat auf das Land gestreut und dann leicht untergehackt werden. Statt Schmetterlingsblütlern oder mit ihnen zusammen können auch andere schnellwachsende und viel Blattmasse hervorbringende sowie durch Tiefwurzeln der Bodenverbesserung dienende Pflanzen verwendet werden. Für den Garten wäre hier die hübsche Sommerblume Bienenfreund, *Phacelia,* zu empfehlen – siehe Einjahrsblumen ohne Vorkultur. Auch Grasschnitt, der im Sommer über die Beete gebreitet und später untergegraben wird, ist in gewissem Sinne Gründüngung.
Schmetterlingsblütler haben gegenüber den anderen Gründüngungspflanzen allerdings den unbestreitbaren Vorteil, durch die an ihren Wurzeln siedelnden Knöllchenbakterien dem Boden große Mengen von arteigenem Stickstoff zuzuführen. Für die am stärksten produzierenden Bitterlupinen wird als Durchschnittszahl zwei Kilogramm Reinstickstoff auf 1 Ar als Ergebnis genannt, was ungefähr 12–15 Kilogramm Stickstoff-Mineraldünger entsprechen soll. Hierzu tritt die bei allen Gründüngungspflanzen gegebene Anreicherung mit Humus durch Einbringen der Grünmasse in den Boden. Es erfolgt möglichst spät (November!).

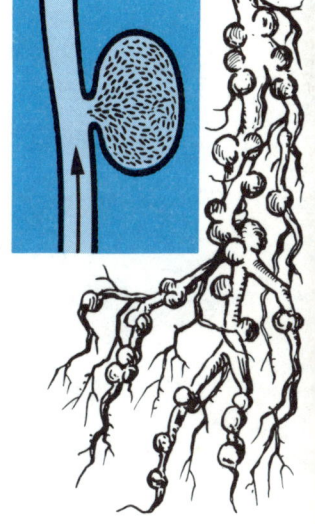

Knöllchenbakterien an Pflückerbsenwurzel, links oben: die »Symbiose« zwischen den Wurzeln und den Knöllchen

Unter Handelsdüngern versteht man jene Nährstoffe, deren Wesen anorganisch, also dem Reiche der Mineralien zugehörig ist. Sie werden nicht etwa aus irgendwelchen gartenfremden Chemikalien synthetisch hergestellt, sondern sind genauso »natürlicher Abstammung« wie Torf und andere organische Stoffe. Deshalb ist auch die leider immer noch weitverbreitete »Kunstdünger«-Feindschaft ein barer Unsinn. Denn von den aus der atmosphärischen Luft und aus Wasser gewonnenen Stickstoffverbindungen über die in bestimmten Eisenerzen enthaltenen Phosphate und das aus riesigen vorgeschichtlichen Meeresablagerungen bergmännisch abgebaute Kali bis zu dem als Gips, Mergel und Kalkstein frei in der Natur massenhaft vorkommenden Kalk oder magnesiumhaltigen Dolomitkalk kann man allen fünf Hauptaufbaustoffen unserer Kulturpflanzen keine Spur einer »künstlichen« Herkunft nachsagen.

*Vorwürfe
an die falsche Adresse*

Der anorganische oder mineralische Handelsdünger vermag freilich keinen Humus zu bilden. Er allein kann die Kleinlebewelt im Wurzelgrund der Pflanzen kaum zur Vermehrung anregen. Er kann deshalb auch für die Pflanzen nur dort von Nutzen sein, wo genügend Humus vorhanden ist, um die für Bodenverbesserung und Pflanzenwachstum erwünschten physikalischen wie bakteriologischen Wirkungen auszulösen. Dies ist eine der grundlegenden Ursachen für die weitverbreitete Kunstdüngerfeindschaft.

*Mineraldünger
bilden keinen Humus*

Wo ohne ausreichenden Humusgehalt des Mutterbodens Mineralstoffe verwendet werden, kann die Sache schiefgehen. Wo man ohne Rücksicht auf die Gebrauchsanweisung nach Gutdünken scharfe Salze aufstreut, kann die Sache ebenfalls schiefgehen. Und wo gar unverantwortlicherweise der eine Kernnährstoff gegen den anderen ausgetauscht wird, bloß weil man gerade noch einen Rest in der Tüte hat, da entstehen halt alle jene unliebsamen Folgeerscheinungen, die dann dem »Giftzeug«, der »Chemie«, kurzum dem Handelsdünger, in die Schuhe geschoben werden.

*Handelsdünger
entsprechen dem
Durchschnittsbedarf*

Birgt also falsche Anwendung manche Gefahren, so erlaubt gerade die erst durch Einführung von Handelsdüngern in den Gesamtdüngeplan möglich gewordene Vereinzelung der wichtigsten Pflanzennährstoffe eine genaue Abstimmung der Nährstoffgaben auf die Bedürfnisse der verschiedenen Kulturgewächse. Alle Wirtschaftsdünger sind in der Grundzusammensetzung konstant. Man kann ihren Gehalt an Stickstoff oder Kali, an Phosphorsäure, Magnesium oder Kalk in ihnen selbst nicht beliebig verändern, auch die Erschließung im Boden nicht beschleunigen oder verlangsamen. So etwas gibt es erst, seit die »böse« chemische Industrie ihre genau meß- und wägbaren Mineralerzeugnisse schuf. Außerdem stellt sie in den sogenannten Volldüngern

*In der Hauptsache
Universaldüngung*

Mischungen der Hauptnährstoffe her, mit denen man bei fast allen Pflanzen »richtig liegt«, wenn man beispielsweise das neue Nitrophoska permanent als Langzeitdünger einsetzt oder einen entsprechenden, chloridfreien Volldünger bei Austriebsbeginn, im zeitigen Frühjahr ausstreut.

Eigentlich gibt es unserem Revier nur eine einzige Pflanzengruppe, die klar hervortretende Spezialwünsche hat und im entsprechend vorbereiteten Boden auch anders gedüngt werden will. Das sind die kalkfeindlichen Gewächse, früher Moorbeetpflanzen genannt. Freilandazaleen und Rhododendren gehören zu ihren wichtigsten Vertretern; auch einige Koniferen zählen zu diesen »KF-Pflanzen«. Für sie alle werden schon seit einigen Jahren physiologisch sauer reagierende, also kalkfreie Spezialdünger geschaffen. Wir nennen auf Seite 366 als Beispiel für alle das Markenprodukt Rhodohum.

Ausnahme: Spezialdünger für Kalkfeinde

Inzwischen hat diese »Individualdüngung« bei den Produzenten Schule gemacht, und Spezialdünger zu entsprechenden Preisen sind wie Pilze aus der Erde geschossen. Wer Spaß daran hat, kann ganze Batterien solcher angeblich feinstens auf den Sonderbedarf von Erdbeeren, Rosen, Tulpen und was immer abgestimmten Nährstoff-Kompositionen vorrätig haben. Ob er damit soviel weiter kommt als mit der bewährten Universaldüngung, erscheint zweifelhaft. Sein Dünger-Etat wird jedenfalls ganz hübsch anwachsen.

Die modische »Individualdüngung«

Anwendung: Krumendüngung und Kopfdüngung

Zwei Hauptverwendungsarten sind zu unterscheiden. Als Krumendüngung oder Vorratsdüngung bezeichnet man das Aufstreuen des Minerals auf die Bodenkrume mit nachfolgendem, leichtem Unterhacken. Dabei sollen Kali und Phosphorsäure sowie entsprechende Volldünger 3–4 Wochen vor der Bestellung gegeben werden, während man eine ausgesprochene Stickstoffdüngung besser erst kurz vorher durchführt. Die Beziehungen zwischen Bodenbeschaffenheit und chemischer Wirkung der einzelnen Nährstoffe, Fruchtwechselfolge und Anbauplan müssen dabei genau berücksichtigt werden. Die Düngemittel sind breitwürfig, bei windstillem Wetter auszustreuen.

Als Kopfdüngung bezeichnet man alle jene sich leicht erschließenden Nährstoffgaben, die in bestimmten Zeitabständen und unter besonders sorgfältiger Innehaltung der vorgeschriebenen Mengen trocken oder wassergelöst den Pflanzen zu raschem Umsatz während ihrer Hauptwachstumszeit verabreicht werden. Auch die schon mehrfach, vor allem im Obstbauteil, erwähnte Lanzendüngung gehört in diesen Bereich. Sie ist ihrer Wirkungsart gemäß von Tageszeit und Wetter unabhängig. Im übrigen gibt man lieber öfter ein wenig, als zu viel auf einmal. Kopfdüngungen werden stets nur bei bedecktem Himmel, am besten nach Regen vorgenommen. Trocken gegebene Düngesalze dürfen nicht auf den Blättern liegen bleiben. Denn fast alle Düngesalze können schon bei ihrer Auflösung durch den Tau Brennflecken hervorrufen. Wird trocken gestreut, so soll stets gründliches Abbrausen folgen. Flüssig Düngen ist sicherer, macht aber mehr Arbeit.

Die Lanzendüngung ist bestechend durch ihre einfache, »gezielte« Anwendung. Siehe auch Zeichnung Seite 341.

Wer seine Handelsdünger selbst mischen will, muß die salz- oder pulverförmigen Mengen kurz vor dem Aufstreuen sehr sorgfältig durcheinanderbringen. Beim Ansetzen mit Wasser dürfen keine Klümpchen und kein Bodensatz mehr vorhanden sein. Welche Handelsdünger mischbar sind, ergibt sich aus dem Abschnitt »Verträgliche und unverträgliche Stoffe«.

Entsprechend den drei wichtigsten Nährstoffen der Kulturpflanzen sind drei Hauptgruppen von stickstoffhaltigen, kalihaltigen und phosphorsäurehaltigen

Handelsdüngern zu unterscheiden. Kalk und Magnesium werden zwar als vierter und fünfter Kernnährstoff hinzugezählt, nehmen aber doch eine Sonderstellung ein und stehen deshalb außerhalb dieser Reihe am Schluß. Über die Spurenelemente oder Mikronährstoffe kann man auf Seite 375 nachlesen.

Stickstoffdüngemittel

Stickstoff macht die Pflanze frohwüchsig, fördert die Laubentwicklung und gibt den Blättern eine satte, dunkelgrüne Farbe. Seine Anwendung empfiehlt sich deshalb besonders bei allen solchen Pflanzen, die ein zwar nicht gerade kränkliches, aber hungriges Aussehen zeigen. Bei verholzenden Gewächsen, vor allem Obstbäumen, sollen Stickstoffdünger höchstens bis Ende Juli angewendet werden, da sonst der Trieb zu lange anhält und das junge Holz vor Frosteintritt nicht mehr genügend ausreift. Anderen Pflanzen — zum Beispiel dem Feldsalat und dem ab Mitte August ausgesäten Winterspinat — können bei genügend Bodenfeuchtigkeit wohldosierte Stickstoffgaben auch im September noch dienlich sein.

Harnstoff (44–46 % Stickstoff, der in Amidform vorliegt)   Er muß im Boden erst in die Ammoniak- und Salpeterform umgewandelt werden. Besonders für gut erwärmbare, also leichtere und nicht zu trockene Böden geeignet. Anwendung wegen hohen Stickstoffgehaltes nur in kleinen Gaben. Wirkt physiologisch neutral.

Schwefelsaures Ammoniak (20–21 % Stickstoff, der in der Ammoniakform vorliegt)   Als Krumendünger auf gut mit Kalk versorgten Böden bestens geeignet. Im Frühjahr gegeben, vermag Schwefelsaures Ammoniak den Stickstoffbedarf eines ganzen Sommers zu befriedigen. Wirkt physiologisch sauer.

Kalkstickstoff (geperlt oder geölt, 18–21 % Stickstoff)   Wegen seiner Billigkeit beliebt. Fördert die Verrottung organischer Stoffe und ist deshalb besonders zur Kompostierung geeignet. Wirkt physiologisch basisch. Da zu seiner Erschließung langwierige chemische Umsetzungen im Boden erforderlich sind, bringt man ihn nur über Winter aus und sorgt für besondere gute Vermischung mit dem Erdreich. Das Einatmen von Kalkstickstoff-Staub ist gesundheitsschädigend. Deshalb zur Düngung Kalkstickstoff geölt oder gekörnt verwenden. Unkrautbekämpfung siehe Seite 88.

Kalksalpeter (14–15,5 % Stickstoff)   Dieser preiswerte Dünger ist wegen seines in der Salpeterform vorliegenden Stickstoffgehaltes vor allem für Kopfdüngungen im Nutz- wie im Ziergarten geeignet. Kalksalpeter enthält — wie der Name erkennen läßt — als wertvollen Bestandteil einen hohen Prozentsatz an Kalk (CaO). Seine physiologische Wirkung ist basisch.

Floranid und **Rasenfloranid**   Das appetitlich gekörnte Floranid der ersten Stunde bezieht seine dereinst schier als Sensation empfundene Wirkung aus einem in der Umgangssprache kurz als »Crotodur« bezeichneten Stickstoffanteil, der den wissenschaftlichen Namen »Crotonylidendiharnstoff« führt. Seine Erfolge sind noch immer großartig, denn man muß es als Rasenbesitzer schon ganz besonders unsachgemäß anfangen, um statt der versprochenen Dauerwirkung einen Verbrennungsschaden zu erzielen. Auch im Zierpflanzenbau, beim Gemüse, sogar auf Balkon und Terrasse bewährt sich der synthetisch-organische Stickstoffdünger. Unter dem alten Namen, doch mit neuen Inhalten erschien 1980 jener

Rasendünger, bei dem nun 30% seines Stickstoffanteils in der noch langsamer, noch schonender wirkenden Isodur-Form vorliegt. Auch Isodur-Rasendünger mit Unkrautvernichter wurde von der BBA zugelassen. Die gute Verträglichkeit des neu-alten Produktes bestätigt sich nicht zuletzt darin, daß es bereits im Ansaatjahr – frühestens 3 Monate nach Anlage der neuen Rasenfläche – eingesetzt werden kann. Es war eigentlich schon genau das, was heute als »Langzeitdünger« immer größere Bedeutung erlangt.

Kalkammonsalpeter (27% Stickstoff) Liegt zur einen Hälfte als Ammoniumstickstoff und zur anderen Hälfte als Nitratstickstoff vor. Damit ist auch hier eine fortlaufende Stickstoffversorgung der Pflanzen gegeben. Da Kalkammonsalpeter außerdem einen hohen Anteil an Kohlensaurem Kalk ($CaCO_3$) enthält, wird der Boden auch in dieser Hinsicht ausgezeichnet versorgt. Als Krumendünger wie als Kopfdünger gleich vorteilhaft anwendbar.

Kalihaltige Düngemittel

Wegen Auswaschungsgefahr wird Kali auf leichten Böden erst im Frühjahr gegeben. Schwerere, bindige Böden mit viel Lehm- und Tongehalt vertragen auch Herbst- oder Winterdüngung, ohne daß Verluste zu befürchten sind. Kali verleiht der Pflanze Standfestigkeit. Kalimangel erzeugt schwammigen, spröden Wuchs. Bei zu hoher Kalidüngung besteht die Gefahr, daß die Aufnahme seines »Gegenspielers« Magnesium gehemmt wird und dadurch »relativer Magnesium-Mangel« auftritt.

Kali ist ein sehr wichtiger Stoff, dem wir auch die Schönheit der Blüten und die Qualität der Früchte verdanken.

4oer Kali oder 4oer Kalidüngesalz (37–40% Kali) Diese Salze sind leicht löslich, dabei von dauerhafter Wirkung. Für alle Bodenarten geeignet, erst im März geben, auf 1 qm 40 g. Zu gleichen Teilen mit Thomasphosphat gemischt. Ausgangsmaterial für die beliebte »Kali- und Phosphorsäure-Grunddüngung«. Noch hochwertiger und weniger chloridhaltig ist das 5oer Kali.

Patentkali (Schwefelsaure Kalimagnesia) (25% Kali, 8% MgO als Schwefelsaure Magnesia) Ungefährlich, da chloridfrei, deshalb für alle Bodenarten und auch als Kopfdünger geeignet. Auf 1 qm 40–50 g. Zu gleichen Teilen mit Thomasphosphat gemischt. Ausgangsmaterial der »Kali- und Phosphorsäure-Grunddüngung«.

Schwefelsaures Kali (Kaliumsulfat; rund 50% Kali in chloridfreier Form) Eignung wie Patentkali. Gut für Spezialkulturen (Obstgehölze, Reben, Tabak).

Magnesia-Kainit (Kainit) Sammelbegriff für Kali-Rohsalze mit sehr hohem Chlorid-Gehalt. Kein Gartendünger!

Phosphorsäurehaltige Düngemittel

Phosphorsäure wird durchschnittlich in kleineren Mengen gebraucht als Stickstoff und Kali. Dennoch muß gerade sie als ein Grundpfeiler der Pflanzenernährung bezeichnet werden. Jedes Samenkorn enthält gespeicherte Phosphorsäure, die zur Keimung benötigt wird. Ohne genügend Phosphorsäure und Kali gäbe es auch nicht jenen als »Photosynthese« bezeichneten wunderbaren Vorgang der Bildung von Stärke mit Hilfe von eingestrahlter Sonnenenergie. Allgemein fördert Phosphorsäure Blütenreichtum, gute Reife und Festigkeit der Früchte.

Superphosphat (16–18 % Phosphorsäure, leicht löslich)   Für schwere Böden als Krumendüngung vor der Aussaat. Unterstützt eine rasche Jugendentwicklung und Bildung von viel Pflanzenmasse. Auch als Kopfdünger geeignet. Auf 1 qm 30 g.

Thomasphosphat (12–18 % Phosphorsäure, bis zu 50 % Kalk. Schwer löslich, nicht wasserlöslich)   Unter dem Namen Thomasschlacke bei der Veredlung von Roheisen gewonnen und dann fein gemahlen. Gut für leichte und saure Böden, von langsamer, dauerhafter Wirkung; zur Vorratsdüngung. Spätester Anwendungstermin vier Wochen vor der Bestellung. Aufstreuen nur bei völlig windstillem Wetter, oder am Tag vorher mit feinkrümeliger feuchter Erde vermischen, da Thomasphosphat beim leisesten Luftzug verweht. Darf nicht gleichzeitig mit ammoniakhaltigen Stickstoffdüngern verwendet werden! Auf 1 qm 40–50 g.

Rhenaniaphosphat (25 % Phosphorsäure, 40–45 % Kalk, 3–4 % Kali. Nicht wasserlöslich)   Anwendung und Wirkung wie Thomasphosphat.

Die Volldünger

Diese chemischen Spezialerzeugnisse enthalten gemäß dem Durchschnittsbedarf der Pflanzen drei, vier oder auch nur zwei Kernnährstoffe mit oder ohne Kalk in einem festen Mischungssatz, so daß Düngefehler nur dann vorkommen, wenn man entgegen der Gebrauchsanweisung die Mengenangaben überschreitet. In fester Form (mehlartig oder granuliert) gut löslich — neuerdings auch als moderne NPK-Dünger-Lösung —, sind sie vor der Aussaat sowie zur Kopfdüngung besonders geeignet: für den Freizeitgärtner neben den Torfmischdüngern die wichtigsten Mittler einer harmonischen Pflanzenernährung. Es gibt zahlreiche derartige »Mineralische Mehrnährstoffdünger«, wie ihre amtliche Bezeichnung lautet. Für unsere Zwecke kommen dabei vor allem die sogenannten Blaukorn-Volldünger mit Zusatz von Spurenelementen in Frage. Blau bedeutet stets »chloridfrei« — für die mit wenigen Ausnahmen chlorfeindlichen Gartenpflanzen also genau das Richtige. Düngemittel mit der Kennzeichnung »rot« dagegen meiden wir wegen ihres Chlorgehaltes.

Für unsere Zwecke: Blaukorn-Volldünger, chloridfrei

Die zur Analyse des Nährstoffgehaltes in Prozenten angegebenen Zahlen bedeuten immer in gleicher Reihenfolge: 1. Stickstoff (N); 2. Phosphorsäure (P_2O_5); 3. Kali (K_2O); 4. Magnesia (MgO). Der Kalkgehalt wird bei diesen Volldüngern nicht eigens angegeben. Er beträgt je nach der chemischen Zusammensetzung durchweg 8–10 %, was zur Deckung des normalen Kalkbedarfes ausreicht. Die Beigabe von Spurennährstoffen wird jeweils gesondert vermerkt. Nachstehend einige der bewährtesten Volldünger:

Angaben über den Nährstoffgehalt

Deckung des normalen Kalkbedarfs

Complesal 'Typ Blau' Hochwertiger Volldünger mit Magnesia und Spurennährstoffen 12/12/17/2; ferner als Flüssigdünger **Complesal fluid** in der Zusammensetzung 12/4/6 (NPK-Düngerlösung), bestens geeignet für Gartengebrauch.

Poly-Fertisal Volldünger mit besonders hohem Kalianteil (8/14/18) Magnesia und Spurennährstoffen, auch als Obstbaudünger geschätzt.

Hakaphos Einer der beliebtesten feinen Garten- und Blumendünger, sehr geeignet für alle Kulturen, leicht wasserlöslich, bestens für flüssige Kopfdüngungen. Es gibt Hakaphos perfekt (normal) 14/10/14 und Hakaphos spezial, chloridfrei 8/12/16.

Kampka Ebenfalls ein guter Gartendünger in mehreren Zusammensetzungen. Für den Haus- und Wohngarten besonders geschätzt ist Kampka blau, mit Magnesia und doppeltem Gehalt an Spurennährstoffen 12/12/17/2.

Nitrophoska Auch dieser seit Jahren führende Garten-Volldünger hat sich dem Verlangen nach »Langzeit-Düngern« angepaßt. Er heißt jetzt ohne weitere Unterteilung insgesamt Nitrophoska permanent, hat die Formel $15+9+15+2$ und erzielt seine Langzeitwirkung durch einen Anteil von 6% Isodur am Stickstoff-Gesamtgehalt von 15%. Dadurch wird zugleich beste Pflanzenverträglichkeit im gesamten Gartenbereich gewährleistet (siehe dazu Floranid S. 370).

Rustica Ein guter Volldünger von ähnlicher Zusammensetzung wie Nitrophoska, mit Varianten wie Rustica blauspur (= chloridfrei mit Spurennährstoffen) und Rustica blau chloridfrei.

Wuxal normal Ebenfalls einer der besteingeführten NPK-Flüssigdünger in der Zusammensetzung 12/4/6 (nicht mit Wuxal super 8/8/6 verwechseln!).

Warum Flüssigdünger in Land- und Gartenbau? Um den Boden vor einer Überlastung mit Mineralsalzen zu bewahren.

Verträgliche und unverträgliche Stoffe

Die chemische Wirkung der einzelnen Handelsdünger schließt in einigen Fällen ihre gleichzeitige Verwendung mit organischen Düngern oder auch miteinander aus. Grundregel ist, daß organische Dünger vor der Verwendung nicht mit anorganischen Stickstoffdüngern gemischt werden dürfen. Eine Mischung mit den kali-und phosphorsäurehaltigen Handelsdüngern dagegen ist nicht gerade schädlich, doch gibt man fürsorglich die organischen und die anorganischen Düngemittel dieser Art lieber jeweils getrennt für sich.
Der Kalk einschließlich aller stark kalkhaltigen Handelsdünger wie Kalkharnstoff, Thomasphosphat oder auch Nitrophoska duldet keine gleichzeitige Anwendung mit organischen oder anderen anorganischen Stickstoffdüngern, da sie den Stickstoff frei machen und in die Luft treiben würden. Mit Harnstoff allein und den Kalidüngesalzen dürfen Kalk und die kalkhaltigen Handelsdünger höchstens kurz vor dem Ausstreuen gemischt werden.

Der alte »Düngestern« ist außer Kraft gesetzt, weil Düngemittel heute zu rasch ihre Namen und ihre Zusammensetzung wechseln.

Kalk und Magnesium im Düngeplan

Kalk nimmt im Düngeplan eine Sonderstellung ein. Er ist kein Dünger im Sinne anderer mineralischer Düngemittel, auch wenn die Rede vom »Düngekalk« sich hartnäckig behauptet. Die eine Seite seines Wesens ist gleichbedeutend mit Wärmebildung und Durchlüftung des Bodens. Das Eindringen von Kalk in die Oberschicht ruft jene lockere Krümelstruktur hervor, die als wichtigste physikalische Folge ausreichenden Kalkens zu gelten hat. Da Kalk außerdem wasseranziehend wirkt und schädliche Keime neutralisiert oder abtötet, so sind damit bereits einige seiner bodenverbessernden Hauptaufgaben umrissen: er macht schweren, nassen Boden trockener und weniger bindig, schützt vor Verkrustung, fördert die Bodengare und hält die auch im leichten Boden sich bildenden, für fast alle Kulturpflanzen unverträglichen Säuren in Schach.

Zugleich ist der Kalk am inneren Aufbau der Pflanze beteiligt, festigt das pflanzliche Gewebe und hat auch im Ernährungshaushalt — bei der Bildung von Stärke und Zucker — bestimmte Aufgaben. Den größten Kalkanteil enthalten die Blätter, was auf diesem Wege wiederum der Ernährung von Mensch und Tier zugute kommt.

Die große Mehrzahl unserer Nutz- und Zierpflanzen verlangt eine mittlere Kalkhaltigkeit des Bodens. Sie soll schädliche Säuren binden und eine neutrale Bodenreaktion sicherstellen. Daneben gibt es eine verhältnismäßig kleine Gruppe von »kalkholden« Pflanzen, deren etwas höherer Bedarf jeweils in den Pflanzenlisten angemerkt ist. In gutem Gartenboden werden sie an sich bei zusätzlichen Kalkungen im Dreijahresturnus schon ausreichend mitversorgt, zumal die regelmäßige Anwendung der ohnedies meist etwas kalkhaltigen Handelsdünger hier bereits ausgleichend wirkt. Eine dritte, ebenfalls kleine Gruppe umfaßt die kalkfeindlichen Pflanzen, deren Gedeihen nur in einem kalkfreien, sauren und humusreichen Boden gewährleistet ist. Von ihnen ist vor allem im Kapitel »Immergrüne Laubgehölze und Koniferen« sowie im Abschnitt »Spezialdünger für Kalkfeinde« ausführlich die Rede.

Die Wirkung des Kalkes ist um so nachhaltiger, je feiner gemahlen er angewendet wird. Man streut das Kalkpulver im Herbst oder im zeitigen Frühjahr gleichmäßig dünn aus und hackt es dann im Bereich der Oberkrume leicht unter. Der Boden muß dazu gut abgetrocknet sein. Im nassen Boden wird der Kalk schmierig. Und nochmals gesagt: Kalk darf nie gleichzeitig mit stickstoffhaltigen Düngern oder mit Superphosphat verabreicht werden, sondern immer mindestens drei Wochen vor oder nach der eigentlichen Düngung. Es sind verschiedene Arten von Kalk zu unterscheiden, die alle nur in gemahlenem Zustand, nicht als Stückkalk bezogen werden sollten.

Kohlensaurer Kalk, Düngekalk, Kalkmergel (80–95 % $CaCO_3$, das entspricht etwa 45–53 % CaO) Wird aus dem natürlichen Kalkgestein durch Vermahlen gewonnen. Er ist nicht wasserlöslich. Besonders der Kalkmergel enthält auch noch Ton und Lehmbestandteile; auch kleinere Beimengungen von Phosphorsäure, Eisen und kohlensaurer Magnesia kommen vor. Daher ist Kalkmergel besonders für sandige Böden zu empfehlen, eignet sich aber auch für jeden Gartenboden. Aufwandmenge am besten nach der Bodenanalyse, mittlere Gaben liegen bei 2,5 kg je 10 qm. Lagerfähig.

Magnesiumkalk, Dolomitkalk (90–95 % $CaCO_3$ + $MgCO_3$; Mindestgehalt an Magnesia: 15 % MgO) Er ähnelt dem Kohlensauren Kalk, doch liegt ein Teil des Kalziumgehaltes als Magnesium vor. Anwendung wie Kohlensaurer Kalk. Lagerfähig.

Branntkalk (80–95 % CaO) Er wird durch Hitzebehandlung des Kohlensauren Kalkes gewonnen, ist wasseranziehend und sehr leicht wasserlöslich. Für schwere, tonige oder lehmige Böden ohne Grasnarbe geeignet. Wirkt stark ätzend. Anwendung nach Bodenanalyse, mittlere Gaben: 1–1,5 kg je 10 qm oder die doppelte Menge Kohlensaurer Kalk. Schlecht lagerfähig. Zu empfehlen: Branntkalk körnig.

Löschkalk (ca 70% CaO) entsteht durch das nicht ungefährliche »Ablöschen« von Branntkalk mit Wasser. Trotz guter Eigenschaften wie Feinkörnigkeit und Lagerfähigkeit sollte man ihn im Freizeitgarten meiden.

Seit sich die schwerwiegenden Folgen des Magnesiummangels im Boden herausgestellt haben, ist das metallische Element mit dem chemischen Zeichen Mg in die unmittelbare Nähe der klassischen Kernnährstoffe Stickstoff (N), Phosphor (P), Kalium (K) und Kalzium (Ca) aufgerückt. Seither werden auch zunehmend Düngemittel mit höherem oder geringerem Magnesiumgehalt hergestellt, so daß die Versorgung aller Böden mit diesem für Pflanzenwuchs und Blattgrün- oder Chlorophyllbildung unentbehrlichen Stoff jederzeit sichergestellt werden kann. Viele der bereits genannten Mineraldünger enthalten — wie sich aus den Analysen ergibt — durchschnittlich 2 % Magnesium. Besonders hohe Anteile weist das als »Kalimagnesia« bekannte Patentkali auf. Magnesium ist ferner ein wichtiger Bestandteil der Kalkdüngemittel (Dolomitkalk!) und kommt ebenso im Thomasphosphat vor. Magnesium fördert allgemein die Löslichkeit der Phosphate im Boden. In der Pflanze kann es durch Kaliüberdüngung in »relativen Mangel« gebracht werden.

Magnesiummangel drückt sich aus in chloroseähnlichen, hellgrünen bis braunen Stellen zwischen den dunkelgrün bleibenden Adern der Blätter, verfrühtem Laubabfall, der bei den unteren Blättern beginnt, sowie vorzeitig abfallenden, kleinen und schwach eingefärbten Früchten. Kali-Düngung stoppen!

Spurenelemente oder Spurennährstoffe

Spurenelemente sind keine geheimnisvollen Kräfte im Boden, sondern Pflanzennährstoffe, die im Gegensatz zu den Kernnährstoffen lediglich in sehr kleinen Mengen gebraucht werden und deshalb auch den Namen »Mikro-Nährstoffe« führen. Von den an sich zahlreich vorhandenen Spurenelementen sind nach dem heutigen Stand der Forschung vor allem Bor, Mangan, Kupfer, Zink, Molybdän und Eisen für die Pflanzenernährung notwendig. Kobalt und Jod werden von der Pflanze selbst nicht benötigt, doch vermittelt sie die Weitergabe dieser Stoffe an das Tier. Im Liebhabergarten ist die Anwendung von spurenelementhaltigen Düngemitteln heute fast selbstverständlich, obzwar keineswegs immer notwendig. Wo ungewöhnliche Ausfallerscheinungen, wie z. B. Beeinträchtigung der Blattgrün-Bildung, auf sonst nicht erklärbare Unstimmigkeiten der Pflanzenernährung hindeuten, sollte der Gartenfreund zunächst eine wissenschaftlich einwandfreie Boden- oder auch Blattanalyse vornehmen lassen. Denn nur im Bedarfsfalle ist eine Ergänzung des Bodenvorrats an Bor, Mangan, Kupfer und Eisen durch Düngung anzuraten, weil einige Spurennährstoffe bei Überdosierung auch schädlich wirken können.

Nicht jede Unstimmigkeit kommt vom Fehlen bestimmter Spurenelemente.

Alle Pflanzen brauchen Schutz

Unter dem Titel »Gesetz zum Schutze der Kulturpflanzen« ist am 1. Januar 1987 mit 46 Paragraphen das neue Pflanzenschutzgesetz in Kraft getreten. Da seine Durchführung noch von manchen Ausführungsbestimmungen abhängt, lesen Sie bitte nach, was im Vorwort zur Sache gesagt wird.

Gartenspritzen zur »Pflanzenbehandlung« gibt es seit eh und je in immer neuen Modellen. Aber dies gab es noch nie: Die Elektro-Doppelkammer-Gartenspritze mit je einem Behälter für 2,5 Liter Spritzbrühe: z. B. einerseits Insektizid, andererseits Fungizid. Beide einwandfrei getrennt, zum Gebrauch umschaltbar.
Auch für Zimmergebrauch z. B. einerseits Pflanzenschutzmittel, andererseits weiches Wasser für Luftbefeuchtung.
Unabhängig vom Netz; Betrieb sparsamst mit 6 Monozellen (Alkaline-Typ). Pumpen von Hand kann man vergessen.
Fachhandel, — sonst Rückfrage an Acculux, Postfach 1140, 7157 Murrhardt.

Stets aufs neue entfacht sich die Diskussion der Gartenfreunde am Thema Pflanzenschutz. Sie zielt damit auf die Anwendung chemischer Pflanzenschutzmittel, deren mögliche Gefahren keineswegs übersehen werden dürfen. Die Gegner des chemischen Pflanzenschutzes leiten daraus die Forderung ab, man solle die Bekämpfung der Schädlinge allein der Natur überlassen, der es schon gelingen werde, mittels des »biologischen Gleichgewichtes« größere Schäden zu verhindern. Aber leider gibt es dieses vielzitierte biologische Gleichgewicht der von Menschenhand unberührten Natur in unseren Gärten schon lange nicht mehr. Durch jeden Spatenstich verändert der Mensch den Boden einseitig in Richtung seiner wirtschaftlichen Ziele, er schafft eine Kulturlandschaft. Mit dem Anbau einheitlicher Pflanzenbestände wächst die Gefahr der Massenvermehrung einzelner Krankheiten und Schädlinge. Sie konnten durch natürliche Ausgleichskräfte allein bisher nicht abgewehrt werden. Hier ist es erlaubt, auch chemische Mittel einzusetzen — ja, hier muß sich der Mensch die modernen Formen der Nahrungssicherung durch sorgfältig gesteuerten, umweltgemäßen Pflanzenschutz nutzbar machen.

Allerdings besitzt gerade der Gärtner mit den verschiedenen Formen der Bodenbearbeitung und Anbautechnik, Humuszuführung und Düngung noch zahlreiche Möglichkeiten der vorbeugenden, indirekten Krankheits- und Schädlingsabwehr, die es an erster Stelle zu nutzen gilt. Viele pilzliche Parasiten — so vor allem die Erreger zahlreicher Keimlingskrankheiten — leben im Boden und greifen ihre Wirtspflanze von dorther an. Sie stehen nach deren Aberntung in Wettstreit mit den übrigen Kleinlebewesen. Je reicher der Bestand des Bodens an Mikroorganismen und je tätiger er dadurch ist, desto eher werden die Krankheitserreger im Kampf mit der pflanzlichen wie der tierischen Kleinlebewelt unterliegen. Eine sinnvolle wechselnde Bebauung, wie sie früher schon im Rahmen einer streng geregelten Fruchtfolge beispielsweise im Gemüsebau geübt wurde, unterstützt solche selbsttätige biologische Bodenentseuchung.

Im übrigen lehrt die Erfahrung, daß zügig wachsende Pflanzen sehr wohl auch aus eigener Kraft einzelnen Schwächeparasiten zu entrinnen vermögen. Auch Unterschiede in der sortenbedingten Anfälligkeit sind zu berücksichtigen. Nicht umsonst ist deshalb die Widerstandsfähigkeit oder Resistenz gegen Krankheiten eines der wichtigsten Zuchtziele im modernen Gartenbau. Nicht alle parasitären Pflanzenschäden lassen sich indessen mit indirekten, vorbeugenden Maßnahmen abwehren. Viele Schaderreger fliegen aktiv oder passiv zu ihren Wirtspflanzen und vermehren sich dort je nach Witterungsverhältnissen mehr oder weniger stark. Angesichts dieser Befallssituation bleibt uns vielfach nur der Weg einer direkten, meist chemischen Bekämpfung. Keineswegs in allen Fällen können wir uns heute schon mit wirklich brauchbaren biologischen Verfahrensweisen begnügen. Was aber den chemischen Pflanzenschutz im Privatgarten angeht, so bestehen hier einige grundsätzliche Unterschiede zum Pflanzenschutz im Erwerbsgartenbau. Dort baut der Berufsgärtner im allgemeinen jeweils größere Flächen mit gleichartigen Kulturen an und muß schon aus wirtschaftlichen Gründen der Konkurrenzfähigkeit auf Erzielung bester Qualitätsware bedacht sein. Der Gartenfreund dagegen hat es auf begrenztem Raum mit einer Vielzahl verschiedener Nutz- und Zierpflanzen zu tun, die in ihrem engen Neben- und Nacheinander im Vergleich zum Erwerbsanbau wesentlich andere Anforderungen stellen. Auch der Gartenfreund selbst stellt im allgemeinen an sein Erntegut andere Anforderungen als Berufserzeuger und Handel. Er nimmt lieber einen kleinen Schönheitsfehler in Kauf, wenn er dadurch vom »Spritzkalender« und anderen universalen Maßnahmen befreit wird. In diesem Sinne hat sich im gesamten Pflanzenschutz unübersehbar ein großer Wandel vollzogen. Ja, man möchte – wie auch das neue Gesetz zeigt – geradezu von tiefgreifenden Änderungen überkommener Anschauungen und Lehrmeinungen sprechen.

Pflanzenschutz im Privatgarten anders als im Erwerbsgartenbau

▷ Der Zug der Zeit heißt: Abkehr von Mitteln mit großer Wirkungsbreite und vom vielseitigen Einsatz ohne tatsächliche Notwendigkeit. Es gilt vielmehr – außer notwendiger Vorbeugung – nur noch der echte Notfall.

Im Familiengarten keine schweren Gifte, dafür Mittel zu gezieltem Einsatz bei kurzer Wartezeit.

Die Wahl des richtigen Pflanzenschutzmittels

Die Fülle der in den Fachgeschäften erhältlichen Pflanzenschutzmittel macht es uns schwer, die richtige Auswahl zu treffen. Die folgende Charakterisierung der wichtigsten Mittelgruppen soll deshalb diese Arbeit etwas erleichtern. Eine erste Untergliederung erfolgt nach der Art des Schaderregers, wobei wir zwei Hauptgruppen von Schadensstiftern unterscheiden: Bei den pflanzlichen Parasiten — sie sind Urheber der Krankheiten — denken wir zunächst an die pilzlichen Erreger (lateinisch: *fungi*), während bei den tierischen Schädlingen besonders die Insekten hervorzuheben sind. Entsprechend gibt es pilztötende Mittel oder *Fungizide* und Mittel gegen Insekten oder *Insektizide*. Diese Insektenmittel helfen nicht gegen pilzliche Parasiten, auch nicht gegen Bakterien- und Viruserkrankungen. Entsprechend ist auch die Wirkung der Fungizide oder Pilzgifte auf die Abtötung pilzlicher Erreger beschränkt. Schadinsekten und Pilze sind keine Einzelerscheinungen, sondern jedes von ihnen hat verschiedene Entwicklungsformen oder Stadien, die vor allem bei den Insekten nicht immer mit den gleichen Mitteln bekämpft werden.

Zwei Hauptgruppen von Mitteln

Bei den Insekten oder Kerbtieren unterscheiden wir Eier, Larven, Puppen und Vollkerfe. Die Larven heißen auch Maden, Raupen und Würmer oder haben eigene Namen, so der Engerling, die Larve des Maikäfers; sie sind oft schädlicher als das Insekt selbst, z.B. Obstmaden, Kohlweißlingsraupen, Maden und Puppen der Spargelfliege, die Larve des Dickmaul-Rüsselkäfers. Bei den Pilzen kennen wir das eigentliche Pilzgeflecht oder Myzel und verschiedene Formen von Sporen, die der Vermehrung und Verbreitung dienen. Die meisten Pilzgifte verhindern die Infektion, töten also die Sporen in der sogenannten Inkubationszeit beim Auskeimen ab. Sie wirken insofern nur vorbeugend, »präventiv« oder »prophylaktisch« einem Befall entgegen. Nur

Der Fachhandel führt heute auch zahlreiche Biologische Pflanzenpflegemittel. Über naturgemäßen Pflanzenbau und biologisch-ökologischen Pflanzenschutz siehe auch Bezugsquellennachweis Seite 406.

Flechten und Moose sind
selbst »niedere Pflanzen«,
die sich auf schlecht ge-
pflegten älteren Bäumen ansiedeln. Im modernen Garten
haben sie kaum noch prak-
tische Bedeutung.

wenige Präparate haben daneben auch eine begrenzte heilende oder »kura-
tive« Wirkung, die aber nur bis zu 30 Stunden nach Abschluß der Inkubationszeit anhält. Der aus der Human-Medizin übernommene Begriff »heilend«
trifft im Pflanzenreich nicht ganz zu, weil bereits entstandene Schäden nicht
rückgängig gemacht, sondern nur gestoppt werden können.

Wie schon vorn in der Einleitung vermerkt, hat die BBA mit ihrem »Zweiten
Gesetz zur Änderung des Pflanzenschutzgesetzes« eine Neuordnung vorge-
nommen und damit einige Verwirrung angerichtet. Ob die jetzt getroffene
Zuordnung besser ist, wird ihre praktische Bewährung zeigen.

Pflanzenbehandlungsmittel

a) Pflanzenschutzmittel		b) Wachstumsregler
Akarizide	(Spinnen, Milben, auch Pilze)	Herbizide ohne Schutz-
Bakterizide	(Bakterien)	zweck für Kulturpflanzen
Fungizide	(Pilzkrankheiten)	
Herbizide	(Unkrautvernichter bei Kultur-	Pflanzen-Wachstums-
	pflanzen)	Regulatoren
Larvizide	(Insektenlarven)	
Molluskizide	(Schnecken/Nacktschnecken)	Keimhemmungsmittel
Nematizide	(Nematoden, Älchen, auch Bo-	
	denentseuchung, Unkraut)	
Ovizide	(Insekteneier/Spinnmilbeneier)	
Rodentizide	(Nagetiere: Wühlmaus, Erdmaus)	
Leime, Wachse, Baumharze		
Repellents	(Wildschaden-Verhütungsmittel)	
Zusatzstoffe / Sonstiges		Zusatzstoffe / Sonstiges

Daß sämtliche Mittel nicht beliebig ausgetauscht und nur streng nach Vorschrift eingesetzt werden dürfen, versteht sich von selbst. Da viele Pflanzenschutzmittel die gleichen Wirkstoffe enthalten, greifen ihre Hersteller zu unterschiedlichen Handelsnamen für die gleiche Sache. Besondere Konsequen-
zen für den Verbraucher ergeben sich hier nicht.

Gegen pilzliche Erreger: Pilzgifte oder Fungizide

Die Vermehrung der Pilze erfolgt im allgemeinen durch verschiedene Arten
von Sporen, die durch Wind und Regen verbreitet werden oder am Saatgut
haften. Infektionen gehen auch von Überdauerungsstadien im Boden, an Geräten, Pfählen oder Ernteresten aus. Maßgebend für die Massenvermehrung
der Parasiten sind Temperatur und Feuchtigkeit. Niederschlagsreiche Som-
merwitterung fördert viele Pilzkrankheiten, nur die Echten Mehltaupilze gedeihen besser bei trockenwarmem Wetter.

Das Wachstum der meisten Pilze erfolgt im Pflanzeninnern. Hier entziehen
sie sich den Bekämpfungsmaßnahmen des Menschen. Die modernen Pilzgifte
vermögen nur das Auskeimen der Sporen auf der Pflanzenoberfläche zu ver-

hindern. Die chemische Bekämpfung der Pilzkrankheiten muß also vorbeugend, nämlich bei Entstehung der Infektion, erfolgen.

Aus der Vielzahl derzeit zugelassener Präparate und ihrer Wirkstoffe folgen drei Beispiele. Ihr Einsatz reicht im allgemeinen gegen Pilzkrankheiten.

Dithane Ultra (Wirkstoff Mancozeb) Gegen Falschen Mehltau, Kraut- und Braunfäule, Rost, Schorf, bedingt gegen Spinnmilben (Rote Spinne); nicht gegen Echten Mehltau. Zugelassen im Gemüse-, Obst- und Zierpflanzenbau. Jeweilige Wartezeiten beachten. Keine Giftabt., bienenungefährlich.

Morestan 0,03% (Wirkstoff Chinomethionat) Gegen Echten Mehltau an Gemüse, Obst und Zierpflanzen. Auch gegen Amerikan. Stachelbeermehltau. Gute Wirkung gegen Spinnmilben. Wartezeiten! Keine Giftabt., bienenungefährlich.

Euparen (Wirkstoff Dichlofluamid) Gegen Botrytis (Grauschimmelfäule) der Erdbeeren, Brombeeren, Himbeeren, Zierpflanzen; Kräuselkrankheit Pfirsich, Schorf des Kernobstes; Sternrußtau und Rost bei Rosen, auch Rosenmehltau. Zugelassen für alle Kulturen. Keine Giftabt., bienenungefährlich.

Wegen ihrer besonderen Eignung zur Bekämpfung pilzlicher Parasiten bei der

Handelsnamen genannt: Cupravit (OB 21) von Bayer; Funguran von Spiess-Urania; BASF-Grünkupfer, Grünkupfer »Marktredwitz«; Kupferspritzmittel »Schacht« speziell auch gegen Kräuselkrankheit des Pfirsichs — immer vorausgesetzt, daß die Zulassungsbestimmungen der Biologischen Bundesanstalt sich inzwischen nicht geändert haben. Soweit die Gebrauchsanweisungen keine anderen Angaben enthalten, sind die Fungizide mit den Insektiziden mischbar.

Bodenentseuchung und Beizung

Bei den Gemüsesaaten treten sehr verlustreiche Frühinfektionen auf, denen nur durch eine langfristig vorbeugende Bekämpfung Einhalt geboten werden kann. Die Behandlung darf dann nicht erst bei den bereits im Freiland wachsenden Pflanzen beginnen, sondern muß schon vor der Aussaat einsetzen, da viele der gefährlichen Pflanzenparasiten vom Boden her angreifen oder am Saatgut haften. Bodenentseuchung und Saatgutbeizung sind deshalb zwei wichtige Vorbedingungen für den Saatenschutz, die sinnentsprechend auch für die Anzucht von Zierpflanzen gelten.

Zur Erzielung einer gesunden, von Krankheitskeimen freien Erde besitzen Großgärtnereien Erddämpfanlagen, in denen der Boden auf 100° C erhitzt wird. Auch gibt es chemische Entseuchungsmittel, die meist mit Spezialgeräten in den Boden eingebracht oder eingearbeitet werden müssen. Im Freizeitgarten sollte zumindest die Anzuchterde regelmäßig gewechselt werden. Zur chemischen Entseuchung galt seit Jahrzehnten das Fungizid Brassicol. Es wurde inzwischen verboten. An seiner Stelle — doch wie man hört, kaum mit dem gleichen Erfolg — wird das auf Dazomet-Basis entwickelte Basamid-Granulat genannt. Die BBA empfiehlt es zur Zeit auch gegen wandernde Wurzel-Nematoden.

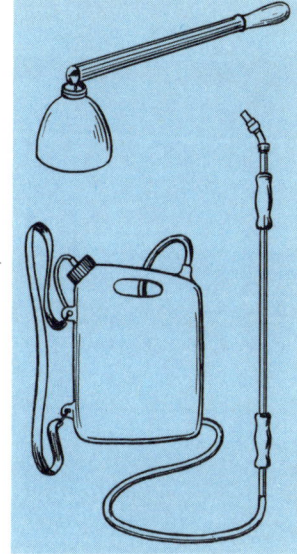

Oben: Handspritze
Darunter: Für Gärten mittlerer Größe empfiehlt sich eine Umhänge-Spritze (Zeichnung) oder sogar eine rückentragbare Hochdruckspritze. Akku-Sprühgeräte können bisher nur mit Vorbehalt empfohlen werden.

Infektionen vorbeugend bekämpfen

Statt Entseuchen der Erde frisches Kultursubstrat (TKS) einbringen!

Bodenhygiene allein reicht besonders bei ungünstigen Keimbedingungen zum vollen Schutz der Saat nicht aus. Als weitere Maßnahme ist das Beizen der Samen, insbesondere bei Bohnen, Erbsen und Gurken, notwendig. In Frage kommen nach den derzeitigen Zulassungsbestimmungen z. B. Metiram-Mittel wie Polyram Combi. Pilliertes Saatgut enthält bereits das erforderliche Beizmittel. Einige Einzelheiten zur Sache sind auch im Kapitel »Säen und Pflanzen« zu finden. Schließlich sei noch die Notwendigkeit einer sorgfältigen Desinfektion aller Geräte und sonstiger Hilfsmittel erwähnt, um möglichst alle Infektionsquellen für die Jungpflanzen auszuschalten.

Was sind Viruskrankheiten und bakterielle Krankheiten?

Viruskrankheiten kommen bei Mensch, Tier und Pflanze vor. Die Pocken, die Spinale Kinderlähmung, die Tollwut, die Maul- und Klauenseuche, die Hühnerpest gehören in diese Reihe. Das Virus ist ein geheimnisvoller Erreger an der Grenze zwischen der belebten und der unbelebten Welt. Nur im lebenden Gewebe vermag es seine verderblichen Kräfte zu entfalten und sich zu vermehren. Mit irgendwelchen chemischen Maßnahmen ist ihm nicht beizukommen. Im Pflanzenreich erfolgt die Übertragung der Viren teils durch bloße Berührung, teils durch Insekten, die den oft genug tödlichen Krankheitsstoff durch Besaugen von einer Pflanze zur anderen weitergeben. Einer der Hauptschädlinge auf diesem Gebiet ist die Grüne Pfirsichblattlaus. Sie geht im Sommer von den Pfirsichbäumen auch auf die Kartoffeln über und ruft bei ihnen jene gefährlichen Virosen hervor, die unter dem Begriff des Kartoffelabbaues zusammengefaßt werden. Insgesamt verbreitet die Grüne Pfirsichblattlaus nicht weniger als etwa 70 Viruskrankheiten an den verschiedensten Kulturpflanzen. Einige Virosen werden sogar von Generation zu Generation durch Samen und Früchte »vererbt«.

Die bekanntesten Viruskrankheiten sind die Mosaikkrankheit, die Vergilbungskrankheit, die Kräuselkrankheit und die Blattrollkrankheit, denen wir bei vielen wichtigen Nutz- und Zierpflanzen begegnen. Bohne, Gurke, Salat, Spinat, Aster, Chrysantheme, Dahlie, Geranie, Lilie, Petunie und Tulpe sind als virusempfänglich bekannt. Auch die Obstgehölze werden von einer Reihe gefährlicher Viruskrankheiten befallen. Jeder große Pflanzenschutzkongreß brachte bisher neue peinliche Überraschungen, weil immer neue Virosen bekanntwerden. Kaum ein Kulturgewächs ist völlig befallsfest.

Im Liebhabergarten kann sich die Abwehr der Viruskrankheiten nur auf pünktliche Innehaltung der allgemeinen Pflanzenschutzmaßnahmen erstrecken. Hierher gehört gründliche Durchführung der Austriebspritzung, um z. B. die Blattlauseier zu vernichten, und Verwendung von nur einwandfreiem, aus zuverlässigen Quellen stammendem Saat- und Pflanzgut. Der Ansteckungsstoff im Zellsaft entzieht sich allen Einwirkungsmöglichkeiten von außen.

Ähnlich wie bei den Viren ist übrigens die Sachlage bei einigen bakteriellen Erregern, denen wir im Garten freilich nicht gerade häufig begegnen. Hier

Bei Unkrautbekämpfung im Rasen soll man benachbarte Kulturen gegen Spritzschäden abdecken.

handelt es sich beispielsweise um die Bakterielle Tomatenwelke und den Bakterienkrebs oder Wurzelkropf der Obstbäume. Sie können zwar durch keine Pflanzenschutzmittel vernichtet werden, doch ist bei Tomaten vorbeugende Saatgutbeizung von Wert. Befallene Pflanzen entfernen und verbrennen.

Wenig Hilfe gegen Bakterien

Die Insekten und ihre Bekämpfung

Je nach ihrer Lebensweise unterscheiden wir zwischen fressenden und saugenden Insekten. Für ihre Bekämpfung spielt aber die Form der Nahrungsaufnahme heute praktisch keine Rolle mehr, da viele der neuen synthetischen Insektenmittel Fraßgifte und Kontakt- oder Berührungsgifte zugleich sind. Wichtiger ist häufig die Wirkungsdauer der Insektizide. Für die gärtnerische Praxis bedeutet dies eine Verlagerung von den lange wirksamen, deshalb gesundheitlich nicht mehr vertretbaren chlorierten Kohlenwasserstoffen einschließlich des jetzt insgesamt verbotenen DDT weg zu den schneller, aber dafür weniger nachhaltig wirkenden Phosphorverbindungen, die in Zukunft wohl durch manche Neuentwicklung ergänzt werden dürften. Die Phosphor-Insektizide, wie wir sie bisher kennen, entwickeln meist eine höhere Anfangsgiftigkeit, die jedoch bald von der Pflanze selbst zu ungiftigen Stoffen abgebaut wird.

Fraßgifte und Kontaktgifte

Aus dem reichhaltigen Angebot dieser Wirkstoffgruppe seien wiederum nur einige derzeit zugelassene Mittel hervorgehoben, weil sie den besonderen Erfordernissen des privaten Obst- und Gartenbaues am besten Rechnung tragen.

Basudin-25-Emulsion (Wirkstoff Diazinon)   Gegen beißende und saugende Insekten einschließlich Obst- und Pflaumenmade, Kohlfliege an Kohl und Möhrenfliege sowie Spinnmilben; Wartezeit im Obst- und Gemüsebau 10 Tage, Gurken und Tomaten 4 Tage, als Gießmittel gegen Kohlfliege an Kohl 60 (Kohlrabi 42), Möhrenfliege 60 Tage, unter Glas 14 Tage, Gurken und Tomaten 4 Tage; Giftabteilung 3.

Wirkstoff **Bromophos** (Handelspräparate Fleur Insektenstreu, Nexion-stark, Nexion-Streumittel, Konzentration je nach Präparat) gegen saugende und beißende Insekten einschl. Kohlfliege an Kohl, Rettich und Radieschen, Möhrenfliege, Zwiebelfliege; Wartezeit im Obst- und Gemüsebau 7 Tage, Gurken und Tomaten 4 Tage, als Gießmittel gegen Kohlfliege an Kohl 42 (Kohlrabi 30), an Rettich und Radieschen 21, Möhrenfliege 42 Tage; keine Giftabteilung, jedoch bienengefährlich.

Wartezeit/Karenzzeit: Frist zwischen Anwendung von Pflanzenschutzmitteln und Ernte — nicht bis zum Verzehr!

Lebaycid-Emulsion (Wirkstoff Fenthion)   Gegen Kirschfruchtfliege; Wartezeit 14 Tage; Giftabteilung 3, bienengefährlich.

Thiodan (Wirkstoff Endosulfan)   Gegen beißende und saugende Insekten einschl. Blutlaus, Gall- und Erdbeermilben, Sägewespen im Obst- und Gemüsebau (auch Spargel). Wartezeit nach Vorschrift. Giftabteilung 3, doch vorzüglicher Abbau.

Einige Wirkstoffe — z. B. Diazinon oder Dimethoat — können zugleich gegen Spinnmilben eingesetzt werden. Diese Schädlinge gehören nicht zu den sechsbeinigen Insekten, sondern zu den achtbeinigen Spinnentieren *(acari)*. Auf Spezialmittel *(Akarizide)* kann deshalb hier meist verzichtet werden.

Spinnmilben

Außer synthetischen Insektiziden gibt es auch eine kleine Gruppe amtlich zugelassener biologischer Mittel, deren Wirksamkeit als sogenannte Bakteriensporen-Fraßgifte sich bei völliger Ungefährlichkeit für Warmblüter und Nutzinsekten (Bienen!) sowie Rückstandsfreiheit freilich auf Schmetterlingsraupen beschränkt. Da Regen den Spritzbelag abwäscht, soll die Ausbringung bei warmem, trockenem Wetter erfolgen. Zugelassen sind: *Dipel* und *Asu* (auf der Basis von *Bacillus thuringiensis*) gegen Kohlweißling und Kohlschabe sowie Gespinstmotten, Goldafter und Ringelspinner an Kernobst, Steinobst und Ziergehölzen (vor allem Koniferen).

Biologische Behandlung mit Bakteriensporen-Präparaten

Thuricide HP ist seit 1978 zur Bekämpfung wichtiger Schädlinge im Obstbau — Kernobst und Steinobst — wieder zugelassen. Wie alle Bakterien-Toxide zerstört es mit etwas verzögerter Wirkung die Darmzellen der Raupen: hier Frostspanner, Goldafter, Ringelspinner u. a.

Im Mittelpunkt: die Austriebspritzung

Die »Pflanzenpflegemittel« der Biologischen Wirtschaftsweise unterliegen — soweit sie den Pflanzenschutz betreffen — nicht den Zulassungsbestimmungen der BBA. Sie sind durchweg ungiftig, ihre Wirksamkeit gegenüber echten Schädlingskalamitäten gilt bisher noch als umstritten.

Wie schon an anderer Stelle betont, stehen die Austriebspritzung und mit ihr die spezifischen Austriebspritzmittel heute im Mittelpunkt aller Pflanzenschutz-Maßnahmen. Vorab im Obstbau und zu einem genau umgrenzten Zeitpunkt des Vegetationsbeginnes sollen diese Austriebspritzmittel eingesetzt werden. Sie erfassen dadurch eine Vielzahl der in Eiform überwinternden Schädlinge wie Blattläuse, Schildläuse, Apfelblattsauger, Frostspanner, Gespinstmotte, Wintereier der Spinnmilben und die San-José-Schildlaus.

Großer Vorzug gegenüber den traditionellen Winterspritzungen: Die Mittel der Austriebspritzung riechen nicht, verursachen keine Hautreizung oder Hautfärbung, keine Blattverbrennungen, keine Spuren auf Holz, Mauerwerk oder Verputz. Sie sind Mischpräparate aus Mineralöl mit einem Insektizid. Ihre Mischbarkeit mit Fungiziden wurde bereits erwähnt. Bekannteste Handelspräparate: *Eftol-Öl* und *Folidol-Öl-Spritzmittel* (Wirkstoff bei beiden: Mineralöl + Parathion-Äthyl). Giftabteilung 2. Wegen möglicher Abdrift auf Wintergemüse sind 14 Tage Wartezeit vorgeschrieben.

Die Austriebspritzung im Haus- und Wohngarten soll nicht nur die Obstbäume, sondern auch sämtliche anderen Gehölze — Beerensträucher, Ziersträucher einschließlich Rosen, sonstige Laubbäume, ferner Baumpfähle, Spaliere und sämtliche Holzteile — mit umfassen. Alles wird triefend naß gespritzt (»gewaschen«). Nochmals sei es gesagt: Diese Austriebspritzung soll im Rahmen eines in vernünftigen Grenzen gehaltenen, Umweltgefährdungen weitgehend ausschließenden Pflanzenschutzes im Mittelpunkt aller einschlägigen Maßnahmen stehen. Wenn trotzdem auf Seite 392 der »Spritzkalender für den Obstbau« im alten Stil wieder erscheint, so geschieht dies gewissermaßen als Orientierungsmaßnahme für Notfälle. Denn die zentrale Austriebspritzung im »Mausohrstadium« deckt zwar auf Wochen oder sogar Monate hinaus eine große Zahl von Befallmöglichkeiten ab. Jedoch über einen ganzen Sommer hinweg und bis in den Herbst hinein kann sie — vor allem im Falle

»Grüne Spitze« oder »Mausohrstadium« heißt der richtige Termin für die Austriebspritzung bei Obst.

Spritzkalender Seite 392 als Orientierungshilfe

besonderer, beispielsweise witterungsbedingter »Schädlingskalamitäten« —
nicht ausreichen. Denken wir nur an die im Herbst empfehlenswerten Blatt-
fallspritzungen des Kern- und Steinobstes zur Abwehr holz- und rindenzer-
störender Pilze, die besonders bei niederschlagsreicher Witterung auftreten,
und ähnliche Ereignisse, bei denen erneut auf die zeitnahen Bekanntgaben des
von den zuständigen Ämtern in Presse und Rundfunk veröffentlichten Pflan-
zenschutz-Warndienstes verwiesen sei. Die Anschriften aller maßgeblichen
Stellen, bei denen man Rat und Auskunft erhalten kann, sind im Abschnitt
»Organisationen« ab Seite 403 zu finden.

Zeitnahe Information durch den Pflanzenschutz-Warndienst

Vorsicht beim Umgang mit giftigen Pflanzenschutzmitteln!

Zahlreiche, jedoch bei weitem nicht alle Pflanzenschutzmittel sind — besonders in unverdünnter Form — für Mensch und Haustier giftig. Entsprechend
dem Grad ihrer Giftigkeit werden sie in die Giftabteilungen 1 (giftigste Stoffe,
Kennzeichen: Totenkopf und das Wort »Gift« weiß auf schwarzem Grund
als Verpackungssiegel), die Giftabteilung 2 (zweite Giftstufe, Kennzeichen:
Totenkopf und das Wort »Gift« rot auf weißem Grund als Verpackungssiegel)
und die Giftabteilung 3 (weniger giftige Stoffe, Kennzeichen: das Wort »Vorsicht« rot auf weißem Grund als Verpackungssiegel) eingeteilt. Nicht derartig
gekennzeichnete Pflanzenschutzmittel sind in ihrer Anwendung weitgehend
unbedenklich, doch sollten vor allem im Haus- und Familiengarten auch für
sie die folgenden Vorsichtsmaßregeln beachtet werden:
Nur amtlich zugelassene Mittel verwenden — siehe Anerkennungszeichen!
Packungen, Dosen und Flaschen stets verschlossen in deutlich gekennzeich-
   neten Behältern oder Räumen aufbewahren;
Pflanzenschutzmittel nie mit Lebensmitteln oder Futtermitteln lagern;
Nie aus den Originalpackungen in andere Gefäße umfüllen;
Gebrauchsanweisungen genau durchlesen und beachten;
Vorgeschriebene Konzentrationen nicht überschreiten (Unterschreiten kann
   Wirkungslosigkeit zur Folge haben);
Nur die benötigten Mengen von Spritzbrühe ansetzen, keine Reste aufheben;
Bienenschutz beachten: auch als »bienenungefährlich« anerkannte Präparate
   möglichst nur außerhalb der Bienenflugzeit (z. B. Obstblüte) anwenden;
Nur mit Schutzbekleidung arbeiten;
Während der Spritz- oder Stäubearbeit nicht essen, trinken oder rauchen;
Nach der Arbeit gründliche Körperreinigung — baden oder duschen;
Alle benutzten Geräte ebenfalls gründlich reinigen, Reste beseitigen;
Amtlich vorgeschriebene Wartezeiten zwischen letzter Anwendung und Ernte
   pünktlich beachten; dabei auch Abdrift von Spritz- und Stäubemitteln auf
   Unter- und Nebenkulturen berücksichtigen, um auch dort notwendig wer-
   dende Wartezeiten innezuhalten. Einhaltung der vorgeschriebenen Konzentrationen ist ebenso wichtig wie die Einhaltung der Wartezeit. Eins bedingt das andere.

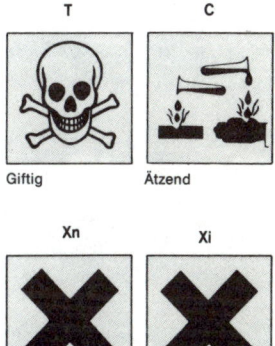

T — Giftig

C — Ätzend

Xn — Gesundheits-
schädlich
oder reizend

Xi — Reizend

Gefahrensymbole und Gefahren-
bezeichnungen

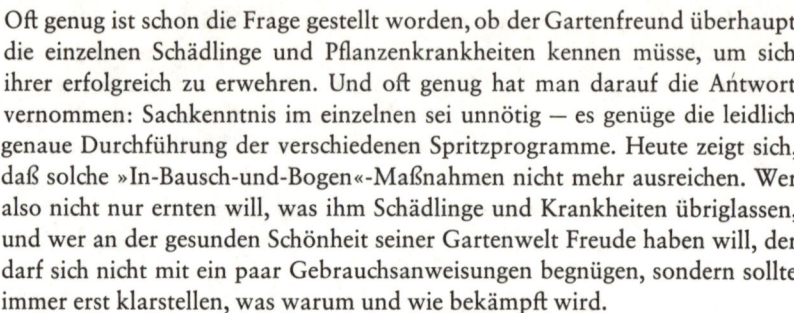

Abwehr von Schädlingen und Krankheiten

Oft genug ist schon die Frage gestellt worden, ob der Gartenfreund überhaupt die einzelnen Schädlinge und Pflanzenkrankheiten kennen müsse, um sich ihrer erfolgreich zu erwehren. Und oft genug hat man darauf die Antwort vernommen: Sachkenntnis im einzelnen sei unnötig — es genüge die leidlich genaue Durchführung der verschiedenen Spritzprogramme. Heute zeigt sich, daß solche »In-Bausch-und-Bogen«-Maßnahmen nicht mehr ausreichen. Wer also nicht nur ernten will, was ihm Schädlinge und Krankheiten übriglassen, und wer an der gesunden Schönheit seiner Gartenwelt Freude haben will, der darf sich nicht mit ein paar Gebrauchsanweisungen begnügen, sondern sollte immer erst klarstellen, was warum und wie bekämpft wird.

Eine Reihe wichtiger Pflanzenschutzmaßnahmen ist zudem gesetzlich angeordnet. Ihre Unterlassung — beispielsweise das rechtzeitige Anlegen von Leimringen, die Bekämpfung der in manchen Gebieten übrigens meldepflichtigen San José-Schildlaus, das Ausschneiden oder Abbrennen von Raupennestern und die Entfernung von Fruchtmumien an Obstbäumen — kann erhebliche Ordnungsstrafen der örtlichen Behörden nach sich ziehen.

Amtlich angeordnete Maßnahmen

Allgemeine Krankheiten, die an vielen Gewächsen auftreten

Echter Mehltau Weißer, mehliger Belag auf Blättern und Stengeln, auch Blüten. Kommt an vielen Zierpflanzen, wie Aster, Begonie, Chrysantheme, Hortensie, Rittersporn, Rose, ferner an Gemüsen, Beerenobst und Obstgehölzen vor. – Bekämpfung: Rechtzeitige vorbeugende Spritzungen mit Euparen oder Saprol (Lösungsstärke entsprechend der Pflanzenart nach Vorschrift). Beide Mittel sind bienenungefährlich.

Falscher Mehltau Gelbliche bis braune Flecke auf den Blattoberseiten, unterseits weißgrauer Schimmelrasen. Befällt Zierpflanzen wie Goldlack, Löwenmaul, Mohn, Primel, Rose; Gemüse wie Gurke, Mangold, Möhre, Salat, Spinat, Zwiebel; unter den Obstgehölzen vorzugsweise den Weinstock. – Bekämpfung: Bestens bewährt ist das bienenungefährliche, organische Fungizid Dithane Ultra (0,2 %).

Grauschimmel Glasige Flecke, dann graugrüne Schimmelrasen an Trieben, Blättern und Früchten, die durch den Befall zerstört werden. Kommt vor an Zierpflanzen wie Begonie, Chrysantheme, Dahlie, Freesie, Fuchsie, Geranie, Gladiole, Hortensie, Lilie, Narzisse, Pfingstrose, Primel, Rose, Tulpe; an Gemüsen wie Gurke und Salat; an Obst vor allem bei Erdbeeren, ferner Himbeeren und Wein. – Bekämpfung: Vorbeugende Pflanzenhygiene durch lichten Stand, keine einseitige Stickstoffdüngung, keine Abfälle und Ernterückstände dulden, Saatgut beizen, Boden entseuchen. Derzeit zugelassene wichtigste Botrytis-Mittel im Obst-, Gemüse- und Zierpflanzenbau: das umfassende Fungizid Euparen. Siehe auch Seite 379.

Grauschimmel an Erdbeeren

Rost Fadenpilze rufen auf Blättern und Stengeln zuerst gelbe Flecke, dann bräunliche Pusteln hervor. Befallen werden Zierpflanzen wie Chrysantheme, Geranie, Löwenmaul, Nelke, Mahonie, Rose, Steinkraut *(Alyssum)*; Gemüse wie Bohnen, Erbsen, Spargel, Meerrettich; einige Beerensträucher, von Obstgehölzen nur die Birne (»Birnengitterrost«) und Zwetschenarten. – Bekämpfung: Alle rostfleckigen Blätter und Stengelteile vernichten, Ernterückstände verbrennen, nichts davon kompostieren. Bei stärkerem Auftreten mit dem bienenungefährlichen organischen Fungizid Dithane Ultra (0,2 %) oder ähnlichen Zineb-Präparaten spritzen.

384

Allgemeine Schädlinge, die viele Pflanzen bedrohen

Blattläuse Weil sie in vielen Arten während der gesamten Wachstumszeit an fast allen Nutz- und Zierpflanzen des Gartens sowie an den Gartenunkräutern vorkommen, zum Teil auch von einer Pflanzenart auf die andere wechseln und dabei gefährliche Krankheiten übertragen, gelten die Blattläuse als wichtigste Schädlinge von allen. Als saugende Insekten stechen sie die zartesten und saftreichsten Pflanzenteile an, entziehen ihnen viele Nährstoffe und infizieren zugleich mit ihrem Speichel die Einstichstelle, von der aus Giftstoffe auch in den Saftstrom der Pflanze gelangen. So entstehen außer den Virosen Schädigungen des normalen Triebwachstums: die krankhaften Kräuselungen der Blätter mit blasigen, oft rot verfärbten Auftreibungen und das Blattrollen; Blumen, Gemüse und Obst werden durch die als »Honigtau« bekannten, von den Ameisen geschätzten, süß-klebrigen Ausscheidungen der Läuse verunreinigt, zumal sich darin oft Schwärzepilze ansiedeln, die aus dem wasserhellen Honigtau den nicht gerade appetitlichen »Rußtau« machen. – Bekämpfung: 1. Wirkungsvollste Maßnahme zur Abtötung der überwinterten Eier ist die termingerechte Austriebspritzung; 2. während Wachstumszeit Spritzungen nach Bedarf. Gut und weniger giftig: Bromophos-Mittel wie Fleur Insektenstreu, Nexion-stark 0,1 %, auch Unden flüssig 0,2 %. Ferner: Basudin-Emulsion, Thiodan 35 flüssig. Zur Verhütung von Bienenschäden, auch durch blühende Unkräuter, das bienenungefährliche Parexan (0,1 %) verwenden. Bei sehr starkem Befall infolge heißen, trockenen Sommerwetters sind die im Innern der gekräuselten oder gerollten Blätter sitzenden Läuse durch Spritzen oder Stäuben unerreichbar; Radikallösung: Abschneiden der ohnedies geschädigten Triebspitzen, die gleich in einen mit Spritzbrühe gefüllten Eimer geworfen und dann vernichtet werden.

Honigtau, die Leibspeise der Ameisen, wird durch Schwärzepilze zu Rußtau

Älchen, Fadenwürmer oder Nematoden siehe Schädlinge an Zierpflanzen.

Einige der häufigsten Blattlausarten: Grüne Apfellaus; Mehlige Apfel-, Birnen-, Pflaumenläuse (alle drei Arten durch Wachsausscheidungen wie mit Mehl bestäubt); Schwarze Kirschenblattlaus; Grüne Pfirsichblattlaus; Johannisbeerblattlaus und Gallenblattlaus der Johannisbeere; Kohlblattlaus (grün, mit Wachskörnchen bepudert); Erbsenblattlaus (grün, größte Art); Möhrenblattlaus (bemehlt); Salatblattlaus (braunglänzend); Schwarze Bohnenblattlaus (eine der schädlichsten, weil wirtswechselnd und besonders weit verbreitet); Rosenblattlaus.
Fichtenblattlaus oder Sitkalaus siehe Schädlinge an Nadelgehölzen.

Schildläuse, Woll- und Schmierläuse Sie kommen an vielen Obstgehölzen und anderen holzigen oder auch krautigen Pflanzen vor. Die im Alter als kleine rundliche, harte Erhöhungen festsitzenden Schildläuse können nur im Jugendstadium wandern; Woll- und Schmierläuse bleiben beweglich. Alle sind flugunfähig, werden teils auch als winzigste Jungläuse vom Wind weitergeweht. Schädigend wirkt Saugtätigkeit sowie Krustenbildung durch ungeheuer starke Vermehrung. – Bekämpfung der Winterstadien im Rahmen der Austriebspritzung; Sommerstadien wie Blattläuse (phosphorhaltige Mittel bevorzugen); festsitzende Schildläuse mechanisch mit Hölzchen oder Bürste entfernen, Gerät vorher in Spritzbrühe tauchen. Bei Befall verholzter Stammteile Vernichtung aller drei Arten auch durch Blutlausmittel (vorsichtig anwenden) oder – sehr bewährt – Spritzen mit dem leichten Sommeröl Paral-Sommer 2 %.

Spinnmilbe, Rote Spinne Das winzige, sehr wendige Tierchen von rötlicher Farbe kommt an vielen Nutz- und Zierpflanzen vor. Apfel, Pflaume, Bohne, Gurke, Chrysantheme, Hortensie, Rose und Nelke sind nur einige der Hauptleidtragenden. Schwere Schäden durch Besaugen der Blattunterseiten, die mit einem feinen, silberweißen Gespinst überzogen werden; darin auch Ablage der mikroskopisch kleinen, roten Eier. Befallenes Laub vergilbt und stirbt ab. – Bekämpfung: Mehrfach mit Basudin-Emulsion 0,1 % oder Dimethoate Bayer 0,1 % spritzen. Ebenfalls giftige Spezialmittel gegen Spinnmilben (Akarizide) im Liebhabergarten meist nicht nötig.

Blasenfuß, Thrips Ruft silberfarbene Flecken auf Blättern und Blüten vieler Nutz- und Zierpflanzen hervor; unterseits, entlang den Blattrippen, finden sich oft dunkelbraune, schorfartige Stellen. Das auch als »Schwarze Fliege« bekannte, winzig kleine Insekt und seine grünlichgelbe Larve können durch ihre Saugtätigkeit sehr schädlich werden. – Bekämpfung wie Blattläuse.

Weiße Fliege, Mottenschildlaus Vor allem ein Schädling der Gebiete mit Weinklima; dort in trockenen, heißen Sommern sehr lästig. Besaugt die Unterseiten der Blätter. Als Kohlschädling zeigt sich zunehmend die nahe verwandte Kohlmottenschildlaus. – Bekämpfung etwa wie Thrips, dessen Auftreten ähnlich ist.

Ameisen Sie kommen in den drei Arten der Rasenameise, der Wiesenameise und der Schwarzgrauen Wegameise vor. Nesterbau an unerwünschten Stellen und Handlangerdienste bei der Ausbreitung von Blattlausplagen sind ihre Nachteile. – Bekämpfung: Mit Spezialpräparaten wie »Ameisen-Streu- und Gießmittel« nach Vorschrift; oder Nester und Zugstraßen mit Basudin-Emulsion in Lösung gießen; kochendes Wasser als altes Hausmittel nur an Stellen ohne Pflanzenwuchs.

Erdflöhe Bei trockenem, warmem Wetter massenhaft auftretende kleine Springkäfer, die vor allem an den Blättern von Kreuzblütlergewächsen des Zier- und Nutzgartens sieb- oder fensterartige Fraßstellen verursachen. Hauptbefallszeiten: Mai/Juni und August. – Bekämpfung: Beete feucht halten; Lindan Hortex stark RP, oder Nexit stark anwenden; Kreuzblütlergemüse (Salat, Kohl) viel hacken.

Gartenschnecken Am schädlichsten ist die in nassen Sommern ungeheuer vermehrungsfreudige grauschwarze kleine Nacktschnecke (Graue Ackerschnecke). Befrißt Blumenzwiebeln, Wurzeln, Früchte und Gemüse. Bekämpfung: Morgens und abends absammeln; Spezial-Schnecken-Ködermittel wie »Schneckenkorn« auslegen oder andere Präparate nach Vorschrift spritzen oder stäuben. Natürliche Feinde wie Maulwurf, Igel, Eidechse, Kröte, Großer Goldlaufkäfer, Amsel, Star, Lachmöve, Krähe nicht durch chemische Bekämpfung gefährden!

Ohrwurm Dieses weniger gefährliche als unangenehme Tier befrißt manche Zierpflanzen, auch Erdbeeren und Fallobst. – Bekämpfung: Fangen in künstlichen Schlupfwinkeln, wie Schnecken ködern.

Drahtwurm Wachsfarbene, länglich-zylindrische Larve des an sich harmlosen Schnellkäfers. 4- bis 5jährige Entwicklungszeit bis zur Vollkerf. Tritt besonders in Wiesennähe, nach Umbruch des Geländes auf. Befällt fleischige unterirdische Pflanzenteile (Zwiebeln, Knollen, Stengelgrund); bevorzugt Salat, Möhren, Kohlgewächse, auch Ziergewächse. Große Gefräßigkeit bewirkt oft schwere Schäden, die am Welken und Kümmern der Pflanzen erkennbar sind. – Bekämpfung: Gießen mit Basudin-Emulsion (Konzentration erhöhen). Gamma-Saatgutpuder Bayer einarbeiten.

Engerling Die bekannte weißlich-gelbe, sechsbeinige Larve des Maikäfers, unverwechselbar durch den braunen Kopf mit mächtigem Zangengebiß. Kann während der 3- bis 4jährigen Entwicklungsdauer fast Kleinfingergröße erreichen. Einer der übelsten Bodenschädlinge von unvorstellbarer Gefräßigkeit; in »Engerlingsjahren« kommen sogar Wurzelschäden an Jungobstbäumen vor. Erhöhte Gefährdung bei Gärten in Waldnähe. – Bekämpfung: Wie Drahtwurm. Nur die jüngeren Entwicklungsstadien lassen sich vernichten. Große Engerlinge sind sehr zählebig.

Maulwurfsgrille, Werre 4–5 cm langes, samtbraunes Erdinsekt mit zwei Flügelpaaren und schaufelartigen Grabbeinen. Baut weitverzweigte Gänge dicht unter

Systemische oder Innertherapeutische Pflanzenschutzmittel sind solche, die in den gesamten Organismus eindringen und von dorther wirken: Beispiele: Metasystox, Rogor

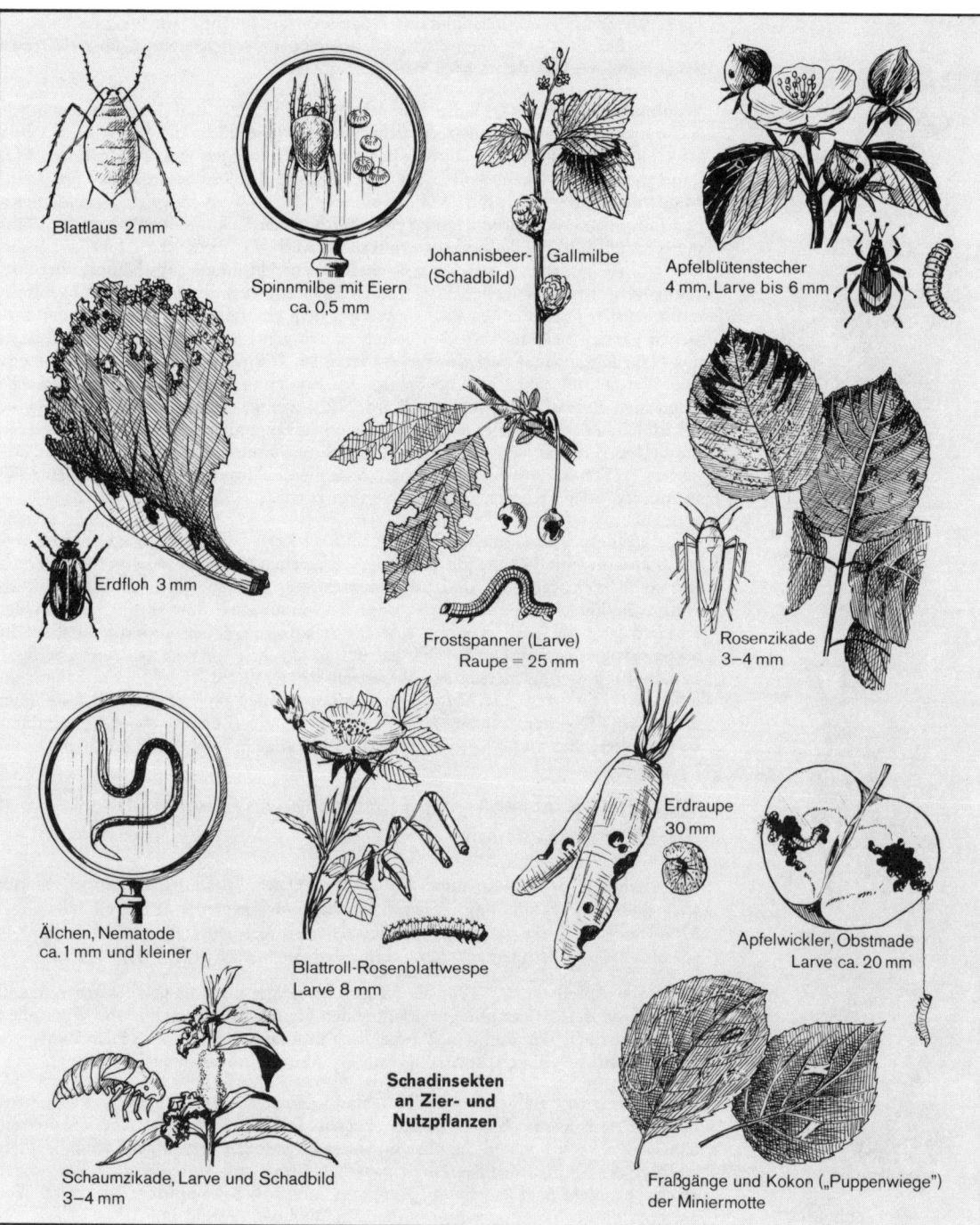

Blattlaus 2 mm

Spinnmilbe mit Eiern
ca. 0,5 mm

Johannisbeer- Gallmilbe
(Schadbild)

Apfelblütenstecher
4 mm, Larve bis 6 mm

Erdfloh 3 mm

Frostspanner (Larve)
Raupe = 25 mm

Rosenzikade
3–4 mm

Älchen, Nematode
ca. 1 mm und kleiner

Blattroll-Rosenblattwespe
Larve 8 mm

Erdraupe
30 mm

Apfelwickler, Obstmade
Larve ca. 20 mm

**Schadinsekten
an Zier- und
Nutzpflanzen**

Schaumzikade, Larve und Schadbild
3–4 mm

Fraßgänge und Kokon („Puppenwiege")
der Miniermotte

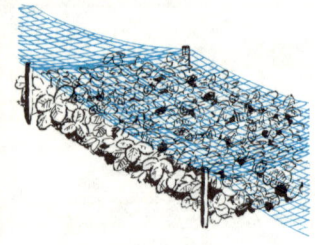

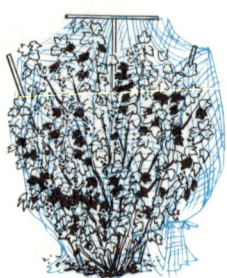

Netze und Schleier
gegen Vogelfraß

Krebs des Apfelbaumes

Birnengitterrost

der Erdoberfläche, entwurzelt und befrißt Sämlinge und Jungpflanzen, greift nachts außerhalb des Erdreichs auch oberirdische Pflanzenteile an. – Bekämpfung: Spezial-Werren-Ködermittel wie **Nexit stark** nach Vorschrift anwenden.

Wühlmaus, Schermaus Flache, unregelmäßige, mit Gras und Wurzelresten durchsetzte Erdauswürfe sowie oft auch dicht unter der Oberfläche sich hinziehende, ebenfalls flache Erdanhebungen sind typisch für das Eindringen von Wühlmäusen. Man kann diese Spuren keinesfalls dem Maulwurf in die Schuhe schieben. Auch sind Maulwurfsröhren stets rund, Wühlmausgänge, die als weitverzweigte Systeme tief in den Erdboden hinabreichen, haben einen hochovalen Querschnitt. Da sich die Wühlmaus lediglich von Pflanzenkost ernährt, ist auch das plötzliche Abwelken bisher einwandfrei gesunder Gewächse typisch. Die Wurzeln junger Obstbäume, aber auch Ziergehölze sowie Wurzelgemüse werden bevorzugt soweit benagt und abgebissen, daß man den oberirdischen Pflanzenteil mit dem traurigen Rest leicht aus der Erde ziehen kann. – Bekämpfung: Am besten im zeitigen Frühjahr und im Herbst, wenn das Nahrungsangebot verhältnismäßig klein ist. Giftgetreide, Räucher-, Begasungs- und Ködermittel haben bedingt Erfolg; das Fangen in Fallen ist eine sichere Sache, wenn man es geschickt genug handhabt. Nicht wenige Gartenfreunde schwören auf das Einleiten der Auspuffgase eines mit Standgas laufenden Benzinmotors (besonders Zweitakter!) in die Gänge. Im übrigen muß man hoffen, daß dieser nicht nur körperlich größte Gartenschädling durch konsequente Abwehr allmählich zahlenmäßig vermindert oder wenigstens auf Zeit verdrängt wird.

Vogelschäden Vögel singen nicht nur und vertilgen Schädlinge. Vögel picken auch frisch ausgesäte und keimende Sämereien auf, ziehen Jungpflanzen aus, fressen Knospen an Beerensträuchern und Obstbäumen, tun sich an reifen Früchten gütlich. Hauptschädlinge sind hier Amsel oder Schwarzdrossel, Star, Elster, Eichelhäher, Finkenvögel und Sperling, wobei fast alle zu anderen Zeiten auch als nützliche Insektenvertilger wirken und der Star ganze Rasenflächen von Regenwürmern befreit. – Bekämpfung: Grobsämereien mit Vogelfraß-Schutzmitteln wie »Morkit« behandeln; gefährdete Kulturen mit Maschendrahtrahmen oder moderner Schlitzfolie überdecken; im Obstbau Bäume, Sträucher und Wände (Reben!) ebenfalls mit Netz- oder Glitzerfolien einhüllen, Flüsterstreifen befestigen, Warndienst beachten.

Wichtigste Krankheiten und Schädlinge an Obstgehölzen und Beerensträuchern

Apfelmehltau Sehr gefürchtete Krankheit, befällt Triebspitzen, Stengel, Blätter, auch Blüten. – Bekämpfung: Spritzen mit dem auch gegen Rote Spinne wirksamen Morestan 0,03%, das von allen Apfelsorten vertragen wird. Befallene Pflanzenteile soweit möglich abschneiden, sofort vernichten. Siehe auch Seite 379.

Krebs des Apfelbaumes Tritt als offener, brandiger oder als geschlossener, knolliger Krebs auf. – Bekämpfung: Ausschneiden bis tief ins gesunde Holz, Wundpflege mit allgemeinen Wundmitteln. Vermeidung krebsanfälliger Sorten; Pflanzenhygiene, auch herbstliche »Blattfallspritzung« mit Grünkupferpräparaten (siehe S. 379).

Birnengitterrost Ist in Südwestdeutschland (Weinklima!) häufiger als in Gebieten mit kühlerem Klima. Blätter zeigen oberseits leuchtend rotgelbe Flecke, unterseits eigenartige, körbchenähnliche Pusteln. Unter Umständen vorzeitiger Laubfall. Wirtswechsel des verursachenden Pilzes zwischen Birne und verschiedenen Wacholderarten, vor allem dem Sadebaum, *Juniperus sabina*. – Bekämpfung: Nur durch Verzicht auf die als Infektionsträger wirkenden Wacholderarten.

Gloeosporium-Bitterfäule Der unangenehme bittere Geschmack des Fruchtfleisches beim Winterobst ist eine sogenannte Lagerkrankheit, die von Pilzen verursacht wird. Es entstehen zunächst kreisrunde, später zusammenfließende, etwas eingesunkene Faulflecke, die aber von außen nach innen fortschreiten, ohne – wie bei der Stippigkeit – einzeln im Fruchtfleisch aufzutreten. Bekämpfung nach Baumreife nicht mehr möglich. Frühzeitige Behandlung mit allgemeinen Fungiziden gilt als ratsam.

Gloeosporium-Bitterfäule

Polsterschimmel, Monilia kommt an allen Obstbäumen vor, befällt Blüten, Früchte, Triebspitzen. Früchte zeigen die bekannten kreisförmigen Schimmelbildungen auf braunfauligem Fruchtfleisch oder vertrocknen nach Schwarzfäule zu hochgradig ansteckenden »Fruchtmumien« (Entfernung amtlich angeordnet!), die ihrerseits Frühjahrsinfektionen der Blüten und Spitzendürre der jungen Triebe hervorrufen. Diese Spitzendürre befällt außer Obstgehölzen auch Ziersträucher, z. B. das Mandelbäumchen. – Bekämpfung: alle befallenen Pflanzenteile mit größter Sorgfalt abpflücken, einsammeln, abschneiden, verbrennen, kein Fallobst herumliegen lassen; Pflanzenhygiene treiben; Frühjahrs- und Sommerspritzungen mit Tarsol infektionsmindernd.

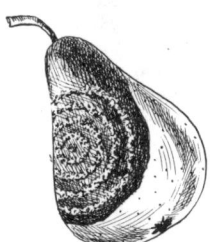

Monilia

Rotpustelkrankheit Geht von abgestorbenem Holz aus, befällt die Baumrinde, auf der hell- bis dunkelrote Pusteln erscheinen. – Bekämpfung: Kein totes Holz dulden; Bäume und Sträucher mit starkem Befall ausmerzen. An sich unwichtig.

Schorf, Fusicladium Man nennt ihn zwar Schorf des Apfelbaumes, jedoch kommt er ebenso an der Birne vor und gilt als ihre wichtigste Pilzkrankheit. Außerdem Befall bei Aprikose und Kirsche. Auf Trieben, Blättern und Früchten bilden sich braunschwarze Flecke, Fruchtschale reißt später auf. Zur Infektion braucht der Pilz Feuchtigkeit. Seine Sporen können nur auskeimen, wenn das Laub lange genug naß bleibt. Sind bei 8° C noch mindestens 25 Stunden dazu nötig, so verringert sich die Zeit beispielsweise bei über 17° C bereits auf 12 Stunden. Deshalb bringt anhaltend feuchtwarmes Wetter oft so verheerenden Schorfbefall. Die Befallsgefahr kann man mit Infektionstabellen berechnen. – Bekämpfung: Nur vorbeugende Bekämpfung vor und während der Inkubationszeit. Siehe hierzu den Spritzkalender. Außerdem Pflanzenhygiene treiben; krankheitsverdächtiges Herbstlaub einsammeln, verbrennen. Dringendst: Warndienst beachten!

Schorf

Stippigkeit des Apfels Auf der Schale rundliche, etwas eingesunkene, bräunliche Flecke, die sich auch innerhalb des gesamten Fruchtfleisches vorfinden. Stippige Äpfel schmecken bitter. »Nicht parasitäre Erkrankung«, die nicht durch Schädlinge, Pilze, Bakterien oder Viren ausgelöst wird. Vermutliche Ursachen: feuchter Standort, einseitige Düngung (Kalimangel!), auch sortenbedingte Anfälligkeit. Vorbeugen durch harmonische Düngung.

Wurzelkropf oder Bakterienkrebs Einzige Obstbaumkrankheit, deren Erreger kein Pilz, sondern ein Bakterium ist. Es dringt vom Boden her in Wunden an Wurzeln und unterirdischen Stammteilen ein, um dort knollige, warzige Wucherungen von beträchtlichem Umfang hervorzurufen. Dadurch wird die Bildung von Faserwurzeln beeinträchtigt oder unterbunden, so daß die befallenen Pflanzen zu kümmern anfangen und zugrunde gehen. In erster Linie gefährdet sind Himbeerkulturen, doch findet sich der Wurzelkropf auch an allen Obstbäumen, besonders an Apfel und Birne. – Bekämpfung: vorbeugend achtgeben beim Kauf von Baumschulware; Bodenpflege, Pflanzenhygiene. Abschneiden der Kropfwucherungen nützt nichts, da das Bakterium tief im Inneren sitzt.

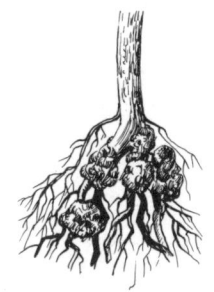

Wurzelkropf oder Bakterienkrebs

Apfelblütenstecher Kommt an Apfel- und Birnbäumen vor. Das Weibchen des kleinen Rüsselkäfers sticht bei der Eiablage die Blüten an, so daß sie braun werden (»Brenner«); die Larven (»Kaiwürmer«) fressen den Kelch leer. – Bekämpfung: Austriebspritzung; zerstörte Blüten absammeln und verbrennen.

Als höchst gefährliche Bakterienkrankheit, die vor allem Obstgehölze aus der Familie der Birnengewächse (edle Birnensorten und zahlreiche Apfelsorten) befällt, hat sich der vor einigen Jahrzehnten aus England bei uns eingeschleppte **Feuerbrand**, Erwinia amylovora, erwiesen. Unter den Ziergehölzen gilt vor allem der Feuerdorn, Pyracantha coccinea, als Befallsopfer. Durch Infektion der Blüten dringen Bakterien tief in die Triebe ein und führen zur Vernichtung ganzer Zweigpartien. Abwehrmittel bisher nicht bekannt. Die Erkrankung ist meldepflichtig.

San José-Schildlaus Hauptfeind des Obstbaues, schädigt vor allem Apfel, Birne, Johannisbeere (galt früher als »Fangpflanze«), auch Pfirsich und Stachelbeere; kommt an vielen anderen Laubgehölzen vor. Bildet dicke, graubraune Krusten an Stamm und Zweigen, wo die Schildchen gerade noch mit bloßem Auge erkennbar sind. Dieser Befall kann auch von der weit weniger gefährlichen Austernschildlaus herrühren und ist einwandfrei nur mikroskopisch zu klären. Klarer Befund: Rotfärbung des Bastes unter der Baumrinde durch das Besaugen der Läuse (nicht bei Johannisbeere). Befall an Äpfeln und Birnen durch Sommerformen: dunkle Pünktchen mit rotem Hof, vor allem kreisförmig um Kelch und Stielgrube. Stärkste Vermehrung – bis zu fünf Generationen im Jahr. Pflanzen werden durch Speichelausscheidungen vergiftet, gehen allmählich ein. – Bekämpfung: Bei Befallsverdacht unter Beifügung von Proben Meldung beim nächsten Pflanzenschutzamt; Austriebspritzung sowie Spritzung von frischem Sommerbefall mit hierfür jeweils zugelassenen Insektiziden. Nur Obstgehölze mit dem BdB-Markenetikett (Bund deutscher Baumschulen) setzen. Schalen befallener Früchte nicht auf den Kompost werfen, sondern verbrennen.

Blutlaus, Wollige Rindenlaus des Apfelbaumes Kommt häufig auch an Oleander vor. Bildet an Zweigen und in Astgabeln, auch an überwallenden Wunden großflächige, weißwollige Wachsausscheidungen, unter denen sich massenweise die Läuse aufhalten; beim Zerdrücken zeigt sich schmieriger, blutroter Saft. Jungläuse wandern im Herbst an die Wurzeln. Hartnäckige Verseuchung. – Bekämpfung: Spritzen und Pinseln mit jeweils zugelassenen Spezial-Blutlausmitteln. Wurzelhälse gießen.

Frostspanner Der kleine Schmetterling kommt an fast allen Obstgehölzen, gelegentlich auch an Beerensträuchern und Laubbäumen vor. Ausnahme: Pfirsich. Grünliche Räupchen befressen Blätter und manchmal (Kleiner Frostspanner an Kirsche!) sogar Früchte. – Bekämpfung: 1. Im Rahmen des Spritzprogrammes; 2. durch das häufig amtlich angeordnete Anlegen von Leimringen ab Mitte Oktober, wodurch das flügellose Weibchen am Hochkriechen in die Baumkronen und Fortpflanzung verhindert wird. Leimringe auch an Baumpfähle. Bakterientoxide Seite 382 beachten.

Goldafter Weißer Schmetterling, am Hinterleib goldfarbene Haare. Großschädling bis zu Kahlfraß – vor allem an der Birne, aber auch an anderen Laubbäumen – wird zu Zeiten die dunkelgraue, an weißen und roten Strichen sowie langen, in Büscheln stehenden, gelbbraunen Haaren erkennbare Raupe. – Bekämpfung: Austriebspritzung; aus Blättern zusammengesponnene, große Raupennester zu jeder Jahreszeit sogleich entfernen und verbrennen. Bakterientoxide Seite 382.

Obstmade Larve des Apfelwicklers. Kommt an Apfel- und Birnbäumen, seltener an Quitte und Walnuß vor. Der hellgraue Nachtschmetterling mit dunkelbraun gebänderten Vorderflügeln legt seine Eier an den jungen Früchten ab. Er ist einer der schlimmsten Obstbaum-Großschädlinge. Die als Obstmaden bekannten, fleischfarbenen Räupchen dringen mit Fraßgängen in die Früchte ein. Verunreinigung durch Kotkrümel. – Bekämpfung: Nur zur Zeit der Eiablage erfolgreich. Warndienst beachten. Fanggürtel aus Wellpappe von Mitte Juni bis Ende Juli; kein Fallobst im Garten herumliegen lassen; Rindenschlupfwinkel, Flechten und Moose als Schlupfwinkel für die Verpuppung beseitigen; Anweisungen des Spritzkalenders (»Obstmadenspritzung«) beachten. Große Auswahl zugelassener Mittel.

Steinobst

Kräuselkrankheit des Pfirsichs Wichtigste pilzliche Schädigung, entsteht durch Auskeimen der Infektionsträger zugleich mit dem Laubaustrieb. Die jungen Blätter wachsen vielfältig gekräuselt und verkrümmt, sind oft krankhaft verdickt, weißlichgrün bis rötlich verfärbt. Willkommene Schlupfwinkel für Läusebefall. 2–3 Wochen später bei starkem Befall oft völliger Laubfall mit Abstoßen der jungen Früchte. Im Laufe des Sommers Neuaustrieb von Blättern, dadurch Schwächung des Baumes, der dann im nächsten Jahr nicht blüht. – Bekämpfung: Austriebspritzung zum richtigen Zeitpunkt, um die in Knospenschuppen und Rinde überwinterten Pilzsporen zu erreichen. Zusätzlich: Delan flüssig 0,2 % auf die schwellenden Knospen.

Monilia-Erkrankungen siehe Polsterschimmel bei Kernobst.

Schrotschußkrankheit   Kleine, rundliche Flecke auf den Blättern, deren Gewebe an diesen Stellen abstirbt und herausfällt. Auf den Früchten Flecke mit rotem Rand. Tritt vor allem an Süßkirschen und einigen Sauerkirschensorten, aber auch an Pfirsich und Pflaumen auf. Frühjahrsinfektion geht von befallenen Zweigwunden und in den Bäumen hängenden Fruchtmumien aus. – Bekämpfung im Rahmen der Frühjahrsspritzungen – siehe Spritzkalender.

Kirschfruchtfliege   Befällt in erster Linie Süßkirschen, seltener Sauerkirschen, gar nicht Schattenmorellen. Da die Eiablage erst zur Zeit der Reife mittelspäter und später Kirschsorten erfolgt –, andererseits aber nur die bereits sich rötenden Früchte Lebensmöglichkeiten für die Larven (»Maden«) bieten, sind Frühsorten meist befallsfrei. Bei Fruchtreife verlassen die Maden das unbrauchbar gewordene Obst, verpuppen sich im Boden und überwintern dort. Madige Früchte keinesfalls am Baum hängen lassen, sondern restlos abernten. Nebenwirte der gebietsweise überaus schädlichen Kirschfruchtfliege sind Wildkirsche und Heckenkirsche *(Lonicera)*. – Bekämpfung: Siehe Spritzkalender. Spezialmittel: Lebaycid- und Methoxychlor-Emulsion.

Pflaumenmade   Schwer schädigend wirkt die Larve des Pflaumenwicklers, der seine Eier an den Früchten ablegt. Gefährlich ist dabei die zweite Generation, die Ende Juli/Anfang August erscheint: Junglarven bohren sich zur Weiterentwicklung in das Fruchtinnere und rufen die bekannte, unappetitliche Vermadung hervor. – Bekämpfung: Zweimalige Obstmadenspritzung mit Abstand von 8–10 Tagen. Siehe S. 392.

Amerikanischer Stachelbeermehltau   Beeren, Triebspitzen und Blätter bedecken sich mit dichtem Pilzrasen von weißlich-grauer Farbe. – Bekämpfung: Rückschnitt der Sträucher im Herbst oder Winter, Schnittabfall sorgfältig vernichten; Austriebspritzung; während Wachstumszeit Spritzungen mit Morestan 0,03 % oder Netzschwefel-Präparaten sehr zu empfehlen. Mehltau-resistente Sorten pflanzen.

Beerenobst

Blattfallkrankheit   Bei roter Johannisbeere und Stachelbeere zeigen sich zur Zeit der Beerenreife zahlreiche dunkle Flecke. Blätter vertrocknen und fallen vorzeitig ab. Kalimangel und viel Regen begünstigen Pilzinfektion. – Bekämpfung: Vor der Blüte und gleich nach der Ernte mit Grünkupfer spritzen; resistente Sorten pflanzen.

Säulenrost   Nur am Laub der Schwarzen Johannisbeere bilden sich im Hochsommer viele goldbraune Zäpfchen, die bei starkem Auftreten zu Laubfall führen. – Bekämpfung: Weymuthskiefer und Zirbelkiefer als Wirte des Pilzes vermeiden; mit Dithane 0,2 % oder anderen Fungiziden spritzen.

Johannisbeer-Gallmilbe   Verursacht Mißbildungen an den Knospen, die zu kugeligen Gallen aufschwellen und nicht oder nur spärlich austreiben. Vor allem an Schwarzen Johannisbeeren. – Bekämpfung: Meist genügt das Abschneiden und Vernichten der mit Gallen besetzten Triebe. Spritzen: Beosit oder Thiodan 35 flüssig.

Grauschimmel   Siehe allgemeine Pflanzenkrankheiten. Früchte unterlegen.

Grauschimmel siehe auch Zeichnung Seite 384

Weißfleckenkrankheit   Meist erst in der zweiten Sommerhälfte grauweiße, rötlich umrandete Flecke auf den Blättern. – Bekämpfung: Bei schwachem Befall Blätter abschneiden und verbrennen; bei starkem Befall Zusatz von Grünkupfer (auch Euparen) zu allen Erdbeerspritzungen.

Erdbeermilbe Junge Blätter und frische Triebe kräuseln und verkrüppeln, Herz und später die ganze Pflanze verkümmern. – Bekämpfung wie Rote Spinne.

Erdbeerblütenstecher und **Erdbeerstengelstecher** Zwei Schädlinge, die sich selbst erklären. Stengelstecher durchbeißt Stengel der Blütenstände, so daß sie welk herabhängen. – Bekämpfung: Vor der Blüte mit hierfür zugelassenen Insektiziden.

Spritzkalender für den Obstbau (Übersicht für Notfälle siehe Seite 382)

Kernobst
(Apfel, Birne, Quitte)

Austriebspritzung Gegen zahlreiche überwinternde tierische Schädlinge. – Termin: bei Knospenaufbruch, »Grüne Spitze« bis »Mausohrstadium«. – Mittel: Eftol-Öl oder Folidol-Ölspritzmittel 0,5 %. – Zusatz gegen Pilzkrankheiten: Grünkupfer 0,2 %.

Schorfspritzungen Termin: Bei längerer Blattbefeuchtung, insbesondere bei höheren Temperaturen (Warndienst beachten!). – Mittel: Dithane Ultra oder Captan 83 oder Wacker 83 (Konzentration vor und nach der Blüte beachten!). Nur bei Schädlingsbefall: Basudin-Emulsion oder Nexion-stark zusetzen.

Obstmadenspritzungen Termin: Etwa Mitte Juni und Ende Juli (Warndiensthinweise beachten!). – Mittel: Basudin-Emulsion 0,1 % oder Bakterien-Toxide 0,3 %. – Zusatz bei Schorfgefahr: Dithane Ultra 0,2 % (nicht mit Bakterien-Toxiden).

Steinobst
(Kirsche, Pfirsich, Aprikose, alle Pflaumenarten)

Austriebspritzung Gegen überwinternde tierische Schädlinge. – Termin: Vom Knospenschwellen bis Knospenaufbruch, Pfirsich nur zu Beginn des Knospenschwellens (wichtigst gegen Kräuselkrankheit). – Mittel: Eftol-Öl oder Folidol-Ölspritzmittel 0,5 %. – Zusatz gegen Pilzkrankheiten: Grünkupfer 0,3 %.

Weitere Spritzungen Nur bei Schädlingsbefall. – Mittel: Basudin-Emulsion 0,1 %, Nexion-stark 0,1 % oder – besonders im Gemüsebau – Unden flüssig.

Kirschfruchtfliegenbekämpfung (nur mittelspäte und späte Süßkirschensorten in Befallslagen) Termin: Bei beginnender Rötung der Früchte (Warndiensthinweise beachten!). – Mittel: Lebaycid-Emulsion oder Methoxychlor-Emulsion 0,2%.

Pflaumenmadenspritzung (Pflaumen nur in Befallslagen) Termin: Ende Juli/Anfang August (Warndiensthinweise beachten!). – Mittel: Basudin-Emulsion 0,1 %.

Beerenobst
(Johannisbeere, Stachelbeere, Brombeere, Himbeere, Erdbeere)

Austriebspritzung (nur Johannisbeere und Stachelbeere) Gegen tierische Schädlinge beim Knospenaufbruch. – Mittel: Eftol-Öl oder Folidol-Ölspritzmittel 0,5 %. Zusatz gegen Pilzkrankheiten: Grünkupfer 0,3 %.

Nachblüte- und Nacherntespritzung (nur Johannisbeere und Stachelbeere) Gegen Blattkrankheiten nach der Blüte und nach der Ernte. – Mittel: Dithane Ultra 0,2 % (Blattunterseiten gut benetzen!). Zusatz nur bei Schädlingsbefall: Basudin-Emulsion 0,1 % oder Nexion-stark 0,1 % (alle Gemüse, Kernobst, Steinobst, Erdbeeren).

Brombeeren: Milbenspritzung gegen Brombeermilbe. – Termin: Bei Austriebsbeginn und bei 10 cm Länge. – Mittel: Netzschwefel nach Vorschrift.

Himbeeren: Vorblütespritzung und Blütespritzung gegen Himbeermade. – Termin: Knospenstadium und 3 Wochen später. – Mittel: Nexion-stark 0,1 %, Unden flüssig.

Erdbeeren: Vorblütespritzung gegen Erdbeermilbe und Spinnmilbe (jede einzelne Pflanze sehr gründlich behandeln!). – Termin: Knospenstadium. – Mittel: Netzschwefel nach Vorschrift. – Blütespritzungen (mehrere) gegen Grauschimmelfäule. – Termin: Beginn der Blüte und Hauptblüte bis 7 Tage vor Erntebeginn. – Mittel: Euparen 0,25%. Gegen Weiß- und Rotfleckenkrankheit: Kupferspritzm. Luxan.

Wichtigste Krankheiten und Schädlinge an Gemüse

Sclerotinia-Salatfäule Seuchenartiges Abwelken vieler Pflanzen mit Abfaulen des Wurzelhalses. – Bekämpfung: Bodenentseuchung mit Basamid-Granulat, weiter Stand, Anbauflächen wechseln; erkrankte Pflanzen ausmerzen, vernichten.

Salate

Salat-Wurzellaus Blutlausähnliche, von Wachsfäden überzogene Läuse saugen an den Wurzeln des Kopfsalates und der Endivie. Wirtswechsel mit der Pappel. – Bekämpfung praktisch unmöglich, Schäden meist gering.
Mehrere Viruskrankheiten, die Blattverfärbungen und Störungen der Kopfbildung bewirken: Fleckenmosaik, Blattnervenmosaik; Übertragung durch Saatgut.

Kohl- oder Rettichfliege Wurzelkörper von Radieschen und Rettich durch Maden zerfressen. – Gießen mit Nexion-stark 0,2 % (bei 6–8 cm Höhe 0,5 l je lfd. m).

Radieschen, Rettich

Möhrenfliege Vor allem im unteren Teil des Rübenkörpers rostbraune Fraßgänge, später Fäulnis. – Bekämpfung: mit Nexion-stark oder Basudin-Emulsion 0,1 % behandeln (0,5 l je lfd. m der Saatreihen, Ende Mai/Anfang Juni); bei Spätmöhren Behandlung Ende Juli/Anfang August wiederholen. Befallene Möhren sorgfältig vernichten, nicht eingraben, nicht auf den Kompost werfen.

Möhre

Sellerie-Blattfleckenkrankheit Gelbbraune bis dunkelbraune Flecke mit schwarzen Pünktchen mitten auf den Blättern, die fortlaufend gilben und vertrocknen; dadurch Wachstumsstockung der Knollen. – Bekämpfung: Saatgutbeizung, Bodenentseuchung, mehrfach vorbeugend mit Grünkupfer spritzen.

Sellerie

Sellerieschorf Die Knollen zeigen graue bis rötlichbraune, später rauh und borkenartig wirkende Flecke, auch Risse treten auf, so daß sich Fäulnis ausbreitet. – Bekämpfung: Bisher nur Saatgutbeizung.

Kraut- und Braunfäule Auf den Blättern graugrüne, braunwerdende Flecke, blattunterseits grauweiße Schimmelrasen. Früchte mit braunen, eingesunkenen Flecken; Fruchtfleisch darunter verhärtet und wird schließlich braunfaul. Der pilzliche Erreger ist der gleiche wie bei der Kraut- und Knollenfäule der Kartoffeln; seine Ausbreitung wird vor allem durch feuchte Witterung gefördert. – Bekämpfung: Insbesondere in regenreichen Sommern mehrfach mit Dithane Ultra 0,2 % spritzen.

Tomate

Tomaten-Stengelfäule Vom Gartenfreund meist unbemerkt, erscheint am Stammgrund oder dicht über dem Erdboden ein schwarzer Fleck, der sich rasch ausdehnt und den ganzen Stamm umfaßt. Zu diesem Zeitpunkt wird die Pflanze plötzlich schlaff, sinkt in sich zusammen; schon ausgebildete Früchte werden notreif, weiterer Fruchtansatz unterbleibt. In regenreichen Sommern können große Schäden entstehen; Ansteckungsgefahr hält lange Zeit an, deshalb Quartiere wechseln, Tomatenpfähle desinfizieren, künftiges Saatgut beizen. Die früher angeratene direkte Bekämpfung der Stengelfäule mit hochgiftigen Quecksilberpräparaten (Sublimat) ist heute aus Gesundheits- und Umweltschutzgründen streng verboten.

Schutzhauben bei der Unkrautbekämpfung in Gemüsekulturen

Blattrollen Diese häufig beobachtete Erscheinung ist keine Krankheit, sondern soll durch Stauung von Nährstoffen beim Entfernen von Trieben und Blütenständen herrühren; gilt teilweise auch als sortenbedingt.

Platzen der Früchte Soll durch plötzlich reiche Wassergaben – auch Niederschläge – nach längerer Trockenheit verursacht werden. In den Rissen können sich Braunfäule bildende Pilze ansiedeln. Daher geplatzte Früchte auspflücken und verwenden.

Bakterielle Tomatenwelke siehe Seite 381

Für Viruserkrankungen sehr empfänglich; es kommen die Mosaikkrankheit, die Farn- oder Fadenblättigkeit, die Strichel- oder Streifenkrankheit der Blätter mit gleichzeitigem Hartwerden der Früchte vor. Wo sich viruskranke Pflanzen zeigen, sind sie unverzüglich zu vernichten.

Gurke

Gurkenblattbrand Unregelmäßige helle, später graue oder bräunliche Flecke auf den Blättern; das wie zerfetzt wirkende Blattgewebe stirbt ab; bei Fortschreiten der Krankheit Kümmern der ganzen Pflanze, Mißwuchs der Früchte. – Bekämpfung: Samen beizen, Boden entseuchen, resistente Sorten verwenden. Chemische Mittel wie hochgiftige Quecksilberpräparate streng verboten (siehe Tomaten, Seite 393).

Gurkenkrätze Auf den Früchten bilden sich eingesunkene, graubraune Flecke, die bald Belag mit dunklem Schimmelrasen zeigen, faulig werden und gummiartige Tropfen (»Wundgummi«) absondern. – Bekämpfung: Saatgut beizen; resistente Sorten wie 'Delikateß' anbauen. Folpet 50 0,3 % anwenden.

Gurkenmehltau Auf den Blättern weißliche Tupfen, die zu einem mehlartigen Belag zusammenfließen. Befallene Blätter sterben vorzeitig ab. – Bei frühzeitigem Auftreten mehrfach mit Morestan Spritzpulver 0,05 % behandeln. Befallene Pflanzen nach der Ernte verbrennen.

Mehrere Viruserkrankungen der Gurke bekannt. Aufmerksamkeit verdient die zunehmende Mosaikkrankheit mit Marmorierung der Blätter und Zwergwuchs.

Erbse

Fußkrankheit Welkeerscheinungen und schlechtes Fruchten werden durch Verstopfung von Gefäßbahnen verursacht. – Bekämpfung: da die Infektion von einem im Boden lebenden *Fusarium*-Pilz ausgeht, müssen alle erkrankten Pflanzen unverzüglich mit den Wurzeln entfernt und vernichtet werden. An gleicher Stelle fünf Jahre lang keine Erbsen anbauen.

Brennfleckenkrankheit der Erbsen siehe Bohnen.

Erbsenblasenfuß Saugschäden an Trieben und Blüten, Silberflecke auf den Blättern und Hülsen, dadurch Ernteminderung. – Bekämpfung wird durch versteckte Lebensform des gebietsweise oft gefährlichen Schädlings erschwert. Empfohlen: Stäuben mit Hortex, Nexit-Staub. – Viruserkrankungen der Erbse bisher ohne Bedeutung.

Erbsenkäfer siehe Bohnenkäfer.

Bohne

Brennfleckenkrankheit Nach Regenwetter dunkelbraune, später ineinander fließende Flecke auf den Hülsen, auch an Kernen, Blättern und Stengeln. – Bekämpfung: Resistente Sorten verwenden; Saatgut beizen; Wechsel der Anbauflächen und weitläufiger Stand; während der Wachstumszeit mehrfach J. T.-Fungizid anwenden.

Fettfleckenkrankheit Gilt heute als die gefährlichste Bohnenerkrankung, weil sie sich ungeheuer rasch ausbreiten kann. Kennzeichen: runde, dunkelgrüne, wie mit Wasser getränkte Flecke auf den Hülsen; bei nassem Wetter Austritt weißlicher Schleimtropfen. Urheber ist ein Bakterium, daher keine direkten Bekämpfungsmittel. Anfälligkeit ist sortenverschieden.

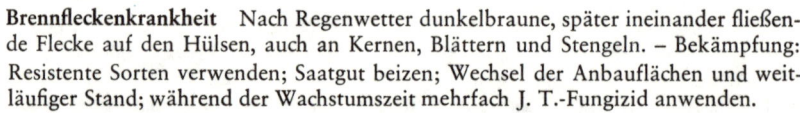

Brenn-
flecken-
krankheit

Bohnen- und **Erbsenkäfer** Fressen runde Löcher in die reifen Kerne und machen sie als Nahrungsmittel wie als Saatgut unbrauchbar. Bekämpfung dieser Lagerschädlinge im Garten nicht möglich. Gehört zur Abteilung Vorratsschutz!

Bohnenblattlaus und Spinnmilben (Rote Spinne): siehe allgemeine Regeln Seite 385.

Mosaikkrankheit zur Zeit die wichtigste Viruserkrankung der Bohne, der man durch Züchtung resistenter Sorten – auch durch Gewebekultur – beizukommen sucht.

Umfallkrankheit Jungpflänzchen kippen reihenweise um, zeigen beim Herauszie-hen fäulnisartige Erweichung des Wurzelstammes. – Bekämpfung: Saatgut beizen, Anbauflächen mit mehrjährigen Pausen wechseln.

Spinat

Viruskrankheiten wichtiger als sonstiger Befall. Verschiedene Viren der Mosaik-krankheit treten zunehmend häufiger auf; eine Vergilbungskrankheit schädigt die Herzblätter und führt zum Absterben. Als Überträger wurden die Grüne Pfirsich-blattlaus und die Schwarze Bohnenlaus ermittelt.

Kohlhernie Pflanzen kümmern und welken, an Wurzeln kropfartige Wurzelver-dickungen. Gefährlichste Krankheit des Kohls. – Bekämpfung: Anzuchtbeete wechseln, Anzuchterde entseuchen, gesunde Setzlinge zukaufen. Auf verseuchten Beeten 5 bis 6 Jahre keine Kohlpflanzen mehr anbauen; weite Fruchtfolge einhalten. Boden kalken oder zumindest kalkhaltige Düngemittel (z. B. Thomasmehl) verwenden. Befallene Kohlstrünke sorgfältig vernichten, nicht vergraben, nicht auf den Kompost werfen.

Kohlgemüse

Kohlhernie

Kohlfliege Pflanzen welken, werden bleigrau, lassen sich leicht aus dem Boden zie-hen, Wurzeln von weißen Maden abgefressen. – Bekämpfung: Zur Zeit der Eiablage Ende April/Anfang Mai Pflanzen zweimal im Abstand von 14 Tagen mit Basudin-Emulsion 0,1 % angießen, je Pflanze ca. 80 ccm Lösung (etwa eine halbe Tasse); die Füllung einer 10-l-Gießkanne reicht also für mehr als 100 Pflanzen.

Drehherzmücke Krümmungen und Drehungen junger Blätter und Triebe. – Zur Zeit der Eiablage ab Ende Mai/Anfang Juni bis zum Beginn der Kopfbildung mehrfach mit Basudin-Emulsion 0,1 % spritzen; zur Verbesserung der Benetzungsfähigkeit der Spritzbrühe 10 g Küchenspülmittel je 10 Liter zugeben.

Raupen von Kohlweißling, Kohleule und **Kohlschabe.** Eigelege und Jungraupen von Blatt-unterseiten absuchen. – Mit Dipel 0,1 % (bienenungefährlich) oder Neudorffs Raupen-Spritzmittel nach Vorschrift frühzeitig spritzen. Später auch Bakterientoxide wie auf Seite 382 anwenden.

Zwiebel

Zwiebelfliege Ihre Maden wandern von einer Zwiebel zur andern, Fraßschäden bewirken das Welken der Herzblätter, Außenschlotten zeigen Wachstumsstörungen, die Zwiebel selbst geht in überriechende Fäulnis über. – Bekämpfung: Saatgut-Inkru-stierung hat im Großanbau bisher die relativ besten Erfolge gebracht. Im Garten ver-sprechen Dimethoate Bayer und Rogor (beide 0,1 %; beide Giftklasse 3) Nutzen. Auf keinen Fall madige Zwiebeln auf dem Beet liegenlassen oder kompostieren.

Wichtigste Krankheiten und Schädlinge an Zierpflanzen

Aus naheliegenden Gründen gilt der Pflanzenschutz seit jeher in erster Linie dem Gedeihen unserer Nutzpflanzen. Viele der deshalb als »allgemeine Krankheiten und Schädlinge« bezeichneten Parasiten kommen aber auch an Zierpflanzen vor und können dort in gleicher Weise bekämpft werden. An dieser Stelle genügt es also, auf die vorangegangenen, ausführlichen Dar-stellungen zu verweisen und hier nur das herauszugreifen, was besondere Ab-wehrmaßnahmen oder ausschließlich Zierpflanzen betrifft.

Fußkrankheiten (siehe Erbse)   Besonders bedroht sind Aster, Edelwicke *(Lathyrus)*, Löwenmaul, Narzisse, Nelke, Pfingstrose, Stiefmütterchen, Tulpe. – Abwehr: Angießen mit Dithane Ultra (o,2 %), stärker erkrankte Pflanzen ausmerzen. Als typische Einzelkrankheiten sind zu merken:

Sclerotinia-Stengel- und Knollenfäule (erkrankte Pflanzen ausmerzen).

Chlorose oder **Gelbsucht**, erkennbar am gelbgrün verfärbten Laub, Heilung durch Ausgleich des festgestellten Eisenmangels im Boden.

Sternrußtau, Strahlenpilz stellt sich vor allem auf armen Böden, auch in kühlen, nassen Sommern und bei unzweckmäßiger künstlicher Beregnung ein. – Bekämpfung: Erkranktes Laub sammeln, verbrennen; kräftiger Rückschnitt; mehrfach mit BASF-Rosenspritzmittel oder Dithane Ultra (o,2 %) behandeln.

Bekämpfung von Krankheiten und Virosen im Privatgarten kaum möglich. Besser: Sofortiges Ausmerzen erkrankter Pflanzen, Bodenentseuchung und Standortwechsel.

Blattläuse, Schildläuse, Woll- und Schmierläuse stehen weitaus an der Spitze aller Zierpflanzenschädlinge und werden nach den allgemeinen Regeln bekämpft. *Blasenfuß / Thrips, Rote Spinne, Weiße Fliege* sowie sämtliche Bodenschädlinge von *Ameise* bis *Wühlmaus* sind ebenfalls im gesamten Gartenbereich zu finden. Als spezielle Schädlinge an vielen Zierpflanzen haben *Schmetterlingsraupen* und *Blattwespenlarven* zu gelten. Schäden durch Zerfressen von Blättern. – Bekämpfung: Larven absammeln; mit Basudin-Emulsion o,1 % oder Thiodan 35 flüssig o,1 % spritzen oder zugelassene Sprühmittel aus der Spraydose anwenden. *Schaumzikaden* selbst sind nicht so schädlich wie ihre in »Kuckucksspeichel« gehüllten Larven, deren Besaugen die saftigen Triebe von Chrysanthemen, auch Phlox, schädigt. – Bekämpfung: Zikadenschaum mit Wasser abspülen, Pause zum Hochkriechen der Larven einlegen, dann mit einem der vielfach genannten Insektizide spritzen.

Älchen, Fadenwürmer, Nematoden   Winzig kleine Würmer von etwa 1 mm Größe oder weniger; leben je nach ihrem Entwicklungsstadium innerhalb des pflanzlichen Gewebes oder im Boden. Ein sogar mit Polizeiverordnungen bekämpfter Großschädling bei den Nutzpflanzen ist das Kartoffelälchen. Erbsenälchen und Erdbeerälchen hatten bisher im Privatgarten keine größere Bedeutung. Im Zierpflanzenbau dagegen spielen die drei bekanntesten Arten eine maßgebliche Rolle. – *Blattälchen* kommen an Aster, Dahlie, vielen Farnen, an Rittersporn, auch an Unkräutern vor; verursachen mißfarbene, glasige Stellen, späteres Absterben. – *Stengel-* oder *Stockälchen* sind verantwortlich für die Stockkrankheit bei Phlox und Hortensie, die Ananaskrankheit der Nelke, die Ringelkrankheit der Hyazinthenzwiebel, die Älchenkrankheit der Narzisse. – *Wurzelälchen* bewirken gallenartige Gebilde an Wurzeln und Knollen vieler Zierpflanzen, darunter Edelwicke, Iris, Knollenbegonie, Nelke, Primel, auch Unkräuter. – Bekämpfung: Befallene Pflanzen sofort ausmerzen, verbrennen; bei Phlox Jungtriebe vorbeugend mit E 605 forte spritzen, sonstiges Stäuben oder Spritzen zwecklos. Bodenentseuchung durch Nematizide; Anbauflächen wechseln.

Flieder-Miniermotte   Kleine bleichgraue Raupen befressen das Blattgewebe zwischen Ober- und Unterhaut, rufen durch ihre Miniergänge blasig aufgetriebene Stellen am Fliederlaub hervor. Nur vorbeugende Bekämpfung durch Spritzen mit Berührungsgiften bei Blattaustrieb möglich.

Rosenschädlinge   *Blattroll-Rosenblattwespe* – siehe Blattwespen; *Rosen-Bürstenhornwespe* (Nähfliege) siehe Blattwespen; *Rosenkäfer* zerwühlt und zerfrißt Blüten vom Zentrum her, frißt Staubgefäße ab, kommt auch· an großblumigen Nelken, Pfingstrose und Rhododendron vor, Käfer absammeln, Umgebung der Blüten mit bienenungefährlichen Insektiziden spritzen; *Rosenschildlaus* siehe Schildläuse; *Rosenzikade,* Blätter erscheinen oberseits weiß gefleckt, unterseits sind sie von zahlreichen, hellgelben Tierchen besetzt, die bei Annäherung davonstieben. Nahe Verwandte, die Blattsauger, befallen auch Apfel und Brombeere, Blattunterseiten mit bienenungefährlichen Insektiziden stäuben oder spritzen.

Tulpe Außer allgemeinen Schädigungen durch Blattlaus bis Stockälchen ist die Feldmaus der größte Tulpenfeind. Als beste Abwehrmittel haben sich hier wie bei anderen Blumenzwiebeln die in mehreren Größen erhältlichen »Blumenzwiebel-Pflanzenschalen« aus Draht bewährt. Kunststoff kann durchgefressen werden.

Nadelbräune, Schütte Die älteren Nadeln einiger Koniferen (z. B. Kiefer) bräunen sich ab Mai, fallen im Laufe des Sommers ab; nicht zu verwechseln mit Frostschäden, bei denen sich die jüngsten Nadeln bräunen, aber an den Zweigen verbleiben. – Bekämpfung: Mehrfach vorbeugend mit Dithane Ultra (0,2%) spritzen.

Nadelgehölze Krankheiten und Schädlinge

Rost (Fichtennadelrost, Kiefernnadelblasenrost): wie Nutz- und Zierpflanzen.

Sitkalaus, Fichten-Röhrenlaus Setzt vor allem den Blaufichten zu, kommt aber auch an Rotfichten *(Picea excelsa)* und an der Omorikafichte vor. Erstes Kennzeichen: Gelbwerden der Nadeln im Frühjahr, dann Bräunen und später Abfall der Nadeln, führt nicht selten zum bekannten »Blaufichtensterben«. Die 1 mm große, grünliche Laus mit roten Augen wird am besten mit einem der in diesem Fall unentbehrlichen »systemischen« oder innertherapeutischen Mittel wie Metasystox R oder Rogor bekämpft. Auch Frühspritzung mit Folidolöl verspricht guten Erfolg.

Sitka-Befalls-Test: Weißes Papier unter die Zweige, Baum schütteln, Läuse fallen herab!

Fichtengallenlaus Ruft ananasförmige, grüne, bis walnußgroße Gallen am Triebgrund hervor. Bei nur mäßigem Auftreten genügt Auspflücken der noch verschlossenen Gallen im Mai/Juni; sonst die wie Blutläuse an Knospen und Zweigunterseiten sitzenden Läuse im zeitigen Frühjahr mit Blutlausmitteln betupfen.

Standort- und Witterungsschäden

Frost Wenn in einem Gartenbuch von Frostschäden die Rede ist, so geht es in erster Linie um die Frostplatten an der im Nachwinter zu stark sonnenbestrahlten Südseite von Obstbäumen. Vorbeugend wirkt der im Wohngarten nicht sehr beliebte Anstrich der Stämme mit Kalkmilch. Schutz vor Spätfrösten im Frühjahr und vor ersten Nachtfrösten im Herbst erscheinen indessen für den Gartenfreund mindestens ebenso aktuell. Sortenwahl der Obstgehölze, Innehaltung von Aussaat- und Pflanzterminen, Tunnelkultur und Frostschutzhauben, Warnung vor einem »Winterschnitt« der Rosen sind einige weitere Beispiele, um auf eine Orientierung von Fall zu Fall zu verweisen.

Gummifluß des Steinobstes Ist keine selbständige Krankheit, sondern tritt – vor allem an Kirsche, Aprikose und Pfirsich – als Folge anderer Störungen auf. Der gefährliche Bakterienbrand ist eine solche Ursache. Er befällt besonders in niederschlagsreichen Sommern Blätter und Triebe sowie Rinde und Stamm der genannten Bäume. Ganze Astpartien sterben ab, die Rinde platzt auf, und aus den Wunden fließt die glasklare, bräunliche Harzmasse. Auch ungünstige Standortverhältnisse in zu feuchtem und zu kaltem Boden, extreme Trockenperioden und Frostschäden sowie andere Rindenverletzungen rufen Gummifluß hervor, kann bei Kräftigung der Bäume von selbst wieder aufhören. Andernfalls muß jede Ausscheidungsstelle bis ins gesunde Gewebe ausgeschnitten und behandelt werden (Baumwachs, SAFT STOP).

Hagelkörner rufen leichtere, nur wie Druckstellen oder Stippen wirkende runde Schlagmarken oder schwerere, bis zu offenen Wunden reichende Verletzungen der Früchte hervor. Hagelschaden ist stets einseitig. Rindenverletzungen heilen meist von selbst.

Nützliche Tiere und Vogelschutz

Auch wenn das vielzitierte biologische Gleichgewicht in unserer Kulturlandschaft durch die letztlich naturwidrige Form überwiegend einseitiger Bodennutzung schon von Grund auf gestört ist, sind doch die Kulturen in Landwirtschaft und Gartenbau ihres natürlichen Schutzes noch nicht völlig beraubt. Insbesondere haben jene Tiere, die wir als schädlich betrachten, ihrerseits zahlreiche Feinde, die deshalb von uns als Nützlinge bezeichnet werden. Ihre praktische Bedeutung darf man allerdings nicht überschätzen — mit größeren Schädlingskalamitäten dürfte keiner dieser »Nützlinge« allein fertig werden. Aber es obliegt ihnen eine wichtige Hilfsfunktion, die schon deswegen ein Gewinn ist, weil dadurch Maßnahmen der chemischen Schädlingsbekämpfung eingeschränkt werden können.

Den Maulwurf nicht mit der Wühlmaus verwechseln

Maulwurf Er ist eine nützliche Aufsichtsbehörde, frißt schädliche Bodeninsekten, vor allem auch Engerlinge. Wo seine Grabetätigkeit nebst den freilich oft störenden Maulwurfshügeln lästig werden, genügen einige Karbidstücke oder ein mit Petroleum getränkter Lappen im Gangende, damit er auszieht. Keinesfalls sollte man ihn aus Unkenntnis wie die Wühlmaus verfolgen und töten.

Igel Leichte Zähmbarkeit und drolliges Wesen sichern ihm auch ohne den Hinweis auf große Nützlichkeit das Wohlwollen der Gartenfreunde. Außer dem täglichen Schälchen Milch, mit dem man unter Umständen eine ganze Igelfamilie bei der Stange hält, frißt der Stachelhäuter Bodenschädlinge, Würmer und Schnecken.

Marienkäfer Als Todfeinde der Blattlaus betätigen sich zum Beispiel das Marienkäferchen und seine Larve. Jedes einzelne vertilgt bis zu achtzig Stück am Tage. Auch die als Blattlauslöwen bekannten braunen Larven der Florfliegen oder Goldaugen sowie einige Schwebefliegenlarven sind eifrige Läusefresser und verdienen jede Schonung. Zur biologischen Blutlausbekämpfung wurde vor einiger Zeit eine kleine Zehrwespe aus den USA eingeführt. Ähnlich wie die Schlupfwespe bei den Kohlweißlingsraupen, legt sie ihre Eier in den Körper der Läuse, die später von den darin schmarotzenden Larven vernichtet werden. Große praktische Bedeutung hat jedoch weder der eine noch der andere Insekteneinsatz.

Nützlinge aus dem Insektenreich

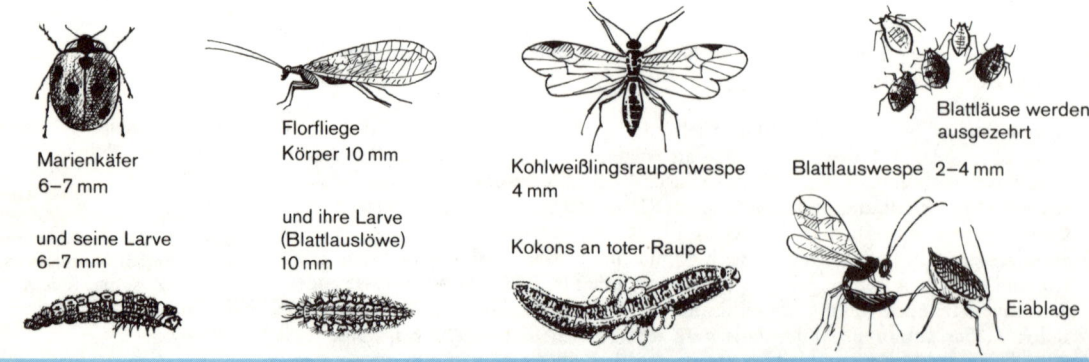

Marienkäfer
6–7 mm

und seine Larve
6–7 mm

Florfliege
Körper 10 mm

und ihre Larve
(Blattlauslöwe)
10 mm

Kohlweißlingsraupenwespe
4 mm

Kokons an toter Raupe

Blattläuse werden
ausgezehrt

Blattlauswespe 2–4 mm

Eiablage

Regenwurm Würde es nicht so absonderlich klingen – man müßte sagen, der Regenwurm hat einen Januskopf. Aber die Doppelseitigkeit seines Wesens liegt auch ohne solche klassischen Vergleiche auf der Hand, und selbst bekannte Humusfanatiker als traditionelle Verfechter aller Gartentugenden des wackeren Wurmes, werden nicht ableugnen können, daß man im Rasen lieber auf die Spuren seiner Anwesenheit verzichtet. Auf Seite 119 des Rasenkapitels steht mehr darüber. Im Gartenboden ohne Rasendecke dagegen gilt die Anwesenheit von Regenwürmern als sicherstes Zeichen guter bis hervorragender Beschaffenheit, die durch das bodenlüftende, lockernde, den Humusgehalt fördernde Tun immer noch gesteigert wird. Zur Kompostbereitung empfehlen sich »Zuchtregenwürmer«, siehe Bezugsquellen S. 408.

Lurche und Reptilien Eidechsen wohnen gern im trocken-heißen Steingarten oder in Erdbeerbeeten; Kröten haben selbst in unseren aufgeklärten Zeitläuften immer noch unter einer Art von mittelalterlichem Hexenwahn zu leiden, obwohl sie zu den harmlosesten und nützlichsten Gartenbewohnern zählen. Ebenso wie die Eidechse, der Grasfrosch, die Blindschleiche und der freilich selten gewordene schöne Feuersalamander machen sie Jagd auf Insekten und Schnecken. Wenn gelegentlich auch ein Regenwurm den Speisezettel bereichert, soll man – besonders wenn es im Rasen geschieht – freundlich darüber hinwegsehen.

Rutenbinden zur Schaffung von Nistplätzen

Warum wir die Vögel schützen

Natürlich nicht nur wegen ihres Nutzens, sondern ebenso aus Freude an ihrem Dasein. Immerhin ist es nicht uninteressant, was für Leistungen auf dem Gebiet der Schädlingsbekämpfung die kleinen Sänger vollbringen. Wissenschaftliche Fütterungsversuche mit eingefangenen Tieren haben ergeben, daß die Tagesration verzehrter Schadinsekten bei den größeren Arten 10–12 %, bei mittelgroßen 20–25 % und bei den kleinsten, wie Goldhähnchen und Zaunkönig, bis zu 30 % ihres Körpergewichtes beträgt.

Gesicherte Brutplätze zu schaffen und für gesunde Winterfütterung zu sorgen sind deshalb ebenso zweckmäßige wie gefühlsmäßig befriedigende Ziele. Dazu muß man freilich über die Lebensgewohnheiten der wichtigsten Gartenvögel Bescheid wissen. Die sogenannten Freibrüter nisten stets außerhalb fest umschlossener Räume in Astgabeln von Bäumen, in Büschen, Hecken und dichtem Gesträuch. Durch entsprechende Schnittmaßnahmen und Zusammenbinden der Ruten kann man hier viel helfen. Solche Freibrüter sind: Buchfink, Goldhähnchen, Grasmücke, Nachtigall, Schwanzmeise, Stieglitz und Zaunkönig. Auch die in ihrem Gesamtverhalten leider doch ziemlich unnütze Amsel oder Schwarzdrossel gehört zu dieser Gruppe.

Badeschiff aus Holz und Teerpappe

Große Wohnungsnot herrscht fast immer bei den Halbhöhlenbrütern und den Höhlenbrütern. Hilfe tut hier not, weil sie zu den wichtigsten Schädlingsvertilgern gehören. Hohle Bäume für Specht und Baumläufer (Spechtmeise, Kleiber) – Astlöcher für Blaumeise, Haubenmeise, Kohlmeise, Sumpf- und Tannenmeise – geschützte Giebelvorsprünge, Toreinfahrten und Mauernischen für die Schwalbe – Dach- und Holzwerk für den Gartenrotschwanz und auch den Star sind nicht so häufig anzutreffen. Wer den Vogelbestand seines Gartens mehren will, muß also weitere Möglichkeiten zu ungestörter Brutpflege schaffen, vor allem aber auch vogelschädliche Pestizide meiden.

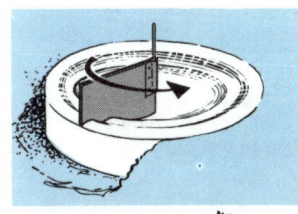

Vogeltränke zum Selberbauen aus Beton

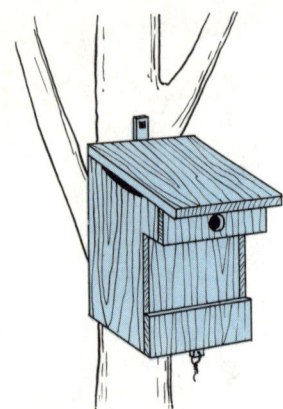

Katzensicherer Nistkasten
für alle Höhlenbrüter

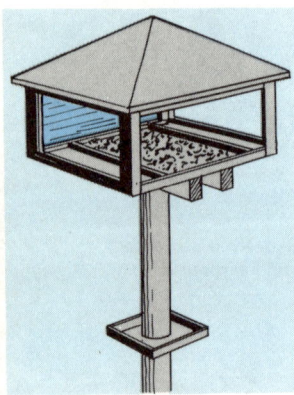

Futterhaus. Mit dem kleineren Futtertisch darunter lockt
man die Vögel an.

Niemand kann bestreiten,
daß Vögel auch Ärger und
Schaden machen. Einige
Ratschläge zur Abhilfe siehe
Seite 388.

Wind- und wetterfeste Nistkästen, die sich leicht reinigen lassen und ein der Größe ihrer Bewohner gemäßes Flugloch besitzen, sind bis zu den modernen Schwalben-Kunstnestern hin in reicher Auswahl zu haben. Aber erst die richtige Anbringung sichert vollen Erfolg. Wo der Nistkasten zu niedrig hängt, für Wind und Regen zugänglich ist, wackelt und scheppert, zieht kein Vogel ein. Deshalb soll das Flugloch nach Osten oder Südosten gerichtet und durch ein kleines Vordach wie eine leichte Neigung des Gehäuses nach unten vor dem Wetter geschützt sein. Meisen aller Art, Rotschwänzchen, Kleiber und ähnliche kleinere Höhlenbrüter wollen 2—3 m hoch wohnen, Durchmesser des Flugloches 3,2 cm; Stare, mittlere und große Buntspechte brauchen 3—6 m Bodenabstand, Durchmesser des Flugloches 4,6 cm. Aufhängeleiste mit rostfreier Verschraubung und rechtzeitige Anbringung beachten: Standvögel wollen schon im Herbst daheim sein; Zugvögel mieten erst ab Anfang März. In jedem Fall sind die alten Kästen vorher von Resten der letzten Brutpflege zu reinigen; auch in neue Kästen kein Füllmaterial geben.

Regelmäßige Versorgung mit einwandfreiem Futter sowie gefahrenfreie Trinkgelegenheit ist für viele unserer liebsten und nützlichsten kleinen Freunde in den Wintermonaten häufig schlechthin lebensentscheidend. Die Kälte der Luft, die Kürze der Tage, das Fehlen aller oder doch fast aller natürlichen Nahrungsquellen lassen sie ohne menschliche Hilfe oft zu vielen Hunderten eingehen. Haben doch die Vögel insgesamt einen sehr raschen Stoffwechsel und können zum Teil kaum länger als 12—16 Stunden ohne Futter durchhalten.

Um die in dieser Hinsicht oft merkwürdig unbeholfenen und scheuen Tiere an ihren Platz zu gewöhnen, sollte das »Anfüttern« bereits Ende Oktober beginnen. Im windgeschützten, katzensicheren Futterhäuschen werden Körner gestreut, die nicht nur im Laden gekauft, sondern in ländlichen Gegenden über Sommer auch noch in Feld und Flur gesammelt wurden. Spezial-Wildvogelfutter und frostfestes, nicht säuerndes Weichfresserfutter kommen hinzu, Meisenringe und ähnliche Gebilde bis hin zum frischen Saunabel aus der Metzgerei werden aufgehängt. Brot und gesalzene Speisereste sind grundsätzlich verboten; geringe Mengen fein zerquetschter, gekochter Kartoffeln dürfen gelegentlich verabreicht werden. Vergiftungen und qualvoller Tod durch falsches oder verdorbenes Futter sind leider viel häufiger als Vogelverluste durch Pflanzenschutzmittel, die unmittelbar oder auf dem Umweg über von Spritzbrühe getroffene Schädlinge versehentlich in den Vogelmagen kommen. Trinkwasser im Winter ist nur dann gefahrenfrei, wenn es lauwarm in so kleinen Gefäßen verabreicht wird, daß bei den Vögeln keine Badegelüste aufkommen.

Sobald im Frühling die ersten Mücken tanzen, hört das Füttern auf. Aus Mildherzigkeit weiterzumachen ist nicht nur wegen der Schädlingsvertilgung unzweckmäßig, weil es die Vögel faul macht, sondern auch ungesund und vor allem gefährlich für die Brut, die Lebendfutter braucht. Trink- und Badegelegenheiten dagegen gehören unbedingt zur warmen Jahreszeit.

Fachausdrücke sind die Bausteine des praktischen Könnens, das wir uns im Laufe der Zeit erarbeiten müssen. Wenigstens die wichtigsten dieser Vokabeln sollte man zur Lektüre eines Gartenbuches im Kopfe haben, weil das Rüstzeug eines solchen Wortschatzes umständliche Erklärungen spart.

Fachausdrücke und ihre Bedeutung

Adventivwurzeln: Ersatzwurzeln bei Verlust der ursprünglichen Wurzel; auch Wurzelbildung bei Stecklingen

Anhäufeln: das Aufwerfen kleiner Hügel oder Dämme um bestimmte Pflanzen

Annuelle: dasselbe wie Einjahrspflanzen

Äugeln: Veredeln durch Einsetzen eines Auges (= Knospe); deutsches Wort für Okulieren

Ausdünnen: Entlasten der Obstbäume durch Herauspflücken unreifer Früchte

Ausdünnen, Verziehen: Entfernung zu dicht stehender Keimlingspflanzen im Saatbeet

Biannuelle oder Bienne: dasselbe wie Zweijahrspflanzen

Blindhacken: Entfernung von Unkraut zwischen noch nicht gekeimten Saatreihen, wird durch »Markiersaat« erleichtert, die besonders schnell aufläuft (Salat, Radies)

Bodenmüdigkeit: Folge einseitiger Bodenbeanspruchung durch Unterlassung eines regelmäßigen Fruchtwechsels; äußert sich in Anhäufung möglicherweise schädlicher Stoffwechselprodukte (Wurzelausscheidungen), Verarmung des Bodens

Chlorophyll: Blattgrün, bewirkt bei höheren Pflanzen unter dem Einfluß des Sonnenlichtes die Umwandlung der anorganischen in organische Substanz

Chromosomen: Träger der Erbanlagen in der Zelle, wobei die Chromosomenzahl je nach Art der Pflanze verschieden ist

Diploid: mit doppelter Chromosomenzahl; gute Pollenspender bei Kernobst

Drahthose: Maschendrahtgitter gegen Wildverbiß bei Bäumen

Drainage: Graben- oder Röhrensystem zur Entwässerung sehr feuchten Geländes

Entspitzen: Abkneifen oder Pinzieren der noch weichen, krautartigen Triebspitzen von Obstgehölzen, vor allem im Spalier- und Formobstbau

Erziehungsschnitt: Schnittbehandlung der jungen Obstgehölze zum Kronenaufbau

F_1-Hybriden: Bezeichnung für züchterisch wertvolle Ergebnisse der Kreuzung (Paarung) bestimmter Pflanzen; Abkürzung für »erste Filialgeneration«, handelsüblich besonders bei Sämereien im Gemüse- und Zierpflanzenbau

Fremdbestäubung: Begriff der Blütenbiologie, der besagt, daß bestimmte Pflanzen auf Bestäubung durch Insekten oder durch den Wind angewiesen sind

Frostkeimer: Pflanzen, deren Samen nur nach einer kürzeren oder längeren Frostperiode zum Keimen kommt, also im Herbst oder Mittwinter ins Feiland gesät werden muß

Generative Vermehrung: geschlechtliche Vermehrung durch Samen

Grünschnitt: Sommerschnitt, besonders beim Formobst

Halbstrauch: Mittelding zwischen Gehölz und Staude, Triebspitzen sterben im Herbst ab

Haploid: mit einfacher Chromosomenzahl; Begriff aus der Vererbungslehre

Heister: Jungbäume mit Stamm und Seitenästen, noch ohne Kronenbildung

Hybridation: Zuchtkreuzung nah verwandter Pflanzen zur Veränderung ihrer Gestalt, Blüte, Frucht sowie der inneren Eigenschaften (Frostfestigkeit, Krankheitsanfälligkeit usw.)

Hybriden: Bastardpflanzen, durch geschlechtliche Kreuzung entstanden

Kambium: Gewebe zwischen Holz und Rinde, dessen Zellteilung das Dickenwachstum der Baumstämme bewirkt und das Anwachsen von Veredlungen fördert.

Karenzzeit: Wartezeit in Tagen ab der letzten zulässigen Anwendung von Pflanzenschutzmitteln bis zur Ernte, notwendig zur Verhütung von Vergiftungen

Keimfähigkeit: Prozentsatz der Samen, die bei optimalen Bedingungen auskeimen

Kerf: dasselbe wie Kerbtier oder Insekt

Knolle: unterirdisches Speicherorgan, das anders als die aus übereinanderliegenden Blattschalen gebildete Zwiebel entweder aus einer kugeligen oder abgeplatteten Aufschwellung besteht, deren Spitze den Keim trägt (= Stamm- oder Stengelknolle wie Gladiole und Krokus, Montbretie, Herbstzeitlose), oder aus länglich-walzenförmigen Wurzelknollen (Dahlie), deren Augen mehrere Keime bringen

Kronentraufe: größter Umfang einer Baumkrone in der Horizontale; das Ausmaß der Wurzelkrone ist ein gutes Stück größer als das der Kronentraufe

Kulturschicht oder Krume: biologisch tätige Oberschicht des Bodens

Lichtneutrale Pflanzen: Samen keimt unabhängig von Licht und Dunkelheit

Markiersaat: zur Kennzeichnung der Saatreihen langsam keimender Gemüse werden in regelmäßigem Abstand raschkeimende Pflanzen wie Salat, Radies, auch Mohn dazwischengesät

Mikro-Nährstoffe: siehe Spurenelemente

Mutation: die ohne erkennbare Ursache, von selbst eintretende (= spontane) oder auf experimentellem Wege herbeigeführte Änderung des Erbgutes

Okulieren: Veredeln durch Einsetzen eines Auges auf eine fremde Pflanze

Osmose: Druckgefälle im Zellgefüge; es bewirkt das Auf- und Abwärtsfließen des Saftstromes durch die porösen Scheidewände der Zellen im pflanzlichen Gewebe

Perennen: ausdauernde Pflanzen, insbesondere Staudengewächse

Pflanzen ziehen im Winter ein: herbstliches Abwelken und Verschwinden der oberirdischen Pflanzenteile, während die Wurzel im nächsten Frühjahr neu austreibt

Pikieren: das zur besseren Wurzelbildung notwendige mehrfache Umsetzen von Keimlingspflanzen, insbesondere von Gemüsen.

Remontieren: das wiederholte Blühen und Fruchten während eines Sommers; »Nachblüte«

Rhizom: vom griechischen *Rhizoma* = Wurzel; Fachausdruck für knollenartig verdickte, fleischige Sproßteile, die der Pflanze, ähnlich wie Zwiebeln, als Nährstoffspeicher dienen (Rhizom-Lilien, Rhizom-Iris!), dabei wurzelartig fortwachsen, mit Austrieben nach oben

Samenruhe: Zeitspanne von der Reife des Saatkornes bis zu seiner Keimfähigkeit

Selektion: Auslese durch natürliche Lebensbedingungen, künstliche Maßnahmen (Züchtung), auch Anwendung chemischer Mittel (Unkrautbekämpfung!)

Solitär: große Dekorationspflanze für Einzelstellung, z. B. auf Rasenflächen

Synonym: Wort mit gleicher Bedeutung, z. B. früher gebräuchlicher, aber jetzt nicht mehr gültiger botanischer Pflanzennamen

Tetraploid: mit vierfacher Chromosomenzahl = Verdoppelung des normalen diploiden Chromosomensatzes

Triploid: mit dreifacher Chromosomenzahl; triploide Obstgehölze bilden nur mangelhaft Pollen aus, daher als Pollenspender ungeeignet

Verschulen: dasselbe wie Pikieren, jedoch bei baumschulmäßig gezogenen Pflanzen

Verstopfen: dasselbe wie Pikieren, jedoch nur in bezug auf Zierpflanzen

Verziehen: siehe Ausdünnen

Vorernte: Ernte der Zwischenfruchtkulturen auf dem Standbeet der Hauptfrucht

Vorkeimung: die ein- oder mehrtägige Behandlung schwer keimender Sämereien durch Einlegen in lauwarmes Wasser, feuchtes Sägmehl, Sand, Torf usw.

Wurzelhals: Übergangszone zwischen Wurzel und oberirdischem Pflanzenteil, bringt oft selbst auch noch Wurzeln hervor und soll immer mit Erde bedeckt sein

Zwiebel: unterirdisches Speicherorgan, auf dessen scheibenartigem Boden ein von fleischigen Niederblättern umgebener Stamm sitzt, der sich zum Keim entwickelt und meist auch schon fertig vorgebildet die von den späteren Laubblättern umhüllte Blütenknospe in sich trägt, während aus dem Wurzelkranz des Zwiebelbodens zahlreiche Adventivwurzeln in die Erde treiben

Zwischenveredlung: Einschaltung eines zweiten Veredlungspartners, z. B. zur Erhöhung der Frostfestigkeit bei Obstbäumen (Stammbildner!)

Deutsche Gartenbau-Gesellschaft. Präsidentin Gräfin Sonja Bernadotte, Insel Mainau; Geschäftsleiter Gerneralsekretär Dr. Helmut Klausch, Geschäftsstelle: Ubierstraße 30, 5300 Bonn 2, Tel. 0228/36 20 57

Arbeitsgemeinschaft Deutscher Pflanzenliebhaber-Gesellschaften. Godesberger Allee 142–148, 5300 Bonn 2, Tel. 0228/8 10 02–13

Deutsche Dahlien-, Fuchsien- und Gladiolen-Gesellschaft. Geschäftsstelle: Drachenfelsstraße 9 a, 5300 Bonn 2, Tel. 0228/35 58 35

Deutsche Dendrologische Gesellschaft. Geschäftsstelle: Hawstraße 28, 5500 Trier, Tel. 0651/3 48 88

Gesellschaft für Heidefreunde. Geschäftsstelle: Tangstedter Landstraße 276, 2000 Hamburg, Tel. 040/5 20 28 71

Deutsche Rhododendron-Gesellschaft. Geschäftsstelle: Marcusallee 60, 2800 Bremen 33, Tel. 0421/4 96 30 25

Verein Deutscher Rosenfreunde. Geschäftsstelle: Waldseestraße 14, 7570 Baden-Baden, Tel. 7221/3 13 02

Gesellschaft der Staudenfreunde. Geschäftsstelle: Dörrenklingenweg 35, 7114 Untersteinbach/Hohenlohekreis, Tel. 07949/692

Österreichische Gartenbau-Gesellschaft. Generalsekretariat: Parking 12, 1010 Wien 1, Tel. 0043/222/5128416

Schweizerische Gartenbau-Gesellschaft. Association de Horticulteurs de la Suisse, Grande rue 82, Case postale, 1110 Morges, Tel. 0041/21/72 13 43

Bundesverband Deutscher Gartenfreunde, Siegfried-Leopold-Straße 6, 5300 Bonn 3

Deutscher Siedlerbund, Gesamtverband für Kleinsiedlung und Familienheim, Hauptgeschäftsstelle Frankfurter Straße 30, 5000 Köln 80

Bayerischer Landesverband für Gartenbau und Landespflege, Geschäftsstelle Herzog-Heinrich-Straße 21, 8000 München 15

Landesverband Hessen zur Förderung des Obstbaues, der Garten- und Landschaftspflege, Geschäftsstelle Eichgärtenallee 1, 6300 Gießen

Verband Rheinischer Gartenbau-Vereine, Geschäftsstelle Endenicher Allee 60, 5300 Bonn

Landesverband der Gartenbauvereine Saarland-Pfalz, Blumenstr. 11, 6600 Saarbrücken

Landesverband der Gartenbauvereine in Westfalen-Lippe, Vereinigung für Gartenkultur und Landespflege, Kreislehrgarten, Geschäftsstelle Postfach 1444, 4430 Steinfurt

Bund Deutscher Landschaftsarchitekten, Colmant-Straße 32, 5300 Bonn

Deutsche Gesellschaft für Gartenkunst und Landschaftspflege, Geschäftsstelle Bahnhofsplatz 8, 7500 Karlsruhe

Rasenforschung der Fachbereiche Umweltsicherung der Justus-Liebig-Universität, Geschäftsstelle Schloßgasse 7/Brandplatz, 6300 Gießen

Deutsche Rasengesellschaft, Geschäftsstelle Godesberger Allee 142–148, 5300 Bonn 2

Dauergrabpflege-Gesellschaft Deutscher Friedhofsgärtner, Godesberger Allee 142–148, 5300 Bonn 2

Bund für Umwelt und Naturschutz Deutschland, Reuterstraße 241, 5300 Bonn 1

Deutscher Naturschutzring, Bundesverband für Umweltschutz, Kalkulstraße 24, 5300 Bonn 3

Greenpeace Deutschland, Hohe Brücke 1/Deichstraße, 2000 Hamburg 11

Greenpeace Oesterreich, WUK, Wahringer Straße 59/5, A-1090 Wien

Greenpeace Schweiz, Postfach 4927, CH-8022 Zürich

Schutzgemeinschaft Deutscher Wald, Büsgenweg 5, 3400 Göttingen

Umweltbundesamt, Bismarckplatz 1, 1000 Berlin 33

Weitere Adressen in: Connections BRD, Connections Südeuropa, Infos-Tips-Kontakte (jährlich), Mandala-Verlag, 5429 Klingelbach

Gartenbauliche Organisationen und Institute

Pflanzenliebhaber-Gesellschaften des Freiland-Bereichs

Freizeit-Gärtner-Organisationen

Arbeitsgemeinschaften und Berufsverbände

Verbände für Naturschutz

Institute und Dienststellen im *Verband Deutscher Landwirtschaftlicher Untersuchungs- und Forschungsanstalten* (VDLUFA), Bismarckstraße 41a, 6100 Darmstadt (Tel. 06151/26485): Liste derjenigen, in dem Verband zusammengeschlossenen Institute, denen Bodenproben zur Untersuchung zugesandt werden können (siehe hierzu auch die Ausführungen auf Seite 12).

Landwirtschaftliche Untersuchungs- und Forschungsanstalt, 5300 Bonn, Weberstr. 61, Tel (0228) 210021

Bayerische Hauptversuchsanstalt für Landwirtschaft der TU München, Weihenstephan, 8050 Freising 1, Tel. (08161) 71381

Landwirtschaftliche Untersuchungs- und Forschungsanstalt, 3250 Hameln, Finkenborner Weg 1 A, Tel. (05151) 65073

Staatl. Landwirtschaftliche Untersuchungs- und Forschungsanstalt Augustenberg, 7500 Karlsruhe-Durlach, Neßlerstr. 23, Tel. (0721) 48020

Hessische Landwirtschaftliche Versuchsanstalt, 3500 Kassel, Am Versuchsfeld 13, Tel. (0561) 88141

Bodenproben können auch abgegeben werden im »Haus der Landwirtschaft«, *Hessische Landwirtschaftliche Versuchsanstalt,* 6100 Darmstadt, Rheinstr. 91, Tel.(06151) 81091

Landwirtschaftliche Untersuchungs- und Forschungsanstalt, 2300 Kiel, Gutenbergstr. 75–77, Tel. (0431) 15087

Landwirtschaftliche Untersuchungs- und Forschungsanstalt, 4400 Münster (Westf.), Nevinghoff 40, Tel. (0251) 276752

Landwirtschaftliche Untersuchungs- und Forschungsanstalt, 2900 Oldenburg, Mars-la-Tour-Str. 4, Tel. (0441) 801390

Landwirtschaftliche Untersuchungs- und Forschungsanstalt, 6720 Speyer, Obere Langgasse 40, Tel. (06232) 76026

Landesanstalt für landwirtschaftliche Chemie der Universität Hohenheim, 7000 Stuttgart 70, Emil-Wolff-Str. 14, Tel. (0711) 45012669

Landes-Lehr- und Versuchsanstalt für Weinbau, Gartenbau und Landwirtschaft, Institut für Bodenkunde, 5500 Trier, Egbertstr. 18–19, Tel. (0651) 49061

Bayerische Landesanstalt für Bodenkultur und Pflanzenbau, 8707 Veitshöchheim, Herrnstr. 8, Tel. (0931) 90021

Amtliche Auskunftsstellen in Fragen des Pflanzenschutzes

Übergeordnete Behörde ist die *Biologische Bundesanstalt für Land- und Forstwirtschaft* in 3300 Braunschweig, Messeweg 11/12 – kurz BBA genannt – mit der Abteilung für Pflanzenschutzmittel und Pflanzenschutzgeräte sowie den Instituten für Botanik, für Biochemie, für landwirtschaftliche Virusforschung, für Virusserologie und für Unkrautforschung. Unter den Außeninstituten wird der Gartenfreund besonders Interesse für die folgenden Zweigstellen haben:

Institut für biologische Schädlingsbekämpfung: 6100 Darmstadt, Heinrichstraße 243.

Institut für Hackfruchtkrankheiten und Nematodenforschung: 4400 Münster i. W., Toppheideweg 88.

Institut für Gemüsekrankheiten: 5030 Hürth-Fischenich, Kreis Köln, Marktweg 60.

Institut für Obstkrankheiten: 6901 Dossenheim b. Heidelberg, Schwabenheimer Str.

Institut für Rebkrankheiten: 5550 Bernkastel-Kues/Mosel, Brüningstraße 84.

Pflanzenschutzämter der Länder im Bundesgebiet und Berlin

Landesanstalt für Pflanzenschutz: 7000 Stuttgart 1, Reinsburgstraße 107.

Pflanzenschutzamt Nordbaden: 7500 Karlsruhe, Amalienstraße 25.

Pflanzenschutzamt Südbaden: 7800 Freiburg i.Br., Erbprinzenstr. 2

Pflanzenschutzamt Nordwürttemberg: 7000 Stuttgart 1 Breitscheidstraße 4.

Pflanzenschutzamt Südwürttemberg-Hohenzollern: 7400 Tübingen, Keplerstraße 2.

Ämter für Landwirtschaft und Bodenkultur (jew. Abt. B 3), Bayern: 8800 Ansbach, Brauhausstraße 9a; 8901 Augsburg-Stadtbergen, Bismarckstraße 62; 8580 Bayreuth-Altstadt, Adolf-Wächter-Straße 10; 8360 Deggendorf, Graflinger Straße 81; 8070 Ingolstadt, Auf der Schanz 43; 8000 München 80, Berg-am-Laim-Straße 38 *(Abt. Pflanzenschutz-Gartenbau);* 8400 Regensburg, Weinweg 2–6; 8200 Rosenheim, Prinzregentenstraße 39; 8700 Würzburg, Luxburgstraße 4.

Pflanzenschutzamt Bremen: 2800 Bremen, Slevogtstraße 28.

Pflanzenschutzamt Hamburg: 2000 Hamburg 36, Marseiller Straße 7.

Pflanzenschutzamt Reg.-Bez. Darmstadt: 6000 Frankfurt/M.-Hausen, Friedrich-Wilhelm-von-Steuben-Straße 2, Postfach 93 01 29

Pflanzenschutzamt Reg.-Bez. Kassel: 3500 Kassel-Harleshausen, Am Versuchsfeld 17.

Pflanzenschutzamt Hannover: 3000 Hannover 91, Wunstorfer Landstraße 9.

Pflanzenschutzamt Oldenburg i. O.: 2900 Oldenburg, Mars-la-Tour-Straße 9–11.

Pflanzenschutzamt Bonn 2: 5300 Bonn, Ludwig-Erhard-Straße 9–11.

Institut für Pflanzenschutz, Saatgutuntersuchung und Bienenkunde der Landwirtschaftskammer Westfalen-Lippe: 4400 Münster i. W., Nevinghoff 40, Postfach 5925

Landes-Pflanzenschutzamt Rheinland-Pfalz: 6500 Mainz-Bretzenheim, Essenheimer Straße 144.

Pflanzenschutzamt Saarland: 6600 Saarbrücken 3, Lessingstraße 12.

Pflanzenschutzamt des Landes Schleswig-Holstein: 2300 Kiel, Westring 383.

Pflanzenschutzamt Berlin: 1000 Berlin 33, Altkircher Straße 1 und 3.

Pflanzenschutzbehörden in der Schweiz

Eidgenössische Forschungsanstalt für Obst-, Wein- und Gartenbau Wädenswil
Zuständig für die Bewilligung von Pflanzenschutz- und Unkrautvertilgungsmitteln sowie die Überwachung des Handels mit diesen Präparaten gemäß den Bestimmungen des Hilfsstoff-Gesetzes. Auskunft und Beratung über Pflanzenschutz bei Spezialkulturen.

Eidgenössische Forschungsanstalt für landwirtschaftlichen Pflanzenbau Zürich-Reckenholz, Postfach, CH-8046 Zürich
Prüfung neuer Pflanzenschutzmittel im Feldbau. Auskunft und Beratung über Pflanzenschutz im Feldbau.

Eidgenössische landwirtschaftliche Forschungsanstalt Changins/Nyon
Prüfung von Pflanzenschutzmitteln sowie Auskunft und Beratung für den gesamten Pflanzenbau einschließlich Spezialkulturen.

Kantonale Dienststellen
Die meisten Kantone unterhalten eine *Zentralstelle für Pflanzenschutz,* die über alle Fragen des Pflanzenschutzes in ihrem Bereich Auskunft erteilt.

Pflanzenschutzämter in Österreich

Bundesanstalt für Pflanzenschutz, Wien II, Trunnerstraße 5. Für die Beratung in den einzelnen Bundesländern sind die Pflanzenschutzreferate der Landwirtschaftskammern zuständig, und zwar:
Burgenländische Landwirtschaftskammer, 7001 Eisenstadt, Esterhazystraße 15
Kammer für Land- und Forstwirtschaft in Kärnten, 9010 Klagenfurt, Museumg. 5
N. Ö. Landes-Landwirtschaftskammer, 1014 Wien, Löwelstraße 16
Landwirtschaftskammer für Oberösterreich, 4010 Linz, Auf der Gugl 3
Kammer für Land- und Forstw. in Salzburg, 5024 Salzburg, Schwarzstraße 19
Landeskammer für Land- u. Forstw. in Steiermark, 8011 Graz, Hamerlinggasse 3
Landeslandwirtschaftskammer für Tirol, 6021 Innsbruck, Brixner Straße 1
Landwirtschaftskammer für Vorarlberg, 6900 Bregenz, Montfortstraße 4
Wiener Landwirtschaftskammer, 1060 Wien, Gumpendorferstraße 15

Wer liefert was?

Es gibt im gesamten Bundesgebiet eine große Anzahl erstklassiger und zuverlässiger Bezugsquellen für jeglichen Gartenbedarf an Samen, Pflanzen, Geräten und sonstigem Hilfsmaterial. Vieles davon wird der Gartenfreund aus naheliegenden Gründen beim örtlichen Fachhandel beziehen. Aber immer wieder einmal kommen Gelegenheiten, für die noch andere, überregionale Bezugsquellen erschlossen werden könnten. Um sie zu erfahren, wende man sich an die Geschäftsstelle Zentralverband Deutscher Gartenbau, Godesberger Allee 142–148. 5300 Bonn 2.

Anschließend folgt ein kleiner Bezugsquellennachweis für einige nicht ganz alltägliche Dinge. Telefonnummern mußten aus Platzgründen wegbleiben. Man erfährt sie aber leicht unter Adressenangabe bei der Post-Auskunft.

Allgemeiner Gartenbedarf
Verband Deutscher Gartencenter, Rheinallee 4 a, 5300 Bonn 2
Sämereien und Pflanzen
Verband Deutscher Samenkaufleute und Pflanzenzüchter, Geschäftsstelle Rheinallee 4 a, 5300 Bonn 2
Stauden
Sondergruppe Stauden, im Zentralverband Deutscher Gartenbau, Gießener Str. 47, 6310 Grünberg (Bildungsstätte des Deutschen Gartenbaues)
Zier- und Nutzgehölze
Bund Deutscher Baumschulen, Bismarckstr. 49, 2080 Pinneberg

Alpinum, Alpengarten
Pforzheimer Alpengarten, Joachim Carl, 7530 Pforzheim-Würm
F. Sündermann, Alpenpflanzen, 8990 Lindau/Bodensee
Baumchirurgie, Baumsanierung
Internationale Gesellschaft für Baumpflege, Chattenstr. 4, 6500 Mainz
Gütegemeinschaft Baumpflege und Baumsanierung e.V., Weinmeisterhornweg 189, 1000 Berlin 20
Betonfertigteile
Betonwerk Pforzheim, Sandweg 10, 7530 Pforzheim (»Karlsruher Gartenstein«)
Lerag, Guerickestr. 41, 8400 Regensburg
Bewässerung mit Wassernetz-Anschluß
Gardena GmbH, Lichternseestr. 40, 7900 Ulm-Donautal
HB-Plastik, GmbH, Ungerweg 27, A-2100 Korneuburg/Österreich
Perrot-Regnerbau GmbH & Co., Bischofstr. 54, 7260 Calw
Bewässerung ohne Wassernetz-Anschluß
Hydro-Tank, Postfach 18, 6800 Mannheim 25
Pöppelmann GmbH, Bakumer Str. 73, 2842 Lohne
Riviera, Agent: M. Bonnichon, Hafenstr. 20, 7640 Kehl am Rhein
Biologisches Gärtnern
siehe einschlägige Literatur der BLV Verlagsgesellschaft, Postfach 400320, 8000 München 40
Blumenzwiebeln, Speisezwiebeln, Knollengewächse
Rheinische Blumenzwiebel-Kulturen, Rittergut Birkhof, 4052 Korschenbroich 3
Kurt Kernstein, Am Kirchenfeld 8, 8904 Friedberg (auch Wildblumenzwiebeln)
G. R. Vatter AG, Sägestr. 65, CH-3098 Köniz-Bern/Schweiz
Julius Wagner, Postfach 105880, 6900 Heidelberg
Dünge-Lanzen
Karl H. Köhler, Postfach 43, 8229 Laufen
ZUWA, Erich Zumpe, Franz Fuchs Str. 13–17, 8229 Laufen

Exotische Sämereien
   Robert Blossfeld, Moltkeplatz 7, 2400 Lübeck 1
   Albert Schenkel, Postfach 55 09 27, 2000 Hamburg 55
   L. Seik, Pfalzgrafenring, 7403 Ammerbuch 3
Folien, Folientunnel, Hauben, Netze
   Euflor GmbH, Alfonsstr. 1, 8000 München 19
   Fabromont AG, CH-3185 Schmitten/Schweiz (Schlitzfolien, Vogelschutznetze mit
   Glitzerplättchen, Folientunnel)
   Erich Schumm, Plastikwerk, 7157 Murrhardt (Reifehauben, Folientunnel, Netze für
   Obstbäume, Sträucher, Beete)
Freiland-Orchideen, Lilien
   Albrecht Hoch, Pflanzenimporteur, Postfach 110, 1000 Berlin 44
Gartenhäuser
   3S-Gartenhäuser, Machmühlenweg 99, 3400 Göttingen
   Köster-Holz, Postfach 668, 4440 Rheine 11 (Sichtschutzwände, Selbst- oder Fertigbau)
Gartenkamine, Gartengrills
   Lünstroth, Postfach 12 12 63, 4804 Versmold
   Gerhard Niemöller, 2401 Ratekau (Kamingrill)
   Philips Elektro GmbH, Mönkebergstr. 7, 2000 Hamburg (Elektro-Tischgrill)
   Jürgen Veller, Am Wolkenberg 20, 2071 Ammersbek 1
Gartenleuchten
   ASA-Trafobau, Postfach 369, 3548 Arolsen (»Lichtketten«)
   Hoffmeister Leuchten KG, Postfach 1820, 3880 Lüdenscheid
Gerätehäuser
   Herkules-Gerätebau, Weststr. 13, 4740 Oelde
   Normstahlwerk, Abt. G 9/6, Postfach 240, 8052 Moosburg (Gerätehaus mit Ordnungs-
   System)
Grünspargel
   H. Steiner, Gartenbau, Römerstr. 817, 4130 Moers 1
Heckenpflanzen
   Rudi Hartmann, Versand-Baumschule, Postfach 1503, 2080 Pinneberg
   Wörlein-Baumschulen, 8918 Dießen/Ammersee
Heizung (für Garten-Teiche, Treppen und Wege im Freien, Warmbeete)
   Acculux, Witte + Sutor GmbH, Postfach 1140, 7157 Murrhardt (Wärmeunterlagen
   verschiedener Größe mit Netzanschluß)
   ASA Trafobau, Postfach 369, 3548 Arolsen (Maschendraht-Heizung)
Holz im Garten (Palisaden, Pergolen, Sportgeräte, Zäune)
   A. Brand, 8302 Mainberg (Rundholz für Palisaden und Pflaster)
   Ostermann & Scheiwe, Hafenweg 31, 4400 Münster
   Süddeutsche Polygonzaunwerke, Abt. C, 7920 Heidenheim/Brenz
Kleingewächshäuser (mit Belüftung, Bewässerung, Heizung, Schattierung)
   Bartscher GmbH, Postfach 4531, 4787 Geseke
   Bernhard's Grünhaus, Gewächshaus-Center, Am Neuen Messplatz, 6800 Mannheim 1
   Hunecke, Postfach 11 02 55, 4800 Bielefeld 11
   Kuno Krieger, Gahlenfeldstr. 5, 5804 Herdecke/Ruhr
   Schlachter, Wasserburger Weg 1–2, 8870 Günzburg
Komposter (Kompost-Silos)
   Ing. H. Brand, 4834 Harsewinkel (»Mücke-Komposter«)
   Herkules-Gerätebau, Weststr. 13, 4740 Oelde
   Renus Armaturen GmbH, Friesstr. 2, 6000 Frankfurt 60
Kompostmühlen (Zerkleinerer, Häcksler)
   AS Motor, Lindenstr. 58, 7163 Oberrot
   Gloria-Werke, Postfach 11 60, 4724 Wadersloh
   Möschle Kessel- und Apparatebau GmbH, Kinzigtalstr. 1 a, 7601 Ortenburg 1

Leitern
  Krämer Allzweckleitern, 7015 Korntal-Münchingen 2
  Ernst Schöpflin, Leiterbau, Uhlandstr. 87, 7302 Nellingen 3
  Zarges GmbH, 8120 Weilheim
Natursteine
  Walter Dornquast, Gutenbergstr. 17, 2090 Winsen
  Juma Natursteinwerke, Postfach 5, 8079 Kipfenberg
  Natursteine für Garten u. Landschaft GmbH, E 7, 21, 6800 Mannheim 1
Obst- und Rosenunterlagen
  A. Bornhold, Baumschule, 2202 Barmstedt/Holstein
  Peter Kleck, Baumschule, Stutsmoor 42, 2000 Hamburg 52
Papierverbrenner
  Ernst Schöpflin, Abt. Umweltschutz, Uhlandstr. 87, 7302 Nellingen 3
Rasen, Rollrasen
  L. C. Nungesser, Bismarckstr. 59, 6100 Darmstadt
Regenwurmzucht
  Oskar Angst, Gryphiusweg 15, 6800 Mannheim 31
  Karl Götzelmann, Alte Dorfstr. 1, 6457 Maintal 2
  Hans-Gerhard Stark, Rosenheimer Str. 27, 1000 Berlin 30
Spritz- und Sprühgeräte
  Acculux, Witte + Sutor GmbH, Postfach 1140, 7157 Murrhardt (Doppelkammer-Spritze)
  Marina AG, Viale Castagnola 17, CH-6906 Lugano/Schweiz
  Woldemar Wagner KG, Peter-Henlein-Str. 19, 7730 VS-Schwenningen
Stauden
  Hagemann, Staudenkulturen, 3012 Langenhagen 6
  Albrecht Hoch, Postfach 110, 1000 Berlin 44 (Schwertlinien »De Graaff« u.a.)
  Heinrich Junge, Seeangerweg 1, 3250 Hameln 1
  Kayser & Seibert, Odenwälder Pflanzenkulturen, Wilhelm-Leuschner-Str. 83–87, 6101 Roßdorf b. Darmstadt
  Gräfin Zeppelin, Staudengärtnerei, Laufen/Baden, 6841 Sulzburg 2
Wassergarten (Teichbecken, -folien, Pumpen und Zubehör)
  Folien Drewke, Postfach 100362, 5620 Velbert 1
  Heissner GmbH, Schlitzer Straße 24, 6420 Lauterbach (Folien, Pumpen)
  Knips, Im Heidkampe 2, 3000 Hannover 51
  Läsko, 7917 Vöhringen 1
  Plasticall bv, Postfach 1840, 2080 Pinneberg (Teiche aus Polyester)
Wasserpflanzen
  Helmut Harster, Wasserpflanzengärtnerei, Auestr. 10–12, 6720 Speyer (Seerosenzucht)
  Heinrich Junge, Seeangerweg 1, 3250 Hameln 1
  Ursula Oldehoff, Seerosen und Wasserpflanzen, 8191 Achmühle
  Karl Wachter, Wasserpflanzengärtnerei, 2081 Appen-Etz b. Pinneberg
Wundpflege, Künstliche Rinde
  Wilhelm Scheidler KG, Chem. Werke, Stiftsallee 29, 4950 Minden/Westf. (»LacBalsam« und »Saftstop«)
Zier- und Nutzgehölze
  Odenwälder Pflanzenkulturen Kayser & Seibert, 6101 Roßdorf bei Darmstadt, Postfach 28 (Laub- und Nadelgehölze auch nichtalltäglicher Art, ferner Stauden, Farne, Ziergräser, Spezialsortiment von Obstgehölzen für den Wohngarten)
  Rhododendron-Kulturen Dietrich Hobbie, 2911 Linswege i.O. Eigene weltbekannte Neuzüchtungen, 65 ha Rhododendron-Park

Namen- und Sachregister

Sternchen (*) bei der Zahl bedeutet Hauptverweisung

413

Bildnachweis: Bavaria-Verlag, Gauting: 335; H. Eisenbeiss, München: 89, 143, 179; Verlag Willy F. P. Fehling, Hannover, IGA®-Illustrationen: 17, 18, 36, 54, 90, 107, 126, 144, 162, 180, 197, 198, 216, 234, 252, 318; A. Felbinger, Stuttgart: 317; Flora-Bild, Offenburg: 108; Willi Fischer, Wiesenbach: 161; Dr. H. Jesse, Köln: 53, 72 unten links; A. Lösel, Biberach: 215; W. Schacht, München: 71, 72 oben und unten rechts, 125, 336; W. Stehling, Hamburg: 35, 233, 251.

Den *Gartenplänen* auf Seite 38, 41, 43, 44, 46, 47, 49 sowie den Zeichnungen auf den Seiten 56–59 liegen Entwürfe des Landschaftsarchitekten Prof. Karl Kagerer, BDGA, Ismaning bei München, und dem Plan auf Seite 51 ein Musterentwurf von Gartenbauingenieur Martin Stangl, Hohenschäftlarn bei München, zugrunde.

Mehr Freude am Garten mit BLV Büchern

BLV Gartenberater
Elisabeth Schmitt / Karlheinz Jacobi
Der Garten im Jahreslauf
Umfassend informiert dieser praktische Ratgeber über alle monatlich anfallenden Arbeiten im Gemüse-, Obst- und Ziergarten, auf dem Balkon sowie über die Themen Rasen und Gartengeräte. Die vielen Anleitungen, Fotos, Zeichnungen und praktischen Tips begleiten Sie durch das ganze Gartenjahr – helfen bei Pflanzung, Pflege, Düngung, Ernte u. v. m.
6. Auflage (Neuausgabe), 191 Seiten, 85 farbige und 58 s/w-Fotos, 20 Zeichnungen

Martin Stangl
Mein Hobby der Garten
Martin Stangl, der bekannte Gartenexperte, bietet Ihnen mit diesem Buch wertvolle Tips und Hinweise zu allen Gartenthemen – von der Planung und Gestaltung des Gartens über die Pflanzung und Pflege von Blumen und Ziergehölzen bis hin zum Anbau von Obst, Gemüse, Kräutern und Gewürzen.
6. Auflage, 263 Seiten, 296 Farbfotos, 36 farbige Zeichnungen mit 88 Einzeldarstellungen, 3 farbige Pläne

Rob Herwig / Hannelie Boks
Das große Gemüsegarten-Buch
Der erfolgreiche Anbau von 77 Gemüsearten und verschiedenen Beerenobstarten ist das Thema dieses Buches. Hier finden Sie Ratschläge zu den Grundlagen des Anbaus ebenso wie spezielle Tips für alle vorgestellten Gemüse- und Beerenobstarten.
191 Seiten, 397 farbige und 6 s/w-Fotos

BLV Gartenberater
Hugo Herkner
Rund um den Wassergarten
Die verschiedenen Typen werden hinsichtlich Größe, Form und zu verwendender Baumaterialien besprochen. Besonders wichtig sind die Informationen über die technische Ausstattung wie Zu- und Ablauf, Filterung und Durchlüftung, Beleuchtung und Beheizung. Die Vielzahl der vorgestellten Pflanzen ermöglicht Ihnen interessante Gestaltungsvariationen.
4. Auflage, 191 Seiten, 115 Farbfotos, 22 Zeichnungen

Petra Michaeli-Achmühle
Gartenpraxis A–Z
Ein ausführliches Nachschlagewerk mit Auskünften und Tips für die tägliche Gartenarbeit und ausgefallene Probleme.
4., neubearbeitete und erweiterte Auflage, 351 Seiten, 64 Farbfotos, 350 Zeichnungen

BLV Verlagsgesellschaft München

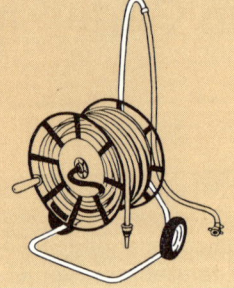

Mensch und Garten

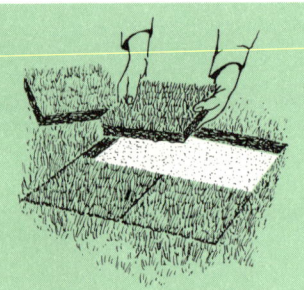

Der Ziergarten

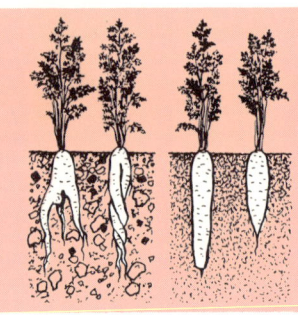

Der Nutzgarten

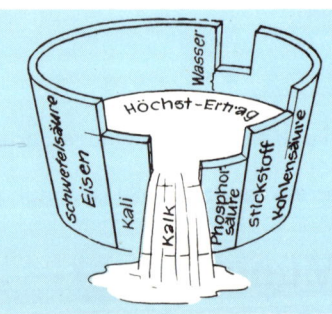

Düngung und Pflanzenschutz